中国工程院重点咨询研究项目
"法医科学与社会治理法治化战略研究"成果

民国时期法医学发展与社会治理

丛斌 胡丙杰 黄瑞亭 编著

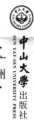

中山大学出版社
·广州·

版权所有　翻印必究

图书在版编目（CIP）数据

民国时期法医学发展与社会治理／丛斌，胡丙杰，黄瑞亭编著． ——广州：中山大学出版社，2025.4.
ISBN 978-7-306-08423-1

Ⅰ.D919-092

中国国家版本馆 CIP 数据核字第 2025XF1645 号

出 版 人：王天琪
策划编辑：鲁佳慧
责任编辑：鲁佳慧
封面设计：周美玲
责任校对：徐平华
责任技编：靳晓虹
出版发行：中山大学出版社
电　　话：编辑部 020-84110283，84113349，84111997，84110779，84110776
　　　　　发行部 020-84111998，84111981，84111160
地　　址：广州市新港西路 135 号
邮　　编：510275　　　　　　传　真：020-84036565
网　　址：http://www.zsup.com.cn　E-mail:zdcbs@mail.sysu.edu.cn
印 刷 者：佛山家联印刷有限公司
规　　格：787mm×1092mm　1/16　24.875 印张　602 千字
版次印次：2025 年 4 月第 1 版　2025 年 4 月第 1 次印刷
定　　价：168.00 元

如发现本书因印装质量影响阅读，请与出版社发行部联系调换

内 容 简 介

　　本书详细介绍民国时期司法与法医学制度概况，民国时期法医学体系的全方位构建，民国时期对古代法医学的继承、批判与突破，民国时期重要的法医学人物，并探讨法医学发展与社会治理的关系，辩证分析民国时期法医学发展对社会治理的积极作用与消极影响，为我国当代法医学发展参与社会治理、推进国家治理体系与治理能力现代化提供历史借鉴。

　　本书可供法医工作者、法律工作者，以及高等院校法医学、法律、历史（医学史与法制史）相关专业的教师、学生、研究人员阅读，也可以作为法医学、法学教学和研究的参考书。

作者简介

丛斌，1957年7月出生，山东威海人。中国工程院院士，中国医学科学院学部委员，中国中医科学院学部委员，教授，博士研究生导师，主任法医师。现任第十四届全国人民代表大会常务委员会委员、第十四届全国人民代表大会宪法和法律委员会副主任委员、九三学社第十五届中央委员会副主席、河北医科大学法医学院院长。兼任中国中西医结合学会副会长、中国工程院医药卫生学部常委、中国科学院学术委员会生命与健康领域专门委员会委员、生态环境部环境损害鉴定评估专家委员会主任委员、国家药品监督管理局中药管理战略决策专家咨询委员会委员、中国药典委员会执行委员、国家生命科技伦理委员会委员、Food Science and Human Wellness 总编、Gut Microbiota and Integrative Wellness 主编。

从事法医学、病理生理学教学、科研、检案工作40年。以第一完成人获国家科技进步奖一等奖1项、国家科技进步奖二等奖3项、省部级科技进步一等奖4项，获何梁何利基金科学与技术进步奖、河北省科学技术突出贡献奖。享受国务院政府特殊津贴，获得全国优秀科技工作者、全国最美司法鉴定人、河北省省管优秀专家等称号。主编《法医病理学》（第5版），获首届全国教材建设奖优秀教材二等奖。发表学术论文570余篇，主编专著及统编教材10余部。目前担任河北医科大学、四川大学、中国政法大学等院校法医学、病理生理学、证据法学等专业博士研究生导师，培养博士、博士后90余名，硕士100余名。

胡丙杰，1966年5月生，河南省杞县人。医学博士，中共广州医科大学党委常委，广州医科大学副校长、教授，中山大学法医鉴定中心主任法医师，博士研究生导师、博士后合作导师。第三批全国高校黄大年式教师团队核心骨干成员。兼任海峡两岸医药卫生交流协会常务理事、法医学分会会长，中国法医学会理事、法医病理学专业委员会副主任，《中国法医学杂志》《证据科学》杂志编委，中国社会史学会医疗社会史专业委员会顾问，中国政法大学法庭科学博物馆专家顾问，中国医师协会全科医师分会第五届副会长，吴阶平医学基金会全科医学部第二届副主任委员，广东省医师协会全科医师分会名誉主任委员，广东省高校全科医学教学指导委员会副主任委员，广东省深化医药卫生体制改革研究专家库成员。1990年毕业于中山医科大学法医学系，后留校任教并攻读硕士学位、博士学位；1994年12月至1995年6月赴英国威尔士大学法医学研究所做访问学者；1997年破格晋升为副教授；1998年任中山医科大学基础医学院院长助理、法医学系副主任兼法医病理学教研室代主任、法医鉴定中心副主任，兼任《法律与医学杂志》编委、广州法医学会理事、中国法医学会法医病理学专业委员会秘书；2002年任广州市卫生局科技教育处处长；2003年10月至2004年10月赴美国马里兰大学做访问学者；2008年后历任广州亚运会医疗卫生部副部长、广州市卫生局副局长、广州市卫生和计划生育委员会副主任。

长期从事法医学教学、科研、检案和卫生管理研究。主持及参与国家和省部级科研课题20多项，获广东省科技进步一等奖1项、三等奖1项，国家教育委员会科技进步二等奖1项，广东省医药卫生科技进步二等奖2项。发表学术论文130余篇，主编《中国法医学70年理论与实践》《名公宋慈书判研究》《中国近现代法医学史》《〈廉明公案〉判词研究》《林几论文研究》《孙逵方论文研究》《全科医学基础》《全科医学概论》等著作和教材。

黄瑞亭，1958年1月生，福建罗源人。1984年毕业于福建医科大学医学系。先后在西安医科大学、同济医科大学和中山医科大学法医学系学习。现为福建省高级人民法院司法鉴定管理办公室主任、主任法医师、硕士研究生导师。司法部司法鉴定科学技术研究所研究员，中国政法大学法庭科学研究院研究员，福建医科大学、福州大学、福建公安学院兼职教授。兼任中国法医学会理事、中国法医学会医疗损害鉴定专业委员会副主任委员、《中国法医学杂志》编委、《法庭科学文化论坛》编委。1991年获福建省科学技术进步二等奖，并获得"国家科技成果完成者证书"（证书编号025923）。著作有《中国法医学史》、《中国近现代法医学发展史》、《世界法医学史（中国法医学史）》、*History of Forensic Medicine*、《〈洗冤集录〉今释》、《话说大宋提刑官》、《林几法医生涯录》、《法医探索》、《司法鉴定概论》、《鉴证：图文解说中国法医典故》、《林几》、《真相》、《档案》、《说案》、《证据》、《证明》、《宋慈说案》、《法医说案》、《中国近现代法医学史》、《名公宋慈书判研究》20部。著有论文"Professor Lin Ji"（*Forensic Science International*）、《百年中国法医学》、《法庭科学真谛》、《我国仵作职业研究》、《〈洗冤集录〉与宋慈法律学术思想》、《〈洗冤集录〉与宋朝司法鉴定制度》、《中国现代法医人物志》、《我国古代法医语言的现代借鉴价值》、《林几教授与他的〈实验法医学〉》、《我国古代诬告检验的现代研究价值》、《〈法医月刊〉办刊特色与历史作用》、《宋慈及〈洗冤集录〉产生的历史文化条件》、《林几学术思想及其现代价值》、《1936年以前林几论文著作的综览》、《宋慈祖籍考》、《宋慈与林几学术思想的比较研究》等100余篇。

前　言

2019年3月，"法医科学与社会治理法治化战略研究"被中国工程院批准为重点咨询研究项目。该项目包括"法医科学与社会治理发展史研究""法医科学与社会治理法治化关系研究"和"法医科学在社会治理法治化中的相关立法与管理体制研究"三个研究课题。本书是"法医科学与社会治理发展史研究"课题研究成果的一部分，重点围绕民国时期法医学发展与社会治理进行研究。

法医学是由于法律的需要和法学的发展而产生并发展起来的。传统的法医学定义是：以医学、生物学及其他自然科学的理论和技术，研究和解决法律上有关问题的一门医学分支科学。从法律与其他社会现象及自然规律相关联的角度来看，法医学又属法学领域中的一门边缘法学学科。法医学是法律与医学之间的"桥"，即应用医学知识为司法实践提供科学证据。但是，一直沿用的法医学概念未能反映法医学的学科体系特征和本质属性。法医学的科学技术体系基本架构是：以鉴识科学、基础医学、生物学、法学为理论基础，将理论研究成果及其他相关学科的技术通过应用研究转化为法医检案技术，以生物识别、物理识别、化学识别、关联分析为法医鉴识科学技术体系。基于此，法医学的定义应表述为：法医学是研究并解决与法律有关的人身损害、死亡、身份鉴识等问题，为刑事侦查提供线索，为审判提供证据的医学学科。由此可见，法医学是医学和法学相结合的交叉学科，具有自然科学和社会科学的双重属性。

法医学从萌芽到成熟经历了漫长的历史过程。关于法医学史的研究，已经有一些著作出版，如贾静涛的《中国古代法医学史》[1]，厘清了我国古代法医学（先秦时期至清末）的发展脉络；黄瑞亭的《中国近现代法医学发展史》[2]，以及黄瑞亭、胡丙杰的《中国近现代法医学史》[3]，厘清了中国近现代法医学的发展脉络；刘耀、丛斌、胡丙杰的《中国法医学70年理论与实践》[4]，系统总结了中华人民共和国成立70年来我国法医学发展的主要成就；黄瑞亭、陈新山的《中国法医学史》[5]，对我国不同朝代的法医学发展进行了简明扼要的阐述；贾静涛的《世界法医学与法科学史》[6]，英国 Katherine D. Watson 的 *Forensic Medicine in Western Society: A History*[7]，以及德国 Burkhard Madea 的

---

[1] 贾静涛. 中国古代法医学史 [M]. 北京：群众出版社，1984.
[2] 黄瑞亭. 中国近现代法医学发展史 [M]. 福州：福建教育出版社，1997.
[3] 黄瑞亭，胡丙杰. 中国近现代法医学史 [M]. 广州：中山大学出版社，2020.
[4] 刘耀，丛斌，胡丙杰. 中国法医学70年理论与实践 [M]. 北京：科学出版社，2019.
[5] 黄瑞亭，陈新山. 中国法医学史 [M]. 武汉：华中科技大学出版社，2015.
[6] 贾静涛. 世界法医学与法科学史 [M]. 北京：科学出版社，2000.
[7] WATSON KATHERINE D. Forensic medicine in western society: a history [M]. Oxon: Routledge, 2011.

History of Forensic Medicine[①]，对世界主要国家的法医学发展历史做了介绍。但是，综观这些研究著作我们可以发现，无论是国内还是国外，对于法医学史的研究，学者们往往聚焦于对某个国家不同时期的法医制度和法医学发展的研究，而关于社会背景、政治制度、法制思想、文化宗教、科学技术等对法医学发展影响的研究相对比较薄弱，成果不多。法医学作为一门为法律提供服务的应用科学，其发生、发展必然受到法律的影响，并以社会与法制的发展、演化、变革为依归。社会与法制的发展、变革必然作为一条主线贯穿于法医学发展的整个过程。研究法医学发展与社会治理，就要寻找法医学产生的动因和出现的时间，就要研究法医学产生的条件和发展的空间。具体地说，法医学是作为"法"的必需物和伴随物而出现的，只有在司法审判过程中需要法医学技术手段为审判提供证据时，法医学才有产生的必要性和发挥作用的空间。法律在逐渐完善的过程中逐渐规范并促进法医学发展。换言之，法医学的发生、发展，是与法律完善和社会治理密切相关的，法医学发展与社会治理领域二者之间存在相互依存、互为因果的关系。法医学是在特定社会治理下的自然环境、社会状况、司法环境、科技水平、医学发展、传统文化、哲学观念、文化氛围、思维方法及生活方式等条件下存在的，并在这种条件下发生和发展。

民国时期是一个承前启后的历史时期，是从传统向现代化转型的过渡时期。民国时期的37年，通常分为临时政府时期、北洋政府时期、国民政府时期。伴随着社会转型的阵痛，民国法医学也经历了从传统向现代化的蜕变。民国法医学的发展承前启后，奠定了中国现代法医学的基础。

本书对民国时期我国法医学发展与社会治理进行研究。全书共分五章：第一章介绍民国时期司法与法医学制度概况；第二章从法医学人才培养和教育体系、法医检验及鉴定体系、法医检验鉴定制度、法医学科学研究和法医学知识传播体系等方面介绍民国时期法医学体系的全方位构建；第三章介绍民国时期对古代法医学的继承、批判与突破；第四章介绍林几对我国现代法医学形成和发展的划时代意义、孙逵方对我国现代法医学形成和发展的重要贡献，以及其他人物对民国时期法医学发展的影响与贡献；第五章探讨法医学发展与社会治理的关系，辩证分析民国时期法医学发展对社会治理的积极作用与消极影响。民国时期的法医学发展，既有成功的经验，也有失败的教训。先驱者的不懈努力，值得后人敬仰，其利弊得失都是可贵的历史借鉴。全书力求严谨、客观、全面、真实地为读者再现一段较为清晰、全面的民国时期我国法医学发展史。该研究对我国当代法医学参与社会治理、推进全面依法治国和社会主义法治国家的建设，无疑有着重要的学术价值和现实意义。

本书编著者秉承在详尽地研读资料的基础上说话，从史实的联系中把握事实真相的原则，深入细致地查阅了民国时期法医学发展的文献资料，在史料的查找、辨伪、考证、分析、整理方面着力颇多。为了便于读者了解这一时期法医学发展的真实面貌，书中引用了大量原始文献和照片，并抄录了部分文献和法律规定的原文，以供研究者和有兴趣的读者阅读参考。此外，书中还引用、吸收了学术界许多相关研究成果和学术思

---

① MADEA BURKHARD. History of forensic medicine [M]. Berlin: Lehmanns Meclia GmbH, 2017.

想。由于时间仓促，限于我们的能力和水平，错漏之处在所难免。我们诚请前辈、同行、广大读者及各界有关人士不吝赐教。

本书是中国工程院重点咨询研究项目"法医科学与社会治理法治化战略研究"的成果之一，由丛斌、胡丙杰、黄瑞亭编著，中国政法大学证据科学研究院赵东教授也参与了部分章节的编写。课题组其他研究成果也将陆续出版问世。"路漫漫其修远兮，吾将上下而求索。"历史的启示、现实的召唤、未来的求索，是我们开展法医科学与社会治理法治化战略研究的动力源泉。恳请关心这项研究的各界人士给予关照和支持！

中国工程院院士　丛斌

广州医科大学教授　胡丙杰

2024 年 6 月 18 日

目 录

第一章　民国时期司法与法医学制度概论 … 1
　第一节　南京临时政府时期的司法概况（1912年1—3月） … 1
　第二节　北洋政府时期的司法概况（1912年4月至1928年6月） … 5
　第三节　广州国民政府、武汉国民政府时期的司法概况
　　　　　（1925年7月至1927年7月） … 12
　第四节　南京国民政府时期的司法概况（1927—1949年） … 15
　第五节　民国时期法医学制度概况 … 25

第二章　民国时期法医学体系全方位构建 … 33
　第一节　民国时期法医学人才培养和教育体系构建 … 33
　第二节　民国时期法医检验及鉴定体系构建 … 55
　第三节　民国时期法医检验鉴定制度构建 … 68
　第四节　民国时期法医学科学研究构建 … 94
　第五节　民国时期法医学知识传播体系构建 … 108

第三章　民国时期对古代法医学的继承、批判与突破 … 121
　第一节　民国时期对古代法医学的继承与批判 … 121
　第二节　民国时期司法制度中有关法医制度的突破 … 131
　第三节　民国时期司法检验技术与检验范围突破 … 137
　第四节　民国时期对法医职业认知文化的突破 … 159

第四章　民国时期重要的法医学人物 … 165
　第一节　林几对我国现代法医学形成和发展的划时代意义 … 166
　第二节　孙逵方对我国现代法医学形成和发展的重要贡献 … 218
　第三节　对民国时期法医学发展有影响与贡献的其他人物 … 233

第五章　民国时期法医学发展与社会治理 … 269
　第一节　法医学发展与社会治理的关系 … 270
　第二节　民国时期法医学发展对社会治理的积极作用 … 276

第三节　民国时期法医学发展存在问题及其对社会治理的消极影响……… 359

结语……………………………………………………………………… 367

参考文献………………………………………………………………… 368

第一章　民国时期司法与法医学制度概论

我国古代的司法从属于行政。19世纪末至20世纪初，清末开始立法，改变司法与行政合一的状态，但尚未来得及实施就随清王朝覆灭而消失。民国肇造，司法改革，立法、司法、行政三权分立，按西方的司法审判制度建立法院。那么，作为法院审判检验工作的法医学的法律地位如何呢？本章对民国时期的司法制度和法医检验制度做一介绍。

第一节　南京临时政府时期的司法概况（1912年1—3月）

1911年10月10日，武昌起义爆发。1911年12月29日，根据《临时政府组织大纲》选举孙中山为临时大总统，改国号为"中华民国"，宣布1912年为民国元年。1912年1月1日，孙中山在南京宣誓就任临时大总统，宣布中华民国成立。1月3日，中华民国南京临时政府正式成立，随后设立了临时参议院、法制局和铨叙局，分别执行立法、制定法律和官吏铨选等职权。孙中山宣誓就任中华民国南京临时政府大总统后，为国家走向近代化，进行了全方位的探索。孙中山认为："立国于大地，不可无法也，立国于二十世纪文明竞进之秋，尤不可以无法，所以障人权，亦所以遏邪辟。法治国之善者，可以绝寇贼，息讼争，西洋史载，斑斑可考，无他，人民知法之尊严庄重，而能终身以之耳。我国人民号称四百兆，向有知法者乎？恐百不得一也。不知法而责之以守法，是犹强盲人以辨歧路，责童顽以守礼仪，可乎哉？"[①] 在法治思维的指导下，孙中山建起了南京临时政府治理体系的法治框架。

一、改革司法法令

从1912年1月1日孙中山就任临时大总统，中华民国成立，到4月1日孙中山宣告解职，4月2日和5日，临时政府与临时参议院先后议决迁往北京，在这短短的3个月内，南京临时政府以孙中山的民族主义、民权主义、民生主义即三民主义，资产阶级

---

① 李晔，杜凡一. 孙中山名言录［M］. 长春：吉林教育出版社，1991：27.

的"三权分立"学说和"自由、平等、博爱"等思想为指导,颁布了30多件法律、法令,在改革司法法令方面主要有以下两方面内容。

(一) 禁止刑讯

南京临时政府颁布的《大总统令内务、司法两部通饬所属禁止刑讯文》[①],批判了封建刑罚采用威吓报复主义,提倡资产阶级人道主义,指出:"刑罚之目的在维持国权,保护公安。人民之触犯法纪,由个人之利益,与社会之利益,不得其平,互相抵触而起。国家之所以惩罚罪人者,非快私人报复之私,亦非以示惩创,使后来相戒。盖非此不足以保持国家之生存,而成人道之均平也。故其惩罚之程度,以足调剂个人之利益与社会之利益之均平为准,苛暴残酷,义无取焉。"同时,其指出清政府之所以采用刑讯,是"日縻吾民之血肉,以快其淫威",并强调"本总统提倡人道,注重民生,奔走国难,二十余载,对于亡清虐政,曾声其罪状,布告中外人士。而于刑讯一端,尤深恶痛绝。……当肃清吏治,休养民生,荡涤烦苛,咸与更始"。因此,其规定:"不论行政司法官署,及何种案件,一概不准刑讯。鞫狱当视证据之充实与否,不当偏重口供。其从前不法刑具,悉令焚毁。"为了保证上述规定的执行,该法令还规定:"仍不时派员巡视,如有不肖官司,日久故智复萌,重煽亡清遗毒者,除褫夺官职外,付所司,治以应得之罪。"

(二) 革除体罚

《大总统令内务、司法两部通饬所属禁止体罚文》[②]指出:"近世各国刑罚,对于罪人,或夺其自由,或绝其生命,从未有滥加刑威,虐及身体,如体罚之甚者。……夫体罚制度,为万国所屏弃,中外所讥评。""亟宜申明禁令,迅予革除,为此令仰该部速行通饬所属,不论司法行政各官署,审理及判决民刑案件,不准再用笞杖枷号,及他项不法刑具,其罪当笞杖枷号者,悉改科罚金拘留。详细规定,俟之他日法典。"上述命令虽没有真正付诸实施,却反映了资产阶级革命派用资产阶级的法律观和资产阶级人道主义反对并取代封建专制统治的"苛政酷刑"的愿望,必须充分肯定其进步意义。

与此同时,临时大总统还先后颁布了晓示人民限期剪辫、劝禁缠足、厉行禁烟、禁赌等命令,痛陈鸦片、留发辫、赌博、缠足等的危害。1912年3月2日颁布的《大总统令禁烟文》[③]明确指出:"鸦片流毒中国,垂及百年,沉溺遍于贵贱,流衍遍于全国。失业废时,耗财殒身,浸淫不止,种姓沦亡,其祸盖非敌国外患所可同语。""为此申告天下,须知保国存家,匹夫有责;束修自好,百姓与能。其有饮鸩自安、沉湎忘返者,不可为共和之民。当咨行参议院,于立法时剥夺其选举、被选一切公权,示不与齐民齿。并由内务部转行各省都督,通饬所属官署,重申种吸各禁,勿任废弛。"《内务部报告禁赌呈》[④]指出:"赌博陋习,最为社会之害,律法在所必禁。""赌博为巧取人财,既背人道主义,尤于现时民生多所妨害,亟应严切禁止,为我共和国民祛除污

---

① 大总统令内务、司法两部通饬所属禁止刑讯文 [J]. 临时政府公报,1912 (27): 3-4.
② 大总统令内务、司法两部通饬所属禁止体罚文 [J]. 临时政府公报,1912 (35): 9-10.
③ 大总统令禁烟文 [J]. 临时政府公报,1912 (27): 2-3.
④ 内务部报告禁赌呈 [J]. 临时政府公报,1912 (29): 10.

点。"为此，要求全国各地"无论何项赌博，一体禁除"，"凡人民宴会、游饮、集合各场所，一概不准重蹈赌博旧习。其店铺有售卖各种赌具者，即着自行销毁，嗣后永远不准出售。责任各该地方巡警，严密稽查。倘有违犯，各按现行律科罪，以绝赌风而肃民纪"。《大总统令内务部通饬各省劝禁缠足文》① 指出：缠足"恶习流传，历千百岁，害家凶国，莫此为甚"，缠足"残毁肢体，阻阏血脉，害虽加于一人，病实施于子姓"。因此，"当此除旧布新之际，此等恶俗尤宜事先革除，以培国本。为此，令仰该部速行通饬各省一体劝禁。其有故违禁令者，予其家属以相当之罚"。这些法令表现了资产阶级革命派革除旧习的迫切心情，具有移风易俗的作用。

由于南北议和，袁世凯于1912年3月10日在北京宣誓就任临时大总统，并当即通电宣告所有前清"施行之法律及新刑律，除与民国国体抵触各条应失效力外，余均暂行援用"。随后，司法部总长伍廷芳向孙中山提请他转咨参议院议决援用前清制定的法律草案和一些现行法，除"关于帝室之罪全章及关于内乱罪之死刑，碍难适用"外。虽然以孙中山为代表的资产阶级革命派，对清政府的"虐政苛法"十分愤恨，但这时孙中山也如同在政权问题上的态度一样，不得不作妥协，承认"该部长所请自是切要之图"，而咨请参议院"查照前情议决见复"，从而为袁世凯继承前清法律铺平了道路。

二、司法组织

（一）司法行政机关

南京临时政府的司法制度，基本上是按照资产阶级三权分立的原则建立的，强调"司法为独立机关"。民国元年（1912）元月3日，民国政府颁行《中华民国临时政府中央行政各部及其权限》，其中规定了"司法部"的设置（将"法部"改为"司法部"，为中央9个部之一），以及司法部部长的管辖范围。依照1912年1月31日《临时政府公报》刊载的《中华民国临时政府中央行政各部及其权限》的规定，司法部部长管理关于民事刑事诉（非）讼事件，户籍监狱保护出狱人事务，及其他一切司法行政事务，监督法官。在《中华民国各部官职令通则》中重申了上述规定。

但因民国初建，各省司法事务多不一致。辛亥革命后的清宣统三年（1911）11月10日，广东军政府正式成立，胡汉民就任都督。17日，军政府正式设立军政、教育、民政、实业、财政、外交、交通、司法等司，由王宠惠、汪祖泽分别任司法司正、副司长。根据民国元年（1912）初军政府制定的《广东临时省制草案》第八章规定，"司法司掌管全省一切司法行政事宜"，司法司下设总务、民事、刑事和监狱四课，其中总务课职掌判厅之设立之废止及其管辖区域并其变更之事项，关于判厅属吏及律师之身份之事项；民事课职掌关于民事及非讼事件之事项，关于民事制裁之事项，关于户籍之事项；刑事课职掌关于刑事之事项，关于刑事裁判及检察之事项；监狱课职掌关于监狱之事项，关于复权假出狱、出狱人保护及死刑执行之事项。各课设课员和书记官若干。

（二）审判机关

《修正中华民国临时政府组织大纲》第六条规定："临时大总统得参议院之同意，

---

① 大总统令内务部通饬各省劝禁缠足文［J］. 临时政府公报，1912（37）：4-5.

有设立临时中央审判所之权。"《中华民国临时约法》第四十八条规定:"法院以临时大总统及司法总长分别任命之法官组织之。法院之编制及法官之资格,以法律定之。"《中华民国临时约法》第四十一条规定:"临时大总统受参议院弹劾后,由最高法院全院审判官互选九人组织特别法庭审判之。"从以上规定可以看出当时的构想是,暂时设立"临时中央审判所",待条件成熟时正式成立"最高法院",必要时在最高法院组织"特别法庭"。至于全国法院的设置和编制,由法律另行规定。

根据上述原则,司法部拟制《临时中央裁判所官制令草案》,呈送大总统。呈文指出:"本部经已成立,所有全国裁判所各官职令,自应陆续编定,以重法权,而便执行。兹由本部拟就《临时中央裁判所官制令草案》十五条,另用缮就,理合备文一并呈送钧案,交法制院审定后,咨由参议院议决,再请察核颁布施行。"孙中山当即以《大总统令法制局审定临时中央裁判所草案文》发送法制局审定呈复。

(三) 检察机关

各省设高等和地方审判厅、检察厅,由各级检察厅独立行使其检察职权。

三、诉讼制度

前已述及,南京临时政府成立后,"一方面百事待举;另一方面,正在南北议和,谋求妥协的'统一'事业,无暇组织力量,制定法典",故准援用清末的法院编制法、刑事民事诉讼律、商律、违警律和新刑律。

关于审级制度,南京临时政府并没有自己的统一的规定,而各地的做法也不相同。例如,上海、江苏地区采用四级三审制,上海县地方审判检察厅公布的《刑事上诉制度》中规定:凡不服第一审判决者,应于宣示判词后 7 日内,向原审判庭呈递上诉状,提起上诉;凡不服第二审判决而按照法律提起上告者,应于宣示判词后 5 日内,向原审判庭呈递上诉状,提起上诉;第三审判决即为终审,不得再为上诉。湖北地区规定不服府厅州县临时审判所判决者,可以上诉于临时上诉审判所,未规定明确的审级制度。在审级制度上,孙中山提倡四级三审制,他在驳回江西南昌地方检察长郭瀚所拟各省审检厅暂行大纲令文中指出:"四级三审之制,较为完备,不能以前清曾经采用,遂尔鄙弃。该检察长所拟于轻案采取二审制度,不知以案情之轻重,定审级之繁简,殊非慎重人民性命财产之道。"同时他强调"上诉权为人民权利之一种。关于权利存废问题,岂可率尔解决"。因此,南京临时政府沿袭清末的四级三审制。

南京临时政府试图建立和实行资产阶级的司法制度,曾拟《中央裁判所官制令草案》《律师法草案》。从内务部警务局局长孙润宇向孙中山建议施行律师制度一文看,当时已实行审级制、合议制、公开审判制、律师辩护制、审判监督制、法官考试制、法官惩戒制律、陪审制等制度。《中华民国临时约法》第五十一条规定:"法官独立审判不受上级官厅之干涉。"第五十二条规定:"法官在任中不得减俸或转职。非依法律受刑罚宣告或应免职之惩戒处分,不得解职。惩戒条规以法律定之。"以法官常任制、不得减薪制来保证法官独立审判而不受其他干涉,此二法条皆体现了《中华民国临时约法》对司法独立原则的落实。

虽然1912年元旦南京临时政府宣告成立,但北京的清政府还未彻底垮台,因此在清政府统治的地区，仍然适用清朝法律；南京临时政府仅存在了3个月，其真正有效控制和管辖的区域并不是很大，大多数省特别是府县等地方政权仍掌握在前清旧官吏手中，所以司法制度大多沿用旧制。有鉴于此，南京临时政府当时也认识到对这种情况必须进行改革，"革于上而不革于下，与不革者相去无几。国家危象，莫大于此"①。因此，南京临时政府提出制定文官试验章程，"网罗天下英才"，分派各地方，使其担任地方行政、司法职务。

第二节 北洋政府时期的司法概况（1912年4月至1928年6月）

北洋政府是由北洋军阀最早的首领袁世凯窃取辛亥革命果实后建立的。1912年4月1日，临时大总统正式交接，随后临时政府与临时参议院先后议决迁往北京，袁世凯建立起了北洋军阀的统治。1913年10月6日，袁世凯在北京当选正式大总统，标志着北洋政府正式成立。

北洋政府延续南京临时政府对清末修律的继承，并进行更为全面的司法变革。北洋政府建立后，司法部于1913年6月开始着手整顿司法。1914—1915年，北洋政府又进行了一次司法改革。北洋政府讲究司法独立。在司法与政党关系上，北洋政府强调司法不能政党化，与北洋政府的宪政和三权分立有很大关系。从司法独立来看，法官必须保持中立，对双方的矛盾做到最公正的裁决。北洋政府还要求司法官不得加入政党，不得兼任行政官员和议员。司法部多次训令各级司法人员不得加入或参加政党活动，训令各地审检厅："凡属法官尤应破除偏私，自处于不党之地位，以保持其独立之精神。"

北洋政府的司法变革卓有成效，它在继承清末改革的基础上，对清末法制与司法改革有所扬弃，但在追求司法独立、审判程序与职业化的大方向上没有改变，并逐步建立起了审判、检察、监狱、律师等一整套近代意义上的司法体制，为南京国民政府的司法建设奠定了基础。北洋政府时期的司法改革在一定程度上也取得了社会的认可，梁启超先生在1923年的《法律评论》发刊词中指出："十年来，国家机关之举措，无一不令人气尽。稍足以系中外之望者，司法界而已。所以能尔者，则亦由法条方严，程序峻密，不易舞文一也。登庸循格，保障有规，久任谙事二也。职属冷曹，巧宦弗趋，流品较清三也。是故司法界成绩所以稍优于他界，存乎法者半，存乎人者半。"②

一、立法

北洋政府主要援用清末的法律，也根据需要颁布了一系列新的法律、法令。袁世凯

---

① 内务部请速颁文官试验令呈 [J]. 临时政府公报，1912（17）：11-12.
② 梁启超. 题辞（一）[J]. 法律评论（北京），1923（创刊号）：2.

一上台，即于 1912 年 3 月 11 日宣布："现在民国法律未经议定颁布，所有从前施行之法律及新刑律，除与民国国体抵触各条应失效力外，余均暂行援用，以资遵守。"1912 年 4 月 3 日，参议院根据临时大总统的咨文，开会讨论，作出决议，认为："盒以现在国体既更，所有前清之各种法规，已归无效。但中华民国之法律，未能仓促一时规定颁行。而当此新旧递嬗之交，又不可不设补救之法，以为临时适用之资。此次政府交议当新法律未经规定颁行以前，暂酌用旧有法律，自属可行。所有前清时规定之《法院编制法》《商律》《违警律》，及宣统三年颁布之《新刑律》《刑事民事诉讼律草案》，并先后颁布之《禁烟条例》《国籍条例》等，除与民主国体抵触之处，应行废止外，其余均准暂时适用。唯《民律草案》，前清时并未宣布，无从援用，嗣后凡关民事案件，应仍照前清现行律中规定各条办理，唯一面仍须由政府饬下法制局，将各种法律中与民主国体抵触各条，签注或签改后，交由本院议决公布施行。"

从 1912 年 4 月 30 日公布的《删修新刑律与国体抵触各章条》来看，其只不过是将《大清新刑律》改名为《暂行新刑律》，删除了"侵犯皇帝罪"一章和维护皇帝特权的一些条款，以及原来附于《大清新刑律》之后的《暂行章程》第一条至第五条，取消"制书""御玺"等文字，并将律文中的"帝国""臣民""复奏""恩赦"等分别改为"中华民国""人民""复准""赦免"等，其主要内容和实质丝毫没有改变。

后来，北洋政府的大理院还在不少民事判例中一再指出："民国民法法典尚未颁布，前清之现行律除制裁部分与国体有抵触者外，当然继续有效。至前清现行律虽名为《大清现行刑律》，而除刑事部分外，关于民商事之规定，仍属不少，自不能以名称为刑律之故，即误会其为已废。"

北洋政府一方面继承和援用清末的法律，一方面还基于自己统治的需要，设置专门的法典编纂机构，开展有关的立法活动。

（一）刑事立法

除了颁行《暂行新刑律》和《暂行新刑律施行细则》（1912 年 8 月 12 日）外，1914 年 12 月，北洋政府又公布《暂行新刑律补充条例》，将其原来规定的刑罚分别加重。此外，还颁布了《陆军惩罚令》（1913 年 4 月 1 日）、《惩治盗匪法》（1913 年 11 月）、《缉私条例》（1914 年 12 月）、《私盐治罪法》（1914 年 9 月）、《惩治盗匪施行法》（1914 年 12 月）、《陆军刑事条例》（1915 年 3 月）、《海军刑事条例》（1915 年 4 月）和《官吏犯赃治罪条例》（1921 年 3 月）等一系列单行法规。

如前所述，清末改定法律，在形式上曾将答、杖、徒、流、死五刑及"外遣""充军"等改为死刑、无期徒刑、有期徒刑、拘役和罚金五刑，并把徒刑改为就地监禁，即在名义上宣布废除了流、遣、笞等刑名。南京临时政府也改革司法法令，禁止刑讯和革除体罚。北洋政府的《暂行新刑律》也沿用了这些刑罚。但一意要实行独裁统治、倒行逆施的袁世凯感到只用徒刑监禁，不用答、流等刑不能维持其统治，1914 年 7 月，北洋政府颁布了《徒刑改遣条例》，恢复旧刑名，施用重刑罚。该条例规定，凡被判无期徒刑和五年以上有期徒刑的"内乱""外患""妨害国交""强盗"等罪犯，可改为"发遣"，发往吉林、黑龙江、新疆、甘肃、川边、云南、贵州、广西等地，嘱托军队行之，旅费自任，到配所后，令服狱外之定役，并编入该处户籍；但依其情形，仍拘置监狱。同时，公开恢复了封建社会长期施行的流、遣刑。同年10月，北洋政府又颁布了《易笞条例》，规定凡犯刑律"奸非""和诱""窃盗""诈欺"和"取财"等罪，应处三月以下有期徒刑、拘役或百元以下罚金折易监禁者（以16岁以上60岁以下之男子为限），"得因其情形，易以笞刑"，依"刑期一日折笞二"计算，在狱内执行，"执行笞刑若犯人体格一次不能终了时，分二次执行之"。袁世凯明令恢复了封建社会长期施用的笞刑，从法律上重新确认了体罚的合法性。该条例第六条特别强调"易笞于会充或现充官员或其他有相当身份者不适用之"，可见，笞刑主要用于对付平民百姓，至于官宦之人则可免受笞刑之苦，这在一定程度上体现了"刑不上大夫"的封建观念，客观上造成人们在法律适用上的不平等。袁世凯垮台以后，这两个条例虽被废止，但笞刑在司法实践中被沿用。

（二）审判与诉讼立法

北洋政府一开始准援用清末的诉讼法，后陆续颁布了一些修改条例，如《民刑诉讼草案管辖各节》（1912年5月）、《修正各级审判厅试行章程三条》（1913年9月）、《民事非常上告暂行条例》（1914年4月）、《地方审判厅刑事简易庭暂行规则》（1914年4月）、《审检厅处理简易案件暂行细则》（1914年4月）、《县知事审理诉讼暂行章程》（1914年4月）、《县知事兼理司法业务暂行条例》（1914年4月）和《行政诉讼法》（1914年7月）。北洋政府还颁布了《陆军审判条例》（1915年3月公布，1918年4月和1921年8月两次修正）和《海军审判条例》（1918年4月），规定：虽非军人而犯《陆军刑事条例》第二条和《海军刑事条例》第二条所列举的罪行，也依军法审判。1920年10月，司法部又以求得"简易刑事案件迅速完结"为理由，公布了《处刑命令暂行条例》，规定地方审判厅简易庭对于判处五等有期徒刑、拘役或罚金的案件，经检察官的声请，可以不经过审判，"径以命令处刑"。此后，以清末的民事、刑事诉讼律草案为基础，经过编修，改为《民事诉讼条例》和《刑事诉讼条例》，分别于1921年7月22日和1921年11月14日起，先在"东省特别法院"区域施行。后经司法部请求，大总统又命令上述两条例于1922年7月1日起全国一律实行，但实际上只施行于北洋政府统治下的各省，西南各省仍援用广州军政府于1921年3月2日删修并公布的《民事诉讼律》和《刑事诉讼律》。

此外，北洋政府还公布了一系列维护外国侵略者在司法上享有特权的法令，如《司法部酌定华洋诉讼办法》（1913年3月）、《法律适用条例》（1918年8月）、《审理无约国人民民刑诉讼章程》（1919年5月）、《审理无约国人民民刑诉讼须知》（1919年10月）、《审理无领事裁判权国人民重罪案件分别处刑办法文》（1920年12月）等。

（三）行政立法

北洋政府为维护封建军阀的统治秩序，加强对人民的统治，强化社会治安，控制官吏，先后颁布了一系列行政法律、法令，如《戒严法》（1912年12月）、《官吏服务令》（1913年1月）、《治安警察法》（1914年3月）、《官吏犯赃治罪法》（1914年6月）、《预戒法》（1914年8月）、《狩猎法》（1914年9月）、《出版法》（1914年12月）、《司法官惩戒法》（1915年10月）、《违警罚法》（1915年11月）及《律师应守义务》(1915 年 7 月公布,1916 年 10 月修正)等。

（四）其他立法

北洋政府还颁布了民事、商事等相关法律。

二、北洋政府的司法制度及其主要特点

辛亥革命之后颁布的宪法性文件《中华民国临时约法》规定了审判公开与独立原则，并将诉讼制度设计为普通诉讼与行政诉讼分流的制度。北洋军阀篡夺政权后，以大理院为中央最高审判机关，并行使统一解释法令的权力；设司法部统辖全国司法行政；北洋政府设置了名目繁多、体系不一的审判机构，有所谓普通法院、兼理司法法院和特别法院等。

（一）普通法院

北洋政府成立之初，对清末颁行的《法院编制法》略加删改，更名为《暂行法院编制法》，继续援用。普通法院是仿照资产阶级国家的法院组织形式建置的，实行四级三审制，设初级审判厅、地方审判厅、高级审判厅和大理院四级。中央设大理院，是最高审判机关，设院长 1 人，总理全院事务；下设民事庭和刑事庭，各设庭长 1 人，推事若干人。审判案件时，由推事 5 人组成合议庭，以庭长为审判长。在各省高等审判厅内设大理院分院，其主要职权除了作为终审机关具体审理案件外，还拥有统一解释法律的权力。大理院在司法实践中针对出现的问题适时作出调整，颁布了大量的司法解释例，对于清末制定的多种法律在中国社会的实施起到了很大作用，也对中国法律近代化的进程产生了相当大的影响。

1914 年，因为经费困难，北洋政府撤销了所有初级审判厅和检察厅，其职权划归地方审判厅内的简易庭，专门受理初级民事、刑事案件，所作的判决仍应上诉到地方审判厅，实际上是将同一法院强行分为两级，将同一法院的审判强行分为二审。北洋政府司法部在总结工作报告中对这一做法作了解释："司法制度，关系政体，法院普设，固期在必行，然国基初奠，经费人才既有所限，势不得不权衡缓急，故大总统有县知事兼理司法之令，政治会议复有分别去留之议。该会议议决案既于四月三十日奉批照办，本部遵即饬令各省一律分别裁并，除京外各高审检厅暨省城及重要各商埠已设之地方厅照旧设立外，计裁并各省地方审检厅九十所，裁撤京外初级审检厅一百三十五所。"1915 年 6 月，修正刊行《法院编制法》，删除初级审判厅的规定。1917 年，北洋政府又颁行《各县地方分庭组织法》，因地方审判厅范围较大，拟于已设地方审判厅地方附近各县设定地方分庭，没有设地方分庭的各县则设立县司法公署，以完成四级三审制。1921 年左右，将地方审判厅内的简易庭撤销，不论简易或繁难案件，第一审一律由地方审判厅审判，地方审判厅不再受理上诉，通称三级三审。

（二）兼理司法法院

由于将辛亥革命后增设的地方审判厅合并，将初级审判厅全部撤销，初级审判厅管辖的案件划由地方审判厅的分厅管辖；而地方审判厅及其分厅除在一些大、中城市设立外，其他地方多未设立，所以初级审判厅和地方审判厅管辖的案件实仍由县知事兼理。

即在未设立普通法院的县，由县知事兼理司法业务，下设承审员辅助之。这又回到了地方司法与行政不分的老路上。北洋政府仍然援用清末的审判程序和制度，后虽多次命令更变，但都未能认真实行。

1. 审检所

在北洋政府时期的基层司法的发展过程中，虽然在各县设立有专门司法人员，但名称各不相同。1912年11月，司法总长许世英编就《司法计划书》；同年12月的中央司法会议对审检所制度进行了专门的论证。1913年2月28日，司法部颁布《各县帮审员办事暂行章程》（司法部训令第五十八号），其中第一条规定："未设法院之各县地方，依《划一现行各县地方行政官厅组织令》第十条规定，设帮审员办理该管境内民刑诉讼之初审案件，及本章程第十条第一款之上诉案件。关于检察事务，由县知事行之。"第二条规定："各县需另置审检所，但该知事得酌量情形，于各县公署内附设之。"第三条规定："审检所属于司法筹备处长之监督。"第四条规定："各县因诉讼事务之繁简置帮审员一人至三人。"第五条规定："审检所为掌握诉讼记录、统计、会计、文牍及其他庶务，得用书记员一人至三人。除前项规定外得酌用雇员。"第七条规定了充任帮审员的资格："一、考试合格者；二、曾充或学习推事检察官一年以上者。"第八条规定："具有前条资格之一者由县知事呈由司法筹备处长委任之，仍报告于司法总长。"同年3月3日，司法部颁布《各县地方帮审员考试暂行章程》（司法部部令第二十四号），规定了帮审员考试的组织机构、报名资格、考试科目等。依据上述章程，1913年下半年，各省普遍设立审检所，至1914年4月审检所被裁撤时，各省设立审检所共922所，约为全国县数的一半。

2. 县知事（县长）兼理司法

县知事（县长）兼理司法是民国县级司法体制的主流与典型，几乎贯穿于整个民国时代。1913年12月28日，袁世凯颁布大总统令《整顿司法计划》，指出："世界法理，固当熟参本国习惯，尤宜致意法院未立之地，使知事兼司审检，允属权宜救济之计。"1914年4月，政治会议议决废止审检所制度；4月5日，《县知事兼理司法事务暂行条例》（教令第四十五号）公布，其中第一条规定："凡未设法院各县之司法事务，委任县知事处理之。"第二条规定："县知事审理案件得设承审员助理之。承审员审理案件由承审员与县知事同负其责任。"第三条规定了承审员的任用资格："一、在高等审判厅所管区域内之候补或学习司法官；二、在民政长所管区域内之候补县知事；三、曾充推事或检察官半年以上者；四、经承审员考试合格者。"第四条规定："承审员由县知事于具有前条资格人员内呈请高等审判厅长审定任用之。承审员之设置最多不得逾三人，如地方事简，可不设者听之。高等审判厅长委任承审员后应即报告于司法部民政长。"第六条规定："县知事关于司法事务受高等审判检察厅长之监督，承审员受县知事之监督。"第七条规定："县知事因掌理诉讼记录、统计、文牍及其他关于司法上之庶务，得用书记员一人至三人，录事二人至五人，承发吏得置四人至六人，司法警察以县知事公署巡警兼充之，检验吏得置一人或二人。"第八条规定："书记员、录事、承发吏及检验吏受县知事及承审员之监督。"4月8日，司法部电令各省："县知事兼理司法事务暂行条例业奉令公布，所有各县审检所应即一律裁撤。"县长兼理司法制度开始推行，由各省高等审判厅派懂法律的人担任县承审员，协助县长办理民刑案件；县知事兼检察职权，承审员司审判，也称"判长"，但要经过县知事审核同意后，才能正式裁决。1921年7月，该条例第三条关于承审员的任用资格被修正为："一、在高等审判厅所管区域内之候补或学习司法官；二、经高等文官或县知事考试及格，在各省区所管区域内候补，而在国内外法律法政学校一年半以上毕业得有文凭者；三、曾充推事或检察官半年以上者；四、经承审员考试及格，或在举行承审员考试省份具有承审员考试免试资格者；五、曾充各县帮审员或承审员，经呈报司法部核准有案者。"1923年3月，该条例第二条修正为："县知事审理案件设承审员助理之。承审员审理案件由承审员与县知事同负其责任。但初级管辖案件由承审员独自审判者不在此限。"

3. 县司法公署

1916年举行的全国司法会议的主要议题为县司法制度的改革，筹设县司法公署咨询案提出了比较完善的制度构想。作为对该会议讨论结果的回应，1917年5月1日，北洋政府颁布《县司法公署组织章程》（教令第六号），其中第一条规定："凡未设法院各县应设司法公署。其因特别情形不能设司法公署者，应由该管高等审判厅厅长、高等检察厅检察长或司法筹备处长或都统署审判处长具呈司法部声叙窒碍缘由，经核准后得暂缓设置，仍令县知事兼理司法事务。"第二条规定："司法公署即设在县行政公署内，以审判官及县知事组织之。"第三条规定："设司法公署地方，所有初审民刑案件，不问事务轻微重大，概归司法公署管辖。"第四条规定："司法公署设审判官一人或二人。"第五条规定："审判官由高等审判厅厅长依审判官考试任用章程办理，呈由司法部任命之。审判官经司法部任命后，受荐任职待遇。审判官之考试任用，别以章程定之。"第六条规定："关于审判事务，概由审判官完全负责，县知事不得干涉。"第七条规定："关于检举、缉捕、勘验、递解、刑事执行等事项，概归县知事办理并由县知事完全负责。"第十条规定："审判官受高等审判厅长之监督，县知事关于司法事务受高等检察厅检察长之监督。审判官惩奖章程及县知事关于司法之惩奖章程另定之。"第十一条规定："司法公署置书记监一人，书记官二人或四人。"第十二条规定："书记监由高等审判厅长遴员，会同高等检察厅检察长派充，并报司法部备案；书记官由审判官遴员，会同县知事派充，并报高等审判厅及检察厅备案。"第十三条规定："书记监及书记官掌理诉讼记录、统计、文牍、会计及其他关于司法上之庶务。"第十四条规定："书记监及书记官受审判官及县知事之监督。"第十五条规定："司法公署置承发吏四人至六人。承发吏受审判官之监督。"第十七条规定："司法公署置检验吏一人或二人。检验吏受县知事之监督。"第十六条规定："司法公署置司法警察若干人，受审判官及县知事之监督。"第十八条规定："司法公署酌量事务繁简得用雇员。"

根据该章程，司法公署的定位是兼理司法与审判厅（地方法院）之间的过渡组织，这也是近代中国形成的一种新的基层司法组织。在北洋政府时期，虽然司法界人士的设想为"在已设地方审判厅的地方，于附近各县逐渐筹设地方分庭；如果财力不逮而不能筹设地方分庭，各县可设立县司法公署；各县于设地方分庭或司法公署以前，仍由县知事兼理，但要加强对承审员和兼理司法县知事的管理"，这种设想原本是可行的循序渐进策略，但在县司法公署制度框架下，司法权与行政权的剥离，即是对县知事权力的限制，推行起来阻力重重，再加上经费、人才两缺，"这种努力遭遇了财政等方面的阻力，使推行司法公署与地方分庭制度计划举步维艰"，因而县司法公署制度并未完全实行。

（三）特别行政区的司法机关

北洋政府的特别行政区主要是指热河特别行政区、察哈尔特别行政区、绥远特别行政区和东省特别行政区。热河特别行政区、察哈尔特别行政区、绥远特别行政区均在都统府内设置审判处作为司法机关。审判处设处长，并分设民庭和刑庭，每庭设审判员一人，学习审判员二至四人。审判处的职权是：①审理辖区内不服县知事判决而上诉的案件；②蒙民的诉讼案件；③对于县知事拖延不结案或不合法之不受理，得向审判处诉请催结或由该处受理。

第一次世界大战后，中国东部铁路交还中国，为便于诉讼起见，将东三省铁路界内划为东省特别区域（1924年5月成为与省并行的特别行政区），又于1920年10月颁布《东省特别区域法院编制条例》，规定在哈尔滨设立高等审判厅和地方审判厅，并在铁路沿线设置地方分庭，管辖铁路线界内的诉讼案件。地方审判厅之简易庭或分庭审理初级管辖的第一审案件；不服其判决，得上诉于地方审判厅，并得依次上诉于高等审判厅和大理院。该法还规定，该审判厅辖区内关于外国人的诉讼案件，可以准许外国律师出庭。该法又规定，在高等审判厅和地方审判厅，可由司法部酌委外国人为该厅的咨议和调查员。这些咨议和调查员从在外国曾充法官或律师之人中选任。这为外国人干预中国司法审判提供了法律依据。

（四）平政院

1914年3月31日颁布《平政院编制令》（教令第三十九号），其中第一条规定："平政院直隶于大总统，察理行政官吏之违法不正行为。但以法令属特别机关管辖者不在此限。平政院审理纠弹事件不妨及司法官署之行政职权。"第二条规定："平政院审理权以平政院评事五人组织之庭行之。前项之评事每庭须有由司法职出身者一人或二人。"平政院独立于立法、行政和普通法院之外，直隶于大总统，体现了司法独立的精神。第五条规定："平政院依行政诉讼条例及本令第九条之规定就行政诉讼事件及纠弹事件行使审理权。"第六条规定："平政院设肃政厅。"第七条规定："肃政厅设肃政史。"第八条规定："平政院肃政史于人民未陈诉之事件得依行政诉讼条例之规定对于平政院提起行政诉讼。"第九条规定："平政院肃政史依纠弹条例纠弹行政官吏之违反宪法、行贿受贿、滥用威权、玩视民瘼事件。"

（五）军事审判机关

按法律规定，军事审判机关平时的管辖，除按照《陆军刑事条例》和《海军刑事条例》第二条的规定，对于非军人违犯该条例者，得行使审判权外，只限于军人（包括后备、退役军人），只有战时或宣布戒严时才对非军人适用军法和军事审判。但是，北洋军阀统治时期，由于帝国主义的操纵，各派军阀连年混战，几乎时常处在战争或戒严状态，因而实际上军事审判已代替了普通的司法审判。

（六）检察机关

《暂行法院编制法》实行审检分立制度，各级审判机关对应设立检察机关总检察厅、高等检察厅、地方检察厅、初级检察厅，分别对应于大理院、高等审判厅、地方审判厅、初级审判厅，由检察长、检察官组成，独立行使侦察、公诉和监督判决等职权。北洋政府时期各级检察厅不但独立行使其检察职权，而且有独立的预算，还掌管监狱、看守所及发行诉讼状纸等行政事务。因此，这一时期称为审检分立时期。

（七）司法行政机关

北洋政府司法行政职权由中央司法部和省司法筹备处行使，后来省司法行政划归高等审判厅或高等检察厅兼管或会同办理。

第三节 广州国民政府、武汉国民政府时期的司法概况（1925 年 7 月至 1927 年 7 月）

1921 年 7 月 1 日，中国共产党成立。在共产党的帮助下，孙中山于 1923 年 11 月发表了《中国国民党改组宣言》，实行"联俄、联共、扶助农工"三大政策的新三民主义，建立国共两党合作的革命统一战线。为了适应革命形势发展的需要，1925 年 7 月 1 日，在广州成立了国民政府，史称广州国民政府。随着北伐战争的胜利推进，为了形势发展的需要，国民政府于 1927 年 1 月从广州迁到武汉，因而又称武汉国民政府。这一政权直到 1927 年 7 月 15 日汪精卫发动反革命政变，才与南京的蒋介石政权合流（宁汉合流）。

一、司法机关

广州国民政府建立初期，基本上沿用民国初年旧制，中央设大理院行使审判权，设总检察厅行使检察权，它们均受国民党中央执行委员会的指导和监督。在地方，分设高等、地方、初等审判厅和检察厅。实行四级三审制。1926 年 10 月，国民党中央、各省区联席会议决议案规定：除省高级法院仍隶属于国民政府司法部外，"地方司法划归省政府办理"。司法部还可根据需要"酌定各省适当地点"，设立大理分院。此外，在国民革命军中设有军事法庭，并依国民党中央执行委员会的命令或法律，得设"临时法庭"或"特别法庭"。

关于司法行政机关，初期只在大理院内设立"司法行政处"，由大理院院长兼任处长；1926 年 1 月，改为"司法行政委员会"；同年 11 月，又改为"司法部"，"受国民政府之命令，管理全国司法行政，并指挥、监督省司法行政"。

二、武汉国民政府对司法制度的改革

1927 年初，武汉国民政府召开司法会议，决定进行司法改革，公布了《武汉国民政府新司法制度》。其要点如下：

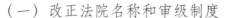

(一) 改正法院名称和审级制度

审判机关废止沿用行政厅名，如高等审判厅、地方审判厅等，一律改称"法院"，这是我国审判机关正式使用法院名称的开始。基本上采用二级二审制，但死刑案件仍以三审为终审。中央法院分为两级：最高法院和控诉法院。最高法院设在国民政府所在地，其分院酌设在省；控诉法院冠以省名，设在省城。地方法院也分为两级：县市法院和人民法院。县市法院冠以县市之名，设在县或市；但诉讼不发达的县，得并两县或三县设一法院。人民法院设在镇或乡村。

各级法院管辖权的划分：

1) 人民法院和县市法院的审判权如下：

（1）人民法院。①民事：诉讼目的物价格自三百元以下，以及其他现行法规初级法院管辖案件。②刑事：主刑为五等有期徒刑，以及拘役罚金之犯罪。并户外窃盗罪，及其赃物罪。

（2）县市法院。①民事：诉讼目的物价格三百元以上者，以及人事诉讼。②刑事：主刑自四等有期徒刑以上之犯罪。以上两项判决案件为第一审。

2) 控诉法院的审判权如下：①对于不服县市法院第一审判决之民事、人事及刑事诉讼案件，为第二审，即为终审。但死刑案件不在此限。②对于反革命之内乱罪、外患罪及妨害国交罪为第一审。

3) 最高法院的审判权如下：①对于不服县市法院第一审判决关于法律问题之民事、人事及刑事诉讼案件，为第二审，即终审。②对于不服控诉法院第一审判决之案件，为第二审，即终审。③对于不服控诉法院第二审判决之死刑案件，为第三审，即终审。

(二) 废止法院内设立行政长官制和司法官不党之法禁

（1）废止法院内设行政长官制。院内行政，组织院内"行政委员会"负责处理。院内行政委员会的组织法如下：①人民法院由审判官、参审员、书记官各一人组成院内行政委员。②县市法院以民事庭长、刑事庭长、检察官、书记官长为院内行政委员。③控诉法院及最高法院均以民事庭长、刑事庭长、首席检察官、书记官为院内行政委员。

（2）废止司法官不党之法禁。孙中山先生在看到俄国十月革命的胜利之后，将治理中国的目光投向了苏俄，自此和苏俄开始了接触，"以党治国"的理论开始萌芽。在孙中山先生提倡的"以党治国"的政治理论指导下，规定司法官须由"有社会名誉之党员兼有三年以上法律经验者"充任。这一规定否定了资产阶级所谓法官"超党派"的虚伪说教，这是个进步，但其要求的条件有些过高，脱离革命政权初建时的实际情况。其结果使很多旧官僚、旧司法人员窃据司法领导职位，把持审判大权。

关于司法官的任免，地方法院由司法厅长提交省政府委员会任免，中央法院由司法部部长提交国民政府任免。

(三) 废止检察厅

武汉国民政府时期，裁撤各级检察厅，改为在法院内酌置检察官，减少名额，缩小职权。检察官的职权是：①对于直接侵害国家法益之犯罪，以及刑事被告人或其家属放弃诉权之非亲告罪，向法院提起公诉。②关于得处死刑的犯罪，得向刑事法院陈述意见。③指挥军警逮捕刑事犯，并执行死刑判决。④其他法定职务。

（四）采用参审制及陪审制

1927年初，武汉国民政府颁布《参审陪审条例》，决定采用陪审、参审制。该条例共32条。其中第一条规定："人民法院设参审员，参与法律及事实之审判。关于党员诉讼，由人民法院所在地之党部所选参审员一人参审；关于农民诉讼，由人民法院所在地之农民协会所选参审员一人参审；关于工人诉讼，由人民法院所在地之工会所选参审员一人参审；关于商人诉讼，由人民法院所在地之商民协会所选参审员一人参审；关于妇女诉讼，由党部妇女部所选参审员一人参审。关于不属于上列各团体之人民诉讼，即由党部所选参审员一人参审。前项团体外，如有由其他团体选出参审员参审之必要时，由国民政府司法部核定之。"第二条规定："县市法院及中央法院设陪审员，参与事实之审判。前项陪审之陪审员为二人至四人，并准用前条第二项、第三项之规定。"第三条规定："参审员或陪审员由本条例所定各团体各选出四人，每星期轮流执行职务。选出参审员或陪审员时应同时选出同数之候补当选人。"第四条规定："参审员或陪审员任期半年，每三个月改选半数。"第五条规定："凡有中华民国国籍之人民，具有下列资格者，得被选为参审员或陪审员：（一）有法律知识者；（二）在党部及第一条所列农工商各会确有工作成绩者；（三）年龄在二十五岁以上，六十岁以下者。"第六条规定："有下列情形之一者，不得有选举权及被选举权：（一）曾在反革命军中服役，或曾加入反革命党派者；（二）土豪、劣绅、讼棍；（三）曾充旧日衙役者；（四）僧道或其他宗教师；（五）不以体力或脑力服劳而坐收财产上之利益为生活者；（六）依中央党部或省党部及中央政府或省政府之命令剥夺选举权及被选举权者；（七）聋人、哑人、盲人、浪费者、无能力者及精神病者；（八）被褫夺公权尚未复权者；（九）吸食鸦片烟者；（十）不识文字者。"该条例设置参审员、陪审员，并采用由人民群众选举的方法，是我国司法制度史上一大改革，具有进步的历史意义。

（五）减少讼费、状纸费

为了改变讼费及状纸费过重的问题，规定讼费须减少50%，状纸费须减少60%。但对生效民事判决之执行，征收累进执行费，以此迫使被申请人（债务人）按期履行义务。

广州国民政府、武汉国民政府的立法和司法实践再次说明：法律是取得胜利、掌握国家政权的阶级的意志的体现。由于广州国民政府、武汉国民政府中有中国共产党和国民党左派的参加，在当时革命形势高涨的情况下，经过共产党人和国民党左派的努力，广州国民政府、武汉国民政府虽先后颁布了《党员背誓罪条例》（1926年9月22日颁布）、《国民政府反革命罪条例》（1927年3月30日颁布）、《惩治贪官污吏条例》（1927年4月）及《湖北省惩治土豪劣绅暂行条例》（1927年3月）等打击敌人、保护人民的法律与法令，也提出了改革司法制度的主张，具有民主性和革命性的一面。但是由于广州国民政府、武汉国民政府中还存在着国民党右派和其他军阀、官僚、买办势力，终因敌众我寡，以及同反动势力斗争不力，不仅使已颁布的具有革命性或进步性的法律与法令未能贯彻实施，而且在军阀、官僚和国民党右派的操纵下颁布了一些限制、打击工农运动，保护军阀、官僚、地主利益的法律与法令，如《关于保护善绅的命令》（1927 年 5 月）。这说明，广州国民政府、武汉国民政府在法制领域的革命具有不彻底性的一面，这是一个深刻的教训。

第四节　南京国民政府时期的司法概况（1927—1949 年）

1927 年 4 月 12 日，蒋介石在上海发动反革命政变，并于 4 月 18 日在南京另立国民政府，史称"南京国民政府"。同年 7 月 15 日，武汉国民政府主席汪精卫宣布与共产党决裂，不久与南京国民政府合流。随后，南京国民政府开始"二期北伐"，击溃直鲁联军和孙传芳军。1928 年 12 月 29 日，东三省保安总司令张学良发出东三省"易帜"通电，表示"遵守三民主义，服从国民政府"。至此，南京国民政府在名义上统一了全国。南京国民政府成立后，中国国民党中央执行委员会于 1928 年 10 月 3 日公布《训政纲领》和《中华民国国民政府组织法》（1931 年 12 月 30 日公布《修正中华民国国民政府组织法》），并以此为主要依据建立起五院制（立法、行政、司法、监察、考试）的中央政治体制，此阶段为"训政"时期。1946 年 11 月 15 日，国民大会正式召开；11 月 28 日，《中华民国宪法草案》获国民大会审议通过。1947 年 1 月 1 日，《中华民国宪法》正式公布，并决定在同年 12 月 15 日开始实施。1948 年 3 月 29 日，"行宪国大"在南京开幕，5 月 1 日闭幕。此后，总统府成为南京国民政府的最高政府机构，开始了"宪政"时期，直到 1949 年 4 月 23 日。

一、司法机构

1927 年，南京国民政府成立，改北洋时期大理院为最高法院，一方面为全国民事、刑事案件的终审机关，另一方面行使法律解释之权，为当时最高司法机关；同时，设司法部，掌理全国司法行政。1928 年 6 月，国民党完成第二次北伐，统一中国，即宣布由"军政"进入"训政"时期。同年 10 月 4 日，国民政府颁布《中华民国国民政府组织法》，根据孙中山先生五权宪法思想，国民政府设置行政、立法、司法、考试、监察五院。该组织法规定，设立司法院为国民政府最高司法机关，掌理司法审判、司法行政、官吏惩戒及行政审判。1928 年 10 月 20 日，国民政府公布《司法院组织法》，其中第一条规定："司法院以下列各署及委员会组织之：司法行政署、司法审判署、行政审判署、官吏惩戒委员会。"同年 11 月 17 日，该条修正为："司法院以下列机关组织之：司法行政部、最高法院、行政法院、官吏惩戒委员会。"这实际上是把司法行政署改称为司法行政部，司法审判署改称为最高法院，行政审判署改为行政法院，而官吏惩戒委员会仍然存在。1931年6月13日，国民政府指令第一五八六号决定将各条规中"官吏"字样一律修改为"公务员"，因此，1934年10月17日，修正的《中华民国国民政府组织法》也将"官吏惩戒委员会"改为"公务员惩戒委员会"。

在司法院体制下，司法行政部的隶属一直处于不稳定状态。在南京国民政府时期，司法行政部前后三次反复改隶。1929年初"五院"成立时，司法行政部隶属于司法院。旋因用人行政，不能尽如人意，批评之辞颇多。1932年1月，行政院改行责任内阁制时，将司法行政部改隶行政院。此后，司法行政当局又因举措未尽合适，加上经费、司法监督等问题，遭到外界诋毁，例如：司法行政部属行政院，司法经费归其掌握，司法机关的司法经费不能独立，怎能指望司法改良；如此划定，等于以纯粹行政人员监督司法机关，如不得其人，会导致滥用行政权力，任意指挥法官的审判；司法院为司法上最高机关，却不能过问司法行政，难免形成行政干预司法之嫌。并于1934年10月修正《中华民国国民政府组织法》，司法行政部再次回归司法院。1939年12月12日，蒋介石宣誓就任国民政府行政院院长，为加强行政院及院长的权力，以该部带有"行政"字样。1942年12月12日，《中华民国国民政府组织法》再次修正，其中第三十六条为"司法院设最高法院、行政法院及公务员惩戒委员会"。1943年1月，司法行政部再行移至行政院，司法院的司法行政权改由行政院管理，司法行政权完全由行政权主宰，与司法院彻底脱离关系，以后遂成定制。1947年1月1日颁布的《中华民国宪法》第七十七条规定："司法院为国家最高司法机关，掌理民事、刑事、行政诉讼之审判及公务员之惩戒。"1947年12月25日，国民政府修正公布的《司法院组织法》第五条规定："司法院设最高法院、行政法院及公务员惩戒委员会。"以上均未涉及司法行政，而同日公布的《行政院组织法》中，司法行政部为行政院的17个部和委员会之一，因此司法行政部仍隶属于行政院。

（一）司法院

1928年的《中华民国国民政府组织法》第三十三条规定："司法院为国民政府最高司法机关，掌理司法审判、司法行政、官吏惩戒及行政审判之职权。关于特赦、减刑及复权事项由司法院院长提请国民政府核准施行。"第三十四条规定："司法院设院长、副院长各一人。院长因事故不能执行职务时，由副院长代理之。"《修正司法院组织法》第二条规定："司法院院长综理全院事务。"第三条规定："司法院院长经最高法院院长及所属各庭庭长会议议决后行使统一解释法令及变更判例之权。前项会议以司法院院长为主席。"1947年1月1日颁布的《中华民国宪法》第七十九条规定："司法院设院长、副院长各一人，由总统提名，经监察院同意任命之。"前已述及，由于司法行政部的隶属关系几经反复，这里先简单介绍一下行政法院、官吏（公务员）惩戒委员会。司法行政部将单列介绍。有关最高法院的情况，将在下面的"（三）审判机构"中详细介绍。

1. 行政法院

1932年11月17日公布的《行政法院组织法》第一条规定："行政法院掌理全国行政诉讼审判事务。"第二条规定："行政法院置院长一人，综理全院行政事务，兼任评事并充庭长。"第三条规定："行政法院分设二庭或三庭，每庭置庭长一人，除由院长兼任者外，就其余评事中遴充之，监督各该庭事务，并定其分配。"第四条规定："行政法院每庭置评事五人,掌理审判事务。每庭评事应有曾充法官者二人。"第五条规定:"行政法院之审判以评事五人之合议行之。合议审判以庭长为审判长,有事故时以评事之资深者充之。"第六条规定:"行政法院评事非具备下列各款资格者不得充任:一、对于党义有深切之研究者;二、曾任国民政府统治下简任职公务员二年以上者;三、年满三十岁者。"第八条规定:"行政法院院长特任,评事简任,书记官长荐任,书记官委任。"

2. 官吏（公务员）惩戒委员会

1931年6月8日,国民政府颁布《公务员惩戒委员会组织法》,将"官吏惩戒委员会"改为"公务员惩戒委员会"。1934年5月22日,国民政府颁布了《修正公务员惩戒委员会组织法》,共13条。其中第一条规定:"公务员惩戒委员会,直隶于司法院,除法律别有规定外,掌管一切公务员之惩戒事宜。"第二条规定:"公务员惩戒委员会,分下列二种:一、中央公务员惩戒委员会;二、地方公务员惩戒委员会。"第三条规定:"中央公务员惩戒委员会,置委员长一人,特任;委员九人至十一人,简任。掌管全国荐任职以上公务员及中央各官署委任职公务员之惩戒事宜。"第五条规定:"地方公务员惩戒委员会,分设于各省,各置委员长一人,由高等法院院长兼任。委员七人至九人。掌管各该省委任职公务员之惩戒事宜。"

1939年5月20日第五十四次立法会议通过、8月26日第六十七次立法会议修正通过《官吏惩戒委员会组织法》,共18条。其中,第一条规定:"本政府为整饬官常起见,设官吏惩戒委员会。"第二条规定:"官吏惩戒委员会分下列二种:甲、高等文官惩戒委员会掌管本政府所属各机关荐任职以上官吏之惩戒事宜。乙、普通文官惩戒委员会掌管本政府所属中央各机关委任职官吏及各地方各机关荐任职、委任职等官吏之惩戒事宜。"第三条规定:"惩戒委员会置委员长一人,特任,综理会务并监理所属职员。"第五条规定:"各官署主管长官认为所属官吏有惩戒法第三条所列情事者,应声叙理由连同证据分别移送惩戒委员会审议。但荐任职以下官吏之减俸、记过、申诫,得径由主管长官行之。"第六条规定:"惩戒委员会接受惩戒事件后,应抄件限期命被付惩戒人申辩。有必要时并得命其到场质询,被付惩戒人不于期限内申辩或准时到场者,得径为议决。"第七条规定:"惩戒事件除依职权自行调查外,得委托其他官署调查。"第八条规定:"惩戒事件之审议,高等文官惩戒委员会应以委员总额三分之二以上之出席行之;普通文官惩戒委员会亦同。"第九条规定:"惩戒事件之议决,以出席委员过半数之同意定之。不能得过半数时,应将各委员意见排列,从最不利于被付惩戒人之意见至过半数为止。"第十条规定:"惩戒事件之议决,应作成议决书,以委员长之核准行之。"第十一条规定:"惩戒议决书应由出席委员全体签名,于议决后二十日内送达被付惩戒人及所属官署,并送登政府公报。"

（二）司法行政部

1928年11月19日,国民政府颁布《司法行政部组织法》,其中,第一条规定:"司法行政部管理全国司法行政事务。"第二条规定:"司法行政部对于各地方最高级行政长官执行本部主管事务有指示、监督之责。"第三条规定:"司法行政部就主管事务对于各地方最高级行政长官之命令或处分认为有违背法令或逾越权限者,得请由司法院院长提经国务会议议决后停止或撤销之。"第十条规定:"司法行政部设部长一人,综理本部事务,监督所属职员及各机关。"第十一条规定:"司法行政部设政务次长、常任次长各一人,辅助部长处理事务。"第十六条规定:"司法行政部部长为特任职,次长、参事、司长及秘书二人为简任职,秘书、科长为荐任职,科员为委任职。"第十七条规定:"司法行政部得设技正一人或二人,为荐任职,技士三人至五人,为委任职,承长官之命办理技术事务。"

《司法行政部组织法》第四条规定:"司法行政部置下列各司:一、总务司;二、民事司;三、刑事司;四、监狱司。"司法行政部各司的主要工作内容有:

(1) 总务司。《司法行政部组织法》第六条规定了总务司所掌管的主要事项:①主管司法人事行政。其中第六条第四项为"关于司法院及所属各机关职员之任免考试事项",第五项为"关于司法院及所属各机关职员之付惩戒事项",第十一项为"关于司法机关职员之训练及教育事项"。②掌管司法财务行政,主要筹措并分配全国各省司法经费。其中第六条第七项为"关于本部经费并各项收入之预算、决算及会计事项",第八项为"关于司法经费及稽核直辖各机关之会计事项",第九项为"关于本部所管之官产物事项",第十三项为"关于稽核罚金赃物及没收等事项"。1932年,上海真茹创办的法医研究所即由司法行政部筹划和组织建成。③负责司法机关的设置。其中第六条第十项为"关于司法机关之设置、废止及其管辖区域之分划、变更事项"。④司法统计。第六条第六项为"关于编制统计报告及刊行出版物事项"。⑤第六条第十二项为"关于律师事项"。

(2) 民事司。《司法行政部组织法》第七条规定了民事司所掌管的主要事项:①关于民事诉讼审判之行政事项。②关于非讼事件事项。③关于公证事项。④关于司法机关所管之登记事项。⑤关于其他民事事项。

(3) 刑事司。《司法行政部组织法》第八条规定了刑事司所掌管的主要事项:①关于刑事诉讼审判及检察之行政事项。②关于特赦、减刑、复权、执行刑罚及缓刑事项。③关于国际引渡罪犯事项。④关于其他刑事事项。

(4) 监狱司。《司法行政部组织法》第九条规定了监狱司所掌管的主要事项:①关于监狱之设置、废止及管理事项。②关于监督监狱官吏事项。③关于假释及出狱人保护事项。④关于犯罪人异同识别事项。

1929年2月1日,国民政府司法院令公布《司法行政部处务规程》(法字第四号),1929年10月2日和1931年11月2日,分别对《司法行政部处务规程》第六条进行了修正。1935年3月2日再次修订颁布《司法行政部处务规程》。

(三) 审判机构

1927年,南京国民政府成立后,将大理院改为最高法院。同年8月16日,国民政府令第一百四十九号《改定法院名称由》要求:"所有从前之各级审判厅,在新法院编制法未公布之前,亦应自本年十月一日起一律改定名称。凡各省高等审判厅应改称某省高等法院,各省之高等审判分厅应改称为某省高等法院第几分院,各地方审判厅改称为某处地方法院,其有已设之地方分厅或分庭者,亦一并照改,以昭划一。"因此,南京国民政府时期的审判机构在最高法院之下,有高等法院及其分院、地方法院及其分院,以及县司法处和兼理司法的县政府等地方司法机构。

1. 最高法院

按照1928年11月17日的《修正司法院组织法》，最高法院为司法院的四个组成部分之一，其中第五条规定："最高法院对于民刑诉讼事件，依法律行使最高审判权。"同日颁布《最高法院组织法》，其中第一条规定："最高法院为全国终审审判机关。"第二条规定："最高法院设院长一人，综理本院事务，但不得指挥审判。"第三条规定："最高法院置下列二庭：一、民事庭；二、刑事庭。庭数视事之繁简以司法院院令定之。"第五条规定："最高法院各庭之审判为合议制。合议审判以庭长为审判长，庭长有事故时以该庭推事资深者充之。"第六条规定："最高法院配置检察署，检察署置检察长一人，指挥、监督并分配该管检察事务；设检察官若干人，处理关于检察之一切事务。"

1932年10月28日，国民政府颁布《法院组织法》，其中第二十一条规定："最高法院设于国民政府所在地。"1943年修改增加了"但必要时得于相当地点设最高法院分院"。第二十二条规定："最高法院管辖事件如下：一、不服高等法院及其分院第一审判决而上诉之刑事诉讼案件；二、不服高等法院及其分院第二审判决而上诉之民事、刑事诉讼案件；三、不服高等法院及其分院裁定而抗告之案件；四、非常上诉案件。"

2. 高等法院

1932年的《法院组织法》第十六条规定："省或特别区域各设高等法院，但其区域辽阔者设高等法院分院。"第十七条规定："高等法院管辖事件如下：一、关于内乱、外患及妨害国交之刑事第一审诉讼案件；二、不服地方法院及其分院第一审判决而上诉之民事、刑事诉讼案件；三、不服地方法院及其分院裁定而抗告之案件。"第二十条规定："高等法院分院管辖事件与高等法院同。"

3. 地方法院

1932年的《法院组织法》第九条规定："县或市各设地方法院，但其区域狭小者得合数县市设一地方法院，其区域辽阔者设地方法院分院。"第十条规定："地方法院管辖事件如下：一、民事、刑事第一审诉讼案件，但法律别有规定者不在此限。二、非讼事件。"第十五条规定："地方法院分院管辖事件与地方法院同。"地方法院起初只在各省的几个主要城市设立，其中以江宁地方法院成立最早。此后，有条件的地方相继建立地方法院。除各省主要城市外，多数地方法院由一县或数县司法机构组合而成。

4. 县法院和县司法处

1929年7月，南京国民政府司法院制订普遍设置县法院的计划，经国民党中央第二次全体会议通过，作为《训政时期国民政府施政纲领》的一部分；但截至1934年，全国设置县法院的仅37处。县知事（县长）兼理司法是民国县级司法体制的主流，至1935年，全国各县司法权还由县长兼理的县占五分之四以上。因此，司法行政部部长王用宾视察华北司法后认为，改进司法应以县长兼理司法事务的改进为第一要务。1935年6月27日，司法行政部提出《县长兼理司法事务暂行条例草案》，该草案的要点有：①县长兼理司法事务，应于县政府设司法处。②司法处审判官，独立行使审判职务。③审判官由高等法院院长呈部核派。④司法处行政事务及检察职务均由县长兼理。

1936年3月27日立法院通过、同年4月9日国民政府公布《县司法处组织暂行条例》，其中第一条规定："凡未设法院各县之司法事务，暂于县政府设县司法处处理之。"第二条规定："县司法处受理下列事件：一、民事、刑事第一审诉讼案件，但法律另有规定者不在此限。二、非讼事件。"第三条规定："县司法处置审判官，独立行使审判职务。审判官有二人以上时，以一人为主任审判官。"第四条规定："县司法处检察职务，由县长兼理之。"第九条规定："县司法处行政事务，由县长兼理之。"第十条规定："县司法处关于司法行政事务，受高等法院院长之监督；关于审判事务，受高等法院或其分院院长之监督；关于检察职务，受高等法院或其分院首席检察官之监督。"第十三条规定："本条例施行期间以三年为限。"同年4月24日，司法行政部训令各省高等法院（广东、宁夏除外），自本年7月1日起，所有兼理司法县份，分3期改设司法处，每一期不得逾半年，预计1939年6月底止，一律改设完备。条例施行期以3年为限，改设县司法处只是初步工作，最终目的是改设正式法院。但由于抗日战争（简称抗战）全面爆发，设立县司法处的工作一度停顿。为此，1939年5月16日，司法行政部部令第十四号颁布《县知事兼理司法事务暂行条例》，其中第一条规定："凡未设立法院或县司法处之各县司法事务，暂由县知事兼理之。"第二条规定："县知事审理诉讼案件，设承审员一人或二人助理之。"第六条规定："县知事关于司法行政事务，受高等法院长官之监督，承审员受县知事之监督。"

直到1941年，司法经费改由国民政府中央财政统一拨付，司法行政部乘此良机通过财政部增加预算，除设各地高等法院分院和地方法院外，增设了各县司法处作为正式法院的过渡机构，才将县长兼理司法规定撤销。此后，县司法处相关法规陆续制定、颁布，形成了一个比较完整的体系。1944年9月23日，国民政府修正《县司法处组织暂行条例》，取消"暂行"二字，改称《县司法处组织条例》，条例内容没有变化。据统计，广东省早在1921年就完成了地方审判厅和各县地方分厅的普遍设立；至1935年，地方分厅改组为地方分院基本完成；至1936年底，各省第一期改设县司法处共384所；至1937年底，各省设置县司法处计757所；至1940年3月，设置县司法处计896所；至1946年，除新疆情形特殊外，其余各省共设县司法处1318所。

1946年，《中华民国宪法》颁布。1947年11月5日，南京召开了"全国司法行政检讨会议"，主要讨论了改进检察业务、县司法处改设法院、废除县长兼任检察职务、提高司法人员待遇等问题。最后决议：①3年内所有县司法处一律改设法院。②县司法处改设法院前，县长不再兼检察职务。③上项检察人员之名称，由司法行政部酌定。但由于政局动荡，整顿受阻，落实者少。1938—1947年，全国共计增设县司法处、地方法院各446所。1940—1948年，江西省依据诉讼繁简，先后将南康、宁都等17所县司法处改设成地方法院。

5. 各级法院内部设置

根据1928年11月颁布的《最高法院组织法》，最高法院设院长1人，为特任职；民庭、刑庭庭长为简任职；推事若干人，为简任职或荐任职；最高法院检察署检察长1人，为简任职，检察官为简任职或荐任职；书记官长为荐任职，书记官为荐任职或委任职。根据1932年《法院组织法》，高等法院设院长1人，由简任推事兼任，其余推事为荐任；下设民事庭、刑事庭，各庭置庭长1人；首席检察官1人、检察官若干人，为荐任；书记官长1人，为荐任，书记官若干，为委任。高等法院各分院、各地方法院、各县法院的内部组织机构与高等法院大致相同，只是规模较小。一般设院长1人，推事若干人，书记官长1人，书记官若干人等。审判庭以民、刑各一庭者为多，大的地方法院增设民庭、刑庭，派资深推事兼任庭长。法院内置检察官若干人，2人以上设首席检察官1人。1943年修正的《法院组织法》第二十八条规定："各级法院及分院之所在地设置检察署及分署，其管辖区域与各该法院及分院同。"

除法庭外，在法院内部通常设有以下处室为对外机构：侦查室（供检察官用）、法院收发处、检察收发处、法院收状室、检察收状室、刑事案件报到处、民事案件报到处、律师办公室（包括阅卷室）、收费处和检验室（即法医和检验员执行检验的场所，备有多种检验用具，检验员常驻室内）。1943年，各级法院和分院设置检察署后，法医和检验员由检察署管理，由于检验员需要日夜值班，地方法院配3人以上检验员，大的县2～3人，小的县1～2人。

县司法处是独立的审判机构，职权与地方法院相同，但人员较少。根据1944年的《县司法处组织条例》，县司法处配备如下：审判官（有2人以上时设主任审判官），由高等法院院长呈请司法行政部核派，荐任待遇；书记官（有2人以上时设主任书记官），由高等法院委派；检验员，由高等法院甄选派充；执达员、录事、庭丁、司法警察由主任审判官或审判官派充或雇用，并将名额呈报高等法院备案。检察职务由县长兼理。

（四）检察机关的设置及职权

检察机关在南京国民政府的司法体系和诉讼活动中占有重要地位。1927年，南京国民政府建立以后，实行审检配置制度。1927年8月16日，国民政府令第一百四十八号《裁撤检察机关由》指出："司法实务，经纬万端，近值刷新时期，亟应实行改进。即如检察机关制度，体察现在国情，参酌各国法制，实无专设机关之必要，应自本年十月一日起，将各级检察厅一律裁撤，所有原日之检察官暂行配置于各该级法院之内，暂时仍旧行使检察职权，其原设之检察长及监督检察官一并改为各该级法院之首席检察官。着司法部迅即遵照筹办，此令。"司法部部长王宠惠在《呈请裁撤检察机关并改定法院名称请鉴核示遵由》说明了裁撤检察厅的原因："窃查检察制度，以检举及执行两项为最大要素。故论其职掌，只是法院中司法行政之一种。吾国自改良司法以来，各级审判、检察机关无不两相对峙，就经过事实而论，其不便之处有如下数点：一、糜费过多，二、手续过繁，三、同级两长易生意见。"但由于某种原因，该训令未能在10月1日准时施行。同年10月20日，经司法部呈请，国民政府又颁布第八十九号令，同意延期至11月1日起施行。

因此，1932年的《法院组织法》第二十六条规定："最高法院设检察署，置检察官若干人，以一人为检察长。其他法院及分院各置检察官若干人，以一人为首席检察官，其检察官员额仅有一人时不置首席检察官。"第二十七条规定："各级法院及分院配置检察官之员额以法律定之。"此时虽无检察署的设置，但其第二十九条规定"检察官对于法院独立行其职权"。县司法处独立的审判机构，职权与地方法院相同，检察职务由县长（知事）兼理。直至 1943 年，修正的《法院组织法》第二十八条规定："各级法院及分院之所在地设置检察署及分署，其管辖区域与各该法院及分院同。"第二十九条规定："检察署分下列三级：一、地方检察署，二、高等检察署，三、最高检察署。"之后，高级法院和地方法院及其分院才恢复了检察机关的设置。

1932 年的《法院组织法》第二十八条规定了检察官的职权："一、实施侦查、提起公诉、实行公诉、协助自诉、担当自诉及指挥刑事裁判之执行；二、其他法令所定职务之执行。"

二、司法制度

南京国民政府建立初期，基本沿袭北洋政府的司法体制，实行四级三审制。1928 年 8 月，国民政府司法部拟就《法院组织法草案》，几经司法院、国民党中央政治会议审查修改，最后经立法院通过，于 1932 年 10 月 28 日由国民政府正式公布《法院组织法》，1935 年 7 月 1 日施行，它确立了南京国民政府的基本司法体制。

（一）三级三审体制

法院为审判民事、刑事诉讼案件的国家机关，并依法律所定管辖非讼案件。按照《法院组织法》规定，南京国民政府的法院设置及审级制度，实行三级三审制。法院的三级设置为：在县或市一级设地方法院，区域狭小者可以合数县市设一地方法院，区域辽阔者也可设地方法院分院；在省或特别区域各设高等法院，但其区域辽阔者得设高等法院分院；在国民政府所在地设最高法院，隶属于国民政府司法院，1943 年修改增加了"但必要时得于相当地点设最高法院分院"。所谓三审制，即地方法院为第一审时，高等法院为第二审，最高法院为终审。第三审仅限于违背法律的案件，即法律审。高等法院为第一审时，最高法院为第二审，即终审。最高法院一审即为终审。

关于为何实行三级三审制，国民党中央执行委员会政治会议通过的《法院组织法立法原则》在说明中阐明了其理由："我国旧制为四级三审。然自民国三年裁撤初级审判厅后，四级之名实俱亡久矣。嗣乃于地方审判厅添设简易庭，而以向属初级审判厅管辖之案属之，所为判决仍上诉于该地方审判厅。以同一之法院强分之为二级，同一法院之判决强名之曰两审，诉讼转滋纠纷，人民实受苦累。兹定为实行三级制度，曰地方法院，曰高等法院，曰最高法院，简单明了，民听不纷。其诉讼以三审为原则者，求诉讼之谨慎也。沿用现行民刑诉讼之立法例，以二审为例外者，求诉讼之早结，减除人民缠讼之苦也。若其详细规定，应俟诸民刑诉讼法。"

1936 年 4 月 9 日，国民政府公布的《县司法处组织暂行条例》第二条规定："县司法处受理下列事件：一、民事、刑事第一审诉讼案件。但法律另有规定者不在此限。二、非讼事件。"因此，县司法处也相当于第一审地方法院，各级法院审限与管辖事件见表 1-1，地方法院及其分院（县司法处）为第一审，除特种刑事案件由军法机关审理，内乱、外患及妨害国交之刑事第一审诉讼案件由高等法院及其分院管辖外，其他民事、刑事案件第一审由各地方法院或县司法处管辖，不服其判决或裁定者，可向高等法院上诉或抗告。高等法院及其分院为一般民事、刑事案件的第二审机关。最高法院是一般民事、刑事案件的第三审机关。但是，只有以高等法院之审判违背法令（主要指程序法）为理由，才可上诉至第三审。也就是说，即使高等法院之判决，在事实认定上是错误的，也不得上诉。因此，最高法院只是法律审。

表1-1　各级法院审限与管辖事件

审级	机构	管辖事件	例外情况
第三审	最高法院	不服高等法院及其分院第二审判决而上诉之民事、刑事诉讼案件，不服高等法院及其分院裁定而抗告之案件，非常上诉案件	不服高等法院及其分院第一审判决而上诉之刑事诉讼案件
第二审	高等法院及其分院	不服地方法院及其分院、县司法处第一审判决而上诉之民事刑事诉讼案件，不服地方法院及其分院、县司法处裁定而抗告之案件	内乱、外患及妨害国交之刑事第一审诉讼案件
第一审	地方法院及其分院，县司法处	民事、刑事第一审诉讼案件，非讼事件	

（二）司法独立与"司法党化"

南京国民政府的《中华民国宪法》和《法院组织法》都把"司法独立"原则作为其国家体制和司法制度的一项基本原则，借以标榜其司法的公正性。它规定，法官依据法律独立审判，不受任何干涉，即使上级法院对下级法院，也只实行司法行政监督，而不得影响其审判权之独立行使，借以保证"司法独立"原则的实现。国民党中央执行委员会政治会议关于《法院组织法立法原则》（附说明）中也规定："实任推事，除有法定原因，并依法定程序外，对之不得有勒令停职、免职、转职及减俸等事。"

但是，南京国民政府所谓的"司法独立"是极有限的。1927年，宁汉合流之后，王宠惠主持司法工作，极力推进"以党治国"。后居正上台，成为司法工作的中枢。居正在《司法党化问题》一文中论述了国民党与司法党化的关系，他认为：在"以党治国"这个大原则统治着的国家，"司法党化"应该视作"家常便饭"。因为，"司法是国家生存之保障，社会秩序之前卫，如果不把它党化了，换言之，如果尚容许旧社会意识偷藏潜伏于自己司法系统当中，那就无异容许敌方遣派的奸细参加自己卫队的营幕里。这是何等一个自杀政策"。"司法党化"必须有以下两个含义：主观方面，司法干部人员一律党化；客观方面，适用法律之际，必须注意于党义之运用。因此，在20世纪30年代，立法院将国民党党义灌输到立法部门工作中，颁布了大量的法律，体现了国民党的意志和思想；并在司法官的选任和培训环节灌输党义，极大地推进了"司法党化"的速度。

（三）法庭组成——独任制与合议制

南京国民政府法院的审判组织，在地方法院原则上采用独任制，即地方法院对于一般第一审案件，由推事1人独立审理判决。但对于特别重大之民事、刑事案件，可由法院斟酌情形，得以3人组成合议庭进行审判。高等法院审理第二审案件，不论何种案件,一律采取3人合议制;但最初之调查和准备工作,可由推事1人进行。最高法院审判第三审案件,由推事3人或5人合议进行。合议审判,以庭长充任审判长;无庭长或庭长有事故时,由庭员中资历较深者充任。独任审判即以该推事行审判长之职权。

南京国民政府法院一般不实行陪审制度。依据1929年8月17日公布的《反革命案件陪审暂行法》,只有对所谓的"反革命"案件,不服一审判决,基于事实问题而提起上诉者,由所在地之国民党党部声请交付陪审评议,在高等法院或分院所在地的陪审员名册中(陪审员应为年龄25岁以上的国民党党员)随机抽取6人组成陪审团,参与事实审理,以加强对法院的监督。

(四)诉讼制度

1. 刑事诉讼制度

南京国民政府成立初期的刑事诉讼制度都暂用北洋政府制定的《刑事诉讼条例》。1928年2月,南京国民政府责令司法部起草《刑事诉讼法》,几经讨论审查修改,最后经国民党中央执行委员会政治会议通过《刑事诉讼法》,于1928年7月28日公布,并同时公布了《刑事诉讼法施行条例》,均于同年9月1日起施行。该诉讼法是以北洋政府制定的《刑事诉讼条例》为基础,稍加修改制定的。它仍采取四级三审制,严格限制被害人民的自诉权利,初级法院适用简易诉讼程序等原则。1931年12月9日,立法院决定修改《刑事诉讼法》。1933年6月,司法部拟成《修正刑事诉讼法草案》,同年11月经立法院两读讨论通过,1935年1月1日公布了《刑事诉讼法》,4月1日又公布了《刑事诉讼法施行法》,均于同年7月1日起施行。

此外,南京国民政府还陆续颁布了各种特别刑事诉讼法规,如《危害民国紧急治罪法》《妨害国家总动员惩罚暂行条例》《各省高级军事机关代核军法案件暂行办法》和《县长及地方行政长官兼理军法暂行办法》《特种刑事案件诉讼条例》《特种刑事法庭审判条例》等。

2. 民事诉讼制度

南京国民政府建立初期,在西南诸省,仍适用清末《民事诉讼律草案》;在原北洋政府所辖各省,仍适用《民事诉讼条例》。1928年2月,司法部开始拟制《民事诉讼法草案》。其以北洋政府制定的《民事诉讼条例》为基础,于同年7月修改而成,并随即移送国民政府、国民党中央执行委员会政治会议审查,后经立法院三读讨论通过。1930年12月26日,国民政府公布了《民事诉讼法》第一编至第五编第三章;1931年2月13日公布了《民事诉讼法》第五编第四章,即人事诉讼程序。1932年5月14日,国民政府又公布了《民事诉讼法施行法》。《民事诉讼法》施行两年后,司法部根据各地意见,又重新修订,经立法院讨论通过。1935年2月1日,国民政府公布新的《民事诉讼法》(7月1日施行),共分9编、636条,将民事审判程序分为第一审、上诉审、抗告、再审、督促、保全、公示催告和人事诉讼程序。1935年5月10日,国民政府又公布了新的《民事诉讼法施行法》。

抗战全面爆发后,社会变动剧烈,国民政府迁都重庆,于1941年7月1日颁布(同日施行)《非常时期民事诉讼补充条例》30条、《非常时期刑事诉讼补充条例》38条,以适应变化的社会情形。抗日战争胜利后,1945年12月26日,国民政府颁布了

《修正民事诉讼法条文》和《修正刑事诉讼法条文》。

第五节 民国时期法医学制度概况

由于南京临时政府及广州国民政府、武汉国民政府存在时间较短,真正有效控制和管辖的区域也不是很大,而且对法医学制度也几无涉及,因此本节主要介绍北洋政府时期和南京国民政府时期的法医学制度概况。

一、北洋政府时期的法医学制度

北洋政府时期,法医人员基本上是清末遗留下来的检验吏,多是未经培养的忤作承担检验工作。虽然此时已在省城开始设法庭断案,但在边远山区,仍然沿袭衙门公堂的开庭形式,仍不乏由忤作喝报伤情,审判官躬亲检验的情况。因为,此时接受过现代法医学知识教育的检验人员几乎为零,根本无法进行现代法医学检验。然而,北洋政府对法医检验的法律规定,对促进法医学走向现代化具有重要意义。

(一)关于法医检验的制度

1.《刑事诉讼律草案》关于尸体解剖的规定

民国元年(1912)4月7日,司法部呈准政府援用清末修律大臣沈家本完成的《刑事诉讼律草案》相关条文,并于5月12日以司法部令刊发各审判衙门遵照执行。其中第一编第三章第三节第一百一十九条规定:"为发见证据,遇有必要情形,应临犯所或其余处所实施检证处分。理由:谨案,本条规定临检之权限至其方法及有其权限之吏员,详见以下各条。"第一百二十条规定:"遇有横死人或疑为横死之尸体应速行检证。理由:谨案,刑事审判其准备或实行时,检验尸体者古今各国其例甚多,唯本条所定盖欲吏员从速实施,以为保全证据之法也。"第一百二十一条规定:"检证得发掘坟墓、解剖尸体、并实施其余必要处分。理由:谨案,重视坟墓尊敬尸体古今皆然,故法律上亦有保卫之责。唯因搜集证据起见,有非发掘坟墓不足以辨识被害人之实状,非解剖尸体不足以断定犯罪事实之真相者。例如,中毒致死案件,非实验尸体或解剖不能举示证迹,故本条特规定之。此虽为吾国向有之事,然究属非常处分,非遇不得已情形,不宜轻率从事也。"辛亥革命后的第一部《刑事诉讼律草案》冲破了封建法典的长期束缚,为准许法医解剖奠定了法律基础。

2.《刑事诉讼律草案》和《京师高等以下各级审判厅试行章程》关于鉴定人资格、权利、义务、业务范围等的规定

除了关于解剖尸体的规定外,民国元年(1912)的《刑事诉讼律草案》,1913年9月修正的《京师高等以下各级审判厅试行章程》及1915年6月修正刊行的《法院编制法》等,还对鉴定人的资格、权利、义务和业务范围等做了详细的规定。

(1)关于鉴定人的资格和选用。《刑事诉讼律草案》第一编第五节第一百八十三条规定："鉴定应选有学识技艺或职业及其他经验能胜任者充之。理由：谨案，本条规定鉴定人之资格，例如，被告人有无心疾或其物件系由何地产出等项，非有特别学识经验者未能断定之也。唯该鉴定人，不问贵贱贫富老幼男女，必以能胜鉴定之任者为断。"

1913 年 9 月，北洋政府司法部对清末颁布的《京师高等以下各级审判厅试行章程》的第六十条、第六十一条、第六十五条进行了修正，其余条文未变。其中第七十四条规定："凡诉讼上有必须鉴定始能得其事实之真相者，得用鉴定人。"第七十五条："鉴定人由审判官选用，不论本国人或外国人，凡有一定之学识经验及技能者，均得为之。但民事得由两造指名呈请选用。"第七十七条："凡有下列之原因者不得为证人或鉴定人：（一）与原告或被告为亲属者；（二）未成丁者；（三）有心疾或疯癫者；（四）曾受刑者。"

（2）关于鉴定人的权利。《刑事诉讼律草案》第一百八十七条规定："遇有鉴定上必要情形，鉴定人经各该官厅可许，得阅读文件及证据物，并于讯问被告人、证人时莅视。鉴定人得请求讯问被告人、证人，并经许可亲自发问。理由：谨案，本条所列各事宜，俱属实施鉴定时所不可少之程序。"第一百八十八条规定："鉴定人得增加数额或更易其人。理由：谨案，鉴定人若专恃一人之能力未能实施鉴定或其人不甚合宜者，应由检察审判各厅分别增加人数或另属他人鉴定以期完密。"第一百九十条规定："鉴定人不得句摄①。理由：谨案，鉴定人以其学术技艺或特种经验从事鉴定以补助检察与司法之确实，自不得径行句摄损害其名誉。即句摄强令到场，其鉴定难保无虚伪之弊，故特设本条禁止之。唯不肯即行到场者，可据次条科以第一百五十七条之罚锾，并可引用第一百五十八条再送传票。"

（3）关于鉴定人的义务。《刑事诉讼律草案》第一百八十四条规定："鉴定人应于鉴定前具结必为诚实之鉴定。理由：谨案，鉴定人之义务与为证人之义务同，故亦须取具甘结②。唯证人所具甘结陈明所述真确，并无捏饰增损等情；而鉴定人所具甘结亦须声明必为诚实鉴定，决并无欺饰。至结文格式，则据第一百九十一条准第一百七十条行之。"

1913 年 9 月修正的《京师高等以下各级审判厅试行章程》第七十六条规定："鉴定人于鉴定后须作确实鉴定书并负其责任。"

1915 年 6 月修正刊行的《法院编制法》第六十一条规定："有妨害法庭执务或其他不当之行为者，审判长得酌量轻重照下列各款分别处分：（一）命退出法庭；（二）命看管至闭庭时；（三）至闭庭时更得处十日以下之拘留或十元以下之罚金。"第六十二条规定："原、被告及中证人、鉴定人、翻译等有前条行为者，照下列各款分别处分：……（四）中证人、鉴定人、翻译等得不待闭庭实行前条第三款处分。"也就是说，鉴定人如有妨害法庭执务或其他不当之行为者，审判长可不待闭庭对其实行十日以下之拘

---

① 句摄：即拘摄、拘拿。
② 甘结：一指旧时交给官府的一种字据，表示愿意承担某种义务或责任，如果不能履行诺言，甘愿接受处罚。如清朝梁绍壬《两般秋雨盦随笔·缓葬》："举人进士亲丧未葬者，不准入官。凡考试铨选，俱令地方官具印结，邻里具甘结，方为合例。"二指立文据保证。如《宋提刑洗冤集录·圣朝颁降新例·检验法式》："仍取苦主并听一干人等，连名甘结，依式备细开写当日保结。"

留或十元以下之罚金的处分。

（4）关于鉴定业务范围。《刑事诉讼律草案》第一百八十五条规定："鉴定事宜应豫指定之。鉴定人应以书状或言词报告鉴定程序及其结果。理由：谨案，鉴定事宜若不豫定范围，往往鉴定人无从决定取舍，例如，命医者鉴定被告人有无心疾，须先告以鉴定有无心疾之事项，其有心疾者并使鉴定其性质与发生时期，及犯罪时是否为发生心疾之时。有此豫定范围，鉴定人乃于所指事项一一断定之。至鉴定报告，大抵依用文书，但以言词报告亦可。"第一百八十六条规定："遇有必要情形，得以有关鉴定之物交付鉴定人，令于各该官厅之外鉴定之。理由：谨案，实施鉴定，往往须借化学格致医学等实验之法，而检察审判厅内平时未尝准备此等实验室及其材料机械，实际上将不能实施鉴定，故本条特为规定之。"

（5）其他规定。《刑事诉讼律草案》第一百八十九条规定："审判衙门或受命推事命鉴定人鉴定时，得由检察官、辩护人苈视。第一百四十一条第三项规定于前项苈视准用之。理由：谨案，代表原告之检察官及救助被告之辩护人均有辨识鉴定当否之责，本条特为规定之。"

这些法律规定与日本的法律规定颇为相似，也参考了欧美的某些法律规定。从历史角度上说，为查明死因，准许解剖尸体，这是我国古代法医学与现代法医学的分水岭，是现代法医学赖以发展的法律基石。从此，我国法医工作者才有可能公开地研究人体内部问题，才有可能应用和吸收现代医学发展成就，使其为法医学服务，为法庭提供科学的证据。

3.《解剖规则》与《解剖规则施行细则》

民国二年（1913）11月22日，内务部以第五十一号令发布了我国第一个《解剖规则》，共5条。其内容如下：

第一条　医士对于病死体得剖视其患部研究病源，但须得该死体亲属之同意，并呈明该管地方官厅，始得执行。

第二条　警官及检察官对于变死体非解剖不能确知其致命之由者，得指派医士执行解剖。

第三条　凡刑死体及监狱中病死体无亲属故旧收其遗骸者，该管官厅得将该尸体付医士执行解剖，以供医学实验之用，但解剖后须将原体缝合并掩埋之。

第四条　凡志在供学术研究而以遗言付解剖之死体，得由其亲属呈明该管官厅，得其许可后送交医士解剖之。但解剖后须将原体缝合还其亲属。

第五条　本规则自公布日施行。

1914年4月22日，内务部又以第八十五号令公布《解剖规则施行细则》，共十条。其内容如下：

第一条　凡国立、公立及教育部认可各医校暨地方病院，经行政官厅认为组织完全确著成效者，其医士皆得在该校该院内执行解剖。

第二条　依本规则第一、第四条规定之死体，医士得该亲属之同意执行解剖者，应按照原则办理。但在炎暑时，得一面共同呈报该管官厅，一面执行解剖。

第三条　依本规则第三条所规定应由官厅付医士解剖者，凡本细则第一条指定之医校得向该管官厅请领。请领时即依原条办理外，须依下列之手续行之：

一、是项刑死体或监狱病死体，由官厅付与医校解剖者，于领取时双方均须用正式函件钤盖印章。其在私立医校，经教育部认可者始得承领。

二、司法官厅于发给尸体时应特制凭照，随同发给各医校，领到尸体于执行解剖后即将凭照保存，月终汇送地方行政官厅存案，毋庸缴回各监狱官。

三、司法官厅当交付尸体时，须在凭照上填明该尸体之姓名、年岁、籍贯及具数，并盖印章。该医校于领到尸体后并应将凭照上所载该尸体之姓名、年岁、籍贯及领到日期记入簿册备查。

第四条　依本规则第四条应行解剖之尸体，如非死于病院，须将医士诊断书呈送官厅验明，始得送付医士解剖之，唯医士于解剖尸体后，应即时呈报官厅备查。

第五条　凡既经解剖之尸体，除第一、第四两条所载者，须得该亲属之同意始得酌留标本外，余如第三条所载之尸体在医术上认为必要时，得酌留该尸体之数部或一部以作标本。

第六条　凡尸体既经解剖，除所留作标本之一部或数部外，能缝合者应按照规则第三、第四两条所订为之缝合。但规则第三条所载之死体，既系供医学实验之用，解剖后如因事实上窒碍难以缝合，除留作标本者外，应将余体凑集一处，以便装置掩埋。

第七条　尸体既经缝合后，有亲属者还该亲属掩埋；无亲属者由执行解剖之医校掩埋，并须于掩埋处记以标识。但规则第三条所载无亲属收领遗骸之死体，于建有火葬场处，该医校得因事实之便利，酌量变通，付之火化。火化后仍将遗灰装坛掩埋，记以标识，并呈报该管地方行政官厅。

第八条　每届年终，该医校等应将解剖尸体具数及一切情形，在京用正式公函汇报警察官厅，在外汇报各地方行政官厅转行呈部备案。

第九条　本细则有未尽事宜，得随时修正，以臻完善。

第十条　本细则自公布日施行。

（二）关于法医人员配置

1914年，北洋政府颁布《县知事兼理司法事务暂行条例》，规定可设检验吏1～2人，检验吏受县知事及承审员之监督。1917年，北洋政府颁布《县司法公署组织章程》，也规定司法公署设检验吏1～2人。

二、南京国民政府时期的法医学制度

1927年，南京国民政府取代北洋政府。1928年10月，南京国民政府下设立法、司法、行政、监察、考试五院，建立五权分立的政府体制。司法院行使司法权，改革司法制度，将各级审判厅、检察厅合并为法院，司法行政部管辖全国各省司法机构，总揽全国各司法行政大权。

但是，南京国民政府成立后并未立即立法对县一级的司法机关进行规范，因而在长时间内县一级的司法制度延续了北洋政府时期的法令。对于地方法院的立法，1932年10月颁布了《法院组织法》，其中作出了要求各县普遍设置地方法院的规定，因此对于过渡性的司法组织——司法公署，实际上是被废止了。但囿于经费、人才等多方面的因素，地方法院并未能够普遍建立，因此1936年国民政府又颁布了《县司法处组织暂行条例》，用司法处取代司法公署，作为过渡性司法组织。同时，国民政府对于兼理司法制度又并未真正废除，继续沿用北洋政府的相关法规。

南京国民政府建立初期，基本沿用北洋政府的《暂行新刑律》。1928年3月10日始公布第一个刑法典《中华民国刑法》，1928年7月28日公布《中华民国刑事诉讼法》，标志着南京国民政府正式制定法律的开始。1929—1930年先后公布《中华民国民法》的"第一编总则""第二编债""第三编物权""第四编亲属""第五编继承"，标志民国法制建设进入一个新的阶段。1932年10月公布了《法院组织法》（1945年4月再次修改后公布，共15章91条）。1935年又公布了修改的《中华民国刑法》，即所谓《新刑法》（共57章，357条），新《刑事诉讼法》（分9编、516条）和《民事诉讼法》等。在这些法律中，与法医学有关的内容如下。

（一）法医师、检验员的设置

1927年，南京国民政府成立后，将大理院改为最高法院。同年8月16日，国民政府令第一百四十九号《改定法院名称由》要求，各省高等审判厅应改称某省高等法院，各省之高等审判分厅应改称为某省高等法院第几分院，各地方审判厅改称为某处地方法院。但囿于经费、人才等多方面的因素，地方法院并未能够普遍建立，因而在长时间内县一级的司法制度延续了北洋政府时期的法令。例如，1929年，四川廿一军司令部根据北洋政府颁布的《县司法公署组织章程》，以及北洋政府于1923年颁布的修正的《县司法公署组织章程》，并结合实际情形，自行制定《县司法公署组织办法》，将其成区内各县依诉讼案件的多少分为繁、中、简三类，繁等县和中等县设置司法公署，设有检验吏2人，简县暂不设置司法公署。1930年10月，廿一军成区内各县司法公署按诉讼案件数量的多少改组为甲、乙两等县法院，均设检验吏2人。根据廿一军司令部的《修正县长兼理司法暂行办法》，兼理司法的各县应设置检验吏1~2人。1932年，涪陵县政府依照廿一军司令部办法制定和颁布了《县长兼理司法办事细则》，规定涪陵县政府设置检验吏2人，"专司检验生伤及尸体事务"。

1932年10月公布《法院组织法》，其中第八章第五十一条规定："地方法院及其分院，为检验尸伤，除临时指定专门人员外，得置检验员。"该法又分别于1935年、1938年、1943年、1945年、1946年修正后公布，其中1943年修正的《法院组织法》第二十八条规定："各级法院及分院之所在地设置检察署及分署，其管辖区域与各该法院及分院同。"第五十五条规定："地方法院地方检察署及其分院分署，为检验尸伤，除临时指定专门人员外，得置法医或检验员。"1945年又修改了法医师、检验员的设置，其中第五十一条修改为："地方法院及其分院，为检验尸伤，除临时指定专门人员外，得置法医师、检验员。"第九十一条修改为："……关于法医师、检验员之任用，适用技术人员任用条例之规定。"

1936年，南京国民政府颁布的《县司法处组织暂行条例》第七条规定："县司法处人员置检验员、执达员、录事、庭丁、司法警察，前项检验员，由高等法院甄选派充。"同时规定检验员等受审判官及县长之监督指挥。1939年颁布的《县知事兼理司法事务暂行条例》，也规定了县知事可根据诉讼需要配置检验员1人，由县知事呈请高等法院核派，受县知事及承审员之监督指挥。县司法处检验员作为委任职专门技术人员，其任用资格适用于《技术人员任用条例》第四条关于委任职技术人员各款所规定的资格，例如，"经普通考试各种技术人员（检验员）考试及格或与普通考试相当之特种技术人员考试及格者"等。检验员主要职责在于检验尸伤及民事、刑事案件的鉴定事项等。

（二）法医鉴定人的资格、权利与义务

1928年以后的南京国民政府法律对法医鉴定人资格、权利、义务、出庭作证等做了具体规定。1928年的《刑事诉讼法》第八章对鉴定人进行了规定：①关于鉴定人的资格，第一百一十八条规定："鉴定人应选有学识经验或经公署委任而有鉴定职务者一人或数人充之。"②关于鉴定人的权利，第一百二十二条规定："鉴定人得检阅卷宗及证据物件。鉴定人得请求讯问自诉人、被告或证人，并许其在场及亲自发问。"第一百一十八条还规定了"鉴定人不得拘提及将罚锾易科拘留"。③关于鉴定人的义务，第一百二十一条规定："鉴定人应于鉴定前具结，具结应于结文内记载必本其所知为公正之鉴定等语。"第一百二十三条规定："鉴定之经过及其结果应命鉴定人报告。鉴定人有数人时，得使其共同报告之。但意见不同者，应将各意见及其理由一并报告。以书状报告者，遇有必要时，得使其以言词说明之。"第一百二十四条规定："鉴定有不完备者，得命增加人数或命他人继续或另行鉴定之。"第一百二十五条规定："鉴定被告之心神状况，有必要时得依鉴定人之声请，豫定期限命将被告送入医院或其他适当之处所，但其期限于同一案件不得逾一月。前项处分，侦查中由检察官声请，该管法院审批中由法院或受命推事裁定之。"

1935年修订的《刑事诉讼法》第一百八十五条对鉴定人选进行了规定："鉴定人由审判长受命推事或检察官就下列之人选任一人或数人充之：（一）就鉴定事项有特别知识经验者；（二）经公署委任有鉴定职务者。"第一百九十二条规定："鉴定人因鉴定之必要，得经审判长、受命推事或检察官之许可，检阅卷宗及证物，并得请求搜集或调取之。鉴定人得请求讯问被告，自诉人或证人，并许其在场及亲自发问。"第一百九十六条规定："鉴定人于法定之日费、旅费外，得向法院请求相当之报酬及偿还因鉴定所支出之费用。"第一百九十三条规定："鉴定之经过及其结果应命鉴定人以言词或书状报告。鉴定人有数人时，得使其共同报告之。但意见不同者，应使其各别报告。以书状报告者，于必要时，得使其以言词说明。"第一百八十六条："鉴定人不得拘提。"第一百八十九条："鉴定人应于鉴定前具结，其结文内应记载必为公正诚实之鉴定等语。"

（三）法医鉴定的实施

1935年修订的《刑事诉讼法》第一百九十条对鉴定的实施进行了规定："审判长、受命推事或检察官于必要时，得使鉴定人于法院外为鉴定。前项情形得将关于鉴定之物交付鉴定人。因鉴定被告心神或身体之必要，得预定期间将被告送入医院或其他适当之处所。"第一百九十一条对鉴定人检查身体、解剖尸体或毁坏物体的权限进行了规定："鉴定人因鉴定之必要得经审判长、受命推事或检察官之许可检查身体、解剖尸体或毁坏物体。"第一百九十四条规定："鉴定有不完备者，得命增加人数或命他人继续或另行鉴定。"第一百九十五条规定："法院或检察官得嘱托医院、学校或其他相当之机关

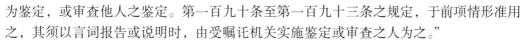

为鉴定，或审查他人之鉴定。第一百九十条至第一百九十三条之规定，于前项情形准用之，其须以言词报告或说明时，由受嘱托机关实施鉴定或审查之人为之。"

1928年的《刑事诉讼法》的第十章和1935年的《刑事诉讼法》的第十二章都对"勘验"进行了规定。其中，1935年的《刑事诉讼法》第十二章第一百五十四条规定："法院或检察官因调查证据或犯罪情形得实施勘验。"第一百五十五条规定："勘验得为下列处分：（一）覆勘犯所或其他与案情有关系之处所。（二）检查身体。（三）检验尸体。（四）解剖尸体。（五）检查与案情有关系之物件。（六）其他必要之处分。"第一百五十六条规定："行勘验时，得命证人、鉴定人到场。"第一百五十七条规定："检查身体，如系被告以外之人，以有相当理由可认为于调查犯罪情形有必要者为限，始得为之。检查妇女身体，应命医师或妇女行之。"第一百五十八条规定："检验或解剖尸体应先查明尸体有无错误。检验尸体应命医师或检验员行之。解剖尸体应命医师行之。"第一百五十九条规定："因检验或解剖尸体得将该尸体或其一部暂行留存，并得开棺及发掘坟墓。检验或解剖尸体及开棺发掘坟墓，应通知死者之配偶或其他同居或较近之亲属，许其在场。"第一百六十条规定："遇有非病死或可疑为非病死者，该管检察官应速相验。如发现有犯罪嫌疑，应继续为必要之勘验。"值得说明的是，1928年的《刑事诉讼法》还对勘验笔录做了规定，其中第一百六十三条规定："勘验应作笔录，记明实施之年月日、处所及其他必要之事项。笔录应由勘验之检察官或推事署名盖章。"第一百六十四条规定："勘验得制作图画附于笔录。"

1928年5月15日，南京国民政府还对北洋政府制定的《解剖规则》做了修改，以国民政府内务部令颁布新的《解剖尸体规则》，共13条。其中第一条规定："大学院设立或认可之专门医学校或经地方上行政官署认为组织完备之地方医院，因研究学术之必要，得依本规则执行解剖尸体。"第二条规定："付解剖之尸体以下列各款为限：一、为研究病原须剖视其患部之病死体；二、非经解剖不能确知其致命之由之变死体；三、愿供学术研究以遗嘱付解剖之死体；四、无人收领之刑死体及监狱中之病死体或变死体。"第三条规定："前条第一款及第三款之尸体付解剖时须得其亲属之同意，并呈准该管地方行政官署。地方官署接受前项呈请须于十二小时内处理之。"第四条规定："第二条第二款之尸体由该管官署付解剖时，该官署应发给凭照；由其亲属请付解剖时，依前条之程序。"第五条规定："第二条第四款之尸体由司法官署交付解剖及由医校或医院请领解剖者，该司法官署均应发给凭照。"

1933年6月9日，南京国民政府公布《修正尸体解剖规则》，共12条。其中第二条规定："解剖分普通解剖及病理解剖二种，前者限于医学校院行之，后者凡前条所规定之医学校院及医院均可行之。"第三条规定："解剖之尸体以下列各款为限：一、为研究死因必须加以剖验之病死体；二、生前有合法之遗嘱愿供学术研究之尸体；三、无亲属收领之刑死体；四、无亲属承领之病死体或变死体。"第四条规定："前条各款之尸体付解剖时，除由官署交付者外，均须填具呈报书，呈报该管地方官署。如为第一款之尸体时，并须得其亲属之同意。呈报书式样另定之。"第五条规定："凡尸体须于呈报该管地方官署后经过六小时方可执行解剖，如该管地方官署认为必要时，在据报后六小时以内得以书面命其停止解剖。"第七条规定："尸体在解剖时如发见其死因为法定传染病,或中毒及他杀自杀时,应于解剖后十二小时以内报告当地各该主管机关。"

此外,《陕甘宁边区刑事诉讼条例草案》第十九条也做了如下规定:"关于案内事物及证据得选任有特别知识经验之人为之鉴定,亦得嘱托其他相当机关为之鉴定。"

(四)法医鉴定的内容

《中华民国刑法》中鉴定内容包括放火、危险物、妨害交通、妨害秩序、鸦片烟、奸非、杀伤、堕胎和伪造文书印鉴等。

1928年的《中华民国刑法》第二十条规定了重伤的定义:"称重伤者谓下列伤害:(一)毁败一目或二目之视能。(二)毁败一耳或二耳之听能。(三)毁败语能、味能或嗅能。(四)毁败一肢以上之机能。(五)于身体或健康有重大不治之伤害。(六)变更容貌且有重大不治之伤害。(七)毁败阴伤。"1935年《中华民国刑法》第十条对重伤之定义修订为:"称重伤者谓下列伤害:(一)毁败一目或二目之视能。(二)毁败一耳或二耳之听能。(三)毁败语能、味能或嗅能。(四)毁败一肢以上之机能。(五)毁败生殖之机能。(六)其他于身体或健康,有重大不治或难治之伤害。"

由以上可以看出,尽管民国时期法律对鉴定人权限做了较多的限制,但是法医鉴定人可以在必要时对人体进行解剖、取材、实验,还可对重伤、精神状态等做出鉴定。法医学的发展有了法律保障,这是与封建法典的最根本区别。这是一个历史的转变,也给法医学发展提供了有利契机。

但是,当时的发展情况并非一帆风顺。虽然民国时期法律给法医学发展提供了保障,但法医人才匮乏,无力承担这一历史重任;现代法医学的发展需要吸收先进技术,而国内各地发展不平衡,有的地方仍然停留在清末的法医检验水平上;即使在一些大城市,大力开展法医学检验也面临着封建势力、守旧势力的阻挠。但是,中国法医学还是在这些矛盾环境中跌跌撞撞地发展了起来。这就是中国现代法医学形成阶段突出的特点。

(丛斌　胡丙杰)

第二章　民国时期法医学体系全方位构建

西方医学传入我国始于19世纪上半叶。1820年，英国传教士马礼逊（Robert Morrison）与东印度公司医生李文斯顿（John Livingstone）在澳门合开诊所；1835年美国传教士伯驾（Peter Parker）在广州开办近代中国第一所教会医院。两次鸦片战争后，外国人陆续在我国多个沿海和内陆城市开设医院。随着西方医学输入我国，国外法医学著作被介绍到国内，在一些外国人开办的医学学堂也开设法医学课程。同时，为了"师夷长技"，清政府派遣留学生到欧美和日本学习，他们或多或少接触了西方的法律程序或检验程序或西方医学。由于与西方医学、法律交流不断增多，清末司法界、医学界及朝野有识人士逐步认识到中国过去的传统法医学已不能适应日益发展的社会和法律需要，因此，宣统元年（1909）决定设立检验学习所，改仵作为检验吏，提出让具有专门学识的技术人员充当鉴定人解决专门问题的法律规定。这些措施都是促进清末法医变革和发展的因素，是我国现代法医学发展的前奏。

中华民国建立后，即于民国元年（1912）颁发《刑事诉讼律草案》，规定"遇有横死人或疑为横死之尸体应速行检证"，"检证得发掘坟墓、解剖尸体、并实施其余必要处分"。此外，《刑事诉讼律草案》还对鉴定人的资格、权利、义务和业务范围等做了详细的规定。在此基础上，又分别于1913年和1914年颁布了我国第一个《解剖规则》和《解剖规则施行细则》。这些法律规定是现代法医学赖以发展的法律基础，也是现代法医学教育的法律依据。同时，在医学院校、法律院校和警察院校内设置和普及法医学内容的教学是社会文明、科学进步的表现之一。

第一节　民国时期法医学人才培养和教育体系构建

一、民国初期的法医人才培训

清末检验由官吏监督仵作完成，北洋政府时期将仵作改称"检验吏"。民国初期，根据1912年北洋政府颁布的《刑事诉讼律草案》第一百二十条规定："遇有横死人或疑为横死之尸体应速行检证。"第一百二十一条规定："检证得发掘坟墓、解剖尸体、并实施其余必要处分。"北洋政府基本上承袭清末司法审判制度,检验吏大部分是清末遗留下来的未经培训的仵作,民国初期法医人才的培养主要延续清末的检验学习所,如1912年浙江省为培养全省检验人才由高等检察厅和提法司设立浙江检验传习所,并制定《浙江检验传习所章程》,其主要内容有:"第十条　本所应行讲授学科如下:《洗冤录》、法医学、生理学、解剖学、刑律大意、算学、理化大意、医药学大意、实验。""第十一条　前条所列各学科按期分配,讲授钟点另以课程表定之。""第十二条　本所限一年半毕业,以半年为一学期分三学期办理。""第二十条　本所应聘之教员如下:刑律兼《洗冤录》教员一人,医学教员二人,理化兼算学教员二人,实验教习一人。""第四十一条　本所学生毕业后选派各级检察厅充当检验员。""第四十二条　本所学生毕业后以当差五年为义务,其不愿当差或当差未满年限而改就他业者均追缴其毕业文凭。"

此外,民国三年(1914)10月15日,司法部以司法部令公布《司法讲习所规程》,为培养司法人才,司法部设司法讲习所(图2-1),在学习的22门学科中包含法医学、指纹法、心理学等课程。

图2-1　民国初年的司法讲习所

(引自:黄瑞亭,高洪懋. 鉴证[M]. 厦门:鹭江出版社,2014.)

二、我国现代法医学教育的萌芽

(一) 教育部对法医学课程有关规定

民国时期的有关法律规定为现代法医学的发展和现代法医学教育的建立奠定了法律基础。民国元年(1912)11月22日,民国教育部第二十五号令和第二十六号令分别公布了《医学专门学校规程令》和《药学专门学校规程令》。医学专门学校开设的48门课程中列有"裁判医学"(forensic medicine)和"裁判医学实习",药学专门学校开设的31门课程中列有"裁判化学"(forensic chemistry)和"裁判化学实习"。同年9月,教育部公布的《高等文官考试命令》规定:医学专科第三试科目中有法医学;制药专科第二试科目中有"裁判化学",第三试科目中有"裁判化学实习"。这些规定有一定的先进性,但由于既缺乏法医学教师,又无法医学科设置,实际上很难实现。据查文献,只有个别学校如浙江公立医药专门学校于1913年开设"裁判化学",由留日博士华鸿授课。1915年,国立北京医学专门学校与江苏公立医学专门学校、浙江省立医药专门学校首先将"裁判医学"正式列入医学生的课程之中;药科则列有"裁判化学"。根据《呈送教授程序表》(1916年9月27日,北京大学医学部档案馆藏,档号J29-1-22),国立北京医学专门学校专门聘请日本金泽医学专门学校的病理学教授村上庄太讲授"裁判医学"课程:第一学期主讲"裁判医学绪论"(分为"法式篇"和"学术篇"),次及损伤理论和中毒理论;第二学期主要内容为"窒息死、冻死、火伤死、杀儿、中毒死、生殖机能、妊娠及娩产";第三学期课程不详,似应为实验课程。根据《国立北京医学专门学校民国十一年医学科第四学年教授程序表》(1920年10月22日,北京大学医学部档案馆藏,档号J29-1-22),课程内容包括:"一、总论;二、各种材料检查法;三、殴伤;四、窒息;五、初生儿杀害;六、强奸及其他猥亵行为;七、妊娠及堕胎;八、中毒。"根据河北医科大学校史记载,该校经历北洋医学堂、直隶公立医学专门学校、河北大学医科等几个时期。李鸿章要求,凡当时西方各国医学堂讲授的课程,北洋医学堂都要尽力讲授。因此,1894—1912年,北洋医学堂时期的行政业务机构中,其基础课中包含"法医学";1913—1921年,直隶公立医学专门学校时期内设机构中,在基础课中也包含"法医学",并有上官悟尘、王震东、焦焕琨等教授讲授"法医学"课程;1921—1931年,河北大学医科时期的机构设置中,在医学系内仍设置有"法医学"。此外,根据1924年北京大学各科的课程表,北京大学法律系第四学年开设法医学课程,每周2学时,由周振禹主讲。

(二)各省开办法医学校和法医班的探索

民国二年(1913),司法部令应准湖北于法律专科学校内添设法医班,期限一年半。同年2月13日,司法部批准奉天高等检察厅将"检验学堂"改设为"奉天高等法医学校",并认为学校"章程所载学科内有洗冤录一课,究系旧时检验制度,不甚适用,应即从删。至解剖尸体以供学术上之研究,各国本甚注重。因中国风俗习惯不同,应取渐进主义所称。将来死囚或罪犯愿将尸体解剖留有确切证书者发交该校借供实习一节,应准酌量办理"。随后,奉天高等检察厅按照司法部要求将高等法医学校原定章程、经费表分别更正删除,呈请司法部鉴核施行。《奉天高等法医学校章程》共8章27条,其主要内容摘录如下:

第一条 本校系以奉天高等检验学堂易名定名为奉天高等法医学校。
第二条 本校以养成高等法医人才担任审判上之鉴定为宗旨。
....
第五条 本校专为养成高等法医人才而设,各种科学皆力求高深,时限不容迫促,兹酌定预科一年，本科三年。查高等检验学堂系于前清宣统三年七月开校，截至民国元年六月作为预科毕业，本科即自民国元年七月起，应延至民国四年六月毕业。

  第六条 本科三年分为六学期，每半年为一学期，所有每学期应授学科如下：第一学期：解剖学、生理学、物理、算术、刑律、法制大意、刑事诉讼法、实地试验、东文①；第二学期：解剖学、生理学、法医学、物理、代数、刑律、法制大意、刑事诉讼法、实地试验、东文；第三学期：解剖学、组织学、生理学、卫生学、法医学、无机化学、代数、法制大意、刑事诉讼法、实地试验、东文；第四学期：法医学、卫生学、组织学、病理学、药品鉴定学、解剖学实习、无机化学、裁判化学、代数、实地试验、东文；第五学期：法医学、精神病学、病理学、药品鉴定学、裁判化学、细菌学、解剖学实习、无机化学、几何、实地试验、东文；第六学期：法医学、精神病学、病理学、药品鉴定学、裁判化学、细菌学、解剖学实习、有机化学、几何、实地试验、东文。

  ……………

  第十一条 本校学生额数以一百人为限，合成一个班教授。

  第十九条 毕业考试完竣后即由校造具分数清册报明高等检察厅复核，分别等第授予毕业文凭，并由高等检察厅将等第分册呈（司法）部备案。

  第二十三条 本校学生毕业合格者由高等检察厅呈（司法）部注册听候录用，并视其等第酌量派遣于各级检察厅及各地方充当法医官。

  第二十四条 学生毕业须服务三年，若有不服务者即追缴学膳费及毕业文凭。

  第二十五条 凡毕业学生未满服务年限而改就他业者追缴其毕业文凭，如在一年以内他就者仍追缴其学膳等费。

  从科目安排来看，奉天高等法医学校已经采用现代科学知识和西方医学的基础与临床课程，也以现代的法医学课程取代了《洗冤录》，而且对学生的毕业和就业安排提出了明确的管理要求，这是一个很大的进步。然而，该校未获得教育部立案，到1913年4月学校经费"已亘三月不发"，但奉天司法筹备处和司法部认为"现在各级法院急行扩充，需用法医至殷且重，自未便以教育部未予立案废于半途"。后北洋政府放弃扩充法院计划，各省司法筹备处也明令裁撤，该校只举办了1期，"旋因经费竭蹶，该校学员毕业后遂未续办"。1919年11月28日的《奉天准设检验讲习所令》（司法部令奉天高检厅第一一八五三号）指出了四条理由："然其困难尤有数端：习俗移人积重难返，尸体污秽不欲接近，以故检验一途人胥视为贱役。从前毕业学员成绩优良者多改就他途，寻常者又不堪任用。此其一。民国成立以来，从前奏准检验吏给予出身办法已无形取消，而司法经费有限，预算所定新薪俸又极微薄，实益虚名两难维絷，高等人才曷愿俯就。此其二。人才缺乏之际，新法医学无人精研，旧《洗冤录》又悉皆屏弃，高下悬殊，青黄不接，一遇任用，承乏无人。此其三。且从前派在沈厅（沈阳地方检察厅）练习各员，多藉近省城，津贴虽薄，亦多乐就。一经分派远属，虽优其薪俸，率皆推诿不前。节经罚以追缴津贴，停止委任，彼等毫无愿恋，情甘弃此资格而不惜。此其四。"由于这四个原因，奉天各县属遇到案件需要委派检验吏时，几乎无人可派，只能用以前不识字体、不通文义的仵作滥竽充数。

---

  ① 东文：即日文。

第二章 民国时期法医学体系全方位构建

(三) 关于法医人才培养的争论

袁世凯称帝失败后,共和再造,各方继续推进司法改革。1916年11月,在北洋政府召集的第二次中央司法会议上,浙江高等检察厅检察长王天木提出《建议造就检验人才及革除积弊案》,其理由是:"民国初元之后,各省改组厅所及各县署,凡检验事件仍沿用前清仵作以资熟练诉讼。简单各县且并无仵作,遇有案件发生再行向邻县借用。如遇疑难事故,皆径电高检厅请为遴派。若同时有一二县详请遴派,而省垣亦无是项人才或已派往他处,不敷应用,遂致发生困难,以致案悬不决。而尸体腐烂因之不能检验者有之。且有事件发觉已逾时日,而尸身早已腐坏,即欲照蒸验办法又以人才缺乏遂致误事者亦往往而是。即以前清仵作而言,大率半恃经验,真能熟谙《洗冤录》者已属寥寥。况近今物质进步药品发明日异月新,何种毒物致死者将发现何种颜色及形状,询之仵作,几无一人能了解者。不得已以谙西医者为补助,然医者仅能定何种药品为有毒质、服用至何程度即能杀人,而往往不能为事后之证明。……况仵作积弊百出不穷,实为刑事案件上一大阻碍。"他提议:①由司法部在京师设立法医学校,学制1年,毕业后派往各省高等和地方检察厅服务。②考虑到仅京师设立一所法医学校人员不敷分配,以司法部令行各省高检厅一律筹设立法医传习所,毕业后除留高检厅者外,均先分配各县服务。③规定了教员的资格。④提出了经费保障途径。⑤明确法医的地位应视同委任职,为一种专门学术之官吏。⑥提出革除积弊的办法,包括通过培训与考试造就法医人才、提高地位和待遇、严行监察等。与会的司法部高级职员和各省司法负责人对于应设专门机关培训检验人才意见相当统一。但在二读会上,大家在多个问题上出现了较大分歧:①是否北京与各省同时举办。山东高等检察长张志主张先在北京设立学堂培养法医人才分往各省任用,将来再就各省扩充。黑龙江高等检察长杨光湛、福建高等检察长陈经和江西高等检察长范之杰的看法也相似。但山西高等检察长陈福民和广东高等审判厅厅长范贤方对于北京与各省举办都不赞成。②入学资格与学制长短。杨光湛认为,学制最好改为3年,毕业生予以委任职待遇。范贤方主张选拔医校毕业生加习法医6个月,但河南高等检察长周祚章反对。司法部参事汤铁樵主张双轨制,一为治标之计,两三年毕业以资急用;一为造就真实人才之计,学制非五六年不可。③是否与其他部门合办。一是请教育部在医科学校设法医科,主张者为陈福民、范贤方;二是与内务部合办,主张者为汤铁樵。但周祚章认为应由司法部自办,一方面可以造就人才,另一方面各省有检验案也可送校解决。最后,担任议长的司法部次长徐谦宣布:"现在诸君对于此案之主张,多有不同之点,其不同之点既多,即亦无可表决并亦无须审查。"该案作为意见书供司法部"参考",议而不决。此后,由于军阀割据,司法检验体制转型没有大的进展。因此,1919年,奉天高等检察厅呈请在厅署附设检验讲习所一处招收讲习员百名进行培训,以暂解燃眉之急,得到司法部批准。

1924年10月,中国共产党发起召开国民会议和废除不平等条约的运动,林几在北京《晨报六周纪念增刊》发表《司法改良与法医学之关系》一文,他指出:"全世界里,现在独剩了我们中国,还带着国际不平等的领事裁判权箍子,其有损于国家的主权,自不待言。""所以我们如果想要收回领事裁判权,亦得要预先改良司法。""唯其中尚有一项,必须彻底革新;并且如不革新这一部分,则一切司法改良,亦不能臻于完善。""这是什么呢？就是要免除去旧式的仵作式的鉴定，而代以包括有医学及自然科学为基础的法医学（裁判医学）来鉴定并研究法律上各问题。""领事裁判权，我们是决心的要收回来的；那么，关系重要的法医学，当然也是决心要着着猛进改善的，而对于运用法医学的人才，当然更是所需要的了。"林几当时提出应培养两类法医人才：一类是高级的法医学专家。"由有相当程度及志愿的医学家中选拔，遣赴各国留学。其经费或由司法部及教育部供给，或由学校及志愿者筹备，再由部给予相当的津贴，则三四年后即可学成归国，为社会服务。然仅有一空拳赤手的法医学家，则无论何等精明，亦无能为精细的检查，所以须由教育部或医校另筹小款，即在各地医校内，略事检查室的布置，设有余裕，再行扩充。各地司法机关，如遇有必须法医检查的案件，可以分别就近送去鉴定。"另一类是低级别的法医速成班毕业生。"只要在各医校法医学教室内，附设一法医学专班，招了中学卒业程度的学生，专学法医二年"，毕业后专门服务于各地检察厅。他最后呼吁："此种栽培法医学专家的实行，是刻不容缓的了。缓了一天，司法的基础就晚一天巩固，对收回领事裁判权，就晚一天免去外国人的口实。""如此诸端，可知法医学的进步，在今日已有一日千里之势，安能不急起力追，以辅助司法的改善呢？我们总希望着教育界及司法界携手努力，则收回领事裁判权的日期，亦非远了。"这一时期，一些医界人士也相继对旧法验尸提出批评，要求在改良司法中，重视法医人才培养，应用和发展现代法医学。1924年，杨庶堪任司法部部长时曾筹设"中华法医院"，培养法医人才，后因经济困难而放弃。

1929年，南京国民政府司法院院长王宠惠提出《今后司法改良之方针》，其第十二项"检验吏及法医宜注重也"即提出培养法医人才的两种途径：一是"于各省高等法院附设检验吏讲习所，抽调各法院及各县之检验吏，分班入所训练，授以法医之普通知识，毕业之后，各回原职，酌增薪给以养其廉，严定条教以惩其贪"。二是"筹设法医学校，培植法医专长人才，并酌量于各省医科专校内，添置法医学一门，以广造就而备任使。数年之后，人才足用，可不必假手于旧日之仵作矣"。

1930年，在卫生部组织的中央卫生委员会第二次会议上，1924年在法国获得医学博士学位、曾任国民党中央执行委员会委员的褚民谊提出两案：①法院检验法应科学化及其人才之栽培。他提出的栽培法医人才办法有三条：第一是"根本栽培法"，派遣留学生学习法医学；第二是"实练栽培法"，"由法院与就近医校订立专条嘱托该校之法医学教员兼任检验，同时选定志愿此科之学生随同实练至一定年限，任以检验专职"；第三是"救济栽培法"，即托较近的医校开办法医学讲习班，征求各当地医师或医生之志愿者，资以各费令其入班补习。②请司法部培植法医人才以资改进国内法医事业。褚民谊提出中央应设立"法医研究院，取全国检验实例为材料，聘国内外法医学名宿为导师，医学卒业生之有志于此者从之实地研究。自后各级法医官吏亦犹法官由中央直接委派，不准地方当局自行征用"。有一些基层法院法医如黄岩县法院法医王中时在《法医学之困难检验吏之应如何改良观》中有感于我国法医学不发达，法医人才沧海一粟，如果将旧式的检验吏一律淘汰，则人才不敷分配，因此提出改进方法，建议当局"最妥善莫如举办检验学校，专收初中毕业生，灌输医学及法医学知识。两年之后，略可应用。现有仵作，对于理学检验方面，时加训练，灌输常识，则由旧式进于新式，由新式进于专门"。天津律师公会提出议案［《书记官应用速记或特别训练者及检验吏应用法医充之案（第一〇五号）》］，认为"检验吏者多似以前之仵作，本其口传得来之一知半解独断独裁，遽膺鉴定重任"，其鉴定结果与诉讼人利益关系綦切，要求"检验吏改用法医充之"。以上建议对检验吏群体现状的分析可谓切中时弊。

三、我国现代法医学教育的建立

1928年以后，南京国民政府法律对法医鉴定人资格、权利、义务、出庭作证等做了具体规定。这不仅为法医学的发展提供了法律保障，也为法医学人才培养提供了有利契机。这一阶段法医人才培养的特点是主要以培养专业法医为目标。

这里有必要回顾一下国立北京医学专门学校[①]与法医学的渊源。1912年，国立北京医学专门学校创立。1913年，该校生理学教授周颂声发表《医学与国家之原理》一文，指出：英国、美国、德国、法国、日本、俄国由于重视医学，尤其是采取医学与国家政治紧密结合的德国模式，所以才能"势力膨胀乎全球"；民国政府"欲政法改良而卫生行政审判法医缺，不能讲将见风俗日流于秽恶、刑法不免于冤枉"，"外国人必不能坐视且将起而干涉"，影响我国收回治外法权。1918年，国立北京医学专门学校聘请从日本九州帝国大学医科毕业的徐诵明接替村上庄太出任国立北京医学专门学校病理学教授。徐诵明在国立北京医学专门学校组建了第一个病理学教室，并负责教授病理学和法医学。这一时期，中国尚无西方意义上之法医学，但地方检察厅意识到仅凭仵作和《洗冤录》无法解决许多新的疑难问题，如毒品鉴定、人血鉴定、枪伤鉴定等。在案情不能得到仵作的圆满解释之时，他们往往会向北京医学专门学校求助。因此，国立北京医学专门学校开始接受北京周边省份检察厅零星委托的司法鉴定。1919年，国立北京医学专门学校校长在给北京法政专门学校演讲时，提出在法政系统中引入法医学的理想："一件是法政专校里，加一门裁判医学的功课。这门课程不用说是关系病理学、医化学、物理、化学、各种科目，讲起来不易了解；但是教个大意，毕竟有许多好处。一是司法方面，赶快养成有科学头脑的检验吏。这句话我在两年前也同司法当局讲过，无奈我是一个医生，谁来睬你。"值得一提的是，北京法政专门学校教务长林志钧（字宰平）的长子林几此时正在国立北京医学专门学校学习。林几1915年赴日本东京帝国大学学习法政科，1917年因故被迫放弃学业返国，1918年考取国立北京医学专门学校，1922年毕业后留校担任病理学教室助手，在徐诵明的指导下进行研究工作。拥有法学和医学双重背景的林几选择了法医学作为自己的专业。1924年，学校派林几赴德国学习法医学。

1928年，被派送到德国维尔茨堡大学（University of Würzburg）医学院和柏林大学医学院专攻法医学的林几获得博士学位后回国，被国立北平大学医学院聘为我国第一位

---

① 1912年10月26日，中国第一所国立西医学校——国立北京医学专门学校正式诞生；1923年9月改建为国立北京医科大学校；1927年更名为国立京师大学校医科；1928年11月，国立京师大学校改组为国立北平大学，医科改为医学院，成为国立北平大学医学院，为北京大学医学院、北京医学院、北京医科大学、北京大学医学部前身。

法医学教授。这时的国立北平大学医学院的病理学教室已经改称"病理学兼法医学教室",由1922届本校毕业生林振纲(1900—1976)主持。同年,林几受当局委托起草一份《拟议创立中央大学医学院法医学科教室意见书》,借鉴欧洲在大学设立法医研究所的经验,提出"分建六个法医学教室(上海、北平、汉口、广州、重庆、奉天)以便培育法医学人才并检验邻近法医事件"的建议。

1929年初,南京国民政府司法院院长王宠惠提出司法改良方针,其第十二项"检验吏及法医宜注重"中提出两方面设想:一是各省高院附设检验吏讲习所,抽调检验吏训练;二是筹设法医学校培植法医专长人才,各医科院校添设法医学一门。同年3月,司法行政部发出训令,要求各省查明现有检验吏的教育背景,以及是否有以仵作充任等情形,并访求曾充仵作富有经验之员。同年秋,司法行政部制定训政时期司法行政工作大纲,内有"设立法医研究所"一项,计划到第六年,"全国各省法院完全成立法医研究所"。

在林几的推动下,国立北平大学医学院法医学教室独立。1930年,林几在国立北平大学医学院首创我国第一个法医学教室,并任主任教授(图2-2)。为了获得政府的财政支持,1931年8月8日,林几为国立北平大学医学院拟定《筹设北平法医学研究科及检验机关意见书》。在这份意见书之中,林几提出在国立北平大学医学院法医学教室的基础上,建立华北法医研究科、华北法医检验所和北平法医人员养成所三级机构的草案。这三个机构均附设于国立北平大学医学院内。其中,华北法医学研究科负责培养"法医师",华北法医检验所负责华北各地案件鉴定,北平法医人员养成所负责养成下级法医检验人员。

图2-2　林几创办国立北平大学医学院法医学教室
(引自:黄瑞亭. 林几 [M]. 厦门:鹭江出版社,2014:67.)

经过 2 年的筹办，1932 年 8 月 1 日，司法行政部法医研究所正式成立，林几任第一任所长；1933 年即开始招收来自医学院校的毕业生或法院保送的法医为研究员，经过一年半的专门培训，毕业后由司法行政部发给法医师证书；1934 年 12 月，第一届 17 名法医研究员毕业，是我国有正式法医师的开始。

法医学教授和法医学教室的出现，以及司法行政部法医研究所的成立和第一批法医研究员的培养，标志着我国现代法医学教育的正式建立。林几不仅是我国现代法医学的奠基人，也是我国现代法医学教育的开山鼻祖。

四、民国时期我国现代法医学教育的发展与成就

1928 年，林几起草的《拟议创立中央大学医学院法医学科教室意见书》，成为我国法医学向现代化发展的一个里程碑，对以后法医研究所的成立、各大学开展法医检验工作起了积极的作用。1931 年，林几又为国立北平大学医学院拟定《筹设北平法医学研究科及检验机关意见书》，这是林几根据《拟议创立中央大学医学院法医学科教室意见书》进行修改后的版本。1932 年，全国医师联合会主席徐乃礼呈请行政院通饬各省筹设法医讲席所，培养法医专门人才，并呈请内政部转咨司法部厘定保障法医专条。但是，这些建议并未被当时的南京国民政府所采纳。辛亥革命后的 30 多年，我国建立法医学科的医学院校屈指可数。由于当时司法单位急需法医师，无法等待由医学院培养人才，1929—1937 年各司法机构只好自行办班或者委托法医研究机构培养高、初级人才。1937 年，抗日战争全面爆发，法医培训工作中断。1945 年抗日战争胜利后，才依托中央大学医学院等大学培养法医人才。

（一）各省高等法院自行办班培养初级法医人才

1925 年，河南省高等法院检察厅筹设检验吏传习所（2 年毕业），为所属各厅县培养法医人才。1928 年，安徽省高等法院检察处以"各院县死伤案件检验失当，罪刑出入定案难求，为病民害事之最"为由，致函京津，希望能派遣法医 1 名，结果却是一医难求，唯有继续高呼"非筹设法医学校不足以养人才，非养成检验人才不足以言救济"，因此，安徽省高等法院检察处呈请司法行政部筹设法医专门学校。1929 年 9 月，司法行政部在南京开设法官训练所法医讲习班，林几任教，训练的旧检验员结业后回原处工作。1932 年，安徽省高等法院为法医专修班学员举行毕业典礼并发给毕业证书。1935 年，江苏、浙江、山东、河北各省高等法院自设检验员训练班，培养初级检验员。此外，1936 年 10 月，北平冀察政务委员会审判官训练所附设检验员训练班，调集各地方法院及司法处原有检验员对其训练 6 个月后，再让他们回原处工作。

1937 年抗日战争全面爆发后，司法检验人员的培养工作主要落到各个地方法院身上，各省检验人员的培养训练也取得很大的进展（表 2-1）。

表 2-1 战时司法检验人员培养概况①

开班时间	培养单位	毕业时间	入班人数	毕业人数
1939年6月	法医研究所第二届检验员训练班	1940年6月	—	7
1941年10月	陕西高等法院检验员训练班	1942年3月	—	59
1942年7月	青海高等法院现任检验员训练班	—	—	—
1943年9月	广东东区检验员训练班	1944年2月	—	18
1943年10月	广东南区检验员训练班	1944年3月	—	12
1943年11月	贵州高等法院附设第一期检验员训练班	1944年4月	36	30
1943年12月	四川高等法院委托中央大学医学院附设第一期司法检验员乙种训练班	1944年5月	30	
1943年12月	广东西区检验员训练班	1944年6月	—	
1944年5月	贵州高等法院附设第二期检验员训练班	1944年10月	22	
1944年6月	四川高等法院委托中央大学医学院附设第二期司法检验员训练班	1944年9月	48	
1944年9月	甘肃高等法院委托西北医学专科学校附设检验员训练班	1945年7月	20	
1945年2月	湖北省地方行政干部训练团附设检验员训练班	1945年7月	40	
1945年4月	四川高等法院委托中央大学医学院附设高级检验员训练班	1946年4月	29	
1946年8月	陕西高等法院（短期训练）	—	13	
1946年12月	山东高等法院检验员训练班	—	42	

注：根据谢冠生《战时司法纪要·储备司法人员》（1948年）整理。

（二）法院委托各省医学专门学校等院校培养专职法医

1925年，浙江省高等审检两厅即向法部申请委托浙江省立医药专门学校开设法医专习班。这是民国时期法院部门首次委托医学高校，培育司法辅助人才。1928年11月，浙江省高等法院委托浙江省立医药专门学校添设法医专修班，选拔该校四年级学生及曾在医药专门学校毕业成绩优良、品行端正者，于1929年1月3日至6月30日培训6个月，培训课程除法医学和精神病学外，还包括法医学实习、裁判化学讲义及实习、犯罪学、刑法和刑诉法大意，招生名额为20名，学生修业期满分配到各法院服务，月

① 郭俊美. 南京国民政府时期司法检验人员的新陈代谢研究（1929—1945）[D]. 武汉：华中师范大学，2017：41-42.

薪各定 70 元以上。这种培养法医人才的方法立即得到司法部的重视，司法行政部于 1929 年 7 月 16 日以第一一一六号训令通饬各省高等法院，并随文附发浙江的合作合同，要求各省高等法院仿照浙江省高等法院的办法筹设法医专修班；同时，这也引起国民党中央执行委员会政治委员会的高度关注，该会第 184 次会议议决推广其经验。但大多数省因经费困难、师资缺乏，并未实施。各省响应者只有江西。江西省高等法院随即委托江西医学专门学校添设法医专修班。"所有华北各省多因经费困难师资缺乏，并未一体筹办。"1930 年 7 月 18 日，司法行政部又以第一四〇三号训令，再次通饬各省高等法院，仿照浙江省高等法院的办法筹设法医专修班，为各省法院培养法医专职人才。

1930 年 8 月，江苏省高等法院委托上海同德医学专门学校特设法医专修班，定名为同德医学专门学校特设法医讲习所，并签订合同，培训班主任教员为曾辅助同济大学病理学教授并任职上海地方法院法医职位多年的单德广。同年 11 月开课，培训期限为 1 年（分为 2 个学期）。其培训课程包括病理学、法医各论、裁判化学、犯罪学、刑法及刑诉法大意，以及精神病学，共 6 科；实习课程包括病理学实习、化学实习和法医临案实习（包括尸体解剖）。招生名额为 30 名（实际招生 15 名），于 1931 年 6 月毕业，分配至上海、苏州、南京、镇江等地方法院任职。

安徽高等法院下辖 60 个县地方法院，1931 年法医专修班培育法医人才 100 余人，皆分发至其籍贯所在地法院，并下令其他法院若没有分发到法医人才且有需要，尽可随时呈请指派。与各省高等法院意图消极不同，医学院校则争取这种机会。例如，1932 年，国立北平大学医学院向司法行政部申请拟筹办法医研究科、华北法医检验所和北平法医人员养成所三种机构，但司法行政部致公函该医学院，仅支持其与华北四省法院合作培养法医人才，并训令河北、山东、山西、河南各高等法院，参照江苏省高等法院委托上海同德医学专门学校特设法医讲习所的模式，共同委托国立北平大学医学院法医学教室筹办北平法医人员养成所，"招致曾卒业于各医学之助手练习生及旧检验吏"，为四省"养成下级法医检验人员"，"供各级法院检验人员之需"。因双方分歧，该养成所于"筹备期间即告中辍"。1941 年，华北卫生研究所呈请内务总署聘上野正吉为养成所法医学讲师。

（三）司法行政部法医研究所为全国培养高、初级法医人才

针对当时全国各地发生多起因检验不明而产生的诉讼反复或判决后民心不服的问题，1928 年，江苏省政府曾向国民中央政府会议提交《速养成法医人才》的提案，引起了司法部的重视。1929 年，南京国民政府司法院院长王宠惠提出《今后司法改良之方针》，其第十二项"检验吏及法医宜注重也"，即提出了培养法医人才的两种途径：一是于各省高等法院附设检验吏讲习所；二是筹设法医学校，培植法医专长人才。同年秋，法部制定训政时期司法行政工作大纲，即有"设立法医研究所"一项。1930 年，在卫生部组织的中央卫生委员会第二次会议上，褚民谊在"请司法部培植法医人才以资改进国内法医事业"提案中提出中央应设立"法医研究院"的设想。

为改善全国司法检验计，1929 年，司法行政部派留法博士孙逵方为筹备主任，赴沪建立司法行政部法医研究所，由法医研究所负责检验案件及培养法医人才。1932 年 8 月 1 日，司法行政部法医研究所正式成立，聘留德博士林几为第一任所长，才正式培养

法医,并迅速成为法医学教育的主要基地。

1. 法医研究员培训班

1933年,司法行政部制定了《司法行政部法医研究所研究员章程》,其中第一条规定:"本所为培育法医及法化学人才特招收研究员来所研究以求深造。"第二条规定:"凡在国内外专门以上学校修习医学或化学期满得有毕业证书经本所考试合格者得入所研究。"第六条规定:"投考者应试科目如下:体格及脑力测试、口试、党义、国文、化学、病理学、精神病学、法医学。"第八条规定:"研究员研究期限暂定一年半,分三期,每期以六个月计算。第一、第二期在本所内各实验室轮流实习研究,其研究工作由本所随时指导之。第三期由所送往各法院练习。"第十条规定:"研究员研究期满后应由本所举行试验,并调核其练习成绩,试验及格者由所造具名册,呈请司法行政部核发法医师或法化学师证书,并酌量派赴各级法院或介绍在政警机关服务。试验不及格者应留所补习六个月再行复试,唯原领有本所得津贴者应即停给。"同时制定了《司法行政部法医研究所研究员暂定课目表》。学习课目包括以下五个模块:①人证鉴定基础学,包括个人鉴定学、个人鉴定实习、侦察学(犯罪搜索学)、侦察学实习、外伤鉴别诊断学、外伤鉴别诊断实习、鉴别诊断学、诊断检验学、诊断检验实习、精神病鉴别学、法医精神病学、法医精神病鉴定实习、伪病伪伤鉴定学。②尸体检验基础科学,包括病体解剖学及验尸学、尸体检验实习、病理组织诊断学、病理组织实习。③物证检验,包括物证检验学、物证检验实习、中毒学总论、中毒学各论、毒物分析化学、毒物化学实验。④基础科学,包括生物化学、食品化学、卫生化学、医化学、药用化学、药理学、药性学、药典。⑤须知科目,包括社会医学、社会卫生法令及统计、监狱卫生学(兼行刑卫生)、灾害医学、劳动保险医学、鉴定实例、心理学(常人心理、罪犯心理、狂人心理)、生命保险医学、法医法典、医事法制学、法医史、研究论题。此外,凡医学相关之学科要自行研究。1933年7月,即开始招收来自医学院校毕业生或法院保送的法医,经过一年半的专门培训,1934年12月第一届17名法医研究员毕业,这是民国时期招收的最高层次的法医训练班,毕业后由司法行政部发法医师证书(图2-3),自此我国开始有了正式法医师。毕业前两个月,所长林几呈准法部(司法行政部)予以学习推事、检察官待遇,月薪在百元左右。第二任所长孙逵方继办第二、第三届法医研究员培训班。1935年9月,该所公布《司法行政部法医研究所研究员修正章程》,研究期限改为1年,分2个学期,并续招第二届法医研究员5名(林筱海、沈大钧、蒋大颐、胡齐飞、黄锡揩)。1936年10月9日,第二届法医研究员和第一届法医检验员毕业,司法

图2-3 司法行政部颁发给陈康颐的法医师资格证书

(引自:法医月刊[J],1935(12/13):1.)

行政部部长王用宾出席毕业典礼并训话①。第三届法医研究员于 1937 年 9 月毕业，有陈履告等 10 余名获法医师资格。1933—1937 年，该法医研究员培训班共招收 3 届 54 名学员，大都分配到各省的高等法院服务。

2. 法医检验员培训班

1932 年 12 月，司法行政部制定《司法行政部法医研究所练习生章程》，目的是培养法医助理员。规定练习生所学科目有国文、刑事法大意、外国语、毒化学、卫生常识、生理解剖常识、病理常识、法医学概论、检验择要、救急处置及实习。练习期限为一年半，分 3 个学期。修业期满经试验及格者给予证书，并由法医研究所呈请司法行政部分别留所或派送至各级法院或介绍至政警官署服务。

1935 年 9 月，全国司法行政会议后，司法行政部决定在继续培养法医人员的同时，开始注重对现有法医检验员的培养与提升。法医研究所奉司法行政部命令，制定了《司法行政部法医研究所检验班章程》，1935 年 8 月开设第一届法医检验员训练班，招收具有高中毕业资格人员 25 名（包括蒋培祖、仲许等），在法医研究所培养 1 年，以 6 个月为一学期，共分 2 个学期。所教授的课目包括人相学（形象学、人体上特征之研究）、侦查学（人体测量学、指纹学、指纹分类法、各国指纹分类比较、出事地点侦查方法、各种痕迹及其采取方法、火灾之调查、伪文书印信之检查、伪货币之检查）、法医学（生理解剖学、内外科病理学大纲、死亡、创伤、窒息、性欲问题、毒物学、精神病学大纲、鉴定书及证明书）、法律（违警法、刑法大纲和刑事诉讼法）、体育、各科实习（侦查学、法医学、人相学），其中侦查学每周 3 小时，法医学每周 5 小时。可见对于法医研究所并非只教授法医学相关知识，物证痕迹等相关刑事技术知识也有所涉及，注重培养复合型的检验人才。1936 年 10 月 9 日，第一届法医检验员毕业。经毕业考试合格者，由司法行政部发给法医检验员毕业证书，分配到各地方法院服务。但法医研究所的这一工作随着 1937 年抗日战争全面爆发被迫终止，并跟随政府由上海先迁至武昌，再迁至四川重庆。由于南京国民政府忙于战事，无暇调集各地检验员进行集中培训，故抗日战争期间除了法医研究所于 1939 年 6 月举办第二届法医检验员培训班之外，司法检验人员的培养工作主要落到各个地方法院身上（表 2-1）。

（四）司法人员高等和普通考试招考法医师和检验员

通过上述途径培养法医师仍难以满足需求，为应急需，乃于 1942 年开始以司法人员高等考试招考法医师。南京国民政府自 1931 年举办公务人员高等考试和普通考试，司法人员中只有"司法官"被纳入考试范畴；到 1942 年 7 月 15 日考试院公布高等考试初试笔试科目表时，第一次将法医师列入高等考试，凡公立或经立案之私立大学医学院或专科学校修习医学 4 年以上毕业有证书者、教育部承认之国外大学医学院或专科修习医科 4 年以上毕业得证书者、有大学或专科学校医学毕业之同等学力且经考试合格者、确有医学专门学术技能或著作且经审查合格者、由医院出身并执行医务 3 年以上且有证明书者，皆可报名应试。考试科目有国父遗教、中文史地、宪法、医化学、解剖学、病理学、药物学、诊断学、法医学、精神病学 10 门。经初试及格者，训练 1 年 6 个月后，

---

① 司法行政部法医研究所消息［J］. 社会医药，1936，4（1）：475.

考试成绩合格，始取得法医师资格，派至法院服务。这次考试录取者全国只 2 名（曾义、殷福沧）。

同时举行的第一次普通考试，亦有检验员一项，凡公立或经立案之私立高级中学或其他同等学校毕业得证书者、有前款所列学校毕业之同等学历经普通检定考试合格者、曾在卫生医药机关服务 3 年以上且有证明书者、曾任法院检验事务 3 年以上且有证明书者，皆可招考应试。考试科目有国父遗教、中文史地、宪法、法医学、化学、生理学、解剖学 7 门。经考试合格，训练 1 年 6 个月后，其成绩优良者，始取得检验员资格。但未有人应考。

1947 年 10 月，全国第二次司法人员考试时也在高等考试内将法医师列入，训练期改为 1 年；普通考试将检验员列入，训练期改为 6 个月。报名应试者仍寥寥无几。

（五）教育部将法医学作为大学教育科目

1930 年，卢朋著提议中医课程应加法医学一科。1933 年，河南大学法学院已将法医学列为选修课程。1934 年，教育部规定国内各大学及高等专科学校教育科目，首次把法医学列入医科之必修科，法科之选修科。1935 年 6 月，在教育部颁行的《医学专科学校暂行课目表》中，法医学被列为医学院校的必修科，规定课程在第四学年开设，讲授理论课 16 学时，实习 16 学时；《大学医学院和医科暂行课目表》也包括法医学课程，在第五学年开课，讲授 16 学时，实习 16 学时。1935 年，教育部医学教育委员会在《医学专科学校教材大纲》中，颁布了《法医学教材大纲》，分总论、各论两部。其中，总论所授为使学生对于法医师责任与地位，以及应具法律知识，得以充分了解。其各论部分，除有系统讲授之外，尤重实习。另外，教育部还将法医学列为法科的选修课。根据 1935 年《私立震旦大学一览》记载，震旦大学医学院在第五学年第一、第二学期开设法医学课程，每周 1 学时；其试验课第五组证书也包括法医学，安排在第五学年第二学期第六月，系数为 1。据 1938 年《震旦医刊》中"震旦大学医学院（中法文对照）"介绍，其试验课第五组证书仍包括法医学，安排在第六学年第二学期第六月，系数仍为 1。

（六）高等医学院校为法院培养高级检验员

经过以上各种努力和尝试，终于认识到法医师的培养无法依靠临时招员充数，必须回归正规的大学教育，因此，1943 年国立中央大学医学院创设法医学科，教授法医课。1943 年 12 月和 1944 年 5 月，四川省委托中央大学医学院开办两期检验员初级班，毕业学员 78 人。甘肃于 1944 年 9 月在西北医学专科学校开设训练班，学员 20 人。1945 年 4 月，四川省委托中央大学医学院又合作开办第一届高级司法检验员班，学员 29 人。1947 年，中央大学医学院招收第二届高级司法检验员，后根据教育部的命令，将该班改为司法检验专修科，定二年半毕业，入学时 30 名学生，到毕业时只剩下文剑成、林锡署、郑钟璇、肖均、肖远浮等 6 人。

1947 年，经教育部批准（教育部高字第五〇四五五号指令），中央大学成立法医学研究所，并拨该所该年度开办费及设备补助费 2 亿 5 千万元。1948 年，司法行政部会教育部拟计划设法医师和检验员训练班，以每一高等法院及其分院各有法医师 1 人、每一地方法院各有高级检验员为目标，指定中央大学、中山大学两大学实施。国立中山大学医学院根据教育部命令，在1948年4月还开办了高级司法检验员训练班。学员30人录自"广州区司法检验员训练班考试"，均系高中毕业以上学历，学制一年半，到1949年5月仍在册就读，后来因缺乏师资力量和经费无法继续教学，将该科学生转入医学本科肄业。1949年8月，国立中央大学医学院司法检验专修科，因经费问题暂缓招生。

（七）教育部拟订"培植法医计划"四项办法及法医人才五年训练计划

1942年，列强在华"治外法权"收回，国人深受鼓舞，法医事项也受到较多的关注。教育部于1943年10月拟订"培植法医计划"四项办法，并要求司法行政部合作：①国立大学医学院或独立医学院设置法医学科目，设备、师资、经费可能者设置法医学科。②成立法医学科之院校附设检验员训练班，招收中等学校毕业生。③各院校法医学科应与邻近法院进行检验方面的合作。④国立中央大学医学院试办法医师训练班。

1946年，教育部与司法行政部委托林几拟定法医人才五年计划，再经行政院核准颁布，计划1946年秋开设实施。五年计划是：①第一年先办法医学师资研究班。②第二年起开始办理法医师训练班。③司法检验员训练班，分高级和初级两种。高级司法检验员训练班第一年即可办理，初级司法检验员训练班于第三年办理。该计划5年内实施完毕，约可训练法医学师资30名，法医师90名，高级司法检验员270名，初级司法检验员1000名，可惜因经费问题未能实现。

五、民国时期我国法医学教育存在的问题与困难

民国时期，我国司法、医学界不少有识之士做出了不懈的努力，但法医事业的发展阻力重重，法医学教育与人才培养也不尽人意。

（一）培训工作举步维艰

1930年，司法行政部因各省高等法院仍未普遍筹设法医专修班，饬令各高院克期筹办，终因经费困难，师资缺乏，致已设者相继停办，未设者亦不筹备。1931年，上海同德医学专门学校举办法医人员养成班，招收医专以上毕业者进行训练，但因经费不足，就学者少，仅举办了一期，学员毕业后，该班就中止了。1932年，司法行政部又训令冀、鲁、晋、豫各省高等法院共同委托国立北平大学医学院筹办法医人员养成所，以培养初级法医检验人员，但在筹办期内就宣告中止了。

（二）教育计划未能实施

1946年春，林几拟订了一份法医人才五年训练计划，提出培养四种法医人才：①法医学师资；②法医师；③高级司法检验员训练班；④初级司法检验员。虽司法行政部、教育部将训练计划呈行政院核准，但因经费紧张，终使法医人才培养计划未能完全实现。1949年，中央大学医学院设置的司法检验专修科与中山大学医学院的司法检验专修科都因缺乏师资力量，无法继续进行教学，而不得不停止招生，并将该科学生转入医学本科肄业。

（三）社会歧视招生困难

由于政府对于法医事业仍未重视，法医学这门职业更受到社会上的歧视，有志从事

这门专业者甚少。司法行政部法医研究所第一届毕业法医研究员因"每多借口器械不备，未克尽责"，司法行政部通令各高等法院认真监督各法医师执务。1935年，司法行政部法医研究所第二届法医研究员招收数量不多，司法行政部饬令各省高等法院保送合格学员以资深造。1942年，司法人员高等考试录取法医师时，全国仅有2名（曾义、殷福沧）；普通考试录取检验员时，未有人应考。1947年，第二次高等考试和普通考试时，报名应考者仍寥寥无几。因此，至中华人民共和国成立时，我国的法医学人才奇缺，已有的少数法医师和检验员也多相继改行。

（四）教育机构师资匮乏

辛亥革命后的30多年，我国建立法医学科的医学院校屈指可数，仅有国立北平大学医学院（1931年建立法医学教室）、中央大学医学院（1943年在重庆建立法医学科，1946年迁至南京）和国立沈阳医学院（1946年建立法医学科）。国立沈阳医学院的前身是日本国南满铁道株式会社于1911年在沈阳建立的南满医学堂，1914年开设法医学讲座，但无专职教授，而是由精神病学教授兼任，先后有林道伦（1914—1915年任职）、大泽宏（1915—1916年任职）、大成洁（1917—1923年任职）三位教授担任。1922年，南满医学堂更名为满洲医科大学；1923年8月，开设法医学教室，由二阶堂一种任主任直至其1947年去世。1946年，满洲医科大学改为国立沈阳医学院，并建立法医学科；1947年陈东启任法医学科主任。

1935年，南京政府教育部曾公布法医学为医学院的必修课，但由于绝大多数医学院没有法医学教学组织，除震旦大学等少数医学院校开设法医学课程外，绝大多数医学院校并没有开设，实际上等于一纸空文。教学机构和师资力量完全不能适应国家司法检政工作及法医学教育的需要，故在不少的省县司法机关里，仍使用旧时的检验吏（仵作）充任法医工作。

（五）培养层次仍然不高

辛亥革命后，我国法医人才的培养主要包括：为司法机构服务的高等专职法医师，为法院和警察机构服务的高级检验员；训练检验吏，使之成为适用的初级检验员。1933年，林几创办司法行政部法医研究所，招收医科大学毕业生举办法医研究员班，毕业后由司法行政部发法医师聘书。培养"法医师"和"检验员"实际上主要是为了造就实际工作人员，对培养"高级法医师资"则很少考虑。1948年后，林几提出培养高校法医师资班（简称"高师班"）的建议，但因经费问题未能开班，直到中华人民共和国成立后于1951年才成功举办。

（六）法医队伍素质低下

自清末改仵作为检验吏开始，到20世纪40年代末形成由法医师和检验员组成的有一定规模的检验人员群体，中国司法检验体制的近代转型初告完成。但体制转型的完成质量并不理想：①法医人才群体成长缓慢。南京国民政府时期培养了一批法医师，仵作独霸天下的局面被打破，但基层照旧。至1947年底，法医人才储备仍严重不足，各地或悬缺待人，或滥竽充数。②取代仵作的检验员训练不足。在当局政策和市场机制联合剿杀下，仵作渐渐退出司法检验队伍，但新任检验员未必兼具经验与学识，队伍也极不稳定。抗日战争期间及战后各省举办的检验员训练班学制多为半年，甚至有仅三四个月者，远未达到清末所定的一年半。检验员班的学员因本身知识水平有限，要在短时间内了解并掌握司法检验的程序性问题或许没什么问题，但希望通过培训使其掌握现代法医学所包含的生理学、解剖学等知识却十分困难，因此只能继续沿袭传统尸表检验的手段，根据洗冤录中的知识进行最为基础的司法检验。但他们对现代法医学也并非一无所知，通过短时间的培训，他们了解了人体的基本构造、身体各器官的分布，使之在理解传统检验方法时能具有一定的辩证思维，发散出自己的理解，其检验知识更像是传统与现代结合的产物。③最大的难题是仵作、检验员两缺。仵作的长期存在，无疑体现了司法检验体制转型进程的缓慢。但更严重的问题是，具备新学识的法医师缺乏，经验丰富的仵作也已不可多得，处于青黄不接的尴尬境地。各地检验员大多既无学识，也无经验。

以上是民国时期法医训练和教育情况。从民国时期培养人才形式看，以办案单位培训为主，大学培养较局限，而医学教育也不普及，没有培养过大学法医师资。总的来说，虽然培养了一些法医，但质量上受条件限制而大多不高，只有司法行政部法医研究所培养的3届54名研究员和中央大学专修科培养的质量较高。由于大学里没有法医师资，后继无人的现象十分严重。此外，法医待遇未跟上也是致命的缺陷，所培养的人才大多流失。中华人民共和国成立前夕，全国高等医学院建立法医教室的也仅有中央大学医学院、北京大学医学院和中国医科大学几处，民国时期培养的法医人才只留下不足十分之一从事法医工作，这是很沉重的历史教训。特别是大学师资培养和从事法医人员待遇问题，是法医学发展的关键问题之一。"前事不忘，后事之师。"我们应从历史汲取经验教训，为今后法医学发展服务。

六、林几《拟议创立中央大学医学院法医学科教室意见书》

为了让读者全面了解林几于1928年所著的《拟议创立中央大学医学院法医学科教室意见书》①的内容，现将该文全文登载如下：

拟议创立中央大学医学院法医学科教室意见书

林 几

为建议于中央大学医学院内创立法医学科教室，借以培育法医专门人才，实行新法鉴定事。窃意法律乃立国之本，法医则为法律信实之保障。现任吾国对于这项学科鲜有专材，法医检验仍袭旧弊。其实，此学科研究及适用之范围包罗至广，为国家应用医学之一。凡立法、司法、行政三方面无不有需于法医。就中尤以社会民众病状之调查，及其病因之研究，以共谋救济政策，且供立法与行政之参考者，为首要。故，社会医学、社会病理学、保险医学、灾害医学、裁判医学及精神病裁判学②均在内。即其应用上较窄范围，亦足供司法之各种刑事、民事案件之鉴定，并伪病或匿病之检查。故法医学即以医学及自然科学为基础，而鉴定且研究法律上问题

---

① 林几. 拟议创立中央大学医学院法医学科教室意见书 [J]. 中华医学杂志（上海），1928，14（6）：205-216.

② 精神病裁判学：现称为司法精神病学。

者也。

夫法之所贵，当罚必信，苟被检举或嫌疑犯者，犯罪行为证据不甚充分，则乌可遽施以判决。吾国对刑事案件，自古以来，已能注意及斯。惜后人食古不化，墨守陈章，以致当兹科学世界，尤复袭用七百年前宋人所集《洗冤录》以为刑检之蓝本。吾人固至爱我中华，至仰我古人，佩其富有理想，艰于创作，而惜后人不能追踪精研，推旧更新，延至今日，终落人后，不亦悲夫。观《洗冤录》中所载，亦偶有足供吾人之参考，然其荒谬绝伦，类若神话者，确属非鲜，是乌能合乎科学原理，而作文明国家法律之鉴证乎。且历来更将刑检要务，委诸毫无常识、不学无术之仵作，是诚难免有蔑视法律尊严之诮。

在欧西各国，每遇有关于法医事件，统先由各城指定官医施行初检，择取检材，送交各大学校法医学教室，更请专家详细检查。故所鉴定案件，事无大小，必详必确。亦所以昭大信于公民，尊法律重国本也。

有唐之制，于各郡县均置有经学及医学博士各一人。可见昔日专制时代犹知慎刑恤命。对医事行政之注重矣！然有唐之世，实乃吾华文化昌明时代也。书曰唯刑之恤，诗曰在泮献囚，殆因上古治世，虽未明科学新理，而其慎于用法，以伸民冤，立意固至善也。

明代以后，犹于各府县分置教官及医官，是与唐代施设之精意，已相悖戾！

迨至前清中叶，刑章益驰，同治末年虽沈葆桢①曾奏请解除仵作禁锢，而仍格于当事之昏聩，竟未实行。光绪之季，效法图强，亦知注意法检，曾于刑曹，设检验学习所，惜乃因人设官，报遂无继。

今者，党国维新，努力求治，训政肇始，百事待兴。国人皆耻国权之旁落，改良司法收回法权乃当今之急务！况人民智识增高，对旧日非科学之鉴定，已失信用，且国宇辽阔，人才缺乏，各地医师之分配尚未普及。一般开业医师忙于职务，对于病理、精神病及医事法令等有关于法医学常识，每未暇多加研究。故对新法刑检之实行，诚感非便。今为应时事之要求，此项人才之栽培及实验教室之建设，更属刻不容缓。此时，宜择适中地点，建立一专门法医研究科及附设之法医检验室，特聘专家主其事，以资养成法医专门人才，并实行有关于法医事件之鉴定。夫用人以才，则才方得其用；用非所学，则等于不学而用。际兹科学昌明时代，故非徒托空言所能有济。故欲养成法医人才，非设有法医学检验室以供实习，不足有增研究者之经验，且无补于事实也。

此种特别研究科及检验室，内容设备诚极繁杂，须并有病理学、细菌学、毒物学、化学及精神病学、产妇科学等临床，及法医学的特有检查用具之设备。预计只开办费用一端，已须超过五万三千元。

顾刻国力疲弊，经济困难。为省国力而济实用，作较便利之计划，固莫若附立此种研究科及检验室于本国设备较良医学院内，则所需经费可以省节，教授人才亦不虞缺乏，盖于一专门医学院内必须设有化学、药物、病理、精神病、产妇科等教室，利其既有之各种设备，及已聘之专门人才，合作通融，则其所省者岂止开办之所需，即经常经费也可减少。

考中央大学医学院②，设在沪滨③，而上海离新都④仅隔带衣之水，地居全国海线中央，交

---

① 沈葆桢：1820—1879年，福州人，清同治年间曾任两江总督兼南洋通商大臣，任职期间鼓励他的学生赴英、法留学，培养了大批科技人才和海军人才。沈葆桢妻子为林则徐次女。

② 中央大学医学院：国立中央大学医学院当时在上海，后更名为国立上海医学院、上海医科大学，现复旦大学上海医学院。

③ 沪滨：即上海。

④ 新都：即南京。

通极便,为亚陆商埠之中心,有万邦居民之杂处。虽该校开办未及二年,而内容已颇完善,若得附设法医学检验室及研究科于内,则实称最便。然助理人员亦所必须,故宜于研究科外,更立一法医检验助理人员特班,分别训练专门鉴定及助理人员,即法官、警、探,及一般医师尽可于相当期间前来切磋,受益当不浅也。

预计若不特兴建筑,就于医学院内,指定三五相当屋舍,再筹得开办费一万元,月常费两千元(即常年经费二万元),已可成立一组织较完备之法医学科教室,并创办法医学研究科及法医检验助理员训练班。再一二年后,人才养成,即可分配于各地司法、保安机关执行新法初验,并可创修各地之相当医事法令,调查社会之疾苦,用保法律之庄严,增人民之幸福焉。

兹将法医学科之组织计划及各种筹办预算分列于后,备供参照。

甲、法医学科教室①之组织计划

一、法医学科教室组织系统②

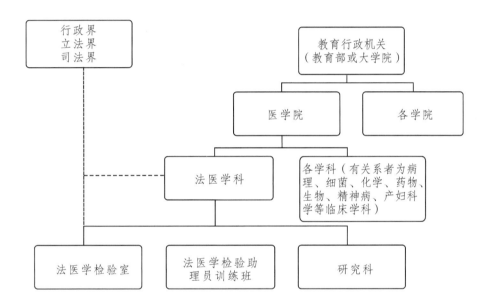

二、法医学科教室组织人员

法医学科教室:应聘科主任教授一人,教授、副教授、讲师教员及助教若干人,雇用技手、书记若干人。其各课程拟即请医学院有关系各科之专门人员兼任。

兹拟先聘一副教授暂摄本教室主任职务,外聘副教授一人,讲师二三人,教员二三人分担教职,助教一二人,技手二人,书记一人助理事务。

三、法医学研究科

(一)研究员资格:以医科专门以上学校毕业生或曾在病理学及精神病学教室各一年以上者,于一定期前来中央大学医学院报名,经一度口试或笔试并心理测验,认为合格者。

---

① 教室:相当于现在的教研室。林几这一计算,全国共有3000多个县(市),则应配法医总数达近1万名。按现有体制公、检、法配法医,则我国法医总数则应为2万至3万。这份拟议创立中央大学医学院医学科教室意见书是林几于1928年写的,迄今90余年。今天法医学发展已在很大程度上证实了林几的预见并实现了其计划。

② 引文中图表的序号及图题与表题的处理均按原文。下同。

（二）研究期间：2 年，4 学期每日授课 4 小时，每学期共 600 小时，四学期共 2400 小时。至于个人或分组之课外研究时间须临时酌定，并可由教室酌收其实验消耗费用。

（三）研究课目：因国内医校及中学程度不齐，故斟酌情形添加下列非完全属于法医学功课。

第一学期：二十五个星期每周授课二十四小时，共六百个小时。第二学期：同上。

学期	课目	时间/小时	每周时间/小时	课目	时间/小时	每周时间/小时
第一学期	1. 解剖学	125	5	8. 病理解剖学	100	4
	2. 局部解剖学并绘图实习	100	4	9. 比较解剖学	125	5
	3. 有机化学并实习	125	5	10. 无机化学并实习	150	6
	4. 病理组织学并实习	125	5	11. 精神病学各论	50	2
	5. 精神病学总论	50	2	12. 鉴别诊断学（有关于法鉴定者）	125	5
	6. 细菌学	50	2	13. 药性学	125	5
	7. 血清学	25	1			
第二学期	同上					

第三学期和第四学期：

学期	课目	时间/小时	每周时间/小时	课目	时间/小时	每周时间/小时
第三学期	14. 病理解剖实验	100	4	17. 中毒之动物实验	50	2
	15. 毒物学（总论、各论）	200	8	18. 法医中毒学	75	3
	16. 裁判化学总论	50	2	19. 法医学总论及验伤学	125	5
第四学期	20. 法医学各论	125	5	26. 灾害医学及例案之说明	50	2
	21. 裁判化学各论	75	3	27. 医事法令概要及其运用	25	1
	22. 法医精神病学	75	3	28. 法医学例案说明及讨论	50	2
	23. 社会医学	25	1	29. 法医学检验及实验	75	3
	24. 行政医学	25	1	30. 指纹学并实习	25	1
	25. 生命保险医学	25	1	31. 法医检验摄影术	25	1

上课目时间得酌量增改。

（四）研究人员数：第一班名额暂定40～50名。

（五）甄别：

入校：有专门医校卒业文凭者经口试及心理学测验。无文凭者须有曾在病理或精神病学科实习一年以上证书。更经主要科目（化学、病理、精神病、生理、产科）笔试心理学测验，认为合格者。

出校：经各学科分科口试或笔试及法医例案讨论，平均绩分认为及格者，予以研究科卒业证书。又自愿退学，或成绩过劣、不堪造就及品行不良者，均可予以出校。

（六）研究员在校之条件及待遇：①恪守院规；②纳研究练习费（另行规定）；③在校所受待遇与该校学生相同；④卒业后荐充各地检验医官，或荐在本校或他医校法医学科教室服务。

四、法医检验助理员训练班

（一）助理员训练班生资格：初级中等学校卒业程度，或公私医校所设练习生特班卒业者，于一定期内，来院报名，经国文、博物、化学笔试及口试认为合格者。

（二）训练期间：1年。每学年50星期（10星期为假期），每星期授课24小时，1年共1200小时。

（三）教授科目如下：

第一学期：共600小时：每日授课4小时，每周24小时，共25个星期。

第二学期：同上。

课目	时间/小时	每周时间/小时	课目	时间/小时	每周时间/小时
1. 解剖学（同研究科）	125	5	10. 病理解剖学（同研究科）	100	4
2. 局部解剖学并绘图实习（同研究科）	100	4	11. 精神病学各论（同研究科）	50	2
3. 细菌学（同研究科）	50	2	12. 鉴别诊断学（有关于法鉴定者）（同研究科）	125	5
4. 生理与病理学概论	125	5	13. 法医检验学概论	75	3
5. 化学并实验	75	3	14. 法化学检验法并实习	75	3
6. 普通药物学	25	1	15. 法医精神病学概论	50	2
7. 普通毒物学并实验	25	1	16. 法医学各论并实验	125	5
8. 法化学检验法概论	25	1			
9. 精神病学总论（同研究科）	50	2			

上课目时间得酌加增改之。

（四）学生人数：第一班名额暂定50～60名。

（五）甄别：

入校：经相当考试。

出校：经各学科笔试及口试及格者予以卒业文凭。又自愿退学或不堪造就及品行不良者均可予以出校。

（六）在校之条件及待遇：①恪守院规；②纳学费（另行规定）；③在校时与医校生同等待遇；④卒业后荐充各县法医检验助理员，或法医学科教室技手①。

（附）经费：研究科及检验助理员训练班之开办费，所需无几。而常年经费所需甚大，约为一与二十之比。

五、法医学检验室

（一）施设：凡医学院其他教室既有之设备且可以通融使用者，本检验室概可酌省。

（二）性质：为医学院法医学科教室之实习研究室，并接受各处有关于法医学检验事件。

（三）人员：即以医学院专门教授人员担任研究及检验。

（附）经费：检验室开办费略有所需，而内容置备完善后，则常年经费所费甚少，约为九与一之比。

乙、法医学科教室经费概算（详细内容略，概要如下）

（一）开办费用：预算此项共需九千七百元至一万元整。包括屋舍布置费（讲堂、化验室、检查室、主任室兼图书室、事务室即裁判室兼法医教职员会议室、办公桌、书桌椅、书架、柜橱等）、图书费、器械费、药品费、标本购置费（实物标本及幻灯）、招生开办费、其他开办运费及杂费等。

（二）常年经费：包括教职员薪金、药品添置费、图书、器械维修、日常消耗品、各地检验出动费等，总计年经费二万元。

按：此意见书系因十七年夏初，江苏省政府提出于中央政治局会议，有《速养成法医人才》一案。经议决交大学院②办理。大学院批交中央大学校，中大（指中央大学）乃令吴淞之医学院（指中央大学医学院）核复。又在最近颁布之《训政时期国民政府施政纲领草案》，关于司法部项内，亦有《养成法医人才》一项。故医学院院长颜福庆博士，以其（指林几）系专门研究法医学科乃嘱其草此。

唯国内法医人才过于缺乏，以个人管见所及，容或难免遗漏，兹特公诸报端，便征识者纠正为幸。依上项计划，预计至少须于十年内，在全国适宜地点，分设六个法医学室（上海、北平、汉口、广州、重庆、奉天），以便培育法医人才并检验邻近法医事件，且可创收③各地之医事法令，执行各地医事不法之纠正事件。

预计在各地司法及保安行政机关，至少须各设一员以上之法医官及二员以上之检验助理员，即全国共有若干县及市区，便须准备有县市总数之二倍半以上法医学人员，方足敷全国之分配。

林几这份意见书，一是为全国法医鉴定体系的规划——法院作为初检单位以检案鉴定体系存在，而大学、研究所以科研、复检和人才培养的体系存在。二是为我国起步阶段的法医布局蓝图，即分建6个法医科（上海、北平、汉口、广州、重庆、奉天）带动全国法医学发展。三是其根据中国国情和法医学发展规律，量体裁衣，提出在医学院

---

① 技手：即现在的技术员。

② 大学院：即中华民国大学院，成立于民国十六年（1927年）10月1日，相当于早前北洋政府的教育部，首任院长为蔡元培，1928年10月6日蔡元培辞去院长职务，10月24日大学院裁撤。

③ 创收：应为"创修"。

内办法医科这一行之有效的办法，林几的这一办法以后一直成为中国传统的法医学教育和办案结合的习惯而沿用至今。四是为一部非常好的法医教育的教学、科研计划，其周详细致，我们今天读起来仍倍感亲切，也表现了林几的组织和领导才华、强烈事业心和民族感。五是意见书还是一部简要的法医史，认真思考中国法医学发展演变和兴衰，告诫人们我们现在发展法医学要师古而不能泥古，只有学习先进的科学技术才能真正"爱我中华"，才能推陈出新而使中国法医学走上科学道路。六是其确定了关于法医学范围。意见书认为除刑、民事案件外，还有社会医学、社会病理学、保险医学、灾害医学、精神病学，以及痕迹指纹、印鉴学等，都是法医学的研究范围，他的这一观点一直指导着现代法医学发展。七是其正确认识法医学使命，林几反复强调，法医学是立法、司法、行政三方面不可少的应用科学，法律是立国之本，法医则是法律信实之保障，他把法医学从单纯地为了鉴定而在解剖台上工作解脱出来，清楚表明法医学并不是"尸体学说"，它是阐明从生至死的过程的医学，是保证生命尊严的科学，是为人民幸福、为法律尊严、为科学发展服务的科学。林几的远见卓识，今天看起来，我们不能不为之感佩！林几一生一直为之奋斗，孜孜不倦，勤勤恳恳，他是这样写，也是这样做的，最后成为公认的我国现代法医学奠基人。

第二节　民国时期法医检验及鉴定体系构建

一、早期检验的出现

我国在民国时期审判实行四级三审制。从民国法律来看，最高法院不设法医，高等法院及其分院、地方法院、县法院设法医。民国二年（1913）内务部颁布了《解剖规则》，其中第二条规定："警官及检察官对于变死体非解剖不能确知其致命之由者，得指派医士执行解剖。"1914年4月，内务部颁布的《解剖规则施行细则》第一条规定："凡国立、公立及教育部认可各医校暨地方病院，经行政官厅认为组织完全确著成效者，其医士皆得在该校该院内执行解剖。"所以，需要施行解剖才能解决问题的检验绝大多数得送医学院或医院，由医士进行解剖。

这便是我国民国时期出现的早期检验，即由院校承担法医解剖工作，由法院检验吏作初验，部分省、特别市（相当于直辖市）法院也聘请了医师作法医检验。

民国时期早期检验基本情况如下：

1913年，江苏公立医学专门学校开始进行尸体解剖工作。

1918年，徐诵明从日本九州帝国大学医科毕业，国立北京医学专门学校校长聘请他接替村上庄太出任北京医学专门学校病理学教授。徐诵明在国立北京医学专门学校营建了第一个病理学教室，并负责教授病理学和法医学。1919年，国立北京医学专门学校及其附属医院接受北京、天津、山西各地方法院检察厅委托检验血痕、鸦片嫌疑犯、孕妇妊娠月数等司法鉴定。

1924年，上海地方法院检察厅委托同济大学病理学教室办理法医疑难案件，为期1年。由德国人欧本海（F. Oppenheim）主持，杜克明充当助理，单德广专任法医，但被当时的陈奎棠律师指责，其登报①指出："见被验之尸体，无不湔肠伐胃，血肉狼藉，已不胜惊骇，加以被检者之大小两脑，辄为医校囊括而去。"同时煽动群众，说上海地方检察厅"车检察长遽得胃病，溃腹而卒，地方人士，举切切议谓斯疾也，殆为剖解尸体之果报"。其认为："今日之验尸，倘无《洗冤录》以相参考，以相检验，则委托该医校，剖解以明冤宜也。而今参考之书昭昭具在，乃必舍我千数百年沿用惯常之检验，一变而为剖解，无论剖解之所得，未必胜于检验，即或胜之，而人民心所弗欲，被害者之家属，壅不以闻，纵欲为之洗冤，亦何冤之可雪。况遗尸遗骨，既为习惯所尊重，又为法律所保护，徒欲昭雪死者之冤，以致检验死者之尸，事实出于万不得已，今若死者之冤，可毋庸毁坏其尸体，即依我固有之检验，已可昭雪无遗，乃亦必舍检验而从事剖解，是奚啻疾视尸体之完好，而故意毁损之哉。总之，检验也，剖解也，无非为明死者之冤计。若从剖解而冤得以明，从检验而冤亦得以明，同一明也，而一则尸体败坏，一则尸体完全，临民上者，胡可徒为明冤计，而不兼为尸体计？"以致当时一些思想保守的人民受其煽动，纷纷指责尸体解剖之残忍，视西法解剖为畏途。受其影响，上海地方检察厅与同济大学病理学教室一年合约到期后，因上海地方检察厅拒绝剖验尸体，此项合作未能继续。后来，上海检察厅又请欧本海著《对于〈洗冤录〉之意见》一文，以科学实验鉴别《洗冤录》中检验方法之科学与否，分别以"《洗冤录》之优点""《洗冤录》之误点""《洗冤录》之缺点"三节予以阐释，对正确认识《洗冤录》之价值大有裨益。

1924年开始，浙江医药专门学校受理毒物分析化学案件。

以上是我国早期法医检验情况。总的来说，法院检验吏的检验仍然维持在尸表检查，极少数需要解剖才送到医学院或医院由医师做解剖。送去医学院或医院的还有毒物、毒品及活体检查，为数不多，表明法医工作起步还很缓慢，主要原因还是法医人才缺乏而限制了检验的数量和范围。

二、法医专职的设置

我国最早设置法医专职的是京师地方审判厅、检察厅于1914年设立的一个法医席位，由江尔鄂医师担任。1916年，他受司法行政部委托去日本考察法医情况。据魏立功记载②："江苏省上海地方法院早设法医一职，民国十九年（1930）四月一日，上海租界地改组后，公共租界地首先接收法院，由孙逵方医师充任法医，法租界第二特区法院亦于是年相继成立，该两处检验案件，完全归于我国法医办理。"上海第二特区法院审理烟毒案件的司法实践，通常需要对具有吸食烟毒嫌疑的罪犯进行有无烟瘾的鉴定，以便于确定是否判决勒令戒绝。推事在庭审中采信的证据主要有三种，分别是法医鉴定

---

① 陈奎棠. 律师陈奎棠请弗剖验之呈文［N］. 申报（上海版），1925–07–16（16）.
② 魏立功. 我国法医概况［J］. 中华医学杂志（上海），1939，25（12）：1066–1067.

结论、推事观察和烟毒犯庭审口供，通常将三者综合考量。其中，法医鉴定报告是最普遍运用和方便、直观的鉴定方法，其具体实施步骤如下：烟毒案件经庭审之后，推事只初步了解案情，并未能直接作出裁判，则通常在第二次庭审或宣判前，解送往王国安医师处进行调验。这种方法是由专业医学方法鉴定，具有权威性，通常情况下，推事将鉴定结论作为认定的案件事实进行判决。

虽然北京、上海两地曾有法医专职，但民国时期法医专职的设置是在开展法医学教育、法医人才培养后才走上正轨的。

（一）法医学教授的出现

尽管我国早期曾有医学院校参与法医检验，但都是由办案单位委托，医学院病理科或医学临床科室临时办理一些需要解剖或检验的案件，并没有在医学院内成立专门的法医机构。最早成立法医鉴定机构的是国立北平大学医学院。1924 年，国立北京医科大学校派送林几到德国维尔茨堡大学医学院学习 2 年，专攻法医学，后又在柏林大学医学院法医研究所深造 2 年。1928 年毕业，获医学博士学位。林几于 1928 年回国，被国立北平大学医学院聘为法医学教授，并于 1930 年春创办国立北平大学医学院法医学教室，林几任法医学教室主任教授。所以，林几是我国第一位法医学专业教授。以后，专门从事法医学检验的专家、教授有所增加。据 1938 年《震旦医刊》介绍①，震旦大学医学院开设法医学课程，孙逵方兼任震旦大学医学院法医学教授，法国法医学会中国代表。司法行政部法医研究所培养出来的研究员，分配到各地医学院后又成立法医机构，如中山大学医学院、东南医学院，加上北平大学医学院，以及林几于 1943 年秋又创立的中央大学医学院法医科，此时，开始在全国各地出现一些法医学专业教授，但人数不多。

（二）法医检验员的出现

我国民国时期培养的人才，大多是法医检验员或由清末的检验吏再训练而成为检验员。这些法医检验员大多分配到县一级法院从事法医检验工作。他们多数是由本省法院或邻近几个省法院合办的训练班训练而成，检验员资格由省级法院颁发。但也有由中央司法行政部颁发的，如 1935 年司法行政部法医研究所开设的法医检验员训练班。司法行政部法医研究所招收、培养法医检验员，主要是因为"我国侦查权限，多属于各地公安局，主其事者缺乏专门学识，以致刑事案件，每多真相难明，无由定案，殊非国家维护人权之道。司法行政部有鉴于斯，特设立检验班于法医研究所内，专攻侦查与检验学术，以资应用"②。1943 年秋，中央大学医学院创设法医学科。1945 年春，中央大学医学院受司法行政部委托开办高级司法检验员训练班。1948 年，中山大学医学院受教育部委托开办高级司法检验员训练班。由司法行政部或教育部颁发毕业证书的训练班，招收的是高中毕业生，经考试入学后，定期两年至两年半进行训练。

（三）法医师的出现

法医师一职究竟何时出现？众说不一。有的认为医学院或医生毕业后又训练一年的

---

① 震旦大学医学院（中法文对照）[J]. 震旦医刊，1938，(21)：83-93.
② 法医检验班之设立 [J]. 中国国民党指导下之政治成绩统计，1935 (7)：180.

即为法医师。但林几在其《二十年来法医学之进步》① 一文中说："司法行政部曾于二十一年，在申设立法医研究所。二十二年夏，开始招收医师为研究员，二年毕业，发给法医师资格证书，派往各地法院服务，是即我国有法医师名称之始。"林几这里说的法医师资格证书是指由中央司法行政部发的毕业证书，即由国家承认的法医师资格证书，而我国民国时期《刑法》《刑诉法》《法院组织法》在这之前仍称法医工作人员，或称检验吏、检验员，称被聘从事法医检验的医师为医士或法医，没有"法医师"的名称。1945年修订《法院组织法》时才出现有"法医师"的名称。因此，林几的说法是正确的。

正如早期北平、上海设立的法医席位的充任者江尔鄂、孙逵方，只称为江尔鄂法医、孙逵方法医，而不称法医师，即是证明。因此，早期的医本科生或大专生经训练的医师，如1929年浙江高等法院委托浙江公立医药专门学校附设的法医专修班，江西高等法院委托江西医学院附设的法医专修班，以及1930年江苏高等法院委托同德医学专门学校附设的法医讲习所，其所培养出来的学生，仍然被称为法院服务的医士或法医。而1933—1937年司法行政部法医研究所招收的两届法医研究员才称为法医师。当然，1943年后，浙江、江西、江苏早期培养的为法院服务的医士或法医，也随之称为法医师，与检验员区别开来。

检验员、法医师都是法院实际检案的工作人员，对于培训人才的高级师资很少考虑。林几曾在1946年提出培养高级师资的问题，但未实现。由此可见，林几是十分有远见的，他既考虑了法医人才培养，又考虑了人才使用，还考虑了队伍稳定和如何发挥法医人才作用等诸多问题。

（四）受聘鉴定人

民国时期，除了培养法医人才为司法实践服务外，还聘请专门技术人员作为鉴定人。这是因为检验工作，往往涉及不同学科高深之学理与技术，而有时非法医师及检验员所能胜任。因此，除常设之法医师及检验员外，法院对于一些检验事务，亦需要临时指定专门人员担任。

最为典型的是1936年11月，司法行政部鉴于司法机构的法医师没有学习中医理论，对于中医药诉讼案纠纷，不谙中医处方的法则和中药性质，不能胜任中医药处方的鉴定，特委托上海中西医药研究社设立的中医药讼案鉴定委员会，进行中医药讼案纠纷的鉴定。同年11月27日，司法行政部以第三四三号通令全国高等法院及地方法院，嗣后受理中医药讼案均委托该社鉴定。由该社鉴定的诉讼案达100余件，得到社会各界的好评，后抗日战争全面爆发致工作暂停，抗日战争胜利后又恢复工作②。由国家特聘专门鉴定人处理中医诉讼案件，保证了这方面案件的鉴定质量。

三、民国时期法医鉴定体制的形成

清末时期，司法检验由仵作（后又称检验吏）负责从事尸表检查。北洋政府统治

---

① 林几. 二十年来法医学之进步 [J]. 中华医学杂志, 1946, 32 (6): 244-266.
② 中医药讼案鉴定委员会. 本社中医药讼案鉴定委员会缘起. 中西医药 [J], 1946 (30): 18.

之初，司法鉴定制度的近现代化发展已初具规模。在首都，除了京师地方审判厅、检察厅设立法医席位外，还设立了直属于北洋政府内政部的京师警察厅司法处，专司刑事、侦查等事项。其中与司法鉴定有关的职能机构第一科，即负责刑事案件中的法医鉴定等业务。此后进行司法改良，各省相继成立高等法院、地方法院和县法院承担大量刑事、民事案件的处理工作。检验工作属法院首席检察官领导，法院内的检察处下设检验室。

1928年，安徽高等法院检察处"以各院县死伤案件检验失当，罪刑出入定案难求，为病民害事之罪"为由，希望在法院内部设立法医鉴定部门为司法断案服务，并致函京津，希望能派遣法医一名，结果却是"迄无有者"，于是高呼"非筹设法医学校不足以养人才，非养成检验人才不足以言救济"①。1931年，许多地方法院聘请固定的专职人员在法院内部从事法医鉴定工作。1936年，司法行政部通令全国高等法院拟定检验计划，其主要内容如下："本部法医研究所孙所长览查法院审理案件，欲期刑当其罪，罪当其情，非注重检验不可，国旧仵作制已废，而新检验法未普及，刑事案件殊不易得其真实，今后须使每县于②一二检验员，每院有一二法医师。因之，该所应自下年度起，大加扩充于检验案件外，须积极造就检验人才，每年应以造就检验员三百人，法医师一百人为最低限度。"③ 同时，每省有一相当于法医研究的机关，以解决疑难案件，并须养成检验人才。因此，各地法院设立检验鉴定科室是出于现实中审理判案的需要，而司法行政部的通令则从法律制度层面为各地法院设立鉴定科室提供了支撑。1935年12月28日，南京江南公共汽车公司一辆汽车将一名乡妇碾压致死，警察控制司机之后勘查现场，并通知法院检尸。从侧面说明了法院设有法医科室，且法医配置在一定程度上要比警察部门完善。

1932年8月1日，南京国民政府在上海创建的司法行政部法医研究所，主要负责全国各地疑难案件的法医鉴定工作。1935年以后，各地法院成立法医检验机构，并与大学法医机构、司法行政部法医研究所保持密切联系或接受指导、复检。这是民国时期法医检验体制的一个突出特点。正如林几在《二十年来法医学之进步》中所说："直至民国二十四年国府颁布新民法，刑法及民事、刑事诉讼法，方更定尸体剖验及妇女身体检查应由医师执行。民刑案件鉴定事项，须选任特别专门学识之鉴定人充任。具法院组织亦删去仵作验吏名称，而设检验员。更在法律内特指定检验尸体应由医师或检验员执行。故此后检验员之职务，亦只限检验尸表及人体之外伤。但不能解决时，仍应由医师复验。是乃我国检政制度之一大进步，即由非科学时代而演进就合于科学也。"但是，由于各级法院法医配置不足，加之鉴定的复杂性，各省地方医院、各医师团体也接受委托发挥鉴定机构的功能。1947年，司法行政部通令各级医师公会转饬医师，切实协助当地司法机关检验案件，而医师大多在医院工作，可见医院此时便充作鉴定机构。因此，在法医类鉴定领域，形成了以上海真茹司法行政部法医研究所为中心，法院系统为

---

① 国内法界、法制消息：安徽高等法院检察处请设法医学校 [J]. 法律评论（北京），1928，6 (10)：9 - 10.

② 于：应为"有"。

③ 司法行政部代电：电字第四九三号（二十五年十二月二日）：电本部法医研究所为饬知该所应自下年度起积极训练检验人才仰迅即拟具扩充计划并将必须增加之经费编入概算由 [J]. 司法公报，1936 (156)：15.

主，医院、学校和医师公会、公安警察等多种法医鉴定机构并存的状况。

林几曾于1935年8月26日在《京报》发表《积极整顿检政改进法医办法意见》一文，提出"颁定法医检政制度系统"的设想，他认为："我国现在检政紊乱，毫无系统，其实尽可凭现行法律，用三款制，即分初次检验、复验及最高检验，每一次检验，在可能范围，由检验人员或会同审核人员负责鉴定。而担任各级检验机关，则暂可分由县法庭或地方法院之初级检验员，高等法院设有法医师之检验所室，并法医研究所或大学医院法医学教室办理，而法部中更应设有专员总持检政。"

（一）法院

民国时期，法院法医的工作占有举足轻重的地位。据林厚祺回忆[①]：民国时期法医、检验人员的主要工作是验尸和验伤。验尸为对已死亡尸体的检查，法院检察官从公民告诉、告发及报纸登载等获悉有自杀、被杀及无主尸体的事实，督率检验员前往现场执行检验。对无主尸要检查死因，是否饥寒致死，抑或受人谋害。当时，在福州发现无主尸往往由警察机关电话通知，法院检察处派员前往检验。在济南，每逢严冬大雪，马路上常出现无主尸体，多系风雪冻毙，法院检察处于这个季节时常外出验尸。一到夏天酷热时令，人力车夫因中暑暴毙马路者一天多达10余起，法院检察处要派好几个检察官才能应付。执行死刑案件，检察官要率同检验员往执行死刑的监狱，检验犯人是否已死亡，有无伪装。以上各项检查均由检验员将检验情形及其判断载明检验书送检察官办理。验伤为对被害人受伤情况的检验。被害人受伤后可直接到法院检察处请求验伤，随到随验，不须先行其状，门岗法警不得拦阻。验伤时由法院值日检察官监督检验员执行，验毕由检验员制作检验书呈送检察官查核。检察官应于检验后对被害人做必要的讯问，由书记官制作笔录送首席检察官分案。验伤要防止为伪造伤痕（如用药刺激皮肤引起红紫瘢痕）所惑，验时要详载受伤部位、面积、深度、色泽、压痛，有破损者其破损程度，机能损坏者其损坏情况；至于内脏受伤用检验老法固能测知一二，但缺乏科学根据，应送医院用透视等方法正确诊断。遇有受伤严重，流血不止的，要先送医院抢救，不得先行检验。1935年，司法行政部法医研究所分2名法医师到山东高等法院，一名在高等法院检察处工作，负责全省各县法医工作，各县需要法医时派往服务；一名在济南地方法院检察处工作，负责济南地方法院法医工作。福建闽侯地方法院当时没有专职法医，聘请福建医学院病理医师王兆培必要时到法院执行法医任务。全国各地法医配备情况不一。福建法医配备情况见表2-2[②]。

[①] 林厚祺. 国民党统治时期的司法概述 [M] //福建省政协文史资料研究委员会. 福建文史资料：第二十一辑. 法曹内外. 福州：福建人民出版社，1989：1-68.

[②] 福建省地方志编纂委员会编. 福建省志·审判志 [M]. 北京：中国社会科学出版社，1999.

表 2-2 福建法院法医、检验员人员分布情况

年限	各级法院	人数	年限	各级法院	人数
民国二十五年（1936）	高等法院	0	民国三十五年（1946）	高等法院	1
	高等分院	3		高等分院	0
	地方法院	9		地方法院	14
	县司法处	32		县司法处	57
	县府兼理司法	25			
合计		69	合计		72

民国时期全国的法医状况也不乐观（表 2-3）①。1935 年，王用宾在视察华北七省司法情况后提交的《视察华北七省司法报告书》中指出："检察官部分最感困难者，厥为检验员缺乏相当检验学识，现时关于检验记载书式，虽有部颁验断书，检断书，伤单等项可资依据，但其填载多欠准确，差以毫厘，谬以千里之事，在所不免。" 1935 年，全国司法会议对全国的司法检验人员做过统计。全国各省检验人员共有 706 人，在学校受检验教育的检验人员共仅 147 人。各省方面，新式检验人员人数以江苏省最多，也不过 29 名。若将这些曾在学校受过检验教育者平均分派至各地方法院，各省所得不过三四名，省即不敷任用，至于市、县以下僻远之地，司法检验显然并不能指望操于法医之手。另外，从人员构成上看，旧式检验人员仍占据司法检验队伍的绝对主体。以仵作改充及随同刑幕老吏学习检验的旧式检验人员共计 559 人，几乎是曾在学校受过检验教育者的 4 倍。全国司法检验人员在结构上呈现出"新弱旧强"的格局，司法检验仍多操之于检验吏之手。魏立功观察到，一方面各省法医训练办理有限；另一方面地方广博，法院数量与时俱增，以致"法医人才，终感不敷分派，故现时各省县司法机关，仍不免有以旧时检验吏充任者"②。坚鲍认为，由于"法医人才未普及，法医知识未完备，穷乡僻壤处如有命案发生，唯凭仵作检验之报告，为唯一之根据"③。

表 2-3 1935 年全国各省检验人员④

省别	受过检验教育	以仵作改充者	随同老吏者	合计
江苏	29	20	3	52
浙江	8	33	44	85
安徽	2	11	10	23
河南	1	61	42	104

---

① 明仲祺. 我国法医前途的展望 [J]. 东方杂志, 1936, 33 (7): 181-187.
② 魏立功. 我国法医概况 [J]. 中华医学杂志（上海）, 1939, 25 (12): 1066-1067.
③ 坚鲍. 为培植法医人才进一解 [J]. 社会医报, 1932 (180): 3499-3500.
④ 明仲祺. 我国法医前途的展望 [J]. 东方杂志, 1936, 33 (7): 181-187.

续表

省别	受过检验教育	以仵作改充者	随同老吏者	合计
福建	4	21	6	31
河北	7	12	3	22
湖南	11	49	8	68
陕西	2	27	46	75
察哈尔	2	10	4	16
山西	25	24	49	98
湖北	28	5	24	57
江西	12	14	26	52
东省特别行政区	5	0	0	5
黑龙江	11	4	3	18
合计	147	291	268	706

显然，民国时期虽然积极推进司法检验的革新，然而就司法实践来看，因新式法医匮乏，司法检验队伍呈现出明显的新、旧过渡状态。民国时期司法检验队伍这种"新弱旧强"的格局到20世纪40年代仍未改变。1947年11月，南京国民政府召集司法行政检讨会议。大会提案共589件，关系法医事项者14件，均由各高等法院院长或首席检察官提出。其中，绥远和贵州各2件，山西、安徽、甘肃、西康、云南、青海、福建、四川、辽北、辽宁各1件。从中可见当时基层司法检验存在的问题：一是仵作仍在基层司法检验占相当地位，特别是西部省区。例如，绥远各法院之检验员大半系旧日仵作，出身毫无法医常识，全凭以往非科学之经验，每每沾染昔日仵作向当事人需索的习气。山西、青海、甘肃和辽宁等也有类似反映。二是检验人才储备严重不足，以西部省区和东三省困难最多。山西、贵州、西康、辽宁都有类似的困难，东部省区福建"法院及司法处不独法医无法聘用，即检验员亦多滥竽充数"。四川和安徽两省则推测：此类困难非本省特有。辽北高等法院说"我国斯项人才实感缺乏，而以东北各省尤甚"。有鉴于此，各省普遍要求加大力度培训法医人才。训练体制大体有两种，一是由法部（指司法行政部）或医学院校设专修班，训练层次较高的法医师。福建、辽宁、甘肃、辽北等省司法负责人都有类似的提议。青海高等法院建议组织研究《洗冤录》旧法，贵州高等法院建议教育部派员出国考察及深造，绥远高等法院建议招收女学员。二是由各省高等法院设立检验员训练班。安徽高等法院首席检察官盛世弼认为，检验员训练班或分省筹设，或由两省合并开办，或由司法行政部主办。西康、贵州、山西和四川的高等法院长官也有类似提案。至1948年底，南京国民政府已处在风雨飘摇之中，故此次会议反映的情况几乎是南京政府推进法医制度转型的"期末"成绩单了。

以上是民国时期的法院法医工作情况。我国从辛亥革命后法院以检验吏检验死伤作为检验制度。1929年后，各省根据司法行政部命令相继培训医师和检验员。1932年，司法行政部在上海真茹成立法医研究所，该所成为全国法医鉴定中心。1935年，广东成立法医研究所，负责广东及邻省的法院检案工作。同年9月，司法行政部再划分黄河流域诸省法院归国立北平大学医学院法医研究所办理。此外，1935年以后，各省法院还相继成立法医检验室。当时，北平、上海、山东、广东、江苏等地方法院配备了法医。这样，司法行政部法医研究所、国立北平大学医学院法医研究所、广东中山大学法医研究所为国家法医检验鉴定网的最高权威法医机构，解决全国各地法院送检的疑难复杂案件，各省法院系统成立的法医检验室处理本省法医案件检验工作。一个以法院系统为主的法医检验鉴定网络在全国初步形成。

民国时期，我国法医体系的建立和法医专职的设置，使我国法医学发展发生了本质的改变，表明我国已建立了现代法医学的模式，也说明我国司法检验制度有了较大的进步。但是由于1937年日本帝国主义侵略中国，我国法医学的发展受到了严重影响。1947年11月，南京国民政府召集司法行政检讨会议，集矢之的仍是法医的养成问题，反映出20世纪40年代末法医人员仍极度匮乏。民国时期新式检验人员的不足自然也影响到民国司法检验的基层实践。近代法医学奠基人林几就评论其时是"吾华检政最困难时期，亦即新旧检法学术交替之时代"。林氏所言"新旧检法"的学术交替，实际上也从学术层面反映出民国时期司法检验新旧杂糅的特征。

（二）司法行政部法医研究所

1932年8月1日，司法行政部法医研究所正式宣告成立（图2-4），林几任第一任所长，明确研究所的任务是：①培养法医人才；②承办全国各地法医检验；③开展科学研究。根据林几的《司法行政部法医研究所成立一周年工作报告》，1933年3月起，研究所接受上海地方法院法医处委托，案件量激增，平均每月接收普通检案达140～150件，并接受江苏、山东、湖北、浙江、河北、广西、安徽、四川、江西和湖南等地送检的疑难案件。司法行政部法医研究所是当时法医鉴定领域中的最高权威机构，负责全国各地法院送检的疑难复杂案件。据《法医研究所开办年余成绩简略报告》，在法医研究所成立1年4个月的时间内，鉴定检验全国疑难案件4104件，送检省份涉及12省，其中上海案件最多，占了97%；法院送检的刑事疑案占90%，民事占8%，团体及个人送检事件占2%。据《上海市年鉴（民国二十六年）》记载，1935年上半年法医研究所受理检验疑难案件132例，化验疑难案件52例，检验普通案件860例，合计1044例。据2003年《上海审判志》记载：1938年5月至1949年5月，法医研究所辗转武汉到重庆，仍未间断法医学检案工作，但12年间总共只有2211例检验案件，平均每年仅184例。据《一九四九年上海市综合统计》记载，1949年8—12月，法医研究所检验尸体770例。

（三）国立北平大学医学院法医学教室

由于法医检验工作与一般医士所需要的知识关系极为密切，因此，医药专门学校等科研教育机构在民国时期刑事鉴定中发挥了非常重要的作用，最为突出的是国立北平大学医学院和国立沈阳医学院，两所高校分别承担了华北地区和东北地区疑难法医案件的检验鉴定工作。1930年，林几在国立北平大学医学院创建了我国首个法医学教室，不

图2-4 司法行政部法医研究所

（引自：DANIEL ASEN. Dead bodies and Forensic Science: cultures of expertise in China, 1800—1949 [D]. Columbia University, 2012.）

仅进行法医理论研究和人才培养，还同时受理全国各地法院送来进行检验鉴定的法医学案件。此举开创了我国法医学研究者将现代法医学应用于实践直接为司法服务的先例。1931年，司法行政部训令北方12省的高等法院遇到疑难重案时应送到该校法医学教室进行鉴定。这便承认了医学院校法医学教学部门进行鉴定工作的合法性。1935年3月，林几因病辞去司法行政部法医研究所所长职务，重新回国立北平大学医学院担任法医学教室主任教授。1935年7月3日，国立北平大学医学院函请司法行政部，以国立北平大学医学院法医学教室设备尚称完善，请令各法院如需检验勘察，不论尸体、人证、物证，均可送到该校进行委托鉴定。司法行政部批准了函请，并于1935年8月29日令河北、察哈尔、山东、绥远、陕西、山西、河南、甘肃、新疆9省高等法院，嗣后凡遇疑难重案，如因法警设备未臻完善，未能实时检验或鉴定者，应酌情就近送往国立北平大学医学院处理。这便从国家层面确立了医学高校作为鉴定机构存在并开展鉴定工作的合法性（图2-5）。

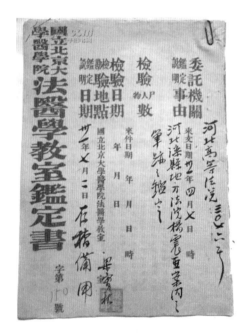

图2-5 国立北京大学医学院法医学教室鉴定书

（引自：孔夫子旧书网 www.kongfz.com.）

（四）公安警察机关

1927年，南京国民政府成立后，在其公安警察部门中均设有司法鉴定专门机构，配备相关技术人员从事侦查、审判活动中有关线索和物证的勘查、检验与鉴定，主要为一些租界和部分大城市中发生的刑事案件侦破、裁判提供服务。在地方警察厅，出于刑事侦查破案的要求，也配备了相关的技术人员，从事有关司法鉴定工作。例如，上海警察局刑警处鉴识科，下分指纹、验枪、摄影、笔迹等股；首都（南京）警察厅司法处鉴识科，下设指纹、照相、验枪、化验4个科室。经查，1927年7月上海特别市公安局机构设置和1932年9月至1934年11月上海市公安局组织机构，并无法医检验室。但1946年内政部成立的警察总署下设6个业务处室，其中第四处室刑警处是全国性的刑事警察组织，主要负责刑事警察的设置与督导、刑事科学技术设备的管理、刑事鉴定的审核等工作，并制订了"警政建设五年计划"，综合管理全国刑事技术的督导事宜。同时，警察总署建成了完备的刑事实验室，下设笔迹检证、理化、电气、照相、指纹、法医、警犬、验枪、警鸽9组，构成了刑事实验室的主干，其中法医为其9个组之一。据记载，曾任司法行政部法医研究所教授的范启煌于1945年任上海警察总局法医技正。1947年，上海警察局组织系统中，在刑警处第三科也设有法医室，与指纹股、验枪股、摄影股和事务股并列。

（五）各省地方医院

民国时期，各省地方医院对法医病理、法医毒物、尸体解剖、伤残检验等事项发挥鉴定机构的功能。1914年，民国北洋政府颁布的《解剖规则施行细则》第一条规定："凡国立、公立及教育部认可各医校暨地方病院，经行政官厅认为组织完全确著成效者，其医士皆得在该校该院内执行解剖。"因此各地的地方医院实施法医鉴定，进行尸体解剖时便有了合法性的基础。医院除进行尸体解剖、伤残鉴定外，还接受法院委托，为烟毒案件中的涉案人员进行毒物鉴定。在1928年江苏武进地方法院"刑事判决特字第一七六号"中，法院审理被告蒋听大、刘氏烟毒一案，在判断两被告是否吸毒时，武进县法院便委托武进县卫生院对两被告进行烟毒鉴定，经卫生院化验便溺呈阴性，法院因而据此判断两被告并无吸毒经历，判决两被告无罪。另外，民国时期没有出现民营鉴定机构，社会经济发展水平的差异使得上述公办鉴定机构在各地的分布也极不均衡，遇有法医伤情、死因鉴定等案件，诉讼工作便无法开展，而《解剖规则施行细则》赋予各地医院实施鉴定解剖的权利，不仅仅是因为医院医生能够履行该项职能，更是因为医院在各地都有设立，这就能够很好地弥补因社会鉴定机构不足导致法医类案件不能及时开展鉴定的结构性缺陷，保障法院诉讼顺利进行。

1928年，南京国民政府对《解剖规则施行细则》进行修改后仍沿用，各地医院继续协助法院进行法医鉴定，并依法出具鉴定报告。

（六）民间医师职业团体

民间医师职业团体的成立也发挥了一定的鉴定职能。民国时期医疗卫生事业的发展，使医师群体逐渐壮大，各地纷纷成立医师公会。医师公会成立的重要目的在于维护医师权益。民国时期医事诉讼众多，医生与病患纠纷动辄诉诸法律。1935年的《中华民国刑法》第二百七十六条规定："因过失致人于死者，处二年以下有期徒刑、拘役或一千元以下罚金。从事业务之人，因业务上之过失，犯前项之罪者，处五年以下有期徒刑或拘役，得并科三千元以下罚金。"第二百八十四条规定："因过失伤害人者，处六月以下有期徒刑、拘役或五百元以下罚金。致重伤者，处一年以下有期徒刑、拘役或五百元以下罚金。从事业务之人，因业务上之过失伤害人者，处一年以下有期徒刑、拘役或者一千元以下罚金。致重伤者，处三年以下有期徒刑、拘役或者二千元以下罚金。"因此只要出现病人在医疗过程中死亡或者重伤的情形，无论医师诊断治疗方式是否存在疏忽，病人家属无论从感情上还是逻辑上都不能接受，要求医家做出合理解释，甚至会对医师提起控诉。由于医事诉讼涉及复杂的医学知识，在医患双方争执不下、法官也缺乏足够的医学知识的背景下，案件的公正审理很大程度上要依靠"司法鉴定"，但直到1933年，除江苏、浙江两省的法院外，其他各省都没有法医设置。遇到类似医疗诉讼判断医生有无疏忽过失的复杂案件，检验吏无法判明，只好委托本地有名的医师或医师公会代行鉴定。据《医讼案件汇抄》记载，1930年发生于江西九江的邓青山医师讼案中，法院曾委托九江西医公会进行鉴定。1934年，中华医学会还向司法行政部呈文，请求训令各法院，医疗纠纷案件应由医学团体、医学机关鉴定。1934年，上海市中医师公会第五届年会有如下报告："本会除遵照成案对于个人名义请求鉴定药方概行谢绝外，迭准江苏上海地方法院两次函请鉴定吴县鲍蕉芬医士药方及刘杨氏等评议书，季森医士药方，两次杨大筛子所服药方、鹿角霜之性质，吴阿福医士药方，蒋渭伦案内药物及药方，殷震一医士药方案等。又准上海第一特区地方法院函请鉴定柯圣沧医士处方，江苏高等法院函请鉴定陈宝庭案内医学情形，及上海市公安局函请鉴定窦伯雄医士药方案，均经执监会分别推举委员组织临时鉴定会鉴定及审查科审查，制定评语，复由执监会通过先后函复。"从报告中可以解读出，上海中医师公会的工作之一就是接受公检法机关的委托，为中医药处方案件提供鉴定评议。1935年，中央国医馆筹备设立了"处方鉴定委员会"。从《中央国医馆处方鉴定委员会章程》来看，委员会设委员7～9人，由中央国医馆馆长聘任，并指定一人为主席。委员会议由主席召集，须有过半数的委员出席方得开会。相关决议，须征得出席委员三分之二以上同意方可通过。委员会所收到的诉讼案件，由主席指定一人先做初步审查，并将审查意见分送各委员审定，最后由主席召集会议做成鉴定书。如果初步审查意见并不能得到出席会议的三分之二的委员通过，则主席再指定一名委员复查，然后再征求其他委员意见，最后做成鉴定书。如果复查意见仍不能得到出席会议的三分之二的委员同意，则交由馆长裁决。中央国医馆处方鉴定委员会成立后，即函请司法行政部，希望司法行政部知照各地法院"嗣后各级法院遇有处方诉讼案件，如当事人不服当地国医分支馆或医药团体之鉴定，声明拒却时，拟请原来受理法院径函本馆，交由该委员会重行鉴定以昭慎重"。司法行政部在接到函请后，也向各省高等法院、江苏高等法院第二分院一并下发了训令，"合行令仰知照并转饬所属一体知照"。1936年10月，中西医药研究社在上海专门组织成立了中医药讼案鉴定委员会，并得到司法行政部核准，以训字三四三号通令全国高等及地方法院，嗣后受理中医药讼案件，酌送中医药讼案鉴定委员会办理。因此，本着维护医师权益为宗旨的民间职业团体，在一定程度上解决了民国时期法院检验吏素养不足、法医师数量不够、无法为医疗纠纷审判提供科学合理的鉴定报告的问题，从而为法官厘清事实，准确裁判提供了科学依据。医师公会除可以为法院提供专业意见、提供医学上的鉴定、出席尸体解剖外，还为被告医师提供学理及舆论上的支援。例如，1947年9月发生的钱明熙医讼案，因钱明熙被南京地方法院判刑，上海医师公会认为南京地方法院法官蔑视法医及医事机关出示的人证、物证，又无确切的反证而任意判决，因此电请司法行政部、卫生部、首都高等法院要求为钱明熙医讼案主持公道。

（七）其他

在民国司法实践中尤其是医讼案件中，鉴定主体中还包括卫生部、省卫生处、卫生署中央卫生试验所、各省市卫生试验所、医学院校（非法医专业）等单位。

1. 中央卫生试验所

中央卫生试验所在北洋政府时期即为卫生司下属机构。南京国民政府时期，中央卫生试验所仍然直属于中央卫生行政部门，职能进一步完善，根据《中央卫生试验所组织条例》[民国十七年（1928）9月内政部令公布，民国十八年（1929）卫生部令修正公布]，该所隶属国民政府卫生部，"掌理卫生检验、鉴定、制造、研究等事项"，设置总务科、病理科、化学科、药物科、细菌科，其中病理科职责包括"病理组织检验事项，血液、痰、粪溺等病理学检验事项，病理解剖事项，寄生虫、原虫之检索事项，其他病理学研究事项"。化学科职责包括"法医上鉴定化验事项"，药物科职责包括"药品之鉴定事项"，细菌科职责包括"血清疫苗等鉴定及制造事项"等。

2. 各省市卫生试验所

1925年，上海卫生试验所由上海市公所创办（图2-6），民国十六年（1937）上海特别市政府成立后，隶属于市府卫生局。药物检验方面，重点检验诸如阿司匹林、金鸡纳霜之类的药物是否成分达标。除此之外，20世纪30年代中期，国民政府厉行禁绝烟毒期间，卫生试验所还承担了对涉嫌吸毒者进行小便化验的任务（图2-7）。

图2-6　上海卫生试验所办公楼

[引自：郑镜人. 上海卫生试验所：上海卫生试验所的尿中毒瘾检验情形 [J]. 良友，1937（130）：28.]

图2-7　上海卫生试验所的尿中毒瘾检验情形

[引自：郑镜人. 上海卫生试验所：上海卫生试验所的尿中毒瘾检验情形 [J]. 良友，1937（130）：28.]

1929年，浙江省卫生试验所成立。1931年，黄鸣驹被该所聘为化学科科长。1932年7月，黄鸣驹的《毒品分析化学》出版，是"我国第一本法医毒品学书籍"。1930—1935年，浙江省卫生试验所化学科做了大量毒品化验工作。

此外，医学院校（非法医专业）亦有受法院委托进行鉴定的情况。如《医讼案件汇抄》所载，1935年南通尹乐仁医生被诉业务上过失致人于死一案中的一份鉴定书即为同济大学所制。同济大学所做的鉴定实际以该校医学院教务长伯德（后来任宝隆医院院长）及校医唐哲的意见为主。

第三节　民国时期法医检验鉴定制度构建

一、法医学检验鉴定相关法律法规

（一）刑法和刑事诉讼法等有关法律

1. 北洋政府时期

1912年4月30日，北洋政府公布《删修新刑律与国体抵触各章条》，将《大清新刑律》改名为《暂行新刑律》；1912年8月12日公布《暂行新刑律施行细则》；1914年12月，袁世凯又公布《暂行新刑律补充条例》。

民国元年（1912）4月7日，司法部呈准政府援用清末修律大臣沈家本完成的《刑事诉讼律》相关条文，并于5月12日刊发各审判衙门遵照执行。其中第一百一十九条规定："为发见证据，遇有必要情形，应临犯所及其余处所实施检证处分。理由：谨案：本条规定临检之权限，至其方法及有此权限之吏员，详见以下各条。"第一百二十条规定："遇有横死人或疑为横死之尸体应速行检证。理由：谨案：刑事审判其准备或实行时，检验尸体者古今各国其例甚夥，唯本条所定盖欲吏员从速实施，以为保全证据之法也。"第一百二十一条规定："检证得发掘坟墓，解剖尸体，并实施其余必要处分。理由：谨案：重视坟墓尊敬尸体古今皆然，故法律上亦有保卫之责。唯因搜集证据起见，有非发掘坟墓不足以辨识被害人之实状，非解剖尸体不足以断定犯罪事实之真相者。例如，中毒致死案件，非实验尸体或解剖断不能举示证迹，故本条特规定之。此虽为吾国向有之事，然究属非常处分，非遇不得已情形，不宜轻率从事也。"辛亥革命后的第一部《刑事诉讼律》冲破了封建法典的长期束缚，为准许法医解剖奠定了法律基础。民国元年（1912）的《刑事诉讼律》还对鉴定人的资格、权利、业务等做了详细的规定。例如，第一百八十三条规定："鉴定应选有学识技艺或职业及其他经验，能胜任者充之。理由：谨案：本条规定鉴定人之资格。例如，被告人有无心疾，或其物件系由何地产出等项，非有特别学识经验者未能断定之也。唯该鉴定人，不问贵贱贫富老幼男女，必以能胜鉴定之任者为断。"第一百八十四条规定："鉴定人应于鉴定前具结必为诚实之鉴定。理由：谨案：鉴定人之义务与为证人之义务同，故亦须取具甘结。唯证人所具甘结陈明所述真确，并无捏饰增损等情形。而鉴定人所具甘结亦须声明必为诚实鉴定，决并无欺饰。至结文格式则据第一百九十一条，准第一百七十条行之。"第一百八十五条规定："鉴定事宜应豫指定之。鉴定人应以书状或言词报告鉴定程序及其结果。理由：谨案：鉴定事宜若不豫定范围，往往鉴定人无从决定取舍。例如，命医者鉴定被告人有无心疾，须先告以鉴定有无心疾之事项，其有心疾者并使鉴定其性质与发生时期，及犯罪时是否为发生心疾之时。有此豫定范围，鉴定人乃于所指事项一一断定之。至鉴定报告，大抵依用文书，但以言词报告亦可。"第一百八十六条规定："遇有必要情形，得以有关鉴定之物交付鉴定人，令于各该官厅外鉴定之。理由：谨案：实施鉴定往往须借化学、格致、医学等实验之法，而检察审判厅内平时未尝准备此等实验室及其材料机械，实际上将不能实施鉴定。故本条特为规定之。"第一百八十七条规定："遇有鉴定上必要情形，鉴定人经各该官厅可许，得阅视文件及证据物，并于询问被告人、证人时苍视。鉴定人得请求询问被告人、证人，并经许可亲自发问。理由：谨案：本条所列各事宜俱属实施鉴定时所不可少之程序。"第一百八十八条规定："鉴定人得增加额数或更易其人。理由：谨案：鉴定人若专恃一人之能力未能实施鉴定，或其人不甚合宜者，应由检察审判各厅分别增加人数，或另属他人鉴定以期完密。"

1921年11月14日，北洋政府颁布《刑事诉讼条例》（教令第三十九号），其中"第八章　鉴定人"的内容如下：

第一百二十五条　鉴定人应选有学识、经验或经官委任而有鉴定职务者一人或数人充之。鉴定人不得拘提及将罚锾易科拘役。

第一百二十六条　当事人得依声请推事回避之原因拒却鉴定人。但不得以鉴定人于该案件曾为证人或鉴定人为拒却之原因。当事人于鉴定人已就鉴定事项有所陈述或已提出报告后，不得声明拒却。但拒却之原因发生在后或为当事人所未知者，不在此限。

第一百二十七条　拒却鉴定人应将拒却之原因及前条第二项但书之事实释明之。

前项声明，侦察中由检察官核定之，预审中由预审推事、审判中由审判长或受命推事裁决之。

第一百二十八条　鉴定人应于鉴定前具结，具结应于结文内记载必本其所知为公正之鉴定等语。

第一百二十九条　鉴定人得检阅卷宗及证据物件。鉴定人得请求讯问被告或证人，并许其在场并亲自发问。

第一百三十条　鉴定之经过及其结果应命鉴定人报告。鉴定人有数人时，得使共同报告之。但意见不同者，应将各意见及其理由一并报告。以书状报告者，遇有必要时，得使其以言词说明之。

第一百三十一条　鉴定有不完备者，得命增加人数，或命他人继续或另行鉴定之。

第一百三十二条　鉴定被告之心神状况，有必要时得依鉴定人之声请，预定期间命将被告送入病院或其他适当之处所。但其期间于同一案件不得逾一月。

前项处分，侦察中由检察官声请同级法院，预审中由预审推事、审判中由法院裁决之。

鉴定人于期间未满前认鉴定已有结果者，应即报告。

2. 南京国民政府时期

南京国民政府初期沿用北洋政府的《暂行新刑律》。1928年3月10日，始由国民政府公布第一个刑法典《中华民国刑法》；1935年1月11日又公布了修订后的新的《中华民国刑法》，共57章、357条。1928年7月28日，公布《中华民国刑事诉讼法》，已经充分认识到各种科学证据对于认定案件事实的重要性，开始构建现代意义的鉴定制度和勘查制度；1935年1月1日又公布了修订后的新的《中华民国刑事诉讼法》，共9编、516条。

1935年颁布的《中华民国刑事诉讼法》中第十二章有关"勘验"的内容如下：

第一百五十四条　法院或检察官因调查证据或犯罪情形得实施勘验。

第一百五十五条　勘验得为下列处分：

一、覆勘犯所或其他与案情有关系之处所。

二、检查身体。

三、检验尸体。

四、解剖尸体。

五、检查与案情有关系之物件。

六、其他必要之处分。

第一百五十六条　行勘验时，得命证人、鉴定人到场。

第一百五十七条　检查身体，如系被告以外之人，以有相当理由可认为于调查犯罪情形有必要者为限，始得为之。检查妇女身体，应命医师或妇女行之。

第一百五十八条　检验或解剖尸体应先查明尸体有无错误。检验尸体应命医师或检验员行之。解剖尸体应命医师行之。

第一百五十九条　因检验或解剖尸体得将该尸体或其一部暂行留存，并得开棺及发掘坟墓。检验或解剖尸体及开棺发掘坟墓，应通知死者之配偶或其他同居或较近之亲属，许其在场。

第一百六十条　遇有非病死或可疑为非病死者，该管检察官应速相验。如发现有犯罪嫌疑，应继续为必要之勘验。

1935年颁布的《中华民国刑事诉讼法》中第十四章有关"鉴定"的内容如下：

第一百八十五条　鉴定人由审判长、受命推事或检察官就下列之人选任一人或数人充之：

一、就鉴定事项有特别知识经验者。

二、经公署委任有鉴定职务者。

第一百八十六条　鉴定人不得拘提。

第一百八十七条　当事人得依声请推事回避之原因拒却鉴定人。但不得以鉴定人于该案件曾为证人或鉴定人为拒却之原因。鉴定人已就鉴定事项为陈述或报告后，不得拒却。但拒却之原因发生在后或知悉在后者，不在此限。

第一百八十八条　拒却鉴定人应将拒却之原因及前条第二项但书之事实释明之。拒却鉴定人之许可或驳回，侦查中由检察官命令之，审判中由审判长或受命推事裁定之。

第一百八十九条　鉴定人应于鉴定前具结，其结文内应记载必为公正诚实之鉴定等语。

第一百九十条　审判长、受命推事或检察官于必要时，得使鉴定人于法院外为鉴定。前项

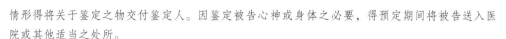

情形得将关于鉴定之物交付鉴定人。因鉴定被告心神或身体之必要,得预定期间将被告送入医院或其他适当之处所。

第一百九十一条　鉴定人因鉴定之必要,得经审判长、受命推事或检察官之许可检查身体、解剖尸体或毁坏物体。第一百五十八条第一项及第一百五十九条之规定,于前项情形准用之。

第一百九十二条　鉴定人因鉴定之必要,得经审判长、受命推事或检察官之许可,检阅卷宗及证物,并得请求搜集或调取之。鉴定人得请求讯问被告、自诉人或证人,并许其在场并直接发问。

第一百九十三条　鉴定之经过及其结果应命鉴定人以言词或书状报告。鉴定人有数人时,得使其共同报告之。但意见不同者,应使其个别报告。以书状报告者,于必要时,得使其以言词说明。

第一百九十四条　鉴定有不完备者,得命增加人数,或命他人继续或另行鉴定。

第一百九十五条　法院或检察官得嘱托医院、学校或其他相当之机关为鉴定,或审查他人之鉴定。第一百九十条至第一百九十三条之规定,于前项情形准用之,其须以言词报告或说明时,由受嘱托机关实施鉴定或审查之人为之。

第一百九十六条　鉴定人于法定之日费、旅费外,得向法院请求相当之报酬及偿还因鉴定所支出之费用。

从上述规定可见,当事人遇有鉴定事项,可以申请鉴定;对于已经鉴定的事项,发现有拒却鉴定人的理由或者对鉴定报告有异议者,可以申请进行重新鉴定,对于当事人申请启动鉴定的准许与否,由法官裁断。民国《刑事诉讼法》中关于鉴定实施过程的规定,尤其是关于鉴定人在实施过程中的权利义务、当事人参与鉴定、鉴定场所的选择的规定,体现了现代刑事诉讼中程序正义和保障人权的理念。鉴定人于鉴定前应当具结的规定,保证了鉴定人客观公正鉴定的可能,否则具结内容就可以构成追究鉴定人不实鉴定的伪证罪要件。鉴定人在鉴定过程中享有充分的权利,可以查阅卷宗,询问当事人,以了解案件情况;可以经检察官或者法官许可,毁坏物体或解剖尸体,以得出正确的鉴定结论;在鉴定结束后有权要求获得报酬,这保证了鉴定人鉴定的积极性。另外,民国《刑事诉讼法》明确规定,鉴定人不得拘提,这一规定保证了鉴定人的独立性,以免受到公权力的威胁而丧失客观公正的鉴定地位。民国时期的《刑事诉讼法》对鉴定行为的保护还体现在对鉴定处所的规定。对于鉴定处所的选择,以在法院鉴定为原则,除非有特殊情形,法官和检察官才能准许在法院之外进行鉴定。这就有利于保障鉴定行为的客观、公正,防止他人的不当干涉。总之,民国时期的刑事鉴定从鉴定主体的权利义务和鉴定对象的权利等方面对鉴定实施程序进行了完整的制度性规定,在一定程度上体现了保障人权、鉴定公开和程序公正的现代法治原则。

南京国民政府又相继公布《民法》《民事诉讼法》《法院组织法》等。在1935年的《民事诉讼法》中,也存在关于科学证据的规定。例如,第二编"第一审程序"第一章"通常诉讼程序"第三节"证据"之第三目"鉴定"第三百二十四条至第三百四十条就对民事诉讼中的科学鉴定证据如何形成、如何审查等做出了立法规定。之所以在民事诉讼中需要鉴定提供科学证据,缘于"非有特种之知识技能不辨者,始应命鉴定,以通常知识技能能认定之事项,无须鉴定也"。也就是说,科学证据可以弥补案件事实认定时法官或其他司法人员专业知识的不足。"例如法院对于呈案药品之性质不明，以药剂师为鉴定人，该药剂师就其知识所及认定为含有毒质之品，或认定为毫无毒质之品，法院得据以为判断该项诉讼资料之根据"。1932 年的《法院组织法》（1935 年 7 月 1 日施行）第五十一条规定："地方法院及其分院为检验尸伤，除临时指定专门人员外，得置检验员。"1943 年 7 月 1 日，修正公布《法院组织法》，此条被修改为："第五十五条：地方法院、地方检察署及其分院分署为检验尸伤，除临时指定专门人员外，得置法医或检验员。"即在"检验员"前加入了"法医"。1945 年 4 月 17 日，又修正公布《法院组织法》，其中第九十一条修订为："关于法医师、检验员之任用，适用《技术人员任用条例》之规定。"

此外，南京国民政府还发布了一系列关于鉴定的法令。例如，司法行政部曾于 1936 年 6 月 19 日发布训令《为规定初验案件之覆验办法由》（司法行政部令训令，训字第三〇二九号），令法医研究所所长等，规定上诉案件的鉴定如果需要复检，不得由原鉴定人或原检验人为之。如当地缺乏适当人选时，应即送司法行政部法医研究所办理。对于法医研究所执行初验须自请回避的案件，由司法行政部临时指定其复验机关。

（二）尸体解剖规则与解剖规则施行细则

1. 1913 年《解剖规则》

1912 年 10 月 26 日，国立北京医学专门学校成立后，于 1912 年 11 月 24 日向教育部呈文两千余言法案，要求政府颁布条令，实行尸体解剖。呈文中指出："医学基础，以人体解剖为不二之根据，在医术修明诸国行之七百年，久无讨论之余地。""方今民国肇兴，万端更始，大部有鉴于医道之式微，末流之放肆，毅然决然设学造士解剖科目，首列规程，是诚斯道之纪元，医家之鼎革矣，唯事在韧始，无例可援，图始不慎，或不免局外之批评，路途之阻梗，谨将太西各国解剖学沿革情形以及搜罗死体之方法撮要举凡，借供采择。"国立北京医学专门学校在向教育部呈文后未见回复，由于马上面临开学，为预先收集尸体和采集标本，于 1913 年 1 月 16 日再次向教育部呈文，要求予以公布。经过近一年时间迁延，民国二年（1913）11 月 22 日，内务部以第五十一号部令公布《解剖规则》，共 5 条（详细内容参见第一章第五节"民国时期法医学制度概况"）。随着《解剖规则》的公布实施，中国的解剖史揭开了新的一页。

2. 1914 年《解剖规则施行细则》

由于《解剖规则》过于简单，各医校对于解剖规则有疑义，纷纷呈请解释，并指出医校实习解剖，须逐步细行检查并须提制标本，永久保存，以供研究。因社会各方对颁布的《解剖规则》多有意见，要求修改，内务部拟定《解剖规则施行细则》十条，经征求意见，内务部于 1914 年 4 月 22 日以第八十五号令公布（详细内容参见第一章第五节"民国时期法医学制度概况"）。

该细则第一条明确限定了可执行解剖的医学院校范围，比《解剖规则》更严格、完备。第二条指出医生解剖尸体应按原则办理，但在炎暑时，得一面共同呈报该管官厅，一面执行解剖。比前项规定有所变通，注意到了四时气候变化有可能对尸体造成影响，避免了一些不必要的麻烦。第三条规定了向司法机关领取尸体的手续。第四条弥补了《解剖规则》规定的缺漏。第五条规定使得尸体解剖的目的和任务得以部分或全部完成。第六、第七条主要规定了对解剖过的尸体的处理办法。

随着法令的颁布，尸体解剖在各地零星地开展起来。但在大多数医学校中，尸体解剖作为教学活动，根本无法经常展开，处于时断时续的状态，因为它们得到的尸体很少，有时甚至连这些少得可怜的尸体的解剖，往往也因受到非法干预而不能顺利完成，从而使解剖法令流于空文。但是，这两个解剖法令的颁布，表明尸体解剖作为一项医学实践活动，开始得到官方的承认和保护，步履维艰的解剖学在中国也开始迈上了法制的轨道。法令颁布的本身便是对封建伦理观念的一次大挑战，对于改变人们传统的旧观念，接受先进的科学技术，起了巨大的推动作用，无疑具有深远的历史意义。万事开头难，虽然这个法令也有不少缺憾，但随着时代的发展，它不断得到修订臻于完善。

3. 1928年《国民政府新订解剖规则》

北洋政府虽然颁布了上述法令，但辛亥革命后10余年间，实际上仍由仵作沿用清代验尸旧法。帝国主义则借口中国司法不良，为维护其治外法权制造依据。在要求废除治外法权的运动中，医学界和法医界人士纷纷提出改良司法，发展法医学，把废除旧法验尸作为一项重要措施。因此，1928年5月15日，又颁布了《国民政府新订解剖规则》，共13条，大部分内容与第一个解剖规定相一致。其不同点：一是第三条规定对"为研究病原须剖视患部之病死体"和"愿供学术研究以遗嘱付解剖之尸体"，"付解剖时得其亲属之同意，并呈准该管地方行政官署，地方官署接受前项呈请，须于十二小时内处理之"；二是第十条规定解剖后要埋葬之尸体"如系传染病尸体，其附近地方设有火葬场者得付之火化，但遗灰仍应装置埋葬并加以标识"。这个解剖规则对1913年的《解剖规则》和1914年的《解剖规则施行细则》没有进行大的改动，因此公布不久，要求重新修订的呼声即起。

4. 1933年《修正解剖尸体规则》

几经商定，民国二十二年（1933）6月9日，国民政府内政部修订颁布了《修正解剖尸体规则》，共12条。其内容如下：

第一条　凡教育部有案之医学院及医学专科学校（以下各条简称医学校院）及其附属之医院或中央及地方政府有案设备完善医院，为学术上研究之必要，得依照本规则之规定执行解剖尸体。

第二条　解剖分普通解剖及病理剖验二种，前者限于医学校院行之，后者凡前条所规定之医学校院及医院均可行之。

第三条　解剖之尸体以下列各款为限：

一、为研究死因必须加以剖验之病死体。

二、生前有合法之遗嘱愿供学术研究之尸体。

三、无亲属收领之刑死体。

四、无亲属承领之病死体或变死体。

第四条　前条各款之尸体付解剖时，除由官署交付者外，均须填具呈报书呈报该管地方官署。如第一款之尸体时，并须得其亲属之同意。呈报书样式另定之。

第五条　凡尸体须于呈报该管地方官署后经过六小时方可执行解剖。如该管地方官署认为必要时，在据报后六小时以内得以书面命其停止解剖。

第六条　普通解剖之尸体，如学术上认为必要时或病理剖验尸体于不毁损外形范围内，得酌留一部或数部以资研究。

前项病理剖验之尸体如因研究上须酌留一部或数部而必致毁损外形时，有亲属者须得其同意。

第七条　尸体在解剖时如发现其死因为法定传染病或中毒及他杀、自杀时，应于解剖后十二小时以内报告当地各该主管机关。

第八条　执行解剖之医学校院或医院须立簿册登记下列各事项：

一、尸体姓名、年龄、性别、籍贯。

二、尸体来历。

三、付解剖原因。

四、解剖年月日。

五、解剖后之处置。

但无法知其姓名、年龄、籍贯者第一款可填未详字样。

第九条　经解剖之尸体除有亲属者由亲属领回外，解剖之医学校院或医院应妥为殓葬并加标记。

第十条　每年一、七两月执行解剖之医学校院或医院应将半年内所解剖尸体详细造册，汇报该管地方官署，转报内政部备查其册内应载下列各事项：

一、尸体姓名、年龄、性别、籍贯。

二、尸体来历。

三、解剖年月日。

四、有无留作纪念部分。

五、解剖后处置情形。

第十一条　本规则如有未尽事宜得随时修正之。

第十二条　本规则自公布之日施行。

该《修正解剖尸体规则》第一条，主要还是规定可行解剖的医学院校范围；第二条，明确提出解剖分普通解剖及病理剖验两种，而且规定前者限于医学校院行之，后者凡前条所规定之医学校院及医院均可行之；第三条，规定可以付诸解剖的尸体范围；第四条，尸体付解剖前，除由官署交付者外，均须填具呈报书，呈报该管地方官署；第五条，凡尸体须于呈报该管地方官署后，经过6小时方可执行解剖，如该地方官署认为必要，在据报后6小时内得以书面命其停止解剖；第六至十条，主要规定尸体解剖的具体手续和善后事宜。

这些法令的公布，对我国医学和法医学的发展起到了一定的推动作用，这是我国的西医前辈们不懈努力的结果。但是，在整个近代，供解剖的尸体，基本是以刑尸、监狱病死无人认领之尸、医院病死无人认领之尸为对象。"医校尸体之难求依然如故。"为了改变这一局面，1932年全国医师代表大会上成立了病理解剖志愿会，入会者自愿死后捐献遗体以供解剖。但整个近代只有余子维、金守钦、叶古红、戈公振几人立遗嘱并献出遗体，从刑场、监狱也很难得到尸体，从而使尸体解剖规则基本上成了空文。造成这种曲高和寡的原因，主要是实施过程中阻力太大，"虽有政府明令准许医校及医院解剖尸体，而地方官及当事者，每以避世俗攻击，迄未能实力奉行"。这主要是由法令本身的弊端——地方长官和亲属有决定权，而且是绝对的决定权所造成的。而且，领取尸体手续烦琐，要获得可供科学研究的尸体依旧十分困难。例如，当时南通学院医科为研究人体解剖学术起见，曾多次向官厅请领匪毒等案枪决尸体，均无结果，以致解剖教材贫乏万分。于是学生自发相约前往四郊荒冢，搜觅标本，后被乡民四五千人围困，结果有5人被押往县府，转解地方法院，经法院判决，被捕各人各被判处徒刑六个月，均宣告缓刑三年，并闻被掘区域已重行掩埋，一场风波才告平息。人们观念的更新需要一个过程，因此这一阶段的人体解剖状况与医学发展的矛盾仍很突出。加之由于战乱频繁，内忧外患不断，南京国民政府根本无暇顾及文化事业的发展，人体解剖法的再次修订历史性地留给了后来者。

此外，民国三十一年（1942）6月，国民政府军事委员会还颁布了《军医教育及治疗机关解剖尸体规则》。

（三）司法行政部法医研究所有关鉴定制度

前述包括法律、法令在内的相关规定，明确了鉴定人的资格、权利、义务及选任等，构成鉴定的法制保障。此外，司法行政部还颁行了一系列法医研究所的规章，进一步细化了法医鉴定制度。1932年7月12日颁行的《司法行政部法医研究所暂行章程》，规定该所"掌理关于法医学之研究、编审民刑事案件之鉴定检验及法医人才之培育事宜"。1932年9月6日，《司法行政部法医研究所办事细则》得以核准实施；1932年12月30日，《司法行政部法医研究所练习生章程》得以核准实施。至1933年10月，司法行政部相继颁布了法医研究所的《会议暂行规则》《仪器保管规则》《图书标本室规则》《职员值日规则》《鉴定检验实施暂行规则》《成殓场停柩管理章程》《法医研究所保管及招领尸体章程》《司法行政部法医研究所研究员章程》《法医研究所征收鉴定检验费用分类表》等规章制度，并于1934年颁布了《法医研究所受递包裹免验办法令》、修订颁布了新的《会议暂行规则》。1935年，颁布了《司法行政部法医研究所检验班章程》。1945年5月16日，国民政府又公布了《司法行政部法医研究所组织条例》。另外，为"改进法医及协助解决医学上之疑难问题"，司法行政部于法医研究所附设了"司法行政部法医学审议会"，并颁布了《司法行政部法医学审议会组织大纲》及《司法行政部法医学审议会办事细则》。

这些规章制度为司法行政部法医研究所提供了具体的行为规范，也为司法鉴定制度的具体实践提供了范本。以鉴定审查为例，《刑事诉讼法》规定法院有权请相当之机关审查他人之鉴定，但是没有言明"相当之机关"是何种机关。而《司法行政部法医研究所组织条例》规定，法医研究所设立审查委员会，可受托审查法院法医师的鉴定等，此项规定使鉴定审查更具可操作性。

此外，司法行政部还曾函复法医研究所所呈尸体检验规则与内政部修正解剖尸体规则并无冲突。

（四）民国时期有关医讼案件鉴定的规定

民国时期，医病纠纷的鉴定实行的是多轨制，即既有法医鉴定，又有医学团体的鉴定，甚有不经鉴定直接由司法官断处的。民国初期的西医讼案的鉴定主要由西式法医进行。其鉴定范围，首先包括医疗诊察事项，也就是说就因疾病的诊断行为发生纠纷的，属于法医鉴定范围，比如《司法行政部法医研究所办事细则》第四条即规定"关于诊察事项"属于法医鉴定的范围；其次，法医鉴定范围还包括医疗行为、护理行为、司药行为，具体来说因医师在医疗服务过程中、看护在护理过程中以及药剂师在用药过程中出现纠纷的，都属于鉴定事项。中国现代法医学之父林几在《二十年来法医学之进步》一文中也提到司法之民刑案件中"医疗看护司药等责任过失问题"属于法医鉴定的范围。虽然民国时期的法律规定医讼案由法医行使鉴定权，但在司法实践中，医讼案的医学鉴定与法律规定并不一致。实践中的主要做法是法院向没有法律授权的医学机关征询意见。为此，时任中华医学会理事会理事长的牛惠生于1935年2月呈请司法行政部明令各地法院关于医病讼案应请正式法医剖验尸体，以明事实真相。但是，随着对医讼案的深入认识，医界发现单由法医鉴定医讼案有其局限性，由医学团体鉴定医讼案更能体现鉴定的科学性。1934年11月13日，为保障医患纠纷之诉讼案件的公正处理，中华医学会业务保障委员会呈请司法行政部文要求医讼案经过正式医学机关团体鉴定后判决。依宋国宾之见，医讼案分为两种类型：一种类型是病人没有死亡的，由医学团体做公正之鉴定；另一种类型是病人死亡的，应该以尸体为中心，以法医为主体进行死亡原因的鉴定，同时，由医学团体对医师的医疗行为进行鉴定。

民国时期，中西医并存，在医讼案中，按照医学专业规律，应当是中医师鉴定中医讼案、西医师鉴定西医讼案。但是，民国时期，在有关医讼案鉴定的问题上，存在剥夺中医鉴定权的现象。为了规范中医医讼纠纷案件的处理，1935年11月21日，司法行政部颁布了《中央国医馆处方鉴定委员会章程》（训令第五八五四号）。1936年11月27日，司法行政部颁布了《各法院受理关于中医药诉讼案件遇有不易解决者得酌量送由中西医药研究社鉴定令》（训令第六三四三号），并附中西医药研究社中医药讼案鉴定委员会章程、委员服务须知、鉴审中医药诉讼案应注意之事项。（详见第五章第一节"二、法医参与医疗诉讼案件鉴定"有关内容。）

（五）国立北平大学医学院有关鉴定制度

1935年10月，林几制定了《北平大学医学院法医学教室鉴定检验暂行办法》，并附所能鉴验事件及其征费分类表。

（六）国立中央大学医学院法医学研究所有关鉴定制度

1948年，林几制定了《国立中央大学医学院法医学研究所鉴定检验暂行办法附所能鉴验事件及其征费分类表》。

二、法医鉴定范围构建

林几在《二十年来法医学之进步》一文中指出："三十余年前法医学之运用，仅限于鉴定罪迹，故名为裁判医学（forensic medicine）。而将毒物检验，另称裁判化学（forensic chemistry），归药学、化学家研究。""迨近十余年来，涉于法医学之问题更趋繁重，致研究领域与应用范围益形扩大。无论立法、司法、行政三界以至全社会，凡企谋人群康健幸福、维护个人身心健全，永葆民族繁昌诸问题，倘与实施法令暨医药等自然科学有关者，莫不包容于法医学。例如：（一）立法之厘定各种法律中关生命健康繁衍乃至医学卫生、禁烟、禁淫、禁娼、护幼、养老暨精神病之监护、遗传病职业病之遏止、劳工疲劳之调节、灾害伤害赔偿之审定、急慢传染病地方病之防范、普通性行猥亵行为、性欲异常，并阻碍儿童发育、成人健康等违反生理事件，及堕胎、节育之制止等有益于国人心身发育、寿命、康健生理机能工作能率诸条款，均有需法医学之学识。（二）司法之民刑案件中证实犯迹、病伤（包括伪匿病伤）、死因、年龄、性别、职业、人种、亲权、堕胎、复踪、毒力、药性、笔迹、印鉴以至文字涂改、珍宝真伪、商品优劣、智能程度、心神现状、责任能力、治产能力、侵害赔偿率、枪弹、凶器种类并医疗看护司药等责任过误问题，或文证、鉴定书、说明书、检验报告、病历、诊治日记、处方笺、契约、字据、笔录等之审查，尤有需法医学之专门技术。至若（三）行政中警务之罪犯搜索、个人异同验断、与社会病、传染病之扑灭、健康保险之实施、灾害事变之检讨、保健避妊暨戒烟、戒淫、禁娼政令检验之执行，亦莫不需法医学之学技。吾华现仍以司法方面，对法医学之需用为最繁，立法行政已渐感切要，至社会方面则因我国保险事业及重工业尚未发达，除上海等有数城埠外，因罕需用保险医及工场医，然由团体或私人委托检验法医事件，如健康证明、死亡宣告、毛革优劣、食品成分、珍宝真伪、遗言能力、治产能力、生殖能力、复踪、亲权、性别、异同、商品、文据等仍能常见者也。"所以，林几说："盖法医学者，乃荟萃医学、法学及其他科学与本国法律、社会现状，以讨论、研究并应用之一种学科，为国家社会应用医学之一。与临床各科运用有殊，且其运用范围及方式，每因国家现行制度法律而不同。因法医学运用所涉范围过于广博，故应研究法医学者，亦不仅限于医师，凡法家、宪警侦探及药师等，对于法医学亦宜有相当之修养。于是遂陆续更有医法学（医事法制论）、伪病论（simulation malingering）、健康保险学（medicine of life insurance）、灾害医学（medicine of accident）、社会医学（social medicine）、社会病理学（social pathology）、施刑医学（medical knowledge applied to prisoners）等精密专门学科之创立，而均属法医学之一分科，遂形成包罗万象庞大广义之现代法医学（medicine legalis，legal medicine）。"

从实践层面看，1933年颁布的《司法行政部法医研究所鉴定检验实施暂行规则》第三条规定："本所得受理各高等法院送请鉴定检验人证、尸体、动物死体、文证、物证等法医事件。"林几于1933年拟定的《司法行政部法医研究所征收鉴定检验费用分类表》和1936年拟定的《北平大学医学院法医学教室鉴定检验暂行办法》将鉴定检验分为以下4大类，共65项：

甲、人证鉴定

一、体格检查（如订婚、入学、服务工场等均须此项检查）。

二、乳儿乃至童年年龄鉴定及一般成年年龄之计算。

三、病及匿病、伪病之鉴定（又精神病、花柳病另有规定）。

四、伤及匿伤、伪伤之鉴定。

五、盲、聋、哑、残疾真伪及其程度之鉴定。

六、畸形、肢体异常及病后、伤后对工作能率及作犯能率之鉴定。

七、发育异常及儿童智能发育（低能儿）障碍等之鉴定。

八、亲生子及遗传诊验（在有条件下成为可能）。

九、个人异同鉴定（如已宣告失踪者之复籍时或对再犯多次犯之鉴别，但须有原人相片及指纹或耳型供参照）。

十、生殖机能、交接机能、妊娠期、受胎期、生产、早产、流产、半阴阳等性的机能鉴定及花柳病鉴定。

十一、关于猥亵行为及其损伤之鉴定（包括处女、初产、多产、强奸、鸡奸、兽奸、色欲异常、意淫、血淫、虐淫等事件，而因奸死者归验尸）。

十二、心神鉴定（凡关于精神病、神经病、一时精神异常并处分能力、责任能力、禁治产①等问题之研究及解释）。

十三、关于违禁毒品鸦片、吗啡、海洛因等嗜好之鉴定。

十四、关于传染病传染力之研究及解释。

十五、医师、药师及其辅佐人等责任问题之研究及解释。

十六、关于伤害赔偿、保险赔偿问题之解释或鉴定。

十七、关于违反公共卫生罪案件之研究及解释。

乙、物证鉴定

（子）物证检查

一、物品上含否人或动物新鲜之血、精、尿、粪、脓、痰、唾液、腹水、胸水、白带、月经、恶露等体液及羊水、胎便、胎垢暨类似物痕，并与凶行关系之鉴定。

二、物品上含否人或动物陈旧之血、精、胎便及其类似物痕等之检验。

三、凶器及致伤物具上附着之脑浆或其他内脏痂片之检查。

四、器具、机械及物理性毒物之鉴定。

五、毛发及动物毛羽暨麻、棉、丝之鉴定，皮货、鹅绒等真伪之审定，并毛类商品高下比较之鉴定（凡商品高下比较验查须将各等商品备送对照）。

六、米粮、谷物等食物商品高下比较之鉴定（须附样品对照）。

七、一部分人骨或动物骨质之伤损、死期、年龄、性别及人数之鉴定。

八、指纹、足纹、鞋袜痕、步迹或啮痕、耳型等鉴定。

九、单据、文件、拷贝、复写纸、打字机并一切印刷品及照片等异同伪造之鉴定（须有原底或另件对照）。

十、钱钞、印鉴、涂改、笔迹等异同伪造之鉴定。

十一、珠宝、钻石真伪良劣之鉴定。

十二、字画、契约新旧真伪之鉴定。

十三、枪弹、弹壳、枪具种类及曾否放射与枪伤关系之研究（与伤口出入方向及大小部位有关须详查明送验）。

（丑）物证化验

一、动物及其肉类制品毒力并毒性之研究及鉴定。

二、已熟食物毒质定性及定量之鉴定。

三、生蔬、生菌、生果及其他一切鲜干植物对生活体有害作用之研究及鉴定。

四、茶、咖啡、烟草等含否毒质及定量之化验。

五、着色料（颜色及染料）毒性及毒力之检查。

---

① 禁治产：民国时期法律术语，即对于心神丧失者，民法上禁止其自行治理财产。

六、水、冰雪、汽水、矿泉等对人及动物植物有害作用之鉴定。

七、乳类、油类对饮用或使用者有害作用及其含量分析之鉴定。

八、酒及醇、木醇及酒油等成分及有害作用或掺假之鉴定（掺假检查需备原品对照）。

九、糖、蜜、盐、酱油或其他调味剂成分及有害作用或掺假之鉴定（掺假检查需备原品对照）。

十、饮食物用器或其原料毒质鉴定。

十一、成药之毒性、毒量并毒力之研究及鉴定。

十二、生药毒性、毒量并毒力之研究及鉴定。

十三、毒剂药品之毒力鉴定。

十四、化学品纯杂或有害作用之鉴定。

十五、中毒嫌疑者之吐物、尿、粪、胃内容、血液等毒质鉴定。

丙、尸体验断

一、尸体外表检查及死因、死时之测定。

二、剖验病伤研究死因并生前与死后损伤之鉴别。

三、剖验并中毒症象之诊断。

四、尸体一部分内脏含毒之定性化验。

五、尸体全部内脏含毒之定性定量化验。

六、全份骨骸生前年龄、性别、生长特型之鉴定（在可能范围内者）。

七、尸骨伤痕、病痕及凶器之对照鉴定。

八、尸骨之化验（金属毒质中毒有验）。

九、堕胎、死胎、死产及杀儿行为对法律问题之研究及鉴定。

丁、文证及其他辅助检定

一、文证及药方、病历、诊治记录等审查并解释或鉴定。

二、鉴定书、检查说明书、验断书、伤单、诊断书等审查并学理解释或核定。

三、人体或动物体之组织病理学检查。

四、细菌学诊断。

五、血清学诊断。

六、生理化学诊断。

七、爱克斯光[①]诊断（在本医学院映摄或定明目的部位自往他处映摄）。

八、立体摄影。

九、制模检查。

十、普通摄影（得自往他处摄影）。

十一、动物试验。

1934年，林几在《法医月刊》刊登的《鉴定实例专号》的100个案例中，包括人证检验19例、检骨16例、剖尸21例、文证审查医术责任问题6例、物证文证伪据指纹及足迹检查36例、检胎与单检内脏各1例；其1936年在《新医药杂志》刊登《北平大学医学院疑难检验鉴定实例》50个案例，分为人证检查、尸体检查、物证检查、毒质检查和文证审查5个类别。

---

① 爱克斯光：即X光。

三、法医资格资质评定

诉讼活动所涉及的案件专门性问题,需要具有专门知识的鉴定人对其进行鉴别与判断。那么,民国时期对于法医鉴定人的资格和资质是如何规定的呢?

(一)民国不同时期关于鉴定人资格的法律规定

民国初期的法律是在晚清法律的基础上发展起来的。光绪三十三年(1907),晚清政府颁布的《各级审判厅试办章程》首次对鉴定人进行了规定。其中第七十四条规定:"凡诉讼上有必须鉴定始能得其事实之真相者,得用鉴定人。"第七十五条规定:"鉴定人由审判官选用。不论本国人或外国人,凡有一定之学识经验及技能者,均得为之。但民事得由两造指名呈请选用。"第七十六条规定:"鉴定人于鉴定后,须作确实鉴定书,并负其责任。"第七十七条规定:"凡有下列之原因者,不得为证人或鉴定人:一、与原告或被告为亲属者;二、未成丁者;三、有心疾或疯癫者;四、曾受刑者。"该章程的诞生,成为中国古代检验制度向近现代司法鉴定制度演进的分界线。宣统二年(1910),晚清政府制定了《刑事诉讼律草案》,进一步对鉴定人的选用、责任、义务,以及鉴定实施的条件、鉴定程序及其结果的报告等问题进行了规定。其中第一百八十三条规定:"鉴定应选有学识、技艺或职业及其他经验能胜任者充之。"第一百八十四条规定:"鉴定人应于鉴定前具结,必为诚实之鉴定。"第一百八十五条规定:"鉴定事宜,应预指定之。鉴定人应以书状或言辞报告鉴定程序及其结果。"第一百八十六条规定:"遇有必要情形,得以有关鉴定之物交付鉴定人,令于各该官厅外鉴定之。"第一百八十七条规定:"遇有鉴定上必要情形,鉴定人经各该官厅许可,得阅视文件及证据物,并于讯问被告人、证人时莅视。鉴定人得请求讯问被告人、证人,并经许可亲自发问。"第一百八十八条规定:"鉴定人得增加额数或更易其人。"第一百八十九条规定:"审判衙门或受命推事命鉴定人鉴定时得由检察官、辩护人莅视。第一百四十一条第三项之规定,于前项莅视准用之。"第一百九十条规定:"鉴定人不得勾摄。"第一百九十一条规定:"第四节证言之规定,除本节特别规定外,关于鉴定准用之。"

1. 北洋政府时期

民国时期,政府寻求司法制度转型与革新之际,也为鉴定人员制度的更迭带来了契机。1912年,北洋政府颁布的《刑事诉讼律草案》第一百四十七条规定:"检证尸体,即时由尸体所在地之初级检察官实施之。前项验证,初级检察官遇有不得已情形,得命司法警察官实施之。"可见警察系统中,司法警察具有检验尸伤的职责,但应会同检察官到场办理,共同承担看守尸体、传唤召集尸亲认证的任务。《刑事诉讼律草案》第一百二十条还规定:"遇有横死人或疑为横死之尸体,应速行检证。"第一百二十一条规定:"检证得发掘坟墓,解剖尸体,并实施其余必要处分。"北洋政府《大理院判例》中记载了相关强制鉴定制度的内容,如在涉及亲子认定的案件中,仅凭外貌难以判断是否存在血缘关系时,应依法进行鉴定;犯罪人在作案时,仅具有诊断书备案,而无专门医士鉴定其是否疯疾,不能断定犯罪是否成立时,亦应强制进行鉴定。

在清末《刑事诉讼律草案》基础上制定的《刑事诉讼条例》于1921年11月14日公布,1922年7月1日起在全国施行。其中第八章对"鉴定人"做了详细规定,第一百二十四条规定:"鉴定人应选有学识经验或经官委任而有鉴定职务者一人或数人充之。"

2. 南京国民政府时期

在司法鉴定制度方面,南京国民政府亦在颁布的《刑事诉讼法》中设置了专门法条,对司法鉴定制度进行了立法化规定。1928年的民国《刑事诉讼法》第八章"鉴定人"之第一百一十八条规定:"鉴定人应选有学识经验或经公署委任而有鉴定职务者一人或数人充之。"1935年颁布修改后的《刑事诉讼法》仍延续这一规定,其中第十四章"鉴定及通译"之第一百八十五条规定:"鉴定人由审判长、受命推事或检察官就下列之人选任一人或数人充之:一、就鉴定事项有特别知识经验者。二、经公署委任有鉴定职务者。"1945年修订的《法院组织法》第五十一条修改为:"地方法院及其分院,为检验尸伤,除临时指定专门人员外,得置法医师、检验员。"此即删去了原来的仵作、检验吏,改为设检验员和法医师。但由于该条规定对鉴定人身份并未明确做出限定,在国内不同地区不同机构中从事法医检验的人员也各不一样,法院系统中,部分法院设立有法医席从事法医检验与审定工作。

(二) 关于鉴定人资格实施引发的问题和争议

1. 旧时检验吏仍旧承担基层司法检验工作

民国初期法医严重缺乏,不少地方法院仍然由旧时留下的检验吏经过培训从事法医鉴定工作。北洋时期,《县司法公署组织章程》规定了县知事兼理司法,各县可设书记员1～3名,录事2～5名,承发吏4～6名,检验吏1～2名,司法警察以县知事公署巡警充任;司法公署置书记监1名,书记官2～4名,承发吏4～6名,检验吏1～2名,置司法警察若干名;地方分庭设书记官2人以上,得用雇员,承发吏4～6名,检验吏1～2名,司法警察若干人。可见基层的司法组织在法律规定上应当普设检验吏,以承担基层司法检验工作。在实际运作中,各地基层司法组织大部分也都配备了检验吏以从事司法辅助工作。到了南京国民政府时期,虽明令各地革除旧有的仵作和检验吏,代之以法医或检验员,但旧弊并非颁布一纸法令就能解决,各地仍是仵作和检验吏代行法医职能。直至1945年《法院组织法》确立了法医师与检验员的设置,并形成较为成熟的体制,才有大的改观。

2. 有"学识经验"者皆可充任鉴定人引发的争议

由于凡被视为有"学识经验"者皆可充任鉴定人,当讼案发生需要司法鉴定时,地方法院多据此聘请各地医师以行鉴定,这样的制度设计给司法实践造成了很大困扰。因法医数量过少,许多地方尚无法医之设,因此在基层司法实践中,这种由法院选任鉴定人的做法相当普遍。1933年,姚致强在《近年来我国法医之鸟瞰》中写道:"现在除江浙二省法院外,其他各省,皆无法医之设置,遇有疑难或扩大之案件,致检验吏无法收拾者,乃委托本地有名医师或医师公会代行鉴定。"然而如何选择鉴定人呢?《刑事诉讼法》称应选有"学识经验"者,但所谓的"学识经验"却并没有任何客观标准,任何医学团体、组织或医师个人都可能成为司法鉴定的潜在主体。民国时期司法诉讼实践中,因"鉴定人"的能力与资格问题而引发的纠葛反倒给司法审理造成新的困难。围绕"鉴定人"的合法性与公正性问题,参与诉讼的各方都据理力争,往往使得案件审理呈现出剪不断、理还乱的状况。其中，最具代表性的要算中医与西医对"鉴定权"的争夺。

中西医有关鉴定权的争夺多发生在医疗诉讼案件中。医疗诉讼案件因有医士涉案，相关鉴定又需由医士完成，往往给外人造成"同业暗助"的嫌疑。鉴于此，中华医学会理事长牛惠生曾专门呈文司法行政部《为请明令各地法院关于医病讼案应请正式法医剖验尸体以明真相由》①："伏乞钧部明令各级法院，嗣后关于医讼案件，应以正式法医剖验尸体后之报告为判断之根据，庶几医病两方，不至有不服之事实，而法院之处理，亦可免冤屈之难伸，实为德便。"然而由于法医数量不敷使用，使得所有案件都由法医检验很不现实。况且，时人对法医能否对所有案件进行剖验也有争议。中医界就对"法医"的能力表示质疑，认为法医不能对中医涉讼的案件进行剖验。在牛惠生提议医讼案件均交法医解剖后，中医吴去疾很快便提出异议，认为中医涉讼的案件应由中医团体进行鉴定，而不应该由西式法医鉴定。吴去疾在《神州国医学报》上对《医讼案件纠纷请由正式法医检定》②撰写按语称："医讼案件纠纷，此为今日医界最头痛之事。无论中西医，皆不能免。牛惠生有见于此，主张以病人之尸体，交付法医解剖核定，以免讼累。此法诚善。盖吾国习俗，多以尸体为重，一闻解剖之说，便惊骇万状，莫敢屈从，止讼之法，莫妙于此。……但以吾所见，此事若行，于西医诚为有益，至于中医一方面，恐从此纠纷更多耳（中医治法，与西医不同，万难相提并论）。"

中医群体认为西医无能力对中医方药进行鉴定，中医讼案应由中医专家进行鉴定。归根结底，中医群体的忧虑实际乃在于，若将所有医讼案件全交于西医解剖核定，中医不仅丧失了在司法鉴定领域的权威性，且中医涉讼的案件即有操纵于西医股掌的可能。在这个意义上讲，医事鉴定显然不再单纯是依科学方法做出合理医学解释的单一事件，也关涉中西医群体各自的权利和生存样态。中西医的"鉴定权"之争不仅是中西医之争在司法鉴定领域的延续，也反映出民国司法鉴定过程中的乱象。

中西医鉴定权的争执，所争核心即在鉴定人的资格与能力上。姚致强就指出："其实一般医师，其检验知识，多不能及专门法医之丰富。如尸体解剖，又非多所经验，不能认识。"如果鉴定者的知识欠缺，不能认识或错误认识，不仅谈不上有助定案，反倒更容易引起冤案错案。无论是中医对鉴定权的争夺，还是普通案件中控辩双方对"鉴定人"选取的质疑，问题的根源显然还在于司法鉴定的主体缺乏独立性。因鉴定人的选取操之于法院，司法鉴定主体并没有自主、独立行使鉴定的权利，自然就无法确保司法鉴定的公正与权威。

（三）南京国民政府对法医师和检验员应试资格和任用资格的规范

1933年，姚致强在《近年来我国法医之鸟瞰》中对欧美各国法医资格做了介绍："在欧美各国，关于法医资格，尤为严格。凡法医须由医学专门以上学校毕业后，入病理学、化学、精神病教室，实习有相当经验，更往法医学教室实习至若干年，经法医学

---

① 牛惠生. 本会理事会牛理事长呈司法行政部文：为请明令各地法院关于医病讼案应请正式法医剖验尸体以明真相由 [J]. 中华医学杂志（上海），1935，21（3）：321 – 322.

② 吴去疾. 医讼案件纠纷请由正式法医检定 [J]. 神州国医学报，1935，3（10）：19 – 20.

界公认其学识足以胜任者,方得充之。在我国因尚系新创,凡医科卒业程度,再受过法医专门教育二年,即许充任,亦适应环境之计也。"实际上,1933年,司法行政部制定了《司法行政部法医研究所研究员章程》,其中第八条规定:"研究员研究期限暂定一年半,分三期,每期以六个月计算。第一、二期在本所内各实验室轮流实习研究,其研究工作由本所随时指导之。第三期由所送往各法院练习。"1933年7月,司法行政部法医研究所即开始招收来自医学院校毕业生或法院保送的法医为研究员,经过一年半的专门培训,1934年12月第一届17名法医研究员毕业,这是民国时期招收的最高层次的法医训练班,毕业后由司法行政部发给法医师证书,我国开始有正式法医。1935年9月,该所公布《司法行政部法医研究所研究员修正章程》,研究期限改为一年分2个学期,继招第二届法医研究员培训班和第一届法医检验员培训班;1936年10月9日,第二届法医研究员和第一届法医检验员毕业;第三届法医研究员于1937年9月毕业。这是国家对法医鉴定人员的资格认证制度的雏形。

1. 法医师的应试资格

民国三十一年(1942)7月1日考试院所公布的《高等考试各类考试初试应考资格及笔试科目表》规定:"凡中华民国国民具有下列资格之一者,得应高等考试法医师考试:①公立或经立案之私立大学,独立学院或专科学校修习医学四年以上毕业得有证书者;②教育部承认之国外大学,独立学院或专科学校修习医学四年以上毕业得有证书者;③有大学或专科学校医学科毕业之同等学力,经高等检定考试及格者;④确有医学专门学术技能或著作,经审查及格者;⑤由医院出身执行医务三年以上得有证明书者。以上为法医师应试之积极资格,其消极资格适用《考试法》第八条之规定。"

法医师考试的笔试科目,包括:①国父遗教(建国方略、建国大纲、三民主义及中国国民党第一次全国代表大会宣言);②中外历史及地理;③宪法(宪法未公布前考中华民国训政时期约法);④医化学;⑤解剖学及病理学;⑥药物学;⑦诊断学;⑧法医学;⑨精神病学。至于考试之程序及训练之方法,应遵照修正的《考试法》及《高等考试分为初试再试并加以训练办法》所规定的执行。

2. 法医师的任用资格

《法院组织法》第九十一条规定:"关于法医师、检验员之任用,适用《技术人员任用条例》之规定。"《技术人员任用条例》第三条规定:"荐任职法医师应具有下列资格之一者任用之:①经高等考试各种技术人员考试(法医师考试)及格或与高等考试相当之特种技术人员考试及格者;②现任或曾任荐任职技术人员(法医师)经甄别审查,或考绩合格者;③现任或曾任最高级委任职技术人员三年以上,经甄别审查或考绩合格者;④在教育部认可之国内外专科以上学校毕业,并在国营事业机关曾任与荐任职相当之技术职务二年以上,著有成绩者;⑤在教育部认可之国内外专科以上学校毕业,并在各官署曾任与荐任职相当之技术职务四年以上,著有成绩者;⑥在教育部认可之国内外专科以上学校毕业,并在主管官署登记之营业场厂继续担任技术工作四年,著有成绩者;⑦在教育部认可之国内外专科以上学校毕业,依法领有专门职业人员证书,并继续执行职务五年以上,著有成绩者;⑧在教育部认可之国内外专科以上学校毕业,而有专门著作,经审查合格者。以上为法医师任用之积极资格,其消极资格与司法官和书记官同,适用《技术人员任用条例》第五条及《公务员任用法》第六条之规定。"

3. 检验员的应试资格

民国三十一年(1942)7月1日考试院所公布的《普通考试各类考试初试应考资格及笔试科目表》规定:"凡中华民国国民具有下列资格之一者,得应普通考试检验员考试:①公立或经立案之私立高级中学,旧制中学或其他同等学校毕业得有证书者;②有前款所列学校毕业之同等学力经检定考试及格者;③曾在卫生医药机关服务三年以上有证明书者。④曾任法院检验事务三年以上有证明书者。"

检验员考试笔试科目有:①国父遗教(三民主义及建国方略);②本国历史及地理;③宪法(宪法未公布前考中华民国训政时期约法);④法医学;⑤化学;⑥生理学;⑦解剖学。至于考试之程序及训练之方法,应遵照修正的《考试法》与《普通考试分为初试再试并加以训练办法》所规定的执行。

4. 检验员的任用资格

《法院组织法》第九十一条规定:"关于法医师、检验员之任用,适用《技术人员任用条例》之规定。"《技术人员任用条例》第四条规定:"委任职技术人员应具有下列资格之一者任用之:①经普通考试各种技术人员考试(检验员考试)及格或与普通考试相当之特种技术人员考试及格者;②现任或曾任委任职技术人员,经甄别审查或考绩合格者;③在立案之中等以上职业学校毕业,并在国营事业机关曾任与委任职相当之技术职务二年以上,著有成绩者;④在立案之中等以上职业学校毕业,并在各官署曾任与委任职相当之技术职务四年以上,著有成绩者;⑤在教育部认可之国内外专科以上学校毕业者;⑥在认可之中等以上职业学校毕业,并在主管官署登记之营业场厂实习四年以上或继续担任技术工作二年以上,著有成绩者;⑦各种专门职业人员经依法领有证书,并继续执行职务三年以上,著有成绩者;⑧在认可之中等以上职业学校毕业,或具有同等学力,并曾任与所拟任职务相当之职务一年以上,著有成绩者;⑨曾任有关技术之雇员五年以上,成绩优良者。以上为检验员任用之积极资格,其消极资格与司法官和书记官同,适用《技术人员任用条例》第五条及《公务员任用法》第六条之规定。"

从以上规定和情况可以看出,民国时期对于鉴定机构和鉴定人的管理,是实行"双轨制"的分别管理,即对国家鉴定机构和公署鉴定人的管理,遵循"谁成立、谁管理"和"谁招录、谁管理"的原则,将公署鉴定人置于科层制的官僚体制之下,接受公务员法和其他公务员奖惩条例的约束,从制度设计上保障了鉴定人工作的积极性。当时对鉴定人资格所做的泛化规定,使得任何具备特殊经验或者学识的人都可能在一定条件下享有鉴定人身份。医院医师或者学校教师除承担自己的本职工作以外,利用自己的专业知识和专业技能充当兼职鉴定人,由于当时没有统一管理社会兼职鉴定人的专门机关,也没有国家核准登记的统一管理制度,因此并未对兼职鉴定人形成政府部门登记管理,更谈不上行业协会自治等制度化管理。1938年,内政部颁布的《医师暂行条例》①第二十条规定:"医师关于审判上、公安上及预防疾病等事,有接受该管法院、警察机关或行政官署委托负责协助之义务。"可见医师在接受法院、警察机关委托而充当鉴定

---

① 医师暂行条例[J]. 政府公报, 1938 (33): 2 - 5.

人进行鉴定事务时，临时由委托法院或警察机关管理。

四、法医鉴定工作模式的构建

（一）刑事鉴定的启动程序

鉴定的启动由检察官或者法官决定，警察部门对于需要鉴定的事项，移交给法院、检察院进行处理。1921年的《刑事诉讼条例》和1928年的《刑事诉讼法》在勘验章节分别规定由法官和检察官启动鉴定。如1928年的《刑事诉讼法》第一百五十六规定："为察看证据及其他犯罪情形起见，应实施勘验。勘验，侦查中由检察官，审判中由法院或受命推事行之。"第一百五十七条规定："勘验得实施下列处分：一、履勘犯所或其他与案情有关之处所；二、检查被告或被害人之身体；三、检验尸体；四、解剖尸体；五、检查与案情有关系之物件。"1935年的《刑事诉讼法》第一百八十五条规定："鉴定人由审判长、受命推事或检察官就下列之人选任一人或数人充之：一、就鉴定事项有特别知识经验者。二、经公署委任有鉴定职务者。"将鉴定人的选择权赋予检察官和法官，意味着争议双方当事人不能擅自委托鉴定，自然也就无法启动鉴定。可见贯穿于民国时期的《刑事诉讼条例》（1921年）和两部《刑事诉讼法》（1928年、1935年）都将刑事鉴定的启动权赋予检察官和法官行使。

（二）刑事鉴定的实施程序

鉴定人在鉴定开始前应当签署必要的手续，以保证鉴定人在鉴定过程中的客观公正。民国时期的《刑事诉讼条例》和两部《刑事诉讼法》都规定：鉴定人应于鉴定前具结，其结文内容应记载"必为公正之鉴定"或"必为公正诚实之鉴定"等语。另外，当事人认为鉴定人与本案有利害关系，有可能影响公正鉴定的，可以参考申请法官回避的原因来拒却鉴定人。1935年的《刑事诉讼法》第一百八十七条规定："当事人得依声请推事回避之原因拒却鉴定人，但不得以鉴定人于该案件曾为证人或鉴定人为拒却之原因。"

鉴定人在实施鉴定过程中有权通过查阅卷宗、询问当事人来了解案件情况，必要时可以进行人身检查和尸体解剖。1935年的《刑事诉讼法》第一百九十一条规定："鉴定人因鉴定之必要，得经审判长、受命推事或检察官之许可检查身体、解剖尸体或毁坏物体。"第一百九十二条规定："鉴定人因鉴定之必要，得经审判长、受命推事或检察官之许可，检阅卷宗及证物，并得请求搜集或调取之。鉴定人得请求讯问被告、自诉人或证人，并许其在场及直接发问。"

民国时期对于鉴定的场所也做出了具体规定，以"法院内部场所鉴定为原则，法院外鉴定为例外"。1935年的《刑事诉讼法》第一百九十条规定："审判长、受命推事或检察官于必要时，得使鉴定人于法院外为鉴定。前项情形得将关于鉴定之物交付鉴定人。因鉴定被告心神或身体之必要，得预定期间，将被告送入医院或其他适当之处所。"可见，鉴定的实施，非必要情形下，一般要在法院处所进行，但是如果法院不具备鉴定所需的设备器具或者因对被告心神、身体鉴定的特殊性，才能准许在法院处所外进行鉴定。

在鉴定过程中，当事人有权利到鉴定现场参与鉴定过程。如 1935 年的《刑事诉讼法》第一百五十九条规定："检验或解剖尸体及开棺发掘坟墓，应通知死者之配偶或其他同居或较近之亲属，许其在场。"也就是说，鉴定人经法官或检察官批准，在解剖尸体的鉴定中，应通知死者的配偶或其他同居较近的亲属，允许其在场参与、监督鉴定，保障当事人的知情权。

鉴定人对鉴定结果应当制作书状鉴定报告进行提交，多个鉴定人意见不同的，分别提交各自意见，必要时鉴定人应以言辞形式到庭说明情况。如 1935 年的《刑事诉讼法》第一百九十三条规定："鉴定之经过及其结果，应命鉴定人以言词或书状报告。鉴定人有数人时，得使其共同报告之。意见不同者，应使其个别报告。以书状报告者，于必要时得使其以言词说明。"

（三）刑事鉴定的纠错程序

任何鉴定由于鉴定人水平高低、鉴定仪器设备的先进与否、鉴定的规范性程度差异及对鉴定现象的科学解释角度的不同，被誉为科学证据的鉴定意见在任何时期都可能出现差错和纰漏，因此，只要鉴定在诉讼中存在并发挥效用，必然就伴随着鉴定的纠错性、救济性规定，国民政府时期的刑事立法也不例外。1928 年和 1935 年的民国《刑事诉讼法》都明确规定："鉴定有不完备者，得命增加人数或命他人继续或另行鉴定。"因此，补充鉴定和重新鉴定是纠正错误鉴定的主要方式。例如，江苏高等法院 1935 年度上字第五三号刑事判决书中有关重新鉴定的内容如下："本案上诉人张阿全、蒋月贞虽均不认有因奸谋杀蒋爱生情事，并以蒋爱生确系自缢身死为辩解。然查已死蒋爱生咽喉有绳痕一道，斜上右耳后发际后一道，由项左斜入右耳后八字交匝（此系活套头），量围长九寸三分，宽三分，深一分，紫赤色有血痕（此系侧吊情形），头部有指爪伤六处，斜长均三分半，宽不及分，皮损红色，胸膛有指爪伤二处，斜长均三分半，皮损红色，肾囊有手捏伤一处，斜长一寸七分宽……经原县检验吏验明，填具验断书附卷，该验断书所载致死之理由断定为生前被殴伤后自缢死亡，然经本院选任吴县地方法院检验员宣芳就原检验征象并参照法医研究所覆验尸骨情形予以鉴定，认原验断书所载自缢身死系属错误，并断定为被人捏伤肾囊后昏迷之间尚未气绝之时，重复将其悬吊梁上饰做自缢，出具鉴定书，并详为说明……"上例江苏高等法院在上诉审理过程中，推翻原有的死因验断书，从而确定张阿全、蒋月贞等人谋杀伪造自杀现场的事实，为公正审判的实现提供了条件。虽然在裁判文书中并未说明重新鉴定的原因，但是按照当时学术界的观点，当事人对鉴定意见有异议经向法院申请或者法官、检察官对鉴定意见有疑问，皆可以委托他人或者机构进行重新鉴定。

但重新鉴定的存在犹如双刃剑，虽然一方面有助于纠正错误的鉴定报告，帮助法院实现公平正义的审理；但另一方面却是伴随着鉴定争议而出现的多头鉴定，使得鉴定权威大打折扣，从而引起原被告对鉴定书的质疑，这一情况在民国医疗纠纷鉴定中表现得尤为明显。在广西梧州冼家齐医讼案中，梧州地方法院根据梧州医院所出具的鉴定报告，对冼家齐判处一年徒刑。冼家齐认为自己与鉴定人宿有积嫌，鉴定存在错误且判决亦属不公，于是向广西高等法院上诉，请求重新鉴定。广西高等法院委托司法行政部法医研究所进行鉴定，法医研究所出具鉴定书认为梧州医院的鉴定确实存在错误。这一鉴定引起了梧州医院鉴定人的不满,其又对法医研究所的鉴定提出了驳覆意见。从此鉴定双方开始互相讨伐,相互驳论。在梧州医院与法医研究所争执不下之时,广西高等法院又委托广西高等医学院进行鉴定,而后全国医师公会、广州医师公会、公医学会等医学组织也加入论战,各自出具类似司法鉴定的审查意见参与司法审判。可见医事鉴定复杂,法院为求得真实公平,对于当事人要求重新鉴定的案件往往应允,可是不同的鉴定机构出具不同的鉴定报告,甚至鉴定报告之间存在互相矛盾,对于直接决定案件性质的医事鉴定,法院又不能不依靠鉴定报告进行裁判,但对于不同鉴定报告之间如何采信,当时法律并无规定,法院只好再次委托进行重新鉴定,意图在鉴定报告相同的多数之间采证。这样做的结果无疑在一定程度上损害了科学鉴定的权威性,进而影响司法裁判的公信力。

为解决重新鉴定所带来的重复鉴定、多头鉴定的问题,1935年的《刑事诉讼法》第一百九十五条规定:"法院或检察官得嘱托医院、学校或其他相当之机关为鉴定,或审查他人之鉴定。"通过这一立法赋予医院、学校对他人鉴定的审查权,此种审查类似于外部监督,一般认为从鉴定程序是否合法、鉴定方法是否科学、鉴定主体是否适格等方面进行审查,而非再次进行鉴定,因此,作为科研前沿的学校和医院得以在鉴定争议中有了特别的地位,在一定程度上能够减少"鉴定打架"的现象。

(四) 司法行政部法医研究所鉴定检验实施暂行规则

1933年10月6日,司法行政部核准《司法行政部法医研究所鉴定检验实施暂行规则》,对司法行政部法医研究所的法医鉴定工作模式进行了规范。其内容如下:

第一章 总 则

第一条 本规则依司法行政部法医研究所办事细则第十五条之规定订定之。

第二条 关于鉴定检验事项除别有规定外,依本规则规定办理。

第三条 本所得受理各高等法院送请鉴定检验人证、尸体、动物死体、文证、物证等法医事件。各地方等法院、行政公署、公私团体或个人对有关于法医学未验或已验疑难事件亦得送至本所鉴验。

第四条 凡各法院检定人员对于民刑案件检定方法有所疑问时,得函请本所解释,由本所于两星期内答复之。

第五条 各省高等法院重大疑难案件事实上碍难送所检验,拟请本所派员前往勘验者,须经呈奉司法行政部核准,先期令行本所。但有紧急情形时不在此限。

第六条 凡当地法院与本所订定有特别规约者,其征费及检验手续得按该规约处理。

第七条 凡行政公署、公私团体或个人委托鉴验之事件,只以心神检查、伤害或保险赔偿检查、文证审查或检查、物证检查或化验,及其他民事案件之检验并法医学理之说明等限。

第八条 凡委托本所鉴验者须用书面陈述经过事实及其鉴定检验之目的。

第九条 凡委托鉴验人证、尸体案件应先由委托机关、团体或个人函询本所需要手续、检验日期、需要时间、地点及检验事前之一切准备,但物证、文证等得随时送至本所施行鉴验。

第十条 委托鉴定事件如有下列事情之一者,得不给鉴定书,但应声叙不给理由。

一、送检物证文证不完全或损毁,无由施以检验者。

二、尸体已完全腐败而病伤又未及骨者。

三、物质已变更或不存在者。

四、人证调查未完全者。

第十一条　凡检材不充分者得由检查人员报告所长具文原委托机关申述或征取之。

第十二条　凡检验事件除不得已情形外，不得将该送验材料全部消耗或变更其性质。如因检验之必要应行全部消耗或变更其性质者应预向委托机关团体或个人声叙理由，取得书面同意后方可实施。

第十三条　委托各种鉴定或说明解释等时应照表缴费，其检验鉴定等费类别附表定之。

第十四条　鉴定检验事件之期间应力求迅速，非有下列情事之一者不得延缓鉴定检验：

一、法定手续未完具者。

二、对于鉴定事件须先期调查或检验与该案关系之人证物证或文证者。

第二章　检　验

第十五条　本所检验事件得按事实上之需要施行下列处置：

一、剖验尸体得请求开棺发墓。

二、诊查男女身体及心神状态，在必要时并得申述理由请求法院传唤被检验者之直系亲属、监护人或原告，施以心神或身体之诊查或讯问。

三、分别检验一切物证及其他物品。

四、审查一切文证报告及病历处方或笔记、单据之涂改。

五、调阅有关系之文件案卷证物。

六、请求法院或委托者详行调查讯问或径请由本所承办鉴定之人员亲自向自诉人、被告或证人发问。

第十六条　施行心神及妇女之检查须由法院预传其监护人或亲属到所作证并看护施行。尸体及人证检验时，除推事检察官外诉讼当事人及其亲属均得莅场旁观，但须得本所所长及莅场法官之许可。

前项到所作证及莅场旁观之人数由本所所长及莅场法官预先酌定之。旁观者于检验时不得任意发言及其他有碍秩序之行为。

第十七条　凡委托鉴定检验事件，到所后应由所长分配技术人员施行检验，检查结果需用特别技术鉴定者，得由检查人员报告所长，必要时添派或聘请专门人员参同检查。

第十八条　关于专门技术之鉴定检验为本所设施所未备者，得由本所代为介绍或转送至中外相当专家或专门教室施行检查，其费用应由委托机关团体或个人负担之。

第十九条　检验必要时得施对照实验、动物试验并摄影或绘图。

第二十条　检验事件第一次无结果者必要时得施行复验，凡施二次以上检验者为复验，得按复验结果给予鉴定书、说明书或检验报告书。

第三章　人证诊验

第二十一条　本所诊验人证事项如下：

一、体格检查。

二、乳儿乃至童年年龄鉴定及一般成年年龄之计算。

三、病及匿病、伪病之诊验。

四、伤及匿伤、伪伤之诊验。

五、生殖机能、交接机能、妊娠日期、生产、流产、早产、堕胎、异常妊娠、半阴阳及花柳病之诊验。

六、关于猥亵行为及其损伤之诊验。

七、精神病、神经病、一时神经异常处分能力、责任能力及禁治产事件之诊验。

八、畸形、肢体异常及病后、伤后对于工作及作犯能率，并伤害、灾害赔偿问题，保险问题之诊验并研究。

九、盲、聋、哑、残疾真伪及其程度之诊验。

十、关于违禁品鸦片、吗啡、海洛因等嗜好之诊验。

十一、发育异常及儿童智能发育障碍等之诊验。

十二、个人异同诊验（须有原来相片）、已宣告失踪者之复籍时或对再犯多次犯之鉴别及对个人之指定。

十三、亲生子及遗传诊验（在有条件下为可能）。

第二十二条　施行心神鉴定，必要时得收容于心神鉴定收容室。又，施行伪病、伪伤或匿病、匿伤及烟犯鉴验，必要时得收容于指定住室。

第二十三条　凡收容精神病者，应有其家属或监护人伴同看护。

第二十四条　诊验结果需病理学、细菌学、血清学、生物学、化学检查及动物试验者，得采取被检查人之血、尿、痰、脓、粪、吐物、脑脊髓液及其他体液，及因施行手术所割取之组织等检材施行检验。所采取检材得酌行留证。

第二十五条　诊验结果需照相制模者，得派员立时或订期施行之。

第二十六条　诊验结果需X光摄映者，得通知原委托者或介绍被诊察人至指定处所拍照取得其诊断书及映片到所备查。

第二十七条　凡送重伤、重病或精神病者到所诊验，必要时本所诊察人得征求被诊察人法官或其护送人、监护人、亲属同意施行救急治疗处置。

第二十八条　凡须经多次诊验者，其次数及时间由本所通知原委托法院、机关团体或个人，其住所长期诊验者须由委托诊验者或被验人照表缴纳住、诊费、膳费。

第二十九条　本所对被诊精神病或凶暴者，必要时得暂时禁闭或镣铐。

第四章　尸体检验

第三十条　验尸应先验有伤部，次及他部，一般得按下列手续检查并剖验之：

一、死之标征：

甲．假死者心音脉搏。

乙．厥冷程度。

丙．死斑。

丁．血液下就。

戊．死后强直。

己．腐败现象及特殊变化。

庚．死体昆虫发育状况。

二、死者外表检查：

甲．身长。

乙．体质及营养状况。

丙．尸位姿势。

丁．容貌。

戊．前身皮肤状态、颜色、有无伤痕、病癥及附着物，其注意部位如下：

1. 头部：发际、头顶、额角、颜面、眼窝、眼球、鼻孔、唇齿、口外腔、耳孔。
2. 颈部：喉部及两肩锁骨上缘部。
3. 两臂：两手各手指及指甲缝。
4. 两腿：两足各足趾及趾甲缝。

5. 胸腹部：两肩前部、两腿窝部、胸肋部、腹部脐孔、鼠蹊部、腰围、外生殖器、会阴及其孔窍。

己．后身皮肤状态、颜色、有无伤痕、病瘢及附着物，其注意部位如下：

1. 头部：头后及耳部后侧。
2. 项部：颈椎骨及项围。
3. 肩部：两肩胛部、两季肋部。
4. 脊部：胸椎骨、腰椎骨。
5. 腰部：两侧腰部、臀上部。
6. 臀部：肛围及肛门。

三、死体内部剖验：

甲．头部：皮下头盖骨、硬软膜、各静脉窦、头盖内腔、脑（大脑、小脑、延脑、脑下垂体）部、脑液、眼窝、上颌骨、鼻骨、耳骨。

乙．颈部：口内腔、舌、下颚骨、喉部、喉头结节、甲状腺、颈部血管、神经、气道、咽部、食管、颈椎骨。

丙．胸部：肋膜、肋骨、肋间动静脉、神经、胸骨、剑突、左右肺之各叶、心（左右心房、室）及其卵圆孔并冠状动静脉管、气管及支气管、肺及其动静脉并胸椎骨，对女子尸体须增验乳腺，对小儿尸体须增验胸腺、乳腺。

丁．腹部：腹膜、小肠、十二指肠、肠间膜及其淋巴腺、大肠、盲肠、蚓突、直肠、胃、肝、胰、脾、两肾、输尿管、下行大动静脉、膀胱、脊髓、神经干并胃肠、膀胱等内容、腰椎骨、荐骨、尾闾骨，对男尸必要时须增验阴囊、睾丸、摄护腺及骨盆内部，对女尸必要时须增验骨盆腔径、耻骨缝合、卵巢、输卵管、子宫、阴道内腔。

戊．骨骼：头骨、脊椎、肋骨有伤可以致死，但对四肢骨有伤者亦应注意，对婴儿尸体应检骨核。

四、堕胎、死胎及杀儿行为之尸体。

五、畸形、半阴阳、缺损、瘢痕、文身及其他特殊异常状态。

六、尸体附着衣服、凶器、药料、物品等。

第三十一条　剖验婴儿尸体及溺死者必要时应先验胸部，因奸死伤尸体应先检阴部、遗落毛发、口腔、舌、乳及抵抗征。

第三十二条　验尸应辨其死时、死因，有伤者应分别生前或死后之损伤，在证据可能范围内应证实或推定其为自伤、他伤或误伤，并注意有无抵抗征或动物及化学药物所致之创伤。

第三十三条　验尸对外表无外伤及疾病可见之暴死体，应注意有无内损伤、内出血或曾大量失血（贫血）及脑与冠状动静脉或心脏等血管硬变、脂肪心或心脏瓣膜异常、内耳浸水、微小创传染、特别毒物中毒等特殊死因。

第三十四条　验尸应检定凶器与伤口之大小，损伤之部位、方向、深浅、创底状态及附着物质，或据伤形而推定凶器及行凶之姿势。

第三十五条　尸体内子弹、针、钉、刀等异物或其碎片存在者，应取出保留作证。

第三十六条　检验尸体得酌量保存其全部或一部并得用科学方法制成标本以备考证。

第三十七条　剖验尸体由所长指派主验人员及助理人员，其助理人员应于验尸前准备一切手续及需用之药品器械，验尸时帮同解剖检查，验尸后应行摄影、洗尸、消毒及缝合尸体、送交保管或交领尸人领埋之。

第三十八条　剖验前不得用各种消毒药水洗手或洗尸体。

第三十九条　验尸应于送到后八小时以内行之，唯冰冻僵硬尸体须候软化后立时执行之。

第二章 民国时期法医学体系全方位构建

第四十条 死因已明者或已经高度腐败乃至已形骨化之尸体，即使剖验亦无所见时，主验人得对法官或委托者申述情由，只施以外表之检查，唯伤势及骨者仍当施以骨之检验。

第四十一条 验尸目的为验毒者，于行解剖后得将该尸体之组织、脏器、体液、排泄物、病的产物等全部或一部妥行装封，呈交所长另派专门人员负责化验。

第四十二条 医事鉴定人员剖验时对于尸毒、脓毒、破伤风、狂犬病等创伤传染及其他传染病须严加预防。

第四十三条 送所检验之尸体，其随身遗存衣服、物件或棺内附属物，在必要时得由本所或承办鉴定人陈请法官同意依法施行检验。

第五章 物证文证之检查化验审查

第四十四条 检查物证文证，除化验毒质须另行处置外，余皆施行检查或审查，其检查审查事项如下：

甲．人体及动物死体一部分之检查。

乙．凶具、凶器、发电机、发火机、一切制药化验等机件及物理性毒物检查。

丙．人及动物各种体液、排泄物及其斑迹检查。

丁．人体及动植物组织肉眼及显微镜检查。

戊．毛发、毛羽及麻棉丝等纤维检查。

己．一部分人骨或动物骨质检查。

庚．指纹、足纹、鞋袜痕、步迹、齿痕及耳型之制模摄影及检查或审查。

辛．印鉴、纹迹涂改、书迹、单据、病历、处方、各种检验诊查报告意见及其他文证检查或审查。

壬．其他关于生理学、病理学、寄生虫学、细菌学、血清学或生物学检查。

癸．X光检查及其他无所属之法医学检查。

第四十五条 本所化验事项如下：

一、动物及肉类制品。

二、已熟饮食物。

三、生蔬、生菌、生果及一切鲜干植物。

四、茶、咖啡、烟草。

五、颜色、染料、香料、化妆品、油漆等。

六、水、冰雪、汽水、矿泉。

七、乳类、油类、酒醇、木醇及酒油。

八、糖、蜜、盐、酱油或其他调味剂。

九、饮食物用器或其原料。

十、成药及违禁麻醉毒品。

十一、化学原剂及混合或化合物。

十二、生药。

十三、中毒尸体或尸骨。

十四、中毒嫌疑之吐物、尿、粪、胃肠内容、血液等。

十五、其他显微化学之化验。

第四十六条 送来化验检材除已指定化验一定成分而该种成分系可延长时日不至发挥分解者外，余均需于十二小时内开始化验。

第四十七条 凡物证文证检查目的兼涉及法医学范围以外之问题，得参合其他科学方法研究之。

第四十八条　检查化验时对所需用药品、血清等应先检该药品血清等适用效率及有无腐败。

第四十九条　各种仪品及检材盛器于检验时须预行检查，不得损漏并不得有有毒有害或化学物质残存，使用后须行洗净消毒保藏以备再用。

第五十条　检材有毒或腐败之虞者必要时应行消毒处置。

第五十一条　对血簇及血迹等血清学、生物学检查须用新盛品以免贻误。

第五十二条　凡毒药及有爆发性、燃性药品或化学品及含有此种物质之器械，应加特别保管以免危险。

第五十三条　凡送检物证人证有研究价值者，本所得酌留其一部分或全部分保存之。

第六章　勘验

第五十四条　凡勘验人证得应用本规则第三章人证诊验各规定，勘验尸体得应用本规则第四章尸体检验各规定，勘验物证得应用本规则第五章物证文证之检查化验审查各规定。

第五十五条　勘验死伤人证或尸体物证，必要时主验人得向法院申述理由，订期移送本所或请增加检验人数详细检验。

第五十六条　勘验时应注意周围环境事态之调查而行摄照、笔录并收集可疑物证之送检。

第五十七条　勘验后经法官同意者得宣布简明结果。

第七章　鉴定及鉴定书、说明书并检验报告

第五十八条　凡检验或审查事件完毕者应由负责人员拟具报告，由所长交付审查，审查结果认为无误者即行编拟鉴定书，认为有疑点者应更行复验。

第五十九条　凡法院委托检验案件其未能得确定结果者，或委托审查案件证据不充分者，只能依据学理解释给予说明书，对于行政官署、公私团体及个人之委托检验事件均给予检验报告。

前项说明书或检验报告仅供参考之用。

第六十条　凡本所出勤复勘人员得根据勘验事实、个人意见编定勘验报告说明书，但须经本所审查送出之。

本所出勤复勘人员对该勘验报告说明书须行盖章，其法院指定会同勘验人员同意于该报告说明书者可加入盖章，得不另具报告。

第六十一条　凡各种鉴定书、说明书、检验报告等须按法定格式填造之。

前项格式由本所另定但须呈部备案。

第六十二条　前条鉴定书、说明书、检验报告拟定后须经所长召集原检验人等会同审核后签名盖章，执行鉴定交由事务室具文送复。

第六十三条　前条检验审查及编拟鉴定书、报告书之人员即为法律上之鉴定人。

第六十四条　鉴定书、说明书应备五份，检验报告应备二份，分别存查。

第八章　附则

第六十五条　凡送到物证等经检查终了制就鉴定书具复后，本所保留六个月，逾期无人来领得自由处置之。

第六十六条　凡送到文件等经检查终了制就鉴定书具复时，随文附还原送机关团体或个人收执，但必要时得酌留或摄影作证。

第六十七条　检查或剖验终了之尸体，应由慈善机关或领尸人员负责领殓埋葬之。其无主尸体得由医学机关具领研究或由本所自由处置之。

第六十八条　本所各实验室管理规则由所颁定之，但不得与本规则抵触。

第六十九条　本规则自呈奉司法行政部核准之日公布施行，如有未尽事宜得随时呈请修正之。

第二章　民国时期法医学体系全方位构建

（五）司法行政部法医研究所法医学研究会

为了提高办所质量和效率，在司法行政部法医研究所内部组织疑难案件讨论和学术交流。1934年12月，决定成立"司法行政部法医研究所第一届研究员研究会"，凡司法行政部法医研究所第一届法医研究员均为该会基本会员，该所所长及教授聘为名誉会员，并制定了《司法行政部法医研究所第一届研究员研究会简章》，林几任名誉会长，设执行委员5人（图2-8），《法医月刊》为该会会刊。1934年12月，由于司法行政部法医研究所第一届法医研究员毕业分配到各省高等法院和政警机关服务，为继续研究和出版法医刊物，以该会全体会员为基础，吸收法医研究所职员教授、名誉技术专员等，扩大该会组织，于1935年1月正式成立"法医学研究会"，林几、祝绍煌、张平、范启煌[①]、杨尚鸿5人为执行委员，钱建初、林椿年、张积钟3人为监察委员，并决定继续出版《法医月刊》。

图2-8　司法行政部法医研究所第一届研究员
研究会五执行委员
（引自：法医月刊［J］，1934（1）：1.）

（六）司法行政部法医学审议会

1936年7月11日，在上海银行举行了司法行政部法医学审议会成立大会（图2-9），由孙逵方任大会主席，特邀国内部分医学专家参加会议。会议的宗旨是："文明愈进步，犯罪之方法愈复杂，法医学之范围亦随之而广泛，现今法医学上鉴定案件，几应用全部科学医学之知识，故以一切学问解决一切案件，自非一二人之学识所能胜任，应集合多数人之专门学问，始能应付一切。"会上选举了司法行政部法医学审议会委员：邝安堃、富文寿、乐文照、牛惠生、曹晨涛、朱恒璧、赵承嘏、曾广方、王逸慧、沈成武、潘承诰、孙逵方、郭琦元、颜福庆、翁之龙、金宝善、柳世昌、胡宣明、余岩。顾问：胡正祥、李清茂、胡懋廉、刘永纯、程慕颐、陈鸿康、梁翰芬。会议推举富文寿、邝安堃分别担

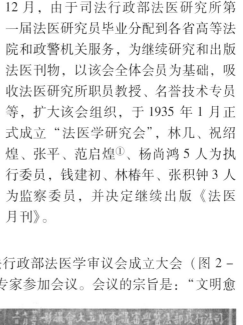

图2-9　司法行政部法医学审议会成立大会
（引自：中华医学杂志（上海），1936，22（9）：860-861.）

[①]《中西医药》1935年第1卷第1期第65页《医界消息——法医学研究会成立》一文中为"范照煌"，笔者推测系误将"启"的繁体字"啓"印为"照"所致。

任第一组（内科组）正、副主任，曹晨涛、王逸慧分别为第二组（外科组）正、副主任，赵承嘏、曾广方分别为第三组（理化组）正、副主任，孙逵方、郭琦元分别为第四组（病理组）正、副主任，协助解决国内法医学疑难案件。会议审议通过了《司法行政部法医学审议会组织大纲》和《司法行政部法医学审议会办事细则》。

（七）公开鉴定书接受社会监督

这里主要指法医学鉴定权的运行机制。林几主张，既然法律赋予法医鉴定权，那么鉴定就得按司法本性进行公开、透明的公示。1935年8月26日，林几在《京报》发表《积极整顿检政改进法医办法意见》，其中提出："刊行鉴定实例于司法公报，并设法输进民众以法医常识，及辅助法医学专门刊物。"林几认为，"鉴定案件于判决后，应即公开，任全国学术界之批评，供法、医、警三界之参考，且即对司法公报本身销路亦不无裨益。唯篇幅需增，择稿困难，亦应俟司法行政部内添设专员后再办为妥。而司法公报多法界人士订阅，此种稿件，尤感需要。"林几在司法行政部法医研究所任所长期间，在《法医月刊·鉴定实例专号》上公开法医鉴定案例100例；在国立北平大学医学院法医学教室任主任教授期间，在《新医药杂志》1936年4卷5—7期发表《北平大学医学院疑难检验鉴定实例》50例；另外，还在《司法行政公报》《医药学》《医药评论》等相关杂志上公开了一些鉴定案例。林几不仅公正地做好法医鉴定，而且将自己的产品——鉴定书放在杂志上公开，交给全社会评价，接受监督。这种法医鉴定公开并接受社会监督的运行机制，是避免法医冤假错案的有效方法，也是向民众普及法医常识的重要手段，是我国法医洗冤文化的体现，更是实验法医学的精髓，是先进的法医学理念和现代法医学真正意义上的"洗冤"，在今天看来仍有实际应用价值。

第四节 民国时期法医学科学研究构建

一、司法行政部法医研究所

辛亥革命后，我国法医学获得发展。北洋政府在北京设立司法部，统辖全国司法行政，公布《暂行新刑律》《刑事诉讼律草案》《解剖规则》等法律法规，给法医学发展奠定了法律基础。但由于全国没有普遍设立法医机构和进行人才培养，仍然依靠清末遗留下来的检验吏行使检验，法医学发展很缓慢，法律上规定"医士解剖"的目标远未实现。

1927年南京国民政府成立后，于1928年10月在国民政府下设立法、司法、行政、监察、考试五院。司法院行使司法权。司法行政起初由司法院下设的司法行政部管理，该部后从司法院分离划归行政院；不久，又回归司法院。1940年，蒋介石兼任行政院院长，以司法行政部有行政字样，又将该部改隶行政院。司法行政部管辖全国各省司法机构，总揽全国各省司法行政大权。其首要工作是主管全国各省司法的人事大权，其次是司法财物大权，主要是筹措并分配全国各省的司法经费。

南京国民政府的首任司法行政部部长是王宠惠，后因王宠惠赴海牙国际法庭，魏道明于1927年12月任司法行政部次长，代理部务，1928年11月任司法行政部部长。他采纳医、法各界提出"改良法医"的意见，并感"医事检案"的重要，于1929年冬在上海决定成立"法医检验专门机构"。1930年，魏道明改任南京特别市市长，部务由政务次长朱履龢代理。1931年，罗文干接任部长，后又兼外交部部长。1934年，司法行政部改隶司法院时，罗文干被免去司法行政部部长的兼职，由司法院院长居正兼任司法行政部部长。1935年春，王用宾出任司法行政部部长。1936年夏，王用宾出巡川、滇、黔，未返，司法行政部次长谢冠生被任命接任部长，但王用宾不肯移交，直到1937年8月4日谢冠生才在重庆正式担任司法行政部部长，后连任至1945年。所以，司法行政部法医研究所从筹办到成立及开展工作，短短数年时间里，司法行政部部长一职已更换四任。

（一）司法行政部法医研究所的筹办与成立

1. 关于筹建司法行政部法医研究所的原因

林几在《司法行政部法医研究所成立一周年工作报告》中对筹建司法行政部法医研究所的原因进行了解释："吾国法医人才极感缺乏，故每逢疑难案件，辄无明确鉴定借以定谳；而外人方面更得借口我国司法制度不良，侵我法权，虽经交涉，终未收回。故为谋改进司法设施，亟应创立专门法医，以求适合科学之鉴定，庶可杜绝外人口实，而维持法律之公允与尊严也。司法行政部有鉴于斯，遂有筹设法医研究机关计划。在第三二四中央政治会议议决，亦认有培育法医人才之必要，当经国府洛字第二六八号明令在案。"1935年，孙逵方在《医药评论》第129期发表的《司法行政部法医研究所概况》中说："司法行政部为改进民、刑事鉴定之方法及养成法医师起见，创设研究所于上海市外。组织法医研究所最先之草案，余由欧洲归国时，即拟呈前司法行政部部长魏道明氏，当蒙采纳，并奉令开始筹备……"因此，司法行政部在上海建立法医研究所其中一个很重要的原因就是想设立一个司法改革的橱窗，以向外人宣示国民政府有意建立现代的司法体系，进而逐步废除领事裁判权。

2. 关于司法行政部法医研究所的成立经过

1929年的《司法行政部训政时期工作分配年表》中"丁、训练司法人才"的第二项工作就是"设立法医研究所"。具体任务和计划包括："第一年：（一）厘定法医研究所章程；（二）依照章程实行筹设或令各省司法长官筹设（或附设各省医科院校内）。第二年至第六年：（一）同上第（二）款；（二）随时考查酌量改善扩充；（三）将在所毕业人员分发各省法院任用。备考：届第六年全国各省法院均已完全成立是项研究所，应否继续另行核定。"林几在《司法行政部法医研究所成立一周年工作报告》中有如下介绍："民国十八年部委孙逵方开始筹备。十九年七月设法医检验所筹备处于上海，并在真茹购地建屋，久未就绪。至廿一年一月突以日兵压进，真茹被占，遂暂停顿。四月十三日，几（指林几）奉部令接任筹备，改名为法医研究所。五月后，日兵始退，收回所址，交涉结果尚鲜损失。又以检毒、验伤、验病等，急需仪器、药品，乃于力求搏节之中，酌行购置，至七月抄一切粗全，将筹备处实行结束。八月一日法医研究所正式成立。"孙逵方在《司法行政部法医研究所概况》中也有记述:"于民国十九年着手建筑所屋,适于建筑期中,余又奉司法行政部令派往欧洲各国调查法医事宜及采办仪器书籍等,以备研究所成立时应用。所屋建筑及内部装置,已于民国二十年底工竣,本期于二十一年初正式开办。及中日淞沪之纠纷骤起,研究所之成立,因之延期。迨日兵退出后,研究所虽仅蒙极轻微之损失,然余已于日兵退出前去职矣。"关于一开始使用的名称究竟是"法医研究所"还是"法医检验所",有不同的说法。笔者经查阅民国《司法公报》证实:1929年10月24日,孙逵方被司法行政部委派为司法行政部"法医研究所筹备主任",到上海筹建"司法行政部法医研究所"。1930年11月3日,司法行政部派"法医研究所筹备主任"孙逵方前往英国、法国、意大利、德国、比利时、瑞士、西班牙等国考察法医事宜兼采办仪器书籍。根据以上材料,可以认为,当初筹建机构的名称就是"法医研究所"。只不过孙逵方起初可能将"法医研究所"的规模定位为"法医检验所",是应社会、法律急需和法院案件急需而设置,主要面向"江浙两省法院解决疑难案件之用"的专门法医检验专门机构,筹办时未将法医科研、办刊、教学等作为法医研究所的重点任务。当时的政府公报和新闻杂志也有不少"法医检验所"的提法,如1930年《司法公报》第81期登载司法行政部部令"调派方希鲁在法医检验所筹备处办事由(十九年七月十一日)"。孙逵方按这种模式开展了筹建工作。首先,孙逵方在上海真茹购地建屋(图2-10,图2-11)。真茹位于上海的西北部,相当于现在的闸北①,在京沪线、沪杭线的铁路干线上;公路也很方便,又在吴淞江(苏州河)的附近航线上,使得上海市区和江苏、浙江二省以及外地送检案子在交通上不成问题,是设法医检验所的好地方。其次,孙逵方根据法医的工作情况和自己的工作经验,亲自到欧洲采办法医仪器及法医用具。孙逵方筹建二年,尚未就绪。1932年1月28日,日军进攻上海闸北一带,真茹沦陷,法医检验所筹建工作被迫暂停。罗文干接任司法行政部部长后,命林几继续筹建法医研究所。林几奉命于1932年4月13日亲赴上海真茹。他从实际出发,以教育家的眼光认为法医研究所应建成集"育人、检案、科研"于一身的机构,并应该是全国法医学的鉴定中心,于是改以"法医研究所"的规模进行筹建,在原有基础上加以充实、扩建并增设图书馆、教室、动物饲养室等,明确研究所的任务是:①培养法医人才;②承办全国各地法医检验;③开展科学研究。1932年8月1日,司法行政部法医研究所正式宣告成立,中央司法行政部,教育部及上海医、法各界人士前往祝贺,中央《司法公报》和全国各大报纸均报道了这一重要消息。这是我国法医历史上的重大事件。司法行政部法医研究所很快成为全国法医鉴定、育人、科研中心,这是我国辛亥革命以后,中国现代法医学赖以发展的最重要的阵地。

---

① 闸北在1930—1937年曾经是上海最繁华的市区,上海商务印书馆、上海图书馆以及商业、文化区都位于闸北,但闸北又是上海的门户,由于日本侵略军于1932年1月28日和1937年8月13日的两次轰炸,使闸北变成废墟。司法行政部法医研究所就是在1937年的日军轰炸中被毁。

第二章 民国时期法医学体系全方位构建

图 2-10 建设中的司法行政部法医研究所
（引自：司法行政部近在真茹车站西首建造法医检验所尚未完工 [N]. 时报，1930-11-27.）

图 2-11 司法行政部法医研究所旧址
（引自：陈忆九. 林几诞辰 120 周年纪念文集 [M]. 上海：司法部司法鉴定科学技术研究所，2017：1.）

（二）司法行政部法医研究所在林几主持下进行卓有成效的工作

1. 司法行政部法医研究所的建设和机构设置

根据林几的《司法行政部法医研究所成立一周年工作报告》，司法行政部法医研究所的机构设置情况如下：

（1）规划并扩建成相当规模的研究所机构和设置。法医研究所设所长 1 人，科长兼技正 2 人，技正 2 人，技士 7~9 人，事务主任一人。第一科含三股，第一股负责管理法医学研究、审核鉴定等，第二股负责法医学人才训练设计及教务等，第三股负责法医学编纂译述等。第二科含四股，第一股管理化验毒质及与民刑案件有关之一切化学成分事项，第二股负责验断尸体和动物死体事项，第三股负责（活体）诊查事项，第四股负责检查物证病原及一切其他法医学检查事项，包括病理组织检查、细菌血清检查、紫外线及 X 光检查等。事务主任辖三股，负责办公文秘、财务、后勤保障等事项。当时的研究所配备了解剖、病理组织学检验、毒物分析、摄影室、教室等工作办公用房。有关大小仪器均购自德国、美国、法国。建造了当时国内鲜有的尸体冷藏室。当时已能自己制造人和动物的鉴别血清、亲子鉴定用的血清，开展了生化、定性定量分析、部分细菌培养等。

（2）林几聘请专家、教授为法医研究所的名誉技术专员。林几聘请国立北平大学医学院病理学教室主任教授徐诵明（兼国立北平大学校长）、病理学教授林振钢、李斯特（雷氏德）医学研究院病理主任罗伯特森（Robertson）、病理部研究者高麟祥、细菌血清研究者汤飞凡[①]、自然科学研究所病理系研究者杨述祖、上海医学院病理学主任教授谷镜汧、细菌血清学家余𣶃、山东大学化学社主任教授、化学药物毒物学家汤腾汉、

[①] 原文为"汤飞尼"。

李斯特（雷氏德）医学研究院药物部主任瑞迪（Read），前卫生署化学组主任黄鸣龙，东南医学院外科教授李祖蔚，天津南开大学工业化学部张克忠教授，暨南大学心理学系教授郭一岑为法医研究所名誉技术专员。凡遇疑难专门案件，向名誉技术专员咨询或者请他们共同研究，聘请的这些专家对解决疑难案件起了很大作用，如1934年四川重庆宪兵司令部送检的"蒙汗药案"，法医研究所检验后又送山东大学化学药物专家汤腾汉教授处检查，得以确证，并检查出其成分。

（3）成立法医研究所法医学研究会。为了提高办所质量和效率，成立法医研究所法医学研究会，在法医研究所内部组织疑难案件讨论和学术交流，形成了在组织、学术、管理、研究、公共关系上都十分科学与严谨的组织机构。同时，也表明法医研究所有很好的发展前景。可惜，林几因过度操劳患十二指肠溃疡、便血月余，于1935年春辞职离开上海回北平养病。林几回北平后，于1935年冬在国立北平大学医学院又办法官训练所培养检验员。

2. 林几在司法行政部法医研究所开展的主要工作

（1）受理全国各省各种案件。根据林几的《司法行政部法医研究所成立一周年工作报告》，1933年3月起，司法行政部法医研究所接受上海地方法院法医处委托，受理该法院一切的普通法医案件，案件量激增，平均每月受理普通案件达140～150件，而疑难者不过20件。1933年3—7月，受理普通案件2200多件，从数量上看，依次为验伤、检验烟犯、验尸、验强奸、验病、处女鉴定及其他。1932年8月至1933年7月，受理疑难案件95件，从数量上看，以验尸、化验、人血检查为多，3项合计约占80%，其他为人证鉴定、文证鉴定、验骨、勘验，合计约占20%；从送检省份看，江苏70件，山东5件，湖北和浙江各4件，河北、广西和安徽各3件，四川、江西和湖南各1件。如江苏某法院送来一起"医生手术后肠穿孔死亡"的案件，经病理组织学检查，发现镜下有肠伤寒细胞，取病历复查其死亡过程符合肠伤寒临床表现的全过程，证实系肠伤寒性肠穿孔，与医生手术无关，从而避免了一场诉讼。又如上海特区法院送来俄罗斯人（当时在上海有不少俄罗斯人，上海人称之为"白俄"），在上海银行涂改支票，要求研究所作文书检验。林几应用文检技术检验其系作伪行为，使俄罗斯人在法庭上认输服判，为国人赢得荣誉。

（2）开展科学研究。根据林几的《司法行政部法医研究所成立一周年工作报告》，司法行政部法医研究所成立后1年来的研究课目较广泛，有《慢性阿片中毒白血球内类脂体颗粒之研究》《迷矇药成分及毒力之研究》《尸毒研究及实验》《鱼毒研究及实验》《骨上血癥与伤痕关系之研究》《洗冤录验毒方法之驳议及研究》《现代法医学验毒方法之表解》《少量碱质含于淀粉食品内经腐败发酵产生有机酸而中和碱性之实验》《各种动物毛之测定及比较》《骨殖之年龄性别鉴定研究》《人骨、禽骨、兽骨组织学之比较检查》《生前死后溺水及毒伤之实例》《前置胎盘子宫破裂胎儿死于母体腹腔内之实例》《紫外光线分析机对一切化学品及血痕、精斑、指纹、假毛等之映视反映检查》《亲生子鉴定之实例》《各种化学生物学液性物质显微镜分光镜吸收线之比较测验》《螫吸虫昆虫胃内及其排泄物中人血中成分之证明》等。

（3）培养法医人才。林几在《司法行政部法医研究所成立一周年工作报告》中提出，法医研究所应培养两种法医人才，"一即法医师，二即法医助理员（法医检验员）"，制定了较为详细的法医研究员课目表（其课目表基本上与林几1929年发表的意见书相同），于1933年7月从国内外医科大学或高等专门以上学校毕业生中招收了第一届法医研究员，即陈安良、张积钟、汪继祖、陈康颐、李新民、张树槐、陈伟、吕瑞泉、于锡銮、蔡炳南、陈礽基、蔡嘉惠、鲍孝威、胡师瑷、谢志昌、张成镳和王思俭共17人，经过一年半（3个学期）的培训，由司法行政部授予法医师证书。同时规定，非医师不得为法医师，故非有高等专门以上医校毕业资格，再经法医研究所训练后者，不得充任法医师。1934年12月，第一届法医研究员毕业，陈安良被分配到广东省高等法院，张积钟被分配到山东省高等法院，汪继祖被分配到浙江省高等法院，陈康颐留法医研究所，李新民被分配到河北高等法院，张树槐被分配到山东高等法院，陈伟被分配到首都宪兵司令部，吕瑞泉被分配到江苏高等法院，于锡銮被分配到山东高等法院，蔡炳南被分配到浙江高等法院，陈礽基被分配到江苏高等法院，蔡嘉惠被分配到河南高等法院，鲍孝威被分配到首都宪兵司令部，胡师瑷被分配到四川高等法院，谢志昌被分配到湖南高等法院，张成镳被分配到广西高等法院，王思俭被分配到湖北高等法院。这些学员被分配到全国各地后发挥了积极的作用。1935年后各省高等法院相继成立法医检验室。关于法医助理员，无医师资格者称为助理员，主要在各地初级法院专司初级检验、收集物证、保存现验等，但因限于所址房屋及经费等，暂缓施行。

（4）编译法医学论著，制定各项规章制度。主要有：①译述外国法医学书籍，如《饮料水含毒质试验法》《鸦片中毒试验法》《化学碱性分析试验全篇》《困醇①反应试验法》《Cresol②反应试验法》《吗啡定量化验法》《死体腐败后发酵之定性化验法》《血之反应法及吗啡定量法并续译尸体腐化碱性毒物类》《鸦片一般反应法及砒质微量分析反应法》《砒质定量反应法》《Brucin试验及反应法》《士的年③试验及反应法》《砒素历史》《鱼子中毒例》《副肾精之化学反应》等。②编纂法医学专著，如《检验烟犯意见书》《各国法医学毒物学检查法纲要》《检验洗冤录银钗验毒方法不切实用意见书》等。③制定了一些管理规章制度，如《司法行政部法医研究所暂行章程》《司法行政部法医研究所办事细则》《司法行政部法医研究所鉴定检验实施暂行规则》《司法行政部法医研究所法医审议会章程》《司法行政部法医研究所名誉技术专员章程》《司法行政部法医研究所研究员章程》《司法行政部法医研究所保管及招领尸体章程》《司法行政部法医研究所成殓场停柩管理章程》《司法行政部法医研究所练习生章程》，以及各实验室管理章程等。

（5）创办法医学杂志《法医月刊》。关于这方面内容将在本章第五节"民国时期法医学知识传播体系构建"详细介绍。

（6）制定了法医研究所六年计划。林几在《司法行政部法医研究所成立一周年工作报告》，制定了法医研究所1933—1938年的详细工作计划：1933年度，添置X光机、

---

① 困醇：即苯酚。
② Cresol：甲酚。
③ 士的年：即士的宁。

法医学图书、杂志、标本、模型、化学等仪器用具，培养法医师即法医研究员，增设教务股，增开毒药圃，增设光学部。1934年度，公开研究（将法医研究所建成公开研究室，向有志于法医学研究的各类学者开放），筹建讲堂及实习室共五间，设总机间，创设法医研究所北平分所（国立北平大学医学院），增建宿舍，增设图书储藏室。1935年度，增建心神鉴定收容室、研究室，于武汉、广州、重庆三处设立法医分所，派员出洋考察各国法医设施，设法医助理员训练班，购人证检查用械。1936年度，增设侦察科，训练刑事警察，颁定法医检验标准格式（如尸格等），编定医科、法科及警科法医学课本。1937年度，办法医学校一所，扩大所内组织，增建校舍，订立法医制度，分全国五大区分所（司法行政部法医研究所、北平分所、武汉分所、广州分所、重庆分所），专门负责检验疑难案件（图2-12）。1938年，筹设精神病监、筹划烟犯戒烟所。图12-13是林几规划建设的司法行政部法医研究所平面图。

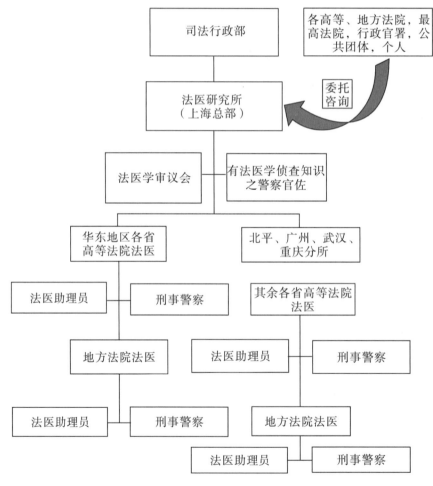

图2-12 林几提出的全国法医分五个区的制度系统

第二章 民国时期法医学体系全方位构建

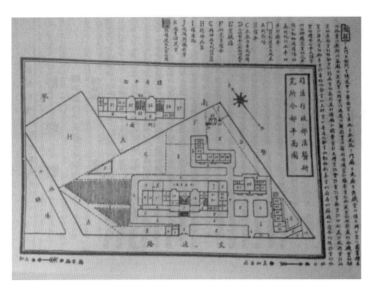

图 2-13　1934 年所绘司法行政部法医研究所平面图
[引自：林几. 司法行政部法医研究所成立一周年工作报告 [J]. 法医月刊, 1934, 1 (1), 1-20.]

（三）司法行政部法医研究所在孙逵方主持下所开展的工作

林几担任司法行政部法医研究所所长两年半，由于"患十二指肠溃疡，便血月余，不堪再负重任，故由部派孙逵方氏接充"[①]。林几于 1935 年 3 月辞职后，由孙逵方博士继任司法行政部法医研究所第二任所长，孙逵方于 5 月 11 日补行宣誓就职典礼。1935 年 7 月 5 日，司法行政部任命袁浚昌（又名袁濬昌）任司法行政部法医研究所技正；12 月 7 日，又任命司法行政部法医研究所技正袁浚昌兼任该所科长。司法行政部法医研究所在孙逵方主持下所开展的主要工作如下。

（1）继续办好《法医月刊》（1936 年更名为《法医学季刊》）。

（2）对《司法行政部法医研究所研究员章程》进行修订，颁布了《司法行政部法医研究所研究员修正章程》和《司法行政部法医研究所检验班章程》。又举办了第二、第三届法医研究员培训班和第一届法医检验员培训班，培训期限均为 1 年。其中，第二届法医研究员培训班包括林筱海、沈大钧、蒋大颐、胡齐飞、黄锡揩共 5 人，第一届法医检验员培训班包括马荫源、谭兴、龚自为、王圣众、朱允中、钱沅、蒋培祖、张允任、全万春、符洪恩、孙世熙、李景杰、俞应康、仲许、赵坤、陈志明、汪殿梁、陈禾章、顾仲达、周亚人、钟国鼎、倪端拱、萧钟耿、范树犹等 25 人（萧钟耿、范树犹因故未报到），第三届法医研究员培训班包括陈履告、王效尹等 10 余人。1935 年 12 月 2 日，孙逵方所长按照每县配置 1～2 名检验员、每法院 1～2 名法医师的标准，拟从 1936 年开始每年培养 300 名检验员、100 名法医师。

（3）科学研究方面，孙逵方提倡"研究（法医）科学问题，须学理与经验并重"。他要求学生在《法医月刊》《法医学季刊》上发表自己的见解，以利提高学术水平。这

[①]　法医研究所易长 [J]. 法医月刊, 1935 (14): 76.

期间有不少论文发表,如《外伤性头骨破裂》《蚊污与血痕之鉴别法》《肉食动物在尸骨上所留之痕迹》《先天性大动脉狭窄与急死》《死之研究》《字迹鉴定实例》《关于急性砒素中毒腐败现象之观察》《骨质上生前受伤痕迹之持久性》《处女膜之检查及其伤痕所在之指示法》等。

（4）1936 年，在上海银行举行了法医学审议会成立大会，在会上选举了内科组、外科组、理化组、病理组的正、副主任，协助解决国内法医学的疑难案件。

总之，从司法行政部法医研究所成立到抗日战争全面爆发这段时间里，无疑是早期中国现代法医学史上最辉煌的时期，加之全国各地成立法医检验机构和研究所，全国以法院为主的法医鉴定体系基本形成。

（四）法医研究衰落

1937 年 7 月 7 日，抗日战争全面爆发。1937 年 8 月 13 日，淞沪会战爆发，日军疯狂进攻上海，动用飞机大炮，司法行政部法医研究所就是在日军轰炸之中毁于一旦。中国这座几千年封建枷锁下挣脱出来才建立的法医"摇篮"，被日军炮火所毁。1937 年 11 月 19 日，司法行政部法医研究所曾以公字八一九号公函令各地法院："查本所自淞沪战争爆发后，因办公地点深陷战区内，故暂于上海法租界古拨路古拨新村二十二号设立临时办事处以资办理检案。唯本所为便利全国各级法院送检民刑事案件起见，业经呈奉司法行政部令准暂迁武昌并已派员前往筹备，现正着手准备迁移事宜。对于一切检案，自不得不暂行搁置。拟请贵院在本所迁移期内，如遇有送检证件，希暂缓寄沪，一俟到达武昌后，当将所址函告，再行寄发，以免遗失，除分函外，相应函请查照，并希转饬为荷。"所长孙逵方和研究所人员奉命迅速撤离上海，先到武汉，不久发现武汉也因战火无法立足，又决定搬往重庆，一路上又遭日军炮火袭击，至重庆时，仪器、设备已寥寥无几。在四川，法医研究所因人员设备均缺乏，除了进行一些检案外，其他工作几乎未开展。1945 年抗日战争胜利，司法行政部法医研究所于同年 10 月在上海恢复。此时，已不能在真茹原址重新工作，只能在上海市区蒲石路（今长乐路）666 号租屋办公。孙逵方虽然名义上仍然是司法行政部法医研究所所长，但他已在上海警察局任职，1949 年 5 月其离开司法行政部法医研究所赴巴黎定居。孙逵方离任后研究所由张颐昌（即张养吾）临时负责。

实际上，自抗日战争全面爆发至 1949 年前夕，原法医研究所已名存实亡。虽然法医研究所从 1930 年筹备成立到 1937 年衰落只短短维持了 7 年时间，但其在法医学史上记载了不可磨灭的一页。法医研究所培养的人才为以后中国现代法医学发展做出了巨大的贡献，如陈康颐、陈安良、汪继祖、张颐昌、陈履告、张树槐等都是当代法医学的开拓者。而法医研究所的检案质量和水平赢得了司法界、医学界的赞扬和社会各界的理解，树立了法医学的地位，这是十分重要的贡献。此外，法医研究所成立后，也使有志于从事法医事业的人看到了希望。值得一提的是，尽管法医研究所被毁后，不少人离开法医队伍，但法医研究所创始人之一林几教授又以顽强毅力坚持法医工作。他回北平后继续开展法医工作，随国立北平大学医学院西迁后，辗转陕西、汉中、重庆、成都、南京等地，他以法医事业为己任，以他自己的威信和号召力，终于 1943 年在四川成立中央大学法医科，并继续开展法医学人才培养、检案和科研工作，再现了法医学史上的辉煌。林几的功绩永载法医学史册。

二、民国时期法医学研究的领域

林几在《现代应用之法医学》① 一文中，对现代法医学的研究领域进行了分类和整理。其主要内容如下：

（一）犯迹搜索法（包含枪弹、凶器、笔迹、印鉴、手纹、足痕、斑迹、违禁毒品等检查）：乃法医、警医、宪兵医及监狱医应用之学识。

（二）法医检验学（包含各项检验鉴定、研究及审查）：乃法医、公医或普通医应用之学识。

（三）个人鉴定（包含指纹、足痕、人体测定、年龄、容貌、亲权、职业、性别等鉴定）：乃法医、警医特需应用之学识。

（四）法医验毒学（包含化验、剖验及检查）：乃法医特需应用之学识（由药师、化学师验亦可）。

（五）法医精神病学（包含精神病、一时性精神失常、生来性心神发育障碍及变质者）：乃法医、公医或监狱医应用之学识。

（六）诈病学（包含诈病、匿病、诈伤、匿伤及精神性夸大等）：乃法医、保险医、工场医、监狱医应用之学识。

（七）健康保险医学：乃法医、保险医应用之学识。

（八）灾害医学：乃法医、工场医、保险医应用之学识。

（九）医事责任问题及文证审核：乃法医、公医应用之学识。

（十）社会医学及社会病理学：乃法医及卫生行政人员应用之学识。

（十一）医事法制学（医法学）：乃法医学家及法学家与卫生行政人员应用之学识。

三、民国时期法医学科学研究取得的成绩

（一）法医学史研究

1. 陈垣的《洗冤录略史》

清末，已经有学者开始对我国古代法医学史进行研究。早在1908年，陈垣先生就在《医药卫生报》发表《洗冤录略史》一文。根据笔者目前所查文献，该文应是我国法医学史研究的开篇之作。他首先指出："检验之事，各国均委诸医生，称为法医学。我国医生不为此，均委之作作。仵作所凭者《洗冤录》。"因此，《洗冤录》史即我国法医学史。他将法医学史分为"上古史""中古史""近古史""现世史"四部分。"上古史"介绍了《汉律》，五代和凝父子所撰《疑狱集》，宋代已佚法学著作《内恕录》《平冤录》《结案式》，以及郑兴裔所撰《检验格目》等书概要，此阶段被称为"草昧时代"。"中古史"则分别介绍了南宋宋慈所撰《洗冤集录》、元王与的《无冤录》、明王肯堂的《洗冤录笺释》、清曾慎斋的《洗冤汇编》、清王明德的《洗冤录补并急救法》、康熙年间律例馆本《校正洗冤录》，以及乾隆三十五年（1770）颁布的《检骨图

---

① 林几. 现代应用之法医学 [J]. 医育，1940，4（2）：37-44.

格》。此阶段被称为"统一时代"。"近古史"则分别介绍了清嘉庆、道光年间所刻印的法医书籍，如武林王又槐的《洗冤录集证》，蕲水令汪歙的《洗冤录补遗》，山东巡抚国拙斋中丞的《洗冤录备考》，会稽阮其新的《补注洗冤录集证》《宝鉴编》，禹山令仲振履的《石香秘录》，闽中叶镇撰、朱椿阐解的《作吏要言》。此阶段被称为"全盛时代"。"现世史"则列举了道光年间迄于清末的法医著作，如嘉定瞿中溶撰《洗冤录辨证》、雁门郎锦麒的《洗冤录合参》、襄平姚德豫的《洗冤录解》、长白刚毅的《洗冤录义证》、慈谿刘廷桢的《中西骨格辨正》等书；还列举了外国人在我国发表的法医著作，如英国人德贞（John Dudgeon）的《洗冤新说》，英国人傅兰雅（John Fryer）、新阳赵元益合译的《法律医学》。此阶段被称为"恐怖时代"。以上法医学著作，对于我们了解我国法医源流和整体面貌大有裨益。

在"现世史"部分所列举的几部法医著作，对《洗冤集录》的错误进行了校订。如刚毅所集《洗冤录义证》，就废弃了宋慈《洗冤集录》的"旧图"，而"卒取泰西所输入之新图易之"。英国人德贞所著的《洗冤新说》，是他同治十年（1871）在我国京师同文馆任医学教授期间讲授人体生理课程时，对《洗冤集录》一书有关人体骨骼部位、名目讹谬的纠正。这些说明《洗冤集录》虽然是我国古代一部极为重要的法医学著作，但是随着时日推移，该书对人体骨骼部位的描述存在的许多错误需要用新的检验知识加以修正。

该文末介绍了《洗冤集录》对日本、朝鲜等邻国的影响，以及日本在明治维新以后在近代医学的推动下法医学迅速改观的情况："或问曰：世界各国，有与吾国同用《洗冤录》者乎？曰有，唯日本、朝鲜。朝鲜微论矣，日本昔亦崇奉吾国所传之《洗冤录》。自明治十二年三潴谦三始著《断讼医学》，十五年谷口谦始译《国政医论》（尚在德贞译《洗冤新说》之后）。其后，片山国嘉等又著《裁判医学提纲》，丹波敬三又著《裁判化学》，而《洗冤录》不祀于日本久矣。明治二十一年，片山国嘉自德国归，被举为大学教授，首倡改裁判医学之名称为法医学，创设法医学教室，谋检尸改良之法，医学专门学校以下均添入法医学科，而《洗冤录》遂为日本法医学史之前期资料焉，亦我国必经之阶级（段）也。"因此，陈垣先生的这篇著作，不仅说明了我国法医的起源和发展，而且介绍了《洗冤集录》对日本、朝鲜等邻国的影响，而且提出我国应该学习借鉴日本经验革新我国法医学。该文开创了我国法医学史研究的先河，是推进我国法医学向前发展的重要论文。

2. 林几的中国法医学史研究

民国时期，关于中国法医学史的研究方兴未艾。1935年，林几教授在《法医月刊》发表《法医学史》和在《浙光》杂志发表《法医学史谈》。1936年，林几又发表《法医学史略》。林几应该是我国第一位从现代法医学角度写出中国古代法医学简史的作者。他对中国古代法医学成就抱着取其精华、弃其糟粕的正确态度。在他的著作中经常引用我国古代法医学成就，同时也用审慎态度对古代遗产进行实验研究。

3. 其他关于法医学史的文章

民国时期，关于中国法医学史的文章还有孙逵方的《中国法医学史》、宋大仁的《中国法医学简史》、杨元吉的《法医学史略补》等。孙逵方认为："《洗冤录》系吾国刑事衙门所使用之一种检验方法，其检查不用科学方法，其立场不以医学为根据，故不能视为法医学，今为编史起见，除《洗冤录》外又无可取材，故分中国法医学史为三期，第一期《洗冤录》未出现前，第二期《洗冤录》出现期，第三期法医学之输入。"孙逵方认为前二期仅能称作检验而不能称为法医学，"生理解剖化学诸科均不发达，且无医学可言，更何论法医学"。显而易见，孙逵方对传统法医学的分期较为恰当，符合中国法医学发展的历史过程，但显然对传统法医学所取得的成就评价偏低，且不能将法医学的发展和成就与当时科学技术联系起来考察。孙逵方把清末现代法医学输入期从古代法医学中分离出来无疑是正确的，因为这一时期正是现代法医学过渡阶段，在法律、教育、现代法医学输入和部分检验都有了现代法医学的因素，是现代法医学的前奏。1936年，宋大仁先生发表的《中国法医学简史》也对中国法医学史进行了总结，他认为"中国古无法医学之名"。"秦之李悝，汉之萧何，先后皆有律书传世，在其刑事定谳之中，必有资于检验者，此检验实为法医之嚆矢[①]。""虽无法医之名，而有法医之实。"宋大仁的看法较中肯，也符合历史事实。

（二）法医病理学研究

1. 猝死

林几对司法行政部法医研究所和国立北平大学医学院检验的82例猝死的病因做了分析（表2-4）。

表2-4 林几对上海和北平两地检验的内因猝死与澳大利亚威尔伯病例比较

	林几		威尔伯	
	疾病	例数	疾病	例数
心血管系统	冠心病	2	冠心病	832
	心瓣膜病（梅毒）	1	心瓣膜病（梅毒）	156
	脂肪心	2	心肌心囊疾病	47
	梅毒性主动脉淀粉样变	1	梅毒性主动脉变性	128
	心血管畸形	1		
呼吸系统	误咽异物堵塞	3	肺炎	267
	声带水肿、窒息	3	肺结核	210
	急性肺出血	1	肺血栓	68
	肺炎	3	窒息	23
			气管肿瘤	1
			支气管炎肺气肿	47

---

① 嚆矢：响箭。因发射时声先于箭而到，故常用于比喻事物的开端，犹言先声。

续表

	林几		威尔伯	
	疾病	例数	疾病	例数
神经系统	梅毒脑炎	2	脑出血	133
	癫痫	3	脑动脉瘤	69
	脑肿瘤	1	脑炎及脑膜炎	35
	脑出血	21		
消化系统	肠嵌顿	1	食管胃肠疾病	147
	肠穿孔	3	肝胆胰病	15
	肝硬化	2		
	脾肿大破裂	2		
泌尿系统	尿毒症	1	生殖系统	22
	妊娠子宫破裂	1	泌尿系统	159
传染病	伤寒	1	—	
	霍乱	1		
其他	虚脱	7	特异体质	73
	淋巴体质	3	恶性贫血	4
	酒精中毒	16	衰老	103
			营养不良衰弱	66
			酒精中毒	50
			Kranzadern 破裂	2
			死因不明	31
合计		82		2688

林几根据自己的研究并对照威伯尔的研究认为，猝死要注意内在潜在病因和外在诱因，还要注意体质、年龄、性别以及死亡时间，如暮夜、中宵，7—9月最常见。林几是我国最早进行法医学死亡统计的学者。

2. 机械性窒息

林几提出缢死颈部索沟用"提空"来代替过去的"八字不交"提法。至于颈部勒痕，大多为环型封闭，但林几认为，隔勒（即背隔板、隔栏以绳索颈者）、提勒（即卧人于地，足蹈其颈，而用绳套提起勒死者）、背勒（即以绳套人项，背于身施行数十步，致于窒息者，俗名"背娘舅"）其项后每亦开放，缺有索沟，极似缢痕。这是长期检验的经验总结，也是对机械性窒息的深化研究，有法医学意义。对于水中溺死问题，林几专门研究了已腐溺尸的鉴定方法，他提出取肺边缘组织做切片进行镜检，以发现泥沙或其他成分来判定是生前入水或是死后抛尸。

3. 死亡时间

孙逵方提出对于"速死""慢死",用肝内糖的含量多少来判定,"慢死"肝肉无糖,"速死"则可检出大量糖,但未见到国内学者的科研报告。林几研究认为:尸体在各种环境下的腐败情况不同。尸体在空气中停放1日,其腐败程度等于水中2日,或土中深埋8日。污浅塘土中其腐败程度与尸体在空气中相等或更快。水中尸体,日晒部分易腐败。夏秋1～2天尸体腐败相当于春冬天5～6日。严寒、冰雪中埋尸可不腐败,解冻后更易腐败。冷泉水中尸体不易腐败,但易形成浸软尸体。伤口化脓者易腐败。林几还介绍了昆虫发育与死亡时间的关系,很有实际意义。

4. 法医损伤学

民国时期的法医检案中很大一部分是要求判断损伤成因、致伤工具、生前或死后伤,这方面论文也很多,已接近现代法医学研究方法。林几曾介绍一例检案:一醉汉被人用尖刀刺伤颈部死亡,然后罪犯用开水冲入死者颈部创伤,一边用刀把头切下,一边用开水反复冲,结果颈部的肌肉呈半熟状态。但解剖后还是发现颈椎骨上有刀痕和骨质内出血(伤瘾),证实该伤是生前造成的。此外,当时对刺创形态观察、动物咬伤、外伤性头颅骨破裂、腹部钝器伤、枪弹伤的研究也都很有价值。这些是通过大量尸体解剖观察的法医损伤学,较之过去前进了一大步。

(三)法医中毒学

据林几统计,所有非正常死亡中,中毒占27%,外伤占46.5%,窒息死占22.5%,猝死占3%,不明原因死亡占1%。中毒死亡中,砷中毒占60%,鸦片中毒占20%,其他还有强碱、安眠药、酚类、氰酸类、汞、铜、强酸、铝、乌头、钩吻、巴豆等引起的中毒。中毒学统计对法医学鉴定及中毒的预防、抢救都有实际意义。中国当时还处在农业国的地位,农药中毒(当时主要是砷)十分常见,而鸦片中毒又是社会问题。1929年,林几在《卫生公报》发表《吗啡及阿片中毒实验》论文,观察吗啡及阿片中毒的病理变化。林几还提出验毒方法,把受检者分为有瘾有毒、有瘾无毒、无瘾无毒、无瘾有毒四种,验尿与验烟瘾同时考虑,为配合禁烟做出了贡献。1932年,黄鸣驹的《毒物分析化学》出版,该书从各种毒物提取、检验、毒理、中毒症状、定性实验、定量实验等做了全面介绍,还设计了含氮药物的系统分析方法。该书是一部严谨、科学、现代化的法医毒物分析专著。以后佘小宋根据中外学者的中毒学专著和法医鉴定实例,编成了《毒物学》,对无机毒、有毒气体、金属毒、有毒生物碱等中毒的理化性质、毒理、致死量、尸解所见等进行了较为系统的论述。《浙江省立第一师范学校毒案纪实》一书记述了1923年3月10日浙江省立第一师范学校3名职工因贪污公款被发现,于是放毒毒害学生的案件经过。该案造成213人中毒,24人死亡。书中有死亡学生的传略、毒案纪略、医生鉴定书和毒物化验报告、文件、舆论、唁电、追悼会等。

(四)血型鉴定和亲权鉴定

当时已能检测ABO血型和MN血型。司法行政部法医研究所已能生产自制的抗血清。在血痕检验方面已能引进国外先进技术排除人血抑或常见动物血痕,以及何人血痕(限于ABO血型、MN血型)。精液检验在法医学的应用已见多篇报道。在亲子鉴定方面，除用血型外，林几认为"血型系统分型太少，结合遗传特征、指纹、足纹、妊娠期及当事人回忆询问等参合使用"，这是林几在当时提出亲权鉴定的有效的方法。蔡翘、吴襄编的《生理学实验》（商务印书馆，1940年）中有关于"法医上之血液鉴定法"的介绍。

（五）其他方面

其他方面如司法精神病（当时称为心神鉴定）、伪伤（病）鉴定、文书检验、毛发、指纹、足痕检验及医疗事故鉴定等在民国时期也见有研究报道，但不普及。周光琦编的《性与犯罪》（正中书局，1942年）中有关于"奸淫的鉴定"的介绍。

关于民国时期法医学技术方面所取得的突破，详见第三章第三节"民国时期司法检验技术与检验范围突破"有关内容。

第五节 民国时期法医学知识传播体系构建

一、创办法医学专业刊物

（一）《法医月刊》

司法行政部法医研究所成立半年，林几所长即创办中国历史上第一个法医刊物《法医月刊》。1934年1月，《法医月刊》创刊，《法医月刊》创刊号由司法行政部部长罗文干题写刊名（图2-14）。全国医、法各界十分关注。

林几在《法医月刊》的发刊辞明确地阐述了该杂志的目的："法医研究所有研究班之设，集教授、学员平时所得，发为月刊。举凡学术事例之足供研究参考者，公开登载。学术包括法律、医药、理化、生物学、毒物、心理、侦察各科；事例则分民事、刑事各案。有意见之商榷，或事实之鉴定；但求真确，不涉虚夸。深愿法政界、医药界之有志于斯者共同讨论，而期进步焉。"

《法医月刊》由林几任主编，由陈安良、陈康颐等人组成出版委员会，张积钟、陈安良任编辑，汪继祖、陈伟任校对，蔡炳南任出版，于锡鎏、吕瑞泉任广告。《法医月刊》刊登了一批有较高质量的论文，如《紫外线光在法医上之运用》《血清沉降素之特异性》《血清沉降素反应在法医学上应用之价值》《检查溺死者

图2-14 《法医月刊》创刊号
（引自：法医月刊，1934，1.）

的固有特征》《尸斑之形成及其鉴别》《细微真空升华法》等。林几本人在《法医月刊》上发表多篇论文,如《实验法医学》《氰化钾中毒实验之说明》《法医研究所之检验烟犯办法意见》《骨质血瘀之价值及紫外线光下之现象》等。

1935年1月,《法医月刊》创刊1周年,林几高兴地看到《法医月刊》在传播法医学和介绍新成果、解决全国疑难案件方面所起的积极作用,以及1年多来司法行政部法医研究所取得的成绩,他再次明确指出,法医研究所在受检各地案件、总结检案经验和法律实施体会的同时,借以养成法医人才,开展法医学研究。司法行政部法医研究所的工作和《法医月刊》的办刊是成功的,达到了预期的效果,这时林几已看到了中国法医学的发展前景。

此后,林几在《法医月刊》上办了两件事。一是把司法行政部法医研究所检验的疑难案件100例分四卷在《法医月刊》1934年第8至第11期刊出,称之为《法医月刊鉴定实例专号》;1934年8月,时任司法行政部部长罗文干、次长石志泉、次长郑天锡、江苏高等法院第二分院院长沈家彝分别为《法医月刊》题词(图2-15,图2-16);1934年9月和10月,时任司法院院长兼司法行政部部长居正、次长谢冠生分别为《法医月刊》题词(图2-17);1934年11月,时任司法院副院长覃振、司法行政部常务次长潘恩培分别为《法医月刊》题词(图2-18)。二是第一届法医研究员17名学员即将毕业,他对学员的毕业论文做了认真指导、仔细修改,将其发表于《法医月刊》1935年第12、第13期上,并辟为专栏,称之为《司法行政部第一届研究员毕业论文专号》,使法医研究所学员水平和研究成果公之于众,赢得了社会的支持,推动了法医学发展。1935年2月,时任司法行政部部长王用宾重新题写刊名并题词(图2-19),司法行政部常务次长谢健也为此题词(图2-20)。不久,这批学员毕业离所,他们带着开拓法医新局面的抱负走向全国各地的省法院从事法医工作。

图2-15 时任司法行政部部长罗文干、江苏高等法院第二分院院长沈家彝分别为《法医月刊》题词

[引自:法医月刊[J],1934(8):1.]

图2-16 时任司法行政部常务次长石志泉、次长郑天锡分别为《法医月刊》题词
[引自：法医月刊[J]，1934（8）：1.]

2-17 时任司法院院长兼司法行政部部长居正、司法行政部次长谢冠生分别为《法医月刊》题词
[引自：法医月刊[J]，1934（9）：1；1934（10）：1.]

第二章　民国时期法医学体系全方位构建

图 2-18　时任司法院副院长覃振、司法行政部常务次长潘恩培分别为《法医月刊》题词
[引自：法医月刊 [J]，1934（11）：1.]

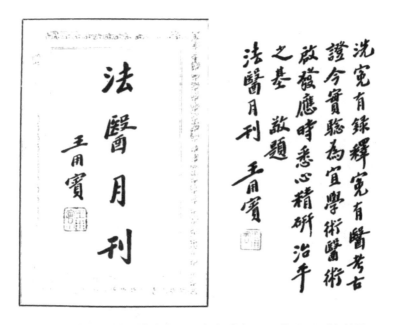

图 2-19　时任司法行政部部长王用宾为《法医月刊》题写刊名并题词
[引自：法医月刊 [J]，1935（12/13）：1.]

除注重法医学的学术交流外,在刊物编撰过程中,各位学员还注重对民众进行法医学知识的普及。为了让现代法医学知识更好地被国人认知和接受,《法医月刊》采取了一些有效的策略。一方面,各位学员从各地送来鉴定的案例中发掘国人对法医学的关注点和兴趣点,如自杀他杀鉴定、强奸鉴定、亲子鉴定、指纹鉴定等,重点刊登相关论著。这些以现代法医学知识为支撑的论证,有理有据,让人信服。另一方面,将一个个案例与现实生活联系起来,通过讲故事的方式使复杂难懂的法医学知识变得通俗化,更易于理解。例如,在《法医月刊》上刊登的一则林几的关于煤气中毒的文章,先由日常生活中的小故事引入,然后用法医学知识分析其形成原因,最后给出了预防煤气中毒的方法。整个故事通俗易懂,且具有实用性,可读性很强。最终,因为各位学员的不断努力,《法医月刊》成了一本不仅能"阳春白雪"也能"下里巴人"的读物,在社会上引起了不错的反响。

图 2-20 时任司法行政部常务次长谢健为《法医月刊》题词

[引自:法医月刊 [J], 1935 (12/13):1.]

(二)《法医学季刊》

1935 年春,林几因病回北平,孙逵方继任所长。他继续办好《法医月刊》。1935 年底又办 5 期(第 16 至第 20 期),1936 年出版两期(第 21、第 22 期)。因司法行政部法医研究所工作繁忙,1936 年 4 月,《法医月刊》改名为《法医学季刊》(图 2-21)。孙逵方称:"同人(仁)工作甚忙,而各处送检案件又纷至沓来,寓研究于工作之中,虽工作甚重而兴趣不减,惜困于时间,一有所得便需记录,不能从长加以讨论,殊属憾事。故自本期起改为季刊。"《法医学季刊》由孙逵方任总编,张颐昌任编辑,赵广茂任总务,温承翰任广告,郑子华任发行,组成了编辑部。孙逵方在《法医学季刊》上连载发表了《死之研究》,他介绍了早期尸体现象、晚期尸体现象、死亡分期、假死的区别,还介绍了国际上不少学者对肝内葡萄糖含量在认定"慢死亡"和"速死亡"价值上的观点,是当时较为有意义的学说。《法医学季刊》办了 3 期后于 1936 年秋停刊,停刊的原因不太明了。有人说可能是稿源问题,有人认为可能是经费问题,有人则认为与二者都有关系。《法医学季刊》的停刊对当时的法

图 2-21 时任司法行政部部长王用宾为《法医学季刊》题写刊名

[引自:法医学季刊 [J], 1936, 1 (1).]

医学发展是一个重大损失。

二、发表法医学论文

用"法医"作为关键词,通过中山大学图书馆《民国时期期刊全文数据库(1911—1949)》进行检索,共检索到相关论文 1489 篇。按照发表时间统计,1911—1919 年 32 篇,1920—1929 年 88 篇,1930—1939 年 1214 篇,1940—1949 年 155 篇(图 2 - 22)。按照发表论文的刊物统计,《司法公报》364 篇,《法医月刊》345 篇,《新医要组织》76 篇,《司法行政公报》58 篇,《法令周刊》44 篇,《法医学季刊》33 篇,《法律评论(北京)》28 篇,《医药评论》26 篇,《中华医学杂志》19 篇,《医事汇刊》19 篇,《国民政府公报(南京 1927)》17 篇,《医药学》14 篇,《广济医刊》《同济医学》《现代司法》《社会医报》各 9 篇,《医药改进月刊》7 篇,《震旦医刊》6 篇,《北平医刊》5 篇等。按照论文作者统计,林几 88 篇,孙逵方 20 篇,陈安良

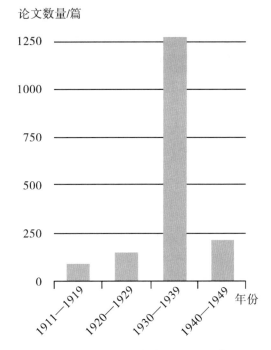

图 2 - 22 民国时期发表有关法医学论文年度分布情况

15 篇,胡兆炜 13 篇,张颐昌 12 篇,陈康颐 11 篇,祖照基 9 篇,吕瑞泉、杨士达、赵广茂、陈义文各 7 篇,于锡銮、张积钟、易景戴、李新民、林筱海各 6 篇,陈伟 5 篇,万友竹、张树槐、汪继祖、王中时、虞心炎各 4 篇等。

此外,在《实验卫生季刊》《民国医学杂志》《宪兵杂志》《青岛警察月刊》等杂志上均可见到有关法医学的文章,例如,1947—1948 年,《青岛警察月刊》连载发表曾义的《警察官应有之法医常识》。1934—1937 年,林几还被聘为《中华医学杂志》的特约编委。

三、出版法医学著作

民国时期出版的法医学著作,除供专职法医使用外,也有供法官、警官、医师及律师使用的法医学著作,也是法医学在司法、医学各界交流的内容。在其他专业的书籍中,有的也包含法医学相关内容。

民国时期的法医学发展,1912—1932 年的 20 年属初始期,为第一阶段。1932—1949 年为第二阶段,但又分几个时期,即从 1932 年司法行政部法医研究所成立到 1937 年抗日战争全面爆发属成长期,1937—1945 年属艰难期,1945—1949 年属恢复期。在初始期,主要著作或论著是引进法医学和提出规划的内容,实际检案的著作不多。在成

长期，见到有实际检案和经验总结的著作、科研成果，是民国时期的法医学鼎盛时期。艰难期，法医学滑落至低谷，法医学专著很少，但林几在立法方面有建树。恢复期，教学讲义及专著相继出现，因在抗日战争全面爆发前夕，法医学杂志已停刊，主要是在《中华医学杂志》等刊物上见到，出版社出版的法医学著作不多。

现把民国时期不同时间的有价值的部分论文、著作归纳如表 2-5。其中林几与孙逵方的论文和著作将在第四章第一节和第二节进行专门介绍。

表 2-5　民国时期法医学部分重要论文及著作
（不包括林几、孙逵方）

时间	论文/著作名称（出现年份）	作者（出版社）
民国前	汉译《实用法医学大全》（1908 初版，1909 再版）	（日）石川清忠著，王佑、杨鸿通编译（汉口湖北公友会假事务所，神田印刷所）
	《检验新知识》（1910 年）	《吉林司法官报》第 18-22 期连载
	《近世法医学》（丁氏医学丛书，1911 初版，1926 年版）	（日）田中祐吉著，丁福保、徐蕴宣译（1911 年版上海文明书局，1926 年版上海医学书局）
初始期（1912—1932 年）	《基氏法医学》（译自英国的 Medical Jurisprudence，1912 初版，1927 年版，1929 年版）	（英）G. H. Giffen 著，Edward. J. Stuckey（齐德义），Liu I Tr（刘忆德）译（上海中国博医会）
	《检验新知识》（1911—1912 年）	《广东司法五日报》《广东司法星期报》《南洋官报》连载
	《新法检验书》（又名《新洗冤录》）上下卷（1914 年初版，1924 年 4 版，1928 年版，1931 年版）	万青选著（上海广益书局）
	《洗冤录集证》（1916 年）	[清]王又槐著（上海广益书局）
	《中国新医发达之希望》（1916 年）	《中华医学杂志》（上海）1916 年第 2 卷第 2 期 1-5 页
	《吾人医事行政管见》（1916 年）	生痴[《中华医学杂志》（上海）1916 年第 2 卷第 4 期 55-65 页]
	《黎氏法医学讲义》（1917—1920 年）	（美）黎斯·约翰著，虞心炎译（《广济医报》1917 年第 3 卷-1920 年第 5 卷连载）
	《检验必携法医学》（1921 年）	商务印书馆
	《法医学大全》（1921 年）	（日）石川清忠著，王佑、杨鸿通编译（商务印书馆）
	《鉴别亲生子法之新发明：日本本内博士》（1923 年）	A（《医事月刊》1923 年第 2 期 67 页）

第二章 民国时期法医学体系全方位构建

续表

时间	论文/著作名称（出现年份）	作者（出版社）
初始期 （1912—1932 年）	《调查司法声中应注意法医之吾见》（1923 年）	姜振勋（《民国医学杂志》1923 年第 1 期第 7 页）
	《对于洗冤录之意见》（1924 年）	（德）欧本海（F. Oppenheim）
	《法医学》（1925 年）	周振禹（《京报副刊》1925 年第 50 期 6-7 页）
	《与陈律师论法医剖验书》（1925 年）	余云岫（《医药学》第 2 卷第 8 期 17-21 页）
	《窒息死体之所见》（1925 年）	（日）浅田一（《医药学》第 2 卷 第 4 期 40-43 页）
	《致司法部之呈文》（1926 年）	汶（《民国医学杂志》1926 年第 2 期第 2 页）
	《法医学上血痕检查之经验》（1926 年）	林振纲〔《中华医学杂志（上海）》第 12 卷第 5 期 455-467 页〕
	《近世法医学》（1926 年初版，1932 年版）	（日）田中祐吉著，上官悟尘编译（商务印书馆）
	《法用医学大全》（即检验法或新洗冤录）（1928 年）	沈孝祥
	《法医学之研究》（1929 年）	沈孝祥（《法界》创刊号 11-13 页）
成长期 （1932—1937 年）	《毒物分析化学》（1932 年）	黄鸣驹（医药学杂志社）
	《最新法医学》（1932 年）	邓纯棣著（改造与医学社）
	《法医学讲义》（1932 年）	毛咸编（杭州浙江省警官学校讲义）
	《法医学》（1933 年）	邓纯棣著（光华书局）
	血液上之父子鉴定法（1933 年）	董道蕴（《广西卫生旬刊》1933 年第 19 期 4-6 页）
	《法医学》（1935 年）	刘兆霖编（北平朝阳学院）
	《医讼案件汇抄》（第一、第二集）（1935 年）	宋国宾编（中华医学会业务保障委员会）
	《最新实用法医学》（1936 年）	张崇熙（新医书局）
	《法医学》（最新实用医学各科全书）（1936 年版，1938 年版，1941 年版，1944 年版，1949 年版）	张崇熙（杭州宋经楼书店）
	《毒物学》（1936 年）	佘小宋（商务印书馆）
	《法医学史略补》（1936 年）	杨元吉（北平医刊）
	《毛发检验（附图表）》（1936 年）	陈天橋（《警光周刊》特大号 269-294 页）

续表

时间	论文/著作名称(出现年份)	作者(出版社)
成长期 (1932—1937年)	(增补注释)《洗冤录集证大全》(1936年)	浦士钊校阅(上海鸿文书局)
	《法医学最近之新发展》(1937年)	(英)S. Smith Sydney、(英)John Glaister 著,佘小宋译(商务印书馆)
	《家兔沉降血清于检案上之运用(附图)》(1937年)	景涵(《宪兵杂志》第4卷第8期77-87页)
	《毛发之法医学的检查》(译自日本《犯罪杂志》)(1937年)	(日)大古烟著,荻(《宪兵杂志》第4卷第8期88-91页)
	《法医学讲义》(抗战全面爆发前)	范启煌编(上海政法学院讲义)
	《法医学》(1937年)	张伯洵编(国立北平大学)
艰难期 (1937—1945年)	《刑事警察科学知识》(其中论及法医学内容的有8万字)(1938年)	冯忠尧
	《变态行为》(1939年)	孙维编著(上海世界书局)
	《警察应用理化学》(抗战期间)	何世德(中央警官学校讲义)
	《我国法医学概况》(1939年)	魏立功(《中华医学杂志》第25卷第12期)
	《血属分类法之检讨及其在临床上及法医上之应用》(1939年)	严荔青(《中华医学杂志》第25卷第9期)
	《裁判化学实验法》(1940年)	(日)服部健三著,汪良寄译(长沙商务印书馆)
	《法医学闲话》(1941年)	(日)二阶堂一种(吐风书房)
	《法医学教程》(1942年)	宪兵学校编(重庆)
	《法医学讲义》(1942年)	宪兵学校编(重庆)
	《中国法医学之研究》(1942—1943年)	陈义文(《医药改进月刊》第2-3卷连载)
恢复期 (1945—1949年)	《法医人才五年训练计划开始实施》(1946年)	华(《教育通讯月刊》第2卷复刊第4期)
	《法医学》(1947年)	俞叔平(上海远东图书馆股份有限公司)
	《警察官应有之法医常识》(1947年)	曾义(《青岛警察月刊》第6、7、9-11期)
	《毛发检查》(1947年)	杨鸿图(《台湾警察》第3卷第6期39页)
	《窒息死的鉴别》(1947年)	阮光铭(《上海警察》第7期51-54页)
	《法医始祖的故事》(1949年)	致远(《中美周报》第349期18-19页)
	《法医学》(1949年)	张崇熙(杭州宋经楼书店)

四、学术交流会议

(一) 国内学术交流

1916年农历一月五日至十一日,中华医学会举行第一次大会,会长伍连德医士做了《〈洗冤录〉之研究》的学术报告。1923年农历一月三日至八日,刁庆欢在中华医学会五届大会上做《述死后检查中之价值》的学术报告。1934年5月,林几还带领司法行政部法医研究所部分学生参加在上海召开的中华医学会全国第二届学术交流会,林几在大会上宣读了《骨质血瘀之价值及紫外线光下之现象》。1947年5月,林几、孙逵方参加中华医学会第八届年会,并与陈邦贤共同负责召集医师业务组。

(二) 国际学术交流

1925年,《法律评论(北京)》第82/83期第22-24页发表《日本法医学会第九次大会记事》一文,介绍日本法医学会第九次大会的主要内容。据日本国立公文图书馆馆藏数据(编号H-0574)记载:1935年11月至1936年1月下旬,林几以国立北平大学医学院法医学教室主任教授身份访问日本3个月,分别到日本帝国大学、庆应大学、千叶大学、京都大学、大阪大学等医学院考察日本法医学发展与法医学教育(图2-23)。

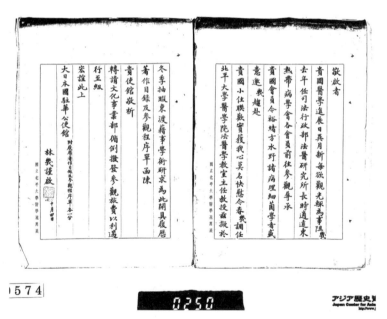

图2-23 日本国立公文图书馆馆藏数据(编号H-0574)(图中为林几亲笔字迹)
(引自:黄瑞亭. 1936年以前林几论文著作的综览[J]. 中国司法鉴定, 2017 (6): 21-24.)

五、《洗冤集录》在国外的流传

宋慈的《洗冤集录》出版后,在实际的司法检验中影响深远,并出现了众多的衍生本。《洗冤集录》不仅是中国古代法医学尸体检验的指导书籍,而且14世纪以后其衍生本首先传入了朝鲜，随后至日本、越南等国，直到 19 世纪末也一直是这些国家尸体检验的依据。18 世纪以后，欧美国家对其极为关注，衍生本被译成了法语、英语、荷兰语、德语等多国文字（图 2 – 24）。1863 年，荷兰人 de Grys 将王又槐的《洗冤录集证》译成荷兰文；1908 年，德国人 Dr. H. Breitenstein 又将 de Grys 的荷兰文译本转译成德文译本 *Medizin der Chinesen*（《中国的法医学》），并在 *Leipzig* 上发表。1924 年，英国人翟里斯（Herbert Allen Giles）在英国《皇家医学会论文集》（*Proceedings of the Royal Society of Medicine*）第 17 卷“医学史专栏”（*Section of the History of Medicine*）发表《〈洗冤录〉或〈死因裁判官指南〉》（“The ‘Hsi Yuan Lu’ or ‘Instructions to Coroners’”）（图 2 – 25），同时有单行本问世。该版本是翟里斯于 1874—1875 年在《中国评论》（*The China Review*）第 3 卷第 1 期至第 3 期连载发表的《洗冤录》（“Record of the Washing Away of Wrongs”）的修订版。翟里斯当时是英国驻华使馆的通译生，1873 年，他在宁波任职时对《洗冤录》产生了浓厚的兴趣，继而开始翻译。他翻译的版本是道光二十三年（1843）童濂删补本《补注洗冤录集证》，又名《童氏洗冤录集证》，将其译为英文，翻译了前两册，无译者序。1874 年，翟里斯将译稿投给香港《中国评论》（*The China Review*）杂志，由于与时任《中国评论》的编辑就校对问题发生了不愉快，遂停止向《中国评论》投稿，刊载于《中国评论》的译稿仅为原译稿的一半。1924 年的译本得到了医学界人士的认可，并被誉为“最有影响，最具权威”的英译本。1981 年，美国夏威夷大学中国史教授麦克奈特（Brian E. McKnight）翻译的《洗除错误：十三世纪的中国法医学》（*The Washing away of Wrongs*：*Forensic Medicine in Thirteenth-century China*），由美国密西根大学中国科学和中国学研究中心（Center for Chinese Studies，The University of Michigan）出版（图 2 – 26）。

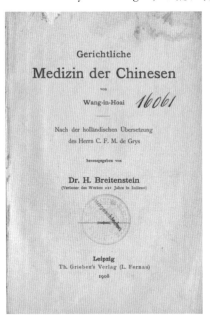

图 2 – 24　德国人 Dr. H. Breitenstein 的德文译本 *Medizin der Chinesen*（1908）

Section of the History of Medicine.

President—Dr. ARNOLD CHAPLIN.

THE "HSI YÜAN LU" OR "INSTRUCTIONS TO CORONERS."

Translated from the Chinese

By HERBERT A. GILES, LL.D.Aberd., D.Litt.Oxon.

(Professor of Chinese, Cambridge University.)

THE office and functions of coroner, in the modern sense of the term, were known to the Chinese many centuries before "Crowner's Quest Law" was quoted in *Hamlet*.

It was while stationed at Ningpo, in 1873, that I first heard of the *Hsi-yüan-lu*. I found that a copy of this work, here translated, was always carried to the scene of an inquest by the high territorial official on whom the duties of coroner devolved. I also found that inquests were held on the living, when dangerously wounded, as well as on the dead. In the latter case, to move or disturb in any way a corpse, before the coroner had seen and examined it, would lead to the most serious consequences for such reckless interference.

I became sufficiently interested in this phase of Chinese civilization to proceed to a careful study of the text of the *Hsi-yüan-lu*, and thence to translation, for which I was repaid by the possession of some acquaintance with the system of medical jurisprudence in ancient China.

Cambridge, 1923.　　HERBERT A. GILES.

THE "HSI YÜAN LU," OR "INSTRUCTIONS TO CORONERS."[1]

ORIGINAL PREFACE.

The *Hsi Yüan Lu* dates from the reign Shun Yu [A.D. 1241-1258] of the after Sung dynasty, and was compiled by a Commissioner of Justice named Sung Tz'u from the *I Yü Chi* by Ho Ning, Duke of Lu under the Chin dynasty and his son Mêng, aide-de-camp to the Heir apparent under the first Sung dynasty; also from the *Nei Shu Lu* by an unknown author of the Sung dynasty, and from various other books. Being subjected for many generations to practical tests by the officers of the Board of Punishments, it became daily more perfect and more exact.

[1] Lit., "Record of the Washing away of Wrongs."

AU—H 1　　[*February* 20, 1924.

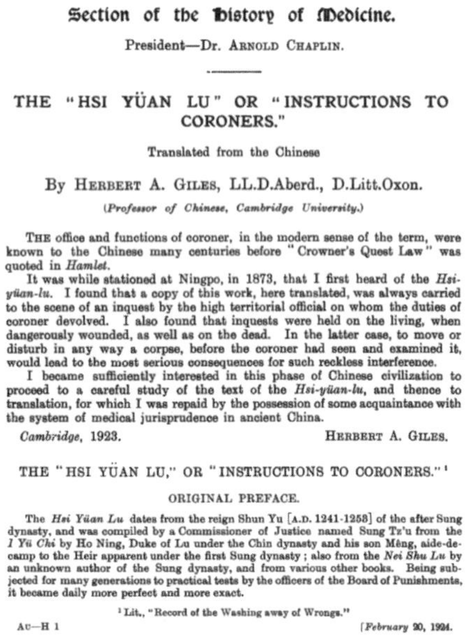

图 2 – 25　英国人翟里斯在英国《皇家医学会论文集》第 17 卷“医学史专栏”发表“The ‘Hsi Yuan Lu’ or ‘Instructions to Coroners’”（1924）

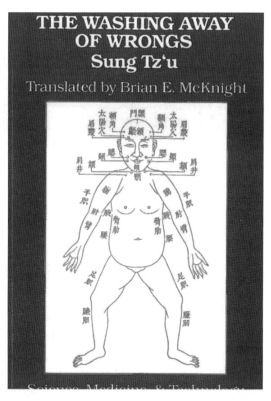

图 2 - 26 美国夏威夷大学麦克奈特翻译的 The Washing away of Wrongs：Forensic Medicine in Thirteenth-century China（1981）

六、成立法医学术团体

根据《民生医药》1934年第1期第26页报道：1934年7月13日，中华法医学会召开了第一次筹备会，筹备会主席为林几，记录为陈安良，通过相关议案和学会组织机构。组织部：林几、李组蔚、张积钟；交际部：祝绍煌、陈安良、钱建初、林椿年；事务部：吕瑞泉、陈伟；文书部：杨尚鸿、张积钟；财务部：于锡銮。

据《上海医事周刊》1939年第5卷第34期第2页《中华医学会工作汇志》，当时的中华医学会设有法医委员会，并推定中华医学会法医委员会主席为国际法医与社会医学研究院中国通讯员。

根据人民出版社1981年影印的《北京大学日刊》（第八分册），民国十一年11月4日第一版所登载《福建法医学会公函》可知，当时已经成立福建法医学会，其会长为沈孝祥，沈孝祥作为福建法医学会代表出席1922年的全国司法会议，并提出采用女律师制度案。1929年，沈孝祥在《法界》创刊号发表论文《法医学之研究》。

七、法医学科学普及

林几曾在《积极整顿检政改进法医办法意见》① 中提出:"刊行鉴定实例于司法公报,并设法输进民众以法医常识,及辅助法医学专门刊物。"林几认为:"鉴定案件于判决后,应即公开,任全国学术界之批评,供法、医、警三界之参考,且即对司法公报本身销路亦不无裨益。……而司法公报多法界人士订阅,此种稿件,尤感需要。"林几曾在《法医月刊·鉴定实例专号》《新医药杂志》《司法行政公报》《医药学》《医药评论》等相关杂志上公开鉴定案例。这种将法医鉴定书公开并接受社会监督的运行机制,是避免法医冤假错案的有效方法,也是向民众普及法医常识的重要手段。他还主张:"法医研究所内应设专员,将法医常识编送各处日报、周报登载,以启民众对法医之常识。此虽系细事易举,然影响社会却极伟大。盖民众如富法医常识,则无意识之犯罪行为及迷信鄙习均可减少,岂容忽视。"

1946年10月,《新侦探》杂志在上海创刊,1947年6月停刊,由程小青主编,艺文书局出版。该刊以刊载侦探小说为主,类型多样,是一份旨在疏散压力、唤醒理智的文艺刊物。在其"科学侦探术"栏目刊载了"头发、血迹、被焚尸体的检验、验尸、枪杀案的检查、枪和枪伤"等专题,以及"毒物谈"等法医学基本知识,在潜移默化中给予人一种有条理的、系统的、缜密的思考训练。

(胡丙杰 丛斌 黄瑞亭)

---

① 林几. 积极整顿检政改进法医办法意见 [N]. 京报, 1935 – 8 – 26 (10).

第三章 民国时期对古代法医学的继承、批判与突破

民国时期司法检验的成绩主要体现在培植法医人才、建立法医机构、完善法医制度三个方面。无论是在观念还是制度层面，民国时期司法检验较之以往都有较大突破。特别是南京国民政府时期确立的以法医为核心的司法检验体系，彻底摆脱了以《洗冤录》为基础的传统检验的窠臼，从而为现代法医体系的建立奠定了基础，这些成绩皆为学界所肯定。

第一节 民国时期对古代法医学的继承与批判

一、民国时期对古代法医学的争论

随着西方法医文明的涌入，由于以尸体解剖为主要手段的西方法医制度与以尸表检验为特征的中国古代法医制度有很大不同，因此，如何认识和对待我国古代法医学遗产，当时的知识界对此有不同的看法。清末民初知识界对我国古代法医学检验方法较为流行的看法有以下两种。

第一种看法是以现代科学原理为出发点，认为古代的许多法医检验方法不符合科学学理，因此对古代法医学提出较为激烈的质疑和批评。

最早对传统检验制度提出批评的是王佑，他以现代法医学理为依据对古代滴血认亲法、地水风火之说等进行驳正。随后，越来越多的学者对古代法医学进行抨击。田光在《论中国之法医》[①] 一文中强烈质疑《洗冤录》的科学性，其观点明显有失公允，他认为："《洗冤录》一书，本科学未发达时代之作品，其中荒谬无稽之谈，大背科学之处，不一而足。即其说之幸无瑕疵者，亦全无当于今世之用。盖以今世科学之昌明，法医学之缜密，殊无须乎此等粗疏简陋之书耳。"有的还将《洗冤录》视为司法不公的"罪魁祸首"，发表了措辞激烈、充满情绪化的批判言论，这显然背离了客观性和公正性。例

---

① 田光. 论中国之法医 [J]. 医药学，1925, 2 (10): 74-79.

如，易景戴认为司法检验是一项科学的事业，从现代科学技术角度看，《洗冤录》是一部荒唐怪诞之书，甚至尖锐地指责该书"洗冤则不足，沉冤则有余"，彻底否定了传统法医学的价值。姚致强则称《洗冤录》多数内容缺乏科学根据，历代司法检验却奉此为圭臬，"实勘痛心"，他说："吾人试一翻《洗冤录》，则立说玄虚，指鹿为马，不禁汗流浃背矣。历来之冤狱狂魂，吾知其如恒河沙数，不可胜计也。"

第二种看法则对《洗冤录》基本持肯定态度，认为古代法医学知识至今多半仍具有学理和实践价值。

持这种主张者较为典型的是王合三先生。他在《法医学与洗冤录》① 一文中认为古代法医检验方法并没有过时，《洗冤录》的许多记述仍具有现实意义。这是因为，一方面，该书所述的一些检验方法符合现代法医学原理，他举例说："掀翻洗冤录集证正续两篇，虽有错误之处，然终觉瑕不掩瑜，如刀杀枪伤火烧水溺，以及伤痕之生前死后，观其所填之尸格，辨其毫芒，即今日之法医学亦不过如是""况检骨用伞罩而见伤痕，烧地用棹覆而得确据，若能以科学之理说明之，皆可补法医学之不及"；另一方面，由于现代法医检验方法和我国对尸体的传统观念有所不同，难以推广，他说"不过法医之检验，用解剖之处甚多，与我国宝贵尸体之风俗习惯，微有不同，行之殊觉困难耳"，因此司法检验仍应继承传统检验方法。不过他也承认，现代法医学能弥补传统法医检验的不足，"世风日下，人心不古，而杀人之法亦日新月异，多有出《洗冤录》以外者，乃不得不借助于今日法医"，因此他主张我国的司法检验，"能以《洗冤录》解决则用《洗冤录》，如不能则用法医学"，即以传统法医方法为主，现代法医检验手段为辅。

民国时期，以林几为代表的现代法医学前辈对我国古代法医学采用"汲取精华、弃之糟粕"的科学态度。下面分别叙述。

二、民国时期对古代法医学的继承

在扬弃、吸收我国古代法医学成果方面，林几对中国古代法医学家宋慈的《洗冤集录》赞赏有加。1928 年，他在《协医通俗月刊》发表的《法医谈》和在《中华医学杂志（上海）》发表的《拟议创立中央大学医学院法医学科教室意见书》均提道："吾人固至爱我中华，敬仰我古人，佩其富有思想，艰于创作。"他在《法医月刊》发表的《法医学史》一文中对《洗冤集录》的成就如是评价："合血法、滴骨法可认为现在'亲权鉴定'之先声，'检地法'可认为合于犯罪搜索学的本义，'保辜'则合于伤害保险的原则。诚属较切于检案之实用，不愧为一有光荣之著述。而当时欧洲之法医学，尚正在黑暗时代。吾人之法检制度，似反比较完全。"林几主张进行中西法医学发展史的横向比较，以比较法医学的视野，研究中国法医学发展史。在此基础上，站在世界法医学发展史的角度，准确定位我国法医学史的历史地位。林几对我国古代法医学采用"汲取精华、弃之糟粕"的科学态度至今仍有指导意义。

---

① 王合三. 法医学与洗冤录 [J]. 现代中医，1935, 2 (10): 19.

第三章 民国时期对古代法医学的继承、批判与突破

（一）南宋及其以前中国法医学处于世界领先地位

林几追溯了中国法医检验制度的源流，认为法医学在我国有悠久的历史和辉煌的成就，并曾一度领先于世界。在他看来，《礼记·月令》记载有"孟秋之月，命理瞻伤、察创、视折、审断"。"礼成于周"，可知我国早在西周时期已有"医事检伤之制矣"。秦汉时期，法律开始规定有关检验之法，在司法实践中，对于醉酒后伤人致死，经司法检验认为是因为行为人醉酒出现意识障碍，精神失常，"原其本心，无贼害之意，宜减死也"。"此殆与现代各国刑法规定酗酒一时性精神失常者，得减轻其责任能力之见解，初无二致也。"至唐朝时期，"于府县均置经学及医学博士，各一人，凡当地医务、检务，医学博士统得参预，是亦与现代欧陆公医性质相类似"。五代时期，和凝父子撰写的《疑狱集》是我国最早的检验专书，而后又陆续出现了无名氏的《内恕录》、郑克的《折狱龟鉴》等检验著作。南宋时期，郑兴裔创制《检验格目》；宁宗期间颁布《正背人形图》、桂万荣撰编《棠阴比事》；淳祐七年（124），湖南提刑宋慈"博采群书，集其大成，增以己见，著成《洗冤集录》"，是中国乃至世界上最早的系统的法医学著作，宋慈因而被誉为"世界法医学之父"。该书有关检验的论述内容丰富，不仅记述了初检、验尸、缢死、溺死等尸表征象，而且对"犯罪之研究及犯罪搜索法"也进行了颇多描述，在当时社会条件下切合实用，有些检验方法甚至接近现代化学物理原理。因此，林几高度评价该书的成就，称它"殊不愧一代光荣之宏著也"。在他看来，南宋时期是中国古代法医学发展、完善的重要阶段，而这一时期的"欧洲之法医学，尚正在黑暗时代，吾人之法医制度，似反比较完全"，从一定程度上说，中国古代法医学的发展曾在世界上长期处在比较领先的地位。

（二）16世纪以后中国法医学发展逐步落伍

16世纪以后的几百年间，西方法医制度进入了快速发展时期，而中国法医学的发展逐步落伍了。林几注意到随着科学技术和医学科学的发展，西方法医学发展出现了重大转折契机。德国有两部法律均有法医检验的规定："一为一五零七年出版之奔湃格尔（Bamberger）氏刑律（即《班贝格刑法典》），一为一五三二年德王卡尔第五（Karl V）颁定新法（即《刑事审判法》《加洛林纳刑事法典》），内规定：凡关杀人杀儿乃至流产事件之裁判，必须有医师的证明。此乃应用法医学规定于外国法律之始。"① 1562年，法国法律允许医生作尸体解剖，现代医学知识开始融入法医检验中。在这一背景下，欧洲陆续出现了有关法医学研究成果。1602年，意大利的法医学家蒂纳特·菲得尔（Fortunato Fedele）完成了《论医生的报告》（*Relationibus Madicorum*），该书阐述了创伤、中毒、妊娠、胎儿发育、处女鉴定、医疗过失等法医学内容，这是欧洲第一部系统的法医学著作，但比《洗冤集录》晚了350年。1632年，意大利的保罗·扎克基亚（Paolo Zacchia）在《法医学问题》（*Quaestiones Medicolegales*）中第一次提出法医学学科术语。由于法庭审判的需要，现代科学和医学知识逐步与法医检验制度相结合，为法医学科学的、广泛的发展提供了基本保证，"至十八九世纪以至今日，法医学因社会各法律的需

---

① 林几. 法医学史 [J]. 法医月刊, 1935 (14): 1–7.

要，多数学者继续阐明，遂成独立一专门科学"，①欧洲法医学进入现代发展阶段。反观我国自南宋中叶以后的数百年间，法医学的发展未能追随科学和医学的发展而有所突破，法医检验技术和方法仍沿袭旧制，历代官府依然将《洗冤集录》奉为刑事检验的指南，不能适应日益发展的社会需要。虽然后来相继出现了《平冤录》《无冤录》《律例馆校正洗冤录》等法医检验著作，但这些作品不过是"删去原书不经之谈，加以时闻经验而已""致延今日，其进境程度仍限于六百余年前之旧域；一切设施，均未能追随一般需要科学以迈进"。② 一切表明，南宋中叶以后我国法医学发展缓慢，逐步落后于欧洲法医学。

（三）主张运用实验法医学的观点吸收中国古代法医学的精华

前文已对清末民初知识界对中国古代法医学较为流行的两种看法进行了叙述，但对于上述两种看法，林几均不认同。林几认为，对中国古代法医学成果的评价不能一概而论。他重视法医学科学实验，主张"法医学重在实验"的观点，因此，对古代法医学成果应以实验法医学的方法加以科学验证，以鉴别其精华和糟粕。

林几认为古代一些检验方法即使站在现代科学的立场上来看，也有可取之处，一些论述和方法仍具有一定的借鉴意义和现代价值。在林几看来，"当时欧西科学犹在黑暗时代，而我华对于刑事检验已经能利用复杂方法，约略暗合于化学物理的原则，诚亦堪为我国之光荣。惜后人未能追踪研究，以致终落人后"③。

1. 滴血验亲法

关于滴血法、滴骨法，《洗冤录》载："父母骸骨在他处，子女欲相认，令以身上刺出血滴骨上，亲生者则血入骨，非则否。亲子兄弟，自幼分离，欲相认识，难辨真伪，令各刺出血，滴一器之内，真则共凝为一，否则不凝也。但生血见盐醋则无不凝者，故有以盐醋先擦器皿作奸朦混，凡验滴血时，先将所用之器，当面洗净，或予店铺特取新器，则其奸自破矣。"若拿当今医学的眼光看，这个方法未必全合科学原理，"因为凡是骨未腐，骨膜未损，其上滴了血液，当然不能沁入。如入土多年，骨已朽霉，骨膜已损失，那么，不论亲人不亲人的血，滴到石灰质——骨的上面，当然可以沁入。不过碰巧恰滴在骨质小孔的去处，那就不论新旧骨殖上，亦都可以渗入了"④。尽管如此，他认为这是血清检验法的雏形，滴血法、滴骨法可认为是现在亲权鉴定血清学之先声。

对于亲子兄弟以滴血法验亲，林几认为："至亲属滴血，真则共凝，非则不凝，亦不的确。唯同血簇之血，自可相融，不生凝集，生有沉淀，故古法正与科学血簇之血清凝集现象相反。而用亲属血滴于水中，自能和融，确乃事实，且用反光镜测验，两和融血滴浮沉水中间有白晕，此乃实验结果。"⑤

---

① 林几. 法医学史 [J]. 法医月刊, 1935 (14): 1-7.
② 同上。
③ 林几. 对洗冤录驳正之实验 [J]. 黄县民友, 1933, 1 (4-5): 7-9.
④ 林几. 司法改良与法医学之关系 [J]. 晨报六周年增刊, 1924 (12): 48-53.
⑤ 郑钟璇. 林几教授和他的《洗冤录驳议》[J]. 法医学杂志, 1991, 7 (4): 145-148.

2. 关于检骨法及辨生前死后伤

《洗冤录》载："骨上有被打处，即有红色路微癊，骨折处，其接续两头各有血晕色。再以有痕骨日中照，如红活乃是生前被殴分明。骨上若无血癊，纵有损折乃死后痕。"林几认为："《洗冤录》旧法每不真确，只宜于不宜得时用之。"① 他认为，其中对骨质的生前死后伤的鉴别是血癊（骨上血痕）的有无，符合现代法医学的骨损伤鉴别。即在尸骨检验中，以骨上是否有血癊来判断是否生前被打，具体而言，即如果有红色血癊，就是生前被打；反之，纵然有损伤折断，也是死后的伤痕。为判定这一检验法是否具有科学性，他以"毙狗十匹，记录伤型后，分别埋于法医研究所后园中，拟历一二年，俟狗尸肌肉内脏完全腐败，再发掘检骨，以对照与原来伤型记录确否符合，并试施旧法检骨，以明究竟。"② 结论："骨上血痕，可名为血癊，……经煮洗、刀刮不去者，则确为生前达骨之伤痕，可称之为伤癊。凡骨折部带有伤癊者，即为生前伤；无者，则为死后伤。"③ 这表明该法基本符合现代法医学原理，对现代法医验伤仍有实践价值，"对骨上血痕之存否，对法医验伤有极大价值"④。他进一步提出："新法验骨，先将骨用漂白粉水洗涤，次即放于瓦器内加水煮沸，煮时水中渗以醋酸酒精，勿煮过久致骨缝裂开，宜俟沸后取出，乘湿先视有无骨折裂处，后用刷轻刷上附秽淤血使净。再放于明处晾干，置紫外线光灯下或日光透映之新黄桐油绸伞下审视伤癊，骨癊皆鲜明显出。"⑤ 在《法医月刊》中，林几的弟子曾陆续发表了一些对《洗冤录》进行科学实验的报告，如汪继祖发表的《验骨之研究题——缢勒之骨损及伤癊》，对"缢勒之骨损及伤癊"也做了正确的评价；此外，他通过实验证明"唯验水银（汞）中毒，专用黄金，确可应用，谨附此申明"。

3. 已腐溺尸溺死液痕迹之证出新法

林几在《已腐溺尸溺死液痕迹之证出新法》中指出："取溺死尸体各手皮，指甲缝内夹杂物，制成涂抹标本。用显微镜检视其内有无溺死液成分。同时并取溺死处水中泥草，施行对照检查。如为生前溺死，在其十指甲等，应嵌存有多量溺死处水中之水草泥沙。此法吾华在南宋宋慈所著之《洗冤录》、元初王与所著《无冤录》及清中期阮其新所著《宝鉴篇·溺死诀》内，均曾采用。其原理系因活人溺水，当身体下沉昏迷时候，两手一定向前抓舞。故其指甲内每嵌进水底或岸边之泥沙、水草等固形成分。手中亦每握或抱有固形物质（如米粒、水草、泥沙及木块等）。手皮抓损处，亦可嵌进泥沙及其他水中物质。然古人检验只凭目力所及之尸体现象，当然不如现在可借显微镜或化学以检查指甲缝等泥土种类性状，施行实验之对照检查也。兹录古书所载溺死验法，亦可见当 600 余年前，吾华对检尸方式，业有相当之基础矣。"

4. 关于服盐卤中毒死者的临床症状及尸检所见

《洗冤录》载："服盐卤死者，发乱，手指甲秃，胸前有爪伤痕，因痛极不可忍，

---

① 林几. 司法改良与法医学之关系 [J]. 晨报六周年增刊, 1924 (12): 48-53.
② 林几. 骨质血癊之价值及紫外光下之现象 [J]. 中华医学杂志（上海）, 1934, 20 (5): 665-672.
③ 同上。
④ 同上。
⑤ 同上。

遍地滚跌，自抓掐所致。""服盐卤死者，身不发泡，口不破裂，腹不膨胀，指甲不青，钗探不黑，颇有黯色，洗之即白，遍身黄，两眼合，口中或有涎沫，但其尸虽发变，心肺不烂，取汁煎之，犹能成盐。"林几对《洗冤录》上述两条没有完全否定，但他指出："盐卤，咽下立发急性胃肠炎，剧吐不止，吐物带碱性呈褐黑色，黏膜剥坏，呕吐间歇发生（与强酸中毒异点），人事不省而死，少量则二三日后下痢，血尿呈强碱性，或因食道狭窄隔食而死，尸表无症状，唯强碱类毒液接触部白肿，呈半透明，似半熟蛋白样泡。"①

（四）主张古代法医学的现代转型具有迫切性和必要性

清末民初我国许多地方仍然沿用以《洗冤录》为圭臬的传统验尸法，现代法医学发展遇到诸多障碍，林几从推进中国法制现代化的高度出发，向司法当局疾呼古代法医学现代转型的迫切性和必要性。

1. 推进法医现代转型是维护司法公信力的重要保障

林几在《法医谈》一文中认为，在现代法制社会，"法医乃立国之本，法医则为法律信实之保障"，欲求司法之公正、保障法律之尊严，推进法医转型是关键，这是因为当时我国法医检验仍主要沿用传统验尸旧法，弊端丛生，严重影响了司法公信力。例如：①检验方法不够科学。他注意到"吾国对刑事案件，……尤复袭用七百年前宋人所集《洗冤录》以为刑检之蓝本"，而传统检验制度存在的种种缺陷导致检验不确，不能保障司法的公信力，人们"对旧日非科学之鉴定，已失信用"。②法医从业者素质较为低下。旧时我国检验死伤的从业者主要是仵作，他们"系其党私相传授，率皆椎鲁无学。平昔于宋慈《洗冤录》一书，句读且难，遑论讨论"。由于仵作的技能水平和业务知识等方面的缺陷，加上贪渎行为频发，严重危害了法律尊严和信用，因此林几说："刑检要务委诸毫无常识不学无术之仵作，是诚难免有蔑视法律尊严之消。"他认为要提高司法公信力，应当推进法医学现代转型，学习借鉴西方现代法医的专家鉴定制度，"在西欧各国，每遇有关于法医事件，统一先由各城指定官医施行初检，择取检材，送交各大学校法医学教室，更请专家详细检查，故所鉴定案件，事无大小，必详必确"，唯有如此才能保障司法公正，"所以昭大信于公民，尊法律重国本也"。

2. 改良法医是废除领事裁判权的迫切需要

1840年鸦片战争以后，西方资本主义国家为了维护其侵略利益，纷纷通过各种不平等条约攫取在华领事裁判权，使外国人在我国的司法诉讼中居于不正常的优越地位，出现了所谓"外人不受中国之刑章，而华人反就外国之裁判"的奇怪现象，严重破坏了中国的司法主权。为了撤废西方列强在华的领事裁判权，近代中国人民进行不断的反抗斗争。然而领事裁判权的废除，在一定程度上有待于中国法制建设的现代化，因为只有改良法制与司法，逐渐消除或缩小与西方法制的差异，才具备废除领事裁判权的现实条件。从这个角度出发，林几认为发展现代法医学，事关领事裁判权的废除。在他看来，只有革新法医制度，才能彻底实现法制现代化，"如不革新这一部分，则一切司法改良，亦不能臻于完善"，进而影响领事裁判权的废除。如何改革法医制度？他进一步

---

① 郑钟璇. 林几教授和他的《洗冤录驳议》[J]. 法医学杂志，1991，7（4）：145-148.

指出，"免除去旧式的仵作式鉴定，而代以包括有医学及自然科学为基础的法医学（裁判医学）来鉴定并研究法律上各问题"，即以新式法医制度代替旧式法医检验，才能彻底改良司法。正是从这个意义上，他疾呼："领事裁判权，我们是决心的要收回来的，那么关系重要的法医学，当然也是决心要着着猛进改善的"。

3. 发展现代法医事业是一个国家走向现代法制文明的必然要求

建立在医学与自然科学基础上的现代法医学，在解决法律问题上起到科学证据作用，促进了欧洲国家法治的进步和社会的强盛。林几注意到，随着西方文明的向外扩张，现代法医学也逐步在欧洲以外的一些国家得到发展，成为先进国家法制文明的重要内容。对此，他在《法医学史》一文中，以日本为例进行分析，指出：日本早先学习中国传统法医检验制度，近代以后受欧洲现代法医学的影响，开始吸收和借鉴西方法医鉴定理论和技术，逐步向现代法医制度转型，明治十一年（1878），"安藤卓尔译英国法医学，刊行法医学讲义"，为日本输入欧美法医学书籍之始。而后，日本开始仿照西方模式在一些大学建立法医学教室，如1880年片山国嘉在东京帝国大学开创法医学课程，1902年京都大学、九州医科大学等也陆续创设法医学教室，法医学鉴定工作体制日益受到重视，并于1907年在法律上得以确定。到了大正九年（1920），日本法律进一步规定：法医学教育"为医学生、法医生、警察学生所必修"，从而构建了现代法医学教育体系。经过上述改革，日本基本实现了法医制度现代化，确立了资产阶级法律制度，成为现代法制文明国家。由上可见，建立和发展现代法医制度是先进各国司法文明发展的潮流，是一个国家走向现代法制文明的必然要求。

4. 主张我国法医学的现代转型应注意总结中外法医学发展的经验教训

如何实现古代法医学的现代转型，发展现代法医事业，林几认为：一方面，应科学总结中国法医学发展逐步落伍的教训；另一方面，还要充分借鉴吸收西方现代法医学的先进制度。

（1）中国法医学发展逐步落伍的教训。我国法医学曾一度领先世界，但为何"延至今日终落人后"，林几认为有以下几个主要因素：①医学观念的禁锢。我国传统法医学最突出的特点是尸表检验，不准尸体解剖，这与传统的医学观念有很大的关联。在他看来，我国传统医学观念受到儒家思想的影响，"学理趋重于五行阴阳空玄之说，而对于人体构造部位外伤等，反认为末艺，不切情实"。在这种医学观念下，法医检验主要靠经验判断，限制于尸表检验，较少借助基础医学和临床医学的基本理论与操作技能，无法催生解剖学的发展，"于是法学与医学之学理，终究无法沟通"，再加上后人"未能以科学研究推新"，从而阻碍了古代法医学向现代法医学的发展。②司法体制的弊端。在中国传统的死伤检验中，最迟自宋代开始就有仵作参与的身影，其发挥着重要的作用。然而，仵作这一职业在官署内的身份地位不高，被官府视为"贱役"，这种社会地位影响了从业者的积极进取，对中国法医事业发展产生较大的消极影响，正如林几所云："检验案件及外科医生均被认为贱业……以致法医一科，千余年来，墨守成章，毫无进境。"至清朝末年，沈葆桢曾向朝廷上疏建议对旧法医制度进行改革，提高仵作的身份地位，"将仵作照刑科书吏一体出身"，以吸引人才从事该职业，但未被清廷采纳，"同治时沈葆桢虽曾奏请解除仵作禁锢，给予椽吏出身。但格于当事之昏聩，部议竟未实现",从而错失了法医制度改革良机,延误了现代法医事业的发展。③法医教育的滞后。随着西方法医学、解剖学知识的输入,司法当局认识到现代法医学在司法检验中的重要性,开始重视法医人才的培养。清末新政期间,刑部饬令各省审判厅附设检验学习所,培植司法检验人员,"惜又困于人才,辍遂无继",效果并不理想。到民国初年,现代法医人才的培养仍未得到根本的改善,"环顾国内,欲寻一法医学专家,竟不可得……普通医师对法医的研究,既不精细,即在各地国立或省立医校,亦未设有法医学的专科;就是北京医科大学校,亦不过把它附在病理教室,作为一门功课而已"。现代法医教育的落后,在一定程度上延缓了中国法医学现代转型的步伐。

(2)西方现代法医学发展的成功经验。林几认为,我国要实现法医制度的现代转型,还应当充分吸收借鉴西方现代法医学的先进制度。为此,他进一步总结了西方现代法医学发展的先进做法和成功经验:①重视法医学理论研究。林几指出,法医理论的昌明是西方现代法医发展的重要经验,自文艺复兴以来,由于西方很多国家的法律中已经开始规定法医检验制度,从而推动了法医学理论的研究,使法医学成为一门独立的科学,"法医学因社会各法律的需要,遂有多数学者惨淡研究,陆续阐明,乃扩大光扬而成独立专门之学科"。②注意与各种现代自然科学的结合。法医学是一门应用性强的科学,近代欧洲的医学、生物学、药理学、化学、病理学、解剖学等自然科学的发展,与法医学的发展密切相关,将这些自然科学应用于法医检验,成为解决疑难民刑案件的保障。正是从这个意义上说,现代法医学的发展,是建立在医学及其他有关之自然科学发展的基础之上,离不开医学与相关自然科学的发展与成就。因此,林几总结指出:"欧洲当初医学尚未发达之时,法医亦属不良。经各方科学与法医学,相互阐明,始有近来成绩。"③大力发展现代法医学教育。现代法医事业的推进,关键问题在于发展现代法医学教育,培养现代法医人才。林几密切关注和总结西方发达国家法医学教育的发展经验,不仅了解到"法医学在文明各国均列为医、法、宪、警诸校课程",而且还注意到"在欧陆日本各国学制,除医科内,应专设法医研究所外。即法科,警官,宪兵等学校之课程,亦多有法医学讲座之设立"。有鉴于此,他认为在中国开展法医学教育,应当借鉴西方各国文明的法医学教育模式,构建法医学基础教育和专业教育两个体系。具体而言即,一方面在高校的法学和医学专业中开展法医学基础教育,让学生掌握法医学基础知识;另一方面开设专门法医研究所,附设法实验室,进行法医学专业教育,以培养专门法医人才。

三、民国时期对古代法医学的批判

到了18世纪,由于西方医学的发展,法医学逐步进入科学化发展阶段,而中国仍然维持尸表检验。林几感叹说:"可惜后人未能追踪前贤,努力精研,致延至今,其进境程度仍局限于六百余年前之旧域。""终落人后,不亦悲夫!"林几对古代法医学是有专门研究的:①他是我国第一位用现代法医学角度评价古代法医学的法医学者,著有《法医学史》《洗冤录驳议》等;②他对古代法医学的不科学性提出批评,发表有《检验洗冤录银钗验毒方法不切实用意见书》《〈洗冤录〉滴血法不足为凭》等。限于时代条件,《洗冤录》所载的检验方法中的确有一些不尽符合现代科学原理之处。

第三章 民国时期对古代法医学的继承、批判与突破

(一) 王佑对传统法医学的批判

第一位以近代法医学理论为基础,对传统法医学进行批评的是王佑。王佑,蕲州人,曾与杨鸿通合译石川贞吉的《实用法医学》。据沈家本《王穆伯佑新注无冤录序》①,王氏"游学东瀛,讲求法医学,于东京之上野藏书楼见有《无冤录》二卷,为朝鲜人崔致云等注释本,日人抄自朝鲜者。王君喜其与法医学足相发明,遂手录一通,加以考订"。"王君校订之余,附以新说。如检尸法物条云:'各国验伤检尸器具,皆不假于人民,其器具多先消去毒物,不作他用,与此言暗合。'食气颡辨条云:'气系在前,食系在后,诚为确论。据英、奥学者巴尔铁列丙及骇眦格耳《解剖图说》,德国海满都《解剖图附录》,日本故今田束《实用解剖学》所言,皆谓气管在前,食管在后。可见此书所言,较《洗冤录》为确也。'检验文字条云:'此意正与各国检查规则之不准用概括的语意同。所谓概括语意者,如伤痕只记大如拳、长约尺余,不详记长阔几寸几分是也。'又如辨亲生血属条云:'以近时科学所言之理推之,热血滴入骨肉,无论何人(即非亲属者)皆可沁入。因骨含有电气在内,经擦热而吸热血入内。若所滴非热血,且非将骨擦热,虽亲属亦不能滴入。可见滴血之法不足信。'……又妇人怀孕死尸条云:'据生理学与胎产学所言,孕妇死无多时,而胎儿之所之不能出者,因母体已死而子宫收缩之机能已绝也。若经过半月或月余,其死胎落出于母之裤裆中者,因死胎已羸瘦枯缩故也。除此以外,卵膜之腐败破裂,羊水(即胎水)流出,母体弛缓腐败,亦皆为死胎落出之原因。据此论之,则所谓因地水火风所致者不足信也。又据地质学家言,地壳外层四五尺之间甚冷,渐深则渐有温热。通常尸窖深不过三四尺,安有热度可言。据此,地水火风之说,又不足信也。'"

(二) 德国人欧本海对传统法医学的批判

第二位对传统法医学进行科学研究的是德国人欧本海(F. Oppenheim)。1924 年,上海地方检察厅检察长车庆云:"每感法院检验工作尚沿《洗冤录》之旧说,检验吏之臆断以折狱,疑点既多,冤抑难免。"②而当时欧本海受聘于同济大学,主持病理学教室,因此上海地方检察院与欧本海合作,双方约定从学术立场出发,彼此不取报酬,法院将疑案交托欧本海检验,学校则以此作为教材,为期 1 年。在此期间内,在杜克明先生的协助下,验案三四百起,除据尸体外表就可断定死因者外,实际剖验者不过三四十起。欧本海以此为基础,撰写完成了《对于洗冤录之意见》一文,发表于《同济医学月刊》1925 年第 1 卷第 1 期,内容有:①《洗冤录》之优点;②《洗冤录》之误点;③《洗冤录》之缺点。该文对《洗冤集录》进行了科学评判。

(三) 林几对古代法医学的批判

1. 林几根据实验结果批判了沿用千年的银钗验毒法

林几通过多次科学试验后,在《检验洗冤录银钗验毒方法不切实用意见书》中指出:从化学原理看,"已确证银对砒、铅、鸦片及盐卤,并不能直接发生化学作用……

---

① 沈家本. 王穆伯佑新注无冤录序 [M]//寄簃文存. 北京:商务印书馆,2017:185-188.
② 杨元吉. 法医学史略补 [J]. 北平医刊,1936,4(9):11-12.

唯独硫化物触银,则立可使变为硫化银,外观呈黑色晕";从生理学上观察,腐败蛋白分解之硫化氢,与银可产生黑色硫化银,"当人死后,死体腐败,肠管尤先腐败,则自尸体组织所含蛋白质,因腐败,亦当然可以产生硫化水素(硫化氢)"。由此可见,使银钗变黑者,并非砒酸铅等毒质之作用,而是富于蛋白质之腐败物发生硫化水素之作用,"所以中毒者,验时银钗亦可不变为黑,非中毒者,验时银钗亦可变之为黑"。因此,他认为银钗验毒法不可作为定谳之凭据,建议司法当局对该法"应行严禁,不得再行援用"。

2. 林几指出了颅内灌液验溺死的不正确性

林几在《已腐溺尸溺死液痕迹之证出新法》一文中指出:"按吾华《洗冤录》旧法:谓取净水从头骨后下方之枕骨大孔细细斟灌。如能自鼻窍流出泥沙,便是生前溺死之证。"为判断颅骨灌水验沙法是否具有科学性,林几将7例已腐尸骨依旧法进行试验,结果发现"于确知非溺死之尸体两例,自鼻孔内亦溢流出少量污垢……而确是溺死尸体,亦偶见由头盖腔内依法可以检见少许沙泥(只得一例)",经林几多次实验,认为此法诚不可靠。"凡腐败已行骨化之尸体,鼻软部已经消失者,在鼻甲介部极易窜藏泥土。且生人之鼻孔后部,亦往往容有少量泥垢。故由枕骨大孔冲水,而自鼻孔流出泥沙,安足视为死前吸进溺死液之根据?"易言之,从死者颅骨流出泥沙,此种现象并非溺死所特有。由此他断言:"故对《洗冤录》旧法,由鼻孔过水,实应予以驳正。"

通过上述事实,我们清楚地看到林几始终坚持科学、严谨、实事求是的态度,以比较法医学的视野,运用实验法医学的方法,对中国法医学史的兴衰之路进行总结和评判。其研究中国法医学史的目的在于去粗存精、鉴古开今,即一方面是为了祛除古代法医学中一些不符合现代科学原理的知识与方法,为现代法医事业发展铺平道路;另一方面也希望继承古代法医学的一些优良传统,根据中国具体国情发展现代法医事业。与此同时,为了改良我国法医事业,促进法医学的现代转型,林几还注意追踪西方法医学历史轨迹,密切关注西方现代法医发展动向,以借鉴它们的有益经验。总之,林几在开展中国法医学史研究过程中所体现的治学态度、方法与视野,以及形成的法医学史观,对当今的法医理论研究和实践工作仍具有积极的借鉴意义。

沈家本也对中西法医学及检验技术进行了中肯的总结和评价,他在《王穆伯佑新注无冤录序》中说:"道理自在天壤,说到真确处,古今中外归一致,不必为左右袒也。向见为西学者,深诋《洗冤录》之无当于用,岂知《洗冤录》由数百年经验而成,《平冤录》及此《录》[①] 补其所未及。近人《详义》诸书,则更于旧《录》之固者通之,疑者析之,缺者补之,讹者正之,辨别疑似,剖析毫厘,并荟萃众说,参稽成牍,视故书为加详矣。大抵中说多出于经验,西学多本于学理。不明学理,则经验者无以会其通,不习经验,则学理亦无从证其是,经验与学理,正两相需也。所当保其所有而益其所无,庶斯事愈发明耳,乌可视为无当于用而置之高阁哉!"

---

① 《录》:指《无冤录》。

第二节　民国时期司法制度中有关法医制度的突破

中国古代法医学不能向现代法医学飞跃的症结所在是落后的尸表检验制度，以致世俗轻视检验职务，而旧的法律规定由没有文化的仵作负责检验，根本不适应现代法医学发展。民国建立后，《暂行新刑律》《刑事诉讼律》才规定尸体解剖及妇女身体检验由医师执行，法医为有特别学识的鉴定人。《法院组织法》删去仵作、检验吏，设检验员和法医师。

一、尸体解剖检验制度

民国初期，1912年颁布的《刑事诉讼律》实际沿袭自清末沈家本草拟的《刑事诉讼律（草案）》，该草案"酌采各国通例，实足以弥补传统中国旧制之所未备。上奏后，清廷即发交宪政编查馆复核，唯未及正式颁布，清室已倾。"然却为其后新成立的民国政府所急需援用与发展。《刑事诉讼律》第一百二十条规定："遇有横死人或疑有横死之尸体，应速行检证。"第一百二十一条又规定："检证得挖掘坟墓，解剖尸体，并实施其必要处分。"以上各项规定从法律层面上确立了"尸体应当解剖"的原则，明确了法医解剖尸体的合法性与公开性，同时提及了对尸体实施处置的必要性，为日后法医科学实验和法医物证、毒物类检验鉴定的发展奠定了基础。

1912年，国立北京医学专门学校校长在研究中外法医学前沿发展情况的基础上，结合当时的国情，拟定了《解剖条例》七则呈文教育部提交国务院和参议院采择，几近一年周折后，内务部以第五十一号令发布《解剖规则》五条，对法医检验人员、流程及尸体的处理和应用都做出了相应的规定。其中第二条明确规定："警官及检察官对变死体非解剖不能确知其致命之由者，得指派医士执行解剖。"该规则的确立为中国近现代法医鉴定的制度化发展奠定了基础。可以说，《解剖规则》用立法的形式明确了法医解剖制度，是中国近现代法医鉴定的崛起的标志，也成为中国现代法医学伊始的标志。值得一提的是，中国古代法医学虽在世界上取得过辉煌成就，并一度处于世界领先地位，但在宋、元以后，古代法医检验技术未能及时吸取医学特别是西方医学的新理论、新技术，仍仅仅停留在尸表检查阶段；中国古代法医检验制度从根本上说是一种维护尸表完整的制度。数千年的文化观念、伦理纲常从来不允许为了打官司而把死者的尸体进行解剖。《解剖规则》的颁布，确立了法医鉴定制度从尸表检查迈向尸体解剖的新纪元，因此在某种意义上亦可称之为中国古代法医学与现代法医学的分水岭。

二、鉴定人制度

高希圣、郭真编辑的《政治法律大词典》①，对鉴定人进行了如下定义："在诉讼进行上居于第三者地位，根据他固有的专门学识经验，来陈述自己之意见，供给法院参考的人，叫作鉴定人。鉴定人的陈述意见，有抽象及具体的二个方法。所谓抽象的陈述，只是抽象地根据法规及经验上法则来陈述意见；所谓具体的陈述，是以法规或经验上的法则，适用于某种事实而陈述他所得到的判断。鉴定人有三种权利，即检阅卷宗的权利，讯问被告的权利，请求费用的权利；但也有三种义务，即具结的义务，报告的义务，声请的义务。"

民国时期法医检验制度的逐步完善还体现在鉴定人员制度的变革上。清代以前，我国的法医鉴定人员制度都是以仵作检验制度为主，但仵作并非朝廷官吏，而是具有医药知识或从事丧葬事宜的人员，以辅助尸体检验，至清代该职业才被纳入朝廷官吏的系统之中。甲午战争后，西方医学知识技术不断涌入国内，当时国外先进的法医制度也带来启迪，清政府遂以检验吏制度取代了传统的仵作制度。光绪三十三年（1907），晚清政府颁布《各级审判厅试办章程》，首次对鉴定人进行了规定，其中第七十四条规定："凡诉讼上有必须鉴定始能得其事实之真相者，得用鉴定人。"第七十五条规定："鉴定人由审判官选用。不论本国人或外国人，凡有一定之学识经验及技能者，均得为之。但民事得由两造指名呈请选用。"第七十六条规定："鉴定人于鉴定后，须作确实鉴定书，并负其责任。"第七十七条规定："凡有下列之原因者，不得为证人或鉴定人：一、与原告或被告为亲属者；二、未成丁者；三、有心疾或疯癫者；四、曾受刑者。"该章程成为中国古代检验制度向近现代司法鉴定制度演进的分界线。宣统二年（1910），晚清政府制定了《大清刑事诉讼律草案》，进一步细化了对鉴定人的有关规定。

至民国时期，北洋政府寻求司法制度转型与革新之际，也为鉴定人员制度的更迭带来了契机。1912年颁布的《刑事诉讼律草案》第一百四十七条规定："检证尸体，即时由尸体所在地之初级检察官实施之。前项检证，初级检察官遇有不得已情形，得命司法警察官实施之。"可见在警察系统中，司法警察仍具有检验尸伤的职责，但应会同检察官到场办理，并同承担看守尸体、传集尸亲认证的任务。北洋政府的《大理院判例》中也记载了相关强制鉴定制度的内容。例如：在涉及亲子认定的案件中，仅凭外貌难以判断是否存在血缘关系时，应依法进行鉴定；犯罪人在作案时，仅具有诊断书备案，而无专门医士鉴定其是否疯疾，不能断定犯罪是否成立时，亦应强制进行鉴定。1922年实施的《刑事诉讼条例》第八章规定了"鉴定人"，第一百二十九条规定："鉴定人得检阅卷宗及证据物件。鉴定人得请求讯问被告或证人，并许其在场并亲自发问。"

1927年，南京国民政府成立，在吸收外国法律制度的基础上，沿袭了大陆法系的立法传统，建立了庞大的法律体系。1928年的《刑事诉讼法》第八章有关"鉴定人"相关条款中，第一百一十八条规定："鉴定人应选有学识经验或经公署委任而有鉴定职务者一人或数人充之。"1935年的《刑事诉讼法》第一百八十五条规定："鉴定人由审

---

① 高希圣，郭真. 政治法律大词典［M］. 世界书局，1935：469.

判长、受命推事或检察官就下列之人选任一人或数人充之：一、就鉴定事项有特别知识经验者；二、经公署委任有鉴定职务者。"但由于这些规定对鉴定人身份并未明确做出限定，在国内不同地区不同机构中从事法医检验的人员也各不一样。1945 年修订的《法院组织法》第五十一条规定："地方法院及其分院，为检验尸伤，除临时指定专门人员外，得置法医师、检验员。"此即删去原来的仵作、检验吏，改设检验员和法医师。

民国时期对于鉴定人的规定有一定进步意义。但由于凡被视为有"学识经验"者皆可充任鉴定人，而所谓"学识经验"并没有任何客观标准，当讼案发生需要司法鉴定时，许多无设置法医的地方法院多据此"委托本地有名医师或医师公会代行鉴定"。在实践中诉讼各方经常因鉴定人的能力与资格问题引起质疑和不满，给司法审理造成新的困难，使得案件审理呈现出剪不断、理还乱的状况。

三、法医师与检验员的考试录用与配备制度

伴随着1928 年中华民国《刑法》和《刑事诉讼法》的公布实施，南京国民政府进入训政时期。1929 年，司法院院长王宠惠在国民党三届三中全会上做了《关于司法改良事项——十八年三中全会大会之司法院工作报告》，提出了十三项工作计划，并以《今后司法改良之方针》为题在《中央周报》和《法律评论（北京）》上发表，其中第十二项为"检验吏和法医学宜注重也"。1932 年《法院组织法》颁布，1935 年《刑法》《刑事诉讼法》等修正颁布，1936 年《中华民国宪法草案》颁布，"六法体系"基本形成，推动司法改革进入实际操作阶段。

（一）1935 年9 月的全国司法会议推动法医检验的制度化

在 1935 年 9 月召开的全国司法会议上，提案 400 余件，其中涉及法医、检验员事项的有 22 件。提案人包括中央的司法行政部、最高检察署和法医研究所，以及贵州、江西、四川、浙江、山东、江苏、广东、福建、绥远、河北、湖北、河南等省司法负责人，如可谓"上至司法行政部长下至各省法院院长或首席检察官，无不谆谆以广造法医人才为言，此盖有鉴于事实之需要而发也"。如在"司法人员训练与考绩"类别，有司法行政部王用宾部长的《整顿各省检验人员并拟具整顿大纲》、司法行政部法医研究所孙逵方所长的《拟改善检验尸格及训练法医人才办法》（《法医月刊》1935 年第 19 期）、最高法院检察署检察长郑烈的《积极整顿检政改进法医办法案》等。从各省提案可见当时法医人才缺乏的现实，其建议集中为两个方面：一是提高待遇，法医师比照推事检察官，享受荐任待遇；检验员为委任待遇；由司法行政部委派。二是加强训练，边疆省区多要求由司法行政部及法医研究所统一训练，条件比较好的省区则倾向由各省高等法院组织。

1935 年，司法行政部以调查所得的数据指出了当时检验人员的堪忧现状：当时，全国检验人员共约 706 人，以仵作改充者占 41%，随同刑幕老吏研习检验事项者占 38%，在学校受过检验教育者不过 21%。旧式检验人员几乎是新式检验人员的 4 倍[①]。

[①] 明仲祺. 我国法医前途的展望 [J]. 东方杂志，1936，33（7）：181 – 187.

司法行政部拟具整顿大纲六条：①检验经费从宽支配；②提高检验员待遇；③厘定检验员办事细则；④妥筹监督方法；⑤设所研究或添置法医班；⑥奖励自由收徒。

1935年8月26日，林几在《京报》发表《积极整顿检政改进法医办法意见》一文，该文内容由最高法院检察署检察长郑烈以《积极整顿检政改进法医办法案》提交全国司法会议，被列为第四三五号议案。全文分上、下两篇：

上篇"治本办法"，须逐渐施行，收效虽缓，但得普及，我国法检即臻澄明时代。

【甲】培育法医，并增进法学生之法医学检案需要常识，办法如左下：

（子）由司法行政部咨商教育部，饬国立各大学、各专科学院及公私立各专科学院，注意办理下列事项：

（一）各大学或专科医学院，增加法医学课程钟点，注重实验。

（二）国立大学医学院酌设法医研究科，招收医师研究法医学，并将研究人员成绩报告司法行政部，学届一年后，研究期满，得由司法行政部参预甄别，予以法医师证书，并酌行介绍至需要法医及狱医地方服务。

（三）国内各法学院增授法医学之罪犯搜索学及犯罪心理，并应改之为必修科。

（丑）真茹法医研究所应续招医师为研究员，卒业后由司法行政部发给法医师证书，并分发各省法院服务。

（寅）司法行政部法官训练所应增授法医学之罪犯搜索学及犯罪心理学（关责任能力、证言能力，并应禁治产等精神心理状态）。

【乙】整顿检政——办法如下：

（子）司法行政部及最高法院检察署内应酌设一二法医技术专员，或技正技士，或特设一科，审核一切有关法医事件，主持法医行政，鉴核最高鉴定。编审法医学书籍图表，考察检验机关设施。

（丑）各省高级法院需限期设立法医检验所室，任用法医师为常用驻在检验人员，在相当期后并扩充此种设施于其分院。法医检验所设备至少须达一至二万五千元，检验室设备至少须达一千元至五千元。现各法院经费困难，法医人才亦至缺乏。应尤由各省高等法院，拟一概算，呈法部准先事筹储款项，筹定该款来源，达相当年限，款项既足，届时培育之法医人才亦可卒业。则次第设立检验所室，便无困难。然收入较优之省，当即设立检验所室。上海两特区高等分院检所，可并归法医研究所办理。北平可归国立北平大学医学院法医教室办理。

（寅）各地方法院、县法院于相当时期内，亦应酌经济能力，增设检验室。

（卯）各级法院务须与当地医学院、医院并化学等学术机关取密切联络，订定襄助办法，以利检务，凡设有公立医学院地方，倘内具有法医学教室设备者，则当地法院应切实谋与合作。共设法医研究所或检验所，以省需费，且互有益。

（辰）提高法医师待遇。凡由法医研究所或国立大学医学院法医研究科研究期满，甄别得有法医师证书者，得照法官训练所卒业学员例，准予以学习推检待遇。一年后成绩优良者，准进推检待遇。

（巳）派法医师或国内法医专门人才，分赴东西各国研究法医学科内之各一专门学识。

（午）对国内法医学研究有新发明人士，予以奖励。

（未）审编实用法医学及法官临案应知之罪犯搜索法、罪犯心理学等书。

（申）刊行鉴定实例于司法公报，并设法输进民众以法医常识，及辅助法医学专门刊物。

（酉）颁定法医检政制度系统。

(戌) 颁定检验简易标准及新式尸格、伤单等，务使全国检政于短时间内能入正轨。

(亥) 司法行政部应商请内政部，对警政学生及警员、警士等注意加以法医侦察学之训练。

下篇"治标办法"，须即办以救目前法检之困难，然实非长久妥善之根本办法。

【甲】训练初级检验人员——训练方法由下列三种，并用不悖。

(子) 由法院输派固有检验员（即以前件作）到法医研究所，加入所设之初级检验班。

由法医研究所特设一初检验员训练班，招收高中及各医院练习生、医学院一年级之肄业生，乃至各法院之检验员，到所训练，一年为期，卒业后，由法部分发各级法院试用佐理检务。

(丑) 由各省高级法院内任有法医师并有法医检验所室设备者，就近招收前项资格人员训练。

(寅) 由各省高等法院商托就近国立医学院法医学教室招收前项资格人员训练。

唯上三项训练人员所受课程、年限、待遇、教本应完全一致，故需由司法行政部公布一详细章程，以资遵循。

【乙】编颁训练初级检验人员之教本并速成其师资人才。

【丙】修颁《洗冤录》。

【丁】各级法院或法庭所择定医师为鉴定人，在尚未有专门法医师以前，应以择定国内外正式医学校卒业之医师为限。

此次会议之后，司法行政部决定在继续培养法医人员的同时，开始注重对现有检验员的培养与提升。司法行政部决定推广法医制度，1935年9月，司法行政部法医研究所奉司法行政部命令，继续招收第二届法医研究员，并开设第一届法医检验员培训班，并计划每年培养检验员300人，法医师100名，力争使每县有检验员，每地方法院有法医师，每省有法医研究机关。同时，加强对司法检验活动的规范化。例如：1936年9月，司法行政部统一检验吏所用度器标准，10月又通令"检验血痕之手续及方法请令勿再沿用旧法"。因此，1935年以后，各地法院成立法医检验机构，并与大学法医机构、司法行政部法医研究所保持密切联系或接受指导、复检。这是民国时期法医检验体制的一个突出特点。正如林几说的："是乃我国检政制度之一大进步，即由非科学时代而演进就合于科学也。"但是随着1937年抗日战争全面爆发，司法行政部法医研究所跟随政府内迁至四川，法医师和检验员的培训工作被迫终止，南京国民政府也忙于战事，无暇调集各地检验员进行集中培训，因此司法检验人员的培养工作落到各个地方法院身上。

（二）20世纪40年代初确立法医师与检验员相结合的司法检验人才考试录用制度

1937年抗日战争全面爆发，救亡图存成为中国最迫切的任务，司法检验制度转型也进入了新阶段。长期以来，培养法医人才的理想主义之于基层司法实践的迫切需要，有"俟河之清"之叹。理想与现实的折中与磨合，是在20世纪40年代初确立的法医师与检验员相结合的司法检验人才考试录用和配置制度。

1. 法医师和检验员的考试录用

1928年的《刑事诉讼法》规定，法官选任鉴定人，需选任"有学识经验或经公署委任而有鉴定职务者一人或数人充之"，那么，国家如何委任承担鉴定职务的公职人员呢？一般通过考试和分发任用两种方式。

（1）法医师和检验员分别纳入公务人员高等、普通考试制度。民国时期文官考试制度肇端于南京临时政府时期，正式建立于北洋政府时期，发展完善于南京国民政府时期，最后随着南京国民政府在中国大陆的失败而终结。北洋政府时期的特种文官考试包括外交官领事官考试、司法官考试和知事试验等。1915年的《司法官考试令》规定，司法官考试与文官高等考试合并举行。1919年正式颁布《司法官考试法》，使司法官考试脱离了文官高等考试。南京国民政府时期，要求所有司法官都必须经过考试，才能任用。1929年的《考试法》第三条规定：考试分为高等考试、普通考试和特种考试三种。其中特种考试包括县长考试和审判官考试。1931年7月15日，南京国民政府举办第一届高等文官考试，包括普通行政人员考试、财务行政人员考试、教育行政人员考试、警察行政人员考试、外交官领事官考试五个类别。但当时"司法官"考试合并在特种考试的审判官考试中，于1931年12月25—26日，举行全国首届司法官考试。1933年10月20日，南京国民政府举行第二届高等文官考试，新增司法官考试为单独一类，但不包括法医师。

1937年底，南京国民政府迁往武汉办公，随即又迁都重庆，直到1938年，其间均未举行高等和普通文官考试。抗日战争期间的第一次高等文官考试直到1939年10月11日才正式举行，这也是南京国民政府的第五届高等文官考试。1941年恢复全国性的文官考试。1942年7月，考试院公布高等考试增加"法医师"、普通考试增加"检验员"，确定其应试资格与初试笔试科目。其中法医师报考资格为下列五种之一："①国内高校四年制以上医科毕业生；②教育部承认之国外高校医科毕业生；③具有同等学力，经检定考试及格者；④有专门学术技能或著作，经审查及格者；⑤执行医务三年以上，得有证书者。"这次考试录取者全国只两名（曾义、殷福沧）。检验员报考资格为："①高级中学、旧制中学或其他同等学校毕业，得有证书者；②有同等学力，经检定考试及格者；③在医卫机关服务三年以上，有证明书者；④担任法院检验事务三年以上，有证明书者。"但未有人应考。1947年10月的第二次司法人员考试的高等考试，则已明确分为司法官和法医师两类。

（2）培训后分发任用。如司法行政部法医研究所举办法医研究员班和法医检验员班，通过学习，毕业考试合格后便由南京国民政府分发到各地法院或警察局进行实习，实习期满经所在单位考核合格，便转为正式的国家公务员，这是经分发任用而成为有公职鉴定人的情形。

2. 法医师与检验员的配置

清末和民国前期的法院编制，并没有法医人员设置的规定。最早见之于法典的，是南京国民政府1928年《刑事诉讼法》第一百六十条规定："检验或解剖尸体应先查明尸体有无错误。检验尸体应同医师或检验吏行之，解剖尸体应命医师行之。"1935年的《刑事诉讼法》第一百五十八条规定："检验或解剖尸体应先查明尸体有无错误。检验尸体应命医师或检验员行之。解剖尸体应命医师行之。"此即将原来的"检验吏"改为了"检验员"。

1935年，南京国民政府施行的《法院组织法》第五十一条规定："地方法院及其分院为检验尸伤,除临时指定专门人员外,得置检验员。"1945年4月,该条修改为"地方法院及其分院为检验尸伤,除临时指定专门人员外,得置法医师、检验员",即增加了"法医师"。

第三节　民国时期司法检验技术与检验范围突破

1946年,林几在《中华医学杂志》上发表《二十年来法医学之进步》一文,分为"法医学运用与研究范围之进步"及"法医学检鉴技术上之进步"两个部分。本节以此为基础,结合其他文献资料,对民国时期法医学所取得的新进展进行归纳整理与系统介绍。

一、民国时期司法检验技术的突破

（一）解剖检验技术

《解剖规则》与《解剖规则实施细则》的颁布施行,体现了民国时期在法医尸体解剖方面的进步,但只是从宏观上做了规范性的指导,其中涉及具体解剖与检验方法的内容极少。根据有关文献,民国二年(1913)1月10日,国立北京医学专门学校开始首例尸体解剖;11月13日,江苏省立医学专门学校执行首例尸体解剖;1914年11月,浙江公立医药专门学校第一次实行尸体解剖(图3-1);1920年,宓锡盘在《广济医报》第5卷第6期发表《论尸体解剖之方法》;1923年,史志元在《同德医药学》第6卷第1期发表《尸体解剖方法》;1931年,史志元在《医药评论》第56期、63期和64期连载发表《中国解剖学状况及尸体解剖方法》。

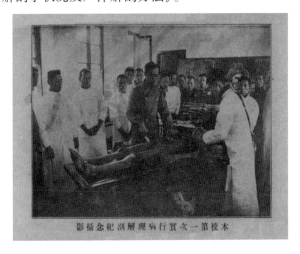

图3-1　浙江公立医药专门学校第一次实行尸体解剖
（引自：盛在珩. 本校第一次实行病理解剖纪念摄影［J］. 浙江医药专门学校校友会杂志,1915（1）:155-158.）

在具体应用过程中，实现了由以《洗冤集录》为指导的传统检验方法到西医与中医相结合的以医学为基础的法医检验方法的转变。中国古代的法医检验方法以中医理论为基础，受益于中医的经验与实践。医学古籍《内经》中便记载"其死可解剖视之"。至宋代，杨介的《存真图》绘制了人体胸腹内脏的正面、背面和侧面，同时还将内脏分为不同的部分。《洗冤集录》问世后，更是系统阐释了人体骨骼的系统结构及法医检验的基本方法，至后世被奉为法医检验的宝典，其中一些科学性的方法甚至沿用至今。以《洗冤集录》为指导的传统检验方法虽然在实践中解决了不少问题，但在很多损伤与疾病的形成机制中仅以经验为依托，缺乏现代医学的理论基础，未能阐明其机理，给死亡原因的推断和论证带来了一定的困难。

清末西方医学译著的涌现推动了中国法医检验的发展，西方医学思维也得到了重视。西方现代法医学以解剖学、生物学等自然科学技术为基础，研究方法上主张科学实验，有效弥补了中医在死因阐释和论证等方面的不足，但因与中医传统理念相去甚远，于具体案件之中甚至可以出现两者相矛盾之处，加之传统封建思想的束缚和从业人员素质的问题，民国时期在法医检验方法上仍处于滞后地位。但规范化尸体解剖和医学实验工作的逐步发展，较封建时期已是巨大进步，随着基于现代西方医学而设立的法医培训制度和机构的成立，更是促进了法医检验过程中更多的现代医学技术的应用。

（二）法医病理学

1. 铳伤（即枪伤）检验的改进

林几对1926—1946年枪伤检验的进展做了概括[①]：

（1）以前法医学成谳之铳伤记载，均着重于有烟火药与子弹形成褐黑色铳伤射入口之挫轮。而现代应用之枪械均已改用无烟火药，在射入口周围罕能获见射弹之烟屑，仅沾附微量某种无烟火药之屑粒。所以其外晕无、不著明，如隔衣中弹，则火药屑粒多附于衣外；只在射入口挫轮火伤边缘内，略有微量烟屑。非洗拭创口施行比较显微镜检查，难以区别。

（2）因现代手枪、步枪及手提机关枪制造之进步，大号手枪口径与机关枪、步枪几近相等，所以其中弹弹径大小亦几相等。只测铳伤射入口之大小，殊难断定确系何枪所发射。但因新式连射枪械，皆能自动退壳，落于发射人身旁，现在检验枪伤，除根据中弹者体部之射入口、射管或并射出口之创型外，原应检验子弹、枪筒及火药，以断定系由何枪所发射。盖每枪射出之弹头，弹壳上所生成之各压痕均有定型，沾附痕迹亦互有异。而某一种子弹内所装之火药构造亦有一定，无枪筒内构造纹线缺陷复微有不同，遂可用以互相对照检查，而为鉴定何枪射击根据。

（3）因军械制造之改进，步枪、手枪之有效射程亦形增远。旧据铳伤射入口外晕上火药辐射范围之大小、浓淡及中弹创口之形态，以定发射之距离，遂有变动。是应依弹壳所在与尸身距离而定，至创形及外晕上屑迹，不过能供吾人研究射程之参考而已。

（4）第二次世界大战中各国子弹多为铝头及白铜钢心之套皮弹，甚至有用开花弹者，故所生成之铳创射管及射出口均形较大，且不规则，组织损伤出血较巨，虽能减少对方之作战能力，殊不人道耳。

---

① 林几. 二十年来法医学之进步 [J]. 中华医学杂志（上海），1946，32（6）：244-266.

第三章　民国时期对古代法医学的继承、批判与突破

但由于篇幅所限，没有述及各种检验方法。这方面内容可参阅民国时期关于枪伤的研究论文，如《枪弹入口出口之鉴别（附照片）》①《枪伤之法医学上的研究》②《枪杀事件之科学的搜查与鉴识弹壳检验与枪伤研究（附图）》③《现代验枪术》④《枪械检验》⑤《机械检验》⑥等。

2. 刺伤伤口的新研究

林几对刺伤伤口检验的进展做了概括⑦：

> 据各国学者二十年来（指从1926年到1946年）实验，已知活人之皮肤刺入口，拔出刺器后，均呈点线状。其方向顺皮纹者多开愈窄，逆皮纹者多开稍大。单刃刺器刃侧之裂端必锐，钝侧之裂端必圆。此与十年前所有法医学书籍之记载迥异。双刃之刺器则刺入口两端皆锐，其形如梭。深棱刺器则刺入口生小分枝，一如棱数。盖以前每用尸体皮肉刺入试验，以为凡刺入口均应与刺器之横断面棱角一致。例如，三棱者应生三枝，四棱者应呈十字交叉。是唯棱角锐度较长之刺器，在生活体方显如此现状。活人皮肤富有弹性，如用尖圆或非圆仅有小棱刺器之刺入口，当拔出刺器后，均应呈点线状椭圆形。唯尸体软部组织及骨上刺创，其形状必与刺器之横断面棱角相称耳。

关于民国时期尸体上创伤的研究进展，可进一步参阅《尸体创伤鉴别之研究》⑧

3. 已腐溺尸的新鉴定法

林几对溺死鉴定的进展做了概括⑨：

> 溺死鉴定既往对烂尸苦难证明。虽云心腐较迟，可检左心存血是否较右心为稀薄，但稍久，心中血水自渐沉降。施行左右心血之比重、比色及电力传导冰点测定等试验，手续烦赘，难切实用。著者于二十二年冬发表《已腐溺死液痕迹之证出新法》一文，其载于中央卫生实验院《实验卫生季刊》第1卷第3—4期合刊中，确可解决法医检验之困难。对腐尸尚不至外方泥沙侵入胸膛者，按其肺部腐败进行程度，而行肺脏中溺死液成分残迹之检出，得鉴定其是否生前溺死，抑或他故死亡而抛尸入水。
>
> 其方法有七：①取未全腐之肺组织制成较厚切片，染色后，施以镜检。②对已腐败如糜之全部肺组织用清水长时间冲洗，经棉纱粗滤、沉淀后，取其沉淀物施行镜检。③用醚及醇性苛性钾与配力丁（pyridine）溶液浸渍腐肺组织少许，使成分液层。而取其下沉淀施行镜检。上①②③三法效率可靠，而③法尤便，次④法：证明溺尸两手十指甲缝内，皆应充填有溺死处河

---

① 杜克明. 枪弹入口出口之鉴别（附照片）[J]. 医药学, 1925, 2（11）: 9-14.
② 何效文. 枪伤之法医学上的研究 [J]. 警察月刊, 1936, 4（3）: 11-14.
③ 何效文. 枪杀事件之科学的搜查与鉴识弹壳检验与枪伤研究（附图）[J]. 宪兵杂志, 1936, 3（9）: 16-23.
④ 杨瑞麐. 现代验枪术 [J]. 警高月刊, 1936, 4（1-2）: 39-56; 1936, 4（3）: 19-22; 1936, 4（4）: 24-47.
⑤ 徐圣熙译. 枪械检验 [J]. 中央警官学校校刊, 1938, 2（5）: 108-124; 1938, 2（6）: 101-114.
⑥ 许建康译. 机械检验 [J]. 警光周刊, 1936, 4（4）: 7-10.
⑦ 林几. 二十年来法医学之进步 [J]. 中华医学杂志（上海）, 1946, 32（6）: 244-266.
⑧ 何效文. 尸体创伤鉴别之研究 [J]. 宪兵杂志, 1936; 4（1）: 142-161.
⑨ 同⑦.

塘内泥沙。⑤证明死者头盖腔及前额窦内，或可有少量溺死处河塘内泥沙。但须尸体头项尚未腐脱，委无泥沙侵入机会者，方为可靠。⑥由两内耳欧氏管管内，或可检见少量溺死液成分。⑦采取溺尸已腐之肺胃全部组织，用化学方法能分析出溺死处河溏内泥沙或其他化学成分者。⑤⑥法不如①②③法方便，且有时虽为溺死，不见泥沙。然当沉尸胸廓既破渗入流水时，应凭验证。④法检查如呈阴性者，固可视为非溺死之确证。如呈阳性者，则只有视为有溺死之可疑。盖水滨居民指甲内原多嵌有水底泥沙也，应结合尸体其他征象方能判定。⑦法手续甚繁，如溺死液成分稀薄时，不易检见。对醍醐非刑、游湖非刑与洗胃医术过误之鉴定，则颇有用。

关于民国时期溺死的研究进展，可进一步参阅《检查溺死者的固有特征》①《烧死与焚死之区别，溺死与抛尸入水之区别》②。

4. 尸体腐败进行研究结果

林几对尸体腐败研究的进展做了概括③：

> 据各地三十年来实验、统计，尸体在各种环境之下，其腐败进行程度互有不同。但已有结论如下：
>
> （1）尸体在空气中停放一日，其腐败程度等于水中二日，或地中深埋八日。尸停空气中一星期等于水中两星期，土中八星期。但污浅水塘中，其腐败进行与尸体空气中速度相等，甚或加速。海中尸浮较速，较淡水中难于腐败。唯日晒部分，均较易腐败，紧压体部腐败较慢。故棺殓严紧尸体，除夏秋外，可不腐败。但亦与个人之胖瘦、疾病死因种类有关。通常死后二十四至四十八小时方闻尸臭。腐败之进行与气温、湿度有关。夏秋之一二日当春冬之五六日，严寒及冰雪内埋尸，可不腐败，迨融冻后，尸反易腐。冷泉冷流中尸亦不腐，但可成浸软尸体。伤口疮疱均易腐败。
>
> （2）尸蜡（adipocer）之形成。据十年前研究报告，已明系由于尸体皮下脂肪中脂肪酸与脂肪甘油分离，而另与外浸含有大量镁钙盐类液体碱化而成。故海滨厝棺多成尸蜡。海中每浮有高度石碱化（胰皂）硬性脂肪之尸蜡残块，硬如浮石，敲击似杠炭。既往成谳，仅谓尸蜡系由于皮脂碱化所成。固未辨其必由于镁盐也。
>
> （3）近年来各种尸虫发育之研究颇有进步，可用为测定死时鉴定之标准。但亦视地域、气候、季令及殓葬情形而略有不同，大致如下：

昆虫发育程度	尸体经过时日及腐败现象
可见蝇卵（蝇有家蝇、金蝇之分，金蝇凡一代卵生一代产蛆）	1～2日（始闻尸臭，瞳孔澜浊）
蝇蛆到处攒动（长2～12毫米，日长1～2毫米）	4～6日（尸体始变色，尸斑浓，尸僵缓解，血水下渗）

---

① 陈礽基. 检查溺死者的固有特征［J］. 法医月刊，1934（1）：29-32.
② 抗议. 烧死与焚死之区别溺死与抛尸入水之区别［J］. 法医月刊，1935（18）：28-40.
③ 林几. 二十年来法医学之进步［J］. 中华医学杂志（上海），1946，32（6）：244-266.

续表

昆虫发育程度	尸体经过时日及腐败现象
常有蛰蛆（长约10毫米，雪白粗短）	10日以上至2星期（尸已腐烂，全身污绿，唇鼻掀塌，毛甲易剥时）
蛆缩蛰成蛹（如小红豆）	2星期、2星期半至3星期（尸已全烂时）
蛹蜕成虫（一半日幼蝇能飞，遗空蛹壳）	3～4星期后
鉴节虫 Anthrenus museorum（内脏已啜食殆尽）	1～2个月后（尸全腐败后，呈半干枯状态时）
出尾虫 Rhixoqhagus paraliel collis 尸蚂蚁及幼虫	半日后（尸腐皮革渐干时）
折翼小红圆甲虫	半年至1年以上（干僵尸棺中见之）
尸蚕俗称金蚕	1年至1年半左右［嗜食腐败内脏（蛋白质）多居头盖腔内］
蝶状网衣蛾	2年左右（尸体已全骨化，飞附骨上，遗白粉）
尸蜈螂及其幼虫与遗蜕	2年以上（尸体软部全腐，混同泥土时）

（4）流水中浮尸，每多男俯、女仰，系因骨盆重点中心不同之故。倘女尸腰前携重，则尸亦俯。男尸腰后携重，则亦仰。而水中尸体腐败进行，在初可据手足表皮浮白，剥离及附生藻类程度而定尸体浸水时间。

（5）跳井尸多脚下头上，跌井尸多脚上头下。凡倒撞落井，常生头顶重挫伤，气管胃中吸入之水量较少，甚或未尝吸水，已经头破脑裂而死。隘井尸当倒立，于是全身血水尸斑向上身头部沉降。而尸僵则先由下肢发生强直，尸项上肢反迟。如跌落井，而井隘尸，当蹲卧，每并有下肢骨折，尸斑全注下，尸僵先始上身。如果水浅则肺胃水少或无水，多因损伤出血及饥饿致死。

关于民国时期尸体现象的研究，可进一步参阅《警察须知之尸体现象论》①《尸体现象及其死斑与伤瘢之区别》②《命案现场搜查之基础知识：尸体检验与尸体现象》③《尸体现象之检验》④。

5. 骨上伤瘢的发明

林几对损伤检验的进展做了概括⑤：

> 损伤检验，当尸腐烂，尸表极难检出。唯伤及骨，检骨损伤，方能辨明。然伤未及骨，多

---

① 何效文. 警察须知之尸体现象论［J］. 警光周刊，1935，3（5）：7-10.
② 张积钟. 尸体现象及其死斑与伤瘢之区别［J］. 法医月刊，1935（17）：23-28.
③ 何效文. 命案现场搜查之基础知识：尸体检验与尸体现象［J］. 宪兵杂志，1936，3（8）：67-73.
④ 梁翰芬译. 尸体现象之检验［J］. 中央警官学校校刊，1936（1）：171-210.
⑤ 林几. 二十年来法医学之进步［J］. 中华医学杂志（上海），1946，32（6）：244-266.

属无法再验。而近十年来吾人利用紫外线之映视,得于枯骨上检见当其生前皮肉巨伤,高度皮下溢血,沾附骨上之伤瘢,且生前骨伤可见骨瘢。而死后之伤则绝无伤瘢。拙著《骨质血瘢之价值及紫外线光下之现象》一文内已曾述及。凡骨折部带有伤瘢者,即为生前伤瘢,往紫外线分析机映视,特别发无荧光之土纹色。而无骨瘢部位,则发灰紫白或白紫色银样之荧光。兹提近数年来经验:得悉凡正型缢死者,两侧下颌骨隅下内方或外侧及颞骨乳突下后侧,无可显出绳索紫压皮肉,出血沾附骨上点线状棕红色之骨瘢。勒死者,第二、三或四头椎后突每有横行之骨瘢或骨损。故可用为腐尸缢勒之鉴别。缢死多为自杀,勒死多为他杀。故此种检验在法医学上甚为重要。著者经验一案:以尖刀刺入人头(醉人),同时用沸水冲入刺口,随切随冲,平切下颈,其两端创面皮肉组织均呈半熟状态,色白,皮肉略卷,内层组织发红、充血。所溢血液,被沸水冲洗稀释后淡薄宛如茶色。乍见难辨为生前刺切创。倘尸腐败,便莫可验。唯检头椎间切痕,可见骨上伤瘢,足资为证。

"又另两例绞毙尸:①夜将尸移枕铁道轨上,火车开过,颅身分离。颈项勒痕大部销毁。唯其挫裂压榨之创口截齐,皮肉不生卷缩,溢血较微,第三、四颈椎断面毫无伤瘢而后突缺损,显有横走血瘢。且于项侧创缘组织,发现狭短半截索勒残痕。遂据断为绞死移尸,偷装卧轨辗死。②醉后绞毙,尸难运出。乃俟一日后,尸已冻僵。再用菜刀顺后项绞痕切下头颅,并切割四肢躯干,分成两箱,送至火车站,拟运他埠灭迹。破获,送验。其颈椎及各切创部均无生活反应及骨块切伤伤瘢,是为死后伤。仅于第二、三颈椎索沟部下组织见有溢血红肿及后突端部骨损与伤瘢,是为生前伤。"

关于民国时期骨质伤瘢的研究,还可参阅《尸体现象及其死斑与伤瘢之区别》①《检骨之研究题:缢勒之骨损及伤瘢》② 等。

6. 内因猝死原因的研究

林几对内因猝死研究的进展做了概括③:

三十年前世人对不明死因之猝死尸体,每擅判为心脏麻痹(syncope)、精神反射(inhibition)或猝厥(shock)致死。近各国医学界因病理及临床医学大有进步,对内因猝死之原因,已不能如从前作模棱之验断矣。其实凡人临死,最后心胸均陷麻痹,乃人死之一般症状,不得谓为死因。至精神反射名目,尤属玄虚不经,安足征信。唯休克(shock,猝厥)猝死名目尚属可用。当剖尸内外毫无病理病变或只有轻微不足致死之病伤征象,且临死前确曾发作迟钝性或过敏性之猝厥症状者,方得判定为猝厥致死。故心脏麻痹及精神反射两名称,在现代法医学死因分类中,业已摒除不用。然就在事实上,往往有外观健好士女,而实然无故或仅受轻微外因,竟而猝死,常惹起重大法律之纠纷。据近十余年来多数法医学者研究,得归纳内因猝死之死因为次:

内因猝死之原因:均属于偶然。得概分为内在及外在二种。

其内在偶然原因:即体内潜伏之疾病或特异之体质。而外在偶然原因即系外来轻微之直接诱因,如威吓恐怖、不致命之微伤、轻力之撞碰,乃至剧笑或饥渴、过劳等,皆可引起内在原因之突然发作,迅速死亡。其症状与尸表征象往往不明,然解剖尸体详细检查,殆难验断。倘

---

① 张积钟. 尸体现象及其死斑与伤瘢之区别 [J]. 法医月刊,1935 (17):23 – 38.
② 汪继祖. 检骨之研究题:缢勒之骨损及伤瘢 [J]. 法医月刊,1935 (12, 13):11 – 17.
③ 林几. 二十年来法医学之进步 [J]. 中华医学杂志(上海),1946,32 (6):244 – 266.

第三章　民国时期对古代法医学的继承、批判与突破

无内因存在，而仅有外来诱因，则绝对不致死亡。间有毫无外来之诱因，竟亦能发生内因之发作。例如，中风、心脏疾、血栓、胃肠溃疡出血、癫痫等，均可无直接诱因而猝死。故内因猝死内在之原因，实为内猝死之基因①。而外在之原因则不过为内因发作之诱因而已。

1）内在之基因。兹列其内在基因分类于次：

（1）血行器病：①心脏病变（心脏死）；②血管病变。

（2）呼吸器病：①上气道堵塞之窒息；②肺及肋膜等病变；③外界空中养气供给不充分。

（3）脑及脑膜疾病。

（4）泌尿生殖器疾病：①泌尿器病变；②男生殖器病变；③女生殖器病变。

（5）消化器病：①肠管闭塞；②腹部脏器特发性破裂及潜在性出血。

（6）特异体质及精神感动所致大虚脱或猝厥：①淋巴胸腺体质；②实质性脏器淀粉样或脂肪变性及肿胀时；③精神的虚脱。

（7）其他基因：①传染病毒；②新陈代谢障碍；③中酒及毒瘾；④热力直射或熏蒸；⑤过度疲劳，饥渴及寒冷。

2）直接诱因。得归纳为下列五目：①窒息（分内外窒息）；②血行急变（栓塞破裂出血）；③心脏急剧兴奋；④身体激急运动；⑤其他过饱、过暖、过冷、饥渴、过劳、失眠、剧烈感动等均可为其助因。

3）内因猝死之基因分类统计：欧美学者统计内因猝死，占死亡率百分之二至三。热带、寒带国度及卫生设施未善地方，俱较增高。在兵燹饥馑年间及重工业发达社会而未实行工时调节者，其指数亦大。又花柳病与烟酒中毒普遍流行之城乡，其百分率亦巨。

据著者二十一年八月至二十六年七月在平沪两地检见之内因猝死之实例，其基因分类如下：

（1）心脏血管疾病计有：①心冠状动脉硬变2例；②心瓣病兼梅毒1例；③脂肪心2例；④梅毒性主动脉淀粉硬变1例；⑤脑出血21例（酒精中毒10例，头外伤1例，其他10例）。共27例。

（2）呼吸器病计有：①异物堵塞1例；②声带痉挛2例；③声门水肿1例；④急性肺出血1例；⑤肺炎3例；⑥醉中误咽2例。共10例。

（3）脑病计有：①梅毒性麻痹狂1例；②癫痫3例；③脑肿瘤出血1例；④梅毒性脑膜炎1例。共6例。

（4）消化器病计有：①肠嵌顿1例；②肠穿孔3例；③肝硬肿破裂2例；④脾肿破裂1例；⑤肝脾子宫破裂1例。共8例。

（5）泌尿生殖器病计有：①肾脏尿毒症1例；②妊娠胎盘异常致子宫破裂1例。共2例。

（6）急性传染病计有：①伤寒1例；②霍乱1例。共2例。

（7）中酒者计有：①慢性醇中毒血管硬化脑出血7例；②急性醇中毒脑出血3例；③醉中误咽窒息2例；④心脏卒中1例；⑤心脏死1例；⑥酒醉冻死2例。共16例。

（8）精神的虚脱计有4例。

（9）淋巴胸腺体质计有3例。

（10）内脏毛细管出血虚脱计有1例。

（11）热射病虚脱计有1例。

（12）疲乏虚脱死计有1例。

（13）心尖畸形（两心尖婴儿）计有1例。

---

① 基因：这里指基本的或根本的原因。

以上82例中，大多有外力之诱因。但其暴力均不足为猝死之主因。无外来诱因者，约占全数七分之二。

内因猝死据前哲调查统计，有法国马鲁伯里氏，巴黎14年间1100人；德国海利许普记两氏13年间116人；何伯罗氏5年间852人。但未详其全人口或全死亡数之百分率。日本之内因猝死，据小南氏调查，由司法并行政问题关系，每年东京剖验猝死尸四五十例中，常有内因猝死五六例。次据奥国威伯尔氏统计，2668例中，其内因猝死之基因有如下：

（1）基因于心及血管疾病之猝死者，计有：①冠状动脉硬化梗塞血栓等832例，约占全数内因猝死之三分之一；②心内膜炎心瓣病156例；③主动脉梅毒及变性128例；④心肌心囊疾病47例。共1163例。

（2）基因于呼吸器病症之猝死者，计有：①肺炎肋膜炎267例；②肺痨210例；③气管支炎肺气肿47例；④肺动脉血栓68例；⑤窒息23例；⑥气管肿瘤1例。共616例。

（3）基因于脑及脑膜疾病之猝死者，计有：①脑出血123例；②脑底动脉瘤破裂出血69例；③其他脑及脑膜疾病35例。共237例。

（4）基因于消化器疾病之猝死者，计有：①食道胃肠病147例；②胆膵副肾病15例。共162例。

（5）基因于泌尿生殖器疾病之猝死者，计有：①生殖器病22例；②泌尿器病159例。共181例。

（6）体质异常解剖无变化者，计有44例。

（7）中酒者（醉死），计有50例。

（8）其他基因之猝死者：①体质异常23例；②胸腺淋巴腺异常6例；③恶性贫血4例；④衰老103例；⑤营养不良衰弱66例；⑥尸腐死因不明31例；⑦Kranzadern破裂2例。共235例。

4）发生内因猝死之素因：内因猝死之发生与个人体质年龄、性别或病变脏器性质及外力诱因并部位均有关系。在暮夜、中宵，当七至九月间，最常发现。多系劳动界或老人。而夙有血行系统异常及肝肾机能病变，过度劳心，生活困难，营养不足，体力羸瘦者，好酒，或患梅毒性疾病及精神障碍者，神经质者，卒中质者，或淋巴胸腺体质者，并曾患重病或失血过多，体未复原者，均易陷于内因猝死。而五六十岁以上老人，及幼弱者，与经期妊产期妇女，亦易发作。

7. 食时检查与死亡时间
林几指出①：

应用爱克斯光之透视，并历年经各国学者对各种食物吸收消化排便需时不同之研究；可据之以分别化验活人及尸体胃肠各部内容，以推定系在何日何时饮食所中毒，并验断死亡与食时之距离。是对毒害、虐待、饥饿案件检查，甚有关系。

8. 外力窒息鉴定的新材料
林几对窒息研究的进展做了概括②：

---

① 林几. 二十年来法医学之进步[J]. 中华医学杂志（上海），1946, 32 (6)：244-266.
② 林几. 二十年来法医学之进步[J]. 中华医学杂志（上海），1946, 32 (6)：244-266.

第三章 民国时期对古代法医学的继承、批判与突破

（1）缢痕。用开放型单绳缢死者，其项后皆提空，无有索沟。即使索双绕颈项，而前颈总比后项较多一道索沟，且必前重后轻。斜行而后上方行走，达到耳后发际，渐趋淡没。反缢痕则交叉在颈前，项上应有绳索压痕，但每较浅，其位较低，斜向前上方，达于颌下。

（2）绞痕。则必周匝颈项。前后暴力平匀，索沟同数。但据林几十年来经验，吾华有所谓隔勒（即背隔板，隔栏以绳索颈者）、提勒（即卧人于地，足踏其颈，而用绳套提起勒死者）及背勒（即以绳套人项，背于身施行数十步，致于窒息者，俗名"背娘舅"），其项后每亦开放，缺有索沟，极似缢痕。唯有借其绳索压痕，行走方位之不同及其他体部伤痕、沾迹以佐鉴定。自绞较罕，唯利用动力或横杆系绳旋绞，可自绞死。

（3）搙痕①。从中外文献仅知搙痕有指甲、指端与指节压痕之分。其实拇指、食指开之掌叉缘（俗名"虎口"）压痕，亦所常见。其因搙式及被害人颈项长短、粗细之不同，所生成搙痕之位置，遂亦互异。一般可分为单手叉搙（又分左右手型）、两手环搙（又分对向背向及左右侧向四型）及指节压搙（又分中指、食指两型）。自搙者以一手捏损喉结，后向紧压，亦能致命，是名扣颈。

（4）叠糊绵纸紧蔽醉人口鼻，或用湿巾覆蔽婴儿口鼻，均可窒息死，虽有一般窒息内外征象，但口鼻外毫无压痕等征标。

（5）榲死：乃以头倒浸浅水塘或水缸中，窒息溺死，吸水不多，颜面唇指黛紫，口鼻有沫。然无其他溺死外表征状。

（6）游湖非刑：乃在监中私刑。将囚醉饱食后，裹以荐毯倒立浸于盛有灰水桶中，不顷窒息。面白（因灰水可使颜面血管收缩，故虽倒立，面不发紫）身黄。除唇、指微黄，眼结膜稍有溢血外，外观无征，一似病死。

（7）醍醐非刑：乃中外警务机关常见之灌水逼供之非刑，水中或更掺有烟油、辣粉、粪尿、煤油等刺激性质料。

上（5）（6）（7）三种溺死尸外表均无一般溺尸征象，必须剖验方能证实。

（8）活埋：亦属窒息死之一种，其尸颜面郁紫、眼突、口张，口鼻、各窍与气道、肺、支气管均堵泥。肋膜及内脏溢血斑甚著。肺、心及脑膜尤甚，指端、趾端及指甲均青紫，与误咽尸之征象相似。此种案件，在华乡野颇常见。而引次东西战场，日、德军队每用此法残害盟国民众。然既往法医学书籍，则罕述及。

（9）土布袋非刑：为监中非刑之一。令囚饱食后，荐裹绳捆，使卧，次于胸腹部上，压置盛土之大布袋，致胸部呼吸不能，四五小时即渐窒息死。眼结膜、口鼻及肺、肋膜、心肌乃至胃、脑膜均有溢血现象。余鲜所见。

关于民国时期机械性窒息的研究进展，还可参阅《窒息死体之所见》②《窒息死亡种类及其鉴别》③《论窒息死》④《窒息死一般的观察》⑤⑥《窒息尸体的血液变化（附图

---

① 搙痕：指掐痕，或扼痕。
② 浅田一. 窒息死体之所见 [J]. 医药学，1925，2（4）：40-43.
③ 张积钟. 窒息死亡种类及其鉴别 [J]. 法医月刊，1934（2）：33-38；1934（4）：20-24.
④ 明终寄译. 论窒息死 [J]. 法医月刊，1935（16）：45-48.
⑤ 林筱海. 窒息死一般的观察 [J]. 法医月刊，1936（21）：7-30.
⑥ 林筱海. 窒息死一般的观察 [J]. 红绿灯，1947（3）：6-13；1947（5）：14-18.

表)》①《窒息死的鉴别》②《江苏青浦一命案：沈庞桂英冤沉尚不白，一篇法医研究的资料》③。

（三）物证检验技术

1. 血痕及体液、肉、骨检定的进步

林几指出④：

> 在近二十年来，因生物学、血清学之发明，据各国学者报告近对血痕检查，已由能辨是否是血液，是人血还是动物血，而进步至是为何人之血型。此种血簇之检查，已不复仅限于新鲜之血液。凡陈旧血痂及体液，如唾液、痰、鼻涕、眼泪、腹水、胸水、精液及阴道黏液，均可予以是否人类或动物之血痕、体液，并是何血型人之血痕或体液的鉴定。虽其血痕或体液稀释达一万至二万倍以上，仍可检见。
>
> 关于人类体液与动物血混合斑迹之检查，旧用特制家兔抗人血、血清沉淀素反应，未能鉴别。近应用特制之抗人血血色素沉淀素家兔血清，已能予以证出。唯对既腐败血液及曾加高热破坏之血痕，尚无法应用生物血清学方法，予以证明。至人与动物碎肉、碎骨之鉴定，除应用组织学以区别外，并可利用血清学以鉴定。唯抗人、兽各种体液及肉、骨之特殊血清之制造技术，刻尚在研究精求中耳。

关于民国时期血痕及体液、肉、骨鉴定的研究进展，还可参阅《血痕检查必要步骤》⑤《血痕预备检查在几种试药内最低感应度之比较（附表）》⑥《蚊污与血痕之鉴别法（附图、照片）》⑦《人骨与他种禽兽的鉴定之试验（附照片）》⑧《鉴定实例栏：（三）函请鉴定该尸骨系属男性或女性已死若干年月有若干年龄该骨有无中毒及被刀砍伤情形是否一人之骨有无短少等由》⑨《血液与精液鉴定之研究：附图表》⑩ 等。

2. 个人鉴定法的进步

林几对个人鉴定法的进展做了概括⑪：

> （1）除应用旧日之贝劳特仑（Bertillon）氏人体各部长短测定法、体部特征检查法、十指纹比对法、眼底或指端血管网鉴别法、足痕比对检查法、容貌比对检查法（人像学）外，近更有应用血簇检查及耳型分类检查者。

---

① 杨简. 窒息尸体的血液变化（附图表）[J]. 医育, 1939, 3（1）: 91-96.
② 阮光铭. 窒息死的鉴别[J]. 上海警察, 1947（7）: 51-54.
③ 江苏青浦一命案：沈庞桂英冤沉尚不白，一篇法医研究的资料[J]. 法声新闻, 1948（486）: 1-5.
④ 林几. 二十年来法医学之进步[J]. 中华医学杂志（上海）, 1946, 32（6）: 244-266.
⑤ 赵广茂. 血痕检查必要步骤[J]. 法医月刊, 1934（3）: 16-24.
⑥ 赵广茂. 血痕预备检查在几种试药内最低感应度之比较（附表）[J]. 法医月刊, 1934（7）: 48-51.
⑦ 孙逵方. 蚊污与血痕之鉴别法（附图、照片）[J]. 法医学季刊, 1936, 1（1）: 52-68.
⑧ 康成. 人骨与他种禽兽的鉴定之试验（附照片）[J]. 法医月刊, 1934（3）: 9-15.
⑨ 林几. 鉴定实例栏：（三）函请鉴定该尸骨系属男性或女性已死若干年月有若干年龄该骨有无中毒及被刀砍伤情形是否一人之骨有无短少等由[J]. 法医月刊, 1934（4）: 53-64.
⑩ 毛凤仪. 血液与精液鉴定之研究：附图表[J]. 中央警官学校校刊, 1938, 2（4）: 70-76.
⑪ 同④。

第三章 民国时期对古代法医学的继承、批判与突破

（2）关于年龄鉴定，以前仅据体长、体重及身体与知识，牙齿发育程度，予以鉴定，殊难证确。近因世界学者纷纷应用爱克斯光研究生人①各骨软骨及关节之化骨与各骨融合愈合情形，得知自初生儿至22岁或25岁间各龄，骨发育情形差度甚巨；自18岁至30岁发育差度逐渐迟缓；28至30岁后已停止发育；40至50岁以后骨又起退化灰化。一般女骨比男骨成熟期较速。营养不足，迭患重病者，骨发育迟缓。黄种民族骨之成熟，比白种稍速（约1年）。又指纹之乳嘴线在一定距离（5 mm）内之纹数，亦可供年龄之鉴定。唯我华拥四万万五千万人口，而此种检查记录，虽亦俱见于中外文献，但统计之数尚微。似犹难用供法医学年龄鉴定之参考。且是与个人疾病及营养、人种遗传均有密切关系。固不能一概而论也。

（3）指纹法：近十年来指纹研究已有新的趋向。在二十年前，世人只知十指纹之分类法列其系数，全世界无一雷同。二十年后乃渐有人研究单一指纹校对法。如扩大照相底片透视法、纸张上指纹油浸强光映视法、主纹加色比对法、重叠透视契合法种种，均颇便于实用。但因指纹分类过于简单，贝斯特里克（Bâstullic）氏更制一指纹测定计刻画圆度于扩大镜玻片上，用以测定指纹，并予以新之分类。林几更于该指纹测定计，添划交叉等十字，遂加分该计圆度为八格（见图），较便于单一指纹检查。唯此法对幼年、老年人之指纹，却未便用以与成年人之指纹相比耳。又现代指纹检查法，终对尸体与活人之指纹无法鉴别。致遗嘱上指纹产生疑问时，便莫能决。

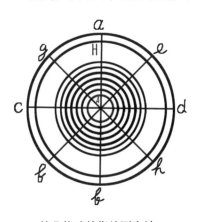

林几修改的指纹测定计

又最近十年来对指纹新研究之文献颇多，归纳其中对法医学检查有价值者：①年龄检查。在5 mm直角范围内，乳嘴纹数目。大抵乳儿23～24根；4～5岁，15～18根；8～12岁，12～14根（十六根）；14岁，11～12根；15岁，10～11根；16岁，9～11根；18岁，9～10根；20岁，8～9根；30岁，7～9根；40岁肥胖者，5～6根。老人指纹特形扁平或有皱褶。唯此种统计报告太少，且不一律，各国不一，尚待研究。②性别检查。统计女子多涡状纹，甲种蹄状纹。男子多弓状纹及乙种蹄状纹，且左右手指纹出头率不一，其关男子适形相反。③职业检查。如缝匠、女红作者左手指，有筛状点刺痕，指掌胼胝痕与手业及个人生活状态有关。④民族指纹型。同一民族之指纹出现率颇相近似。混血不生变化。故各地民族指纹分布率亦异。据考林（Collin）氏调查我国5000人中，弓状指纹占4.2%，蹄状纹占57.2%，涡状纹占38.6%，指纹系数为67.77%（以蹄状指纹百分率除涡状纹百分率，再乘100%）。各民族系数各有不同，满洲型90%以上，华南67.77%，日人70%至90%，意人60%至70%，印度人型50%至60%。以下为西欧人型。⑤特种指纹与歧指纹，双胎指纹每极相似，排列亦复相近。⑥掌纹研究之文献，亦偶览及，但除可供个人鉴定外，尚难有其他之用途。

民国时期关于指纹研究的文献非常多，"民国时期期刊全文数据库（1911—1949）"中就有1025篇关于指纹研究的文献（图3-2）。此外，民国期间出版了不少指纹学方面的专著（表3-1）。

---

① 生人：指活体，与死人相对应。

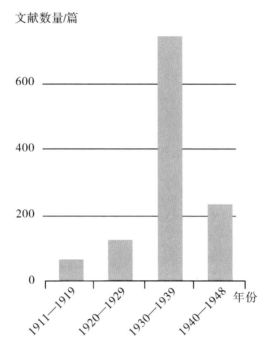

图 3-2 民国时期关于指纹研究的文献

表 3-1 民国期间出版的指纹学方面的专著（1911—1949 年）[①]

书名	作者	出版时间	出版社
一指指纹法	（日）古畑种基著，康心铭译	1914 年	警官高等学校
指纹学术	夏全印编著	1922 年	北京内务部警官高等学校
		1924 年	北京指纹学会
		1930 年	南京宜春阁印刷局
		1935 年	南京京华印书馆
指纹实验录	夏全印编著	1926 年	北京指纹鉴定事务所
指纹法述要	马鸿儒译注，李恺周校对	1930 年	著者刊
指纹学研究	王日叟编著	1930 年	上海世界书局
中华指纹学	刘紫菀	1931 年初版，1937 年再版	上海法学编译社
青岛市公安局指纹学处理规程	青岛市公安局编	1932 年	青岛市公安局编者刊

---

① 赵威. 民国时期总书目（1911—1949）·法律 [M]. 北京：书目文献出版社，1990：277-281.

第三章 民国时期对古代法医学的继承、批判与突破

续表

书名	作者	出版时间	出版社
实验单指纹法	吴旭旦著	1933 年	杭州著者刊
北平市政府公安局指纹学处理规程	北平市政府公安局	1934 年	北平市政府公安局编辑处编者刊
内政部警官高等学校指纹实验室工作记录	警官高等学校编	1936 年	警官高等学校编者刊
痕迹学讲义	卢政纲编	1936 年	杭州浙江省警官学校
（伪满洲帝国）指纹学之理论与实习	郭正福著	1937 年	奉天益文印书局
指纹法	俞叔平、毛文佐著	1937 年	中央警官学校
指纹学	俞叔平著	1947 年	上海远东图书股份有限公司
痕迹学	卿克定编	1937 年	福建警官训练所
指纹照相教程	宪兵学校编	1942 年	宪兵学校编者刊
指纹法	程华鹏编	1945 年	中央警官学校
实用指纹学	徐圣熙著	1948 年	南京中华警察学术研究社研究股
指纹法讲义	毛成序编著	不详	重庆中央警官学校

林几又指出[1]：

（4）足痕的研究。各国对足痕与步迹之检查种种测量统计，已能证明是何类人之足痕、行动或静立时之姿态与该人着鞋、赤足之坐高或身长并男女之步阔。但我国尚缺此种统计。仅二十三年时，法医研究所研究员张积钟医师曾有实例统计发表[2]，颇足供我人之参考。近来研究趾纹与跖纹者大有人在，但犹无特别之阐明，只足佐个人鉴定之检查。

有关足痕的其他论文还有《足痕检查法约述（附图）》[3]《足纹采取》[4] 等。
3. 亲权鉴定
林几对亲权鉴定的进展做了概括[5]：

---

[1] 林几. 二十年来法医学之进步 [J]. 中华医学杂志（上海），1946，32（6）：244-266.
[2] 张积钟. 足痕之比较（附表）[J]. 法医月刊，1935，(12, 13)：1-11.
[3] 景涵. 足痕检查法约述（附图）[J]. 宪兵杂志，1937，4（11）：91-96.
[4] 龙. 足纹采取 [J]. 警察向导，1938（创刊号）：29.
[5] 林几. 二十年来法医学之进步 [J]. 中华医学杂志（上海），1946，32（6）：244-266.

149

二十年前研究法医学者已知应用血型检查，以解决亲权问题。各国学者经十余年统计，研究公式如下：

	父 × 母 = 子女	
(a)	O × O = O	
(b)	A × A = O 或 A	（呈 A 者多）
	B × B = O 或 B	（呈 B 者多）
(c)	O × A = O 或 A	（或 O 与 A 者数相等）
	O × B = O 或 B	（或 O 与 B 者数相等）
(d)	O × AB, B × AB,	
	A × AB, AB × AB = O, A, B, 或 AB	
(e)	无 A × 无 A = 无 A	
	无 B × 无 B = 无 B	

一九二七年，Landsteiner 及 Levine 两氏更创 MN 血型。据历年各国学者研究，其遗传规律如下：

父母血液型组合	可生子女之血液型	否定子女之血液型
M × M	M	N, MN
N × N	N	M, MN
M × N	MN	M, N
MN × M	M 及 MN	N
MN × N	N 及 MN	M
MN × MN	M, N 及 MN	无

又据 Bernstein 氏、古烟等之三角对等型遗传学说：①两亲之一方 O 型，则不生 AB 型之子女。②两亲之一方为 AB 型，则不生 O 型之子女。③两亲为 O × AB 时，其子女不现两亲之同型。换而言之，即生 A 或 B 型之子女。

但以上血型分类仍感过少，鉴定亲生问题，每生困难。著者曾应用无线电摄影原理，参照人相学人相分型方法，实施容貌遗传检查。即将被检人（父母及子女兄弟）拍摄同大正面、侧面（左右各一）、后面定型立体照相。次划分各像面部以同数等分小方格（并不同大），而核对各一人长之五官及各部位之距离。更用透明半圆角度测定仪，详测各部各顶点相互之斜线，交叉线与切线之角度。凡亲生子女必与其直系尊亲属能有相符之点，可以别为多型，以资鉴定。盖子女容貌能肖双亲者，缘禀遗传原则，其面部乃至全身每一部分之组织骨骼发育，悉同于亲。或偏肖父，或偏肖母；或掺混父母两型，而显折中，遂呈差异。又因各人偏肖一亲之程度，部位互有异同。所以兄弟、姐妹虽多貌似，仍终有别。亲堂兄弟之相似，系缘父系之隔代遗传。

第三章 民国时期对古代法医学的继承、批判与突破

舅甥姻表之相似，系缘母系之隔代遗传。且各家族容貌及骨骼，每可保存一种体部之特征，历久遗传于后嗣。即额角、眼神、眼角、鼻梁、口角、颔角及五官位置、形态、毛发性状，乃至斑症、皱裂、指纹等，无一莫能遗传。至发音、身架、步态并举止姿势，有时亦尽与遗传有关。古人非不知容貌之能遗传，特未审比对测验之方法耳。此法大有助于亲权之鉴定。据个人实验，用之配合血型检查，便可确定亲权，不致有疑。此外，体部特征遗传检查，妊娠受胎期之测算法及当事人记忆讯问笔录之审核法等，亦曾参用，以佐血型及容貌遗传检查法之不足。绝不应只凭一血型遗传检查，遂为鉴定亲权。

新近文献记载：各一指纹、趾纹、跖纹系数统计比较及正试验中之血清折光度测定法，当亦可供亲权鉴定之参考。

关于民国时期个人识别、亲权鉴定的研究，还可参阅《头发之个人鉴定》[1]《新亲子鉴别法：除以血液为鉴定方法外，兼用颜貌及四肢之检查》[2]《由血液型为换婴事件之鉴定实例》[3]《亲生子鉴定》[4]《亲生子之鉴定：法医学上问题（附表）》[5]《血族检验：亲生子鉴定》[6]等。

4. 紫外线、超紫外线及红外线的应用

林几对紫外线、超紫外线及红外线在法医学中的应用做了概括[7]：

（1）利用紫外线尤有显物质磷光及荧光之作用。故在暗中映视物质可显物质之有磷光带或荧光带或无磷光及荧光。而此发磷光或荧光又因物成分不同，乃呈种种不同光波浓薄之色彩。凡化学品、药品、结晶、色素、油类、宝石、珠玉、毛发、矿质等良劣、纯杂、真伪之检查，指纹、斑迹（血迹、血癍、精斑、粪斑、汗斑、体液斑等）之检索，笔迹之涂改，挖补之证实，票据、印刷品及书画、纸绢、皮毛的新旧、真伪，熏染之区别，食料、毛线品、织编物之检验，皆有需于紫外线分析机之应用。

（2）一二五超紫外线（黑光）有三种：吾人应用者为强水银蒸汽灯。其光线虽入目，不可觉察，乃超紫外之黑光。但可使某种发光性物质发荧光或白光，或暗色光泽，以供工业制品之鉴定。例如，绳索中隐一股某荧光物质线，若用此绳致生事故则可借以区别。矿业亦用以勘定金属矿泉。废塌物中可用以查看有无掺有贵重矿物。但铜、铁不发荧光，钨、锌、磷等却发荧光。荧光墨水及印刷品，不但可应用于美术，且可以供文证之鉴定。又发荧光树脂可以做成花盆或纺织品。次对鲜蛋、牛乳、牛油、人造牛油、翡翠、珍珠、象牙、骨类之赝真，好恶亦可用以区别。又布纸、橡皮与物체上油腻、污渍均可在此光下显出。纸张漂白、着色，药品、墨水之涂改、伪造，邮票修补、色彩的添加，再镀胶痕迹，以及注销、删除痕迹，皆可于黑光下显出。故对舞弊、作伪、贸易背信、诈财、伪证等犯行鉴定，均可借以判明。

---

[1] 林几. 头发之个人鉴定 [J]. 北平医刊, 1936, 4 (9): 45-50.
[2] （日）浅田一. 新亲子鉴别法：除以血液为鉴定方法外，兼用颜貌及四肢之检查 [J]. 法律评论（北京）, 1931, 8 (22): 35-36.
[3] 林筱海. 由血液型为换婴事件之鉴定实例 [J]. 法医月刊, 1935 (20): 63-64.
[4] 吕瑞泉. 亲生子鉴定 [J]. 法医月刊, 1934 (1): 40-48; 1934 (3): 35-38; 1934 (4): 40-43; 1934 (5): 46-52.
[5] 林几. 亲生子之鉴定：法医学上问题（附表）[J]. 东方杂志, 1927, 24 (18): 91-104.
[6] 林几. 血族检验：亲生子鉴定 [J]. 国立中央大学法学院季刊, 1930, 1 (2): 131-150.
[7] 林几. 二十年来法医学之进步 [J]. 中华医学杂志（上海）, 1946, 32 (6): 244-266.

(3) 红外线光之应用：凡平常目力所不能见之痕迹阴影，用红外线均能映出。故应用红外线感光板，可摄映不着明无法摄影之相片。如已涂改，霉黑之字书文件，淡没之指印、尘迹均得以现出。

5. 笔迹、印鉴及印刷品、照相及物具、商品、凶器等异同鉴定的进步

林几指出①：

> 刑事之伪证、伪钞或恐吓文件及民事契约、婚约字据、票单等每需行笔迹、印鉴及单一指纹之比对检查。
>
> (1) 笔迹异同。近利用摄影扩大及紫外线强光映射并审查字形，行气、肩架、转度、斜角、起落笔、顿挫、飘划、点勾、方向、圈转角度等笔势，连笔姿态得为是否同一人笔迹相称或粗似之鉴定。但在事实上倘有意作为，或努力模仿之字迹不能区别。唯一人之多数字迹随手疾书，其行气字形之惯性虽能相同，而同时之大小、正斜、勾撇、横直、点划长短亦常互异。倘素罕写字或罕用毛笔写字之人，其所写笔迹原无惯性，则姿势生涩不熟，几乎无一笔可以相同。而西文字迹及数目字之区别真伪，则较容易。
>
> (2) 印鉴、印刷品、钞票、汇票、支票、发单、收据、打字机、文件拷贝、复写文件异同：可用扩大观察比对该多数文件上纸质、油色、油晕、掺纹、边纹、花纹、压孔之大小、粗细、形态、行路、部位、数目、字形、角度、每字距离、每行距离、叠折纹、印章、水印、戳记等异同，以相鉴别。唯同一印鉴之各字每笔及边角折度，缘形，均应完全相符，能相重叠，毫无长短差错，但印色有时或不相同。不能因其印色有异，而遽断为非同一之印鉴。且印油有时发晕，或一部字缝有时闭塞，及木戳、泥印日久废销，皆可生相当之不同。此点应切注意。而模刻图章，往往能完全相同。非行特别扩大契对，不易鉴别。至若铜章、石印、木戳各有定型纹理，用强扩大及日常经验，便能区别。假作古印者，每将陈旧印色印后，用火熨去油分，则色发暗。但用醚等拭之，其色转鲜。是可用以对古字画印鉴作伪之区别。
>
> (3) 照相异同。对同一底板同大小照相翻印事件之鉴定，自属一目了然。更施以尺度或放大器契合检查或扩大镜对照检查，愈易鉴别。但有时必须用各方向立体映片，方为可靠。又对非同一底印之照相异同鉴定，颇属困难。尤因底板可以修改，非用同一方向、同一角度，未修改底片之相片，互相比较，难于凭准。有时并须用比较显微镜或立体照相放大器等检查之。
>
> 个人照相异同或人与照片之异同鉴定颇属不易。世上尽多面目绝似之人，倘再加以精巧化装，则所照相片完全不能区别。或原同一人，竟误为两人。或原非一人，误为一人，此际只有应用扩大底片而测定其体部、头面、五官、躯干与四肢长短比例或指纹、耳型、足型、畸形、斑症等以参同对照。是对不同龄之照片中个人异同之认定，尤须注意。
>
> (4) 不著明②之纸张、绢或石、磁（瓷）、陶、泥、金属等器具之补凿损伤，布乃至物品上之挖补、涂粉设色或涂改、洗擦，或石、磁（瓷）、陶、泥、金属等器具之补凿损伤新旧，均可用紫外线光、黑光机映视，红外线光映照摄影及扩大强光反映机透视，予以证实。而著明之挖补、涂改则在肉眼灯光映视之下，亦可透见。
>
> (5) 钞票、票据、绢帛、纸张、字画、金属器及各种物具、商品、食料异同：每可用强映光机或比较显微镜及紫外线分析机对照检视其细微部分之性状、构造纹路、色泽或另用他法称

---

① 林几. 二十年来法医学之进步 [J]. 中华医学杂志（上海），1946，32 (6)：244 – 266.
② 著明：即明显、显著。

第三章 民国时期对古代法医学的继承、批判与突破

其轻重，量其大小，化验其含有成分，以相区别。

关于笔迹鉴定的文章有《个人笔迹异同之鉴定：附书法》① 《男女笔迹差异之研究》②《笔迹检验：附表格》③ 等。

6. 斑迹及尘埃的检查
林几指出④：

> 斑迹及尘埃之检查因近年应用光学发明之进步，有相当满意之进展。
>
> （1）斑迹检查为犯罪搜索之紧要事件。对于沾黏于任何特体上面发黏或发特异色泽，或发特异臭味，或呈一定形态者，皆应加以注意。例如，血指印、足迹或化学品之腐蚀斑，电火之烧物斑，盗贼有意遗留厌魇之大小便或污物，乃至符书、标记等斑迹，窗门、墙头、瓦面、檐前及一切可隐身处之尘迹，皆可为侦查案情之确据。至缢绳梁间支柱上之绳迹，火场已焚灰烬之尸灰身下周围之斑迹，尤与假缢或焚尸灭迹行为有关。而地上、窗墙内外遗落物，奇异之泥土、木叶或特异之物品，器械锯、磨、划、挖之痕迹，亦应审其大小方向形态。往往得用为侦案之线索。如遇此种种斑迹，便应用软尺测定，用扩大镜审视或采集，以取供法医学之研究。
>
> （2）在衣物、食具等上沾迹。为人、兽肉汁之区别，或果汁、油斑、油痕、虫粪、红泥浆、油漆、烟筒水迹、色素染斑、铁锈水斑等之判明，均须借血清与血色素沉降素之生物学检查，或化学与动植物学显微镜及紫外线光、红外线光分析之检验，方能判明。
>
> （3）各种短发屑、沙尘、锯屑、花粉、纸碎、矿物晶粉、线头、米粉、土块、植物织经⑤、树叶、草茎、灰粉、烟灰等，由个人衣服、头发、鼻垢、指甲垢中检出，可为该人职业鉴定之证据。

（四）心神鉴定问题

心神鉴定问题，即法医精神病学鉴定。

林几指出⑥：

> 近二十年来因生化学、内分泌学、中枢神经组织学，病理学与精神病学、变态心理学、犯罪心理学、性心理学等之进步，遂改善对精神病人精神之分析与治疗，殊有影响于法医学对心神鉴定处分之决定。二十四年新刑法、民法及刑事诉讼法皆已相继公布，将心神异常区分为心神丧失及精神耗弱的轻重两类。民刑处分亦按年龄及心神状态予以差级之区分。我国各民族人民之责任及处分能力之年龄差级，是否均应恰以满七岁、十四岁、十六岁、十八岁、二十岁为合宜，似尚有研究价值。至于对喑哑者视同未成年及精神耗弱，均得减轻其责任能力。酗酒或甫产后之冲动与自卫或救急行为，视为精神一时之失常，亦得减除其责任能力。并心神丧失或

---

① 林几. 个人笔迹异同之鉴定：附书法 [J]. 北平医刊，1937，5 (5)：51-63.
② 文汉. 男女笔迹差异之研究 [J]. 安徽教育周刊，1934 (19)：6-7；1934 (21)：7；1934 (22)：7；1934 (24)：6-7.
③ 梁翰芬. 笔迹检验：附表格 [J]. 中央警官学校校刊，1937，1 (7)：67-82.
④ 林几. 二十年来法医学之进步 [J]. 中华医学杂志（上海），1946，32 (6)：244-266.
⑤ 织经：即纤维。
⑥ 林几. 二十年来法医学之进步 [J]. 中华医学杂志（上海），1946，32 (6)：244-266.

未满八岁者并免除其责任，免予处罚诸点，尤堪称前进之法律。其次，所订关系心神失常与幼年之监护，禁治产及其他人权、物权、财权之保护，取缔与行刑处理各法规，固颇符现代法律及医学之理论；然实施至今，检案鉴定时，颇增疑难。譬如一时精神失常与着意行为，借酒逞凶之鉴别，犯行当时心神状态之追究，意识未达混浊不明程度之病的妄想暴行，梦游中之二重人格行为，一部分心理精神或性行为之异常，忽明忽昧意志之行动，并监护人之期限，病人之预后，治愈期复发期与暴行发作之预断等，均与我国现行法律各规定不易相洽。而国内医疗监护并检验设备，尤欠普及。是亦为增加执行心神鉴定困难之一原因。

极权国家教育，昧忘人性。致日德军队，对盟国人民，惨肆淫虐，非刑屠杀。其心理悉呈异常。中日战争及世界大战，因立体战术及重兵器之高度发展，致不论前后方军民均感战争恐怖性之增加。所以战争及外伤性神经症或精神病，遂形增多。此种长期精神的刺激，每影响于个人及社会心理，致人格道德发生摇动。更因长期战时生活紧缩，遂养成个人漠情，自私或奋激，偏僻及冒险，残忍情绪。故在数年间，吾华离婚、奸猥堕胎、杀儿及窃盗诈财、背信等案件，倍形增多。此风岂堪长存。殊碍国家社会之复兴，亟应力谋补救纠正者也。

（五）伪匿病伤问题

林几指出[①]：

当第一次世界大战后，工业管理既多改进，健康保险、灾害保险普遍推行。而怠工及伪匿病伤事件，仍未减少。及近二十余年来，各国均渐知缩短工时，改善劳力之调节，并应用电力等以实现严密机械之安全装置，讲究劳工卫生，医疗保安之设施。届第二次世界大战中，伪伤、伪病之事件已大趋减少。我国尚非工业国家，此种案件仅在工矿区域偶时发生。迨近兵役，劳动法规颁布之后，自难免偶尔发现假病、诈伤。而机关学校及军农工商各界之伪病、伪伤事件，尚鲜发现。唯各地乞丐奸民每有以假病、假伤等为取怜或需索之企图者。至若匿病、匿伤，在现社会环境之下为冀求就业入学或旅行、结婚等时，固不免常遇也。

（六）验毒及中毒问题

林几指出[②]：

法医学验毒，原不仅限于采集尸体内脏及其内容之化验。即既腐如泥之内脏残渣、枯骨及患者之吐物、排泄物与疑含毒质之药料、饮食品或盛器、与动植物，乃至棺殓物具、棺外泥土等，有时亦应采供检验。迨近十余年来对酗酒检验、麻醉毒瘾检验，暨尸毒、生物碱毒并未知动植物毒及生物毒，与人体对毒物之吸收排泄器能等研究，累有新颖之阐明。凡生物化学、生药学、毒物学、毒化学、显微化学、细菌血清学、中毒学、病理学历年之进步，均对法医之检毒有伟大之帮助。尤以分光镜光像及紫外线光、超紫外光线光分析法之应用，益能增速验毒之判断。而战中各国曾发明多种毒气及新药，故对验毒范围，亦须有所改进。

麻醉毒品及鸦片，历年虽经严禁，遭日本人侵入时间，在占领区内，肆施毒化方策。即未沦陷各地，亦因战事影响，未能彻底完全禁绝。故禁烟禁毒一事，仍属吾华复兴工作之一严重

---

① 林几. 二十年来法医学之进步［J］. 中华医学杂志（上海），1946，32（6）：244-266.
② 同上。

问题。而戒除及检定烟犯毒犯暨检验毒品与其配合质料,自为医界及法医学检验所宜注意。只凭验尿而不验瘾,殊多流弊,未足凭断。据个人二十余年经验,至少须禁闭三五日,断绝烟酒,照常工作,以验瘾;同时累集被验人五日间各次排尿,以送验。综其结果,可分:①有瘾有毒者。②无瘾无毒者。③无瘾有毒者:或因偶有吸烟吸毒未成瘾;或因已先戒除,而体内蓄毒,偶自排出;或因医用麻醉药品恰存体内排出所致。故宜再予数度复验。④有瘾无毒害者:或因有意伪证,意以他人之尿供验;或因新吸生瘾,而体内蓄毒既少,已全排尽,或当日适未排出;或因体力衰弱,易招疲劳,疑似毒瘾。亦应严复侦验。另据刑法及禁烟禁毒治罪条例之规定:吸烟(阿片)与吸毒(吗啡、海洛因、高根①及其化合物衍生物)处罚轻重大有悬殊。故吾人检验亦应善为区别。考吸鸦片者鸦片中所含吗啡、鸦片素、鸦片酸、罂粟酸、那尔可丁②、那尔采音③等成分均同升华入于胃肺。故胃液及尿中往往多能检见。而打吗啡、吸海洛因者,尿中只含吗啡,不含有阿片其他成分。习惯注射吗啡、高根者,注射部皮肉每因中毒,溃结成疮,堪供参证。

吾华法医检验变死死因,据十四年来统计(因战争死亡者未计):中毒约占27%,外伤46.5%,窒息死22.5%,凤有疾病内因猝死者3%,其他不明死因者1%。而中毒案件中,以砷中毒为最常见,约当中毒案件五分之三;鸦片次之,约占五分之一弱;强碱、安眠药、酚类、氰酸、汞、铜、强酸、铝、乌头、钩吻、巴豆及其他动植毒等,再次之;共约占五分之一。而磷等其他毒品,极罕睹。盖吾华犹居农业社会,工业未兴,平民对用毒物常识素缺,购毒不便。唯农用肥料,多掺信石、红矾、鸡冠石等(悉为不纯之亚砒酸④)用以杀蝗,故民间便于取用,且其致死量甚小、色味又微、便于置毒,遂多用以谋杀。阿片、安眠药、盐卤、铵水、铝粉、石炭酸、强酸多用于自杀。而汞蓝、氰酸、铜绿、钡盐、乌头、钩吻、河豚、毒蕈、蛇毒等则多属误用,间有用以自杀者。

利用霍乱菌伤寒菌,调于夏日饮料中,以害人之实例亦偶见2例。而因误食腐败肉类及因罐头杆菌之食品中毒,在欧美近年较昔为少。在华犹未经见。然因食病兽肉类,致生类似副伤寒及中毒之急性胃肠炎症状,甚至迅速死亡者,则颇非鲜。至私用芦荟、红花、巴豆、麦角膏、柳酸苍铝、安息香、砒、汞、金鸡纳吐酒、杜松、扁柏、桧叶及果、蓖麻子、苍术、荟香、樟脑及其他剧毒药品,通经驱虫药,下剂,吐剂,以企图堕胎之事件,殊形日增。

因此,林几建议我国卫生官署对医药管理,宜益加严。

关于民国时期毒物中毒与检验的有关研究进展,文献较多,可进一步参阅《毒杀案件现场之侦查与鉴识》⑤[包括:(一)导言;(二)毒药的定义及其作用;(三)毒药的种类及其法规;(四)毒案现场搜查之要点;(五)各类毒药中毒之症状及其尸体现象的鉴别;(六)结论:一般毒药检验的基本方法]、《毒物谈》⑥、《毒物的检

---

① 高根:cocaine,又译为古加英,现译为可卡因。
② 那尔可丁:narcotine。
③ 那尔采音:narceine。
④ 亚砒酸:即砒霜(三氧化二砷,As_2O_3)。
⑤ 何效文. 毒杀案件现场之侦查与鉴识[J]. 中央警官学校校刊,1987,1(4):99-103.
⑥ 程育德. 毒物谈[J]. 新侦探,1946(7):26-27;1946(8):33;1946(9):33-34;1946(10):34-35;1946(11):29-30;(12):41-42.

验》① 等。

（七）医术过误问题

林几对医术过误问题做了概括②：

> 近年手术及药品均有划时代之新发明，故医疗技能乃有长足之进步。遂对医术过误范围，自须多予纠正。而近吾华医师法、医院诊所管理规则及防疫、医药等管理法令之颁行，益对医师业务多数影响。参照各法令颁定医师所应履行之义务，具有二十余条。就中所须及时按式报告或保管事件，已达十四行之多，均不得有所延误。
>
> 1. 业务应行报告事项
>
> 医师诊所及医院，应照限依式向该管行政管署具报之事项。计我华现行法令，已有规定者有下列十项。
>
> （1）急性传染病人或尸体之报告：按《医师法》限四十八小时以内，向该管署报告。医院诊所管理规则对医院收容之传染病人，限在病名诊定之二十四小时以内报告。唯疑似鼠疫霍乱者，虽未诊定病名，亦应提前报告。前项病人死亡或治愈及其他事故退院时，应立即报告于当地卫生主管官署。而《传染病防治条例》又限医师诊治病人检验尸体，如系真性或疑似传染病，即应指示消毒及预防传染方法，并于四十八小时内报告。《解剖尸体规则》限医院解剖尸体；如发现其死因为法定传染病时，应于解剖后十二小时以内报告于当地卫生机关。
>
> （2）变死体、死产儿或死因不明，有犯罪嫌疑之死体，死胎之报告：按《医师法》，限于二十四小时以内向该管官署报告。而《解剖尸体规则》规定医院解剖尸体为发现其死因为中毒及他杀时，应于解剖后十二小时以内报告当地各该管机关（法院警局及卫生机关）。
>
> （3）医院诊所之创业：照《医师法》及《医院诊所管理规则》，均须在事前向当地卫生主管机关请求登记，发给同业执照，同时加入当地医师公会后，方得开业。
>
> （4）医师歇业、复业或转移及死亡之报告：按医师法限医师于十日内向该管官署报告。而医院诊所管理规则却规定医院或诊所遇有迁移或休业情事，应随时具报。
>
> （5）医院诊所之人事及设备与诊疗规则变更之报告：按《医院诊所管理规则》，应随时具报当地卫生主管机关。
>
> （6）医院诊所诊治人数之报告：按《医院诊所管理规则》规定，每年分上、下两期，上期限八月十五日以前，下期翌年一月十五日以前。
>
> （7）种痘记录簿及报告表：按《种痘条例》第八条，种痘人员应备册登记，并分别统计，适具报表，送由当地卫生主管机关汇转。
>
> （8）医学院校及医院解剖尸体之报告：按《解剖尸体规则》，有两种报告。①每校拟施解剖时，皆须先呈报当地该管官署，后六小时方得执行剖验；②每年分上、下两期，限一月七日内，将半年内所剖验尸体，列表汇报于当地该管官署。
>
> （9）麻醉药品用途表：按卫生署颁定《购用麻醉药品暂行办法》第四条，购用麻醉药品者除初次购买外，自第二次起应将前次所购药品用途及现存品量，逐一声明，否则概不售与之规定。故应于翌次请购时，向麻醉药品经理商家报告前次之用途及余量。凡医师购用麻醉药品例

---

① 罗克氏著. 余秀豪译. 毒物的检验［J］. 警光周刊，1936，4（8）：4-8；1936，4（9）：2-8；1936，4（10）：7-9；4（11）：2-4；1936，4（13）：4-9.

② 林几. 二十年来法医学之进步［J］. 中华医学杂志（上海），1946，32（6）：244-266.

第三章 民国时期对古代法医学的继承、批判与突破

每次每件限二十公分①，医院、药房每次限五十公分，学术研究机关及军医院得另函卫生署、军医署核准多购。但麻醉药品之购用，按《麻醉药品管理条例》，只限用供医药及科学上研究之需要。如以之转售他人或为非法使用，应依法严处。

（10）医院附设助产士护士等训练学校：按《医院诊所管理规则》，应先呈经省市教育主管机关核准，方得开办。

此外，尚有下列四项，我国现行法律固未规定，但各国则有视为应行报告者：

（11）精神病、花柳病及其他遗传病与色欲异常之检举报告：现行法律尚无规定。

（12）非法定传染病、地方病、职业病或烟酒毒瘾者及普遍于社会其他疾病之检举报告：现行法律尚无规定。

（13）妊娠生产及流产，早产之检举报告：现行法律尚无规定。

（14）中毒伤害或灾厄病伤与经治后残废、死亡或痊愈结果之检举报告：现行法律只限医生当检验尸体、死胎，有犯罪嫌疑时方向各主管机关报告。

按前（11）至（14）项，须待我国亦颁行国民保健或民族培护法规后，医师或医业始有执行报告之业务。

2. 业务应行保管之文书

我华现行法令规定，有保管年限者共四种。

（1）治疗簿：《医师法》规定应保管十年。

（2）挂号簿：《医院诊所管理规则》规定应保管五年。

（3）药房调剂簿：《药剂师法》规定应保管十年。

（4）毒剧及麻醉禁品之处方：《药剂师法》规定应保管五年。

（5）病历与病人入院志愿书及手术志愿书：现行法规尚无特别规定，似应与治疗簿或挂号簿归入同档一并保管。

（6）尸体解剖之记录：现行法律未规定有保管之年限，似应与挂号簿一律。

（7）诊断书证明书，检验报告书及检案鉴定书等已经交付证明文件之存根：现行法律未规定有保管之年限，似应与挂号簿或治疗簿一律。

而刑法及兵役法规、禁烟法令规定对身体健康病伤之证明有为伪证者，悉加处刑法中，处理业务过误杀人或伤害罪均较常人为重。而新颁《医师法》，却对医业尚乏适当之保障，致医师对本身正当业务之执行乃添顾忌。然向谓正当或不正当业务行为之界说，犹难明白。故每易惹诉讼之纠纷，徒增社会及个人之损失。窃以为运用医药有无过误，概属专门学技问题，学理精微，症变繁多，绝非法官及常人所能通晓。故宜先期交由医学研究机关、医学会或医师公会，群集研讨，裨佐定谳，方昭公允。

次按刑法条文解释，医师人等，非妊妇有必须堕胎方能挽救生命之疾病者，不得接受其堕胎委托。且非自妊妇本人委托或得其承认，不得擅为堕胎，否则处刑。致生重伤或死亡者尤重。苟借以贸利或教唆堕胎者，亦有常刑。又医师人等为诊疗疾病或执行戒烟戒毒者，绝对不得无故连续滥用毒品。对一人滥用麻醉药品或竟用以营业贸利者，倘被检举，则视同毒犯，可处死刑，或无期徒刑，并没收其用具财产。上举数端皆医术过误问题中有关我华现行法律之要目，亟宜注意，幸勿蹈之。

至于故意应用医术杀人者，仅于二十五年有某埠某医，为人堕胎，误致子宫穿孔，大出血。乃取妇夫血液，擅行输血；未检血型，致突身死。遂再另取护士血液，注于该男，以致两人皆

---

① 公分：这里指单位"克"，英文为"gram"，民国时曾译为"公分"。

死。埋尸楼板下，潜逃旋获。此种案件，因极罕见。而有意应用引赤发泡药，或泻药、吐剂使病症增剧；企图病人肯信医人预告以遂需索敲诈之案件，与有意延误诊疗，漠视病情，临危不救，或夸大危机等，时常引起诉讼问题，是均涉医业道德，极易误罹法网。

二、民国时期司法检验范围的突破

林几在《二十年来法医学之进步》一文中指出，民国初期，法医学的适用范围仅限于鉴定罪迹，即刑事犯罪鉴定，故名为裁判医学，而将毒物检验称为裁判化学，归药学化学研究范围；另外，中毒学、急慢性中毒，分别属于内科中毒学和病理中毒学范围；精神状态也由精神、心理学家研究。林几认为："近廿年来，渐将医学内科之中毒学、病理学内之急性慢性中毒及药科之裁判化学、毒物学，容纳于法医学内，另创为法医中毒学（legal toxicology）、裁判毒物学（forensic toxic）。同时，更据法医哲与心理诸学家研究，公认犯罪行为多出于社会或个人之不健全及疾病的心神变态，而法庭需要心神鉴定之案件日繁。遂更采犯罪心理学及精神病学与犯行征象，容纳于法医学，创为法医精神病学（legal psychiatry, forensic psychiatry）。"① 这是一个很重要的进步，表明法医学家的工作范围已扩大，这是现代法医学的特征之一。

林几指出，20世纪30年代以后，"涉于法医学之问题更趋繁重，致法医学研究领域与应用范围日益扩大。无论立法、司法、行政三界以至全社会，凡企谋人群健康幸福、维护个人身心健康，永保民族繁昌诸问题，倘与实施法令及医药自然科学有关者，莫不包容于法医学。例如：①立法之厘定各种法律中关生命健康繁衍乃至医学卫生，禁烟、禁淫、禁娼，护幼，养老，精神病监护，遗传病、职业病遏止，劳工疲劳调节，灾害伤害赔偿审定，急慢传染病、地方病防范，普通性行猥亵行为、性欲异常、阻碍儿童发育、成人健康等违反生理事件，及堕胎、节育等有益于国人心身发育、寿命、康健生理机能工作能率诸条款，均有需法医学之学识。②司法之民刑案件中证实犯迹、病伤（包括伪匿病伤）死因、年龄、性别、职业、人种、亲权、堕胎、复踪②、毒力、药性、笔迹、印鉴，以至文字涂改、珍宝真伪、商品优劣、智能程度心神现状、责任能力、治产能力、侵害赔偿率、枪弹、凶器种类，并医疗看护司药等责任过误问题，或文证、鉴定书、说明书、检验报告、病历、诊治日记、处方笺、契约字据笔录等之审查，尤有需法医学之专门技术。③行政中警务之罪犯搜索，个人异同验断，与社会病、传染病之扑灭，健康保险之实施，灾害事变之检讨，保健避妊暨戒烟、戒淫、禁娼政令检验之执行，亦莫不需要法医学之学技。吾华现仍以司法方面，对法医学之需用为最繁。立法、行政已渐感切要。至社会方面则因我国保险事业及重工业尚未发达，除上海等有数城埠外，因罕需用保险医及工伤医。然由团体或私人委托检验法医事件，如健康证明、死亡宣告、毛革优劣、食品成分、珍宝真伪、遗言能力、治产能力、生殖能力、复踪、亲权、性别、异同、商品、文据等仍能常见者也。盖法医学者，乃荟萃医学、法学及他科

---

① 林几. 二十年来法医学之进步 [J]. 中华医学杂志（上海），1946, 32 (6)：244 - 266.
② 复踪：指对现场留下的隐蔽脚印、足迹、手印、指纹进行法医学恢复，通过痕迹恢复找到原来的留下踪迹的人。

学与本国法律、社会现状，以讨论研究并应用之一种学科，为国家社会应用医学之一，与临床各科运用有殊。且其运用范围及方式，每因国家现行制度法律而不同。因法医学运用所涉范围过于广博，故应研究法医学者，亦不仅限于医师。凡法家（指法律专家）、宪警侦探及药师等，对于法医学亦宜有相当之修养。于是遂陆续更有医法学（医事法制论）、伪病论（simulation malingering）、健康保险医学（medicine of life insurance）、灾害医学（medicine of accidents）、社会医学（social medicine）、社会病理学（social pathology）、施刑医学（medical knowledge applied to prisoners）等精密专门分科之创立，而均属法医学之一分科，遂形成包罗万象庞大广义之现代法医学（medicine legalis，legal medicine）"①。

此外，林几在《法医月刊鉴定实例专号弁言》② 一文中也指出，在《法医月刊》刊登的100个鉴定实例中，其中的数个案例已经超出普通医学研究范围，而涉及侦察学、毒物学、药物学、药理学、生药学、化学、工业化学、生物学、生理学及各种现行法令等之讨论及应用范围。

第四节 民国时期对法医职业认知文化的突破

一、对法医职业认识的转变

司法检验体制中遇到的问题，有其文化与历史的深层原因。清末至民国初期，是从仵作检验向现代法医学检验过渡和转变的时期。1909年，徐世昌奏折内称"唯是仵作一面，旧例视为贱役，稍知自爱者每不屑为"。民国成立后，法医检验人员仍倍受歧视。对此，学医出身的国立北平大学校长徐诵明应邀在司法行政部法医研究所做《怎样作法医师及法医在中国之出路》的演讲，其中有一处精辟的分析："法医一事，在现在中国医学界，大家似乎都认为是一种无聊的事业，卑微的事业。大半的医生谁也不愿去研究法医，仿佛干法医是学医的末路。原因不外两点：一点是旧式检验吏仵作们的地位太低了，法院当局看仵作职位极其卑贱，甚至等于听差。一般人对于仵作更加轻视。另一点是较新的法院法医，因受环境的同化不能把自己的地位提高，致一般法官和民众把他们看作与旧式检验吏仵作没有什么两样。而且还有一般人根本连医生都瞧不起，他们以为医生就是星相之流，原本就不是高尚职业，法医更谈不到了。这种误谬的见解，有时法官也常常如此。"

民国成立后，人们对法医的作用和地位开始有了正确的认识。1929年，全国医师联合会呈请内政部转咨司法行政部速订保障法医专条，通令全国法院遵行。该会认为：

---

① 林几. 二十年来法医学之进步 [J]. 中华医学杂志（上海），1946，32（6）：244-266.
② 林几. 法医月刊鉴定实例专号弁言 [J]. 法医月刊，1934（8）：1-4.

"时至挽近科学日昌,医亦随进,我各省法院渐感曩非,亟亟企图改进,乃有嘱托医学学府办理法医专修班,以养成该项专门人才,俟其毕业即指分各级法院服务之举法至善也。唯考是项专才既为公职,例隶于法院之下,对于法官似有掾属之嫌,……又因代行旧时仵作积习之下,法院未免仍以昔日之仵作视之,法官亦即以昔日之仵作待之,良非国家鞠育专才之本旨。……对于上项流弊欲图补救,唯有恳请钧部转咨司法部速订保障法医专条,通令全国法院遵行。庶几法医得保持其相当地位,以伸张真理维助法权。"1932年,全国医师联合会主席徐乃礼再次呈文内政部及司法行政部,认为"一般旧式法官仍以对仵作之目光与心理对待法医,以致身已为法医者原以早日能摆脱为快,后起者竟裹足不前,推求其故,实因司法部尚未规定法医之地位与品级,以保障之法医服务于法院既无相当之地位,其鉴定因之亦失尊严,难得人民之信任",因此要求迅速订定保障法医专条。除此之外,其他医师、法医师也纷纷发文,要求保障法医利益,并提出了自己的建议。例如,姚致强①认为,民国时期经训练的法官人数缺少本来就是民国司法的一大弊端,致使部分法官素养不足,对法医科学检验的重要性也认识不足,"有些法官,对于《洗冤录》之旧说,反倒头头是道,信若圭臬。而与之谈法医学,则目瞪口呆,信疑参半,这或者缺乏科学知识之故。并且内地民众,对于解剖一层,目为残忍,有时甚不易施行"。法官对法医学的"信疑参半",不但折射出民国时期地方司法实践中系统性改革的困难,也反映出民国社会对法医的认识实际上相当浅薄。"有些人对于法医无真正认识,法医因系代替检验吏之职务,往往舆论界囿于因袭观念,而藐视法医。"从以上意见和建议来看,大体主要集中于两个方面:一是提高法医师待遇,凡由司法行政部法医研究所或国立大学医学院法医研究科研究期满,甄别得有法医师证书者,得照法官训练所毕业学员例,准予以学习推事、检察官待遇,一年后成绩优良者准进推事、检察官待遇;二是提高法医师地位,以与检验员相区别,并且法医由司法行政部直接委任,不得由各法院自行招录和辞退。

二、对法医职业相关法律规定的变革

近代中国司法检验员由仵作、检验吏因袭而来。按中国习俗,检验一途,人皆视为贱役,清末时固有奏请准检验吏给予出身之办法,但因习俗移入、积重难返。清末和民国前期的法院编制,并没有法医人员设置的规定。1928年,南京国民政府的《刑事诉讼法》第一百六十条规定:"检验或解剖尸体应先查明尸体有无错误。检验尸体应同医师或检验吏行之,解剖尸体应命医师行之。"1935年的《刑事诉讼法》第一百五十八条规定:"检验或解剖尸体应先查明尸体有无错误。检验尸体应命医师或检验员行之。解剖尸体应命医师行之。"此即将原来的"检验吏"改为"检验员"。

南京国民政府1932年10月公布、1935年施行的《法院组织法》第八章第五十一条规定:"地方法院及其分院为检验尸伤,除临时指定专门人员外,得置检验员。"1945年4月17日修正的《法院组织法》第五十一条修改为"地方法院及其分院为检验尸伤,除临时指定专门人员外,得置法医师、检验员",即增加了"法医师"的规定;

---

① 姚致强. 近年来我国法医之鸟瞰 [J]. 社会医报, 1933 (190): 3960 – 3964.

同时，第九十一条增列第二款："关于法医师、检验员之任用，适用技术人员任用条例之规定"。民国时期考试院及铨叙部亦将法医师和检验员视为专门技术人员，并予考试、叙职。这样，法医师和检验员制度才最终在民国相关法律中得到体现。

三、法医薪资水平的改善

近代中国司法检验体制转型缓慢，直接表现为人才储备不足和现有人员缺乏法医学训练。法医毕业生不足，有教育资源缺乏的原因，但主要原因是法医待遇低下、职业缺乏就业吸引力而致生源不足。清末法部主持筹建的京师三级审检厅设仵作14名，月给饭食银7两，低于承发吏的月给10两。

民国初期，各地司法机关检验员因地位低下，待遇也大都极微薄。1919年6月公布的《添设厅监分年筹备事宜》中，地方检察厅应设检验吏1员，但仅月支8元，而检察长月薪达240元，推事和检察官200元。根据明仲祺调查，当时"普通月给不过十余元，甚有少至六七元者"。以如此低微之薪资，当然无法网罗专业技术人员。法医人才不足除毕业生数量有限，更严重的问题是无法留住人才。前山东高等检察长张志在1916年中央司法会议上就担心"各省普设检验讲习所，则此项人才既多，在外省实亦无处安插"。以山东为例，民国初年所办检验学校，学制两年，月缴学费二三元，学生均系中学毕业以上资格，成绩也不错，但毕业后只有省城高等厅录用三五名，"如谓送往外县，奈各县向无此费，甚是困难。且各县此职又甚卑下，均不愿去"。结果闲置或转业而荒废业务。张志慨叹："养成毕业人才，乃竟无处使用！"

1929年春，浙江高等法院委托浙江公立医药专门学校，附设法医专修班，招收医专毕业学生培养为法医，并分发浙江各地方法院服务。为保留人才起见，浙江省在提高法医师津贴方面也做了一定努力。呈经司法行政部批准，浙江省特颁发《浙江省各级法院法医师津贴暂行规则》①。此规则将法医分为十级，一级法医每月津贴150元，二级为140元，依次递减，第十级法医每月60元（表3-2）。初任职法医享受十级法医师待遇，并规定"法医派充后执务满二年未曾受惩戒处分或因事请假未逾二月、因病请假未逾六月者应进一级"。该规定颁布后，即成为江浙地区法医津贴的通用标准。这与当时检验员每月津贴只十余元相比，法医津贴最低每月也有60元之多，相比以前有了很大改善。然而易景戴在《今日法医之痛苦及其免除方法》一文中，仍发出了"今日法医之待遇，仅月给数十银饼（江苏各法院如此，闻江浙亦然，其他各省不知）以之供一己生活之需，且时虞不给"的感叹。明仲祺也指出："查各司法机关现有的检验员，其待遇大都极微薄，普通月给不给十余元，甚有少至六七元者。"

---

① 浙江省各级法院法医师津贴暂行规则（二十四年四月三日司法行政部指字第五七六九号指令准予备案）（附表）[J]. 法令周刊，1935（251）：7.

表3-2 浙江省各级法院法医师津贴暂行规则

职级	一级	二级	三级	四级	五级	六级	七级	八级	九级	十级
津贴/元	150	140	130	120	110	100	90	80	70	60

1929年和1932年,全国医师联合会呈请内政部转咨司法行政部厘定保障法医专条。但是,这些建议并未被当时的民国政府所采纳。1934年底,司法行政部法医研究所第一届法医研究员即将毕业之前,林几继续向司法行政部呈文,为第一届法医师争取更高的权利与薪金。林几认为,法医师乃是受有特别法医训练者,且"法医研究所第一届研究员均系国内医科大学毕业,而在所研究期满者,应与法官训练所毕业生,似应同等待遇,因学诣既深,待遇过薄,便难羁绊,为法检前途计,为各地法院事实计,能以学习推事待遇,月薪在百元左右,使得安心工作,改善检务,亦所以改进司法"。否则,就很难使这些人员长期服务于司法界,造成法医人才的流失。林几早在20世纪30年代就提出法医应参照法官选拔方法、通过考试录用任职并以法律形式确定的设想,说明他对法医学发展的深谋远虑。

林几的这一建议得到了司法行政部的批准与执行。1935年年初,随着17位学员分发到各法院服务,司法行政部函饬各法院"每月给予薪金一百元"。但这时,法医师待遇尚未颁布正式法令,各法院每年预算中并没有法医支出这一项,能依赖的只有司法行政部下发的一纸公函,因此,各法院限于每年下拨的司法经费有限,接收法医颇感困难。

1935年9月16日,全国司法行政会议召开。其中,关于改善检政、提高法医检验员待遇的提案共22件,提高法医师待遇的事被提到日程上来。会上,江西高等法院首席检察官、四川巴县地方法院院长、最高法院检察署检察长等均认为"要提高法医检验员待遇,并以明令颁布、确定待遇以表示国家注重检验人才"。最终,这些提案被大会予以通过。1936年6月6日,司法行政部正式颁布《分发法院服务法医师津贴暂行规则》①(表3-3),规定法医师津贴分九级,自100元起,逐年递增10元或20元不等,最高为200元。1933年南京国民政府颁布的《暂行文官官等官俸表》,将官员划分为特任、简任、荐任、委任四级,不同的官等分别对应不同的薪酬。从法医师津贴来看,法医师的待遇大体相当于普通书记官,为委任官待遇;而当时基层检验员仍然属于"雇员",是司法官衙里收入最低的群体,是具体办事的"吏"或下级职员,不在通常所说的"司法官"范畴。因此,与当时同样从事尸体检验的检验员相比,法医师凭借其良好的学识使自己的地位和待遇都得到了很大提升。但与同样受到高等教育、同样出身于同等级的法官训练所的推事和检察官相比,法医师的待遇就显得略逊一筹,因为当时的推事与检察官都是荐任待遇。

---

① 分发法院服务法医师津贴暂行规则(二十五年六月六日司法行政部公布)(附表)[J].法令周刊,1936 (313):7-8.

表 3-3 分发法院服务法医师津贴暂行规则

职级	一级	二级	三级	四级	五级	六级	七级	八级	九级
津贴/元	200	180	160	150	140	130	120	110	100

此规则规定法医师津贴从 100 元到 200 元不等，初次分发法医师，其津贴自最低级起支，服务满一年后得进一级，而基层检验员则没有规定，仍是原件作待遇。那么，法医师的津贴在当时的社会究竟处于一个什么样的水平，与司法界同仁相比，处于一个什么样的地位呢？关于这一点，郭俊美在《南京国民政府时期司法检验人员的新陈代谢研究（1929—1945）》一文中结合各方面因素进行综合考察。有学者做过调查，1936 年，上海一个五口之家，生活必需费为 61.29 元①，其他学者则认为战前四五口之家每月基本生活费为 66 元②。但不管按哪种说法，法医师津贴在当时虽不能使其大富大贵，但维持基本生活也没什么问题，甚至可以做到"月月有盈余"。与当时的工人相比，据统计，1930—1938 年，上海 16 个行业的工人每月"收入最高的四业是造船、印刷、机器和纺织，这四业中，工人每月收入的最高额是 1933 年的造船业 47.6 元，最低额是 1938 年的纺织业 17.9 元，其他行业，如火柴、缫丝、棉纱等行业的月收入更加微薄"③。与教师相比，大学教师每月最高月薪 600 元，最低 100 元；中学教师最低月薪 5 元，最高 180 元。与公务员相比，中央党部职员最低月薪 40 元，最高 300 元。与农民相比，农民平均每月收入才 11.5 元④。因此，照这样看来，法医师津贴不仅可以使其生活维持在小康，甚至可以达到中产阶级的水平。其次，与当时的司法界人员相比。1933 年，南京国民政府颁布的《暂行文官官等官俸表》，将官员划分为特任、简任、荐任、委任四级，不同的官员等级分别对应不同的薪酬。但反过来再看，与同样受到高等教育、同样出身于同等级的法官训练所的推事和检察官相比，法医师的待遇就显得略逊一筹，因为当时的推事与检察官都是荐任待遇。1935 年，江苏高等法院还向司法行政部送交关于"法医职参照法官的任免形式，将法医改为委任职，以提高办案效率及检验水平"的提案，但未实现。1937 年的《法官及其他司法人员官等官俸表》中也都没有法医师和检验员。

1943 年 3 月 1 日，司法行政部公布《法医师、检验员俸给暂行规则》⑤（表 3-4），不但将"津贴"改为"俸给"，数额也有提升。将法医师和检验员分别按荐任和委任进行任免，从法规上改变了封建传统检验吏地位低下的状况。其中法医师为荐任待遇，相当于一般正缺推事检察官和高阶书记官；检验员为委任待遇，而且级别比较少，起薪点也较委任级书记官为优厚。1935 年，《刑事诉讼法》第 196 条规定："鉴定人于法定之日费、旅费外，得向法院请求相当之报酬及偿还因鉴定所支出之费用。鉴定完成后，鉴

---

① 岩间一弘. 1940 年前后上海职员阶层的生活情况 [J]. 甘慧杰，译. 史林，2003（4）：41-53，123.
② 陈明远. 文化人的经济生活 [M]. 西安：陕西人民出版社，2013：255.
③ 陈达. 我国抗日战争时期市镇工人生活 [M]. 北京：中国劳动出版社，1993：284-285.
④ 吴苏晨. 南京国民政府公务员工薪收入及生活状况考察 [D]. 苏州大学，2011：9-10.
⑤ 李光夏. 法院组织法论 [M]. 上海：大东书局，1947：105-111.

定人员有权要求获得报酬,法院应当支付鉴定人在鉴定过程中的花费及应得报酬。"

表3-4 法医师、检验员俸给暂行规则

级别		一级	二级	三级	四级	五级	六级	七级	八级	九级	十级
俸额/元	法医师	400	380	360	320	300	280	260	240	220	200
	检验员	200	180	160	140	130	120	110	100	—	—

1948年,《法官及其他司法人员官等官俸表以外之人员级俸比叙表》中将法医师按照荐任待遇,其中荐任一级薪俸400元,十一级200元;将检验员按照委任待遇,其中委任一级薪俸200元,八级100元。①

综上所述,虽然民国时期自开始培养法医师以来,法医师和检验员的津贴和待遇有所提高,但由于受政治、经济、法律等各方面因素的影响,法医职业仍缺乏足够的吸引力。一方面,虽然法医师和检验员的待遇已经相当于同级别司法官的待遇,但司法官的待遇同文官相比,有一定的差距;另一方面,由于国民经济困难,物价飞涨,司法经费不能保证,政府规定的薪金档次只是政策性规定,致使有限的薪金不能足额发放。因此,1935年9月司法行政部招考新生,研究员班拟招20名,报名参加考试的仅有7名;首届检验员班拟招30名,只有37名参加考试。最终研究员录取5名,检验员录取25名②。又如1947年7月中央大学医学院第二期法医专修科,入学时30名学生,到毕业时只剩下文剑成、林锡署、郑钟璇、肖均、肖远淳5人。

(胡丙杰 黄瑞亭)

---

① 法官及其他司法人员官等官俸表以外人员级俸比叙表 [J]. 铨政月刊, 1948, 2 (6): 9.
② 法医研究所招收研究员及检验员概况 [J]. 法医月刊, 1935 (19): 73-75.

第四章 民国时期重要的法医学人物

　　1840年后，中国沦为半殖民地半封建社会。清政府在内忧外患的形势下开展了"洋务运动"和一系列变法修律实践。为了适应社会发展和法律实践的要求，法医学的发展引起各级行政和司法官员的重视，东三省总督徐世昌、吉林巡抚朱家宝等提出改变仵作"贱业"地位，"改良仵作"为"检验吏"，经清政府设立的"检验学习所"培训后才能成为"检验吏"，促使清政府从政治上对仵作出身予以考虑。徐世昌与沈葆桢、沈家本、伍廷芳等共同推动了清末法医检验鉴定制度的变革。主管检验的官员或其幕僚们结合个人经验和成案，对《洗冤集录》详加研究和整理，产生了相当数量的法医学书籍，如文晟的《重刊补注洗冤录集证》、童濂的删补本《补注洗冤录集证》、乐理莹的《宝鉴编补注》，还有许梿的《洗冤录详义》、刚毅的《洗冤录义证》等。这些书籍对《洗冤集录》起到了"固者通之、疑者析之、缺者补之、讹者正之、辨别疑似、剖析毫厘"的作用。祝庆祺的《刑案汇览》和胡文炳的《折狱龟鉴补》等侦破与审判书籍记载了相当部分与法医学检验有关的案件。法医学的国际交流取得进展，如童濂的删补本《补注洗冤录集证》被翟里斯（Herbert Allen Giles）首次译为英文，先后在香港《中国评论》和英国《皇家医学会论文集》发表。王佑与杨鸿通根据日本法医学专著编译出版《汉译实用法医学大全》，并对从日本抄录的朝鲜版本《无冤录》校正补注出版《新注无冤录》。此外，还有德贞（John Dudgeon）译著的《洗冤新说》、傅兰雅（John Fryer）和赵元益合译的《法律医学》等，国外法医学的输入为清末法医学的发展输送了新鲜血液。可以说，晚清法医学在开阔视野、培养人才、引进技术等方面取得了一定成效。

　　但是，由于晚清法医的变革是在不触动封建专制制度下进行的，没有从根本上改变仵作检验制度，因此改革仅仅限于技术层面。即使在技术层面，由于仍然维系尸表检验，虽然受到西方法医学输入的影响，但其发展仍然十分缓慢。因此，晚清法医学只能是我国古代法医学向现代法医学的过渡阶段，即属于我国近代法医学的发展阶段，它有别于古代法医学，是现代法医学的前奏，为我国现代法医学的建立和发展奠定了基础。

　　1911年清王朝被推翻，1912年民国政府即颁布了《刑事诉讼律》，其准许尸体解剖，为我国现代法医学的建立奠定了法律基石，现代法医学形成的主客观条件也逐步成熟。其一，清末民初，政法、医学等各界人士对旧法验尸提出批评和建议，要求改良司法，发展现代法医学。其二，以林几和孙逵方为代表的现代法医学先驱艰苦创业、执着追求和无私奉献，1930年林几在北平大学医学院创办法医学教室；在孙逵方和林几的共同努力下，1932年在上海成立司法行政部法医研究所，林几任首任所长；1935年孙逵方接任司法行政部法医研究所所长。他们致力于培养法医学人才、办理全国疑难案件、开展科学研究、创办法医学杂志，我国现代法医学初步形成。其三，部分医药学和医史专家如徐诵明、汤飞凡、黄鸣驹、黄鸣龙、汤腾汉、林振钢、高麟祥、杨述祖、祝绍煌、张崇熙、宋大仁、胡乃钊、俞慎初、陶国泰等，法医前辈陈康颐、陈东启、陈安良、魏立功、张颐昌、汪继祖、张树槐、孔禄卿、仲许、陈谦禄、陈履告、文剑成、蒋培祖、江尔鄂、王希张、丁涛、吕瑞鑫、蒋大颐、林锡署等，也积极投身到法医学人才培养、科学研究和法医检案中来。正是由于这些前辈的不懈努力，我国的现代法医学才逐步形成，并为中华人民共和国成立后我国现代法医学的发展奠定了基础。

为缅怀先辈为我国现代法医学建立和发展所做出的贡献，本章在介绍林几对我国现代法医学形成和发展的划时代意义、孙逵方对我国现代法医学形成和发展的重要贡献的基础上，选择对民国时期法医学发展有影响和贡献的法政文史学者、医学专家学者和法医学专家学者进行介绍。通过对他们生平、学术成就及其法医学影响和贡献的全面介绍，增进对民国时期法医学发展所处的社会历史文化背景的了解，并进一步丰富我国近代法医学史的研究。

第一节　林几对我国现代法医学形成和发展的划时代意义

一、林几简介

林几（1897—1951）（图4-1，图4-2），字百渊，福建侯官（今福州）人。生于1897年12月20日，民国四年（1915）到日本东京帝国大学法政科就读法学，民国六年（1917）夏回国。民国七年（1918）考入国立北京医学专门学校（图4-3），民国十一年（1922）夏毕业，留校研究病理学。民国十三年（1924），他在《晨报六周纪念增刊》发表《司法改良与法医学之关系》一文，并联合医界人士向当时司法行政部上书，主张"收回法权乃当前当务之急"，要求政府重视培育法医人才，改旧法验尸为尸体解剖，提倡科学办案。民国十三年（1924）岁末，他受国立北京医科大学校委派赴德留学，在维尔茨堡大学医学院学习2年，专攻法医学，后又在柏林大学医学院法医研究所深造两年，1928年毕业，获博士学位。

图4-1　林几

第四章 民国时期重要的法医学人物

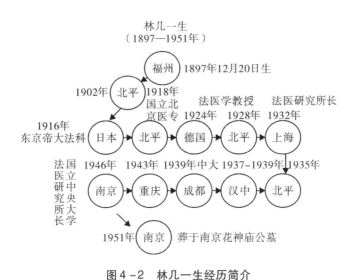

图 4-2 林几一生经历简介

图 4-3 国立北京医学专门学校

[引自:北京大学医学部档案馆.校园变迁史[EB/OL].(2020-10-16)[2024-10-05].
https://archives.bjmu.edu.cn.]

民国十七年（1928），林几学成回国后，被北平大学医学院聘为教授，他还被上海特别市卫生局聘为秘书，后又被聘为国民政府行政院卫生部科长。1928年，江苏省政府向中央政治会议提交"速养成法医人才"案。南京国民政府准备实施"速养成法医人才"案，决定交中央大学办理。时任中央大学医学院院长颜福庆委托林几草拟培育法医的方案。林几写了《拟议创立中央大学医学院法医学科教室意见书》，其中，他详细叙述了建立法医学教室的作用和意义，并规划了教室的所需设备、规模等，还提出了"分建六个法医学教室（上海、北平、汉口、广州、重庆、奉天）以便培养法医学人才、兼办邻省法医事件"的建议。1929年5月29日，卫生部批准林几科长兼任司法行政部法官训练所教职，教授法医学。

民国十九年（1930），他在国立北平大学医学院创办法医学教室，任主任教授，从事法医学教学、检案及研究工作。1931年11月，国立北平大学医学院致信河北高等法院，称法医学教室已经建立，以后凡有刑事和民事案件需要法医检验者均可以送至医学院鉴定；医学院还愿意为监狱囚犯进行免费医治。作为交换，医学院希望平津各监狱如果遇到"无主死囚或不明死因之死囚"，可以将尸体送至医学院"试行解剖实验以究其实"。最后，医学院可以出资安葬此类尸体，减轻法院的负担。河北高等法院很快同意了国立北平大学医学院的提议。为了获得政府的财政支持，1931年，林几为国立北平大学医学院拟定《筹设北平法医学研究科及检验机关意见书》，其中林几提出在国立北平大学医学院法医学教室的基础上，建立华北法医研究科、华北法医检验所和北平法医人员养成所三级机构的草案。这三个机构均附设于国立北平大学医学院内。

民国二十一年（1932）4月，林几受命接替孙逵方筹办司法行政部法医研究所；同年8月，司法行政部委他以司法行政部法医研究所第一任所长之重任。林几首先明确了研究所任务：培养法医人才，承办各地疑案，开展科学研究。民国二十二年（1933），研究所开始招收法医学研究员，培养中国第一代现代法医人才，即陈康颐、陈安良、汪继祖、张树槐、张积钟、李新民、陈伟、吕瑞泉、于锡銮、蔡炳南、陈礽基、蔡嘉惠、鲍孝威、胡师瑗、谢志昌、张成镳、王思俭17人。民国二十三年（1934），林几创办中国第一本公开发行的法医学杂志《法医月刊》，在《法医月刊》上发表大量论文，刊载"实验法医学"系列讲座，开辟"鉴定实例专栏"，开设"鉴定实例专号"（共4卷，100个案例）。为了振兴中国的法医事业，林几主持制订了1933—1938年及其以后的法医学工作和发展计划。

民国二十四年（1935）3月，林几"因患十二指肠溃疡，便血月余，不堪再复重任"，返回国立北平大学医学院任教，被聘为国立北平大学医学院法医学教室主任教授，继续开展法医学检案和教学工作，并兼任冀察政务委员会审判官训练所教职。在林几的努力下，国立北平大学医学院的法医学教室建成了物证检查室（显微镜检查及动物试验）、剖验室（骨骼检查）、光学实验室（紫外线检查）、标本室、人证测验室及候验室、人证诊查室、人证长期诊查收容室、枪子弹及伤之X光映片检查室、文证审查室和化验室（毒物化验）（图4-4，图4-5）。在物证斑痕检查、药品毒物及食物之化验、医师责任方面均有相应的成绩。从1928年每年受理6起案件，到1936年跃升至143起，法医学教室的这些成果被留日医学生的大本营中华民国医药学会的机关刊物《新医药杂志》1936年4卷5-7期以"法医专号"刊载，名为《北平大学医学院二十四年度疑难检验鉴定实例》，共50例，并由徐诵明校长题字（图4-6）。

第四章 民国时期重要的法医学人物

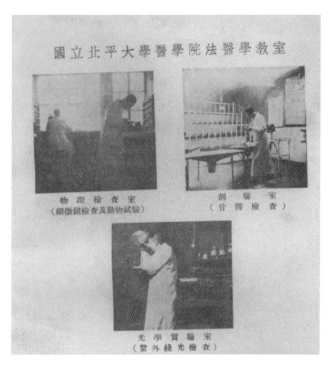

图4-4 国立北平大学医学院法医学教室物证检查室、剖验室、光学实验室
（引自：国立北平大学医学院法医学教室［J］. 新医药杂志，1936，4（6）：11.）

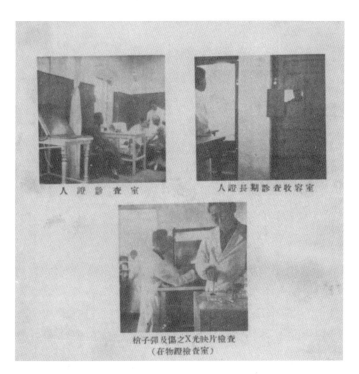

4-5 国立北平大学医学院法医学教室人证诊查室、人证长期诊查收容室、枪子弹及伤之X光映片检查室
（引自：国立北平大学医学院法医学教室［J］. 新医药杂志，1936，4（6）：12.）

169

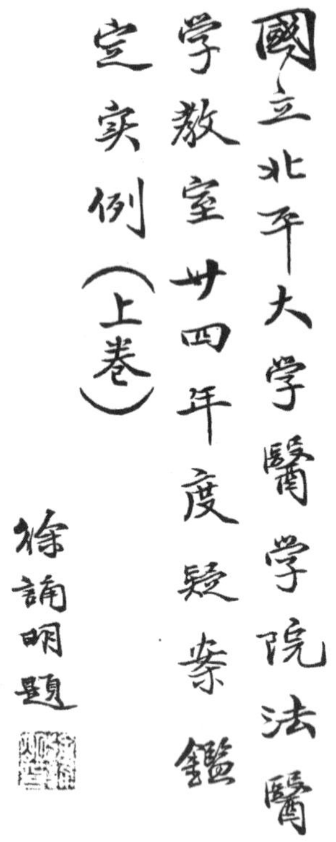

1937年7月7日，卢沟桥事变爆发，平津沦陷，抗日战争全面爆发。1937年9月，国立北平大学、国立北平师范大学和国立北洋工学院迁至西安，合并成立西安临时大学，林几也同时西迁，任西安临时大学医学院教授。1938年3月，西安临时大学改称为国立西北联合大学，并迁往陕西城固。1938年7月，教育部指令西北联合大学改组为西北大学、西北工学院、西北师范学院和西北医学院。林几与西北医学院师生住在汉中南郑县黄家坡。当时医学院的教学条件十分艰苦。除北平医学院带来的教材外，所有实验室的器材都得由自己制作。当时医学院学生达270人，学制5年，包括法医学在内的课程28门。最为困难的是法医学和解剖学的课程教学，由于没有解剖实验用的尸体，只好寻找、收集无主尸体代替，在极其艰苦的条件下坚持办学，上课时还要时时防备日军空袭。1939年，林几任内政部卫生署西北卫生专员办事处秘书，被西迁至四川成都华西坝的中央大学医学院聘为教授。1939年4月，林几还为迁至重庆北碚的江苏医学院授课，第一课就是"枪弹伤检验"。1939年11月，林几为四川法院、警署开办了第一期司法检验员训练班，学习期限为半年。1940年7月，林几再次为四川法院、警署举办第二期司法检验员训练班，学习期限仍为半年。1943年，林几创建中央大学医学院法医科，并任主任教授，设立解剖室、病理室、毒化室、枪弹室等，开展教学、培训和检验工作。1943年12月和1944年5月，四川省委托中央大学医学院开办两期检验员初级班；1945年4月，四川省又委托中央大学医学院合作开办第一届高级司法检验员班，为期2年。抗日战争胜利后，林几随中央大学医学院迁回南京。1947年，中央大学医学院设立法医研究所，并开办第二届高级司法检验员班，为期2年，后根据教育部的命令，将该班改为司法检验专修科，即第二期司法检验专修科，培养了法医人才郑钟璇、文剑成、林锡署、肖均、肖远淳等（据郑钟璇回忆，该班入学时30名，毕业时仅6名）。

1949年4月，林几仍任中央大学法医学主任教授。1950年8月，中央大学改为南京大学，该校医学院奉华东军政委员会教育部指示，继续招收学生，开办第三期司法检验专修科，为期两年，培养了朱小曼、张介克、王炳森、陆振芳等。1950年10月，林几被聘为中央人民政府卫生部卫生教材编审委员会法医学组主任委员，编审全国统编法医学教材，还被人民军医出版社聘为特约编辑、顾问。1951年秋，受中央卫生部委托，林几创办全国第一期法医学高师班，培养全国第一批高等医学院校法医学师资郭景元、胡炳蔚、祝家镇、吴家驭等17人。1951年11月20日，林几不幸病逝（图4-7）。他

图4-6 徐诵明校长为《国立北平大学医学院法医学教室二十四年度疑案鉴定实例》题字

（引自：新医药杂志，1936，4（5）：16.）

第四章 民国时期重要的法医学人物

的过早去世给中国法医学界带来了巨大损失。

林几为人正直，治学严谨，学识渊博，在《北平医刊》《中华医学杂志》《法医月刊》《新医药杂志》等杂志都可见到他的文章。他的《法医学史谈》是我国第一篇从现代法医学角度写中国古代医学发展简史的文章。他著有《司法改良与法医学之关系》、《阿片及吗啡中毒的病理实验》、《骨质血癥之价值及紫外线光下之现象》、《已腐溺尸溺死液痕迹之证出新法》、《最近法医学界鉴定法之进步》、《实验法医学（总论、各论）》、《法官用法医学讲义》、《医师用法医学讲义》、《洗冤录驳议》、《司法行政部法医研究所鉴定实例专号》（4卷，共100例）、《北平大学医学法医学教室廿四年度疑难检验鉴定实例》（上、下卷共50例）、《法医学》（全3册，总论1册，各论2册）、《二十年来法医学之进步》等著作和论文。

林几亲历了我国近代法医学的落后和西方法医检验的成熟，他从蒙昧中惊起，从落后中激发，把西方先进知识融进自己传统文化的血液中，以开创我国现代法医学事业为己任，把毕生精力献给了我国的法医学事业。林几创办了我国第一个法医学教室——国立北平大学医学院法医学教室，创建了我国第一个法医研究所——司法行政部法医研究所，创办了我国现代法医史上第一本法医期刊——《法医月刊》，培育了我国第一批法医专门人才，革新了我国的司法检验制度，建立科学的司法检验方法，为我国现代法医学的形成与发展做出了巨大贡献，是公认的我国现代法医学奠基人、杰出的法医学教育家、活动家。他的事迹

图4-7　林几林惠夫妇合葬之墓

［1959年林几妻子林惠病逝，由林几二弟林津、林惠妹妹林敏、林惠弟弟林子京二人将林几林惠夫妇的骨灰合葬于南京雨花台山上的"中国公墓"（后改称花神庙公墓）。黄瑞亭多次寻找未果，终于1991年5月26日在南京市郊花神庙公墓找到林几林惠夫妇合葬之墓。但2012年黄瑞亭再次到雨花台拜谒林几时，当地公墓管理人员告知墓地被迁移，无法找到。这张照片是林几林惠夫妇之墓唯一留下的照片。］

被收入《中华人民共和国人物辞典(1949—1989)》（王乃庄、王德树主编，中国经济出版社，1989年）、《中国古今名人大辞典》（庄汉新、郭居园编纂，警官教育出版社，1991年）、《中国近现代人物名号大辞典》（陈玉堂编著，浙江古籍出版社，1993年）、《中国近现代高等教育人物辞典》（周川主编，福建教育出版社，2018年）、《法学辞海（第3卷）》（李伟民主编，蓝天出版社，1998年）、《辞海·医药卫生分册》（夏征农主编，上海辞书出版社，1989年）、《自然杂志年鉴(1979)》（自然杂志编辑部编，上海科学技术出版社，1980年）、《福州人名志》（福州市地方志编纂委员会编，海潮摄影艺术出版社，2007年）等。

二、林几的法医学思想

（一）林几的法医学思想形成的背景

1. 林几的家庭背景

林几于1897年11月20日生于福州。近代福州是我国最先开埠的五口通商口岸之一，也是中西文化交融的城市。林几出生于书香之家，父亲林志均（1879—1960），字则平、宰平，号北云，清末进士，辛亥革命前留学日本攻读政法，归国后任职于司法部门，1915年任北洋政府司法部参事兼代民事司长，1918年任民事司长，也曾到过欧洲考察。1927年后退出政界，在北京大学、清华大学等任教。中华人民共和国成立后为国务院参事室参事。林志钧先生为闽派著名诗人、法学家、佛学家、帖学家、书法家和哲学巨擘。林几的母亲梁秀筠，持家有方，家中还有妹林东枝（1904年生）、大弟林庚（1910年生）、二弟林津（1912年生）。林几从小受外祖父梁孝熊（清末进士，养老归里在福州光禄坊书院办私塾）和舅父梁敬錞（曾任"中央研究院"中国近代史研究所所长等职）影响颇大。他熟读《四书》《五经》，接受传统文化教育，10岁迁居北京，接受新的文化知识教育。父母亲、外祖父对林几的过人记忆力和理解力大加赞赏，遂取字号"百渊"。果然，林几不负众望，中西文化在他身上融会贯通，他不仅知识渊博，而且具备谦逊、执着的性格和善于学习、思考的能力，终于成为中国现代法医学的先驱者。

2. 林几为什么选择法医学

林几青年时的志向并不是学医，而是学法律，他于1915年赴日本东京帝国大学学习法政科，一个意想不到的突发事件改变了他的职业选择。据林几的弟弟林庚（北京大学中文系教授）回忆："1915年2月，林几东瀛求学攻读法政科。但是，1917年春，旅日留学生因不满日本在中国山东地区的特权而引发游行。林几于1917年夏被迫离日回国。当他匆匆赶回北平大井胡同寓所，推门而入时，全家人正在进午餐。父母在上座，弟妹在侧座。林几双膝跪下，给父母行了大礼。告知在日本发生的事。"这个大礼后，林几改学医学，于1918年7月考入国立北京医学专门学校，走上科学救国之路。

国立北京医学专门学校是我国民国时期门类齐全、名师云集、学术活跃的医学高等学府。林几是个思想活跃的青年，毕业后留校任病理助教，后选择了法医学。一份前途无量的医生职业放在眼前不做，去当一个当时社会地位低下的法医？一个立马就可以行医救世的大夫不做，去当一个前途不明了的法医？关于这个问题，黄瑞亭和林几的家人讨论过，也和林几的学生陈康颐教授等讨论过，还和福建省史志地方志专家讨论过。他也问过胡炳蔚、刘明俊、贾静涛、吴梅筠、吴家驹等法医教授同样的问题，他们大多数起先是不愿当法医的，说明他们选择法医职业时是犹豫过的。可是，林几选择法医职业是经过深思熟虑的，且十分坚定。

（1）国立北京医学专门学校于1912年向教育部提交了《请提出法案准予实行解剖》的呈文，请"提出国务院或参议院采择迅予公布施行"。内务部在大体上遵从了国立北京医学专门学校的呈文，并在1913年公布了《解剖规则》。民国初年，教育部先后公布了《医学专门学校规程》和《大学规程令》，裁判医学课程均位列其中。国立北京医学专门学校是最早开设裁判医学课程的国立医学校之一,早在1915年秋,该校就开设"裁判医学"(即法医学)这门课程,还专门聘请日本金泽医学专门学校的病理学教授村上庄太讲授裁判医学课程,使得林几在该校学医期间对法医学有了初步的认识。加之林几曾在日本学习法律,在日本留学期间也对法医学有所了解和认识。

(2)林几是福建人,福建厦门有个鼓浪屿会审公堂,是根据清政府在1902年与英国、美国、法国、德国、日本等国驻厦门领事签订的《厦门鼓浪屿公共地界章程》第十二款参照上海公共租界于1903年创立的。该章程规定:"凡案涉洋人,无论小节之词讼或有罪名之案,均由该管领事自来或派员会同公堂委员审问。"他们派到会审公堂参加陪审的人员往往无视中国的司法主权,喧宾夺主,变陪审为主审。这就是治外法权的会审公堂制度,除了厦门,上海、武汉也有。为了废除治外法权,中国政府曾做了多次努力,但遭到帝国主义列强以中国司法制度不良为由拒绝。林几认为,我国要废除治外法权,收回法权,就得预先改良司法。而废除旧法验尸,代之以新式法医,就是改良司法中极重要的组成部分。林几在《司法行政部法医研究所成立一周年工作报告》中也说:"外人方面更得借口我国司法制度不良,侵我法权,虽经交涉,终未收回。故为谋改进司法设施,亟应创立专门法医,以求适合科学之鉴定。庶可杜绝外人口实,而维持法律之公允与尊严也。"这就是林几爱国而选择法医的原因。因此,1924年冬,林几在《北京晨报六周纪念增刊》发表《司法改良与法医学之关系》一文,以应和"废除治外法权"运动,提出"改良法医、发展法医"的要求。林几认为,民国以来,中国的司法改革与旧日相比已见成效,唯其中尚有一项,必须彻底新革——就是要免除去旧式的仵作式的鉴定,而代以包括有医学及自然科学为基础的法医学来鉴定并研究法律上各问题,如不革新,则一切司法改良就不能臻于完善,中国的治外法权则不能收回。他疾呼"领事裁判权,我们是决心的要收回来的,那么关系重要的法医学,当然也是决心要朝着猛进改善的"。林几在《拟议创立中央大学医学院法医学科教室意见书》中还说:"法医学即以医学及自然科学为基础,而鉴定且研究法律上问题者也。夫法之所贵,当罚必信",法医学"为国家应用医学之一,凡立法、司法、行政三方面无不有需于法医"。可见,当时林几选择法医学作为自己终身事业是经过深思熟虑的。林几选择法医是历史自觉,林几后来成为中国法医学奠基人是历史结果。可见,林几选择法医职业,有爱国情节,有开拓精神,有宽阔视野。他那为国争光、负重致远的精神,将永远为后人铭记在心。

3. 林几的法医求学之路

1924年冬,林几留校两年后,国立北京医科大学校派他到德国维尔茨堡(Würzburg)医学院学习法医学。德国是欧洲法医学的发祥地之一。林几留德的导师是德国维尔茨堡医学院两位著名的法医学教授菲舍尔(H. Fischer)和施密特(O. Schmidt)。在四年的留学生活中,林几如饥似渴地汲取外国法医学的新鲜知识,无论是理论研究,还是实际检案,他始终以饱满的热情、坚强的毅力认真学习。林几刻苦的学习精神、高效率的工作作风、敏捷的科研思路,博得教授们的赏识。最后,他完成了论文《急慢性吗啡与鸦片中毒的病理解剖学研究》(*Pathologische anatomie der akute* und chronische morphin und opium Vegiftung)①，获得博士学位证书。在德国学习期间，林几不忘在国内的《中华医学杂志》上发表论文，如《最近法医学界鉴定之进步》《父权确定诉讼法对血球凝集反应现象（四簇）之运用及实例》等，传播最新的法医学知识。

林几深知，中国古代法医学的发展已逾千年，中国著名古代法医学家宋慈《洗冤集录》也比意大利菲得里《医生关系论》早350多年。1928年，林几在《法医谈》和《拟议创立中央大学医学院法医学科教室意见书》中赞扬说："吾人固至爱我中华，至仰我古人，佩其富有理想，艰于创作。"到了18世纪，由于西方国家法律和医学发展，法医学逐步走向科学化阶段，而中国仍然维持尸表检验，他感叹说："而惜后人不能追踪精研，推旧更新，延至今日，终落人后，不亦悲夫！"他把中国法医学与日本法医学进行比较。他在留学日本学习法律时了解到，日本足利幕府时期（1336—1573年），中国传至朝鲜的《无冤录》传入日本，直到明治时期（19世纪末）才由片山国嘉留学德国、奥地利后把西方法医学带入日本。林几进而认为，当时的中国正是现代法医学形成时期，一是与日本现代法医学形成有相同历史背景；二是法律（《刑诉法》《解剖规则》）已冲破封建法典束缚，允许法医解剖尸体。但是，民国建立已十几年了，"法医检验仍袭旧弊"，即仍然由仵作沿用清代尸表验尸旧法进行检验。林几深深感到，中国必须尽快发展法医学，并深感自己肩上责任重大，归国报效之心更加迫切。他获得博士学位后不久，于1928年夏回到阔别四年的祖国，满怀信心地规划中国法医学的发展蓝图。

（二）林几的法医学思想主要内容

1. 林几的法医学教育思想

20世纪初叶，中国法医学仍然由仵作验尸。更为可悲的是，全国只有国立北平大学医学院、浙江公立医药专门学校、南满医科大学（国立沈阳医学院的前身）、震旦大学医学院等少数学校教授法医学课程。面对中国法医学教育现状，林几敏锐地看到"现在吾国对于此项科学鲜有专才，法医检验仍袭旧弊"，明确提出"教育为先，培养专才"的法医学教育思想。

（1）林几法医学教育思想的萌芽。1924年12月，林几于《晨报六周纪念增刊》发表《司法改良与法医学之关系》一文，对中国发展现代法医学的重要意义、如何开展法医学教育等问题阐述自己的见解。这一时期的林几不仅意识到发展法医学的重要意义，而且高度重视法医人才的培养，并积极向当局建言献策，在法医学教育对象、教育方法等方面有了初步的认识。但这种认识还不够具体，而且对法医学的教育目标、规划、内容等基本问题还未有论及。因此，该文的发表可视为林几法医学教育思想的萌芽。

（2）林几对法医学专业教育的构想，标志着林几法医学教育思想的初步形成。从林几1928年留德回国到担任司法行政部法医研究所所长的这8年时间里，他通过长期的思考和实践，对法医学教育有了更深入的认识，对法医学专业教育的重大意义、教育目标、教育组织、教育内容、教育对象、教育方式等问题，进行了较为系统的论述。

1928年，林几受中央大学的委托，草拟了《拟议创立中央大学医学院法医学科教

---

① 黄瑞亭. 1936年以前林几论文著作的综览［J］. 中国司法鉴定，2017（6）：21-24.

室意见书》，建议在中央大学医学院创立法医学科教室，开展法医学专业教育以培育法医专门人才。在该文开篇，从收回治外法权、维护司法信用、传统法医检验之弊及欧美各国司法文明的发展趋势等几个方面再次强调发展法医、开展法医学专业教育的重要性。

在如何组织法医学专业教育方面，他提出分层次培养法医人才的"改良法医"教育思想。按照德国法医检验制度，对现场勘验或类似初验的法医事件，由有法医学知识的司法人员处理，而尸体解剖、司法检验必须由专家鉴定。因此，按当时现状，林几提出必须根据需要培养多层次人才的思路。在《拟议创立中央大学医学院法医学科教室意见书》中，他建议中央大学可以在医学院组织成立法医学教室，开展两种类型的法医专业教育：一是法医学研究科，"设立一专门法医研究科及附设之法医实验室……以资养成法医专门人才"，这种形式培养的是高级法医人才，毕业后可以到各地担任法医师或医校的法医学教授，"卒业后荐充各地检验医官，或荐在本校或他医校法医学教室服务"；二是法医检验助理员训练班，培养的是普通法医人才，"于研究科外，更立一法医检验助理员特班，分别训练专门鉴定及助理人员"，毕业后一般充任各地法医检验助理员或法医学教室技术员，"卒业后荐充各县法医检验助理员或法医学科教室技手"。为实现上述教育目标，林几从入学条件、学制安排、课程设置、教学经费、学员待遇、毕业条件、就业方向等方面进行了具体、细致的筹划。

1932年8月，林几任在上海设立的司法行政部法医研究所所长，该所主要"执行疑案检务并培育法医人才"。为了达到培育法医专门人才的目的，林几上任之初就提出了研究所的法医人才培养目标，再次提出应实行两种层次的人才培养，"本所应行培育二种法医人员，一即法医师，一即法医助理员"，前者专司各地法院勘验事件和结果，后者专司初级检验、收集物证、保存现验。为实现人才培养目标，1933年，在《司法行政部法医研究所成立一周年工作报告》中，林几拟定了五年人才培养年度计划。

此外，林几在20世纪二三十年代还提出了第三种人才培养计划，即培训法院、警署的在职法医；在四五十年代又提出在原有三种人才培养基础上增加另一种高级人才培养计划，即大学高师班。该计划直至中华人民共和国成立后才实现，这一计划即法医教授培训计划，高师班结业后回到各高校进一步培训法医学人才。林几高瞻远瞩，在20年代至40年代极其困难时期，重视教育，不遗余力地培养人才，为日后中国法医学发展留下了先进的教育理念、宝贵的师资和法医队伍。令人欣慰的是，目前我国分层次培养人才计划进入新的阶段，法医学大学本科培养已纳入国家普通高校招生计划，部分高校还纳入硕士研究生、博士研究生、博士后培养计划，国内外高校法医人才培养和交流也走入正轨。我国法医学教育和人才培养已进入繁荣阶段，这正是林几夙愿。

林几还提出"全国分设六个法医学教室"的先进教育理念。林几的法医学专业教育发展计划的视野并不仅仅局限于中央大学，他还针对全国法医人才严重缺乏的局面，提出全国法医专业教育的宏远规划，"预计至少须于十年内，在全国适宜地点，分建六个法医学教室（上海、北平、汉口、广州、重庆、奉天），培育法医人才，兼办邻省法医事件，继而全国效仿培养法医人才，满足全国法医事业发展之需求"。这实际上是引进德国法医学鉴定制度，即大学法医学研究所制度。林几回国后第二年就在国立北平大学医学院首创法医学教室。林几以"大学研究所制度"规划我国法医学发展模式，是有其根据的：其一，他认为"法医学乃专家主其事"，因此，必由专家、教授组织、领导办案；其二，他认为"法医系专才"，大学法医研究所是专家云集的地方，是承担这一工作的首选；其三，大学法医研究所以教育为己任，是培养、造就法医专门人才的场所，又以办案为实践，是保证鉴定质量的工作模式，谓之"专家检验制度"，符合法医这门学科的本质特征。林几这一教育思想伴随他度过一生，从国立北平大学医学院到法医研究所，从西北联大到中央大学医学院，他从未停止过教学育人、培养人才、检案、科研，要不是抗日战争，也许我国在二三十年代就已建立大学法医学研究所制度。但是，林几提出的这一涉及中国法医学事业向正确方向发展的建议，并未被当时的民国政府所采纳。值得一提的是，80年代初，我国开始在上海医科大学（现复旦大学上海医学院）、西安医科大学（现西安交通大学医学院）、同济医科大学（现华中科技大学同济医学院）、中国医科大学、中山医科大学（现中山大学中山医学院）、华西医科大学（现四川大学华西医学中心）6所医学院校建立了法医学系（院），后来越来越多的医学院校、政法学院、公安院校也建立了法医学院（系），培养法医人才，接受检案。可以说，我国大学法医学教学、检案、科研取得了丰硕成果，这正是林几所愿意看到的。

（3）林几对法医学基础教育的设想与林几法医学教育思想体系的形成。在这一时期，林几侧重就医学和法学专业中进行法医学基础教育的重要意义、课时安排、教材大纲、教学内容等方面提出具体、翔实的阐述，形成了法医学基础教育思想。这一思想的提出，表明林几已经构建了包括法医学基础教育和专业教育在内的法医学教育体系，标志着其法医学教育思想的最终确立。

法医学专业教育的人才培养目标是造就法医专门人才，而法医学基础教育的主要任务是让学生掌握法医学基础知识。从当时世界法医教育形势来看，后者一般在医学和法学专业进行，正如林几所言："在欧陆日本各国学制，除医科内，应专设法医学研究所外，即法科、警官、宪兵等学校之课程，亦多有法医学讲座之设立[①]。"对医学生而言，法医学既能为之提供可资借鉴的思维和技术手段，又可为法医专门人才的培养奠定基础；而对法学生来说，法医知识是司法检案的重要手段。为改良司法、推进法医事业，1934年，南京国民政府教育部决定开展法医学基础教育，规定法医学列为高校医学专业之必修科、法学之选修科。1935年6月，教育部还颁行医校科目表、课时和各科目教材大纲，其中也涉及法医学课程，例如，对于法医学课程的课时安排，规定大学医学院、医学专科学校应分别在第四学年、第五学年的第二学期开设法医学课程，总课时都是32课时，包括16小时的课堂授课和16小时的实习。此时，林几已从法医研究所回到北京担任国立北平大学医学院法医学教室主任，继续从事法医学教学和研究。对于行政当局在法医学基础教育上采取的重要举措，林几先后撰文《教授法医学的我见》和《现代应用之法医学》，从欧美各国法医学发展概况、法医学的研究范围、国内经济社会形势等方面，探讨了行政当局的相关措施，提出了一些建议和意见。

1936年，林几发表《教授法医学的我见》一文，主要对法医学基础教育的课时安

[①] 林几. 现代应用之法医学 [J]. 医育，1940，4（2）：37-44.

排提出自己的看法。首先，关于医学专业法医教育的课时安排问题，根据教育部的规定，大学医学院和医学专科学校的法医课程在课时安排上并没有显著的差别，林几认为这种设置不合理。这是由于大学医学院和医学专科学校的学制和要求不同，两者的医学教材大纲、课时设置也应有所差别。其次，关于法学专业的法医教育课时安排问题，林几认为，法科学生所授之法医课程在内容上应侧重于促进其在法律上的应用，诸如"检案之必要手续，环境与证据侦勘及搜索方法，与如何运用法医师以鉴定案件，对该案件证据即按现代科学已能证明至如何程度及其所证明鉴定是否可靠"。同时，他又指出法科开设的《犯罪心理学》课程主要探讨罪犯行为的责任能力等心神鉴定，并非普通的精神病学，而属于法医精神病学的研究范围。从这个意义上说，法科学生所习之法医学课程应该包括法医学和犯罪心理学，他建议这两个课程的教学安排"皆在第三、四学年，每周各二小时，或分别列于上下学期各二小时"。

《现代应用之法医学》则主要探讨的是法医学课程的教材内容。现代法医学运用范围相当广泛，涉及立法、司法、行政与社会各界。由于法医学所涉知识范围的广泛性趋势，林几对教育部所颁行的法医教材纲目给予肯定，他说"廿四年教育部新颁之大学医学院及独立医学院或医科教材大纲中，医学教材纲目，即采用广义法医学"，为此他建议：法医学课程使用之书籍，应用部颁纲目加以充实，取材应偏重于实验以及我国所需要之鉴定与关系法律之应用，唯有如此，"方足敷大学医学生及普通医师研究，与法家、警员、宪兵、侦探，乃至负责修订法令人员等应用也"。

抗日战争胜利后，生产恢复和社会建设成为行政当局着力解决的问题，就如何开展医疗卫生建设，已调任中央大学医学院的林几提出了自己的看法。1946年，林几撰写了《对改良医学教育的刍议》，认为要改变我国落后的医药卫生状况，应当从速培养医学从业人员。欲栽培医学人才，就必须发展医学教育。对于医学教育，他再次阐述了法医学科在普通医学教育中具有的重要地位和作用，这是因为普通医者有担当一些法医检验工作的义务，"我们都知道现代医师的业务，是不仅限于医疗。他对社会保安亦要尽一部分责任。……就按新颁医师法的规定而言，开业医师除了须应诊务外，仍有接受公署委托鉴定检案，及帮同防疫的义务。所以无一医师可以不懂临诊医学和法医学与公共卫生学"，以此可见在普通医学教育中进行法医学的教育，具有重要的现实意义。与此同时，由于在司法检案中，对于一些疑难案件，需要详细检查，普通医师无法解决，非专门法医师不可，因此他又强调了法医专门人才培养问题，"刻因各地法院切需法医师，仍当续办法医师研究班，招收医师进修研究"。此外，林几在该文中还描绘了对法医学教育的憧憬，"各地已遍立医校，各校皆有法医学科或法医研究部设备，则各地初检案件，尽可由普通医士及法医师、司法检验员检案，疑难须施覆验者，均可分送医学院校由专家鉴定"。可见这个理想目标就是建立完整、系统的法医学基础教育和专业教育同时兼具的法医学教育体系。

(4) 林几法医学教育思想的具体体现。①"习而学"的教育思想。林几注重法医人才的实际培养。在他的课程设置中，理论课都与实践课相结合。例如，有尸体解剖时必安排学员观摩，实验课必安排学员设计和动手，教学与检案同等地位看待，以及尸体解剖中发现理论问题时要求学生写文章进行探讨等，形成了林几"理论中有实践"和

"实践中有理论"的教育模式。林几的这一教育思想一直被沿用至今,不少他的学生在培养法医人才和制定教学计划时引入了林几的教学方法,影响了几代人。②"学生考先生"的教育思想。林几在培养法医人才上是动了脑筋的,他除了第一代培养的学生由自己主刀解剖外,第二代、第三代及以后的学生由"高年级"师兄代教,如当年的陈康颐等人经常是学生的"教授"。这种教学方法实际上是"学生考先生"的方法,只有基础扎实的"学生"才能教学生,教学生的"学生"本身又是榜样,低年级学生更应努力。"学生考先生",更是考学生,集思广益,增加动手机会,又激发其学习的积极性和思维能力,继而促进教学质量和水平。陈康颐教授后来回忆说:"耳闻不如目见,目见不如实践。"这就是林几提倡的法医学教育方法,一种实践性很强、行之有效的教育方法。③"养人才、学而用"的教育思想。林几说:"夫用人以才,则才方得其用,用非所学,则等于不学而用。故就养成法医人才,非徒托空言所能有济。"林几进一步说,法医学"乃人民福祉和法律信实之保障"。在传道、授业、解惑过程中,林几重视品行、学识、技能的全面培养。由于法医服务对象的特殊性,没有学识、技能,法医培养不成功;没有道德、品行,法医培养同样不成功;只有品学兼优,才是"养成法医人才"的要求。林几以身作则,几十年如一日,培养社会有用人才,被公认为成功的法医学教育家。他的这一法医人才观和教育理念,在今天看来仍有重要意义。④"教、检、研、刊"四位一体的教育思想。1929年,司法行政部决定在上海创办法医研究所,由孙逵方在上海真茹筹建,至1932年春仍未就绪。1932年4月,林几受司法行政部委托动身由北平到上海,立即提出"教、检、研、刊"四位一体的理念并进行筹备。1932年8月1日,司法行政部法医研究所正式成立,林几被任命为第一任所长,他的"教、检、研、刊"四位一体教育思想即:"教",招收研究员班和检验员班;"检",检验各地送检案子;"研",成立法医病理室、毒理室、血清室、法医人证诊查室、心神鉴定室,进行法医学检验和科研活动;"刊",1934年创办我国历史上第一种公开发行的法医学杂志《法医月刊》。林几的"教、检、研、刊"四位一体并以培养人才为主体的法医学教育思想,成功地为叩开中国现代法医学大门,提供了教育、人才、组织等方方面面的准备。

2. 林几的法医学学术思想

林几学贯中西,知识渊博,他在引进西方法医学时,十分注意西方法医学与中国古代法医学的比较和衔接。他深谙不同文化、法律、科技乃至宗教的渗透和吸收,总是在本土化过程中培植发展起来的,这是规律,法医学也不例外。因此,他把中西兼容、吸收营养、注重实践、纠正错误的学术思想融于自己的法医学生涯之中。林几一生学术硕果累累、成绩斐然,与他正确的学术思想是分不开的。

(1)根据中国实际情况研究中国法医学。林几回国后对自己在上海、北京办理的案子做了一番梳理,发现我国法医学研究对象至少有四个方面与国外不同:①中毒方面。林几统计,砷中毒占三分之二,鸦片中毒占五分之一,其他为安眠药、酚类、乌头、钩吻中毒等。这和西方不同,因为"吾华为农业国,农药(尤其砷)便于取用"。于是,他把农药中毒和麻醉毒品及鸦片检测作为重点,发表了《药酒与服毒》《阿片及吗啡中毒的病理实验》《吗啡及阿片中毒实验脑中枢系统内病象之新发见》《吗啡及阿

第四章 民国时期重要的法医学人物

片中毒实验》《鸦片之害：阿片及吗啡中毒的病理实验》《检验烟犯意见》等文章。②尸体检验方面。林几认为："按各国法医检验尸体，其尸更新鲜，故经解剖可解决。但我国验伤送检尸体，多已腐，甚至死后数年，方求复验。"因此，林几注重已腐尸体、开棺验尸、腐尸中毒等研究，发表《已腐溺尸溺死液痕迹之证出新法》《北平大学医学院法医学教室廿四年度疑案鉴定实例续编：第廿八例：渊字第五四号（廿五年四月廿日）：鉴定说明事由：已托检取×××等杀人上诉案之被害人×××氏腐尸内脏化验是否因毒毙命且系何种毒物由》等文章。③猝死方面。林几统计，猝死中，"心血管占33%，呼吸占12%，消化占10%，神经占7%，泌尿占2%，传染病占2%，其他虚脱、冷热、出血等占34%"。而猝死发病与季节有关，林几发现，"暮夜、中宵、7—9月间最常见"。④死因分析方面。林几收集1932—1937年检验的2000多例案件，其中外伤死亡占46.5%、中毒占27%、窒息死亡占23.5%、猝死占3%。这是我国20世纪30年代各种原因死亡和死因分析的宝贵资料。林几根据实际情况研究中国法医学，这是他成功治学的学术思想。

（2）提倡"大法医学"的学术思想。林几的"大法医学"理念在1928年写的《拟以创立中央大学医学院法医学科教室意见书》里就有体现，在《司法行政部法医研究所一周年工作报告》和《二十年来法医学之进步》中得到完善。林几在《司法行政部法医研究所一周年报告》中指出："夫法医之为专门科学，于司法设施上颇占重要。不独刑事检验为然，即所有人证、物证均需科学的方法为鉴定之标准也。""学术包括法律、医药、理化、生物学、毒化、心理、侦查各科。事例分别民事、刑事各案。以科学之方式，判人事之是非。"林几在《二十年来法医学之进步》中说："三十余年前法医学之运用，仅限于鉴定罪迹，故名裁判医学，而将毒物检验另称裁判化学，归药学化学家研究。日久发现应用实多不便。近廿年来，渐将医学内科之中毒学、病理学内之急性慢性中毒及药科之裁判化学、毒物学容纳于法医学内，另创为法医中毒学、裁判毒物学，同时更据法医学与心理诸学家研究，公认犯罪行为多出于社会或个人之不健全及疾病的心神变态。而法庭需要心神鉴定之案件日繁，遂更采犯罪心理学及精神病学与犯行征象容纳于法医学；创为法医精神病学。迨近十余年来，涉于法医学之问题更趋繁重，致研究领域与应用范围益形扩大，无论立法、司法、行政三界，以至全社会凡企谋人群康健幸福、维护个人身心健全、永保民族繁昌诸问题，倘与实施法令暨医药等自然科学有关者，莫不包容于法医学。"他对法医学的三个方面发展，即法医学研究和检案的范围、法医学分支学科、法医学学进行了阐述。关于法医学研究和检案的范围，林几认为，除常规尸体、活体、中毒、血清学等检验外，为适应审判需要，应扩大检验，如检验笔迹、印章、指纹、足迹、枪弹、精神状态等业务，类似现在"法医、物证、毒物、文检、法医精神病"等司法鉴定管理类别。可见，林几在主持司法行政部法医研究所工作期间检案工作就是"大法医学"的实践，他提出"大法医学"发展理念就是现代"司法鉴定"概念。关于法医分支学科，林几认为，随着法医学发展，"遂陆续更有伪病学（simulation malingering）、健康保险医学（medicine of life insurance）、灾害医学（medicine of accidents）、社会病理学（social pathology）、施刑医学（medicine knowledge applied to prisoners）等专门分科"。关于法医学学（science of forensic medicine），即以法医学本身发展为研究对象的科学，如法医学史、法医法学、法医遴选、法医待遇、法医奖惩、法医体制等。林几提出："法部（指司法行政部）应修颁条例，提高法医师、司法检验员待遇；准与法官同享保障。考试院应视其为专门职业，考试后叙职。"值得一提的是，林几当年的设想，今天有的已实现，有的还在努力之中，我国现有近80000名司法鉴定工作者，成立了中国法医学会，已建立法医病理学、法医临床学、法医物证学、法医损伤学、法医毒物学、法医精神病学、医疗损害等专业委员会，多个地方成立了法医学会和司法鉴定协会，出版《中国法医学杂志》、《法医学杂志》、《中国司法鉴定》、《证据科学》、《法庭科学研究》（Forensic Sciences Research）、《法庭科学与法医学杂志》（Journal of Forensic Science and Medicine）等刊物，还广泛开展了中外法医学学术交流。

（3）"法医学是国家应用医学"的观点。这是林几又一重要的学术思想。中文语境中的"国家医学"一词很可能源于清末对明治日本医学的译介。1904年，《新民丛报》刊登了署名"我我生"的文章——《论国家医学之性质》。为了体现国家医学在整个西方医学中的位置，"我我生"使用了"医学之系统图"（图4-8）。他将医学分为两大类：一类是"要素"（element，应译为"基本"或"基础"），即"构成医学基础之诸学科"，如物理学、化学、解剖学、组织学等。另一类是"应用"，包括三方面："一为治疗上应用，应用医学之学理原则，以治疗既发之病疴。二为卫生上应用，应用医学之学理原则防制未发之疾病，增进民众之健康。又别之为二：各自卫生学，专论个人之卫生；公众卫生学，泛论公众之卫生。三为法律上应用，以医学之学理原则应用于法律上，一以助新法律之制定，一以解明法律执行上，即裁判上之医事问题。是之谓'法医学'，又云'裁判医学'。三大应用，其体一，其用三。又因治疗上应用与卫生上应用之各自卫生学为对于私人之医学，故合成之而颜曰各人医学（individual medicine）。

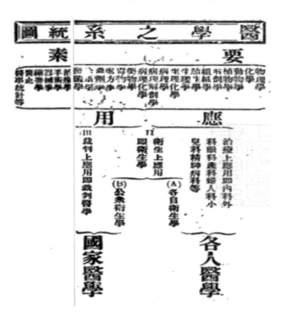

图4-8 医学之系统图

［引自：我我生. 论国家医学之性质［J］. 新民丛报，1904，3（12）：63-67.］

又因卫生上应用之公众卫生学与法医学为对于国家之医学，故合成之而颜曰：国家医学（state medicine）。""我我生"的这篇文章实则翻译自日本东京帝国大学医科大学教授片山国嘉在1889年的演说。1879年，片山国嘉从东京大学毕业后留学德国，专攻法医学。回到日本之后，他在东京帝国大学成立了短期培训课程——"国家医学讲习科"，向全日本有志于通过医学为国家服务的医师讲授"病理解剖式""卫生学""裁判医学""精神医学""日本医制及卫生法"五门课程，是日本近代法医学的重要推动者。

林几在《二十年来法医学之进步》中说："法医学为国家社会应用科学之一。"他又在《实验法医学》绪言中说："此学科研究及实用范围包罗至广，为国家应用医学之一。凡立法司法行政之方面，无不有需于法医师，即其需要之最小范围亦可助司法之各种刑法民事案件之鉴定，并伪证或匿病之检查。故法医学者是以医学及自然科学为基础而鉴定且研究法律上问题者也。"显然，这与片山国嘉对国家医学和法医学的理解一脉相承。林几所说的"国家应用医学"就是所谓的"国家医学"。"国家医学"在被介绍到日本时也被称为"公医学"，与包含治疗医学的"个人医学"相对。正因为如此，林几认为他所创造的"法医师"概念来源于德国的公医制，他在《实验法医学》中说："德国制度在城乡均设有公医。公医资格须由医科大学毕业后在法医、病理、精神病及主要临床科目各科实习至三年以上后方得准与公医试验。所录后始得充为公医。而公医性质颇似中国之官医，有权参件……与当地医事行政及法医检查事件……刻我国公医制度未克实行，医校设备似欠周密故对于法医师资格在事实上不能过于严格，然亦不可过于草率，以贻大误。"林几在此时重新提出以法医作为公医的一种，体现出德国、日本医学对于近代中国的持久影响。林几在《实用法医学》中对法医学作为国家应用医学同其他医学学科及相关的心理学、法律及化学毒物学之间的关系做了非常精辟的概括（图4-9）。林几希望国家按照法医学自身内在规律扶持和保障该学科发展，根据我国

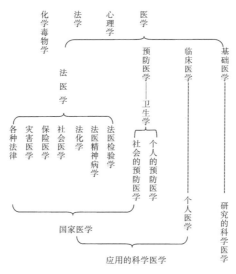

图4-9　林几提出的法医学与医学其他学科及心理学、法学、化学毒物学之间的关系
（引自：林几. 实验法医学绪言总论［J］. 法医月刊，1934（4）：1-4.）

法医学发展特点，以国家社会应用、公益服务和对司法案件负责为该学科的法律定位，以专门机构、专门服务、专业人才、专家管理为该学科的社会定位，按研究所规模配备先进仪器、云集各类专家，以适应国家应用科学的法医学鉴定重大任务。林几这一学术思想符合世界各国法医学发展的要求，也是当前我国法医体制改革的正确思路。

（4）扬弃、吸收我国古代法医学成果的学术思想。林几对中国古代法医学家宋慈的《洗冤集录》赞赏有加，说："吾人固至爱我中华，敬仰我古人，佩其富有思想，艰于创作。"但到了18世纪，由于西方医学的发展，法医学逐步进入科学化发展阶段，而中国仍然维持尸表检验。他感叹地说："而惜后人不能追踪精研，推旧更新，延至今日，终落人后，不亦悲夫！"林几对我国古代法医学采用"汲取精华、弃之糟粕"的科学态度至今仍有指导意义。有关这一部分内容，参见第三章第一节"民国时期对古代法医学的继承与批判"。

（5）法医学是实验科学的学术思想。林几还有一个观点是"法医学重在实验"。跟随林几多年的陈康颐对此深有体会，他说："林师常说外国的东西也有长处和短处，有正确的、也有错误的，要实验验证，只有反复实验，才能了解透彻，从实践中得出真知。所以，他的论文大多是关于实验方面的。"林几的《实验法医学》《法医学四种小实验》《已历数年两个疑案：棺朽掺和泥土已腐之尸体内脏毒物之检见并付骨伤及年龄之证明》等都是在大量实验基础上得出结论的。林几重视科学实验，不单纯为办案而检验，而是把案子作为科研对象进行"学理研究"，这是"匠"与"家"的区别，林几是真正的法医学大家。林几在《法医月刊》发表的《实验法医学》有以下特点：一是以法医实际需要编排内容；二是以实验的观点对待法医学的理论与实践；三是以实验的视角对待前人和现存法医成果；四是以实验的态度纠正古代法医学检验错误；五是以实验的技术规范研究新出现检验内容。林几实验法医学观点在今天仍有现实价值。

（6）"公正平允"的学术思想。林几认为法医学鉴定结论是科学家"认识"的真实性，并不完全是"事实"的真实性，法医学追求的是"认识"和"事实"二者的接近，这也是法医哲学研究的范畴。显然，不同鉴定人由于认识水平和掌握技术的差异其鉴定结果可能出现偏差，但鉴定人必须正直，不带私心杂念，不能违背科学，这样才可以接近事实真相，否则有悖法医科学的本质特征。为此，林几在每份鉴定书的末尾加上说明，写有"本说明系据学理事实""本鉴定系公正平允，真实不虚"。林几在高度揭示法医科学本质内涵和科学手段之间关系的前提下提出法医学鉴定人自身修养的问题，是林几又一学术思想。林几这一学术思想深深影响着他的学生陈康颐。陈康颐为了纪念林几的教诲，把自己的四个子女分别取名守公、守正、守平、守允，这是我国法医学界的又一佳话。

林几享年仅54岁，可活跃在法医学界竟达30年之久。大凡研究中国法医学史和接触过林几的学者都知道，林几是一位与时间赛跑的法医科学家，无论学医、留学，创办国立北平大学医学院法医教室、司法行政部法医研究所，还是在西北联大及中央大学法医科，他始终如一，毕生不遗余力地致力于法医学教学、科研、检案工作，以其鲜明的教育思想、学术思想和组织能力、宽广的视野为中国现代法医学的形成和发展做出巨大贡献，成为公认的我国现代法医学奠基人。

林几于 1934 年 10 月 23 日与林惠女士结婚（图 4-10），婚后未育子女，林几夫妇把自己培养的学生视为己出。时至今日，他的几代学生还把林几夫妇视作慈父慈母，其情谊远远超越了师生关系，以至于 1951 年 11 月 20 日林几病逝时，他所有的学生无不悲痛垂泪，火化时由陈康颐点火。林几的遗愿由他一代又一代学生完成，而他的精神则永远留在中国法医学界。这正是林几留给我们的宝贵财富。

图 4-10　林几夫妇结婚照（1934 年 10 月 23 日摄于上海青年会）

林几毕生为法医事业奋斗，法医学学人没有忘记他。从 20 世纪 50 年代开始，他的名字在各种杂志上出现。他的事迹被收入《辞海·医疗卫生分册》以及《近现代福州名人》等地方志、人物志和法医学著作之中。1991 年，林几逝世 40 周年时，中国法医学会开展纪念活动，《中国法医学杂志》开辟专栏刊登黄瑞亭等研究林几教育、学术思想的文章。1992 年，《国际法庭科学杂志》（*Forensic Science International*）刊登黄瑞亭介绍林几法医生涯的学术论文——《林几（1897—1951）：中国现代法医学奠基人》（"*LIN JI*（1897—1951），*The Founder of Chinese Modern Forensic Medicine*"）。1997 年林几 100 周年诞辰时，司法部司法鉴定科学技术研究所在上海召开纪念活动，并在《法医学杂志》上刊登了黄瑞亭等纪念林几的文章。2007 年林几 110 周年诞辰时，《中国法医学杂志》再次开辟专栏刊登黄瑞亭纪念林几的文章《百年之功——纪念林几诞辰 110 周年》。2017 年，《中国法医学杂志》第 32 卷第 6 期发表了黄瑞亭的《林几学术思想及其当代价值——纪念林几诞辰 120 周年》一文，《中国司法鉴定》杂志也组织了纪念林几 120 周年诞辰征文活动。2021 年，值林几逝世 70 周年之际，《中国法医学杂志》第 36 卷第 5 期发表了胡丙杰、黄瑞亭的纪念文章《中国现代法医学奠基人林几论著目录系年及述评——纪念林几教授逝世 70 周年》。今天，我们再次缅怀这位杰出的法医学家、教育家、社会活动家、中国现代法医学奠基人,重温他的教育思想、学术思想,对振兴我国法医学事业是有积极意义的,同时对目前法医学体制改革也是大有裨益的。

三、林几与罗文干

林几成为司法行政部法医研究所第一任所长,与自己的努力有关,也离不开时任司法行政部部长罗文干(图4-11)的发现与栽培。

(一)罗文干其人其事

罗文干(1889—1940),广东番禺人。早年留学英国,回国后任广东审判厅厅长。民国成立后,历任广东都督司法局局长、高等检察厅厅长、北洋政府总检察厅厅长、内阁司法次长、大理院院长、司法总长、财政总长、南京国民政府司法行政部部长、外交部部长、国防会议参议、西南联大教授等。1940年10月罗文干病逝于广东乐昌。

图4-11 罗文干
(引自:黄瑞亭. 罗文干与中国早期的法医研究所[J]. 中国法医学杂志,2015,30(3):343-344.)

罗文干在任司法行政部部长期间发现、重用林几,并对林几创办法医研究所予以大力支持,使我国跨入现代法医学的行列,可以说,罗文干的功绩不可磨灭。

1."罗文干案"

1924年,罗文干在北京《晨报六周纪念增刊》发表《身受之司法滋味》一文。据该文介绍,1922年,时任财政总长的罗文干卷入一场冤狱。当时直系军阀内部权争激烈,王宠惠代表吴佩孚"洛阳派"出任总理,"保定派"不服,推议长吴景濂出马,密谋倒阁。王宠惠内阁以"好人政府"著称,王宠惠、罗文干、顾维钧等,都是技术官僚型的"海归派",办事循规蹈矩,吴景濂抓不到什么把柄,就制造冤案。1922年11月18日晚,吴景濂胁迫总统黎元洪下令拘捕财政总长罗文干,罪名是从奥地利借款交涉中收受贿赂,而其实罗文干只是按照惯例将佣金留作财政部"福利金",没有一分钱落入个人腰包。北京地方检察厅坚持独立办案,认为没有证据不能定案,要求无罪释放,遭到吴景濂、曹锟粗暴干涉,罗文干由此三进三出,闹出了民国初期司法界一场最大的风波。继任司法总长不断撤换检察官,将大理院长董康降职,逼得修订法律馆总裁江庸及各地司法官员辞职抗议。到1924年春,罗文干终因"没有任何证据"而被无罪释放。

罗文干也有他的梦想。早在1932年,作为近代中国影响最大的一份刊物——商务印书馆主办的《东方杂志》曾围绕"梦想"话题发表过一组文章。1932年11月1日,杂志主编胡愈之向全国各界知名人士发函400余份,提出两个问题:一是"先生梦想中的未来中国是怎样?"二是"先生个人生活中有什么梦想?"截至1932年12月5日,共收到回函160余封。1933年元旦,《东方杂志》第30卷第1号推出"新年的梦想"专栏。在"梦想的中国"部分,外交部部长罗文干撰文谈自己的梦想。他梦想着"政府能统一全国,免人说我无组织。内争的勇敢毅力,转用来对外。武官不怕死,文官不贪钱;妇女管理家务,崇尚勤俭,不学摩登;青年勤俭刻苦,不穿洋服;振兴国货,土匪绝迹,外患消除。四民安居乐业,世界共享太平"。罗文干当时还兼任司法行政部部长,从罗文干谈梦想的内容可以看出,当时罗文干对中国未来充满期望,也对中国内忧外患十分担忧。这里有历史背景,一是日本鲸吞东三省,二是淞沪会战爆发。作为身兼外交部部长和司法行政部部长的罗文干,多么期待祖国能"土匪绝迹,外患消除。四民安居乐业,世界共享太平",但面临当时的情况,他期待对外强硬、对内团结,"武官不怕死,文官不贪钱""政府能统一全国",充满政治现实主义色彩。透过罗文干的梦想,我们还可以看到,他所期待的是有能力、有组织和有毅力的人来担当实现梦想的重担。这在他任内选任用人的风格就可以看出来。

2. 罗文干的行事风格

罗文干行事风格是很特别的。从以下几件小事我们可以了解罗文干的行事风格。

罗文干早年留学英国牛津大学学习法律,宣统元年(1909)毕业获法学博士学位。回国后他被评为留学生最优,赐法政科进士,自命为"有职业而不靠政治吃饭"的自由主义知识分子。罗文干曾受聘于北京大学法律系,他和同在北大的蔡元培、王宠惠、胡适、李大钊、高一涵、梁漱溟等人过从甚密。几个好朋友时常在一起讨论时局,还联署发布了引起很大反响的《我们的政治主张》,十余名学者一起呼吁"好人须要有奋斗的精神""出来和恶势力奋斗",不要洁身自好,要积极从政,改造社会,"要做奋斗的好人"。不久,王宠惠组阁,罗文干出任财政总长。当时社会对他们期待很高,称之为"好人政府"。可惜在乱世中,好人斗不过枭雄,罗文干心高气盛,不愿与政敌妥协,被人抓住小辫子不放,导致"好人政府"仅70余天就被迫解散,自己也锒铛入狱数月之久。王宠惠和蔡元培四处展开营救,罗文干自己倒认为清者自清,不以为意。张君劢带着自己的宪法新著去狱中看他,他就利用在监狱里的时间写成厚厚的一本《狱中人语》,洋洋洒洒地与张君劢讨论宪法问题。

罗文干出狱后任司法行政部部长。1931年1月28日,十九路军在上海闸北与日军展开激战,司法行政部部长罗文干就在这一天兼任外交部部长。罗文干主张"无论日军攻至何处,必抵抗不屈",认为只有坚决抵抗,才有真正的外交,要求增兵支持上海,与主张"适可而止"的上层爆发了冲突。《塘沽协议》出笼之后,罗文干愤而辞职,到西南联大当教授去了。

罗文干为官廉洁。当时外交部部长照例每个月有3万元的特别办公费,无须报销,可直接支取,这笔费用一直被当作部长的福利。但罗文干却严守法度,卸任时,竟将数年节余的特别经费90余万元如数交还国库,为历任部长未有之举。罗文干为人十分风趣。他两腿修长,上楼梯常常一步两级。别人问他为何如此,他答道"我身兼两职,假如不是一步两级,那是不合法的。"全面抗战初期,政府推动欧美外交,他和陈公博访问意大利,会见外长齐亚诺;罗文干在宴会上拿出一张名片,说道:"齐亚诺先生,我介绍陈公博这个淘气小孩给你。"

罗文干还有个不穿西服的特点。他除了正式的外交场合之外,绝不说英语,而且不穿西装,平时的打扮是脚穿布鞋,身着绸袍。遇到外宾到来,他就把一套崭新的蓝袍黑褂穿上,等接待仪式结束,又换回长袍。罗文干不仅喜欢中式服装,也喜欢中国美食。

他根据自己周游多国的经验,得出"一国的菜品好坏与该国历史的长短成正比"的结论,他认为历史长的国家才会有好的菜肴,因为一国的饮食"也是先民经验的累积,经过不断改良才慢慢进步的"。民国初年,西风盛行,国会甚至确定西方的燕尾服作为中国正式场合的礼服,罗文干大不以为然,认为此举是"不问吾国之丝绸,不审中外居处之不同,不知欧亚气候之各异,不察硬领高帽之痛苦"。从衣服的问题发散开去,他在《国闻周报》和《晨报》上逐一罗列当时中国采用外国制度的许多问题,他说外国制度虽好,但不能盲目抄袭而全不问外国制度实施的历史沿革和社会条件。他举例说,科举制本来是官员选拔很好的制度,大家公平竞争,有智力和能力者能通过考试做官,现在学习西方,贸然废除科举,改成了西方式的选举,"百姓不知选权为何物,防弊之法,又不如外国之严",许多没有能力的地方恶绅通过操纵选举当上了大官,造成民国初期官场的乱象。他说,"外国制度,其关乎政治法律经济社会者,莫不循渐以进出于自然","制度之设立变迁,应以制度就人,不应以人就制度也"。拥有牛津大学法学博士的头衔,会英语、德语和拉丁文的罗文干当然不是一个守旧的人。在法律继受的问题上,他主张学习西洋法学家对待古希腊罗马法律的态度和方法:先是"注疏"解释,继而以"理性的研究"分析其合理与否,再以"历史的寻源"判断其是否符合本国国情,最后以"进化的探讨"以求其如何适合现状。

前已述及,1931年12月,罗文干被任命为司法行政部部长,仅隔一个月又被任命为外交部部长。应该说,罗文干在司法行政部干得很出色、顺利。但罗文干的另一个职务影响了他,那就是外交部的部长职务。

1932年1月28日至1933年12月2日,罗文干出任国民政府外交部部长。在担任外长期间,他处理对日问题的基本立场是中国对日本的侵略要坚决抵抗,在此前提条件下再依靠英、美等国解决中日冲突,而不是完全依赖他国。同时,由于日本企图通过与中国直接交涉以强迫中国接受其奴役条件,罗文干坚决反对与日本直接交涉,反对国民政府对日妥协。他与蒋介石的主张既有相同的一面,又有矛盾的一面。由于两人在依靠西方国家政策上具有相同的一面,蒋介石任命罗文干兼任外交部部长;由于在是否坚决抵抗和是否妥协的问题上意见不同,两人之间爆发了一系列矛盾,罗文干因此被免去外交部部长职务。1934年10月17日,罗文干再辞去司法行政部部长职务。1934年10月23日至12月23日,司法行政部部长由司法院院长居正兼任。1934年12月23日居正辞去兼职,司法行政部部长由王用宾接任,直至1937年12月13日。

(二)罗文干与法医研究所

1924年12月,林几在北京《晨报六周纪念增刊》发表《司法改良与法医学之关系》的文章。文章内容既讲仵作检验和现代法医学的比较,又讲培养法医和收回领事裁判权、法医学改革在司法改革中重要性,重点是重证据、重科学。十分凑巧的是,罗文干也在北京《晨报六周纪念增刊》同一期上发表了《身受之司法滋味》的文章,以自己的切身体会,谈自己身陷囹圄的感受、司法证据的重要性和司法证据缺乏的危害性、要求重科学证据的信条。此外,林几留学德国,罗文干留学英国,二人有相似的求学背景、思想和司法理念。

《拟议创立中央大学医学院法医学科教室意见书》(以下简称《中大意见书》)是

林几 1928 年留学回国后不久发表的。林几在《中大意见书》中的"按"中写道:"此意见系因(民国)十七年(1928)夏初,江苏省政府提议于中央政治会议,有《速成法医人才》一案,经议决交大学院办理。大学院批复中央大学校,中大①乃令吴淞之医学院核复。又在最近颁布之《训政时期国民政府施政纲领草案》,关于司法部项内,亦有《养成法医人才》一项。"而这一时期,罗文干于 1926 年 7 月任杜锡珪内阁司法总长;1927 年 1 月任顾维钧内阁司法部总长,6 月去职;1928 年 1 月任广东高等法院院长;1928 年 12 月受聘为东北边防军司令长官公署顾问。应该说,罗文干对司法部中的"养成法医人才"是关心和熟悉的。因此,他对林几所提出的建议并不陌生。

林几回国后就开始筹办国立北平大学医学院法医学教室。1930 年 8 月,国立北平大学医学院法医学教室成立,林几任主任教授,并开设法医学必修课,接受各地送检的法医鉴定案件。1931 年,林几为国立北平大学医学院拟定《筹设北平法医学研究科及检验机关意见书》(以下简称《北平意见书》)。林几的这份《北平意见书》是根据其 1928 年的《中大意见书》进行修改后的版本。《北平意见书》于 1932 年 1 月 7 日才呈送司法行政部,1932 年 2 月,刚刚接任的司法行政部部长罗文干致函国立北平大学医学院,认为《北平意见书》不切实际,方今"中央厉行紧缩政策之际本部固属力有未逮",而医学院同时举办三个机关难免顾此失彼,最后只同意资助北平医学院建立华北法医人员养成所。3 月 25 日,林几再次写信向司法行政部说明《北平意见书》,并指所谓经济问题恐不存在,因上海之法医检验所的耗费数倍于附设医学院之北平法医检验所。5 月 2 日,司法行政部回函称:第一项之创设法医研究科应再议;第二项法医检验所"似非必要",因"本部已在真茹筹办法医研究所",最高法院如有疑难案件应直接送至该所办理为宜;第三项法医人员养成所本部认为可行,同时命令河北高等法院与国立北平大学医学院接洽,商量合办事宜。总之,一切应以"增高效率,减省开支为要义"。

林几曾在《法医月刊》上介绍:"司法行政部有鉴于斯,遂有筹设法医研究机构计划。在第三二四号中央政治局会议议决,亦认有培育法医人才之必要。民国十八年部委孙逵方开始筹备。十九年七月设法医检验所筹备处于上海。并在真茹购地建屋,久未就绪。至廿一年一月,突以日兵压进,真茹被占,遂暂停顿。四月十三日,几②奉部令接任筹备,改名为法医研究所。五月后,日兵始退,收回所址,交涉结果尚鲜损失。又以检毒、验伤、验病等,急需仪器、药品,乃于力求撙节之中,酌行购置,至七月抄一切粗全,将竞备处实行结束。八月一日,法医研究所正式成立。"

1929 年《司法行政部训政时期工作分配年表》中"丁、训练司法人才"的第二项工作就是"设立法医研究所"。1928 年 11 月 26 日至 1930 年 4 月 18 日,留学法国并获巴黎大学法学博士学位的魏道明任司法行政部部长。他任命留学法国、获巴黎大学医学院法医学博士学位的孙逵方为"法医研究所筹备主任",孙逵方于 1929 年奉司法行政部令回国,到上海筹建"司法行政部法医研究所"。

---

① 中大:指中央大学。
② 几:指林几。

1931年10月，魏道明被任命为南京特别市市长。1931年12月，罗文干被任命为司法行政部部长（1932年1月1日至1934年10月23日）。而此时的法医研究所筹备工作"久未就绪"，1932年1月因"日兵压进，真茹被占，遂暂停顿"。1932年4月，罗文干选用林几"接任筹备"；8月1日，司法行政部法医研究所正式成立，林几任首任所长。至于罗文干为何选用林几接替孙逵方，其确切缘由目前还查不到文献。不过，我们可以从上面所述罗文干与林几的相识与交往的一些零散的记载看出端倪。尽管罗文干认为林几的《北平意见书》不切实际，但对林几创办国立北平大学医学院法医学教室所展现的渊博学识和办事风格，以及对法医学事业的执着追求和卓越才干却十分欣赏，因此，罗文干上任伊始就选择林几接替孙逵方担任法医检验所筹办人。林几不负期望，在法医研究所筹备工作中进一步提出自己的计划：法医研究所不仅要面向全国检案，还要进行科学研究、创办杂志及培养人才。林几的设想得到罗文干的支持。据1935年第14期《法医月刊》"消息"栏目的《法医研究所易长》报道："因鉴于法医检务之重要，决议创设法医机关……至廿一年罗部长接任后，派林几为所长。"罗文干十分看重林几，选拔林几为法医研究所所长，并一直关注其发展，从以下几件事可以得到验证。

一是法医研究所开支。据林几在《法医月刊》发表的《司法行政部法医研究所一周年报告》介绍："本所二十一年度经费预算为五万三千七百八十四元。每月计四千四百八十二元。二十二年度起，因开设研究班招收研究员，所务扩充，各项经费均激增。"

二是创办《法医月刊》。《法医月刊》的封面刊名由罗文干亲自题写。《法医月刊》的办刊费用也由司法行政部开支。

三是培养法医研究员。法医研究所招收和培养法医研究员的开支由司法行政部负责。林几在培养研究员的同时，让学员撰写论文，将实际检案和科学实验在《法医月刊》上发表，收到很好的社会效果。罗文干也十分赞赏，还为《法医月刊》题词"法推洞垣"予以褒奖，"法推"即法官和推事，"洞垣"即清代陈士铎医学著作《洞垣全书》，意即法医学洗冤如同医书《洞垣全书》一样起死回生。这是罗文干对林几创办法医研究所和《法医月刊》的高度评价，也是对林几工作的支持及对其成绩的认可。

四是聘请名誉技术专员。为解决疑难案件的鉴定，便于业务开展，研究所聘请了外部的专门人才为名誉技术专员，所需费用由司法行政部开支。

五是购置设备和图书。法医研究所有关大小仪器均购自德国、美国、法国。林几在报告中说："法医学所关于学科已多，国内专门科学书籍又罕，故不得不借重欧、美、日本图书，以资参考。唯本所限于经费，除职员私有者外，所中关于法医学图书设备不满三千元。兹一年中极力节减而增购图书七百元。现计备有中、德、日、法、英五国文献六百余种。"可见，图书设备是一笔不小的开支，这也是司法行政部予以的支持。

（三）罗文干辞职与林几回北平

1934年10月23日，罗文干辞去司法行政部部长职务。1934年12月19日，王用宾被任命为司法行政部部长。1935年3月，林几辞去司法行政部法医研究所所长职务，回国立北平大学医学院任法医学教室主任教授。孙逵方重返司法行政部法医研究所，接替林几任所长。

罗文干担任司法行政部部长期间,任命林几为首任法医研究所所长,他还支持林几招收法医研究员、创办《法医月刊》、检验全国各地疑难案件,推动了我国现代法医学的发展,其功绩应载入法医学史册。

四、林几发表《司法行政部法医研究所成立一周年报告》

1934年1月1日,林几在《法医月刊》创刊号上发表题为《司法行政部法医研究所成立一周年报告》(具体内容参见本书第二章第四节"民国时期法医学科学研究构建")。这是司法行政部法医研究所自1932年8月成立以来对开展检案、研究、准备办刊、培养研究员、成立研究会以及法医研究所工作范围、经费开支、下一步工作计划等全面总结的公开报告,是我国现代法医学发展史上非常重要、珍贵的一份历史文献。

该工作报告分六大部分:一是缘起;二是布置和设备;三是职掌范围、职务分配及系统;四是经费预算及支配;五是成立一周年经办事项;六是逐年计划。

林几在"缘起"里将法医研究所筹备的原因和经过讲得非常透彻:

> 夫法医之为专门学科,于司法设施上颇占重要。不独刑事检验为然,即所有人证物证无一不须科学的方法为鉴定之标准也。吾国法医人才极感缺乏,故每逢疑难案件,辄无明确鉴定借以定谳。而外人方面更得借口我国司法制度不良,侵我法权。虽经交涉,终未收回。故为谋改进司法设施,亟应创立专门法医,以求适合科学之鉴定。庶可杜绝外人口实,而维护法律之公允与尊严也。
>
> 司法行政部有鉴于斯,遂有筹设法医研究机关计划。在第三二四中央政治会议议决,亦认有培育法医人才之必要。当经国府洛字第二六八号明令在案。民国十八年部委孙逵方开始筹备。十九年七月设法医检验所筹备处于上海,并在真茹购地建屋,久未就绪。至二十一年一月突以日兵压进,真茹被占,遂暂停顿。四月十三日,几奉部令接任筹备,改名为法医研究所。五月后,日兵始退。收回所址,交涉结果,尚鲜损失。又以检毒、验伤、验病等急需仪器药品,乃于力求撙节之中,酌行购置。至七月抄一切粗全,将竟备处实行结束。八月一日法医研究所正式成立,迄今以及一载。所有经过情形,并将来计划择要略陈梗概。虽不敢言成绩,而经验所得,事实俱在。

随后,林几将法医研究所布置、设备、职能、职务、组织系统、经费及一年来经办事项等做全面介绍,并向全社会公开。经办事项中,包括检验法医学案件、科学研究、编审法医学图书与规章规则、培养法医人才四项。

该报告中最为详细的是之后6年(1933—1938年)法医研究所的逐年计划。除了法医研究所建设外,还有全国法医人才培养和筹建法医专门大学以及建设全国5个分所的法医布局和法医制度建设,更有法医检验标准化建设、法医学教材编制,甚至还有法学院、警察学院的法医教学和人才培养计划。所以,林几的《司法行政部法医研究所成立一周年报告》是一份非常值得研究的、中国现代法医学史上的重要文献。

可惜,林几于1935年夏离开法医研究所回到国立北平大学医学院任教,他的计划并没有完全实现。但他的法医学学术思想、法医学教育思想和法医学制度设计,却在中国法医学史上留下深深的烙印。

五、林几的《实验法医学》

《实验法医学》是林几自步入法医生涯就开始收集资料、构思内容、不断写作并于1951年完成但没有出版的遗作。《实验法医学》倾注了林几的毕生心血。

（一）林几《实验法医学》的主要特点

林几关于《实验法医学》的观点，就是把每个案件都当作科学实验去完成。一般来说，一个成功的法医有两条路可走：一是按程序或规程完成每一个法医鉴定，日积月累，经验丰富，受到认可；二是在前者基础上，用"心"去做每个案件的科学实验，总结经验，提炼理论，为后人铺路。林几就是后者，他是一个伟大的法医学家。

1. 以法医实际需要编排内容

从《实验法医学》的目录来看，其内容包括概论、医师与医业、司法应用之法医学、创伤与法检、死因死象及检骨、窒息、中毒死伤、心神鉴定、伪匿病伤之鉴定、猥亵行为及性能检查、妊娠与堕胎行为及杀婴行为、亲权鉴定、个人异同鉴定、斑痕检查、医术过误问题十五章。本书的编排基本上成为后世我国法医学书籍的蓝本，如陈康颐、陈东启主编的《法医学》教材、郭景元主编的《实用法医学》等都参考了该书的编排。

2. 以实验的观点对待法医学的理论与实践

窒息应分为内窒息和外窒息，不能只讲机械性窒息。在林几看来，案例是实验的过程，是创造理论和检验理论的过程，也是促进理论发展的过程。为什么林几没有使用机械性窒息一词，而用"外力窒息"一词？因为，在他看来，窒息可以分为外力窒息、中毒窒息、电窒息、病理窒息、缺氧窒息、新生儿窒息。所以，"外力"是窒息手段，"外力"中的"缢、绞、扼、溺"是窒息方式，属鉴定材料范畴。林几认为，鉴定外力窒息是法医必须掌握的基本工作，但我国法医实践中有不少国外没有、本国特有的检验内容，谓之"外力窒息鉴定新材料"，即现在法医学上的非典型机械性窒息，包括隔勒、口鼻贴纸、榃死、游湖非刑、醍醐非刑、活埋、土布袋非刑等。

3. 以实验的视角对待前人和现存法医成果

林几在德国留学时曾和法医骨病理学专家施米特（O. Schmidt）教授讨论骨伤问题。两人都认为：骨折或骨裂容易证明，但是生前骨伤抑或死后骨伤则难区别。林几在任司法行政部法医研究所所长时，曾专门对此进行了研究。他先是将10只狗打伤致骨折，详细记录原伤部位，然后处死，分别埋于法医研究所后花园内。经两年，待狗尸肌肉腐败后，再挖掘检骨，对照原来记录，在紫外线下观察。结果发现，生前打伤骨折处可见土棕色荧光。然后，他再把未骨折处用锤击致骨折，也在紫外线下观察，结果见白色荧光。他还发现生前打伤骨质有出血者，用刀刮或水冲洗，出血斑痕均不能去除，因为骨质出血在深部。林几用此办法解决了30例骨折案的生前死后伤判定，如许宝聚案：死者许宝聚，死亡已5年，死者家属反复告状。受法院委托，开棺检验许宝聚尸体。开棺见尸体只剩一具白骨。经检查头骨有骨折。为排除是否挖尸时被土工碰伤致骨折，林几将颅骨骨折处放在紫外线下观察，发现有土棕色荧光。然后，用力锤击骨折裂部上方，使骨裂部分延长，继续观察，结果在紫外线下原来骨折处出现土棕色荧光，而人工延长部分骨折处见白色荧光。因此，经林几鉴定为"许宝聚的头部生前受暴力打击"。由于林几的科学鉴定结论，使累讼五年的案件很快得到解决。

（二）林几《实验法医学》的形成过程

林几手稿原名为《简明法医学》，后改为《实验法医学》。为什么改作《实验法医学》呢？这是有原因的。

据黄瑞亭研究，林几的"实验法医学"观点很早就已形成。林几从国立北平大学医学院毕业留校任病理助教期间，在《医事月刊》1923年第1期和1924年第9期上分别发表了《人力车夫心脏及脉搏之变态》和《新颖之血族鉴定方法》，前者是关于病理实验室检验，后者是关于血清学实验室检验。林几在德国留学期间，1926年在《中华医学杂志》上发表《最近法医学界鉴定法之进步》，1927年在《东方杂志》上发表《亲生子之鉴定：法医学上问题》，在《法律评论》上发表《谁残留的精痕之鉴定》《检查精痕之简便方法》，以及在《中华医学杂志》上发表《父权确定诉讼法对血球凝集反应现象（四簇）之运用及实例》，主要是关于血清学实验、亲子鉴定和精斑检验方法等。林几回国后，1928年在《中华医学杂志》上发表《拟议创立中央大学医学院法医学科教室意见书》，正式提出法医学教育思想和实验法医学观点；1929年在《卫生公报》上发表《吗啡及阿片中毒实验》文章。由此可见，林几在接触法医学、留德专攻法医学和从事法医学工作期间都把科学实验作为法医学研究的重点。1934年，林几在《法医月刊》第4至第7期连载发表《实验法医学》；同时，在《法医月刊》发表《法医学四种小实验》《氰化钾中毒实验之说明》《检验烟犯意见》《骨质血瘀之价值及紫外线光下之现象》；在《中华医学杂志》发表《吗啡及阿片中毒实验》《已腐溺尸溺死液痕迹之证出新法》；在《北平医刊》发表《检验洗冤录银钗验毒方法不切实用意见书》《已历数年两个疑案：棺朽掺和泥土已腐之尸体内脏毒物之检见并付骨伤及年龄之证明》《英人温纳被人暗杀案之证物检验》《枪射创与子弹之砸炸伤之判明》。20世纪20年代至40年代，林几出版或刊印了《法医学讲义》《法医学总论各论》作为国立北平大学医学院、法医研究所、中央大学医学院教学使用，还出版了《法官用法医学》《医师用法医学》《简明法医学》《犯罪心理学》《法医学（林百渊著）》《法医学讲义》等，根据林几多年积累案例和实验，以及纠正古代错误和验证检验，不断补充完善，取名《实验法医学》十分贴切。

（三）关于林几《实验法医学》遗作的下落

1991年，黄瑞亭在写《林几传》时一直在寻找林几《实验法医学》遗作的下落，未果。

一张关于《实验法医学》手稿的收条显示，该手稿当时还在第五军医大学出版社："收条：兹收到《实验法医学》（林几教授遗著），原稿四九五页（图三百余幅）。此致陈康颐教授。十二月八日。林几教授《实验法医学》遗作吴幼霖大夫送来一袋、图片及手绘图三百余幅。第五军医大学，一九五二年三月一日。"

2013年12月13日，这部遗作的手稿出现在北京华夏藏珍国际拍卖有限公司"华夏国拍 2013 秋季拍卖会·名人墨迹精粹珍存专场"的拍卖会上，最终以 6 万元成交。据黄瑞亭研究，该手稿的确是林几的珍贵遗作，但部分字迹不是林几本人的字迹，可能是当年中央大学医学院法医科秘书吴幼霖女士、褚权材先生根据林几手稿誊写而成，从已收集到的林几手稿看，林几多用毛笔字书写（图 4-12）。

陈康颐曾呼吁，希望有关单位或个人找到《实验法医学》《洗冤录驳议》遗稿后尽快出版，以告慰林几教授，后来他还撰文提到此事。相信《实验法医学》出版面世是林几的遗愿，这也是我们法医学界的期望。

六、林几发表《二十年来法医学之进步》

1946 年，林几在《中华医学杂志》上发表《二十年来法医学之进步》一文。该文由两个部分构成，即法医学运用与研究范围之进步和法医学检验技术之进步（详见第三章第三节"民国时期司法检验技术与检验范围突破"有关内容）。在林几看来，法庭科学的发展不能只包括科学技术方面的成果，必须对法庭科学本身的发展历史以及人文、法律、哲学等多学科进行全面研究。只有这样，法庭科学才会健康发展。

图 4-12　林几签名真迹

（引自：黄瑞亭. 中国现代法医学奠基人林几[M]. 厦门：鹭江出版社，2014：317.）

《二十年来法医学之进步》一文是林几的代表作，是林几逝世前五年为医学界、法医学界奉献的力作，是我国 20 世纪 40 年代法医学发展水平的总结，也是林几法医学教育思想、法医学学术思想、法医学历史观、人格魅力等的集中体现，更是林几对法庭科学真谛的精辟诠释。文章所揭示的法庭科学的真谛，对今天仍有十分重要的历史和现实意义。2012 年，《证据科学》杂志结合黄瑞亭的《法庭科学的真谛》一文，将林几教授的《二十年来法医学之进步》进行整理，以简体字形式全文刊发在《证据科学》2012 年第 20 卷第 4 期。

七、林几与《洗冤录驳议》

《洗冤录驳议》是林几写在《重印补注洗冤录集证》（道光年间版）原版书上的批注文，也是其 1947—1949 年为南京中央大学医学院第二期高级司法检验人员训练班（即第二期司法检验专修科）主讲的《洗冤录驳议》课程的讲课稿，是林几准备发表的书稿，可惜后因其突然病逝未及发表。（图 4-13）

我国法医学有悠久的历史，在它的发展史上有两位划时代的人物：一是南宋时期的古代法医学家宋慈，二是现代法医学家林几。宋慈编著了世界上最早的、系统的法医学专著《洗冤集录》五卷，分门别类阐述检验方法和检验所见，为数百年审理案件所遵循，是我国古代法医学的奠基人。林几继往开来，毕生致力于培养现代法医人才，致力于革新我国的司法检验制度和建立科学的司法检验方法，开拓科学检验的新局面，是我

图 4-13 林几《洗冤录驳议》（图中为林几亲笔字迹）

[引自：郑钟璇. 林几教授和他的《洗冤录驳议》[J]. 法医学杂志, 1991, 7 (4): 145-148.]

国现代法医学的奠基人。

我国在宋慈以后至清朝末年长达600多年中，法医检验工作一直以《洗冤集录》为依据，停留在尸表检验上，未发生根本改变。民国时期至中华人民共和国成立前，在司法界和未经现代法医学系统训练的检验人员中，《洗冤集录》的影响仍甚深厚，他们对祖国法医学遗产无能力鉴别其精华与糟粕，严重影响法医学的正确鉴定。有鉴于此，林几开设了一门"洗冤录驳议"课程，开课之初即阐明开设此课的目的。据第二期司法检验专修科学员郑钟璇回忆，这门课每周四小时，林几手里拿着《重印补注洗冤录集证》，逐段讲解评述，用现代法医学理论和技术，鉴别其正确与错误，遇上重要段落和内容便一边讲一边用粉笔在黑板上写出驳议全文。当时有一位法医学科的职员随班记录，下课后将记录交林几增删修正，再用毛笔校正。

《重印补注洗冤录集证》一书是以宋慈《洗冤集录》为蓝本，历代对其补、集、注，至清代道光年间所合编，内容较前充实，即目前所统称的《洗冤录》。林几不以宋慈原著《洗冤集录》作为"驳议"蓝本，却采用此书为蓝本进行讲课，亦可能是因本书内容较前充实，流传更广之故。

现举数段《洗冤录》和《洗冤录驳议》内容相对照。

（一）关于滴骨法、滴血法

《洗冤录》"滴血"原文：

> 父母骸骨在他处，子女欲相认，令以身上刺出血滴骨上，亲生者则血入骨，非则否。亲子兄弟，自幼分离，欲相认识，难辨真伪，令各刺出血，滴一器之内，真则共凝为一，否则不凝也。但生血见盐醋则无不凝者，故有以盐醋先擦器皿作奸蒙混，凡验滴血时，先将所用之器，当面洗净，或于店铺特取新器，则其奸自破矣。

林几在《洗冤录驳议》中指出："滴血法、滴骨法，可认为现代亲权鉴定、血清学之先声。"但同时亦指出其谬误，他指出子女欲认父母骸骨，以滴血入骨的"滴骨法"来判定是否亲生父母是不正确、不可靠的。他还指出："此段亦是谬误，盖骨膜朽脱及骨小孔或骨裂缝处，不论何人之血，滴者均可吸收。如骨膜未朽，任是亲属，血滴涂抹骨上，亦不渗入。而骨膜固较易朽，凡骨面失去润泽者，该部骨膜必已脱失或朽失，故《洗冤录》滴血法不足为凭。"① 对亲子兄弟以"滴血法"验亲,林几指出:"至亲属滴血,真则共凝,非则不凝,亦不的确。唯同血簇(注:即血型)之血,自可相融,不生凝集,生有沉垩②,故古法正与科学血簇之血清凝集现象相反。而用亲属血滴于水中,自能和融,确乃事实,且经检验,两和融血滴浮沉水中间有白晕,此乃实验结果,附备参考。现代亲子验断法应用:①容貌遗传测定法;②体部特征遗传检定;③血簇鉴定;④受胎期及出生期之核算;⑤三方口供记录;诸法以共研究。上五法中有三法检验结果相符,方能判定是否亲生子女。其法甚繁,须有特种设备方能检定。"

(二) 关于银钗验毒法

《洗冤录》"服毒死"原文:

> 验服毒用银钗,皂角水揩洗过,探入死人口内,以纸密封。良久取出作青黑色,再用皂角水揩洗,其色不去,如无,其色鲜白。

银钗验毒法在我国曾沿用千余年,被错断的案子大概不少,林几指出其误,认为其法不可应用:"但此法乃古人误会,实乃腐败蛋白分解之硫化氢,硫化物与银化合所生黑色硫化银。凡腐尸臭气正盛时均有此现象,即将银钗置于粪便中亦可变色。"③

(三) 关于服盐卤中毒死的临床症状和尸检所见

《洗冤录》"服毒辨生前死后"原文:

> 服盐卤死者,发乱,手指一甲秃,胸前有爪伤痕,因痛极不可忍,遍地滚跌,自抓掐所致。服盐卤死者,身不发泡,口不破裂,腹不膨胀,指甲不青,钗探不黑,颇有黯色,洗之即白,遍身黄,两眼合,口中或有涎沫,但其尸虽变发,心肺不烂,取汁煎之,犹能成盐。

林几对《洗冤录》上述两条服盐卤致死者临床症状和死后尸体外表所见没有完全否定,但又指出:"盐卤,咽下立发急性胃肠炎,剧吐不止,吐物带碱性带褐黑色,黏膜剥坏,呕吐间歇发生(与强酸中毒异点),人事不省而死,少量则二三日后下痢,血尿呈强碱性,或因食道狭窄隔食死亡,尸表无症状,唯强碱类毒液接触部白肿,呈半透明,似半熟蛋白样泡。"④

(四) 关于辨别生前伤与死后伤

《洗冤录》"辨伤真伪"原文:

> 凡伤以瘢晕为主,瘢之为形,要皆自近而远,由深渐浅,自浓及淡,而将尽之处⑤又皆如云

---

① 郑钟璇. 林几教授和他的《洗冤录驳议》[J]. 法医学杂志,1991,7(4):145–148.
② 垩:指沉淀物。
③ 同①。
④ 同①。
⑤ 将尽之处:指边缘部位。

霞，如雨脚，如晴云之若有若无，可望而不可即，鲜润淡宕，要皆自然之气所致①，故其色活，此为检伤纲领。如红自红，紫自紫，呆板积于一处，瘢脚全无，则伪造也。

林几认为，上段所述辨别生前伤与死后伤基本符合现代法医学的生活反应的原理，并指出"伤痕青紫应是红肿、硬，以指细按或切开，皮下且有凝血，沾于肌骨，便是伤处之皮下溢血"。他还指出："假伤②之色，用盐酸酒精拭之，即脱色棉上，显其本色。血瘢入骨，拭之不去，如在骨面污棕红色，拭之作樱红色。再骨瘢只发红棕紫色，如见青、黑色，多为旧色。"③

（五）关于检骨法及辨其生前死后伤

《洗冤录》"检骨"提出晴明天气用蒸骨法，阴天用煮骨法。

《洗冤录》"检骨辨生前死后伤"原文：

> 骨上有被打处，即有红色，路④微瘢，骨断处，其接续两头各有血晕色。再以有痕骨日中照（看），如红活乃是生前被殴分明。骨上若无血瘢，纵有损折乃死后痕。

林几认为："《洗冤录》旧法每不真确，只宜于不宜得时用之。""新法检骨，先将骨用漂白粉水洗涤，次即放于瓦器内加水煮沸，煮时水中渗以醋酸酒精，勿煮过久致骨缝裂开，宜俟沸后取出，乘湿先视有无骨折裂处，后用刷轻刷上附秽瘀血使净。再放于明处晾干，置紫外线光灯下或日光透映之新黄桐油绸伞下审视伤瘢，骨瘢皆鲜明显出。"⑤

林几认为，《洗冤录》中对骨质的生前死后伤的鉴别是看血瘢的有无，符合现代法医学有关骨损伤的鉴别。

（六）关于自刎死者的尸体现象

《洗冤录》"自残"原文：

> 自刎死者，如用右手执刀自刎，则右手软，死后一二日内，右手可弯曲，左手直不能弯曲；左手执刀自刎亦然。若系别人执刀戮死者，左右手皆直不能弯曲。

林几不同意《洗冤录》的这种说法。他驳议说："此说不对，尸僵发生则皆不能弯曲，至死后尸体腐败，肌蛋白分解，尸僵即解，与用刀之手软硬无关。"⑥

上述举例足可证明林几对于祖国法医学遗产具有"存其精华，去其糟粕"的严谨治学态度，有的肯定，有的否定，用词很有分寸。关于"银钗验毒法"，他驳议时用谅

---

① 自然之气所致：指充血发炎。
② 假伤：死后伤。
③ 郑钟璇. 林几教授和他的《洗冤录驳议》[J]. 法医学杂志，1991，7（4）：145-148.
④ 路：应作"露"字解。
⑤ 同③。
⑥ 同③。

解的口吻说"此法乃古人误会",因为当时科学不发达,不懂化学反应原理,情有可原,用"误会"一词驳议,非常恰当。另外,也可以看出他致力于"改良法医",使我国法医检验建立在现代科学的基础上的强烈愿望。这种愿望常在课堂内外表达或反映出来。他终生致力于此,其精神甚是感人。

林几是当时我国最著名的法医学家,他培养了几批现代法医专业人员,但这些学生毕业后改行转业的多,坚持从事法医工作的寥寥无几,对此他甚为伤心,他将此归咎于社会的偏见和人们的无知。在"洗冤录驳议"课中,他讲述"仵作"的含义和职业历史时,把自己的法医职业比喻为"洋仵作",说这个职业是在从事涉及"人命重事""人间冤狱"的神圣事业,说这门科学知识广博,涉及医学和许多其他自然科学知识,还需要一定的社会科学知识,从事这门学科的人理应得到社会和人们的尊重。加上"洋"字,是指具有现代医学科学知识而言。

八、林几谈医院管理

1945年4月,林几在中央大学医学院任法医科主任教授时,受中央卫生署的委托,对1944年9月颁布的《医院诊所管理规则》提出意见。

林几对《医院诊所管理规则》研究后,感到还有不足的地方,便极其诚恳地、毫无保留地提出了自己的见解,写成题为《对医院诊所管理规则之检讨》一文,共一万三千余字,并于1945年发表在《中华医学杂志》第4期上。林几指出:"照大体而论,新规则确能略加强医业之管理,惜犹未能应时代之需要,以补救前秋所颁《医师法》及现在社会上之缺憾耳。查前颁《医师法》内对医师之正当业务、义务、与救济及协助卫生与保安诸问题,均多遗漏。故当厘定此类补助法规时,即宜从事纠正。况即本规则内容,亦对医业管理尚未周妥。"林几对《医院诊所管理规则》的21条逐条进行了分析、研究、补充、删减,主要提出了以下五个观点。

(一)"加强医业之管制,取缔庸医之贻害"

林几对《医院诊所管理规则》第五条与1929年4月公布的旧《医院诊所管理规则》进行了比较,认为在"医师"前取消了"合格"二字(旧《医院诊所管理规则》为"合格医师")很恰当。他说"一方面固足表示凡充医师",自必"合格";另一方面表示,国内医业已有长足之进步。法律上已不默认社会上有"不合格"之医师存在,然究其实"不合格医师"现时执行业务者,犹充斥于各地,且人数或反较"合格医师"为多,应加取缔。林几分析:"社会上有四种例外医业人员:①原非医师,无医师资格,而从事医业,公开或隐秘执行医师业务者,如助产士、护士、医学技术助理员等。虽无医师证书,但往往因其业务之方便,竟擅执行病伤之治疗。甚至拳术家、草药采贩者、药店伙计、祝由科、女巫、方士等,并无开业执照,亦竟公然登报或招贴广告、散发传单,为人诊治。其玩忽人命,殊对国民健康有很大影响。然在《医师法》及本则,则未订有明确取缔及惩处之规定。②有医师资格而未领开业执照,擅先开设诊所或医院者。③医师在当地未设医院或诊所,或虽开有医院诊所,而于个人休业歇业期间,仍有尝应病家请求而执行诊疗者,或当时仍收诊疗酬劳,或当时不收诊疗费,迨逢年节或事后方收病家之谢仪。考其行为虽确不能称之为完全营业,但实际上,对民众则同于医师，常予以治疗处置。第在该医师本身而言，甚或原有另外正当职业，其诊病行医，不过因素知医，便用以应酬或济人，故其医疗行为，只属副业而已。④公医并不兼有他业。例如，某医师现在某机关充公医，原不开业，但时常另与该机关以外之人中规模诊病，甚至一身混兼数处公医职务，冀免开业医医务及法令之约束。"这四种人，"盖若按现行《医师法》及本规则内容，殊无遵守各法规之义务也。如此结果，未免国家有真正医业管理，而对不正当医业反予放任之虞"。因此，他建议应增加以下三款规定："①凡未领有当地开业执照之医师，不得在当地擅设诊所或医院并执行诊疗。②凡非医师不得主持诊所及医院之诊疗。③凡医师设有诊所或医院者，不得兼业。"林几不仅从医师资格上提出严格要求，还从医师管理和取缔庸医等方面提出建设性建议，时至今日看来还有意义。此外，林几对中医的看法与他人不尽相同。林几认为："中医之诊所及医院既未由政府另颁有管理章则，当然亦同受本规则之管理。凡中医之未领医师证书，及未加入医师公会擅在当地设立医院或诊所开业者，固可引用《医师法》第九及二十六条予以取缔惩处。但如按《医师法》第三条第三款'曾执行中医业务五年以上，卓著声望者'之资格，似《医师法》又已公认中医可以先擅开业，到五年以后再领医师证书。不知是否主管官署同时仍可按《医师法》第二十六条惩罚之规定，随时科以五百元以下之罚锾。此点亟望立法机关预先予以解释。否则，不但卫生主管机关，无法执行《医师法》，即中医亦难放胆开业。因如不先开业，便无从积成五年以上'中医业务'之资格，何能便领到医师证书。若未领得证书，先擅开业，则又须受罚并禁营业，殊有矛盾。"林几在立法上提出保护中医、发展中医的观点是正确的、有远见的，在当时中医被排挤的年代，能提出如上观点是很不容易的。

（二）关于医疗纠纷处理的看法

《医院诊所管理规则》第十四条规定："医院于治疗上需用大手术时，须取得病人及其关系人之同意，签立字据后，始得执行。但未成年之病人，或病人已失知觉，得仅取得关系人之同意。如无关系人，得由医院院长召集医务会议商定之。"林几认为，使用药品和施行手术均会造成医疗过失，这是难免的。就手术而言，签订手术志愿书是必要的，但未成年的病人或病人已失去知觉，应取得关系人同意。目下各医院所自订入院志愿书、手术志愿书之格式，未经中央明令颁定，毫不一律。从法律立场上说，民法规定，私人间契约之订定，其约束力只限于债权和物权，因此对于手术费、检查费等病人应缴费用，该病人本人、病家及其保人，确有负责履行之义务。若案情关系人身死伤，则只能援用《刑法》条款，如《刑法》第十二条"行为非出于故意或过失者，不罚"，第二十二条"业务上之正当行为，不罚"，第二十四条"因避免自己或他人生命、身体、自由、财产之紧急危难，而出于不得已之行为，不罚"，第二十一条"依法令之行为，不罚；依所属上级公务员命令之职务上行为，不罚"；反之，则应按法规处理。林几呼吁："倘政府能早颁一包含有关病人死伤及自由，可受私人契约约束之志愿书格式，则医院医师即多受一层法令之保障。"林几在《新颁医师法之检讨》[①]中说："医师业务过误行为，原应受刑事及民事处分，自当送由法院依法办理。但医业问题，皆系

---

① 林几. 新颁医师法之检讨 [J]. 中华医学杂志（重庆），1943，29（2）：165-173。

专门学识,原非一般法官及常人所易了解,所以在文明各国,凡关于医药过误事件,应由法院先交付于医学研究机关,研究审查,然后再予以起诉或不起诉,及有罪或无罪之处分。"林几又在《二十年来法医学之进步》一文中指出,若发生医疗纠纷,"概属专门学技问题,学理精微,症变繁多,绝非法官及常人所能通晓,故宜先期交由医学研究机关、医学会或医师公会,群集研讨,裨佐定献,方昭公允"①。林几从法律角度谈了医疗事故的发生与处理,又从发展医疗事业和保护受害人合法权益的角度认识医疗事故,并提出成立专门机构处理医疗事故以别于刑、民法有关规定,采取"专家""群集研讨"的办法解决医疗事故问题,是很有见地的观点。林几是我国早期提出科学处理医疗事故或事件的很有远见的学者之一。

(三) 关于传染病管理

林几主要提出了三点建议:①修改《医院诊所管理规则》第十一条"医院非有隔离传染病之设备者,不得收容传染病人"的提法。林几认为,这种提法不妥,因为传染病有急性与慢性、烈性与非烈性之分。"应予隔离传染病,不仅限于急性传染病,肺痨②、癞病③等慢性传染病亦尽易有传染之机会。""况如伤寒、霍乱、赤痢等胃肠急性传染病人,及斑疹伤寒等寄生虫性急性传染病人,只需对病人排泄物能充分消毒,或能绝对防止蚊虫之媒介,即使无隔离室,亦尽可以与他种病人共同收容于同一病室,并无传染之危险。"他建议此条修改为"医院非有防止传染之设备者,不得收容该传染病人"更为适当。②报告时限问题。林几认为,传染病应在"医院收容"时"在病名诊定之二十四小时以内报告"也欠妥。一则,有些传染病不一定确诊,只要拟诊也应报告,而且一旦确诊就应立即报告的,如鼠疫、霍乱。二则,《医院诊所管理规则》还把需要二十四小时报告的传染病限制在"医院收容"的病例。"至医院及诊所门诊或出诊诊定之慢性或急性病人,按条文字面而言,却不在限二十四小时以内报告之列。"故应将"医院收容"改为"医院诊所诊治"中发现传染病及时报告为妥。③传染病分类。《医院诊所管理规则》只规定现行传染病防治条例十种传染病上报,而烈性传染病只列有鼠疫、霍乱。林几认为:"疫势猛烈,必须亟早防治者,如白喉、猩红热、流行性脑脊髓膜炎、睡眠性脑炎、黑热病等,在吾华并甚多见。其有无提早报告或增加颁定传染病名范围之必要,确颇有讨论之价值。"林几又指出,传染病应分类别报告,并做精确疾病分类调查,即把多种传染病按急、慢性或烈性、非烈性,先做精确分类调查,然后按类别规定报告时限。但林几感叹说:"然此种调查,固非医药管理与人才缺乏时代所能坐置者也。"

(四) 关于死亡与检验

林几认为:"惜至今我国尚缺各种疾病分类报告(只有死因分类报告,亦不完善。仅颁行院辖市)。"他建议:"在各大都市,未尝不可始试调查,渐谋推展,以促医疗设施至进步也。"特别是死因分类亦不完善的,他认为应尽早研究,解决这一难题。死因

---

① 林几. 二十年来法医学之进步 [J]. 中华医学杂志(上海),1946,32(6):244-266.
② 肺痨: 即肺结核。
③ 癞病: 即麻风病。

分类中有自然病死医院中，有传染病死亡，有手术、用药不当等死亡，有与司法有关的外伤、投毒致死等。各种死亡应分别对待。医院尸体解剖应按《解剖规则》进行（指1913年内务部发布的我国第一个《解剖规则》，其中第二条明确规定："警官及检察官对于变死尸非解剖不能确知其致命之由者，得指派医士执行解剖。"实际上，医院施行解剖在当时非常少，林几提出要重视尸体解剖，提高医疗水平）。他强调指出，医院除临床需要的检验、化验、病理、血清学、细菌学的诊断检查，还应设特种手术室、研究室、剖验室，明确提出了死亡解剖在医院管理中的位置。他还提出，医院要重视配合"司法检验""战时之军区调查与伪病、伪伤检查"，否则，"倘对此奉行不力，视为例行公事，则误医药管制之庇政"。他明确提出了法医学在医学中的位置及医院医师了解法医学知识的重要性和必要性。

（五）关于病案管理

林几对《医院诊所管理规则》中病案管理、保存提出了看法。《医院诊所管理规则》第九条规定："医院或诊所须备挂号簿，将病人之姓名、性别、年龄、职业、住所详细记入，保存五年。"林几认为："实际上挂号簿之价值，远不如入院簿之切要。盖既不能用之考核医业全部收入之多寡，且亦不足据以审查医术延误之有无。殊无长期保管五年之必要。故本条似仍应并添入院簿之名称。而入院簿却应予以长期之保管。或以为医院之挂号簿尽可再分之为门诊、入院及出诊与救急等多种。则对所有应诊病人均可包罗无漏。"关于病历保管年限，林几指出，1943年颁布的《医师法》将治疗簿的保管由原来的五年改为十年，似属过久，而且与本《医院诊所管理规则》规定挂号簿保管五年不一致，殊为可惜。

林几一生不仅在医学、法医学学术上有突出贡献，而且在医疗行政管理上也有突出贡献。此外，他在医事立法上也有丰富的经验。他的敏锐思维和宽阔视野常令后人赞叹不已。他当时一些关于医疗行政管理和医事法律实践与理论建设的建议及论述，由于受当时历史、社会条件的限制和其他种种原因未能在他有生之年得以实现。今天，再温故林几几十年前的论述时，我们不能不为他那富有远见的见解而折服。时至今日，人们仍然能从现代法医学发展的轨迹中寻觅到林几对医疗行政管理和医疗卫生立法方面所做出的重要贡献。

九、林几给法医研究员毕业论文作序

1934年12月，中国历史上第一届法医研究员毕业了（图4-14），这是林几和司法行政部法医研究所全体教师员工共同努力的结果。毕业前，这些学生要各交一份毕业论文。林几要求论文要做到"严、真、新、达"。严，即严谨，包括实验步骤的严谨、实验数据的严谨、论文格式的严谨；真，即真实不虚，经得起考验，实验的可重复性强，符合实际检案要求；新，即新颖，思路新颖、方法新颖、结果有较高水平；达，即能有发展，可利用性高，不仅有一定水平，还要在今后工作中起指导作用。这些论文，从设计到进行实验、写论文，都经林几指导。根据林几的要求，法医研究员们日夜工作，经过半年多的努力，终于圆满完成任务，以自己的特长写出最高水平的毕业论文。第一届法医研究员的基本情况、分发机关及毕业论文题目见表4-1。

图 4-14 林几培养的第一届法医研究员合影

[引自:第一届研究员全体摄影. 法医月刊, 1934 (1): 1.]

表 4-1 第一届毕业法医研究员的基本情况、分发机关和毕业论文

姓名	别号	年龄	籍贯	原毕业学校	分发机关	毕业论文题目
陈安良	一良	28	广东	中山大学医学院	广东高等法院	氯仿中毒之动物实验
张积钟	万泉	28	山东	国立北平大学医学院	山东高等法院	足痕之比较
汪继祖	柏荫	28	浙江	浙江公立医药专门学校	浙江高等法院	缢勒之骨损及伤瘢
陈康颐	康颐	28	江苏	国立北平大学医学院	法医研究所	吗啡与安洛英毒力比较之实验
李新民	作齐	28	河北	国立北平大学医学院	河北高等法院	佛罗拿急性中毒之动物实验
张树槐	培之	28	河北	国立北平大学医学院	山东高等法院	斑蝥中毒之动物实验
陈伟	景涵	26	浙江	陆军军医学校	首都宪兵司令部	听能及前庭机能之检查及伪聋与夸大性难听之发现法
吕瑞泉	唤民	30	安徽	东南医学院	江苏高等法院	毛发之鉴别
于锡銮	金波	30	山东	浙江公立医药专门学校	山东高等法院	验伤验尸应注意各点

第四章 民国时期重要的法医学人物

续表

姓名	别号	年龄	籍贯	原毕业学校	分发机关	毕业论文题目
蔡炳南	炳南	31	浙江	浙江公立医药专门学校	浙江高等法院	内因性急死中关于心脏疾患之研究
陈礽基	乃生	37	江苏	同德医学专门学校	江苏高等法院	损伤检验应注意之要点
蔡嘉惠	迪民	28	浙江	东南医学院	河南高等法院	吸食鸦片者小便之化验法
鲍孝威	固卿	26	浙江	东南医学院	首都宪兵司令部	初生儿之死因及生死产之鉴别
胡师瑗	蔼如	39	四川	陆军军医学校	四川高等法院	蛇毒之中毒在法医学上之所见
谢志昌	志昌	28	江苏	南洋医科大学	湖南高等法院	酒类中醇含量之测定及急性醇中毒时血尿中微量醇之定性定量
张成镳	杰夫	27	浙江	东南医学院	广西高等法院	麦角中毒在法医学上之所见
王思俭	广明	28	江苏	东南医学院	湖北高等法院	番木鳖中毒之研究

林几将上述论文整理发表于《法医月刊》1935年第12至13期合刊"司法行政部法医研究所第一届法医研究员毕业论文专号"上，并为其欣然作序。全文如下：

> 吾国法医，向乏专门研究，墨守旧法。然人类因世界之物质进步，思想发达，而犯罪行为，则奇妙新颖，变幻莫测。是以吾国司法检务，犹如以稚子之制强寇，其不反被制于强寇而频兴冤狱者几希！且传统之检验方法，毫无科学根据，如蒸骨验伤、银针验毒、检地、滴血等等。一般检验人员，尚奉行如金科玉律，然以学理解答，谬妄殊甚！即一般执行检务人员，亦多不学无术，只按祖代口传，沿法炮制。以此重任，全委之于此种不学而且毫无常识之人，实属弁髦①人民生命财产。缘一案之发生，小则关系人民名誉财产，大则祸及终身生命。以人道法理而论，司法检务，实极重要。而吾国法医之改良，尤属当务之急！司法行政部有鉴及斯，筹设本所，以期改良司法设施，杜绝悬案冤狱。
>
> 至二十一年八月一日本所正式成立，其职掌除研究法医疑难事件、受理全国检案外，并创始招收医学士为研究员，以培育法医学之专门人才，尽心竭力，时虞陨越，转瞬已逾两载。虽不敢自诩其有若何成绩，然已稍纳吾国法检于正轨。尤堪庆幸者，厥唯第一届研究员等十七名，已于上年十二月毕业，并经部授以法医师资格，是为吾国有正式法医师之始。各员均派往各省高等法院及政警机关服务，予以较优待遇。从此，吾国法检前途，洵可乐观也。唯此次毕业人员过少，尚不敷全国法院之分配，现正计划继续招收，倘能实现，则全国法检，实有循步渐展之望。
>
> 本届各研究员之毕业论文，虽无多创见，然对于各种法医学术之探讨，尚颇具见地。是以

---

① 弁：古代的一种帽子。弁髦：古代贵族子弟行加冠礼时用弁束住头发，礼成后把弁去掉不用，后比喻没用的东西，或喻轻视。

刊为专号，贡献于各界之前，深望加以指正，则本刊幸甚！法医前途幸甚！

所长林几　谨序

这是一篇很有价值的文章，不仅阐述了林几本人改良法医学、研究法医学、发展法医学的动机所在，也反映了当时中国法医学的现状和林几研究法医学的历史背景。

此外，本文是为他的学生们的论文作序，表现了他与自己亲手培养的学生们的真挚情谊，寄托了他对学生们的厚望和对中国法医学前途的信心。可惜，此文发表后不久，林几辞职回国立北平大学医学院任教，他原计划亲手再培养第二届法医研究员的愿望未能实现。

十、林几向司法行政部投书"银钗验毒不科学性"

关于"银针验毒"，林几通过科学试验指出，银针上的污斑是硫化银。因尸体腐败后，其体内产生的硫化氢能使银针表面变色；新鲜尸体未大量产生硫化氢，故发生变色少。而若探入深部，肛肠内有大肠菌也会产生硫化氢，则可使银针变黑，但其是否为中毒，无科学证据。若需判定是否中毒，应将尸体的脏器做毒物化验。林几说，"银针验毒"在过去可能导致不少错案和冤案，应尽快纠正，避免再滥用。林几根据实验结果完成《检验洗冤录银钗验毒方法不切实用意见书》，一方面在《医药学》《东南医刊》《法医月刊》等杂志发表，一方面以法医研究所名义呈请司法行政部令各地法院禁用，司法行政部遂在《司法行政公报》刊载，《法律评论（北京）》《安徽高等法院公报》等转载。

林几在《检验洗冤录银钗验毒方法不切实用意见书》中指出："总之，用银钗探入尸体口腔、肛门验毒一法，实不可用。因使银钗变黑者，并非砒酸铅等毒质之作用，乃富于蛋白质之腐败物发生硫化水素之作用。所以中毒者，验时银钗亦可不变为黑，非中毒者验时银钗亦可变之为黑。如此结果，岂堪再为法律定谳之凭证耶，故应行严禁，不得再行援用。至于以后验毒事件，须行化验及病状之调查，以供定谳。其办法，拟有五项如下：①调查中毒未死者及证人等所共见中毒后发生之症象，附卷，并抄送与化验者参考。②搜集中毒后吐物、血液（口鼻各部流出之血液或吐出之血液）、尿、大便，乃至染有排泄物斑迹之衣服、布片等物品，交付化验。③搜集嫌疑毒物或含毒物质，如药粉、药水、生药及生熟饮食品等，交付化验。④由医生验报中毒未死者之现在症象或验死者外表征象，附卷，并抄送与化验者参考。⑤必要时施尸体剖解，取出脑、心、肺、肝、胃、肠、肾及胃肠、膀胱内容，交付化验。然化验场所，应择化学设备完全者，否则对精微毒物定性定量便不可能。而委托一般医师化验，更不如委托化学师化验为妥。盖一般医师，系专门于诊疗疾病，对于植物学、药物学、化学、毒物学、法化学学识，原非充分者也。以后法医验毒事件，以送至本所或各大学化学科、药科为最妥，因此种机关，方有精微化学化验之设备也，而毒物学设备，则国内甚罕，虽各大学化学科亦往往缺如，此亦不可不通晓之也。"

这就是林几研究法医学史的基本史观，他否认某些历史学家闭门造车的研究，也否认一些历史学家盲目乐观的研究。他从法医学角度出发对法医学史进行客观、科学地评价,认为"改良中国法医"任重道远,这也是林几重要的法医思想之一。

十一、林几论著目录系年及述评

2021年11月20日是中国现代法医学奠基人林几逝世70周年忌日。《中国法医学杂志》在2021年第36卷第5期特别刊发了胡丙杰、黄瑞亭两位学者的研究论文《中国现代法医学奠基人林几论著目录系年及述评——纪念林几教授逝世70周年》,纪念这位值得我们铭记的先贤。其主要内容如下:

> 林几教授是公认的中国现代法医学奠基人,他将毕生精力献给了中国现代法医学事业,为中国现代法医学的创立和发展作出了不可磨灭的贡献。林几教授在长期的人才培养、科学研究和检验鉴定工作中,发表了大量论文,编写了多部讲义和著作。但是,由于年代久远、资料收集困难等原因,对于林几教授的论文和著作,尚缺乏全面、系统、完整的整理和研究。
>
> 2021年11月20日是林几教授逝世70周年忌日。本文通过查阅大量历史文献资料,全面收集林几教授一生所发表的论文和著作,按照系年进行编排整理,并结合其生平对其所发表论文和著作的背景、学术影响进行评述,力图完整展示林几教授毕生的学术成就,以此作为对林几教授逝世70周年的缅怀和纪念。
>
> 1. 林几论著系年
>
> 1.1 林几教授发表论文系年
>
> 通过广州医科大学"超星电子期刊""超星发现系统"和中山大学图书馆"民国时期期刊全文数据库(1911—1949)""大成老旧刊全文数据库""爱如生数据库·晚清民国大报库(1872—1949年)"等数据库检索作者"林几""林百渊""百渊""法医学""鉴定"等,并结合已发表介绍林几论文和著作的有关文献进行比对、辨别和核实,按发表时间整理出林几已发表论文目录(表1)。

表1 林几教授论文系年

发表时间	论文题目	杂志(卷期及页码)
1923年		
11月15日	人力车夫心脏及脉搏之变态(附表)	《医事月刊》第1期第38-58页
1924年		
1月15日	现在流行的白喉症漫谈(未完)	《医事月刊》第3期第28-35页
2月15日	现在流行的白喉症漫谈(续)	《医事月刊》第4期第30-36页
4月15日	香山慈幼院学生肠内寄生虫检查成绩(洪式闾,林几)	《医事月刊》第6期第5-77页
4月	十二年度国立北京医科大学校肠寄生虫检查报告(附表)	《中华医学杂志(上海)》第10卷第2期第112-154页
6月15日	超生体染色要义并其检查方法(附表)	《医事月刊》第8期第24-35页

续表

发表时间	论文题目	杂志(卷期及页码)
6月	十二年度国立北京医科大学校肠寄生虫检查报告(续)附图表	《中华医学杂志(上海)》第10卷第3期195-245页
7月25日	新颖之血族鉴定方法(附表)	《医事月刊》第9期第17-21页
7月25日	我国肠寄生虫分布区域之概况(附图)	《医事月刊》第9期第35-39,41-47页
8月31日	赤痢症漫谈	《医事月刊》第10期第10-20页
9月	蛔虫之发育经过并其仔虫经过寄主体内脏器之病解所见(未完)	《医事月刊》第11期第31-37页
10月	不妊娠 Sterilität	《医事月刊》第12期第8-16页
10月	蛔虫之发育经过并蛔仔虫经过宿主体内脏器之病解所见	《医事月刊》第12期第35-40页
11月25日	现在流行的白喉症漫谈(续第四期)	《医事月刊》第13期第2-17页
12月1日	司法改良与法医学之关系	《晨报六周年增刊》第12月期第48-53页
12月25日	通俗讲述:氧化碳的中毒——煤毒(百渊)	《医事月刊》第14期第4-9页
12月25日	蛔虫鞭虫及十二指肠钩虫病对儿童学业成绩影响之相互比较	《医事月刊》第14期第40-44页
12月25日	译述:蛔仔在宿主体内经路之解剖征象	《医事月刊》第14期第53-54页
1926年		
2月	肠伤寒的床虫传染实验附表	《中华医学杂志(上海)》第12卷第1期第12-26页
6月	最近法医学界鉴定法之进步	《中华医学杂志(上海)》第12卷第3期第220-237页
8月	Pathologische Anatomie der Akute und chronische Morphin und Opium Vegiftung(急性和慢性吗啡与鸦片中毒的病理学研究)	Deutsche Zeitschrift Medizin 1926. No. 147,Bd42
12月	父权确定诉讼法对血球凝集反应现象(四簇)之运用及实例	《中华医学杂志(上海)》第12卷第6期第568-590页

续表

发表时间	论文题目	杂志（卷期及页码）
1927 年		
2 月	父权确定诉讼法对血球凝集反应现象（四簇）之运用及实例（续）	《中华医学杂志（上海）》第 13 卷第 1 期第 16 – 41 页
6 月	阿片及吗啡中毒的病理实验	《中西医学报》第 9 卷第 6 期第 3 – 4 页
7 月 10 日	谁残留的精痕之鉴定	《法律评论（北京）》第 5 卷第 2 期第 16 页
7 月 17 日	检查精痕之简便方法	《法律评论（北京）》第 5 卷第 3 期第 11 页
9 月 25 日	亲生子之鉴定：法医学上问题（附表）	《东方杂志》第 24 卷第 18 期第 91 – 104 页
1928 年		
4 月 9 日	对北京市政卫生改良之管见——是有望于卫生委员会者（一）	《晨报》第 3249 号
4 月 10 日	对北京市政卫生改良之管见——是有望于卫生委员会者（二）	《晨报》第 3250 号
4 月 11 日	对北京市政卫生改良之管见——是有望于卫生委员会者（三）	《晨报》第 3251 号
4 月 15 日	对北京市政卫生改良之管见——是有望于卫生委员会者（四）	《晨报》第 3255 号
4 月 16 日	对北京市政卫生改良之管见——是有望于卫生委员会者（五）	《晨报》第 3256 号
4 月 18 日	对北京市政卫生改良之管见——是有望于卫生委员会者（六）	《晨报》第 3258 号
4 月 20 日	对北京市政卫生改良之管见——是有望于卫生委员会者（七）	《晨报》第 3260 号
8 月	人力车夫心脏及脉搏之变态附表	《中华医学杂志（上海）》第 14 卷第 4 期第 252 – 270 页
11 月	法医谈	《协医通俗月刊》第 5 卷第 4 期第 1 页
12 月	拟议创立中央大学医学院法医学科教室意见书	《中华医学杂志（上海）》第 14 卷第 6 期第 205 – 216 页

续表

发表时间	论文题目	杂志（卷期及页码）
月份不详	劳工卫生意见书	卫生部卫生刊物第 3 期
月份不详	健康保险计划书	卫生部卫生刊物第 66 期
1929 年		
2 月	吗啡及阿片中毒实验脑中枢系统内病象之新发见	《中华医学杂志（上海）》第 15 卷第 1 期第 42–69 页
2 月	林几君首都卫生五年内建设之计划	《中华医学杂志（上海）》第 15 卷第 1 期 107–118 页
3 月 10 日	痨病与小学教师及学童社会卫生问题	《科学月刊（上海）》第 1 卷第 2 期第 125–133 页
5 月 1 日	调查北平特别市卫生现状报告	《卫生公报》第 5 期第 168–172 页
6 月 1 日	参观北平第一监狱报告	《卫生公报》第 6 期 114–115 页
7 月 1 日	吗啡及阿片中毒实验（未完）	《卫生公报》第 7 期 120–123 页
8 月 1 日	吗啡及阿片中毒实验（续前）	《卫生公报》第 8 期第 154–157 页
1930 年		
3 月	工厂法施行细则内应规定各项关于卫生安全及工人健康保障条款之我见	《国立中央大学法学院季刊》第 1 卷第 1 期第 125–146 页
5 月	乡村医药现况之调查（附图）	《时事月报》1930 年第 2 卷第 5 期第 57–62 页
6 月	吗啡及阿片中毒实验	《医药学》第 7 卷第 6 期第 50–61 页
6 月	血族检验：亲生子鉴定	《国立中央大学法学院季刊》第 1 卷第 2 期第 131–150 页
1931 年		
8 月 8 日	筹设北平法医学研究及检验机关意见	北京大学医学部档案馆藏，档号：J29-3-71.
1932 年		
5 月	法医学四种小实验（Vier kleine verfahren der gerichtlchen medizin）（附照片）	《国立北平大学医学年刊》第 1 卷第 1 期第 297–315 页
1933 年		
1 月 1 日	对洗冤录驳正之实验	《黄县民友》第 1 卷第 4–5 期合刊第 7–9 页

第四章 民国时期重要的法医学人物

续表

发表时间	论文题目	杂志（卷期及页码）
1月	司法行政部法医研究所鉴定书（沪字第壹号）（中华民国二十一年九月十日）（附照片）	《医药学》第10卷第1期第89-96页
4月	司法行政部法医研究所鉴定书（沪字第二号）（中华民国二十一年九月二十五日）	《医药学》第10卷第4期第80-90页
5月	检验洗冤录银钗验毒方法不切实用意见书	《医药学》第10卷第5期第32-37页
5月15日	司法行政部法医研究所鉴定书（沪字第十九号）	《医药评论》第5卷第5期（即第101期）第43-60页
5月31日	别录：本部法医研究所鉴定江苏上海地方法院函请化验王定九伪药诈财妨害生命一案之证物陈金汁水鉴定书（沪字第一号）	《司法行政公报》第34期第114-119页
6月15日	别录：本部法医研究所鉴定民人钱金龙诉张阿二等妨害饮料案鉴定书（沪字第二号）	《司法行政公报》第35期第110-117页
6月30日	别录：司法、行政部法医研究所鉴定书（附公字第四三号公函）：本部法医研究所鉴定江苏上海地方法院请复验青浦张老四身死原因鉴定书（沪字第三号）	《司法行政公报》第36期第110-115页
6月	检验烟犯意见	《中华医学杂志（上海）》第19卷第3期第362-366页
6月	各国法医学毒物检查法纲要	《医药学》第10卷第6期第36-41页
6月	司法行政部法医研究所鉴定书（沪字第三号）（中华民国廿一年九月廿八日）（附照片）	《医药学》第10卷第6期第64-71页
夏季	各国法医学毒物检查法纲要	《东南医刊》第4卷第2期第94-96页
夏季	检验洗冤录银钗验毒方法不切实用意见书	《东南医刊》第4卷第2期第104-108页
7月	检验烟犯意见	《医药学》第10卷第7期第26-30页

续表

发表时间	论文题目	杂志（卷期及页码）
7月	司法行政部法医研究所鉴定书（沪字第四号）（中华民国二十一年十月十五日）	《医药学》第10卷第7期第58-72页
9月1日	检验烟犯意见（转载）	《拒毒月刊》第69期第19-23页
10月15日	别录：本部法医研究所准军政部陆军署军法司函送故犯郎砥中生前是否服毒并送该犯内脏请予化验鉴定书	《司法行政公报》第43期第156-164页
10月31日	别录：本部法医研究所化验南通县法院函送张芳桂诉张小发谋杀案内月饼有无毒质鉴定书	《司法行政公报》第44期第139-152页
11月15日	别录：本部法医研究所化验上海第二特区地检处函送未明性质之药粉十小包求鉴定其性质品类及是否制造红丸之材料鉴定书	《司法行政公报》第45期第101-110页
11月30日	别录：本部法医研究所准江苏上海地方法院函请化验唐鸿泉因毒身死饭中究有何种毒质鉴定书	《司法行政公报》第46期第116-120页
12月15日	别录：本部法医研究所准崇明县政府函送检验施氏凤郎是否受孕四月及是否堕胎鉴定书（附表）	《司法行政公报》第47期第98-103页
12月31日	别录：本部法医研究所准河北天津地院请鉴定张刘氏所按印纸之指纹是否与借据中指纹相符鉴定书	《司法行政公报》第48期第121-129页
12月31日	法医研究所开办年余成绩简略报告	《司法行政公报》第48期第120-121页
月份不详	对洗冤录驳正之实验（林百渊）	《广西卫生旬刊》第3期第3-5页
月份不详	赤痢症漫谈（林百渊）	《广西卫生旬刊》第14期第8-12页
月份不详	蛔虫之发育经过并其仔虫经过宿主体内脏器之病解所见（未完）	《广西卫生旬刊》第19期第7-9页
月份不详	蛔虫之发育经过并其仔虫经过宿主体内脏器之病解所见（续）	《广西卫生旬刊》第20期第5-7页
1934年		
1月1日	《法医月刊》发刊辞	《法医月刊》第1期第1页

续表

发表时间	论文题目	杂志（卷期及页码）
1月1日	司法行政部法医研究所成立一周年工作报告（附图表）	《法医月刊》第1期第1—20页
2月28日	鉴定实例栏（一）复验青浦张老四身死原因由（附照片）	《法医月刊》第2期第63—68页
3月31日	鉴定实例栏（二）辛凤楼杀人公诉一案（附照片）	《法医月刊》第3期第58—65页
4月30日	《实验法医学》绪言及总论	《法医月刊》第4期第1—4页
4月30日	氰化钾中毒实验之说明（未完）	《法医月刊》第4期第10—17页
4月30日	检验烟犯意见	《法医月刊》第4期第44—47页
4月30日	鉴定实例栏（三）函请鉴定该尸骨系属男性或女性已死若干年月有若干年龄该骨有无中毒及被刀砍伤情形是否一人之骨有无短少等由	《法医月刊》第4期第53—64页
4月30日	氧化碳的中毒——煤毒（百渊）	《法医月刊》第4期第65—68页
5月31日	《实验法医学》（续前）第一章法医师	《法医月刊》第5期第1—14页
5月31日	氰化钾中毒实验之说明（续）	《法医月刊》第5期第14—20页
5月31日	检验洗冤录银钗验毒方法不切实用意见书	《法医月刊》第5期第53—56页
5月31日	鉴定实例栏（四）函请检验姚小济死因是否因伤而死并由何伤而死（未完）	《法医月刊》第5期第67—71页
5月	骨质血癍之价值及紫外线光下之现象（附照片）	《中华医学杂志（上海）》第20卷第5期第665—672页
6月30日	《实验法医学》第二章法医师（续前）	《法医月刊》第6期第4—6页
6月30日	《实验法医学》第三章鉴定及检验（未完）	《法医月刊》第6期第6—27页
6月30日	骨质血癍之价值及紫外线光下现象	《法医月刊》第6期第40—44页
6月30日	鉴定实例栏（四）函请检验姚小济死因是否因伤而死并由何伤而死（续）	《法医月刊》第6期第66—69页
7月31日	《实验法医学》（续本刊第六期）（附表）	《法医月刊》第7期第1—43页

续表

发表时间	论文题目	杂志（卷期及页码）
7月31日	鉴定实例栏（五）函请检验王嘉如被控杀死胞兄王阿大嫌疑一案已死王阿大究竟因何身死由	《法医月刊》第7期第80-92页
8月31日	《法医月刊》鉴定实例专号弁言	《法医月刊》第8期第1-4页
8月31日	《法医月刊》鉴定实例专号（第一卷30例）	《法医月刊》第8期
9月30日	《法医月刊》鉴定实例专号（第二卷25例）	《法医月刊》第9期
10月31日	《法医月刊》鉴定实例专号（第三卷23例）	《法医月刊》第10期
11月30日	《法医月刊》鉴定实例专号（第四卷22例）	《法医月刊》第11期
1935年		
1月	法医学史谈	《浙光》第1卷第1期第26-31页
2月28日	司法行政部法医研究所第一届研究员毕业论文专号序	《法医月刊》第12-13期第2页
2月28日	司法行政部法医研究所第一届研究员毕业论文专号	《法医月刊》第12-13期
3月31日	法医学史	《法医月刊》第14期第1-7页
3月31日	哑叭及失语（作者：张化中，林几附识）	《法医月刊》第14期第7-11页
3月31日	鉴定实例栏委托机关××地方法院（来文日期二十四年×月×日）鉴定事由函请鉴定×××伪造文书案内之收据由（附照片）	《法医月刊》第14期第61-64页
3月31日	鉴定实例栏委托机关××法院（来文日期二十四年×月×日）案由函询关于×××案医学上情形由	《法医月刊》第14期第64-76页
7月	调查：医病纠纷调查录：南通尹乐仁讼案（续）：（14）司法行政部法医研究所鉴定书	《医事汇刊》第7卷第3期第182-184页
8月26日	积极整顿检政改进法医办法意见	《京报·医光周刊》第369期

第四章 民国时期重要的法医学人物

续表

发表时间	论文题目	杂志（卷期及页码）
9月23日	罪犯心理（一）	《京报·医光周刊》第373期
9月30日	罪犯心理（二）	《京报·医光周刊》第374期
10月7日	罪犯心理（三）	《京报·医光周刊》第375期
10月14日	罪犯心理（四）	《京报·医光周刊》第376期
1936年		
5月	已历数年两个疑案（第一例）：棺朽掺和泥土已腐之尸体内脏毒物之检见并附骨伤及年龄之证明	《北平医刊》第4卷第5期第55-61页
5月	北平大学医学院法医学教室廿四年度疑案鉴定实例叙言	《新医药杂志》第5期第365-366页
5月	北平大学医学院法医学教室廿四年度疑案鉴定实例（法医专号上卷27例）	《新医药杂志》第5期第367-500页
6月	北平大学医学院法医学教室廿四年度疑案鉴定实例（法医专号中卷14例）	《新医药杂志》第6期第501-363页
6月	教授法医学的我见	《医育》第1卷第9期第1-6页
6月	已历数年两个疑案（续：第二例）：棺朽掺和泥土已腐之尸体内脏毒物之检见并附骨伤及年龄之证明	《北平医刊》第4卷第6期第53-62页
7月	北平大学医学院法医学教室鉴定检验暂行办法（附所能鉴验事件及其征费分类表）	《新医药杂志》第4卷第7期第211-217页
7月	北平东车站箱尸案之鉴定	《北平医刊》第4卷第7期第59-63页
7月	药酒与服毒	《北平医刊》第4卷第7期第51-59页
7月	北平大学医学院法医学教室廿四年度疑案鉴定实例（法医专号下卷9例）	《新医药杂志》第7期第637-830页
8月10日	法医学史略	《北平医刊》第4卷第8期第22-30页
8月10日	一个指爪的检验：中国法官对医学运用错误之纠正	《北平医刊》第4卷第8期第55-59页

续表

发表时间	论文题目	杂志（卷期及页码）
9月1日	鸦片之害：阿片及吗啡中毒的病理实验	《幸福杂志》第2卷第7期第28-29页
9月10日	头发之个人鉴定	《北平医刊》第4卷第9期第45-50页
9月10日	危险公共罪饮水加药事件	《北平医刊》第4卷第9期第51-55页
10月10日	已腐溺尸溺死液痕迹之证出新法（附图表）	《北平医刊》第4卷第10期第13-29页
10月10日	禁治产：心神耗弱	《北平医刊》第4卷第10期第57-67页
11月10日	借宿凶伤九人梦中行为之心神鉴定	《北平医刊》第4卷第11期第60-83页
12月10日	因子宫病所发的精神异常假装自杀离婚案件（附图）	《北平医刊》第4卷第12期第59-65页
1937年		
1月10日	文证鉴定：洗冤录银钗验毒方法之驳正误咽性窒息死因之推定	《北平医刊》第5卷第1期第53-58页
2月10日	踢伤阴部猝倒死之文证鉴定及物证验毒	《北平医刊》第5卷第2期第51-62页
3月10日	英人温纳被人暗杀案之证物检验（附表）	《北平医刊》第5卷第3期第51-70页
4月1日	枪弹检验与伤型之对照	《健康知识（北平）》第1卷第4期第45-49页
4月10日	枪射创与子弹之砸炸伤之判明	《北平医刊》第5卷第4期第53-55页
4月	已腐溺尸溺死液痕迹之证出新法	《中华医学杂志（上海）》第23卷第4期第415-432页
5月1日	枪弹检验舆伤型之对照（续）	《健康知识（北平）》第1卷第5期第45-52页
5月10日	个人笔迹异同之鉴定（一）（附书法）	《北平医刊》第5卷第5期第51-53页

第四章 民国时期重要的法医学人物

续表

发表时间	论文题目	杂志（卷期及页码）
5月10日	个人笔迹异同之鉴定（二）（附书法）	《北平医刊》第5卷第5期第53-63页
5月21日	由实验证明洗冤录之银钗验毒法不切实用	《铎声》第2期第15-19页
6月1日	药粉之毒性鉴定	《健康知识（北平）》第1卷第6期第50-51页
6月10日	医师责任问题（一）	《北平医刊》第5卷第6期第57-70页
6月10日	医师责任问题（二）	《北平医刊》第5卷第6期第70-74页
7月1日	因能否人道问题而离婚涉讼	《健康知识（北平）》第1卷第7期第47-52页
7月10日	民间常见之毒毙事件	《北平医刊》第5卷第7期第63-71页
1938年		
12月15日	法医鉴定实例两则（附照片）	《中华医学杂志（上海）》第24卷第12期第971-998页
1940年		
6月	现代应用之法医学	《医育》第4卷第2期第37-44页
1941年		
4月1日	西北卫生专员办事处函请毕业生报到：秘训字第一五五六号（民国二十九年八月十七日发）（龙毓莹，林几）	《国立西北医学院院刊》第5期第5页
1943年		
6月	医术过误问题（未完）	《实验卫生季刊》第1卷第2期第33-56页
12月	医术过误问题（续）	《实验卫生季刊》第1卷第3-4期第32-48页
12月	已腐溺尸溺死液痕迹之证出新法：法医学上困难问题（附图）	《实验卫生季刊》第1卷第3-4期第52-59页

续表

发表时间	论文题目	杂志（卷期及页码）
12月	新颁医师法之检讨	《中华医学杂志（重庆）》第29卷第2期第165-173页
1945年		
2月1日	漫谈社会医学及实施社会医生应与法令的联系	《社会卫生》第1卷第45期第1-3页
8月	对医院诊所管理规则之检讨	《中华医学杂志（重庆）》第31卷第4期第305-318页
1946年		
3月1日	对改良医学教育的刍议：要如何才能配合开业医公医法医军医及医佐人员于同一目标之下为国家社会而服务（待续）	《社会卫生》第2卷第1期第8-13页
4月1日	对改良医学教育的刍议（续）	《社会卫生》1946年第2卷第2期第15-19页
6月1日	1946太平洋上的海军捕鱼团（M. E. Stowe著，百渊译）	《水产月刊》复刊号第70-74页
6月	二十年来法医学之进步	《中华医学杂志（上海）》第32卷第6期第244-266页
1948年		
10月10日	现代法医所须知之枪弹检查（附表）（林百渊）	《国立江苏医学院十周年纪念特刊》特刊第47-54页

1.2 林几著作

根据广州医科大学"超星电子图书""超星发现系统"和中山大学图书馆"馆藏书目查询系统"《瀚文民国书库》《民国（1911—1949）总书目》《中华医学会牛惠生图书馆中文医书目录》《私立上海法政学院图书馆中文书目》等查找"林几""法医学"等，并结合已发表介绍林几论文和著作的有关文献进行比对、辨别和核实，按时间顺序整理出林几所著著作目录（表2）。

表2 林几教授著作系年

时间	著作题目	出版情况
1928—1930年	《法医学讲义》（三卷）	司法行政部法官训练所教材
1929年	《法医学总论各论》（法学生用）	司法行政部法官训练所及中央大学法学院刊行

第四章 民国时期重要的法医学人物

续表

时间	著作题目	出版情况
1932 年	《司法行政部法医研究所筹备经过情形暨现在处事务及将来计划概略》	司法行政部法医研究所刊行
1934 年	《法医学总论》（1 册） 《法医学各论》（2 册）	司法行政部法医研究所
	《简明法医学》	东南医学院出版股刊行
1935 年	《司法行政部法医研究所疑案鉴定实例》	新医药社出版
	《实验法医学》（各论：附中毒保险灾害医学）	北平大学医学院出版股
1947—1949 年	《法医学讲义》 《洗冤录驳议》	中央大学第二期司法检验专修科讲义
1947—1951 年	《法医学讲义》	南京大学（原中央大学）医学院法医学教材
1951 年	《食物中毒》	1951 年 6 月人民军医社华东分社出版，郑集主编，林几、周郁文、张学庸、牟善初等编辑，卢侃助理编辑。林几负责"第三章 毒物及中毒的症状急救与检定"等章节的编写
	《实验法医学》	1951 年 12 月 8 日第五军医大学出版社收到林几遗作《实验法医学》原稿 495 页（图 300 余幅），1952 年 3 月 1 日又收到 1 袋图片及手绘图 300 余幅

2. 述评

2.1 林几的早期论文（1923—1924 年）

林几（1897—1951），1918 年考入国立北京医学专门学校，1922 年夏毕业，留校研究病理学。1923 年 9 月，国立北京医学专门学校改建为国立北京医科大学校。1924 年岁末，他受国立北京医科大学校委派赴德国留学，专攻法医学。

据所查文献资料考证，林几教授最早正式发表的医学论文是 1923 年发表于《医事月刊》的《人力车夫心脏及脉搏之变态》一文。从毕业留校至赴德国留学的两年多时间（1923—1924 年）里，林几共发表 18 篇论文。其中 14 篇是关于人体寄生虫流行病学调查、实验室和病理学检验。他 1924 年在《中华医学杂志》发表的《十二年度国立北京医科大学校肠寄生虫检查报告（附表）》一文报道了北京医科大学各类成员 2641 人粪检结果，发现肠道寄生虫感染者 1247 人（占

47.21%），其中阔节裂头绦虫、犬弓蛔虫及微小三齿线虫的感染者均为我国首次报道，在我国医学寄生虫学发展百年历史中具有重要影响。也正是在这一时期，林几开始对法医学产生浓厚兴趣，并开始发表法医学方面的论文，如《新颖之血族鉴定方法（附表）》，其中颇为著名的《司法改良与法医学之关系》就是在他赴德国学习法医学前于1924年12月1日发表的。林几认为：如果不免除去旧式的仵作式的鉴定，而代以包括有医学及自然科学为基础的法医学（裁判医学）来鉴定并研究法律上各问题，则一切司法改良就不能臻于完善，中国的治外法权则不能收回。他疾呼"领事裁判权，我们是决心的要收回来的，那么关系重要的法医学，当然也是决心要朝着猛进改善的"，林几建议："要栽培法医学专家，当然须由有相当程度及志愿的医学专家中选拔，遣赴各国留学。其经费或由司法部及教育部供给，或由学校及志愿者筹备，再由部给以相当的津贴，则三四年后可学成归国，为社会服务。"他希冀教育界和司法界携手努力，通过法医学的进步补助司法的改善，以尽早收回领事裁判权。可见，林几当时选择法医学作为自己终身事业是经过深思熟虑的，充分体现了他的爱国情怀。

2.2 林几留学德国期间发表论文（1925—1927年）

林几留德期间，发表了9篇论文，其中《急性和慢性吗啡与鸦片中毒的病理学研究》（"Pathologische Anatomie der Akute und Chronische Morphin und Opium Vegiftung"）在德国的《德国医学杂志》（*Deutsche Zeitschrift Medizin*）发表。他虽身在异国，仍心系国内法医学发展，常向国内传播现代法医学知识，分别在《中华医学杂志》《法律评论》《东方杂志》《中西医学报》等发表8篇论文，内容集中在亲子鉴定、中毒病理和精痕检验等方面。其中1926年在《中华医学杂志》上发表了《最近法医学界鉴定法之进步》，他指出："法医学一科，于吾国医界可谓寂寂无闻。其实，此学科研究范围包罗至广，为国家应用医学之一。亦即社会之病理学也。凡国家立法司法行政三方面，无不有需于法医。"并给法医学下了定义："故法医学者，是以医学与自然科学为基础，而鉴定且研究法律上问题者也。"并从"新颖父权诉讼法之血族鉴定法、比较解剖学的人类及动物骨片之鉴别、溺死之新鉴定法、毛发鉴定之新参考及稀奇之堕胎行为"等方面详述了法医学领域的新进展，具有较大的影响力。

2.3 林几回国后至司法行政部法医研究所成立前发表论文（1928年至1932年7月）

1928年，国立北平大学医学院病理学教室改称"病理学兼法医学教室"，由林振纲主持。这一年，林几在德国获法医学博士学位后回国，被国立北平大学医学院聘为教授。1930年，林振纲赴德国留学。林几推动了法医学教室的独立，于1931年8月正式创立国立北平大学医学院法医学教室并任主任教授。1932年4月13日，林几受命接替孙逵方继续筹办司法行政部法医研究所，同年8月1日，被司法行政部委任为法医研究所第一任所长。这期间，林几发表法医学论文9篇。其中1928年12月在《中华医学杂志（上海）》发表的《拟议创立中央大学医学院法医学科教室意见书》最具影响力，他借鉴欧洲在大学设立法医研究所的经验，详细叙述了建立法医学教室的作用和意义，并规划了法医学教室所需的设备、规模，举办法医研究员和法医检验员训练班的课程设置等，并提出"分建六个法医学教室（上海、北平、汉口、广州、重庆、奉天）以便培育法医学人才并检验邻近法医事件"的建议，成为我国法医学向现代化发展的一个里程碑，对以后司法行政部法医研究所的成立、各大学开展法医检验工作起了积极的作用。

除筹建法医学教室和法医研究所外，林几于1928年7月11日被聘为上海特别市卫生局秘书，后又被聘为国民政府行政院卫生部科长，12月13日受卫生部长薛笃弼委派调查工厂、矿场卫生及劳动保险状况，其间完成《对北京市政卫生改良之管见——是有望于卫生委员会者》《林几君首都卫生五年内建设之计划》《痨病与小学教师及学童社会卫生问题》《调查北平特别市卫生现状报告》《参观北平第一监狱报告》《工厂法施行细则内应规定各项关于卫生安全及工人健康保障条款之我见》《乡村医药现况之调查（附图）》《劳工卫生意见书》《健康保险计划书》等

第四章 民国时期重要的法医学人物

公共卫生管理、劳工卫生及健康保险等内容的论文。其中《林几君首都卫生五年内建设之计划》一文指出:"各国卫生行政设备之进程,概括之可分为三期,即医务、防疫及保健是也。所谓医务者,即设立若干完备病院,便病人有诊治之所。所谓防疫者,即取缔一切不合于卫生原则之事件,同时建设一切适合于卫生原则之事件,以应社会之需求,并杜绝流行病之发生。迨医务及防疫之设施悉臻完善,然后保健之目的方易达到。"据此原则,他拟定了首都卫生设施建设之五年计划,所需经费500万元。1929年5月29日,卫生部批准林几科长兼任司法行政部法官训练所教职,教授法医学。

2.4 林几担任司法行政部法医研究所所长期间发表论文(1932年8月至1935年3月)

这段时间,可以说是林几发表法医学论文的鼎盛时期。他除了在《国立北平大学医学年刊》《医药学》《中华医学杂志(上海)》《东南医刊》等杂志发表法医学论文外,还创办了我国第一本法医学杂志——《法医月刊》,并在《法医月刊》上发表大量论文,刊载《实验法医学》系列讲座,开辟"鉴定实例专栏",开设"鉴定实例专号"(共4卷100个案例),其中包括人证检验第19、检骨16例、剖尸21例、检胎1例、单检内脏1例、文证审查6例、物证文证伪据指纹及足迹检查36例。此外,还在《司法行政公报》《医药学》等杂志刊登法医鉴定案例。

2.5 林几重返国立北平大学和西迁西北期间发表论文(1935年3月至1938年)

1935年3月,林几因病返回北平,任国立北平大学医学院法医学教室主任教授,继续开展法医学检案和教学工作,并兼任冀察政务委员会审判官训练所教职。1937年9月国立北平大学医学院西迁至陕西汉中,成立国立西安临时大学医学院(1938年3月更名为国立西北联合大学医学院,1939年8月独立为国立西北医学院),林几随校西迁任法医学教授,坚持法医学教学工作。其间,林几在《京报·医光周刊》发表《积极整顿检政改进法医办法意见》和《罪犯心理》,在《新医药》杂志"法医专号"上发表《北平大学医学院法医学教室廿四年度疑案鉴定实例》50例,包括人证检查、尸体检查、物证检查、毒质检查和文证检查五大类。他还在《北平医刊》《健康知识(北平)》《幸福杂志》等发表法医学论文30多篇。值得一提的是,他在《健康知识(北平)》1937年第1卷连载发表《枪弹检验与伤型之对照》,指出:"关于枪弹检查,(一)首须注意是否生前之枪创,抑为死后之枪创。同时有无并受他种伤?或先受他种伤,而后被枪弹之射击。(二)次须验是否有多数之枪伤?是否同一枪所发射?(三)须检视其射入口、射出口及创管,以决定发射之姿势、射程之远近及射出入口之大小。(四)子弹与枪之种类,并参照所述创型以决定该创口能否与嫌疑凶器相符。(五)须检验是否自杀他杀或误杀。"

2.6 林几在中央大学(南京大学)医学院期间发表论文(1939—1951年)

1939—1942年,林几任内政部卫生署西北卫生专员办事处秘书,兼任中央大学医学院(1937年10月国立中央大学随国民政府西迁入川,校址设在重庆沙磁区沙坪坝松林坡,中央大学医学院迁到成都华西坝)和江苏医学院(1939年迁到重庆北碚)法医学教授。1943年秋,林几创办中央大学医学院法医学科,他以中央大学法医学科为基地,分别于1943年12月和1944年6月为四川高等法院举办两期为期半年的司法检验员训练班;1945年4月,又为四川高等法院举办高级司法检验员训练班(即司法检验专修科前身,也称第一期司法检验专修科)。1945年,林几拟定法医人才五年训练计划(该计划1946年得到法务部和教育部批准)。1946年冬,中央大学医学院回迁南京,1947年设立法医研究所,8月续办第二期高级司法检验人员训练班(奉教育部令,将高级司法检验人员训练班改为司法检验专修科,即第二期司法检验专修科)。1948年,法务部和教育部会拟计划开设法医师和检验员训练班。1950年8月,国立中央大学改名国立南京大学,续招"第三期医学院司法检验专修科"学员,训练两年毕业,为中华人民共和国培养了第一批法医检验人员。1951年8月,中央卫生部委托南京大学医学院举办法医学师资训练班,由部调派各医学院校毕业生20名(实到19名),训练一年半毕业。这期间,林几发表法医学和医政管理论文 13 篇。其中 1946 年在《中华医学杂志（上海）》发表的《二十年来法医学之进步》一文从法医学运用与研究范围及法医学检验技术两方面对我国 20 世纪 40 年代法医学发展所取得的进步进行总结，这也是林几教授法医学教育思想、法医学学术思想、法医学历史观、人格魅力等集中体现，更是林几教授对法庭科学真谛的精辟诠释。此外，林几 1945 年在《中华医学杂志（重庆）》发表了《对医院诊所管理规则之检讨》一文，讨论了医师资格、权利、义务、病案管理，死因分类，死亡登记，尸体解剖及传染病分类、填报等，还从法律角度援引前民法与刑法中有关条文，对医疗事故"罚"与"不罚"提出了有价值的探讨。

2.7 关于林几著作

林几教授一生举办多个法医学和司法检验培训班，并为医学本科生、法官、医生等讲授法医学课程。为了做好法医学教学，林几教授编著了多种法医学讲义，包括《法医学讲义》《法医学总论》《法医学各论》《洗冤录驳议》《实验法医学》等，并于 1950 年 7 月被聘为中央人民政府卫生部卫生教材编审委员会法医学组主任委员，负责编审全国法医学教材。但是，由于受各种因素的影响，加之林几教授因病过早逝世，除了《食物中毒》外，他编写的这些宝贵的法医学著作并未得到正式出版，因此对这些著作的成书时间说法不一。

关于林几教授的著作未能出版的原因，陈康颐教授于 1991 年在《悼念我敬爱的老师——林几教授》一文的"附注"中曾作如下说明："林教授自德回国后，曾一度兼任司法行政部法官训练所教职，编著法官用法医学总、各论三册，在 1930 年 6 月完稿。之后，即着手编著《实验法医学》，1931 年秋，给我班教学时，作为讲稿用。1933 年秋，给研究员（生）讲课时，边讲边改。1934 年，即将总论部分在《法医月刊》连续发表。1946 年冬，由成都复员南京后，曾将书稿寄去杭州新医书局出版，因内容问题，退回修改。林师即请吴幼霖整理，再寄杭州新医书局，又被退回。1951 年，法医学师资班将原稿油印后，作为主要参考书。1953 年秋，我去沈阳中国医大审校波波夫法医学中文译稿时，林师母把稿托我带去修改。1954 年 11 月我从朝鲜回来，又将稿仔细复审一遍，亲手交给人民卫生出版社徐诵明社长（徐社长是林教授的老师，也是我的老师，曾任国立北平大学校长兼医学院院长，中华人民共和国成立后，任卫生部教育司司长，后调人民卫生出版社任社长），徐社长对林师遗著非常重视，尽可能出版。1956 年夏，我去中国科学院开会，又去拜见徐社长。他说：林师的书稿，内容比较陈旧，引用国民党法律很不恰当，经几次修改整理后，不像他本人的笔调，问题不少，很难解决，拟寄还你校领导考虑。二军医大收到书稿后，组织法医学教研室教师脱产 2 个月，日夜修改整理，并分配我修改第一章绪论。书稿修改完毕后，学校派张国峰等二人送出版社，该社认为问题不少，不易解决，未曾出版。"

第二节　孙逵方对我国现代法医学形成和发展的重要贡献

孙逵方是和林几同时代的中国现代法医学先驱，是我国 20 世纪 20 年代最早接受西方现代法医学教育的学者，为中国现代法医学的创立和发展做出了重要贡献。但是，由于年代久远、资料收集困难等原因，对于孙逵方的生平，尚有许多空白之处；对其所发表的论文，也缺乏全面、系统的整理和研究。2022 年，胡丙杰等通过查阅和收集国内外大量历史文献和档案资料，对孙逵方的生平资料进行整理和完善，对其一生所发表的论文按照系年进行编排并评述，力图完整展示孙逵方毕生的学术成就和法医学贡献，并以此作为对孙逵方逝世60周年的缅怀和纪念。

一、孙逵方生平及家庭

(一) 孙逵方的名与字

孙逵方（图4-15，图4-16），又名孙逵芳，字萝庵、乐安、罗庵，法文名为 Suen Koei-Fang，安徽寿县人。《中华民族的人格》记载："萝庵，孙逵方（1897—1962），安徽寿州人。"孙逵方青年时期即跻身于中国古代文学的研究行列，成为中国当时古典文学派系——安徽桐城派的一员，"萝庵"取自晚清文史学家李慈铭的《萝庵游赏小志》："萝庵在柯山之坳，侍御于咸丰甲寅春养疴于庵之黄叶院。同治壬午侍御居京师，取昔来游赏之事，记忆诠次，以萝庵名其书。录其志中数则，以见一斑。"又据1918年《国立北京大学廿周年纪念册》"毕业同学录"记载"孙逵方，乐安，安徽寿县"，因此，孙逵方又字"乐安"，因其先祖为乐安郡孙氏之故。此外，《寿州孙氏宗谱·枝兰馥若公世系谱（中册）》记载"逵方，多玢三子，字罗庵"。

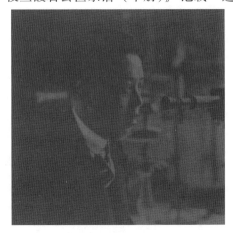

图4-15 孙逵方

（引自：法医检验所筹备主任孙逵方博士近影[J].时事新画，1930（10）：1.）

图4-16 孙逵方签名

[民国三十七年（1948）上海监狱医院院长孙逵方在与中国石油有限公司上海营业所往来公函上的毛笔签名。]

(二) 孙逵方的出生时间

目前文献关于孙逵方出生年有1896年、1897年和1898年几种说法。黄瑞亭在《第五次全国法医学术交流会论文集》中发表《孙逵方对法医学的贡献》一文，文中认为孙逵方生于1896年。《中华民族的人格》记载孙逵方生于1897年；据《寿州孙氏宗谱·枝兰馥若公世系谱（中册）》，孙逵方生于1898年闰三月二十六日；而孙逵方在法国巴黎大学博士学位论文的封面记载其出生日期是1897年3月26日（图4-17）。由于博士论文是其本人亲自撰写，其记载应当更加可信。

图4-17 孙逵方博士论文封面

(三) 孙逵方的家族

据《寿州孙氏宗谱·枝兰馥若公世系谱(中册)》，孙逵方出身于安徽省寿县孙氏名门望族，父亲孙多玢（1870—1901）为光绪十五年（1889）己丑科举人、光绪十八年（1892）壬辰科进士，与蔡元培、张元济同榜题名，翰林院庶吉士，授职编修，国史馆协修，记名简放道，加二品衔，赏戴花翎，资政大夫。祖父孙传楸（1836—1876），咸丰十一年（1861）辛酉科拔贡，候选教谕，例授修职郎，资政大夫，二品顶戴，记名简放道。曾祖父孙家铎（1815—1861），道光五年（1825）乙酉科拔贡，道光十九年（1839）己亥科顺天举人，道光二十一年（1841）辛丑恩科进士。历任江西彭泽、安仁、贵溪、广昌、卢陵等县知县，山西河口镇同知，瑞州府知府。诰授朝议大夫，晋赠资政大夫。二品顶戴，江苏候补道。光禄大夫，户部右侍郎加三级。

值得一提的是，其曾祖父孙家铎兄弟五人中，孙家铎排行第二，大哥孙家泽（1814—1846）为道光十八年（1838）进士，任内阁中书国史馆分校、礼部祠祭司主事；三弟孙家怿（1821—1890）为咸丰二年（1852）举人，任刑部员外郎，奉天司行走，赏戴花翎；四弟孙家丞（1825—1878）曾任浙江省乐清县知县，补用直隶州知州；五弟孙家鼐（1827—1909）25岁考中举人，咸丰九年（1859）中状元，与翁同龢同为光绪帝师，累迁内阁学士，历任工部侍郎，署工部，礼部、户部、吏部、刑部尚书。1898年7月3日孙家鼐以吏部尚书、协办大学士受命为京师大学堂首任管理学务大臣（北京大学首任校长），1900年后任文渊阁大学士、学务大臣等。因此，寿州孙氏家族有着"一门三进士，五子四登科"的美誉。

孙逵方外祖父陆宝忠（1850—1908），江苏太仓人，字伯葵，光绪二年（1876）中进士，历任内阁学士兼礼部侍郎、兵部右侍郎、礼部尚书等职。孙逵方母亲陆念萱为陆宝忠次女。

（四）孙逵方的婚姻与家庭

据《张元济年谱长编》记载，1933年11月11日，孙逵方与张元济之女张树敏（图4-18）婚礼在上海大东饭店举行，证婚人为著名教育家蔡元培。孙逵方的岳父张元济（1867—1959），出身于浙西名门望族，诗书之家。其始祖张九成是南宋绍兴进士，史载其"正色立朝，敦尚气节，为有宋名臣"。张元济1867年生于广州，1880年随母返海盐。1889年赴杭州参加举人恩科乡试，中第十名举人（蔡元培名列同榜第二十三）。1892年进京参加壬辰科考试，中贡士，经复试、殿试后中进士，与蔡元培、孙多玢同榜题名，并授翰林院庶常馆吉士。1894年春，张元济任刑部贵州司主事，后任总理各国事务

图4-18 孙逵方妻子张树敏（孙逵方摄）

［引自：春装——张树敏女士［J］. 时代，1933，4（2）：12-13.］

衙门章京，参与戊戌变法。戊戌变法失败后任上海南洋公学译书院总校兼代办院事。1901年任南洋公学总理（上海交通大学第二任校长）。1903年加入商务印书馆，先后任编译所所长、经理、监理、董事会主席等。1948年当选中央研究院院士。1949年当选为全国政协委员并出席第一次全国政协会议。1953年后任上海文史馆馆长、商务印书馆董事长。1959年在上海逝世。

孙逵方岳母许子宜，为清末兵部尚书、军机大臣许庚身之女，为张元济继室。张元济与许子宜夫人生有一女一子，女儿张树敏（小名勤，1903年出生），即孙逵方的妻子。张元济与孙逵方翁婿关系甚好：1937年淞沪会战爆发后，孙逵方担任第三救护医院院长期间，张元济曾组织为伤兵募衣，并到第三救护医院看望；1937年11月，孙逵方与张树敏随法医研究所内迁至武汉，张元济曾作《赠萝庵贤婿》诗饯行："萝庵贤婿掌法医研究所已逾两载。战争既起，上官令移武昌。启行有日，诗以送之，兼示敏儿。昔以良医比良相，今知二者交相资。世情诡变滋疑狱，当以物理穷毫厘。管韩仓扁未兼擅，精斯学者推巴黎。子往求之破万里，十年孟晋能得师。学成报国信有术，归来小试初哉基。而翁与我共登第，年少直上青云梯。而母幼居舅氏宅，时偕我妇相戏嬉。故人有子崭头角，克承堂构称佳儿。相攸我喜得快婿，乃以弱息奉箕帚。丈夫有家不内顾，以身许国勤驱驰。昔年缔造忽中辍，为山一篑功犹亏。旧巢重返益展拓，生徒济济纷追随。能生死人肉白骨，手披案牍泯冤疑。知医明法互表里，翕然舆诵口有碑。除旧布新启尔宇，动地军声来鼓鼙。举目山河日日异，绕树三匝无宁枝。武昌天下咽喉地，敷政优忧今尤宜。板舆白下且安憩，有兄定省常欢怡。子今奉职绝裾去，暂勿瞻望伤乌私。载挐俱往得所助，差免内事萦心脾。慎重民命靖尔位，毋谓廉吏不可为。吾儿相依卅余载，黯然魂销长别离。人生聚散本无定，胡事沾巾悲临歧。太平重见会相晤，勉修妇职无遗罹。"

（五）孙逵方的国内学历

有关文献记载孙逵方毕业于北京大学，但何年入学、学何专业尚不清楚。经查1918年《国立北京大学廿周年纪念册》和1948年《国立北京大学历届同学录》，孙逵方于1917年6月毕业于国立北京大学预科一系法文班，这也可从北京大学校长蔡元培签署的孙逵方北京大学学习证明得以佐证（图4-19）。2002年《震旦大学建校百年纪念册》1909—1917年的学生名录里有孙逵方的名字，1937年 Bulletin De l'Université l'Aurore 和1994年上海市卢湾区政协编的《卢湾史话》中，也提到孙逵方为震旦校友。又查1912年以后震旦大学毕业生名录里没有找到孙逵方的名字，据此推测，孙逵方1917年6月北京大学预科一系法文班毕业后，同年入读上海私立震旦大学短暂学习（具体专业不详），但未毕业即离开震旦大学赴法国留学。

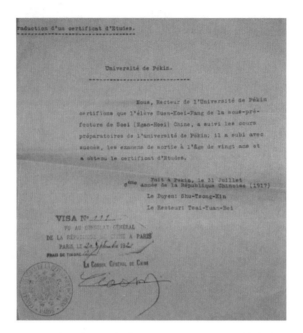

图 4-19 孙逵方北京大学学习证明（法国国家档案馆提供）

（六）孙逵方的国外学历

根据法国档案馆提供的资料，孙逵方 1920 年 8 月 13 日被认定获得中等教育毕业证书；1922 年 6 月 30 日获得物理、化学与生物（理科）的大学学位证明；1922 年 9 月 13 日至 1925 年 5 月 2 日学习硕士课程（学习科目包括组织学、解剖学、生理学、物理学、化学、细菌学、寄生虫学、实验病理学、社区医学、产科学等）；1925 年 6 月 30 日及 1926 年 5 月 24 日获得实习证明；1926 年 6 月 22 日至 1928 年 5 月 21 日学习博士课程，其间在圣路易医院实习 3 次（1927 年 11 月 30 日至 12 月 24 日，1928 年 1 月 3 日至 2 月 25 日，1928 年 2 月 27 日至 1928 年 6 月 23 日）；1929 年 3 月至 6 月完成博士考试，7 月 9 日博士论文通过评审入档。其博士论文题目是《正常颅骨脆弱性研究》（"Les Crânes Normalement Fragiles"），1929 年获得巴黎大学巴黎医学院博士学位（Doctorat de l'Université de Paris，Faculte de Médecine de Paris）和法医学与精神病学学院毕业证书（Diplôme de l'Institut de Médecine Légale et de Psychiatrie）。导师是维克多·巴尔特哈雷（Victor Balthazard）教授。这与《法医月刊》的介绍基本一致：孙逵方"留学法国十余年，专攻医学及法医学，得法国巴黎大学医学博士学位、巴黎大学法医学学院法医师学位，复于民国二十年（1931）被举为法国法医学会会员"。

（七）孙逵方的出国留学途径

关于孙逵方赴法的途径，尚有争议。这里需要先介绍一下民国时期的留学政策：民国时期有中央官费留学生、省公费留学生和自费留学生三种。为了解决国外留学生的生活困难，安徽省府规定：凡考取自费留学生，出国半年或一年后，其成绩优良，家境清寒者，可检同留学证书（考取自费并附教育部所发考试及格证书）成绩单，最近二寸半身相片四张暨安徽省府制订保证书（现任文官简任以上二人或武官少将以上二人或殷实铺保二家书式附后），及领款签字盖章凭证，呈由管理留学机关转送省府审核（如用西文并译中文说明），以便核发奖助金。《安徽教育月刊》1921 年第 44 期"欧洲留学生监督第一七一号（函为留法勤工俭学生请给津贴按名照发由）（八月二十五日）"记载：孙逵方和陈延年、陈乔年、陈坦夫等 48 名"均系自费勤工俭学"，安徽省"照十年度（1921 年）预算案规定之款……此次所汇八千元应请贵处查明量予摊发俾资接济"。因此，孙逵方赴法国属于自费勤工俭学，但安徽省曾给予一定的津贴。1928 年，安徽省制定新的留学政策，将官费生改为省费生，津贴生改为自费生奖学金。据《安徽教育行政周刊》1930 年第 3 卷第 2 期"安徽省十八年份国外留学省费生及奖学金生一览表"，孙逵方留学法国巴黎大学医科的奖学金起费年月为民国十年（1921）7 月。

（八）孙逵方的出国与回国时间

关于孙逵方回国的时间，据《法医月刊》记载：孙逵方"曾于民国十八年奉部令回国，任法医研究所筹备处主任"。《司法公报》记载：司法行政部 1929 年 8 月 2 日派孙逵方调查欧洲法医状况，10 月 24 日任命孙逵方为司法行政部法医研究所筹备主任，上海《申报》1929 年 10 月 3 日刊登了"留法学生孙逵方返国"的消息。综合以上资料，孙逵方回国时间应是 1929 年 8 月之前。

关于孙逵方出国的时间，目前所查文献均无明确记载。根据法国档案馆记录孙逵方 1920 年 8 月 13 日被认定获得中等教育学士学位，以及《法医月刊》载孙逵方"留学法国十余年"，"曾于民国十八年奉部令回国"，推测他赴法时间应为 1919 年。孙逵方获得安徽省自费生奖学金的起费时间为 1921 年 7 月，说明此时他已经在法国半年或 1 年以上，安徽省是根据 1921 年已在法国勤工俭学的学生名单发放津贴，1921 年并不是孙逵方赴法国的时间。

（九）孙逵方的出国后职业经历

1929 年，孙逵方奉司法行政部令回国后，任司法行政部技士，专司法医检务，1929 年 10 月 24 日被任命为司法行政部法医研究所筹备主任，将筹备处附设于司法行政部内，在上海真茹购地建屋。1930 年 4 月 1 日，"上海公共租界临时法院"改组成立"江苏上海特区地方法院"①，收回法权，在其检察机构内设置法医 1 名、法医助手 1 名，取代工部局办理原公共租界检验事项。孙逵方兼任江苏上海特区地方法院法医，遂将法医研究所筹备处附设于该法院内，1930 年 7 月 4 日辞去司法行政部技士兼职。1930 年 9 月，法医研究所开始动工建设。1930 年 11 月 3 日，司法行政部以训字第一八九七号训令令法医研究所筹备主任孙逵方前往英国、法国、意大利、德国、比利时、瑞士、西班牙等国考察法医事宜兼采办仪器书籍。1930 年 12 月，孙逵方启程赴欧洲考察（图 4-20）；1931 年 5 月，结束考察归国。法医研究所原定筹备期 1 年（1930 年 7 月 1 日至 1931 年 6 月底），但因用地交涉关系，未能如期落成。1932 年 1 月，日军侵略上海，真茹被占，筹备工作遂暂停顿。为救治前线受伤将士，慈善家、公教进行会会长陆

---

① 1927 年 1 月 1 日，上海公共租界会审公廨改组为"上海公共租界临时法院"；1930 年 4 月 1 日，改组为"江苏上海特区地方法院"。1931 年 8 月 1 日，收回上海法租界会审公廨，成立"江苏上海第二特区地方法院"，遂将公共租界的"江苏上海特区法院"更名为"江苏上海第一特区地方法院"，以示区别。

伯鸿设立第三十伤兵医院，孙逵方任该院医务主任。1932年4月13日，林几奉命到上海继续筹办法医研究所，8月1日司法行政部法医研究所正式成立，林几任第一任所长。1932年，孙逵方受聘为商务印书馆医师，为商务印书馆同仁治病，并在上海市静安寺路、九江路等开设诊所，主治内科、神经系病、精神病。1935年3月，林几因病回北平，孙逵方接任司法行政部法医研究所所长，5月11日补行宣誓就职典礼。孙逵方接任司法行政部法医研究所所长后，还兼任法医研究所第一科科长及技正。1936年在上海银行举行了法医学审议会成立大会，由孙逵方任大会主席，特邀国内有关专家参加会议。这期间他举办了第二、第三届法医研究员培训班和第一届法医检验员培训班，继续办好《法医月刊》（后更名为《法医学季刊》），并负责办理全国各地送检的法医案件。

图4-20 孙逵方赴欧采办器械临行前与送行者合影
［引自：上海画报，1930（657）：1.］

1937年8月13日，淞沪会战爆发。翌日，司法行政部法医研究所同仁与震旦大学医学院在校师生以及毕业同学在震旦大学内共同筹设第三救护医院，孙逵方担任院长。另据1938年《震旦医刊》介绍，震旦大学医学院开设法医学课程，孙逵方兼任震旦大学医学院法医学教授、法国法医学会中国代表。

1937年11月，孙逵方奉命随法医研究所撤离上海，先赴武汉，1938年1月后迁至重庆，办公处和寓所均在重庆南岸汪山上。在重庆，孙逵方一边担任法医研究所所长，一边行医。1945年10月6日，孙逵方随法医研究所迁回上海，在蒲石路（今长乐路）666号租屋办公。1946年12月，孙逵方兼任上海警察局刑事处处长及飞行堡垒总队长，为时任局长俞叔平博士撰写的《法医学》作序，该书由远东图书股份有限公司发行。1947年5月，孙逵方参加中华医学会第八届年会，并和林几、陈邦贤负责召集医师业务组。1948年，孙逵方兼任上海监狱医院院长。1949年3月7日，毛森接替俞叔平担任上海市警察局长，孙逵方遂辞去刑事处处长职务。

（十）孙逵方的死亡时间与地点

1949年5月17日，孙逵方携妻子张树敏和三个女儿（以恒、以恕、以茂）离开上海经香港赴法国巴黎定居。1962年，孙逵方不幸因车祸在巴黎逝世。

二、孙逵方对我国现代法医学形成和发展的重要贡献

孙逵方在国内从事法医工作达20年之久。他在司法行政部法医研究所的创建与发展、法医学人才培养、科学研究和检案等方面做了大量开拓性的工作，为我国现代法医学的建立和发展做出了重要贡献，是我国现代法医学的先驱和有重要影响的人物。

（一）孙逵方与司法行政部法医研究所的筹建

1928年，江苏高等法院向中央提交"速养成法医人才案"，司法行政部决定在上海选址，创建"司法行政部法医检验所"，以就近解决苏、浙、赣、皖、沪等地法医检案。1929年，孙逵方奉司法行政部令从欧洲回国时，提出组建司法行政部法医研究所的最先草案，呈司法行政部部长魏道明，得到采纳，并奉令开始筹备。孙逵方回国后先在司法行政部任技士，专司检务，1929年10月24日，孙逵方被聘为司法行政部法医研究所筹备主任，将筹备处附设于司法行政部内，在上海真茹购地建屋。1930年4月1日，孙逵方兼任江苏上海特区地方法院法医，遂将法医研究所筹备处附设于该法院内。1930年7月4日，孙逵方辞去司法行政部技士兼职。1930年9月，司法行政部法医研究所开始动工建设，1930年11月3日，孙逵方亲自前往欧洲采办各种仪器和书籍。原定筹备期一年（1930年7月1日至1931年6月底），但因用地交涉关系，未能如期落成。1932年1月，日军侵略上海，真茹被占，筹备工作遂暂停顿。1932年4月13日，林几奉命到上海继续筹办，8月1日司法行政部法医研究所正式成立，林几任第一任所长。1935年春，林几因患十二指肠溃疡回北平，1935年3月，孙逵方接任第二任所长，5月11日补行宣誓就职典礼。

根据《上海市年鉴（民国二十六年）》记载：1935年3月，孙逵方除担任司法行政部法医研究所所长外，还任第一科科长兼技正；第二科科长兼技正为柳世昌，事务主任为李栖云。1936年，司法行政部法医研究所的工作成绩如下：一是各省送检案件积极增加，大有突飞猛进之势，1936年上半年的案件统计，已经超过1935年全年案件数量。二是由于案件数量继续增加，社会情形又愈复杂，案情因亦离奇，以致原有试验室及仪器不敷应用，因此经司法行政部批准，添建楼房一座作为事务部办公用房，原楼房全部划作试验室，并在国外购置仪器多种，以利检案之进行。遗憾的是，1937年8月13日淞沪会战爆发，法医研究所工作受挫。之后法医研究所奉命撤离上海。正如孙逵方在为俞叔平编著的《法医学》作的序中所言："抗战之前①，我国法医之建设，已略具规模。八年战争，法医研究所全部毁于日人之手。十余年之心血，付诸东流。抚今追昔，宛如隔世。"

（二）孙逵方对法医学的研究和学术贡献

1. 孙逵方论著目录系年

孙逵方在杂志中发表了大量的学术研究论文，胡丙杰等对孙逵方所发表的28篇论

---

① 指抗日战争全面爆发前。

文进行了整理和研究（表4-2）。

表4-2 孙逵方论文系年

发表时间	论文题目	杂志（卷期及页码）
1929年		
	Les Crânes Normalement Fragiles（Suen Koei-Fang）	Paris，Librairie Louis Arnette，1929
1930年		
11月1日	宣阿香案检验经过	《医药评论》1930第45期第24-29页
1935年		
7月30日	早期剖验之重要	《法医月刊》1935年第17期第1-10页
8月30日	关于急性砒素中毒腐败现象之考察	《法医月刊》1935年第18期第1-15页
9月15日	司法行政部法医研究所概况	《医药评论》1935年第7卷9期（总第129期）第31-32页
9月30日	拟改善检验尸格及训练法医人才办法案	《法医月刊》1935年第19期第70-72页
11月30日	骨质上生前受伤痕迹之持久性	《法医月刊》1935年第20期第1-11页
1936年		
1月30日	处女膜之检查及其伤痕所在之指示法	《法医月刊》1936年第21期第1-5页
1月31日	警政与法医	《警光季刊》1936年第1卷第4期第5-9页
4月	《法医学季刊》发刊辞	《法医学季刊》1936年第1卷第1期第1页
4月	中国法医学史（孙逵方，张颐昌）	《法医学季刊》1936年第1卷第1期第3-9页
4月	外伤性颅骨破裂（孙逵方，张颐昌）	《法医学季刊》1936年第1卷第1期第10-51页
4月	蚊污与血痕之鉴别法	《法医学季刊》1936年第1卷第1期第52-68页
4月	肉食动物在尸骨上所留之痕迹	《法医学季刊》1936年第1卷第1期第69-79页
4月	先天性大动脉狭窄与急死之关系	《法医学季刊》1936年第1卷第1期第80-90页

续表

发表时间	论文题目	杂志（卷期及页码）
7月	死之研究第一章死之现象第一节生活机能停止作用之象征（孙逵方，张颐昌）	《法医学季刊》1936年第1卷第2期第1-68页
7月	字迹鉴定实例	《法医学季刊》1936年第1卷第2期第69-93页
7月	强奸（附照片）［（法）博尔达沙原著；张颐昌节译，孙逵方附识］	《法医学季刊》1936年第1卷第2期第109-127页
10月	死之研究（第一章死之现象第四节尸体变化及保存之过程）（孙逵方，张颐昌）	《法医学季刊》1936年第1卷第3期第1-10页
10月	死之研究（第二章死之诊断第一节真死及假死之诊断）（孙逵方，张颐昌）	《法医学季刊》1936年第1卷第3期10-20页
10月	死之研究（第二章死之诊断第二节死期之确定）（孙逵方，张颐昌）	《法医学季刊》1936年第1卷第3期20-23页
10月	死之研究（第二章死之诊断第三节法医学上之快死或慢死之诊断）（孙逵方，张颐昌）	《法医学季刊》1936年第1卷第3期23-30页
10月	死之研究（第三章实行剖验，全文未完）（孙逵方，张颐昌）	《法医学季刊》1936年第1卷第3期30-48页
11月1日	司法行政法令训字第五三一二号（二十五年十月八日发）令各省高等法院院长首席检察官、江苏高等法院第二、三分院院长首席检察官为据本部法医研究所所长呈明检验血痕之手续及方法请令勿再沿用旧法等情令仰饬属知照由（孙逵方）	《现代司法》1936年第2卷第2期第190-193页
1937年		
4月	冼家齐医师被控案文件（续第二十四期）（8）司法行政部法医研究所文证审查说明书	《医事汇刊》1937年第9卷第2号（总第31期）第139-147页
1947年		
3月	为俞叔平《法医学》作序	上海远东图书股份有限公司
1949年		
4月	三十七年度之飞行堡垒	《上海警察》1949年第3卷第9期第1-16页

续表

发表时间	论文题目	杂志（卷期及页码）
月份不详	近年来我国法医学之应用及其进展	《国际文摘月刊》1949 年第 2 期第 59-63 页

2. 孙逵方论著述评

（1）孙逵方任司法行政部法医研究所所长之前发表论文（1929—1934 年）。1929 年，在导师维克多·巴尔特哈雷（Victor Balthazard）教授指导下，孙逵方在法国巴黎大学完成博士学位论文《正常颅骨脆弱性研究》（"Les Crânes Normalement Fragiles"），获得巴黎大学巴黎医学院博士学位（Doctorat de l'Université de Paris, Faculte de Médecine de Paris），并取得法医学与精神病学学院毕业证书（Diplômé de l'Institut de Médecine Légale et de Psychiatrie）。论文包括前言、第一章（正常颅骨的解剖学摘要）、第二章（颅骨的生理异常）、第三章（颅骨的测量）、第四章（总则）、第五章（法医学实用原则）、结论七部分。

回国后，在担任司法行政部法医研究所筹备主任并兼任江苏上海特区地方法院（第一法院）法医期间，孙逵方曾检验宣阿香一案，引起报界报道和争议，遂发表《宣阿香案检验经过》一文，详述检验经过，并澄清报界质疑。他在该文第一部分"法医之性质与责任"中指出："科学研究，首重证据。法医方法亦以身体上之证据为主。由身体上之证据，可以推测死因。然同一死因，可由种种行为、种种方法以达之。究竟真正致伤或致死之行为方法为何，则须参酌身体以外之人证物证，以推定之。……故法医之职务，可分为两层：其一，为根据身体上之现象，以断定死因。此完全为法医本身范围之事；其二，为以法庭上所得身体以外之证据，与身体上所验得之征象相综合，而推定死之行为，下一合理之解释。此则非完全属于法医本身之范围。"

（2）孙逵方担任司法行政部法医研究所所长期间发表论文（1935—1949 年）。这期间，共发表 26 篇论文，其中 23 篇发表于 1935—1937 年，3 篇发表于抗日战争胜利后。论文内容广泛，涉及法医学史、改善检验尸格及法医学人才培养、提倡早期剖验、法医学与侦查学的关系、物证检验、字迹鉴定、文证审查、中毒、猝死、骨骼损伤、处女膜检查、死亡系列研究等。

在法医学史的研究方面，孙逵方与张颐昌合作在《法医学季刊》第 1 卷第 1 期发表了《中国法医学史》。孙逵方认为："《洗冤录》系吾国刑事衙门内所使用之一种检验方法，其检查不用科学方法，其立场不以医学为根据，故不能视为法医学。今为编史起见，除《洗冤录》外又无可取材，故分中国法医学史为三时期，第一期：《洗冤集录》未出现以前；第二期：《洗冤集录》出现期；第三期：法医学之输入。"在中国法医学史的第一时期（《洗冤集录》未出现以前），黄帝时名医岐伯"内考五脏六腑，外综经络血气色候，参之天地，验之人物"，古代医学名著《内经》有云"其死可解剖视之"，《史记》中《扁鹊仓公列传》载有"乃割皮解肌诀脉结筋等语"，他指出我国古代就已有解剖思想。在此我们可知，在 2000 多年前的战国时期，我国就已有尸体解剖。孙逵方的这些论述，不仅对中国法医学，而且对中国病理学，都是有其积极贡献的。"吾国重检验，自古已然，礼经所载是一章明证据。后人未加注意，遂至数典忘祖。《礼·月令》：孟秋之月，命理瞻伤，察创，视折，审断。据蔡邕之说，皮曰伤，肉曰创，骨曰折，骨肉皆折曰断。瞻焉，察焉，视焉，审焉，即后世检验之法也。"在中国法医学史的第二时期（《洗冤集录》出现期），"《洗冤录》在裁判上极占地位，因历代法吏群奉《洗冤录》为圭臬，科刑律罪，平反冤狱，唯此是赖。检验专书，虽起于宋，而宋代医师除桂万荣外，少注意于检验者。盖宋时性理之学盛行，性理之说混入医学，医师均尚空言，不寻根据，阴阳五行之说大行，医学之基础不立，虽以桂万荣之博雅，亦不能以医学立场作检验之基础也"。在中国法医学史的第三时期（法医学输入时期），西方现代法医学开始输入我国，清政府进行变法修律、改良司法，开设检验学习所进行人才培养。此阶段在法律、科技、人才培训和国外输入等方面都与古代法医学有所区别，因此他把清末法医学从古代法医学中剥离出来。孙逵方提出的我国法医学史三个阶段学说，在中国法医学史研究中具有重要的价值。孙逵方在为俞叔平《法医学》所作的"序"中，也提出同样的法医学史观："我国自古素重检验，宋代以前之检验方法，已无书籍可考。自宋以来以迄今日，甚少进步。我司法界引用以解释检验之书，如'平冤''洗冤''无冤'三录，皆系宋元遗物，此外尚有《疑狱集》《棠阴比事》《折狱龟鉴》等，则仅系辅助检验之书籍。综以上各书之内容，多系经验之记载，不以科学及医学为依据。且千载以来，毫无改进。我国以医学从事检验之倡导，自前清末年已发其端。光绪二十五年，有赵元益译自英人该惠连及弗里爱氏之《法律医学》。"他还提到："对于法医学之实际应用，自民国二十一年始有司法行政部法医研究所之创立。抗战之前[①]，我国法医之建设，已略具规模。八年战争，法医研究所全部毁于日人之手。十余年之心血，付诸东流。抚今追昔，宛如隔世。"

1935年9月，孙逵方在全国司法会议上提交《拟改善检验尸格及训练法医人才办法案》[②]，他指出："《洗冤录》所载尸格图案，与现代医学科学图案解释诸多不合，似不适用于法医学昌明时代，在医学上凡属检验尸体，只能以伤痕之轻重定其致命与否，不能以地位而定其是否为致命伤，且法医学重在明了致死之真因，稍有疑虑，即应施行剖验以明真相，非可仅以外表伤痕而推定其死因。"他强调要"按照医学生理学原理，及人体之构造，另行订定"。到1936年，他的学生胡齐飞按照现代解剖学的理论，绘制了人体图形并标上了相应的解剖学名称，设计了新的法医《验断书》，并且提出要用国际通用的米制长度单位对人体进行测量[③]，这无疑是科学的改革。

孙逵方也重视研究古代法医学的不足及如何纠正，他在《法医学季刊（发刊词）》中提倡"研究科学问题，须学理与经验并重。故凡有例能证明学理者，必举例以实吾说，庶阅者可两相对照，无偏重学理或经验之弊。""学理与经验并重"，即理论联系实际，是孙逵方法医学术的指导思想之一。

---

① 指抗日战争全面爆发前。
② 孙逵方. 拟改善检验尸格及训练法医人才办法案 [J]. 法医月刊, 1935 (19): 70-72.
③ 胡齐飞. 现行验断书评论及修改之刍议（附图表）[J]. 法医学季刊, 1936, 1 (3): 49-90.

孙逵方在《法医学季刊》连载发表的《死之研究》目录，包括"死之现象""死之诊断""实行剖验""猝死"四章，其中前三章系统阐述了人体死亡后的尸体的各种变化及其法医学意义（生活机能停止作用之象征、尸体现象、尸体破坏之程序、尸体变化及保存之过程）、死亡的诊断（真死及假死之诊断、死期之确定、快死或慢死之诊断）、尸体剖验（尸体外部检查和内部检查的程序及注意事项）。这些内容引用国外大量的最新研究成果，反映了当时国际上法医学的最新进展，对于推动我国现代法医学的发展具有重要意义。遗憾的是，由于《法医学季刊》停刊，孙逵方《死之研究》的第四章"猝死"未能发表。

他在《司法行政部法医研究所概况》一文中推崇其导师Balthazard教授"侦查价值即鉴定价值"的思想。在《警政与法医》一文中，孙逵方强调法医学要与刑事侦查学、刑事技术等相结合。孙逵方在《三十七年度之飞行堡垒》中介绍了上海市警察局刑事处飞行堡垒总队的概略、勤务、装备、教育与训练、总务及1948年的工作概况，飞行堡垒是应对突发事件的高速度的刑事警察，孙逵方曾任刑事处处长兼飞行堡垒总队长，其业务课程包括"现场侦查""指纹学""法医学""命案侦查"等。

（三）孙逵方对法医学人才培养的贡献

孙逵方在《拟改善检验尸格及训练法医人才办法案》中说：长期以来，中国法医学"仍墨守旧章，以致千年以来颇少进境"，"吾国法医尚属萌芽时代，人才经济两感缺乏。值兹收回法权之际，为杜外人口实计，为吾国法医前途计，改善检政，培养法医人才，实为当今急务"。当时，虽然已经开始培养现代法医人才，但因"人才经济两感缺乏"而"不能造就大批人才以求普及"，根据此实际情况，同时又"兹为兼顾检验吏生活起见"，他提出"拟将各省检验吏择其通达文理者，陆续调所训练，将洗冤录中方法何种吻合科学，可适于用，何种不适于用，逐条详为剖析，并授以简易科学，俾其得有法医常识，以为逐渐改善检政之基，似此更番调换，数年之后，咸知运用新方法以为检验之标准，则检政前途庶有发扬光大之日"。这种一方面培养现代法医人才，一方面根据当时实际情况对原有"通达文理"的"检验吏"不断培训以更新知识的方案，是切合实际的方案；并且不再称"仵作"而称"检验吏"，还为了"顾及检验吏生活"而不将他们一脚踢开，应承认其具有相当的"人情味"。

担任司法行政部法医研究第二任所长期间，孙逵方尽心尽职。在林几培养了第一届法医研究员后，孙逵方继续培养第二、第三届法医研究员。1935年9月18日，招收了第二届法医研究员5人和第一届法医检验员25人，两者期限均为1年，于1936年10月9日毕业，由司法行政部分别发给法医师证书和检验员证书，派往各省各级法院服务。1936年10月，又招收了第三届法医研究员（陈履告、王效尹等10余人），1937年毕业。

（四）孙逵方对法医学检验鉴定的贡献

孙逵方认为："窃念文明愈进步，犯罪之方法愈复杂，法医学之范围亦随之而广泛。现今法医学上鉴定案件，几应用全部科学医学之知识，故以一切学问解决一切案件，自非一二人之学识所能胜任，应集合多数人之专门学问，始能应付一切。"① 因此，1936 年 7 月 11 日，在上海银行举行了司法行政部法医学审议会成立大会，由孙逵方任大会主席，特邀国内部分医学专家参加会议。会上选举了司法行政部法医学审议会委员，推举内科组、外科组、理化组和病理组四个专业组的正副主任，并制定《司法行政部法医学审议会组织大纲》和《司法行政部法医学审议会办事细则》，集合多数人之专门学问，协助解决国内法医学疑难案件。

根据《上海市年鉴（民国二十六年）》② 记载，由于各省送检案件积极增加，1936 年上半年，司法行政部法医研究所受理检验疑难案件 132 例，化验疑难案件 52 例，检验普通案件 860 例，合计 1044 例，已经超过 1935 年全年案件数量。又据《上海审判志》③ 记载：1938 年 5 月至 1949 年 5 月，法医研究所辗转武汉到重庆，仍未间断法医学检案工作，但 12 年间总共检验案件只有 2211 例，平均每年仅 184 例（表 4 - 3）。

表 4 - 3　1938 年 5 月至 1949 年 5 月法医研究所检验化验案件统计

年份	检验部分											化验部分					合计
	笔迹	指纹	印鉴	枪弹	血痕	精斑	尸体	验骨	文证	人证	其他	食品	药品	内脏	烟毒	其他	
1938	27	6	5	2	23		2	13	6	5	1	7	9	20			126
1939	28	1	3	1	15		7	20	10	10		2	3	13			113
1940	15	4	3		16	1	11	17	4	11		4	1	18	4	3	112
1941	32	5	3		17	1	17	9	4	1	1	6	8	60	2	2	168
1942	28	13	2	1	21		10	12	4	6	9	8	4	35		1	155
1943	34	9	4		6		2	11	4		3	1	4	20		3	102
1944	30	13	3	1	28		7	3	1	4	3	9	15	36	2	5	160
1945	75	27	5		21		15	30	15	6	4	8	21	24	2	1	254
1946	34	1			9		1	2	6		7	5	6	12	4		101
1947	58	42	7	1	44	1	5	21	26	3	2	9	70	71	23	10	393
1948	122	44	16		33		6	19	19	2	8	8	63	45	20	9	414
1949	28	16	6		8	2	2	2	8	2	1	5	13	15	3	2	113
合计	511	189	59	7	241	8	84	159	107	50	39	72	217	369	60	39	2211

（五）孙逵方对法医学术交流的贡献

除了成立法医学审议会协助解决国内法医学疑难案件外，1936 年，孙逵方将《法医月刊》改名为《法医学季刊》。《法医学季刊》由孙逵方、张颐昌、赵广茂、温承翰、

---

① 祖照基. 司法行政部法医学审议会成立大会纪略 [J]. 法医学季刊，1936，1 (2)：141 - 147.
② 上海市通志馆年鉴委员会. 上海市年鉴（民国二十六年）[M]. 上海：中华书局，1937：163 - 167.
③ 上海审判志编纂委员会. 上海审判志 [M]. 上海：上海社会科学院出版社，2003：472 - 476.

祖照基和郑子华组成编辑部。《法医学季刊》上发表了一批论文和研究成果。1929年8月2日，司法行政部决定派孙逵方调查欧洲法医状况。1930年11月3日，司法行政部以训字第一八九七号训令令法医研究所筹备主任孙逵方前往英国、法国、意大利、德国、比利时、瑞士、西班牙等国考察法医事宜兼采办仪器书籍。1930年12月18日，《上海画报》第657期登载了孙逵方博士赴欧采办器械临行前与送行者的合影（图4-20）。1931年5月28日，《申报》（上海版）登载《法医检验所主任孙逵方博士归国》的消息："司法行政部法医检验所主席孙逵方博士前奉派赴欧洲考察法医最近设备并采购一切器具，兹已于前日由西比利亚归国，乘奉天号抵沪，并即换车入京报告。"1937年4月1日，孙逵方在上海医学院大礼堂参加中华医学会第四届年会开幕式。1947年5月，孙逵方参加中华医学会第八届年会，并与林几、陈邦贤共同负责召集医师业务组。

三、孙逵方生平小结

孙逵方（1897—1962年），字萝庵、乐安、罗庵，安徽寿县人。1917年6月毕业于北京大学预科一系法文班，同年入读上海震旦大学短暂学习（专业不详），1919年赴法国留学，1920年8月被法国认定获得中等教育毕业证书，后在巴黎大学完成大学、硕士、博士课程与实习，1929年7月获巴黎大学医学院博士学位和法医学与精神病学学院毕业证书，1931年成为法国法医学会会员。1929年回国后任司法行政部技士（专司检务）、法医研究所筹备主任，兼任江苏上海特区地方法院（后更名为江苏上海特区第一法院）法医。1932年1月28日，孙逵方任第三十伤兵医院医务主任；4月，法医研究所由林几接替筹办，孙逵方受聘为商务印书馆医师，并在上海开设诊所；1935年3月，孙逵方接替林几任法医研究所所长，兼任震旦大学医学院法医学教授。1937年8月13日，淞沪会战爆发后，孙逵方任第三救护医院院长。1937年11月随法医研究所撤离上海经武汉迁至重庆，在重庆期间，孙逵方一边担任法医研究所所长，一边行医。1945年10月6日，孙逵方随法医研究所迁回上海，在蒲石路（今长乐路）666号租屋办公。1946年12月兼任上海警察局刑事处处长及飞行堡垒总队长，1948年兼任上海监狱医院院长，1949年5月赴法国巴黎定居，1962年因车祸在巴黎逝世。

孙逵方是我国20世纪20年代最早接受西方现代法医学教育的两位学者之一，回国后在司法行政部法医研究所的筹建中做了开拓性的工作，在担任法医研究所第二任所长期间，招收培养了第二、第三届法医研究员和第一届法医检验员，继续办好《法医月刊》（后更名为《法医学季刊》），负责办理全国各地法医案件，并发表28篇论文。他为我国现代法医学的建立、法医学人才培养、检验鉴定、科学研究和学术交流做出了卓越贡献，是当之无愧的我国现代法医学先驱。

第三节　对民国时期法医学发展有影响与贡献的其他人物

一、对民国时期法医学有贡献和影响的法政文史学者

（一）John Fryer

John Fryer（1839—1928年），中文名傅兰雅，英国肯特郡海斯镇人。毕业于伦敦海布莱师范学院（Highbury Training College in London），于清咸丰十一年（1861）到香港，就任圣保罗书院院长（St. Paul's College）。两年后受聘京师同文书馆任英语教习，清同治四年（1865）转任上海英华学堂校长，并任《上海新报》主编。同治七年（1868）起，任上海江南制造局翻译馆译员，达28年，编译《西国近书汇编》等书籍。光绪二年（1876）创办格致书院，创办科学杂志《格致汇编》。光绪二十二年（1896）去美国担任加利福尼亚大学东方文学语言教授，后加入美国籍。清政府曾授予三品官衔和勋章。作为职业翻译家，傅兰雅一生翻译了129篇译文，其中57篇自然科学，48篇应用科学，14篇陆、海军科学，10篇历史和社会科学，江南制造局刊行了傅兰雅的77篇译文。

傅兰雅对法医学的贡献：傅兰雅与赵元益等合译《法律医学》，该书由英国人该惠连、弗里爱著，傅兰雅口译，赵元益笔述（一说卷首至卷四由徐寿译、赵元益校录，其余为赵元益笔述），赵诒琛①校对，二十四卷首一卷附一卷（一说为二十卷），附图一百八十七幅。江南制造局于光绪二十一五年（1899）刊，十册。该书被认为是我国最早的法医学译著。据薛愚的《中国药学史料》记载②，1888年，傅兰雅还将 Forensic Medicine 一书译成中文版，名为《英国洗冤录》。

（二）沈家本

沈家本（1840—1913年），字子惇，别号寄簃，浙江吴兴（今湖州人）。光绪九年（1883）中进士，历任天津、保定知府，刑部右侍郎，修订法律大臣，大理院正卿，法部右侍郎，资政院副总裁等。沈家本还主持制定了《大清民律草案》《钦定大清商律》《大清新刑律》《大清刑事诉讼律草案》《大清民事诉讼律草案》《大清现行刑律》《法院编制法》等一系列法典（草案）。由于长期莅职刑部，得以研究历代法典与刑狱档案，是谙悉中国法律发展沿革与得失的著名法学家。在他主持修订法律期间，既删改了原有的《大清律例》，又制定了具有西方特征的法典法规。他认为杀人有四种情形：谋杀、戏杀、误杀和擅杀。谋杀用重刑，戏杀、误杀和擅杀为虚拟死罪，改流刑，删减了戏杀、误杀、擅杀的死罪。光绪三十一年三月二十日（1905年4月24日），他和伍廷

---

① 赵诒琛：赵元益长子，字学南，藏书家。
② 薛愚. 中国药学史料［M］. 北京：人民卫生出版社，1984：324.

芳联衔上奏《删除律例内重法折》，获得朝廷钦准，一举废除了沿袭数千年的三项酷刑重法：一是凌迟、枭首、戮尸，代之为斩决、绞决、监候；二是缘坐，即株连之刑；三是刺字等肉刑。死刑一般用绞，只有谋反、大逆谋杀祖父母等重罪用斩刑。在他主持制定的《刑事民事诉讼法》中，确认罪刑法定原则。在程序法方面，沈家本力主改革秋审，停止各省督抚布政使会审和中央的九卿会审制，旨在停止行政干预司法，维护司法的独立性和专业性。他向国人宣称"司法独立非唯欧西通行之实例，亦我中国固有之良规"，并作《历代刑官考》，在传统律例中探寻"司法独立"的精神。他主持制定《大理院审判编制法》（1906年）、《法院编制法》（1910年），确定在全国审判实行四级三审制，规范大理院及京师各级审判厅的设置和权限。建立地方法院并确立审级制度。专门设立检察厅和检察官，创设了中国现代检察制度。在中国历史上，检验由官吏行使，现场喝报死伤由仵作进行。直至宣统二年（1910）的《大清刑事诉讼律草案》《大清民事诉讼律草案》《钦定大清刑律》才有关于"鉴定"和"鉴定人"的有关规定。这是中国历史上第一次提到检验人员为鉴定人，并以法律形式规定其地位和资格。

1909年6月，沈家本为王佑校正补注的《新注无冤录》作《无冤录序》，1909年11月又为之作《王穆伯佑新注无冤录序》，并赞其"校正之余，附以新说"。《无冤录序》和《王穆伯佑新注无冤录序》被收入沈家本1911年亲自手订出版的《寄簃文存二编》（1929年后汇编为《寄簃文存》八卷）。《无冤录序》和朝鲜版本《无冤录》上、下卷被收入沈家本所编的《枕碧楼丛书》（1913年刊印）。

《沈寄簃先生遗书·寄簃文存》卷五《补洗冤录四则》记述了沈家本在天津任上审理的奸杀案之详情：郑国锦通医术，善针灸，流落在天津城行医。刘明的妻子王氏生病，请郑国锦诊治，郑国锦几针下去，王氏疾病全消。刘明当即让儿子刘黑儿拜郑国锦为师，学习医术。光绪十八年（1892）二月间，郑国锦声称自己有病，孤身一人在天津无人照顾，找到刘明，欲借住刘家。王氏感恩郑国锦医好了她的病，劝丈夫答应郑国锦的请求。郑国锦住进刘家，在与王氏的交往中逐渐生情，以致私通。俩人的奸情被儿子刘黑儿撞见，并告诉了父亲刘明。刘明被气病，欲携全家回杨官店老家。郑国锦与王氏做贼心虚，铤而走险，合谋欲害死刘明。三月十七日深夜四更时刻，郑国锦料定刘明病中无力，加上刘黑儿睡熟，便悄悄来到已睡着的刘明身边，将其死死地按住，王氏在一旁望风帮衬。郑国锦在刘明脐上一寸的水分穴部位连扎三针（水分穴在中医上是绝对禁止扎针的）。郑国锦三针下去，刘明大声哀号，惊醒了刘黑儿。他告诉儿子：郑国锦和王氏要杀自己。郑国锦把针拔出，刘明就断了气。事后，郑国锦将尸体入殓，谎称刘明因病亡故，通知刘明兄长刘长清来天津料理后事。刘长清轻信了郑国锦、王氏的谎言，就带着侄子刘黑儿，将弟弟刘明的尸棺运回杨官店村安葬。几年后，刘长清与刘黑儿报案。时任天津知府的沈家本率静海县知县史善治、候补知县李应培与从京城调来的仵作侯永一同前往杨官店村查办案件。侯永开棺查看，发现"尸身皮肉销化无存"，只剩白骨。传统法医学著作《洗冤录》中没有记录被针扎致死者的验骨方法，但清代《洗冤录义证》有男子下身受到伤害，牙根骨会显现痕迹的记载。《洗冤录备考》中也记载，只要死者白骨的头顶囟门骨中心部位有红色血晕伤痕，就可证明是腹部受伤而死。《疑难杂说》也有同样的记载，认为腹部受伤后，人会剧烈地喘气，气血上涌，在头部出现现代医学所说的脑出血症状，囟门骨处就会有出血点，形成红色血晕。与侯永商议后，沈家本遂检验囟门骨和牙根，果然发现刘明囟门骨近左侧部位有红色血晕，骨缝浮出；口腔正中牙根和靠左第一、第二、第三牙根都有暗红色血痕。检骨情况与上述三本书中的记载一一吻合，沈家本断定刘明必是被人用针猛刺腹部而死。于是提审郑国锦和王氏，郑国锦在事实面前不得不承认是自己"在死者水分穴扎三针"，真相大白。沈家本将查案结果上报直隶臬司衙门，将郑国锦、王氏按律治罪。结案后，沈家本将郑国锦杀人案详情尤其是验尸检骨的具体方法记录下来，为后人审案提供参考，填补了《洗冤录》关于受针刺而死者遗骨检验方法上的空白。由此可见，沈家本不仅对法学，而且对法医学都有很大的贡献。

（三）伍廷芳

伍廷芳（1842—1922年），本名叙，字文爵，又名伍才，号秩庸，广东新会人。1842年7月20日生于新加坡。1846年，其父携全家归国，定居广州芳村。1856年赴香港圣保罗书院学习6年，毕业后以翻译身份就职于香港法院。1874—1877年留学英国，入伦敦林肯法律学院攻读法学，获博士学位及大律师资格，成为中国近代第一个法学博士，后回香港任律师。1880年受聘为香港立法局非官职议员。1882年成为李鸿章幕僚，1896年冬受命出使美国、西班牙、秘鲁，为期6年。1902年，伍廷芳被清政府授四品京堂候补，先后任修订法律大臣、刑部右侍郎等职。与沈家本共同主持修订法律，拟订了民、刑律草案。与同为晚清修律大臣的法学泰斗沈家本相比，伍廷芳在法学理论素养方面有其自身特色。沈家本长期任职刑部，得以浏览历代法典王章、刑狱档案，并能潜心对中国封建法制进行系统的批判总结，因此要论对中国法制的研究及著述的丰富，伍廷芳不及沈家本，但是论及对西方法律的感悟，则即使"学贯中西"的沈家本也极力称赞伍廷芳。伍廷芳留学多年，深谙西方法律，深知只有将西方法律制度与中国实际国情结合，才能摆脱被列强欺压，走向自立自强的道路。他与沈家本一起主持修改旧律，增修新律，致力于改变旧有法律体系。伍廷芳还向清廷上奏设立专业化的法律学堂，加大法律人才的培养力度。他重视法医检验和证据制度，提出了包括删除酷刑、禁止刑讯、改良狱政等主张。在修律过程中，他引进西方各国包括检验制度在内的法律制度。他的主张得到沈家本的支持，以法律形式规定鉴定人的地位和资格。1912年南京临时政府成立以后，伍廷芳被任命为司法总长，继续致力于改良司法。

（四）徐世昌

徐世昌（1855—1939年），字卜五，号菊人，别号水竹村人、石门山人等，墓碑题名"水竹人"，直隶天津（今天津市）人，生于河南辉县。光绪十二年（1886）进士，任翰林院庶吉士、编修。曾任晚清军机大臣，东三省总督，北洋政府国务卿、大总统。徐世昌对法医学的贡献是他力主改仵作为检验吏出身。光绪三十四年（1908）8月20日，时任东三省总督徐世昌、吉林巡抚朱家宝"奏为吉省拟设检验学习所，改各属原设仵作为检验吏并比照吏员给予出身"，"唯是仵作一项，旧例视为贱役，稍知自爱者每不屑为"，"刻吉省检察审判各厅以次成立，现拟于高等审判厅内附设检验学习所一区，调各属识字仵作并招考本省二十岁以上聪颖子弟若干名入所肄习①，除洗冤录应行研究外，附课生理剖解等学，择其普通浅近关系检验者，派员逐日讲解，并陈列骨殖模型样本，以资目验。定期一年毕业，发给文凭，分派各州县承充作作，改名为检验吏，优给工食，并比照刑书一体给予出身，以资鼓励"②。由于徐世昌等人的努力下，仵作始改作检验吏官员，并通过设立检验学堂进行培养。

（五）徐珂

徐珂（1869—1928年），原名昌，字仲可，浙江杭县（今杭州）人。1889年参加乡试，中举人。不过，他在科举考试中，终未再获功名。曾在商务印书馆编译所任职，主持《东方杂志》杂纂部。《清稗类钞》是他留给后人的一部笔记集，于民国初年（约1917年）出版。全书48册，分时令、地理、外交、风俗、工艺、文学等92类，约13500余条。录自数百种清人笔记，并参考报章记载而成，范围广泛，检查便利。徐珂编《清稗类钞》中就设有《狱讼类》，专门介绍诉讼案件检验和断案。《清稗类钞》中记载的法医检验案例，有些广为传颂，如"徐次舟治狱"③："光绪初，乌程④徐次舟观察赓陛为粤东陆丰县，以折狱称。有妪来告其子媳忤逆者，讯之，妪备言媳之不孝：'今值我生日，故以恶草具进，而自于房中啖酒肉，我不能复忍矣。'讯媳，则涕泣不作一语。徐疑之，语妪曰：'媳不孝，可恶，本县为民父母，而不能教之，殊自恧⑤。今为汝上寿，和尔姑媳，何如？'妪叩谢。徐乃令人设长案于堂，使姑媳就座，各予面一碗，面中有他物也。食毕，徐故问他案，不即发落，俄而姑媳皆大吐，众视之，则妪所吐皆鱼肉，媳所吐为青菜也。徐乃责妪曰：'今何如？汝敢于公庭为谰言，则平日可知。姑念今为汝生日，且控媳无反坐理，姑去，幸勿谓本官易欺也。'妪大惭而退。"这是徐次舟用催吐药⑥并对呕吐内容物进行检验，以判明案件真相的实例。

（六）程树德

程树德（1877—1944年），字戊武，号郁庭，福建闽侯（今福州市）人。日本法政大学毕业，归国后历任北洋政府参政院参政，任北京大学、国立北平大学法学院、清华大学教授等职。关于中国古代法律的起源问题，他主张黄帝李法说。他根据《管子·任法》载"故黄帝之治也，置法而不变，使民安其法者也"，《淮南子·主术训》载"黄帝治天下，法令明而不暗"，《北堂书钞》引太史公《素王妙论》载"黄帝设五法，布之天下"，《汉书·胡建传》引黄帝李法"壁垒已定，穿窬不繇路，是谓奸人，奸人者杀"等，论证黄帝时已有法律。《路史》《左传》《通鉴前篇外纪》《群辅录》等书都记载黄帝时有刑官，论证有官必有法，有法有检验，不过古代法令简单质朴，而且多半是习惯法。程树德著有《中国法制史》《汉律考》《论语集释》《九朝律考》等书。其代表作品《九朝律考》是20世纪中国法律史学的经典作品之一，自20世纪30年代面

---

① 肄习：指学习、练习、演习。
② 东三省总督徐世昌、吉林巡抚朱家宝奏吉省创设检验学习所等折［J］．政治官报．1908（335）：6-8.
③ 徐珂．清稗类钞（三）［M］．北京：商务印书馆，1966：263.
④ 乌程：秦改"菰城"为"乌程"，以乌巾、程林两氏善酿酒而得名，属会稽郡，今为绍兴。
⑤ 恧：惭愧。
⑥ 清代沿用催吐药如藜芦等。

世以来,一直不断再版,在学术界享有盛誉。《九朝律考》一书在整理古代法律资料方面的影响很大,并对法医学有贡献。《九朝律考·汉律令杂考》记载了一个"狂易杀人"的案例:"河内太守上,民张大有狂病。病发杀母弟,应枭首。遇赦,谓不当,除之,枭首如故。"

(七) 刘体仁与刘体智

刘体仁与刘体智是晚清重臣四川总督刘秉璋之子,安徽庐江(今合肥)人。刘体仁(1873—1929年),刘秉璋第二子,字慰之,号辟园。刘体智(1879—1962年),刘秉璋第四子,字晦之,晚号善斋老人,岳父为晚清大学士、太子太傅孙家鼐。刘体智的文物收藏堪称海内一流,尤其是龟甲骨片和青铜器的收藏,世间罕有其比。其甲骨文的收藏达28000余片,1953年全部捐给文化部文物局。据文物部门统计,现存我国内地的龟甲骨片,总共9万余片,分布在95个机关单位和44位私人收藏家手里,而刘体智的28000余片,差不多就占了三分之一,是私人收藏甲骨最大的一宗。1951年9月,刘体智还捐献了上古三代及秦汉时期的兵器130件,分装20个箱子里,后由上海市文管会转交上海博物馆保存。《异辞录》是《辟园史学四种》之一,该著于民国初年刊行,无署名,托名"辟园"。因"辟园"为刘体仁之号,《中国丛书综录》据此认为《异辞录》为刘体仁所作。中华书局出版《历代史料笔记丛刊》时将《异辞录》作为《清代史料笔记丛刊》之一种出版。据刘体智之孙刘笃龄详细考证,认为《辟园史学四种》当为刘体智所著,所谓辟园乃"避袁"之意,即与其政治态度相合,又能托兄之号以避祸。但关于《辟园史学四种》的作者归属,目前史学界尚有争论。在《异辞录》中记载了"鸩人无迹之法":彭刚直谈葛毕氏案,任筱沅中丞时为江西提刑按察使,适同在座。先文庄曰:"葛品莲覆验无毒。苟鸩死而使无迹之法,有诸?"中丞曰:"有之。吾为县令时,遇一谋害亲夫案,查无实据,既判无罪,行将释之矣,夫弟上诉不已,省署发县复鞫。吾百思无术,乃呼犯妇入内室,屏人,令夫人密语之,曰:'兹县令与汝为同舟之人矣,果得其情,汝判罪,县令随之落职,汝曷以实告,俾共图之。汝夫为汝与奸夫毒死,确乎?'犯妇良久乃曰:'确也。奸夫市砒八两,令每日于食物中下一分,不及半年而毒发。药性由渐而入,故验之不得云。'"中丞又曰:"至此,吾亦无如之何,不得不为之秘密矣。"文庄曰:"然则夫弟不将反坐乎?"中丞曰:"定例死罪反坐减轻。"坐客皆嗟叹不已。

(八) 王佑、杨鸿通

王佑(生卒年不详),字穆伯,湖北罗田(又说鄂中、蕲州)人,1906年7月入日本明治大学法科学习。杨鸿通(生卒年不详),四川成都(蜀中)人,曾留学日本法政大学学习法科。王佑和杨鸿通在日本东京帝国大学校医科讲师法医学博士石川清忠所著《实用法医学》的基础上(又说:根据日本警视厅第三部医员兼保养院院长石川贞吉所著《东西各国刑事民事检验鉴定最新讲义》),根据我国《洗冤录》《无冤录》《平冤录》《补注洗冤录集证》所载之检查方法、警视厅诸先生所讲授之精义与解剖说明图,以及日本帝国法医专科讲师片山博士之讲义,对其进行增补,并将书名改为《汉译实用法医学大全》,1908年由汉口湖北公友公假事务所出版,1909年再版。该书封面题"实用法医学",书脊题"东西各国刑事民事检验鉴定最新讲义"。其内容包括总论、各论、附录三大部分。总论讲述法律关系与各种检查的规则;各论说明各种损伤、毒杀、病患、变死之原因,并讲述其各种检查方法;附录包括死征、中国各种检验方法、中日名词对照表。该书是清末我国法医学输入早期由国外引进的法医学书籍,对我国近代法医学的发展影响较大,1921年商务印书馆又以《法医学大全》之名出版。1909年夏,王佑还从日本抄录带回元代王与《无冤录》的朝鲜版本,并对朝鲜版本进行校正补注,称《新注无冤录》。1909年6月,沈家本作《无冤录序》,1909年11月又作《王穆伯佑新注无冤录序》,并赞其"校正之余,附以新说"。王佑《新注无冤录》还被收入黄群1929年12月完成的《敬乡楼丛书》第二辑。

(九)陈垣

陈垣(1880—1971年),字援庵,又字圆庵,号励耘,笔名谦益、钱罂等,广东新会人。清光绪六年十月初十(1880年11月12日)出生于广东省新会县石头乡富冈里。1885年随父到广州。1894年中秀才。1897年以贡监身份赴京参加顺天乡试未中举人,1902年和1903年赴开封参加乡试亦未中。1904年参加《时事画报》筹备工作,1905—1907年在《时事画报》发表进步文章。1907年考入广州博济医学堂(1866年由美国教会在广州创办,是中国最早的西医学校,嘉约翰(John Glasgow Kerr,1824—1901年)为首任校长,孙中山先生曾在此学医和从事革命活动;1936年并入岭南大学,成立岭南大学医学院,是中山医科大学即现中山大学中山医学院的源头之一),由于博济医学堂的创办者嘉约翰去世后其继任者歧视中国师生,陈垣愤然离开博济医学堂,与梁培基等于1908年创办光华医学校(这是中国第一所民办西医学校,不久更名为光华医学院,是中山大学中山医学院的第二个源头,其第三个源头是1909年成立的广东公医学堂,后并入国立中山大学,成为中山大学医学院),陈垣担任董事长并在该校学习。1910年毕业留校执教,讲授人体解剖学、细菌学及生理学三科。1912年被选为民国众议院议员。1921年任北洋政府教育次长。1922年后任北京大学研究所国学门导师、京师图书馆馆长、故宫博物院图书馆馆长、北京师范大学史学系主任等职。1926年任辅仁大学校长。1948年当选中央研究院院士。1952年任北京师范大学校长。1954年兼任中国科学院历史研究所第二所所长、哲学社会科学学部委员。1956年后任第一、第二、第三届全国人民代表大会常务委员会委员。1959年加入中国共产党。1959—1965年任北京市政协副主席。在宗教史、元史、考据学、校勘学等方面成绩卓著,与陈寅恪以"史学二陈"著称,被誉为中国宗教史的开山之祖。

陈垣早期创办《医学卫生报》和《光华医事卫生杂志》,从事医药卫生及医学史的研究,发表了不少关于古代解剖学、瘟疫传染、古代医院的建立及医学史的重要人物等文章,如《牛痘入中国考略》《肺痨病传染之古说》《论人工免疫之理》《中国解剖学之史料》《张仲景像题辞》《万国鼠疫研究会始末》等。故现今中国医史学家将陈垣视为中国医学史研究的奠基人。

陈垣对法医学的贡献:①陈垣于光绪三十四年(1908)十二月和宣统元年(1909)闰二月在《医学卫生报》第6期和第7期连载发表《洗冤录略史》。据所查文献,该文是我国法医学史研究的第一篇论文。他将法医学史分为"上古史""中古史""近古史""现世史"四部分。"上古史"介绍了《汉律》，五代和凝父子所撰《疑狱集》，宋代已佚法学著作《内恕录》《平冤录》《结案式》及郑兴裔所撰《检验格目》等书概要，此阶段称之为"草昧时代"。"中古史"则分别介绍了南宋宋慈所撰《洗冤集录》，元王与《无冤录》，明王肯堂《洗冤录笺释》，清曾慎斋《洗冤汇编》，清王明德《洗冤录补并急救法》，康熙年间律例馆本《校正洗冤录》，以及乾隆三十五年（1770）部颁之《检骨图格》，此阶段称之为"统一时代"。"近古史"则分别介绍了清嘉庆、道光年间所刻印的法医书籍，如武林王又槐《洗冤录集证》，蕲水令汪歙《洗冤录补遗》，山东巡抚国拙斋中丞《洗冤录备考》，会稽阮其新《补注洗冤录集证》《宝鉴编》，禺山令仲振履《石香秘录》，闽中叶镇撰、朱椿阐解之《作吏要言》，此阶段称之为"全盛时代"。"现世史"则列举了道光年间迄于清末的法医著作，如嘉定瞿中溶撰《洗冤录辨证》，雁门郎锦麒《洗冤录合参》，襄平姚德豫《洗冤录解》，长白刚毅《洗冤录义证》，慈谿刘廷桢《中西骨格辨正六卷》等书，其中还列举了外国人在我国发表的法医著作，如英国人德贞（John Dudgeon）《洗冤新说》，英国人傅兰雅（John Fryer）、新阳赵元益合译《法律医学》，此阶段称之为"恐怖时代"。以上法医学著作，为后世了解我国法医源流和其整体面貌大有裨益。宋慈《洗冤集录》在我国古代法医学中的具有重要地位。在上述"现世史"部分所列举的几部法医著作，对《洗冤集录》的错误进行了校订。英国人德贞将英国的《法医学》一书翻译成中文，按照中国的《洗冤集录》条目编译成《洗冤新说》，1873 年在《中西见闻录》连载。该书对《洗冤集录》一书中有关人体骨骼部位、名目讹谬的内容进行了纠正。这说明《洗冤集录》中对人体骨骼部位的描述存在许多错误，需要用新的检验知识对其加以修正。《洗冤新说》还介绍了《洗冤集录》对日本、朝鲜等邻国的影响，以及日本在明治维新以后在近代医学的推动下法医学迅速改观的情况："或问曰：世界各国，有与吾国同用《洗冤录》者乎？曰：有！唯日本、朝鲜。朝鲜微论矣，日本昔亦崇奉吾国所传之《洗冤录》，自明治十二年三潴谦三始著《断讼医学》，十五年谷口谦始译《国政医论》（尚在德贞译《洗冤新说》之后），其后，片山国嘉等又著《裁判医学提纲》，丹波敬三又著《裁判化学》……明治二十一年，片山国嘉自德国归，被举为大学教授，首倡改裁判医学之名称为法医学，创设法医学教室，谋检尸改良之法，医学专门学校以下均添入法医学科，而《洗冤录》遂为日本法医学史之前期资料焉，亦我国必经之阶级（段）也。"陈垣的《洗冤录略史》不仅介绍了我国法医学的发展历史，而且介绍了《洗冤集录》对日本、朝鲜等邻国的影响，提出我国应该学习借鉴日本经验革新我国法医学，无疑是我国法医学史研究的重要早期论文。②陈垣于 1909 年在《医学卫生报》"医事批评"栏目发表《吉省新设检验吏》（第 8 期）、《奏设检验吏已咨行到粤》（第 9 期）、《美医剖验交涉命案》（第 9 期）和《美医剖验交涉命案续闻》（第 10 期）等文章。他认为，清末政府以"缓不济急"为由，将仵作改为检验吏，在京师和各省建立检验学习所，"调取各属识字仵作"，"照例各给《洗冤录》一部，派员讲解"，考试合格给予"从九、未入流"出身，虽然从法令上看，仵作的"贱民"帽子被摘掉了，但是从师资、学生来源、教材选择、学习内容以及学制来看，仍与国外法医学教育相去甚远，呼吁中国应尽快建立与西方接轨的法医检验制度。在外国人享有治外法权的情况下，如果中国的法医检验制度不与西方接轨,则必然危及中华民族尊严。1908年发生的佛山轮船葡萄牙人踢死华人何与听案,由于中西检验方法不同,中西官各以为据,以至于案件久拖不决,就是一个教训。1909年,英捕马仕击死商民余发程案,经美国医士解剖乃为棍击至小肠血管断裂出血致死,但英领倭纳欲以数百两银了结。陈垣对此感叹:"甚哉,中国人命之贱也!"③陈垣在1931年写成的《元典章校补释例》一书中,对《大元圣政国朝典章》进行校勘,涉及心疯(精神病)杀人、踢死、船边做戏淹死、医患纠纷等案例。《大元圣政国朝典章》是元朝地方官员自行编制的一部法律汇编,简称《元典章》。它是元中统元年(1260)至元至治二年(1322)颁布之圣旨条画、律令格例以及司法部门所判案例等资料的汇编。《元典章》分为《前集》和《新集》。《元典章》虽非元朝中央政府所颁布,但仍系统地保存了元朝法律的内容,成为研究元朝社会及法律的珍贵材料。

(十) 黄群

黄群(1883—1945年),原名冲,字旭初,后改为溯初。祖籍浙江省平阳县万船乡郑楼村,父辈以经商迁居温州朔门,因此自号朔门。清光绪二十七年(1901),黄群到杭州考入"求是书院"。光绪三十年(1904),黄群留学日本,入早稻田大学攻读政法。学成回国后,先后在湖北督署调查局、政法学堂工作。民国元年(1912)1月,任南京临时参议院议员。民国二年(1913)2月,当选为第一届国会众议院议员。自民国七年(1918)开始,黄群聘刘景晨、刘绍宽作为选辑、校勘,编成《敬乡楼丛书》共4辑38种257卷。1929年,黄群进一步证实《宋元检验三录》中的《无冤录》乃是新注本的上卷,而其中的《平冤录》则是新注本的下卷,真正的《平冤录》已经失传。黄群在《敬乡楼丛书》刊本第二辑《无冤录》"跋"中首先引《瓯海轶闻》一书,详细介绍了元代法医学家王与的家世与生平。

(十一) 罗文干

罗文干(1888—1940年),字钧任,广东番禺人。早年留学英国牛津大学学习法律,宣统元年(1909)毕业回国,经学部考试评为留学生最优,赐法政科进士,任清政府广东审判厅厅长。辛亥革命后,任民国广东都督府司法司司长,1913年后任北洋政府总检察厅厅长。曾策动反对袁世凯。袁世凯死后,罗文干于1918年任修订法律馆副总裁,1919年任北京大学教授,1921年任梁士诒内阁司法次长,1922年任大理院院长、代理司法总长和王宠惠内阁财政总长等职,1927年任顾维钧内阁司法总长,1928年被聘为东北边防军司令长官公署顾问、东北大学文法学院教授,1931年任北平政务委员会委员,1931年12月任国民政府司法行政部部长,1932年1月兼任外交部部长,因拒绝与日本签署《塘沽协定》于1933年12月被免去外交部部长(由汪精卫代理),1934年10月再辞去司法行政部部长职务。1938年任国防会议参议、第一届国民参政会参政,西南联合大学教授。在官场上,罗文干特立独行,颇有官场"侠客"风格,且被认为是"学贯中西"的"法界泰斗"。他一生游走于学者与官员之间,仕途跌宕起伏,甚至三度入狱成为"罪犯"。1940年病逝于广东乐昌。

罗文干对法医学的贡献:发现、培养并支持林几开展法医学工作。1931年12月,罗文干被任命为司法行政部部长后,于1932年4月13日委托林几接替孙逵方筹办司法行政部法医研究所,8月1日法医研究所正式成立,任命林几为第一任法医研究所所长。罗文干对于法医研究所建设、招收法医研究员、创办《法医月刊》等给予全方位支持,亲自题写《法医月刊》刊名,并题词"法推洞垣"予以褒奖。1934年,林几发表《司法行政部法医研究所成立一周年工作报告》,称"本所二十一年度经费预算为五万三千七百八十四元……二十二年度起,因开设研究班招收研究员,所务扩充,各项经费均激增"。这些经费都是由罗文干执掌的司法行政部开支的,换言之,若没有罗文干的支持,法医研究所买不起那么多设备,也不可能在此基础上培养第一批法医研究员。

二、对民国时期法医学有贡献和影响的医学专家学者

(一) John Dudgeon

John Dudgeon(1837—1901年),中文名德贞,字子固,英国苏格兰格拉斯哥人,1837年出生于苏格兰埃尔郡的格尔斯顿镇。1856—1862年在格拉斯哥大学学医,最后一年曾学习法医学课程,1862年获英国格拉斯哥大学外科学硕士学位,1863年受伦敦传道会(London Missionary Society)派遣来华行医传教。1863年12月德贞抵达上海;1864年德贞到达北京,接替雒魏林(William Lockhart,1811—1896年)开创的医药传教事业。1865年,德贞在北京东单北大街创办第一所近代化医院——"北京施医院"或"京施医院"(Peking Hospital),因门口竖有两杆旗杆,又俗称"双旗杆医院"(即今天北京协和医院的前身)。1884年,德贞宣布脱离伦敦会,以"英医德贞"身份在北京生活和工作,他出诊、教学、为报刊写医学专栏、开设鸦片戒烟所等。刑部尚书崇实称赞德贞"英国德子固医师,不远数万里,来京师施医,十余年间活人无算,而绝不受一钱,仁人君子之用心在斯乎"。1899年,上海的《点石斋画报》以"中西济美"为标题刊登一则北京西医生"心存利济,着手成春"的报道,宣传了德贞的良医形象。德贞的崇高医德与人格精神依然是今人的典范。

德贞对法医学的贡献:①1871年,京师同文馆添设医学,聘德贞为医学和生理学教习,在同文馆开设医学选修课,由此西方医学科学开始进入晚清官方教育体系中。1873年,德贞在《中西闻见录》发表《西医考证》一文,解释了他为何要以《洗冤录》为底本介绍西医学:"同治十年辛未之冬,因同文馆添设医学,贞滥竽充数,妄厕宾席,教授医学。始自全体而发论,继由脏腑以相因,至于载人身之骸骨、次序、名目,中西迥别,莫或折中。乃取中华《洗冤录》,察阅人身骨骼全图,与其部位名目,考覈①之余,而讹谬岐出,不胜概然。夫洗冤者,本为洗白昭雪死生人之诬枉而设,洗清污蔑,平反冤屈,俾无辜者生而无愆②,死而无憾,使穷凶极恶之徒,无所逃罪;而阴谋诡谲之辈,难漏法网。治体相关,民命攸系,乌容不慎者也?及逐细推求,详悉讨论,非附会无稽,即妄言虚诞。予辄为之掩卷太息,窃以中华自古为文物大邦,精英萃集,抑何洗冤之一书,舛错若此!"德贞认为造成错误的原因在于:"居刑官者多以恻

---

① 覈:检验,查核。
② 愆:罪过、过失。

悝为心，祝纲泣宰，意存矜恤。而胸臆吉祥者，又每每恶其秽骨，或见尸身腐烂，蝇蚋攒集，皮糜肉脱，臭恶难近。既委之以相验之责，不得不勉强从事，监临远视，一任仵作妄言喝报，书吏舞文作奸，往往以草率了结为急务，……乃敢不揣冒昧，愿将西医洗冤验证实据，翻译而出，以佐华国之听断，务使善类之人，生者蒙福，死者瞑目，而顽恶凶残之辈，莫或逭其厥辜也哉。"因此，他翻译英国的《法医学》，编著成《洗冤新说》，1873 年在《中西闻见录》连载，这是外国法医学向我国输入之始。德贞借用中国法医学专著《洗冤录》之名，"按中国洗冤之条目补其末补，用述敝国验证一科洗冤之书翻译而出"。法医学属于医学专业，但不局限在医学领域，涉及法律、国家政策、职业规范和伦理道德（医学伦理），法医验证尚有猎奇的成分在其中，因此内容可读性极强。《洗冤新说》分五期连载，由西方验证科（法医学）设立发展史和律法制定过程开始，过渡到介绍身体正常与非正常结构、不同生命周期的人体特征，讲解法医鉴定方法和标准。同时，出示"洗冤录骨格全图"和"全体骨格图"，留给读者充分的空间比较中西方关于身体知识的差异，此种形式介绍西方人体解剖学知识，不失为巧妙的方法。《洗冤新说》是德贞以中文写作的第一篇医学专业文章，尽管他指出传统的中国法医知识充满谬误，但所写文章却仍套用《洗冤录》的结构、章节来介绍西方法医学、法学和法医的职业道德知识。在德贞身上真正体现出了西方的近代科学精神。②1886 年，同文馆出版德贞翻译的给同文馆学生讲课的解剖学教材《全体通考》，该书以当时英美医学院最流行的解剖学教科书《格氏解剖学》（*Gray's Anatomy*）为底本，18 卷正文，附有 18 卷近 400 幅精美的人体解剖图谱。以显微镜观察、化学原理及计量学方法，揭开身体秘密，由人的头部毛发深入到人体内部的骨质组织微观成分，从血液循环到神经分布，都有精细的描述和解释，德贞在书中又加入大量的注解，对照中医的人体结构知识和传统术言，创造了人体部位和器官的现代名称，并指出中西医学关于身体知识的不同表述。该书由总理衙门大臣董恂题写书名，包括荣禄等 7 名满清高官为之作序。该书对晚清解剖学发展和医学教育有重大影响。③1893 年 12 月和 1894 年 4 月，德贞在《博医会报》（*The China Medical Missionary Journal*）连载发表《一位近代中国的解剖学家》（"A Modern Chinese Anatomist"），介绍了晚清中医解剖学家王清任的成就和事迹，并将王清任的《医林改错》译成英文，发表于 1893 年的《博医会报》，王清任及其解剖学著作才为世人所知晓和重视。王清任冒染病之险，每天清晨骑马到荒郊野坟，详细对照研究尸体内脏，前后历时 42 年，绘成脏腑各图，并结合临床实践著成《医林改错》一书，订正了古代解剖学中的许多讹谬，德贞称王清任为中国近代解剖学家，赞扬王清任执着的求实精神和医学革新精神。也正是由于德贞的介绍，西方社会才知道19 世纪中国有位"近代解剖学家"王清任。

（二）赵元益

赵元益（1840—1902 年），字袁甫，字静涵，江苏新阳县信义镇（今昆山正仪）人，光绪十四年（1888）江南乡试中举人，著名数学家华蘅芳表弟。1869 年，由其表兄华蘅芳引荐入江南制造局翻译馆任职，与英国传教士傅兰雅翻译西学。1887 年兼上海格致书院掌教。1890—1894 年曾作为清大臣薛福成随员出使英国、法国、比利时、意大利四国，其间还被派往德国向著名细菌学家寇赫即罗伯特·科赫（Robort Koch,

1843—1910年)学习,归国后重返江南制造局翻译馆任职。他在上海法大马路(今黄浦区金陵东路)设有诊所,医术令人信服。除了译书、坐诊之外,赵元益还参与慈善事业、翻译社团以及格致书院等事务。1895年,赵元益联合唐廷桂、郑官应、朱佩珍、经元善、钟天纬等25位上海缙绅,创设善堂组织"同仁公济堂"。1897年与董康等人创立上海"译书公会",同年与吴仲韬在上海创立"医学善会"。赵元益在外交、文学、法律、生物、化学等自然科学尤其医学方面有较丰富的知识,赵元益"乃发箧治医方,尤笃信张仲景之法,为人治疾有奇效,名噪一时,远近争求之"。赵元益自幼跟从外祖父学医,其医术可以说得外祖父真传,且医德高尚,"能活人而不索贿",堪称名医(丁福保是其学生)。赵元益参与笔述、校对的翻译著作20余种,涉及医学的共9种,有《儒门医学》(1876)、《西药大成》(1887)、《西药大成药品中西名目表》(1887)、《内科理法》(1889)、《水师保身法》(1896年之前)、《法律医学》(1899)、《保全生命论》(1901)、《西药大成补编》(1904)、《济急法》(1905)。① 1896年,梁启超撰写《读西学书法》,评点当时所能看到的西学书籍时,给予赵元益在江南制造局参与翻译的著作十分正面的评价。对于与医学相关的著作如《西药大成药品中西名目表》,梁启超认为"泰西专门之学,各有专门之字,条理繁多,非久于其业者,不能尽通而无谬误也。何况以中译西,方音淆舛,尤不可凭,毫厘千里,知难免矣。局译……《西药大成药名表》等书,西字、译音,二者并列,最便查检。所定名目,亦切当简易。后有续译者,可踵而行之"。而另外几种重要的医学书籍,梁启超更是称赞有加:"西人医学,设为特科,选中学生之高才者学焉。中国医生,乃强半以学帖括不成者为之。其技之孰良,无待问矣……译出医书,以《内科理法》《西药大成》为最备,《儒门医学》上卷论养生之理,尤不可不读。"傅兰雅在《江南制造局翻译西书事略》中称赵元益"原通晓中国方书,因欲探索西医与格致,即改故业而来译书,开馆后三年即进馆,至今译成之医书格致等书不少"。他为近代中西医学交流和我国医药学发展做出了贡献。令人扼腕痛惜的是,1902年冬,赵元益抱病赴京,因腹疾旧症复发,于12月24日病逝。

赵元益对法医学的贡献:赵元益于1899年在江南制造局翻译馆出版了他与傅兰雅、徐寿共同翻译的《法律医学》。《法律医学》是我国最早翻译西方法医学的著作之一,由于传播了西方现代法医学知识,我国各界人士认识到传统法医学的缺陷和尸体剖验的重要性,对现代法医学在中国早期引进有较大影响,可谓传播现代法医学的先声。

(三) 丁福保

丁福保(1874—1952年),字仲祜,号梅轩②,别号畴隐居士、济阳破衲。原籍江苏常州,生于无锡,我国近代著名的医学家、藏书家、书目专家。幼年入读私塾,1888年入江阴南菁书院;1895年毕业,次年考取秀才。1897年再入南菁书院,随著名数学家华蘅芳、华世芳兄弟学习数学。1898年经华蘅芳推荐,担任无锡竢实学堂算学教习。

---

① 裘陈江,杨奕望. "输入泰西医学之一大关键"——赵元益及其江南制造局翻译馆的译书事业 [J]. 中国出版史研究,2020 (3):7-23.

② 牛亚华,冯立昇. 丁福保与近代中日医学交流 [J]. 中国科技史料,2004,25 (4):315-329.

丁福保自幼体弱，任教习后又患肺病，华蘅芳介绍表弟赵元益为其诊治。1901 年，丁福保辞去竢实学堂算学教习的职务，前往上海养病，并潜心于医学，因"性喜习医，著《卫生学问答》，是时已刊行数年，而苦于无良师，屡见先生[①]为人治病辄奏奇效，于是造先生之庐而受业焉"。并在盛宣怀在上海虹口所办的东文学堂学日文与医学。在赵元益等名师的引导下，丁福保也逐渐成为中西医交流的关键人物。1903 年，应张之洞之聘任京师大学堂译学馆算学兼生理卫生学教习。两年后辞职返回上海，开始其著书立说、行医之生涯，且加入其兄丁宝书等人所设的文明书局，又与董康、赵元益等人共创译书公会。1908 年，在上海白格路 121 号开设医学书局。1910 年，赴南京参加两江总督端方举办的医科考试，获最优等内科医生证书。旋奉端方之命，特派为考察日本医学专员，又奉盛宣怀之命，特派为调查日本东京养育院、冈山孤儿院专员。他在日本期间考察医学设施，包括东京帝国大学医科大学病理解剖室，现场观看了尸体解剖的全过程，并入日本千叶医科学校进修了一段时间。由日本返国时，采购了大批的医学书籍，携之以归。回国后移居上海，创立中西医学研究会，出版《中西医学报》，并把由日本带回的医学书翻译刊行，以传播新医学知识。清光绪、宣统年间翻译日本医学百余种，合称《丁氏医学丛书》，主要由医学书局和文明书局出版。其中除中医著作约占十分之一外，其所译述的日本西医书籍范围广泛而且系统，既包括解剖学、生理学、卫生学、病理学、诊断学及免疫学等西医基础理论方面的著作，也涉及内科、外科、妇科、儿科等临床各科，还有药物学及处方学等著作。这些西医书籍内容较之以前翻译的西医书籍在知识的广度和系统性方面均前进了一大步。民国初年，许多地方设立了医学专门学校，丁福保的《丁氏医学丛学》为我国医学教育做出了贡献。丁福保是 20 世纪前期中日医学交流史上的一位代表性人物。

辛亥革命后，丁福保长居上海，除行医、纂述刊书外，还参加诸如捐书、开设医院等公益慈善事业等。丁福保还整理古籍，印行多种大型图书，编纂《佛学大辞典》（1922）、《说文解字诂林》（1928）、《古钱大辞典》（1938）等工具书，这些巨著更加奠定了他在编纂出版界中的重要地位，其名声在学术文化界比医药界更为人所知晓。

丁福保对法医学的贡献：丁福保与徐蕴宣合译日本田中祐吉《近世法医学》（图 4－21），1911 年由文明书局出版，1926 年由医学书局出版。该书较为系统地介绍了现代法医学，成为当时国人了解法医学的重要书籍。由于丁保福在医学方面的成就和医学丛书的影响，《近世法医学》成为现代医学丛书的一部分，供人学习，影响较大。

---

① 指赵元益。

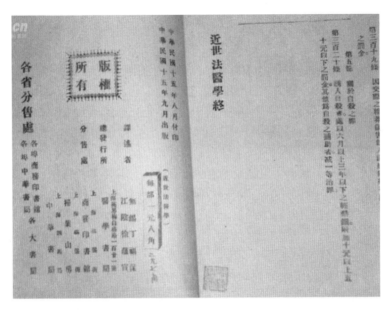

图 4-21　丁福保和徐蕴宣合译日本田中祐吉《近世法医学》(医学书局，1926 年)

(四) 卢朋著

卢朋著 (1876—1939 年)，名雄飞，广东新会人。1912 年在广州惠爱路 (现中山五路) 流水井开设卢仁术堂医馆。1924 年受聘于广东中医药专门学校任教师，编撰教材讲义《医学通论讲义》《医学史讲义》《医学源流讲义》《医学常识讲义》《方剂学讲义》《药物学讲义》《本草学讲义》《法医学讲义》8 种，医学著作《四圣心源提要》和《哮喘经验谈》2 种。1929 年 5 月，参加在上海召开的中医统一教材编写会议，并被推选为全国中医学校教材编委会委员。1931 年 3 月，他与陈任枚等 11 人代表广东中医药界出席南京"中央国医馆"成立大会，被选为中央国医馆名誉理事。针对当时"中国无医学史"的说法，他在《医学史讲义》"绪言"中说："论者谓中国无医学史，夫中国何尝无医学史也。"① 该书论述了远古医学的起源，商周、两汉、晋、六朝、隋唐、宋、金元、明、清时的医学，西洋医学的输入，以及各代的名医、医籍史、医政史、检验史，为中国医学史的系统研究提供了学习的门径，成为中医基础学科的重要课程之一。他所发表的论著如《中国医学源流》等，对中国古代法医学研究具有一定的学术价值。他在《医学史讲义》中记述了晚清名医、中国近代解剖学家王清任的事迹和他的著作《医林改错》。他还于 1930 年提出"中医课程应加法医学一科"的建议，他认为"法医学是医者固有之医权"，"法医学为各国所公认"，但"今日吾国中医多不知研究"，"自甘放弃医权可不惜哉"。同时，他高度评价《洗冤集录》的价值，强调不能"泛然执一译本、以为教科书"，而应酌取《洗冤集录》之精华。卢朋著是早期研究古代法医学史的著名学者之一。

---

① 卢朋著编，卢银兰整理. 医学史讲义 [M] //邓铁涛总主编. 民国广东中医药专门学校中医讲义系列：医史类. 上海：上海科技出版社，2017：9.

（五）Edward Hume

Edward Hume（1876—1957年），中文名胡美，美国传教医师、医学教育家，出生于印度，霍普金斯大学医学博士。1905年，胡美受美国雅礼协会派遣到长沙兴学办医。1906年，他在长沙建立中国最早西医医院之一"雅礼医院"，胡美为首任院长。1914年，胡美把医院正式定名为"湘雅医院"。1915年成立湘雅医学专门学校（现中南大学湘雅医学院的前身），首任校长为颜福庆博士，胡美为首任教务长。湘雅医学专门学校以欧美"甲种"医科大学标准办学，培养了张孝骞、汤飞凡等一大批我国知名医学家。胡美在中国行医25年，赢得了崇高的威望。1927年，胡美离开长沙回到美国。胡美对法医学有过重大贡献，他创办的湘雅医学专门学校在1920年开始开设法医学课程。湘雅医学专门学校是实行医预科2年、医本科5年的7年制学校，全用英文教学，在医本科第三年开设法医学课，每周1.5学时，由G. 哈登（G. Hadon）教授主讲。在民国初年，国内只有少数学校，如浙江医学专门学校和国立北京医学专门学校等，开设裁判医学或裁判化学课程，湘雅医学专门学校开设法医学课程，对当时传播现代法医学和开展法医学检验，无疑有重大意义。

（六）余云岫

余云岫（1879—1954年），名岩，字云岫，号百之，谱名允绥①，浙江镇海人，1879年10月28日生于浙江镇海澥浦余严村。家庭很穷困，6岁入乡塾读书。1905年，公费赴日本留学；次年先入日本体育会，肄业后入东京物理学校；1908年入大阪医科大学习医；1911年辛亥革命爆发，余云岫与留日习医学友立即组成"赤十字②队"，回国参加革命军的救护工作；1913年春重返日本大阪医科大学继续学业；1916年毕业。回国后担任公立上海医院医务长，翌年冬辞职。此后自立诊所，悬壶济世，同时进行中医药的研究，倡导医学革命，终身不懈。1918年，任商务印书馆编辑。1928年，创办《社会医报》周刊。1925—1934年，先后担任过上海市医师公会首任会长、南京国民政府卫生部中央卫生委员会委员、中日文化事业委员会上海分会委员、大学院译名统一委员会委员、医学校学制与课程和编制委员会委员、大学院审查科学图书委员会委员、内政部卫生专门委员会委员、教育部医学教育委员会顾问、东南医学院（即安徽医科大学前身）校董会副主席、《中华医学杂志》编辑主任等职。1935年任北平研究院特约研究员，1944年兼任中国医药研究所所长。1947年后，余云岫曾任中华医学会医史学会执行委员会副主席、《中华医史杂志》（1947年创刊初名为《医史杂志》）主编等职。中华人民共和国成立后，先后担任上海市各界人民代表会议协商委员会委员、上海市人民政府文化教育委员会委员、卫生部教材编审委员会委员兼医史组组长、卫生部《中华人民共和国药典》编纂委员会特邀委员、中华医学会理事、中华全国自然科学专门会联合会委员、上海市卫生局中医进修委员会委员和成药审查委员会委员等职。余云岫是中国近代医学史上颇有争议的人物，早年被认为是反中医的领袖人物，其废止中医的主张多见于其《医学革命论》和《灵素商兑》两书。1929年，余氏提出"废止旧医

---

① 中华医学会上海分会医史学会. 余云岫先生传略和年谱［J］. 中华医史杂志, 1954, 6（2）: 81-84.
② 即红十字，日文为"赤十字"。

案",遭到中医界的强烈反击。余氏晚年转而较开明地支持中医,他在中医古典文献训诂考据方面造诣很高,《古代疾病名候疏义》是其代表作。有研究者认为,余云岫的中医观并不在于"废止中医",而是通过批判中医推动其向"科学化"转变,其中医观是在近代中国科学救国思潮和日本废止汉医思想的影响下而确立起来的。

余云岫对法医学的贡献:①1925年,在《医药学》发表《与陈律师论法医剖验书——驳陈奎棠律师推重洗冤录反对法医之呈文》,指出《洗冤录》的诸多谬误,驳斥上海律师陈奎棠奉《洗冤录》为圭臬、反对尸体解剖的论调。②1932年1月,在第二次全国医师代表大会中提出"劝告全国医师组织病理解剖有志会案"的倡议,指出:"学术研究方面,实地诊疗方面,医学之进步,病理解剖所负荷者至深且巨。而我国风气,古来皆保全尸体不欲毁伤。医学之落伍,玄谈之流行,实以此风气为重大之原因。欲医学之发达,非病理解剖兴盛不可。欲病理解剖兴盛,非科学医以身作则,先牺牲其死后尸体,则不足以指导民众变革积习。"1933年,在《医药学》发表《读余子维先生遗嘱解剖尸体记事书后》,对余子维先生立遗嘱实行病理解剖大加褒扬,称"此吾医学界破天荒第一人也"。1954年1月3日,余云岫逝世,他的尸体按其遗嘱先进行解剖而后火葬。

(七) 颜福庆

颜福庆(1882—1970年),字克卿,祖籍地厦门,出生地上海。幼年丧父,1889年起,颜福庆寄养在伯父颜永京(原上海圣约翰大学校长)家;1894入读上海圣约翰中学;1899年入读上海圣约翰大学医学院;1903年毕业后在上海同仁医院当实习医师。1905年赴南非当矿医。1906—1909年赴美国耶鲁大学医学院深造,获医学博士学位。1909年赴英国利物浦热带病学院研读,获热带病学学位证书。1910年任长沙雅礼医院外科医师。1914年赴美国哈佛大学公共卫生学院攻读,获公共卫生学证书。1915年,参与创办中华医学会,任第一任会长。1915年,颜福庆和美国人胡美博士合作创办湘雅医学专门学校,并担任院长。1927年5月,颜福庆奉调北京任协和医学院副院长;同年7月国立第四中山大学医学院(后改称江苏大学医学院、中央大学医学院,1932年改称国立上海医学院,现复旦大学上海医学院的前身)成立并聘请颜福庆为院长,1928年5月,颜福庆辞去协和医学院职务并正式担任中央大学医学院第一任院长。1937年淞沪会战爆发,他担任"上海救护委员会"主任,组织领导医学界人士和医学院师生参加抗日救亡活动,为抗日做了大量的工作。1938年,他调任国民政府内政部卫生署署长;1940年辞去卫生署署长职务赴美就医;1942年由香港辗转返回上海,任红十字会第一医院教授。1949年5月,任上海医学院临时管理委员会副主任委员。1951年担任上海第一医学院副院长、中华医学会名誉副会长,九三学社中央委员等职,还先后担任第一、第二、第三届全国人大代表和全国政协委员等。

颜福庆创办了两所医学院(湖南湘雅医学专门学校和国立第四中山大学医学院)和三所医院[中山医院、澄衷肺病疗养院、中国红十字会湖南分会医院(今复旦大学附属中山医院、同济大学附属上海市肺科医院、湖南省人民医院)],为中国医学教育事业做出了卓越的贡献。

颜福庆对法医学的贡献是他于1928年邀请刚从德国留学归来的林几创办中央大学

法医科。林几著名的《拟议创立中央大学医学院法医学科教室意见书》即颜福庆委托林几而作，发表于当年《中华医学杂志》，该文是中国现代法医学史上重要的文献。林几在《二十年来法医学之进步》一文对颜福庆为法医学发展的贡献作专门介绍。

（八）F. Oppenheim

先介绍一下同济德文医学堂、同济医工专门学校、同济大学医学院与同德医学专门学校、同德医学院的关系。1900 年，德国退役军医埃里希·宝隆在上海建立了同济医院；1907 年创办德文医学堂；1908 年改名为同济德文医学堂。1912 年，同济德文医学堂增设工科，更名为同济医工学堂，设医、工和德文三科；1917 年 12 月，更名私立同济医工专门学校；1924 年 5 月 20 日，改名为同济医工大学。1927 年 8 月，同济医工大学由南京国民政府教育部正式接管，命名为国立同济大学，原医、工两科分别更名为医学院、工学院。1950 年 2 月，上海同济大学医学院迁往湖北武汉，是现华中科技大学同济医学院的前身。1916 年，同济德文医学堂毕业的同学在上海成立中华德医学会；1918 年 9 月，中华德医学会会员沈云扉倡议开办医科学校，同年 8 月建校定名为上海私立同德医学专门学校；1935 年更名为私立同德医学院。1930 年，同德医学专门学校受江苏高等法院之委托，特设法医专修班，定名为"同德医学专门学校附设法医讲习所"，学习期限为一年，办了一期结束。1952 年，全国高等学校院系调整，同德医学院与圣约翰大学医学院、震旦大学医学院合并成立上海第二医学院（今上海交通大学医学院）。

F. Oppenheim（生卒年不详），中文名欧本海，德国医学博士。1921 年 3 月 27 日，欧本海来华任同济医工专门学校病理学研究院院长、教授。1922 年，欧本海在《同济杂志》发表《法医学的意义和问题》（欧本海著，杨元吉译）和《论今日在中国研究医学解剖之必要书》（欧本海著，梁伯强译）等文章，倡导尸体解剖并付诸实践；到 1924 年 3 月 26 日，3 年内共解剖尸体 43 具。1924 年，王乃浏曾在《同德医药学》第 7 卷第 5 期发表《欧本海博士来华三年对于所剖检之尸体之病理学上的统计》一文。1925 年，欧本海和杜克明用中德文对照的方式在《同济医学月刊》第 1 卷第 2 至 3 期连载发表《上海剖检一百具华人尸体之所得——关于各项症候多少之统计》一文。1924 年，上海地方检察厅检察长车庆云"每感法院检验工作尚沿洗冤录之旧说，检验吏之臆断以折狱，疑点既多，冤抑难免"，经与同济医工专门学校主持病理学工作的欧本海博士合作，"每以疑案托验，结果良好，谳得以定"。于是，1924 年 7 月，委托同济医院病理学教室办理法医疑难案件，签订合约，为期 1 年，双方均以学术为立场，彼此不取报酬。在一年的合作中，共验案三四百起，除尸体外表可断死因者外，剖验者三四十起，约占 10%。欧本海结合检案所获资料，写出《对于《洗冤录》之意见》一文，由杜克明翻译并发表于《法律评论（北京）》1924 年第 63 期和《同济医学月刊》1925 年第 1 卷第 1 期。内容共分为《洗冤录》之优点、《洗冤录》之误点、《洗冤录》之缺点三大节，以科学之眼光作正直之批评，极有价值。然而这种颇有成效的合作遭到当时封建习惯势力的攻击。律师陈奎棠上书司法行政部并登报攻击新法检验，内有"被验之尸体湔肠伐胃，肉血狼藉，大小脑又为医校囊括而去"之语，引起哗然。就这样，当时刚刚发展起来的现代法医病理检验，被迫在未经科学论证的情况下早早收场，但使社会各界有识之士对法医检验有了新的认识，这对我国现代法医学发展做出了重要贡献。

（九）叶汉丞

叶汉丞（1882—1961年），字秉衡，上海南汇新场人，清末举人。1907年，叶汉丞东渡日本在长崎医学专门学校药科学习。1909年，留日学生在日本东京成立中华药学会，叶汉丞等20人出席会议；1910年，学会迁回国内，会址设于北京；1912年，召开第二届年会，改称中华民国药学会。1913年，叶汉丞回国后，深感旧中国重医轻药和药学教育落后的状况严重，便多方奔走呼吁在江浙两省医学专门学校设立药科。1913年，浙江公立医药专门学校（1931年改名为浙江省立医药专科学校）增设了药科，叶汉丞任教授。1916年，赴德国柏林大学化学系深造；1919年取得博士学位。1921年，北京大学校长蔡元培邀请他去北京大学化学系任教，在他的建议下，化学系设立了药学专业课程，他不但亲自授课，还编写了《制药化学》《卫生化学》《裁判化学》（即毒物化学）等讲义，这些讲义成为我国早期药学的专业著作。1926年，中华民国药学会由北京迁至上海，在上海召开第五届年会时，叶汉丞被选为会长。1927年，在药学会第六届年会上被推选为委员长（即会长）；1935—1936年，在上海和南京先后举行会员大会，改称中华药学会；1942年，学会在重庆重新组织，改名中国药学会。叶汉丞是我国早期介绍法医学的教授之一，为早期现代法医学的传播做出了贡献。

（十）陈邦贤

陈邦贤（1889—1976年），字冶愚、也愚，晚年自号"红杏老人"，江苏镇江人，医史学家。1902年学习中医，1907年毕业于江苏简易师范学校，1910年就学于上海中日医学校[①]。1914年发起创建"医史研究会"。1919年编成我国近代第一部医学史专著《中国医学史》。1934年被聘为江苏医政学院（南京医科大学前身）医学史、疾病史教授。1937年，《中国医学史》被纳入商务印书馆出版的《中国文化史丛书》，并由日本山本成之助博士译为日文在东京出版。1939—1943年被聘为教育部医学教育委员会编辑、中医教育专门委员会主任委员兼秘书。1943—1949年出任国立编译馆自然组编审，《中华医学杂志》编委和中华医史学会常务委员。1949年后，先后任镇江市人民政府卫生科科长（市卫生局局长）、市政协委员、市人大代表，以及无锡苏南行署卫生建设委员会副主任、秘书长，兼任苏州医士学校副校长。1954年调入中央卫生研究院中国医药研究所医史研究室；1955年该室并入卫生部中医研究院，出任医史研究室副主任。曾任农工民主党中央委员、第四届全国政协委员。《中国医学史》是陈邦贤一生的代表作，曾于1954年、1957年两次修订再版。英国科技史学者李约瑟在他的巨著中不仅引证了陈邦贤的著作，而且每次来中国，必来陈邦贤先生的研究室拜访论学。

陈邦贤对法医学的贡献：陈邦贤的《中国医学史》记载了名医徐之才（505—572年）曾著《明冤实录》。《中国医学史》介绍了历代医事制度和近现代医学教育，包括外国人教授华人医学、外国人设立的医学校、本国自办的医学校、留学外国学医等情

[①] 上海中日医学校成立［J］. 卫生白话报, 1908（3）：31.

况,也介绍了民国早期解剖尸体实行的法律规定与现实情况,介绍了当时法医学的一般情况等,有重要法医学史料价值。

(十一) 王吉民

王吉民(1889—1972年),又名嘉祥,字承庆,号芸心,祖籍广东省东莞县(现东莞市)。我国近代著名医史学家、公共卫生学家,是第一位获得诺贝尔奖提名的中国人。1889年8月3日生于广东东莞。1896年移居香港;1910年毕业于香港西医大学堂。1915年加入中华医学会,成为该会早期的会员之一。1917年任《中华医学杂志》分科编辑。1926年任《中华医学杂志》中文版副总编辑。1932年,王吉民与伍连德合作出版中国第一部英文版中国医学史专著《中国医史》(History of Chinese Medicine),由天津印刷局初版,在国际医史界产生很大影响。王吉民也是近代我国医学史研究的开拓者,1936年2月中华医学会理事会通过认可医史委员会,王吉民为医史委员会主席;1937年4月6日中华医学会医史委员会改组扩充,更名为中华医史学会,王吉民任会长(1936—1950年连任四届)。1938年被聘为国立上海医学院医学史副教授,在上海创建我国第一家医学史专业博物馆——中华医学会医史博物馆,并任首任馆长。王吉民也是《中华医史杂志》(1947年创刊,初名《医史杂志》)的主要创始人之一。1949年6月15日被国际科学史研究院选为国际科学史研究院通讯院士(编号为C153)。1951年任上海市卫生局顾问医师、中央人民政府卫生部卫生教材编审委员会医史组特约编审、牛惠生图书馆馆长、《医史杂志》主编。1966年10月15日被国际科学史研究院推选为国际科学史研究院院士(编号E153)。王吉民一生从事医学及医学史事业,兢兢业业、一丝不苟、真诚谦让、宽容无私。在长达50余年的医学史研究生涯中,王吉民用中英文撰写有关医学史著作多种,以及论文近200篇,征集了大量医史文物和文献资料,为中国医学史和医史博物馆事业鞠躬尽瘁,付出了毕生的心血。

王吉民对法医学的贡献:①1940年,王吉民为宋大仁《中国医史四杰图》中图4《勋臣改错》题跋,题记介绍清朝名医王清任冲破封建思想束缚,甘冒天下之大不韪,到荒郊野坟,想方设法观察研究人体脏腑,前后历时42年,绘成脏腑各图,结合临床实践著成《医林改错》一书,并对其学识胆略和医学贡献给予高度评价。②1957年发表《祖国医药文化流传海外考》,介绍《洗冤录》被译成荷语、英语、法语、日语、俄语等多种版本在海外流传的情况,以及德贞将清朝王清任《医林改错》译成英文,分2期在1893年博医会报第7卷第245面和1894年第8卷第1面刊登并加评注的情况。

(十二) 徐诵明

徐诵明(1890—1991年),字轼游,号清来,浙江新昌人。中国病理学的奠基人之一。早年先后就读于南明学堂、浙江高等学堂预科。1908年前往日本求学,并经章太炎介绍加入同盟会。1911年辛亥革命爆发后,徐诵明回到中国,在徐锡麟之弟徐锡骥组建的陆军卫生部担任革命军上尉连长。次年返回日本继续学业。1913年,徐诵明考入日本九州帝国大学医学部;1918年毕业留在日本从事病理学研究一年。1919年归国,任国立北京医学专门学校病理学教授。这期间,徐诵明成立了我国第一个病理学教室,并任主任、教授。他力推尸体解剖,积累尸体标本,以供教学之用。1927年任南京鼓楼医院代理院长;1928年任国立北平大学医学院院长,1929年创办国立北平大学医学院附属医院(现北京大学第一医院的前身),1930年任教育部医学教育委员会委员,1932年任国立北平大学代理校长。1937年9月10日,国民政府教育部发布命令,由国立北平大学、国立北平师范大学、国立北洋工学院、国立北平研究院合组为国立西安临时大学;1937年10月,徐诵明任西安临时大学筹备委员会常委。1938年3—4月,西安临时大学迁至陕西省城固,并更名为西北联合大学,徐诵明仍任筹备委员会常委;1939年西北联合大学改组,成立国立西北医学院,徐诵明调任教育部医学教育委员会常委;1944年调任国立同济大学校长兼任医学院院长(当时在四川李庄)。抗日战争胜利后,1946年6月,赴东北接收伪满"南满医科大学",更名为国立沈阳医学院(后并入中国医科大学),任院长兼病理学教授;1948年辞职。1949年9月,任浙江大学医学院教授。中华人民共和国成立后,出任卫生部教育处处长、卫生部教材审编委员会委员,并兼任北京医学院病理学一级教授。1951年加入九三学社。1953年任人民卫生出版社社长。1956年起任中华医学会编辑部主任、《中华医学杂志》总编辑。此外,他还是第二、第五届全国政协委员。1983年任九三学社中央委员会顾问。1990年加入中国共产党。1991年8月26日在北京逝世。

徐诵明对法医学的贡献:①1919年,徐诵明从日本回国后,国立北京医学专门学校聘请他接替村上庄太出任北京医专病理学教授。徐诵明在北京医专营建了病理学教室,并负责教授病理学和法医学,在这一时期,北京医专开始接受北京周边省份检察厅零星委托的司法鉴定。中国本无西方意义上之法医学。清代断案,全赖地位低下之仵作与宋人所著之《洗冤录》。民国伊始,这套司法系统仍得到相当程度的继承。不过地方检察厅也意识到光凭仵作和《洗冤录》无法解决许多疑难问题,如毒品鉴定、人血鉴定、枪伤鉴定等。因而在案情不能得到仵作的圆满解释之时,他们往往会向国立北京医学专门学校求助。②1922年,林几在北京医专毕业之后留校担任病理学教室助手,在徐诵明的指导下进行研究工作。拥有法学和医学双重背景的林几选择了法医学作为自己的专业。1924年,徐诵明派林几到德国学习法医学,林几1928年获博士学位回国。1928年病理学教室改称"病理学兼法医学教室",由1922届本校毕业生林振纲(1900—1976年)主持。1930年,徐诵明大力支持林几创办中国历史上第一个法医学教室——国立北平大学医学院法医学教室。③1932年,林几从国立北平大学医学院调到司法行政部法医研究所任所长,聘任徐诵明等6名病理学专家和4名药物毒物化学家为荣誉技术专员。④1932年5月10日,徐诵明致函司法行政部再次解释林几《筹设北平法医学研究科及检验机关意见》,恳请设立法医研究所北平分所。⑤1934年5月24日,徐诵明应林几邀请到司法行政部法医研究所做《怎样作法医师及法医在中国之出路》[①]的演讲。⑥1935年,林几回国立北平大学医学院,徐诵明继续支持林几在法医学教室任主任教授,使国立北平大学医学院成为全国当时唯一拥有法医学教室的,也是除去司法行政部法医研究所外仅有的具备法医检验能力的学术机关。徐诵明还为林几在《新医药杂志》1936年4卷第5至7期以"法医专号"刊载的《北平大学医学院二十四年度疑难检验

[①] 徐诵明. 怎样作法医师及法医在中国之出路 [J]. 法医月刊, 1934 (6), 1-4.

鉴定实例》题字；1937—1945 年，国立北平大学迁至西安、汉中、四川，林几继续培养法医人才，特别是在四川举办了两期法医检验员班。⑦1940 年，徐诵明在《教育通讯（汉口）》第 3 卷第 27 至 28 期发表题为《医学院》的文章，其中在课程设置上强调应包括法医学。

（十三）上官悟尘

上官悟尘（1892—1989 年），河南省光山县人。1909 年加入"中国同盟会"，跟随孙中山先生参加辛亥革命和讨袁战争。1913 年赴日本学习军事、政治和经济；1915 年转日本长崎医科大学学医；1921 年毕业后回国任（保定）直隶医学专门学校附属医院内科、儿科医长，河北大学医科（医学系）主任兼内科学教授；1934 年任（开封）河南大学医学院教授、河南省立医院院长；1935 年任中华医学会河南分会（开封）第二届理事会理事长；1948 年任河南省卫生处处长。中华人民共和国成立后，任西南军政委员会卫生部教育处副处长、中央卫生部教材编审委员编审、人民卫生出版社编审等职，1962 年退休。

上官悟尘对法医学的贡献：上官悟尘编译了日本田中祐吉所著的《近世法医学》，该书于 1926 年由商务印书馆出版（图 4-22）。

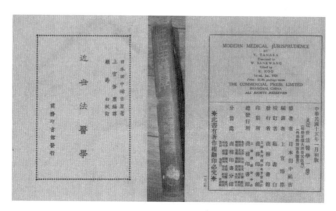

图 4-22　日本田中祐吉著、上官悟尘译《近世法医学》
（商务印书馆，1926 年）

（十四）杨元吉

杨元吉（生卒年不详），医学家、法医史学家。曾任私立上海同德医学专门学校解剖学细菌学教授、大德高级助产职业学校校长、产科学教授。曾先后出版《病理胎产学》（人文印书馆，1926 年）、《生理胎产学》（大德出版社，1928 年）、《中国医药文献初辑（研究参考资料）》（大德出版社，1929 年）。在法医学方面，杨元吉发表《法医学的意义和问题》《法医学史略补》《犯法堕胎之一例》等论文。他研究法医学史的特点是着重对所处年代法医学进行考察后述评。在《法医学史略补》（《北平医刊》，1936 年）中，从一个亲身参与者的角度记录了上海地方检察处与同济大学病理学教室合作办理法医案件、江苏高等法院与同德医学专门学校共同培养现代法医学人才的筹办经过。通过对这两件事的记录，反映了 1920—1930 年上海法医学发展的真实状况及时人对此事的真实态度。杨元吉介绍，1924年上海地方检察厅检察长车庆云"每感法院检验工作尚沿洗冤录之旧说，检验吏之臆断以折狱，疑点既多，冤抑难免"，经与同济大学主持病理学工作的欧本海多次合作，收效很大。但终因旧中国的政治腐败，法医事业的发展阻力重重。他呼吁医师、理化学者从事法医学检验。他认为林几引进现代法医学值得赞赏，成绩斐然。

（十五）汤飞凡

汤飞凡（1897—1958年），又名瑞昭，湖南醴陵人。1921年毕业于长沙湘雅医学院，获耶鲁大学医学博士学位。1921—1924年在北京协和医学院细菌学系进修，后任助教。1925—1929年在美国哈佛大学医学院细菌学系深造并工作。1929—1937年任国立中央大学医学院（后改称国立上海医学院）教授，兼任上海雷士德医学研究所细菌学系主任。汤飞凡是中国第一代医学病毒学家。1955年，他首次分离出沙眼衣原体，是世界上发现重要病原体的第一个中国人。

汤飞凡对法医学的贡献：1932年被林几聘为司法行政部法医研究所教授，培养法医人才和参与法医检案工作，是我国早期法医细菌学研究的开创者。

（十六）黄鸣龙

黄鸣龙（1898—1979年），江苏扬州人。1918年毕业于浙江医院专门学校。1920—1922年在瑞士苏黎世大学学习。1922—1924年在德国柏林大学学习获博士学位。1924—1928年任浙江省卫生试验所化验室主任、卫生署技正与化学科主任、浙江公立医药专门学校药科教授等职。1928—1934年在浙江省立医药专科学校药科教授、主任。1935—1938年在德国维尔茨堡大学化学研究所访问教授。1940—1945年任中央研究院化学研究所研究员兼西南联合大学教授。1945—1949年在美国哈佛大学化学系任合成化学研究访问教授。1949—1952年在美国默克药厂任研究员。1952年回国后，历任中国人民解放军医学科学院化学系主任、中国科学院有机化学研究所研究员、中科院数学物理化学部委员（院士）、中国药学会副理事长。第三届全国人大代表，第二、第三、第五届全国政协委员。

黄鸣龙对法医学的贡献：1932年林几在上海成立司法行政部法医研究所时被聘为毒物学教授，承担法医研究所法医学检案和法医毒物学教学工作。

（十七）佘小宋

佘小宋（生卒年不详），安徽铜陵人，是我国早年的生物和化学专家，翻译家。1926年翻译了英国瓦特逊（J. A. S. Watson）的《遗传学》（Genetics），由上海中华书局出版。1937年翻译了司密斯（G. E. Smith）的《人类的始祖》（The Search for Man's Ancestors），由商务印书馆出版发行。1937年翻译麦奇尼可夫的《长生论》（Prolongation of Life：Optimistic Studies），由商务印书馆发行。1937年翻译劳林的《红外线摄影》（Infrared Photography），由商务印书馆出版。1938年编写《照相乳胶》，由商务印书馆出版。

佘小宋对法医学的贡献：佘小宋于1936年根据美国耶鲁大学医学院毒物分析教授F. P. Underhill的《毒物学》（Toxicology or the Effect of Poison）、黄鸣驹的《毒物分析化学》等，编成《毒物学》，由商务印书馆发行。1937年，余小宋翻译Sydney Smith, John Glaister的《法医学之最近进展》（*Recent Advances in Forensic Medicine*），由商务印书馆出版。

（十八）汤腾汉

汤腾汉（1900—1988年），祖籍福建龙海，出生于印度尼西亚爪哇省阿拉汗。1920年，汤腾汉考入天津北洋大学；1922年赴德国柏林大学化工系留学；1926年毕业，取得德国国家药师证书；随后继续在柏林大学攻读学位，于1929年获博士学位。1930年，汤腾汉回国，被聘为山东大学教授，任化学系主任。1932年，司法行政部法医研究所成立，林几聘他为毒物化学教授，培养法医毒物学人才。汤腾汉毕生致力于化学、药学和毒物学的教学事业与科学研究工作，培养了几代药学、毒物学专门人才。1951年后，他献身于军事医学领域、药物化学的研究工作，是中国军用毒剂化学检验研究的先驱者。

（十九）林振纲

林振纲（1900—1976年），浙江绍兴人。1922年毕业于国立北京医学专门学校。1926年在《中华医学杂志（上海）》第12卷第5期发表《法医学上血痕检查之经验》。1928年，国立北京医学专门学校病理学教室改称"病理学兼法医学教室"，由林振纲主持。1930年留学德国柏林大学和佛莱堡大学。1933—1935年任国立北平大学医学院病理学科兼法医学科主任、教授，其间，还被林几聘为司法行政部法医研究所病理教授，培养法医病理人才。1946—1949年，林振纲先后任天津铁路医院主任医师，国立沈阳医学院病理科主任、教授等。中华人民共和国成立后，历任北京医学院基础医学部主任、病理解剖教研组主任，中华医学会微生物学会副主任委员，《中华病理学杂志》第一、第二届编辑委员会编委。林振纲毕生从事病理学研究，是我国法医学和病理学的先驱者。

（二十）高麟祥

高麟祥（生卒年不详），上海李斯特（雷氏德）医学研究院病理学博士。1946年赴美国，被聘为美国温吉士德纪念医院病理学家。高麟祥对法医学的贡献是，他于1932年被林几聘为司法行政部法医研究所教授，培养法医人才和参与法医检案。高麟祥对我国血吸虫病发现和防治有重要贡献。民国二十四年（1935）1月，福州协和医院外籍医师Compbell解剖一例福清县埔尾村人洪阿松死因不明尸体后，将内脏送往上海李斯特（雷氏德）医学研究院，经高麟祥和该院病理科主任罗伯特森检查，在肝、脾、心、肾等器官中均查及血吸虫卵。此为在我国福清发现的首例血吸虫病人。随后，高麟祥和罗伯特森来福建，会同福建科学馆唐仲璋到福清实地调查，在福清北郊部分村民大便中检出血吸虫卵。唐仲璋对福清发现的钉螺的大小和生活习性做了一些观察，并寄往美国鉴定，认为是新种，被命名为唐氏钉螺。唐仲璋送检的病理标本均经高麟祥确诊。

（二十一）祝绍煌

祝绍煌（1902—1992年），字星槎，浙江省杭县（今杭州市）人，1921年毕业于浙江公立医药专门学校医科，1922—1927年留学德国柏林大学，获皮肤花柳内科医学博士学位。历任北平华中医院医师,上海私立东南医学院及南洋医学院病理学教授,卫生部津塘秦海港检疫所所长,南京特别市政府卫生处技术课课长、技术科科长,杭州市政府卫生科科长兼浙江省会公安局卫生顾问,浙江省政府保安队特务总队部军医主任,国民政府卫生署卫生实验处专员兼医疗防疫总队医务主任。1941 年以专员身份陪同国联防疫专员及中央卫生署防疫处处长指导衢州鼠疫防治工作。祝绍煌为第一届高等考试襄试处卫生组医师、典试委员会临时医药室主任、上海市卫生局医师等,兼任《医药评论》杂志社社员(1931 年)、《广济医刊》顾问(1932 年)。中华人民共和国成立后,曾任西安医学院(现西安交通大学医学部)公共卫生教研室主任、教授。1958 年被错划为"右派分子"。著有《防疫概要》(商务印书馆,1943 年)、《鼠疫概要》(商务印书馆,1944 年)、《传染病小集》(中华书局 1944 年)、《防疫手册第 2 辑鼠疫及其防治》(北京健康书店,1951 年)等,民国时期发表《鼠疫之流行病学》《斑疹伤寒流行病学》《局所循环病理学》《社会病理学上之癌肿观》《检疫与国际地位》《沦陷区收复后防疫计划之拟订》等论文 27 篇。

祝绍煌对法医学的贡献:①祝绍煌曾担任司法行政部法医研究所技正,专司病理及解剖检务及编辑。②1934 年,在林几领导下,祝绍煌参加"中华法医学会"筹备会,任交际部主任。③祝绍煌为 1935 年 1 月成立的司法行政部"法医学研究会"五位执行委员之一。④译述《德国普鲁士之法医师检尸守则》《简要病理组织标本制造法》,编著《病理组织检查法》(商务印书馆,1935 年,1951 年)等。值得一提的是,祝绍煌是我国著名法医学家祝家镇的父亲,但祝家镇出生时其父母已经离异,祝家镇由其母亲张鸣皋女士(曾任浙江省卫生试验所技正)抚养成人。

(二十二)杨述祖

杨述祖(1903—1983 年),陕西华县人,我国著名的病理学家。1921 年留学日本,1924 年毕业于日本名古屋医科大学预科,1928 年毕业于日本名古屋医科大学[①]。随后他又考入日本东京帝国大学传染病研究所病理部做研究生。1928—1931 年在著名病理学家绪方的指导下攻读博士学位,1935 年 9 月获东京帝国大学医学博士学位。1931—1942 年在上海自然科学研究所病理部历任助教、副研究员、研究员。1935—1944 年兼任上海东南医学院病理学教授。1945—1947 年兼任同德医学院病理学教授。1946 年任同济大学医学院病理学馆教授兼主任。1952 年,同济大学医学院内迁武汉,历任中南同济医学院(后更名为武汉医学院、同济医科大学)病理解剖学教研室主任、基础医学部主任等职。杨述祖是国家高教一级教授、国务院学位委员会学科评议组成员,还曾任第三届全国人民代表大会代表、第五届与第六届全国政协委员、中华医学会病理学会副主任委员、《中华病理学杂志》副总编辑。杨述祖对法医学的贡献是:1932 年林几在上海成立司法行政部法医研究所时被聘为病理学教授。当时,他在上海自然科学研究所工作,承担法医研究所法医学检案和法医病理学的教学工作。

---

① 朱朋成,王国平. 百年同济梦,述祖奠伟业——纪念我国著名病理学家杨述祖教授诞辰 110 周年[J]. 中华病理学杂志,2013,42(12):867-868.

(二十三)张崇熙

张崇熙(1904—1956年),杭州人,儿科名医张幼良之子。毕业于南洋医科大学西医内科。毕业后与父亲不遗余力同倡贯通中西医之说。曾任中国医学院(1927年由上海市国医公会设立)教授、惠生女医校教授。张崇熙编著了大量医学书籍,如《医学各科全书》(东亚医学书局,1934—1941年)、《最新实用医学各科全书》(杭州宋经楼书店,1936年,1949年)、《外国文医药名词拼读法》(新医书局,第6版,1953年)、《药物学》(东亚医学社,1933年)等。

张崇熙对法医学的贡献:①张崇熙以医师眼光编写了《法医学》(新医书局,1936年)。②修订《医学各科全书》(新医书局,1952年),包含《法医学》(张崇熙原编,仲许修订,新医书局,1952年)分册。

(二十四)宋大仁

宋大仁(1907—1985年),名泽,别号"医林怪杰",室名"海煦楼",著名医史学家、书画家、文博专家。原籍广东香山(今中山),出生于澳门。早年师从澳门名中医郑昭然学医、著名画家吴松涛习画,1924年从澳门赴上海中医专门学校学习,1927—1932年在上海东南医学院学习西医,1932年毕业,成为我国近代医学史上第一位兼具中医、西医学院校毕业资格者。毕业后留东南医院胃肠科任医师,并受聘上海中医学院教授,协助丁济万编辑出版《丁氏医案》四册。1933年东渡日本专修胃肠病学,获日本消化器病学会会员资格。归国后,1935年在上海发起组织"中西医药研究社",任常务理事、医史委员会委员,《中西医药期刊》主编。1937年创立上海胃肠病院。

受医史学家王吉民熏陶,宋大仁于20世纪30年代开始潜心医史研究,并不断搜集医史文物、创作医药书画,在中医药历史文化的研究与传播方面建树颇多,成果丰硕。宋大仁善于将个人医史研究成果融入书画诗词创作,其创作的医药书画往往融医史考古的学术性和书画诗词的文艺性于一体,独树一帜、耐人寻味、堪称经典。1943年6月,其代表作《中国医药八杰图》由中西医药研究社出版。1950年任中国卫生史研究会总干事。经李约瑟推荐,1978年任"东亚科技史图书馆"中国医史名誉顾问。1982年任广州中医学院教授、医史博物馆顾问兼医史文物资料研究室主任。撰写医史学术论文380余篇,编辑医药图书90余种,出版医史专著10余种,创作医史科技绘画、人物像200多幅。

宋大仁对法医学的贡献:①1936年发表《中国法医学简史》。②多次去福建建阳考察,1955年请托建阳县人民政府调查宋慈墓,经过两次调查,终于在崇雒乡昌茂坊风山岭茂密森林中找到宋慈墓葬及宋理宗御书之断碑(图4-23,图4-24)。③1955年,宋大仁根据文献所记载宋慈的形貌、职位、品德和行为,与徐子鹤合绘宋慈造像,描绘其"丰裁峻厉、望之可威"的风度,所戴的帽子为进贤帽(图4-25)。1955—1957年,宋慈像在江苏、广东和福建中医药展览会上展出,瞻仰观众达30多万。④1957年发表《中国法医学典籍版本考》,对历代《洗冤集录》版本进行科学考证。⑤潜心研究宋慈生平,1957年12月,福建省文物管理委员会根据文化部指示,指名宋大仁代撰"重修伟大法医学家宋慈墓"碑文,著述《伟大法医学家宋慈传略》。⑥1955年完成

《宋慈墓葬史迹调查记录汇编》（未发表）。⑦所作《中国医史四杰图》中，有一图绘清代名医王清任在荒山野岭中对着一具小儿残骸摹其内脏形态，题作《勋臣改错》（图4-26），对于王清任冒染病之险到荒郊野坟详细对照研究尸体脏腑，前后历时42年绘成脏腑各图，订正了古代解剖学中的许多讹谬，并结合临床实践著成《医林改错》一书，给予高度评价。

图4-23 1957年发现的宋慈墓
（宋绳绪供图）

［引自：刘通. 宋慈与洗冤集录研究［M］. 福州：海峡文艺出版社，2016：112.］

图4-24 1957年发现的宋慈墓墓碑拓片
（王志平供图）

［引自：刘通. 宋慈与洗冤集录研究［M］. 福州：海峡文艺出版社，2016：111.］

图4-25 宋慈像

（宋大仁造像，徐子鹤、宋大仁合绘，1955年。引自：贾静涛. 世界法医学与法科学史［M］. 北京：科学出版社，2000.）

图4-26 勋臣改错

［宋大仁作。引自：薛暧珠，宋大仁.《中国医史四杰图》题跋解析［J］. 中医药文化，2020，15（3）：26-34.］

(二十五) 胡乃钊

胡乃钊（1909—1993 年），江苏丹阳人。1932 年北平军医学校大学部药科毕业后，在四川卫生材料厂、广西药品化学制造所从事药品检定工作。1941 年任军医学校（贵州安顺）教授，讲授卫生化学、药品检定和毒物分析化学。1946 年赴美国麻省理工学院攻读食物化学和药品分析化学，并在麻省药学院（现麻省药科与健康科学大学）进修药物分析。1947 年回国后任国防医学院（原军医学校更名）副教授；1948 年兼任中法大学药学专修科副教授；1949 年任南京药学专科学校教授；1950 年调任上海第二军医大学药学系教授，创建药物分析化学教研室。曾任中国药品编纂委员会委员、中国药学会上海分会理事。胡乃钊擅长金属毒物和含氮毒物的分析，对药品鉴定、卫生化学及毒物分析化学等领域有较深的造诣。主编《食物中毒》《药物分析》《卫生化学》《毒物分析》等教材和专著。他主编的《新编毒物分析化学》收集了近代物理、微量化学、仪器分析及免疫化学分析等现代分析方法在毒物分析中应用的资料，详细地介绍了国内外新的毒物分析方法，有较高的理论水平和实际指导意义，成为法医毒物分析的重要参考书。

(二十六) 俞慎初

俞慎初（1915—2002 年），福建福清人，医学史家，福建中医药大学教授。1933 年从上海中医专门学校和诚明文学院毕业后从医，担任《现代医药月刊》主编。1938 年在上海与施今墨、时逸人等创办复兴中医专门学校并担任教务长。1941 年上海沦陷后，返乡从事教育和医疗工作。1952 年在福建中医进修学校任教，1956 年任该校教务主任。1958 年起任福建中医学院医史教研室主任，1985 年担任研究生导师。撰写专著 20 余部，其中《中国药学史纲》获国家教育委员会科技成果三等奖，《俞慎初论医集》获国家中医药管理局基础研究二等奖。撰写的《中国医学简史》于 20 世纪 50 年代内部印刷，1983 年正式出版，系中华人民共和国成立后一部较完整而系统的中国医史，获 1985 年卫生部科技成果乙级奖。

俞慎初的《中国医学简史》对法医学的贡献：①从宋慈的生平，《洗冤集录》的内容、版本及其价值等方面详细介绍了宋慈对法医学的贡献。②介绍了祖国医学典籍中人体解剖的记载和发展。③记载了清末年间西方医学和法医学的输入情况，如英国人傅兰雅、赵元益的《法律医学》（江南制造局，1899 年），是我国第一部翻译出版的国外法医学著作。⑤认为民国医学期刊是医学研究和学术交流的平台，其中提到《法医学季刊》。此外，他于 1956 年在《新中医药》杂志发表《宋代法医学家——宋慈》一文，提出研究宋慈事迹和宋慈家谱，并为宋慈立传。

三、对民国时期法医学有重要贡献的法医学专家学者

(一) 江尔鄂

江尔鄂（生卒年不详）。1911 年辛亥革命后，民国政府基本援引了清末实行的审判和检察制度，当时京师设有京师高等检察厅、京师地方检察厅和京师初级检察厅三级检察机关。1914 年，京师地方检察厅首设法医席，由江尔鄂医师担任，这是我国第一位

法医。为了建立和发展我国的法医体系，当时司法部曾于 1916 年派江尔鄂赴日考察日本法医学的情况。1932 年起，江尔鄂在安徽高等法院担任法医，其间受检察官委托对 1933 年 1 月发生于合肥基督医院的一例医疗纠纷进行鉴定，被告为郑信坚医师，鉴定事由是"患脑膜炎症施用过期血清病者身死"。检察官还邀请了卫生署、合肥地方法院法医穆理南进行鉴定，此外还有九家单位的专家出具意见书，鉴定结论为"谓过期未久之血清注射无碍"。该案经过合肥地方法院一审、安徽高等法院二审、最高法院三审，判决结果为"不起诉处分，原告上诉驳回"。该案例被收入《医讼案件汇抄（第一集）》（中华医学会业务保障委员会，1935 年）。

（二）华鸿

华鸿（1886—1923 年），字裳吉，无锡荡口人。1903 年留学日本，在千叶医药专门学校药学专业学习，获药学博士。清宣统元年（1908）中华药学会在日本东京成立并举行第一届年会，华鸿等 20 人出席会议，是我国早期药学学者。1910 年归国；1912 年在浙江公立医学专门学校任教，负责筹办药科。浙江公立医学专门学校是我国最早创办药学专业和开始法医学课的学校（另一所学校是国立北京医学专门学校）。1913 年浙江公立医学专门学校成立药科专业，华鸿讲授"裁判化学"（现称"法医中毒学"）"药品鉴定""分析化学"等课程。华鸿著作有《饮食物鉴定篇》《裁判化学》《药物鉴定》等。1921 年，华鸿编写《拉德法英美日药物名汇》（商务印书馆 1948 年再版）。华鸿是我国最早传授法医学的学者之一。

（三）范启煌

范启煌（1887—1982 年），字晓初，号灿明，福建长汀人。出身于世代中医家庭，医学博士，教授。1908 年毕业于汀郡中学堂（今福建省长汀第一中学）。1916 年于福建省立七中（今福建省长汀第一中学）毕业后，随父范永孚习医。1919 年赴法国勤工俭学，先攻读物理，取得硕士学位，后考入法国巴黎医科大学；1928 年毕业，以《外伤性右肾完全横断三例论述》论文获医学博士学位。同年回国，时值红军入长汀，在福音医院救治伤病员，并将从法国带回的全部药品器械献给红军。1930 年被北平中法大学陆模克医学院聘为解剖学教授。

1932 年，范启煌任司法行政部法医研究所教授，培养法医人才和参与法医检案，协助林几创办《法医月刊》，并任编辑部编审，并兼任上海政法学院法医学教授。编写《法医学讲义》（上海政法学院法医学讲义）、《法医尸体检验》等教材，在法医研究所创办的《法医月刊》上发表《法医学上血斑及血瘤之研究》等论文。1935 年，华侨捐款创办汕头医院及平民医院，范启煌受聘为院长兼医务主任、外科主任，兼任高级助产学校和高级护士职业学校校长。全面抗争时期，回长汀自设诊所，兼省立长汀中学校医。1945 年任上海警察总局法医技正。1947 年任福音医院院长兼医务主任。

中华人民共和国成立之初，范启煌当选为长汀县第一届各界人民代表大会代表。1951 年受聘为山西大学医学院（现山西医科大学）外科学教授兼附属医院外科主任。1952 年参加国际科学调查委员会，任法文翻译，揭露美国在朝鲜和中国进行细菌战的罪行。1953 年调保定市河北医学院（现河北医科大学）任外科学教授兼附属医院外科主任医师。其间，先后发表《破伤风》《炭疽》等论文，还为河北省公安厅、人民检察院、人民法院进行尸体检验和案件鉴定。1956年筹建河北医学院法医学教研室。1958年，响应党的号召，报名参加支援边疆建设，不顾年事已高毅然前往内蒙古医学院（现内蒙古医科大学）工作，先后任病理教研室主任、法医学教授及医学院基础部主任，曾当选为内蒙古自治区政协委员。1982年12月12日病逝于北京，享年95岁；1982年12月21日，在北京八宝山革命公墓大礼堂隆重举行范启煌追悼大会。范启煌教授一生爱国奉献，以服务国家和人民为职责，为我国法医学及医学事业发展做出了杰出贡献。

（四）魏立功

魏立功（1889—1981年），字次其，江苏南通人。1902年赴法国读中学，后转俄国皇家医学院学医，继后又到德国留学，获博士学位。曾在俄卫生部门供职，通晓英语、法语、德语、俄语多国语言。1927年回国在哈尔滨中东铁路公司任医务总监（该公司当时为俄国人经营），在《中华医学杂志（上海）》第13卷第4期发表《东省铁路医务处之现状》。1930年6月出任上海地方法院法医。1931年后，法医魏立功以及首席检察官陈满三、检察官丁仕奎等人经常因上海地区刑案法医检验和刑案侦查出现于报端。可见，司法行政部在上海真茹成立法医研究所之前，魏立功就是上海的法医检验人员，是我国早期出现的法医先驱之一。1939年在《中华医学杂志》上发表《我国法医概况》。1937—1949年任《中华医学杂志》编委。1958年返回南通，曾任南通医学院法医教研组主任，不久又调去苏州医学院任法医学教授。魏立功是第一部《中华人民共和国药典》的编委之一。

（五）王兆培

王兆培（1890—1989年），福建漳浦人。1906年在厦门教会救世医院医学专门学校学习，后到台湾继续修业，1912年到日本东京慈惠医学院学习获医学学士，后在日本东京帝大医院任医师3年。1918年回国，在福州创办"兆培医院"。1931年后兼任福州戒烟医院院长和福州地方法院法医，直至1950年。王兆培还曾是福州市人大代表。中华人民共和国成立后，王兆培先后任福州市医院院长、福州市红十字会副会长、福建省政协常委、民革中央顾问，享年99岁。

（六）黄鸣驹

黄鸣驹（1895—1990年），又名黄正化，江苏扬州人。1918年毕业于浙江公立医药专门学校（药科三期）。1921年先后赴德国柏林大学医学院、哈勒大学药学院进修。1924年回国，在浙江公立医药专门学校任药科主任、教授，从事毒物分析化学教学和毒物分析检验工作。1929年参与浙江法医专修班教学、培养法医人才工作。1930—1935年兼任浙江省卫生试验所化学科主任，做了大量毒品毒物分析工作。1935年赴德国、奥地利从事毒物微量分析研究工作。1938年回国，任浙江省立医药专科学校任药科教授。1944年受聘为中央大学教授，1946年在林几创办的中央大学法医科任教授。1949年任浙江省立医学院院务委员会主任、药学系教授。1951年受林几邀请参加全国首届法医高师班教学培训和毒物化学实验指导工作。1952年任浙江医学院教授、院务委员会主任。同年,调任中国人民解放军军事医学科学院药物系主任。1956年任第二军医大学药学系主任、教授。曾当选为浙江省人大代表,杭州市、上海市政协委员,担任卫生部药典委员会委员、药品分析组组长、中国药学会理事、总后卫生部医学科学技术委员会委员、药学专业组组长。

黄鸣驹为我国法医毒物分析化学发展做出了卓越贡献。1931年编著出版了我国第一部《毒物分析化学》教科书(医学杂志出版社,当年重印2次),1950年由新医书局增订再版,又于1957年由人民卫生出版社再版,是我国历史上第一部毒物分析化学专著。1931年开展吗啡成分的分析研究,发表《烟民小便吗啡成分的研究》等一系列论文。在德国、奥地利进修期间,发表《小便或乳液中吗啡及其衍生物之微量鉴识法(点滴法)》《甘油之微量鉴识法》,改进了传统的分析方法。先后于1959年和1962年在《药学学报》发表《碱性含氮毒物的快速分离鉴别法》《毒物分析中杀虫剂敌百虫的半微量鉴识法》等论文。1960年,受南京市公安局委托,对已埋藏4年之久的尸体进行有无中毒的成分检验,结果确认为砷中毒,为解决疑案提供了科学依据。1962年在《解放日报》上发表《谈毒物分析化学内容与发展前途》的文章,建议药学院校学生应学习毒物分析的知识和训练,以适应社会的需要。黄鸣驹为教学、科研、公检法部门培养了众多的法医毒物分析工作者。

(七) 单德广

单德广(1896—1978年),河南省南阳市人。1918年就读河南留学欧美预备学校。1924年毕业于上海同济大学医学院。先后在上海同德医学院、国立武昌中山大学任教。1924年7月,上海地方检察厅委托同济大学病理学教室办理法医疑难案件,为期1年,由德国人欧本海主持,杜克明充当助理,单德广专任法医。期满之后,因上海地方检察厅拒绝尸体剖验,此项合作未能继续。民国十九年(1930),任私立上海同德医学专门学校病理学教授,江苏高等法院委托上海同德医学专门学校特设法医讲习所,常聘单德广为法医讲习所主任。此后,到开封任河南大学医学院(1952年更名为河南医学院,1954年迁郑州建校)教授,并兼任医学院附属护士学校校长,发表论文和译文数篇。

(八) 王希张

王希张(1901—1966年),又名王长忍,河南濮阳人。1920—1926年在保定河北大学医科学习。1927—1932年日本东京庆应大学药理学教室研究生,在日本发表《中药麝香之药理研究》《伊色林对于体温之影响》《可得因对于血糖之影响》等论文。1932年获医学博士学位,回国后任南京军医学校药理学教授。1933年8月任河北省立医学院药理学科主任兼法医学教授。1939年12月任福建医学院药理学兼法医学教授。1942著《药理学》、1943年著《法医学》,均经编译馆审定,获得奖金。1947年8月任河北省立医学院药理学科主任、教授。20世纪50年代初,在河北医学院教授"药理学""法医学"等课程,多次自编《药理学》《实习指导》《中医学概要》等教材。

(九) 张颐昌

张颐昌(1902—1968年),字养吾,1927年毕业于上海法科大学,1933年毕业于上海震旦大学医学院。曾任司法部司法鉴定科学技术研究所副所长兼华东政法学院和上海第二医学院法医学教授。1951年,司法部法医研究所恢复,张颐昌为主管业务副所长。主编了《法医工作简报》。1952—1956年,在司法部法医研究所举办法医训练班3期,培养法医近400名,其中包括陈世贤、李伯龄、黄环英、贾玉文、王克峰、乌国庆、刘少聪、吕登中、徐榴园、冯学文、高随捷、董恩宝、时承法、李延吉、袁可方、黎纯学、朱郁文、和中年、季少岩、陈惜秋、魏祯祥、潘乃华、叶炯华、吴宝琛、赵海波、庄明洁、史天恩、李谦宜、何志美、何接昌、徐功伟、贾明春、黄传开、谢其天、刘培善、吴亚标、高富愿、张兴满、黄本欢、孔令义、李道泉、张继森、沈永祯、张泰运、张友之、张纯录、张新志、黄循锐、沈大路、赵鸿举、郭福、陈东才、王雄文、关信等。这些法医分配到全国各地公、检、法机关从事法医工作,是中华人民共和国成立后培养的第一代法医人的重要组成部分。1957年,时任司法部法医研究所业务副所长的张颐昌与陈世贤等勘验确认了方志敏烈士的遗骨。张颐昌著有《祖国法医学发展史》《法医鉴定在司法实践中的作用》《有关他杀的法医学问题》,译文有《妨害医业秘密罪》《强奸(附照片)》等。1956年,《新华日报》刊登了梁克康采访张颐昌的文章《400多年前的尸体为什么不腐烂——法医专家、司法部法医研究所张颐昌副所长谈"尸腊"和"枯干"问题》。

(十) 汪继祖

汪继祖(1905—1977年),别号柏荫,又名汪逸梅。1925年考入浙江省立医药专门学校,1929年毕业。1929年2—7月在浙江省高等法院法医专修班学习,毕业后在金华地区法院任法医。1933年考取林几创办的法医研究所研究员,参与我国第一部公开发行的法医学杂志——《法医月刊》的编辑,并获司法行政部颁发的法医师证书。1935年回金华地方法院任法医。后分别在金华、丽水、永嘉、泰顺和杭州等地任法医。1945—1947年在浙江医学院任副教授。1947年经林几推荐,奉调南京首都高等法院任法医,并在中央大学医学院法医科任教。1950年在位于镇江的江苏医学院任教。1950年,卫生部成立医学教材编审委员会,汪继祖参加法医学组编写教材。1951年,卫生部委托南京中央大学医学院由林几主持开办第一届法医师资进修班,汪继祖为该届法医师资进修班的教授,后林几不幸病逝,陈康颐、黄鸣驹、汪继祖等继续办完该班,为全国各高等医学院校开设法医课培养第一批师资。1950年,卫生部召开教学大纲审定会议,汪继祖与陈康颐、陈东启等制定了我国第一部《法医学》必修课教学大纲。1956年7月9—12日,汪继祖与王吉民、陈帮贤、宋大仁等作为医史组成员参加"中国科学院中国自然科学史第一次科学讨论会"。发表《缢勒之骨损及伤瘢》(法医月刊,1935年)《疑狱集、折狱龟鉴、棠阴比事的释例》(医学史与保健组织,1958年)、《化骨·化骨期·化骨异常(附图)》(法医月刊,1934年)、《临案验伤应即改善之我见》(法医月刊,1934年)、《验尸珍集》(法医月刊,1934年)、《表皮剥脱在临案检查中之实验研究》(中华内科杂志,1950年)、《意见书》(江苏医学院法医教研组,1957年)等文章。汪继祖毕生从事法医学事业,在法医损伤学、文字检验等方面有独到见解,为中国现代法医学发展做出了贡献。

(十一) 赵宪章

赵宪章(1906—1969年),原名赵广茂,河北宛平人。出身于中医家庭。1925年考入国立北京医学专门学校，主攻病理学、法医学。1925年毕业，留校任助教。1932年7月起，在司法行政部法医研究所法医学试验室任技士、技正、主任。1941—1943年兼任重庆警官学校法医学讲师。1949—1956年任上海市公安局刑侦处、治安处技术科科长兼法医，兼任司法部法医研究所法医技术顾问。1951—1956年兼任中央公安部民警干部学校和公安学院教员。1954—1956年兼任东北第一人民警察干部学校法医教员。民国三十六年（1947）8月，一名中国人被美国兵谋杀，赵宪章验尸取证，在法庭上证明是暴力所致。赵宪章曾对一具已掩埋近两年的无名尸体进行检验，对尸骨的长度、右腿股骨内固定的铜片、上颌缺损的犬齿等反复检验，查看病例记载和X光片比对，确认系导演石挥的遗骸。赵宪章潜心钻研业务，在《中华医学杂志》《法医月刊》《法医学季刊》上发表《血痕预备检查在几种试药内最低感应度之比较》《血痕检查必要步骤》《一般指纹的组织及其正规之印捺》《紫外线光在法医上之运用》《火伤后残遗尸骨鉴定之一例》《指纹采取法》《急死之一例》等论著。1951年为公安部公安学院、第一人民警察干部学校编写《法医学》教学大纲。1953年为司法部法医研究所法医班编写《法医学讲义》中的"物证检查""现场勘查"等内容。赵宪章长期从事法医工作，积累了丰富的经验，在侦破刑事犯罪案件中发挥了重要作用。在讲课教学中，认真辅导、培养了一批法医人才，为新中国法医建设做出了贡献。在"文化大革命"初期，被诬陷为"反动学术权威"，多次遭到批斗迫害，身心受到严重摧残，1969年9月28日病故。1978年12月23日，赵宪章得到平反昭雪，恢复名誉。

（十二）陈安良

陈安良（1908—1998年），广东宝安（今深圳）人。1929年毕业于国立中山大学医科。曾任广州市卫生局医务课教育股主任。1933年考入林几创办的司法行政部法医研究所第一届法医研究员培训班，曾协助林几创办《法医月刊》。1935年成为我国最早获得法医师资格的17人之一，分配到广东高等法院，先安排在广州地方法院从事法医工作。1936年创办广东法医研究所。1937年，以岭南大学医学院讲师的身份考取洪堡基金会资助项目资格，到德国维尔茨堡大学医学院法医学研究所学习，导师为维尔茨堡大学法医和社会医学研究所所长库尔特·瓦尔彻（Kurt Walcher）教授，博士学位论文题目为《通过人类头发检查识别个体的可行性研究》（*Experimentelle Untersuchungen über die Möglichkeit einer Individualdiagnose auf Grund der farensischen Haaruntersuchung*）。1938年获法医学博士学位。1946年赴美国纽约大学医学院从事博士后研究1年，次年回国。曾任国立中山大学医学院教授兼广州方便医院（现广州市第一人民医院的前身）院长。1950年任卫生部医学教材编审委员会法医学组特约编审。历任广州市第一人民医院副院长，广州市卫生防疫站站长、市卫生局副局长，广州市副市长、广州市人大常委会副主任、广州市科协主席、中国红十字会理事。中国农工民主党党员。1984年加入中国共产党。陈安良长期致力于公共卫生事业和法医学研究，是中国法医学会名誉理事。发表论文有《脏躁症概要》《伪病伪伤之鉴识》《外伤性心肌炎》《临床用药秘典》《智力测验与研究犯罪学之关系》《氯仿中毒之动物试验》《年龄鉴定诸法之要的》《尸毒之性状与法医学上之关系》《寿险公司检验体格时应注意之点》《精液之检查法与其法医学上之意义》《砒素中毒在临床上普通一般的现象与其法医学上的检查法》等。著有

《法医学讲义》（中山医学院，1957年）、《法医检验学》（群众出版社，1964年）等。1991年被授予国家级有突出贡献专家的称号。

（十三）陈康颐

陈康颐（1908—2005年），江苏江阴人。1932年国立北平大学医学院毕业，同年考入林几创办的法医研究所研究生班。1935年成为我国最早获得法医师资格的人之一。协助林几创办《法医月刊》。先后在广西高等法院、广西大学、广西医学院、南京大学医学院、第二军医大学、司法部法医研究所任职。1946年协助林几培养法医专修班。1951年培养法医高师班。1960年调任上海第一医学院任法医学教授及法医教研室主任。任国家卫生部教材编审委员会特约编审、军委卫生部医学科学委员会委员、上海医科大学专家委员会名誉委员、全国法医学专业教育指导委员会委员、司法部司法鉴定科学技术研究所名誉顾问、中国法医学会名誉理事。主审《法医学》（应用法医临床学）、《实用法医学》等著作，参编《辞海·医药卫生分册》。著有《法医学》（人民卫生出版社，1959年）、《应用法医学总论》（群众出版社，1995年）、《应用法医学各论》（上海医科大学出版社，1999年）、《现代法医学》（复旦大学出版社，2004年）等。发表论文有《精神病检验之主要点》《堕胎之要征》《被强奸兽奸及惯于鸡奸者之要征》《关于赤血球的所见与其法医学上检查之应用》《矿酸类之性质及中毒症状与其法医上之检查法》《吗啡与安洛英毒力比较之实验》《中国古代的医学检验》《商讨"切创"的命名问题——应将"切创"改名"割创"》，译述《关于安眠剂在法化学上的证明法》等。

（十四）俞叔平

俞叔平（1911—1978年），浙江诸暨人，中国现代刑侦的开山鼻祖。1911年7月1日出生于诸暨桥下村。1928年考入浙江警官学校一期。1930年被浙江省选拔赴奥地利学习警察司法业务。1933年冬归国，在杭州警察局司法科任职，建立指纹室和烟犯检验室，编设户籍卡。1934年秋，再度接受公费资助赴奥地利留学，在维也纳大学法律系深造，同时在维也纳警官大学进修。1938年取得维也纳大学法学博士学位，成为中国第一个警察博士。1939年任重庆中央警官学校教官，他首设刑事警察建制，创立现代科学刑事实验室，成为"中国现代刑侦的开山鼻祖"。他还建立了中国第一个指纹研究所，是第一个在中国采取法医侦查技术的，对中国的司法理论和司法实践做出了贡献。曾任考试院法规委员、财政部缉私署简任处长、国民党中央组织部人事室主任、国立四川大学教授、国立重庆大学教授兼训导长。1945年9月任上海市警察局副局长；1946年8月至1949年3月任上海市警察局局长，兼任上海市警察学校校长，同济大学法学院、东吴大学法学院教授。1949年赴台。俞叔平在刑法、诉讼法、刑事侦查、法医鉴定和物证鉴定等方面都有建树。著有《法医学》《指纹学》《刑事警察的理论与实际》《刑法分则大纲》《犯罪与侦查》《刑事法与刑事科学》《刑事警察与犯罪侦查》《监察制度新论》，译著《化学兵器与国际公法》等，发表多篇论文。1978年2月14日病逝于台湾。

（十五）张树槐

张树槐（1908—1990年），河北正定县人。1933年毕业于国立北平大学医学院，考入司法行政部法医研究所研究员班，在林几指导下学习法医学。1935年毕业，论文题目为《斑蝥中毒之动物实验》，获司法行政部颁发的法医师证书。协助林几创办《法医月刊》，并任杂志编辑。1935年毕业后到山东高等法院任法医师。1940年应聘回母校执教，历任助教、讲师、副教授。1943年赴日本长崎医科大学法医学教研室深造，专攻法医血清学、指纹学及血型的研究。回国后即从事法医人证及物证检验和科学研究工作。中华人民共和国成立后，任北京医学院法医教研室主任，并任北京市公安局法医学顾问兼公安部法医师。曾对国内有影响的重大案件做出科学的鉴定。1951年，由卫生部主办的全国高级法医师资班在南京大学医学院开办，林几不幸病逝后，由陈康颐、黄鸣驹、陈谦禄等负责继续培养高师班学员，张树槐是受聘为高师班学员上法医课的教授之一。1959年，参加由陈康颐主编，陈东启、汪继祖等参编的全国高等医药院校教科书《法医学》（人民卫生出版社）的编写工作。发表的论文有《关于致命伤的检查》《发生昏睡疾病之鉴别诊断》《使用食盐之抗血清保存法》《法医学的损伤检验》《法医学的中毒毒物研究》《洗冤录对照研究》《头部外伤之法医学》等。因病于1990年3月19日在北京逝世。

（十六）孔禄卿

孔禄卿（1910—1992年），祖籍浙江宁波，1910年4月18日生于日本横滨市。先后就读于横滨中华小学、东京成城中学、东京第一高等学校留日学生预科、京都第三高等学校理科（即帝国大学预科），1933年考入千叶医科大学医学科，1937年毕业后进入该大学法医学教室，跟随加贺谷勇之助教授研究法医学、血型学5年，曾任助教、医师，1942年获医学博士学位。所著论文有《人粪便中の型物质の证明に就へ》《家兔の个性の抗A抗体の产生に就て》《家兔の个性と抗B抗体の产生に就て》等，均刊载在《千叶医学会杂志》上。1942年到东京济生会病院小儿科，跟随小山武夫院长学习小儿科一年余。1943年5月回上海定居，先后任南京鼓楼医院小儿科医师、上海海关诊疗所医师、上海东南医学院牙医专科学校法医学教授。中华人民共和国成立后，致力于法医事业发展。1950年1月在上海市公安局从事法医物证检验。1952年受聘于中国人民解放军军事医学科学院（2017年调整组建为中国人民解放军军事科学院军事医学研究院），创办法医学系，任研究员并代理系主任。1956年转至上海第二军医大学，创建法医学教研室，任主任教授。培养了一批法医学研究生，他们结业后分配到各医学院校参加加强法医学队伍。1959年全国医学院校取消法医学科，遂进入司法部法医学研究所任物证室主任。1960年11月，司法部法医学研究所被撤销，被调至上海生物制品研究所任主任技师。后又到上海市中心血站从事输血专业，1978年8月任上海市中心血站技术顾问。1982年8月加入中国致公党。1988年1月退休。

孔禄卿对法医学怀有深厚感情，关心法医学科建设和发展，1983年在《民主与法制》撰文《加强法制与法医学——从我国"仵作"验尸制度谈起》，并向中央写信建议为适应我国法制建设的需要，健全法医学鉴定体制。又为恢复建立司法部司法鉴定科学技术研究所做了大量工作，1984年担任该所名誉顾问。兼任上海医科大学法医物证室硕士研究生导师。1980年，受中国红十字会委托赴加拿大考察该国输血事业，同时参加在蒙特利尔召开的第16届国际输血学大会及国际红十字联盟输血专家小组会议。

1983年与日本医学博士吉成意之合编《英日汉血液用语医学辞典》，由日本血液事业学会于1991年出版。出版专著《血型血清学》（群众出版社，1988年）；发表论文有《上海居民Hp血清型的分析研究（第一报）》《上海居民Hp血清型的分析研究（第二报）》《上海地区中国人Hp血清型的分布和遗传调查》《Lewis血型与ABH血型物质》《罕见的Rh缺失型－D－／－D－一例报告》《上海地区110名汉族12个红细胞血型系统三个血清蛋白型的调查》《在赔偿医学中判定伤、病及其他的因果关系问题》《日本的输血事业》《用胶乳的简便人血反应试验》《人白细胞抗原的基础理论及应用》《Rh－Hr系血型研究的进展》《MNSs系血型研究的进展》《ABO系血型研究的进展》等；编译审校《法医学论》（上海医科大学教材，1987年）、《用酶标免疫测定法检验血型》、《红细胞抗原与抗体的快速检测法》、《死后经过时间与直肠内温度》等。曾任中国法医学会、中国输血学会名誉理事、上海输血学会主任委员、《法医学杂志》编委等。

（十七）陈履告

陈履告（1911—1996年），浙江义乌人。1930—1935年就读于南京军医学校大学部医学系。1936年考入司法行政部法医研究所第三届法医研究员培训班，在孙逵方指导下学习法医学，1937年毕业，获司法行政部颁发的法医师证书。抗日战争时期在贵州安顺军医学校大学部病理系任教，1946年升任教授。抗日战争胜利后，学校迁至上海，改名国防医学院，任该校病理学教授兼系主任。1949年8月任浙江大学病理学教授。1950年，浙江大学选址杭州田家园筹办病理诊断室，诊断室的第一张病理报告（食道癌）由陈履告作出。当时陈履告还受理浙江邻省（江西、安徽、福建）送检的病理标本。1952年任浙江医学院病理学教授兼病理教研室主任，接受司法机构送检的法医病理检查和开展法医尸体解剖工作。1956年，陈履告与徐英含出版《法医病理解剖学》（上海卫生出版社，1956年）。陈履告曾任中国病理学会浙江省分会主任委员、《中华病理学杂志》编委。

（十八）陈东启

陈东启（1912—2006年），奉天（今辽宁）辽阳人，法医学家。1929年入满州医科大学医学系学习，1938年本科毕业并获得日本医学学士学位，同年4月留校于法医学教室任教。1947年5月被聘为国立沈阳医学院副教授，并任法医学科主任；1948年8月晋升为教授。中华人民共和国成立后，任中国医科大学法医学科（法医学教研室）主任、教授。1958年6月兼任中国医科大学图书馆主任。1985年5月任中国医科大学法医学系名誉系主任。曾先后担任中国民主同盟辽宁省委委员、沈阳市政协常委、沈阳法医学会理事长、国务院学位委员会第一届学科评议组成员、中国法医学会名誉理事等。

陈东启几乎把毕生的精力都投入中国法医学教育事业中。1950年，卫生部召开法医学教学大纲审定会议，他和陈康颐、汪继祖等制定了我国第一部《法医学》必修课教学大纲。1953年，受卫生部委托主持翻译苏联波波夫著的高等医学院校教科书《法医学》，并于1955年由人民卫生出版社出版，该书是中华人民共和国成立后翻译出版的

第一部内容较全、水平较高的法医学教学参考书,由卫生部指定作为高等医药院校试用教材。1955年,卫生部指定中国医科大学举办第二届全国法医学师资培训班,由陈东启主持,他亲自查阅文献、编写印刷讲义、亲临讲台授课,并亲自配制试剂、组织实验实习。该期学员有黄光照、司寿春、张文科、石秋念、赵以诚、肖伯坤等。后又陆续举办了数期师资班及进修班,这些学员后来都成为各院校、科研单位及公检法部门的学术带头人及骨干力量。1956年,受卫生部委托与陈康颐等合作编写了《法医学》(人民卫生出版社,1959年)一书,该书是中华人民共和国成立以来第一部由中国人自己编写的高等医药院校法医学教科书。书中结合中国的特点、系统地阐述了有关的法医学理论及检测技术,为我国法医人才的培养和检验水平的提高做出了重大贡献。1959年,参加编写《英汉医学词汇》"法医学"部分。1958年首次在国内成功制备了抗M、抗N血清,为法医学个人识别检验提供了新的手段。陈东启率先对中国北方汉族近万例个体的ABO、MN血型的分布进行了普查,为法医学检验及人类遗传学等研究提供了宝贵的基础数据。1964年提出了甲醛固定脏器血型检查法。同年,用浓缩唾液制备高价血清,用于混合凝集反应检查人毛、组织、体液的血型。1979年参加编写内科讲座第六册《血液系统疾病》"血型与临床"章节。同年受聘为《中国医学百科全书》编委,编写"法医学"部分。1981年审阅高等法学教材《法医学》。1982年受聘为《中国大百科全书》法学卷编委,编写"法医学"部分。

(十九)仲许

仲许(1914—2009年),字成子,江苏海安人。1935年考入司法行政部法医研究所检验员班,毕业后回江苏省从事法医工作。中华人民共和国成立后在无锡市中级人民法院、无锡市公安局任法医,被司法部司法鉴定科学技术研究所聘为兼职教授,先后出版《法医学》(新医书局,1951年)、《机械性窒息》(群众出版社,1980年)、《机械性损伤》(江苏科学技术出版社,1983年)等著作,发表《中国法医学史》(《中医杂志》,1956年)等论文。仲许是中国法医学会名誉理事,还是中国书法家协会会员、魏碑派书法家。

(二十)蒋大颐

蒋大颐(1914—卒年不详),浙江东阳上蒋人。1935年毕业于浙江医药专科学校,1936年毕业于司法行政部法医研究所第二届法医研究员培训班。在司法行政部法医研究所培训期间,总结一年的法医检验案例,发表《数个检鉴例》论文。毕业后分配到江西高等法院任法医,后在浙江龙泉、永康、嘉兴等地方法院任法医。1949年后在浙江省高级人民法院任法医,浙江医科大学客座教授,发表《在纠正一起重大假案中法医工作所起的作用》等论文。1990年9月任浙江省法学会法医学研究会第一届理事会会长。

(二十一)蒋培祖

蒋培祖(1915—卒年不详),浙江诸暨人。1935年考入司法行政部法医研究所检验员班,在孙逵方指导下学习法医学。1936年毕业后留司法行政部法医研究所任病理技师。蒋培祖毕生从事法医检验工作,先后在上海市法院、上海市检察院和上海市公安局任法医,主任法医师,上海市法医学会顾问。曾主持傅雷死因鉴定、开棺谜案等重大法医检验。发表论文有《水中尸体作硅藻检验时采取对照样水的意义》《应用植物组织检验水中尸体新探》《深化硅藻检验》等,担任仲许著作《机械性损伤》(江苏科学技术出版社,1983年)的审阅人。在机械性损伤、机械性窒息,特别是水中溺死与硅藻关系的研究方面有突出贡献,是我国开展法医硅藻研究的先驱。

(胡丙杰　黄瑞亭)

第五章　民国时期法医学发展与社会治理

　　社会治理是国家治理体系的重要组成部分。中国自晚清开埠以来，以礼制为精神内核的传统社会治理体系难以应付和容纳内外交困的局面。随着辛亥革命爆发和中华民国建立，"帝制"退出历史舞台，"共和"观念逐渐成为共识。这意味着国家权力的正当性由传统的"天命"转向了"法治"，由传统的礼治秩序转向法治秩序。北洋政府时期，开展了多次立宪运动，并在南京国民政府时期初步形成了"六法全书"体系。但是，由于连年的军阀混战，风起云涌的政治斗争和恶劣的国际环境，中国始终处于动荡、分裂状态，无法为法治的运行提供稳定的环境。无论是北洋政府还是南京国民政府，始终未能有效整合全国的资源，并通过法治将资源转化为国家治理能力，建立起以法治为正当性基础的现代国家；加之当时整个中国广大农村地区与偏远地区仍处在农耕时代，传统的力量根深蒂固，在这样一个新旧秩序并存的时代，通过法治进行社会治理的难度可想而知。

　　社会治理首先依赖于完善的法律体系，依赖于良好的法律运行环境。完善的法律为社会治理提供明确的规则与制度安排，良好的法律运行环境使得制度与规则能够切实地发挥作用，通过良好的制度与规则的运行，国家能力才能有效地转化为现代化的治理能力。同时，在赋予国家足够的治理能力时，还应限制公权力对法律的僭越，进而侵害私权，以实现国家治理能力与公民权利保护之间的理性平衡，促使权力向善，实现社会的安定与和谐。

　　司法是社会秩序大厦的基石，作为最高的社会控制形式，司法在现代社会治理中具有极其重要的地位。因为它是社会制度中生产公正的一个渊源，也是人们寻求公正的一个最后场所。司法系统承担着通过对各种异常不公行为的纠正和制裁而向社会提供公正价值的职能，人们对公正的诉求最后必然指向司法。一般来说，不稳定根源于现实社会存在的各种不平现象和人们由此产生的不满心态。一个功能正常的司法系统，应该能够将种种不平和不满所导致的冲突、矛盾等引起社会混乱的因素转换成秩序状态，为这些冲突和矛盾的解决提供常规的制度化的缓释机制与途径。因此，维护社会稳定是司法发挥秩序作用的基本表现。对社会稳定来说，司法具有"安全阀"的作用。公正的司法系统也在根本上影响着社会治理的状态和水平。司法腐败不仅会加剧腐败的蔓延，而且会造成整个权力体系和社会秩序的紊乱与失控。

　　司法作用于社会的方式主要包括如下三种：其一，制度和程序正义，包括制度相对诉讼的中立性、制度的开放性、制度与社会较强的亲和度、程序的公平、程序的周延及可操作性等；其二，角色正义，包括司法角色的理性人格、法律至上的精神、专业化的知识水平等；其三，实体的正义，包括法庭认定的"事实"与实际发生的事实之间距离的最小化、法律实体规范与"事实"契合的合理化、裁判还原为利益的有效化等。法医学作为一门应用医学和其他自然科学的理论和技术解决与法律有关的医学问题的科学，是通过第三种方式对社会治理发挥作用和产生影响的。从应用层面讲，它对诉讼所涉及的专门性问题进行鉴别和判断，为民刑案件的审判提供证据，还可以为刑事案件的侦查提供线索。从目的上讲，它通过法医鉴定提供科学证据，还原事实真相，揭露犯罪，洗除冤枉；反之，错误的鉴定又可以造成新的冤屈。

法医学应法律实施的需要而产生，并广泛、深入地参与社会治理法治化过程中，社会治理法治化对法医科学人才培养、科研、学科发展具有重要的推进作用，规范和指导公共鉴定服务，促进法医学制度规范体系的完善。法医学是作为"法"的必需物和伴随物而出现的，只有在司法审判过程中需要法医科学技术手段为审判提供证据时，法医学才会有产生的必要性和发挥作用的空间。法律在逐渐完备的过程中才会来规范并促进法医学发展。换言之，法医学的发生、发展，是与法律完善和社会治理密切相关的，法医学发展与社会治理领域二者之间存在相互促进、相互制约的关系。

民国时期法医学的发展涉及社会生活和社会治理的方方面面，本章对法医学与社会治理的相互关系进行探讨，结合民国时期的法医学鉴定典型案例，着重从民国时期法医学发展对社会治理的积极作用和消极影响两方面进行阐述。

第一节　法医学发展与社会治理的关系

一、社会治理的概念及基本观点

（一）社会治理概念的提出

关于社会治理的概念，在欧美学界鲜有专门探讨，因此与之相关的外文文献、著作尚不多见。我国学术界关于治理的研究，起步于20世纪90年代中后期，以介绍西方治理理论为主。社会治理曾一度被当作与"社会管理"相近的词汇使用。21世纪，随着我国改革开放的深入推进，我国社会结构开始发生深刻变化，在社会转型的同时，各种新型社会问题层出不穷。2012年，中共十八大报告将"必须保障和改善民生"作为加强社会建设的重点，同时要求"加快形成党委领导、政府负责、社会协同、公众参与、法治保障的社会管理体制"。"法治保障"这一新内容对社会管理提出了新的要求，体现了依法治国与社会管理的结合。2013年，中共十八届三中全会正式在《中共中央关于全面深化改革若干重大问题的决定》（以下简称《决定》）中提出"社会治理"这一概念，明确推进国家治理体系和治理能力现代化。《决定》中提出"创新社会治理，必须着眼于维护最广大人民根本利益，最大限度增加和谐因素，增强社会发展活力，提高社会治理水平，全面推进平安中国建设，维护国家安全，确保人民安居乐业、社会安定有序"这一总体目标。自此，"社会治理"一词被纳入官方话语体系，"社会治理"的内涵也因此得以不断丰富和明确，逐渐成为一个固定的概念。我们可以理解"社会治理"是政府和社会组织等多元主体通过法律、道德多种手段共同参与社会管理事务，以实现社会公共利益最大化的过程。

（二）社会治理的基本观点

在我国学者的研究中，常对社会治理和社会管理二者的关系进行争论，分为两种观点：一是主张社会治理与社会管理对立，其主体、职责、实现形式、实践路径都不同；二是社会治理是社会管理的升级版，是总结了我国历史上治国理政经验的社会管理理论的新发展。因此有必要对社会治理及其相关概念进行厘清。

1. 社会治理的主体

过去社会管理的主体基本仅限定于国家与政府，是国家通过自己的权力机关或授权部门依据一定的规则，对社会生活方方面面的干预、协调、调节、控制等行为，它是政府以调整社会关系、规范社会行为、维护社会秩序为目的而对社会活动所进行的管理。而社会治理一是以政府为主体即政府的社会管理，二是社会（包括自治组织、非营利组织、公民等）根据一定的法律法规、规章制度、伦理道德而对自身行为或团体内成员进行规范和约束，即社会自我管理和社会自治管理。

2. 社会治理的对象

从运行意义来看，"社会治理"实际是指"治理社会"，即对于社会实施的管理。而"社会"这一概念又有多种不同的理解：①认为是大范围的社会管理，也即包括政治、经济、文化等多方面在内的公共服务和公共产品的提供；②认为是较小范围内的社会管理，或与"经济"相对或与"政府、市场"对立；③认为社会是政府四项基本职能即经济调节、市场监管、社会管理、公共服务职能中的"社会"。而根据我国的五位一体总体布局即经济建设、政治建设、文化建设、社会建设、生态文明建设来看，此处的社会应为狭义的社会，即与经济、政治、文化、生态相区别的领域，其具体内容则应随着理论研究的不断深入而扩充。

3. 社会治理的功能

社会治理承担着多种社会功能，从《决定》可见主要有四个主要功能：①改进社会治理方式；②激发社会组织活力；③创新有效预防和化解社会矛盾体制；④健全公共安全体系。而党的十九大报告中更提出了九项内容：①提高保障和改善民生水平；②加强和创新社会治理；③抓住人民最关心最直接最现实的利益问题；④优先发展教育事业；⑤提高就业质量和人民收入水平；⑥加强社会保障体系建设；⑦坚决打赢脱贫攻坚战；⑧实施健康中国战略；⑨有效维护国家安全。

4. 社会治理的手段

过往的手段往往仅强调行政手段的使用，主要体现的是"人治"。新形势下的社会管理手段则转变为了法律、道德多种手段的联合使用，体现了"法治"和"善治"，从行政工作转变到了社会工作、社会服务、社会监督、社会控制并行。同时，改革社会治理的方式还需要坚持系统治理、依法治理、综合治理和源头治理。

5. 社会治理与国家治理的关系

国家治理具有最为广泛的社会关系的治理形态，而社会治理则在涉及社会关系层面为国家治理的有机构成部分，主要涉及社会领域中的社会关系，主要包括社会福利保障、社会安全、社会公共服务等多个方面。国家治理是总体治理，社会治理是国家治理的分支领域和子范畴。从具体内容来看，国家治理涉及国家安全、稳定、发展、改革和治理的方方面面，涉及国家与其他国家的国际关系，涉及人类共同的命运和发展；而社会治理涉及的通常是公民的社会生活和社会活动，一般来说主要是社会公共服务、社会安全和秩序、社会保障和福利、社会组织、社区管理等社会领域的内容。

二、社会治理法治化的基本内容

（一）社会治理法治化概念的提出

2014年，第十二届全国人民代表大会第二次会议上，政府工作报告提出"注重运用法治方式，实行多元主体共同治理"。中共十八届三中全会首次提出"社会治理"的全新概念。中共十八届四中全会则明确提出"提高社会治理法治化水平"，将"社会治理"这一概念纳入"依法治国"的范畴下，致力于实现社会治理体系和运行机制的法治化、制度化。《法治社会建设实施纲要（2020—2025）》对社会治理法治化做了专门部署。中共十九届六中全会强调"社会治理社会化、法治化、智能化、专业化水平大幅度提升"。党的二十大报告强调"推进多层次多领域依法治理，提升社会治理法治化水平"。这表明中国共产党已经充分认识到社会治理法治化的重要意义。法治化是社会治理建设的重要内容，也是社会治理建设的必由之路。

要理解社会治理法治化，就必须充分认识法治化的根本性和普遍性。法治化的根本性，就是指现在民主政治提倡的法治应该体现多数人意志的众人之治，而且多数人意志的表达是自由的、真实的，多数人意志的实现是理性的、规范的。法治化的根本性意味着肯定法治的权威性、公益性。法治化的普遍性，就是对社会某一领域的所有主体、行为、过程实行最大限度的法治，同时对其他主体、行为、过程实行他治。法治化的普遍性意味着推崇法治的排他性、主导性。社会治理法治化就是要把社会治理纳入法治轨道，以法治思维、法治理念贯穿社会治理的全过程，实现社会治理领域的"良法善治"。具体而言，就是要建立科学的社会治理法律规范体系，使社会治理领域有法可依；建立严格的社会治理执法体系，使社会治理领域执法严密；建立公正高效的社会治理司法体系，使社会治理领域司法公正高效；建立完善的普法宣传体系，使各社会治理主体知法守法。

（二）社会治理法治化的基本内容

1. 法律至上的权威观

法律至上的权威观是社会治理法治化的前提条件，也是法治社会建设中公众权利得以实现和保障的重要条件。法律至上的权威观对社会治理过程的要求是：首先，社会治理主体必须树立依法治理的观念，在部门政策、组织文件和领导意图等与法律规定相冲突时，法律规定自然处于优先的地位。其次，社会治理过程的相关实体和程序规范在可能的范围内必须优先以法律形式加以确定，政策、文件等只能在法律规定的范围内对治理过程进行细化和补充，避免依据经验、意图而带来的随意性。最后，对于社会治理成功经验也必须优先以法律的形式加以规范和实施，以增强社会治理执行的稳定性和权威性。

2. 人民中心的主体观

人民中心的主体观是社会治理法治化的关键理念。平安，民生所盼、发展之基，人民中心的主体观的集中体现是建立一个安全领域更全面、人民群众更满意、治理体系更科学的平安中国。中共十九大报告提出，建设平安中国，加强和创新社会治理，维护社会和谐稳定，确保国家长治久安、人民安居乐业。人民中心的主体观对社会治理过程的要求是：首先，治理主体重视社会治安治理，有序推进平安中国建设，一方面严厉打击各类刑事犯罪、整治社会治安领域的突出问题；另一方面积极推进社会治理转型升级，加强体制机制建设，为平安中国强基固本。其次，治理主体坚持以人民为主体，让法律服务亲民惠民，提高政府依法治理社会的能力，不断提升司法绩效和公信力，让当事群众从"信访"转向"信法"。最后，治理主体坚持推进司法审判机制改革，让法治服务社会化、便利化、自助化，使社会治理真正能够始终适应社会发展的需要，始终保持与时俱进和高效活力，从而使社会治理法治化建设获得源源不断的动力与支持。

3. 公平正义的价值观

公平正义的价值观是社会治理法治化的核心价值。罗尔斯提出了两个正义原则："第一个原则要求平等地分配基本权利和义务；第二个原则则认为社会和经济的不平等（例如财富和权力的不平等）只要其结果能给每一个人，尤其是那些最少受惠的社会成员带来补偿利益，它们就是正义的。"关于正义的第二个原则，可以进一步表述为公平的机会平等原则与差别原则。由于现实中"对每个人有利"这一标准难以达到，于是第二个原则进一步提出：①适合于最少受惠者的最大利益；②在机会公平平等的条件下职务和地位向所有人开放。在罗尔斯看来，正义既不是纯粹的自由，也不意味着绝对的平等，而是自由与平等的结合。两个正义原则可以为社会治理法治化进程提供借鉴和启示，促进社会自由、平等、公正地发展。

封建社会有"王子犯法与庶民同罪"的法制思想，资产阶级革命把公平正义作为追求的目标，现代法治社会建设更应该把追求和实践公平正义作为根本目标。公平正义主要包括权利公平、机会公平、规则公平和救济公平。首先，权利公平是社会公平和正义的内在要求，是社会和谐的重要立足点。公平作为一种社会关系，体现的是社会对所有成员的"不偏袒性"，这符合罗尔斯的第一个正义原则的要求，具体而言，它要求人们各项权利的公平，这是机会公平、规则公平和救济公平的前提。其次，机会公平是指社会个人能够公平地享有机会，公民享有同样的发展机遇和前景，它是构成正义的第一道防线。只有机会公平，才能打破利益和阶层的垄断，给每个人提供平等的上升发展渠道。再次，规则公平意味着在规则面前任何人都是平等的，不能区别对待。只有在规则公平的前提下，才能实现权利公平、机会公平和救济公平，规则公平就是权利公平、机会公平和救济公平的制度化和形式化。最后，在少部分社会成员的平等权利受到侵害时，依据正义的第二个原则中的公平机会平等原则与差异原则要求，权利受侵害者应当获得符合其利益的救济,因此,救济公平是指为权利受到侵害或处于弱势地位的公民提供的救济公平,包括法律救济、司法救济、仲裁救济和行政救济。

保障人权是社会治理法治化促进公平正义的重要体现。人权包括生命和自由的权利,不受奴役和酷刑的权利,意见和言论自由的权利,获得工作和教育的权利以及其他更多权利。社会治理法治化既要求赋予个人更多权利,又要求对个人权利的行使加以规范。一方面,需要建立法治国家和法治政府,使个人权利受到法律保护;另一方面,需要建立法治社会,以法律明确个人权利的边界,规范个人权利的行使,裁决权利之间的冲突,防止个人侵犯他人权利和社会整体利益。坚持人权保障的权利观,突出表现在三个方面:一是明确法治建设对保障人权的重要作用,保证人民依法享有广泛的权利和自由,尊重和保障人权;二是不断强化法治四个环节对人权的全面保障,实现科学立法、严格执法、公正司法、全民守法,促进国家治理体系和治理能力现代化;三是人权法治体系逐步与国际接轨,以合作促发展,以发展促人权,共同构建人类命运共同体。

4. 协调发展的文明观

协调发展的文明观是社会治理法治化的内在要求。一部人类社会发展史,就是一部物质文明、政治文明、精神文明、社会文明、生态文明共生共融的演进史。加强和创新社会治理,目标集中指向人民获得感、幸福感、安全感,既强调了物质基础,又突出了人民主体,也考虑了精神需求,且维护了社会秩序这一重要价值。博登海默认为,秩序是自然进程和社会进程中都存在着某种程度的一致性、连续性和确定性。秩序在人类生活中起着极为重要的作用。具体来说,在正常情况下,传统、习惯、业经确立的惯例、文化模式、社会规范和法律规范,都有助于将集体生活的发展趋势控制在合理稳定的范围之内。对人类事务中秩序的寻求,已被普遍承认为个人努力或社会努力的一个有价值的目标。

第一,物质文明是生产力发展水平的体现,它是社会治理法治化的基础,主要包括文明赖以存在的物质资料的生产以及科学技术发展状况。第二,政治文明是指人类社会政治生活的进步状态和政治发展取得的成果,它是社会治理法治化的保障,主要包括政治制度和政治观念。第三,精神文明是指人类在改造客观世界和主观世界的过程中所取得的精神成果的总和,它是社会治理法治化的灵魂,主要包括思想道德建设与教育科学文化建设。第四,社会文明是指社会领域的进步程度和社会建设的积极成果,它是社会治理法治化的目的,包括社会主体文明、社会关系文明、社会观念文明、社会制度文明、社会行为文明等方面的总和。第五,生态文明是人类遵循人、自然、社会和谐发展这一客观规律而取得的物质与精神成果的总和,它是社会治理法治化的前提,包括公正、高效、和谐和人文发展四大核心要素。

三、法医学发展与社会治理法治化的相互关系

在马克思主义哲学中,联系是唯物辩证法的重要范畴,是指不同事物、现象、过程之间及其内部诸要素之间相互影响、相互作用等关系。联系具有普遍性与客观性,法医科学与社会治理法治化这两种事物之间同样存在互相影响、互相作用等具体关系。

（一）法医学与社会治理法治化的相互促进作用

法医学促进社会治理法治化的发展。法医学（forensic medicine）是应用医学、生物学及其他自然科学的理论与技术，研究并解决法律实践中有关医学问题的一门医学科学。我国的法医学萌芽于战国时期，距今已有两千多年的历史。伴随法治的发展以及相关自然科学的进步，当前法医学已发展成为拥有法医病理学、法医毒物与毒理学、法医物证学、法医临床学、法医精神病学等多个分支学科的综合性学科，学科理论和实践不断丰富和发展，法医鉴定体制不断优化。

社会治理法治化促进法医科学的发展。法者，治之端也。法治是社会治理的主要方式，这是法治成为治国理政的主要方式的必然结果。社会治理与法治之间存在着耦合作用，社会治理需要以法治作为基础和前提。社会治理法治化是社会治理主体与相关治理参与者运用法治思维和法治方式，有效预防和化解社会冲突与社会风险，优化社会、制度、文化、自然及人文环境资源配置，依靠正式制度和非正式制度构建规范有序、结构严密、协调运行的制度体系，实现国家与社会的良性互动、合作共治、良法善治，最终实现经济社会的平稳快速发展和每个人的全面发展。社会治理法治化的目标具有多重性，良法善治是社会治理法治化的根本目标，化解矛盾纠纷是社会治理法治化的基础目标，法治意识是社会治理法治化的内在目标。社会治理法治化的内容体系涵盖了法治的各个阶段，包括科学立法、严格执法、公正司法和全民守法。社会治理法治化的前提是有法可依，法律实施的需要决定了法医科学的产生。社会治理法治化为法医科学的产生创造了制度条件。实践是理论的来源，社会治理法治化对法医科学人才培养、科研、学科发展具有重要的推进作用，提出了法医学科发展的任务和方向，为学科发展提供组织、制度、人才保障。社会治理法治化规范和指导科学鉴定服务，促进法医科学制度规范体系的完善，以鉴定过程的程序公正保证鉴定意见的实体公正。

（二）法医学与社会治理法治化的相互制约作用

1. 法医学对社会治理法治化的制约

法医科学对社会治理法治化之间的制约关系集中体现在以下几个方面：

（1）法医人才培养质量和数量的不足制约社会治理法治化的能动性。法医人才是社会治理法治化的重要主体，法医人才培养质量和数量的不足制约社会治理法治化的能动性。

（2）法医鉴定技术短板制约社会治理法治化的科学性。法医科研有助于拓展人类法医学知识的边界，提高人类的生产生活质量，法医科研乏力将制约社会治理法治化的科技保障能力。如果法医学研究水平不高，可用于成果转化的应用性研究及成果少，成果转化率低，法医鉴定技术平台建设滞后，将影响法医鉴定的质量与科学性，进而限制案件或事件的科学处置，制约社会治理法治化的科学实施。

（3）法医司法鉴定管理体制、机制不健全制约社会治理法治化的公正性。如果法医司法鉴定活动缺乏统一管理机制，鉴定程序不统一、技术标准和规范不统一，鉴定程序不完善，将限制鉴定活动的程序正义，制约社会治理法治化的公正价值。

（4）实现法医学三大职能所产生的成本制约社会治理法治化的效率。法医学具有人才培养、科学研究和鉴定服务三大职能,在实现这三大职能的过程中,会产生一系列的成本。社会治理法治化是社会治理主体运用法治思维和法治方式治理社会的活动,涉及人力资源、物资资源、财力资源、技术资源、时间资源等各类资源的投入。囿于人类资源的有限性,投入社会治理法治化活动中的资源总量在一定时空条件下亦是有限的。对法医学人才培养、科学研究和鉴定服务的投入与反映在社会治理法治化上的产出有重要联系,对三者投入的有限性决定了在社会治理法治化上产出的有限性。

2. 社会治理法治化对法医学的制约

社会治理法治化制约着法医学的产生和发展。法医科学的产生源于法律实施的需要,法医学的历史是自然科学和法学相互融合的过程。社会治理法治化制约着法医学的发展战略和发展动力。社会治理法治化决定法医学人才培养、科学研究、公共法律服务的国家和社会需求,决定法医科学的发展战略,为法医科学发展提供法治保障、组织保障、文化保障和物质保障,对法医科学三大职能的实现状况进行检验和评价。社会的法治化程度越高,对法医科学的需求越大,提供其发展的制度条件和物质条件越充分,越能促进法医科学的整体发展;社会的法治化程度越低,对法医科学的需求越小,提供其发展的制度条件和物质条件越有限,越限制法医科学的发展。

(丛斌 赵东)

第二节 民国时期法医学发展对社会治理的积极作用

林几指出,法医学为"国家应用医学之一"。20 世纪 30 年代以来,"涉于法医学之问题更趋繁重,致法医学研究领域与应用范围日益扩大。无论立法、司法、行政三界以至全社会,凡企谋人群健康幸福、维护个人身心健康、永保民族繁昌诸问题,倘与实施法令及医药自然科学有关者,莫不包容于法医学"。民国时期法医学在社会治理中扮演着重要的角色,在立法、司法、行政等各领域都涉及法医学内容。民国期间的法医鉴定涉及面很广,包括医疗诉讼纠纷鉴定、中毒及毒品法医学检验、机械性损伤鉴定、法医检骨、窒息死鉴定、猝死鉴定、性犯罪鉴定、法医临床与精神病鉴定、物证鉴定、书证文证鉴定与指纹鉴定等。

一、法医学与领事裁判权的收回

领事裁判权(consular jurisdiction),即治外法权,是指一国通过驻外领事等,使处于别国领土内的本国国民,根据本国法律行使司法管辖权的一种特权。这是对国家属地优越权的例外或侵犯。帝国主义在华领事裁判权,是在近代中国遭受帝国主义侵略,签订一系列不平等条约,逐步沦为半殖民地半封建社会过程中形成的。领事裁判权的确立,标志着中国司法独立的丧失,这是我们国家和人民的莫大耻辱。

鸦片战争后,1843 年中英签订《五口通商章程》,英国以中国法律不良、政法不分而开始在华实行领事裁判权。嗣后,英国、美国、法国、德国、俄国、比利时、丹麦、意大利、日本、巴西、荷兰、挪威、西班牙、葡萄牙、瑞典、瑞士、秘鲁、奥地利、匈牙利、墨西哥智利等 20 余国通过不平等条约在中国取得领事裁判权。这些国家根据与中国签订的不平等条约在中国各地设立领事法院或领事法庭(consular courts)及会审公廨(堂)(the mixed courts)等,以处理涉及本国国民的刑、民事案件。享有领事裁判权的人们在中国境内成为民事、刑事诉讼的被告时,不论原告为谁,案件均由该国领事法庭依该国法律审理,不受中国法庭的管辖。通过这些特有的司法组织以包庇外国侨民在中国的违法乱纪,干涉中国的司法独立。即使是中国法院管理的辖区内犯罪,但如果一方是外国人,也得请领事到法庭"观审",如 1858 年中英《天津条约》还规定了"两国外涉事件,彼此均须会同公平审断"的会审制度;又如 1876 年中英《烟台条约》又规定了外国官员可以"赴承审官员处观审",有不同意见,可以"逐细辩论"的"观审"制度。清光绪十年(1884)7 月 16 日,日本人打伤中国济远船水手李荣,李荣住院治疗无效死亡,同乡人为死者申冤告状到中国衙门,要求验尸。当地衙门因涉及外国人作案,不敢照清律断案,只好照会日本领事官员,日方代表带西医布百布卧氏前往验尸,用解剖尸体的检验方法,"开膛相验"(图 5-1),中方和日方代表在两侧监督检验。这大概是中国历史上有记载的第一例用现代法医学的方法检验尸体的案例。还有一个"沉冤待雪"的案件,反映了洋捕房欺负华人的事实:上海南汇人沈兆龙在法租界新开河桥附近被外国人巡捕殴伤,有王金生、龚阿宝作证。沈兆龙因伤殒命,死在仁济医院。江苏上海县令陆元鼎会同法国领事请英国和法国医师验尸。英国法医师检查,见伤在左太阳穴,未定死因。陆元鼎请仵作检验,仵作当场喝报伤痕在左太阳穴,按《洗冤录》定为致命要害伤。但英国法医认为左太阳穴不是致命伤,需要解剖确定死因。陆元鼎曰:"时计表坠地,有钢条内断而瓷面未损者,与此何以异?"陆元鼎认为,死者系华人,应按照华例办理。辩论再三,会审数次,终未定谳(图 5-2)。

图 5-1 开膛相验

(引自:蟾香. 开膛相验 [J]. 点石斋画报,1886(96):6-7.

图 5-2 沉冤待雪

（引自：金桂. 沉冤待雪［J］. 点石斋画报，1891（262）：5-6.

这里介绍一下上海的会审公廨和厦门的会审公堂。上海租界在 1863 年后基本形成了法租界和公共租界并存的稳定格局。1868 年清政府上海道与英美国领事议定《上海洋泾浜设官会审章程》，1869 年 4 月 20 日将该章程公布，并于是日生效，成立上海公共租界会审公廨。但 1869 年 4 月 13 日，经法国驻沪总领事达伯理与上海道杜文澜协议，上海法租界会审公廨（图 5-3，图 5-4）就抢先一步宣布成立，并于是日首次开庭会审华洋及无领国人各项案件。与上海"会审公廨"相应的"厦门会审公堂"（建在厦门的鼓浪屿）是根据 1902 年 1 月 10 日各国驻厦门领事与厦门道签订的《厦门鼓浪屿公共地界章程》，于 1903 年四月初七设立的（图 5-5），其设置、人员、办理案件的规章均与上海会审公廨相同。实际上是"外国人不受中国之刑章，华人反而受外国之裁判"的怪现象在厦门的重现。例如，1914 年 3 月 18 日，鼓浪屿公共租界地印度巡捕打伤厦门鼓浪屿龙头街一餐馆店员引起群众公愤，巡捕长闻讯前往弹压，枪伤 3 人（验伤皆由教会医生检验），拘捕 5 人。会审公堂曹友兰向英国政府领事交涉，被拒不见。后连会审公堂也被英领事所封，结果发生厦门商界罢市。北洋政府与英国、法国、美国领事多次商议，竟然于 5 月 15 日以惩办殴伤印捕的华人为妥协条件，换取领事团同意启封会审公堂。厦门会审公堂直到 1945 年 9 月 29 日才废除，中国的检验人员在租界地、会审公堂根本无权作检验，这是历史的悲剧。

第五章 民国时期法医学发展与社会治理

图 5-3 100 多年前的上海法租界会审公廨

（引自：何雅君. 黄浦区会审公廨与警务处旧址 6 月 9 日首次向公众开放！百年文保建筑修旧如旧［EB/OL］.（2018-06-06）［2024-10-05］http://www.shxwcb.com/176621.html.）

图 5-4 修缮后的上海法租界会审公廨旧址（胡丙杰摄）

图 5-5 厦门鼓浪屿会审公堂（黄瑞亭供图）

279

从清末起,尤其是辛亥革命后,收回治外法权、收回外国租界的呼声越来越高。20世纪初,清政府与英国、日本等列强议定了中国收回治外法权的条件——"中国法律情形及其审断办法与其他相关之事皆臻妥善",换言之,即要求中国的立法与司法能够充分与列强接轨。为达到这一目标,民国政府接力清政府未完成的事业,致力于改良中国司法;正是在收回治外法权、改良中国司法的浪潮中,医界人士纷纷提出要改革旧有的司法检验制度,用现代法医取代旧式仵作。

1925年,在上海公共租界发生了震惊中外的五卅惨案,中国国内要求收回租界的呼声不断,要求收回租界的运动也浪潮汹涌。从北洋政府直至南京国民政府时期,民国政府一直在为废除领事裁判权、争取司法独立而斗争。但帝国主义列强一直以中国司法落后、监狱黑暗、法律不良、政府不稳定等种种借口,来维护其领事裁判权,并千方百计地来扩大这种非法特权。经过中外双方多次商讨,北洋政府终于在1926年8月与有关国家签订了《收回上海公共租界会审公廨暂行章程》。1927年1月1日,上海公共租界会审公廨被我国政府收回,上海公共租界临时法院正式设立。1930年4月1日改组为"江苏上海特区地方法院"。1931年8月1日,将法租界内的会审公廨收回,改设定名为"江苏上海第二特区地方法院",遂将位于公共租界的"江苏上海特区地方法院"更名为"江苏上海第一特区地方法院",以示区别。

在政府方面,主要通过修订法律、改良司法、修改旧条约、签订新条约等措施,以期早日实现收回这种司法主权。而一些政治家、法律专家,以及文化界、舆论界学者,在他们的言论、著作和刊物中,也纷纷提出收回这一主权的要求。关于法医学与领事裁判权和治外法权的关系,1924年林几在北京《晨报六周纪念增刊》发表《司法改良与法医学之关系》一文,他认为,这几年来,中国的司法改革与旧日相比已见成效,唯其中尚有一项,必须彻底改革——"就是要免除去旧式的仵作式的鉴定,而代以包括有医学及自然科学为基础的法医学来鉴定并研究法律上各问题",如不革新,则一切司法改良就不能臻于完善,中国的治外法权则不能收回。林几指出,为了收回领事裁判权,我国已经从多方面革新旧的司法制度,包括修订法典及审批制度、改良监狱制度、整顿司法行政、栽培法界人才等,但是对于革除旧式的仵作式的鉴定,代之以有医学和自然科学为基础的法医学来鉴定和研究法律上各问题,并没有引起重视。而如果没有法医学的革新,则一切的司法改良,亦不能臻于完善。林几描述了国外法医学的进步以及我国仵作式鉴定的不足,如蒸骨验尸、银针验毒、滴骨验亲等缺乏科学根据,以此为依据进行鉴定,必然影响法律的施行,无法保障民众的生命。因此,要决心收回领事裁判权,就要决心逐步大力推进改善与其关系重要的法医学。既要栽培法医学的专门人才,又要设立相当完善的法医学检验室。林几建议:"要栽培法医学专家,当然须由有相当程度及志愿的医学专家中选拔,遣赴各国留学。其经费或由司法部及教育部供给,或由学校及志愿者筹备,再由部给以相当的津贴,则三四年后可学成归国,为社会服务。"另外,由教育部或医校筹款,在各地医校内设置法医检验室,接受就近司法机关送来的鉴定案件,并在医校法医学教室附设"法医学专班",培养法医学人才,分配到各地检察厅任法医。林几认为,栽培法医学专家,已经刻不容缓。缓了一天,司法的基础就晚一天巩固,对于收回领事裁判权,就晚一天免去外国人的口实。他希冀教育界和司法界

第五章 民国时期法医学发展与社会治理

携手努力，通过法医学的进步辅助司法的改善，以尽早收回领事裁判权。1930年，易景戴在《社会医报》发表《法医与收回治外法权之关系》一文，指出银针验毒和蒸骨验尸的荒谬，认为法医是"受官厅委托，为国家服务，而拯救人民者也"。他认为："夫治外法权之收回，所以不顺利者，良以中国之司法，不能改进也。司法不能改进之原因，虽非仅检验不尚科学之一种，要亦至关重大之事。尚祈执政诸公，有以祛除斯弊。"1931年，万友竹在《立兴杂志》发表《论法医之过去与将来》一文，论述道：我国近期"收回治外法权及领事裁判权，唯各国多借口我国法院设置及组织幼稚，多端留难。故我国司法院当局，已竭力确定司法之独立，检察机关之周备，并对于监狱看守所，尽量改良，务祈国际无所借口，以促进不平等条约之取消。然法医一道，关于司法行政，尤切。盖在法医幼稚之国，冤狱频见，人权无由保障也"。"用望政府对于法医人才，当视若急图焉可。""以唤起社会法界及医界同志之注意。"1934年，文漪在《江西省立医学专科学校月刊》发表《司法改良与法医之改进》一文，写道："我国司法未臻完善致为外人之所蔑视，以致借口反对中国收回治外法权"，"关于司法改良，应加改良之点不胜枚举，而最重要者莫若法医之改善，我国此项人才甚感缺乏，……故居今日欲言改良司法非从提倡改良法医入手不可。全国医界急应协力从事于法医改良之研究，并组织促进改良法医之团体，借以对于政府之司法改良有所贡献，是以吾辈医学界人士之天职也欤。"

1925年5月，林几留校两年后，国立北平大学医学院派他到德国维尔茨堡大学医学院学习法医学两年，后又在柏林大学医学院法医研究所深造两年。1928年毕业获医学博士学位。1928年，林几回国后被国立北平大学医学院聘为法医学教授，并于1930年春创办国立北平大学医学院法医学教室，林几任法医学教室主任教授。他边教学边研究，同时承办了各省市法院送来的法医检案。1929年春，在法国专攻医学和法医学10余年，取得巴黎大学法医学博士学位的孙逵方奉司法行政部令回国，担任上海公共租界临时法院①法医。1929年10月24日，孙逵方被聘为司法行政部法医研究所筹备处主任，在上海筹办法医学研究所。1930年4月1日，上海公共租界临时法院改组为"江苏上海特区地方法院"，设法医1名、法医助手1名。1931年8月1日，将法租界内的会审公廨改设定名为"江苏上海第二特区地方法院"，其检验案件也由我国法医办理。为示区别，将公共租界"江苏上海特区地方法院"更名为"江苏上海第一特区地方法院"。1932年4月1日，林几受司法行政部委托，到上海接替孙逵方继续筹建法医学研究所；当年8月1日，司法行政部法医研究所正式成立，林几任第一任所长。林几积极培养法医学人才，从医学院毕业生中招收法医学研究生，培养两年结业，由司法行政部授予法医师证书；受理全国各级法院送检的有关法医检验、鉴定案件；创办《法医月刊》；建立"法医学研究会"学术组织，成绩斐然。1935年夏，林几重返国立北平大学医学院法医学教室任主任教授，孙逵方接任司法行政部法医研究所所长职务，他继续办好《法医月刊》；1936年因工作繁忙将《法医月刊》改名为《法医学季刊》。孙逵方于

---

① 1927年1月1日，上海公共租界会审公廨的司法主权被国人收回，公共租界会审公廨更名为上海公共租界临时法院。

1935年9月18日开办了第二届法医研究员培训班和第一届法医检验员培训班，1936年又开办了第三届法医研究员培训班，此外，还成立法医学审议会协助解决国内法医学疑难案件。1943年秋，林几于中央大学医学院创立法医学科，并于1945年春受司法行政部委托设班训练司法检验员。1945年，由司法行政部、教育部两部合订法医人才五年训练计划，以栽培各医法警宪学校所需要之法医学师资、各地法院所需之法医师、各地法院所需司法检验员与法医学各分科研究者，并拟以中央大学医学院法医研究所为训练中心。司法行政部还修订颁布条例，提高法医师及司法检验员待遇，准与法官同受保障。民国时期考试院及铨叙部亦将法医视为专门技术人员，并予考试、叙职。在林几、孙逵方等法医学前辈的努力下，初步建立了我国现代法医学的教育、研究和鉴定体系，促进了我国的司法改良，对收回领事裁判权发挥了积极的作用。

由于政府和人民的努力，至1942年8月，南京国民政府立法院院长孙科就声称，当时法律已完备、司法已改良，收回领事裁判权的条件已具备，所以已到了彻底废除这一特权的时候。随着1943年中国司法主权的收回，政府认为一切司法机构应力加整顿，司法检验人员即作为储备司法人才之重要部分而加以培养。

二、法医参与医疗诉讼案件鉴定

根据龙伟的《民国医事纠纷研究（1927—1949）》[①] 一书中的160多件医事诉讼样本，以及张大庆的《中国近代疾病社会史（1912—1937）》[②] 一书中的不完全统计，民国时期医事纠纷发生率相当高。尤其是1934年共发生医事诉讼案件达21件，因此该年也被称为"医事诉讼"年。民国时期医事纠纷的兴起原因，从立法层面上讲，随着清末法律的变革，"业务过失罪"取代了"庸医杀伤人"律，1907年修订法律馆制定了《大清新刑律草案》，其中第二十六章第三百一十二条为"怠忽业务而致人死伤罪"，规定："凡因怠忽业务上必应注意致人死伤者，处四等以下有期徒刑、拘留或三千元以下罚金。"1908年制定完成的《大清新刑律》中第三百二十六条规定："因玩忽业务上必要之注意，致人死、伤者，处四等以下有期徒刑、拘役或二千元以下罚金。"1912年3月，中华民国临时政府宣示《大清新刑律》除与民国国体抵触者外，其余均暂行援用，并改名称为《中华民国暂行新刑律》。民国时期"业务过失"的主体包括了医师、矿师等专业人员。如"医师误认毒药为普通药剂致患者身死，或矿师怠于预防，因煤气爆发致多数工人死伤之类"。以医生诊治病人为例，"固应经双方合意，即病情重大，尚能表示意思者，亦然。但病人之愿剖治，原系希望病愈，如医生怠于医术上应尽之注意，致有不良结果，自不能以其已经合意，即不负责"。1928年，《中华民国刑法》第二百九十一条规定："因过失致人于死者，处二年以下有期徒刑、拘役或一千元以下罚金。从事业务之人，因业务上之过失犯前项之罪者（过失致死），处三年以下有期徒刑、拘役或一千元以下罚金。"第三百零一条规定："因过失伤害人者，处六月以下有期徒刑、拘役或五百元以下罚金。因而致人重伤者，处一年以下有期徒刑，拘役或五百

---

① 龙伟. 民国医事纠纷研究（1927—1949）[M]. 北京：人民出版社，2011：76-93.
② 张大庆. 中国近代疾病社会史（1912—1937）[M]. 济南：山东教育出版社，2006：188-221.

元以下罚金。从事业务之人，因业务上之过失犯第一项之罪者（过失伤害），处一年以下有期徒刑、拘役或五百元以下罚金。犯第二项之罪者（致重伤），处二年以下有期徒刑，拘役或五百元以下罚金。"可见对业务过失犯罪的处理更为严格。1935年，《中华民国刑法》第二百七十六条规定："因过失致人于死者，处二年以下有期徒刑、拘役或二千元以下罚金。从事业务之人，因业务上之过失犯前项之罪者，处五年以下有期徒刑或拘役，得并科三千元以下罚金。"第二百八十四条规定："因过失伤害人者，处六月以下有期徒刑、拘役或五百元以下罚金。因而致人重伤者，处一年以下有期徒刑，拘役或五百元以下罚金。致重伤者，处一年以下有期徒刑，拘役或五百元以下罚金。从事业务之人，因业务上之过失伤害人者，处一年以下有期徒刑、拘役或一千元以下罚金。致重伤者，处三年以下有期徒刑、拘役或二千元以下罚金。"比较1928年刑法与1935年刑法中关于"业务过失"的条款，可以发现后者量刑明显加重，如果跟历代"庸医杀伤人"的法律比较，这个量刑就严厉得多。民国时期对医师"业务过失罪"的刑事法规，除了因医术导致的伤害与致死情形外，尚包括在伪证罪、伪造文书印文罪以及堕胎罪当中。在司法层面，主要与两个因素有关：一是清末移植并仿效日本建立的卫生行政制度在民国时期得到巩固与发展，以西医为主的卫生法律体系开始建立，并在立法层面出现有意排挤中医的现象；二是中西医共存的民国医界环境，使得彼此矛盾丛生，中西医纷争不断。

医师"业务过失"情境复杂，难以断定，审判官往往由于相关知识的匮乏而无从取证，要借助相关专业领域的权威个人或机构，因此司法鉴定就成为必需的程序。这样一来，就为现代的司法调解以及相关司法鉴定和医学鉴定机构实质性参与审判的现代模式拉开了帷幕。南京国民政府时期，法医培养制度有了进一步发展。伴随着法医学教育的发展，法医鉴定制度和法医鉴定组织也逐渐出现。但这些全新的以西医为基础的法医制度，在民国时期的历史变革中，在整个社会中所占的分量和比重偏小；不仅西医不能满足民众医疗的需要，而且相对于日益增长的现代法医鉴定需要来讲，法医制度的发展及法医人才的培养远远不足以满足当时的需要。

（一）民国时期西医诉讼案的鉴定

民国的《刑事诉讼法》对司法鉴定的规定较为随意和宽泛，据1928年民国《刑事诉讼法》第八章"鉴定人"的第一百一十八条规定："鉴定人应选有学识经验或经公署委任而有鉴定职务者一人或数人充之。"换言之，凡被视为有"学识经验"者皆可充任鉴定人。司法鉴定原本应由专门的法医来执行，但因法医数量过少，许多地方尚无法医之设，因此当讼案发生需要司法鉴定时，地方法院多据此聘请各地医师以行鉴定。这种由法院选任鉴定人的做法相当普遍。1933年，姚致强在《社会医报》发表《近年来我国法医之鸟瞰》。他观察到，其时法院"除江浙二省外，其他各省，皆无法医之设置"，遇有疑难案件，"致检验吏无法收拾者"，各法院唯有"委托本地有名医师或医师公会代行鉴定"。实际上，民国时期医病纠纷的鉴定实行的是多轨制，即既有医学团体的鉴定，也有法医鉴定，甚至有不经鉴定，直接由司法官断处的。

1. 医师或医学团体组织鉴定西医诉讼案

当时的中华医学会已经认识到医讼案的专业鉴定对于维护医患双方合法权益的重要

性和积极意义，但在当时也存在少数的法院和法官在审理医讼案时，不进行专业的医学团体鉴定而妄加裁判的，也有对于医学团体之鉴定报告抹杀不问的。为此，1934 年 11 月 13 日，中华医学会理事会理事长牛惠生和业务保障委员会主席宋国宾呈请司法行政部文，要求医讼案经过正式医学机关团体鉴定后判决①，摘录如下：

> 窃查年来国内各地，关于医家病家纠纷之案件，有纷至沓来之势。每一案件之发生，辄由法院或被控之医家，起诉之病家将全部事实及经过情形，请求各地之正式医学机关公正鉴定，以备判断时之参考，用意至为周密，唯近据被控医师之报告，仍有少数法院之法官，对于此项鉴定文件抹杀不问者；亦有未经正式医学团体之鉴定，而遽加判决者。敝会逖听之余，殊深骇异。窃以为非法治之国所宜有也。谨案：医之为学，甚为专门。病情变化，更无常规。医师治病，初无不竭其智力者。不幸而病人死亡，究其原因，或疾本不可为，或已失治疗时机，或因病人之特质，或系医师之误治，纷纭错杂，非深于医学者，不能分析也。故当此种案件发生，法官之处理自必棘手。盖法官虽明于法律，而未必洞悉医理。如仅衡以人情，绳以法条，而不顾及其医学上之特殊情形，则真情难得，或有累于明德。是以凡正式医学机关根据学理与事实之鉴定文件，正为法官判断上之唯一良助，不言而知。此其一也。又案：病家之控告医师，尚有不正当之动机二：一则感情冲动，故其诉状中多沉痛愤激，粉饰夸诈之辞，并有故意污蔑者，法官苟被感动，据为信史，固不足以服医家之心，即若洞烛情伪，而不据学理以喻之，亦难平病家之愤。一则志在金钱，故往往附带民诉，责令医家赔偿损失，为防制此种流弊起见，处于中立地位之正式医学机关根据学理，妥备鉴定之文件发为公正之言论，实供给法官之判断上以极大之参考。盖根据此种鉴定文件之判断，无论诉讼之胜败属于谁方，皆可免不服与不平之事实发生。此其二也。敝会以保障医业为宗旨，而尤以维护公理为目标，为此具呈钧座，伏乞采纳愚见：训令各级法院，嗣后关于医、病之诉讼案件，于判断前务须委托正式之医学机关鉴定，判断时尤须以此种检定及检验之材料为根据，庶几冤狱可免，正义可彰，深为德便。

从专业角度来看，对于医讼案件的鉴定应当由医学专门人员来进行，这既符合事实，也符合学理，而且容易得出科学、客观的结论。但是，医讼案件中，病人死亡后，家属与医方的争执，死无对证，由于医学机关是医师行业组织，由其鉴定医师的医疗行为，往往会给病家造成同道袒护、同行暗助的嫌疑，以至于病家，乃至社会对鉴定结论缺乏信任，基于此种鉴定结论做出的裁判，往往导致更多的上诉案件。

2. 法医鉴定西医诉讼案

为了避免医师鉴定给病家造成同道袒护、同行暗助的嫌疑，使医讼案件得到公正、公开的处理，中华医学会医业保障委员会建议应由法医进行西医讼案的鉴定。1935 年 2 月 19 日，中华医学会理事长牛惠生呈文司法行政部《为请明令各地法院关于医病讼案应请正式法医剖验尸体以明真相由》②，全文如下：

---

① 中华医学会业务保障委员会呈司法行政部文. 为医病纠纷案件呈请令饬采取专家鉴定由 [J]. 中华医学杂志（上海），1934，20（12）：1561 - 1562.

② 牛惠生. 本会理事会牛理事长呈司法行政部文：为请明令各地法院关于医病讼案应请正式法医剖验尸体以明真相由 [J]. 中华医学杂志（上海），1935，21（3）：321 - 322.

第五章 民国时期法医学发展与社会治理

窃查年来医病讼案，纷至沓来，法院于接受此种案件时，多函询国内之医学机关，以求正确之鉴定；盖此项鉴定之文件，皆根据学理与事实而来，初无偏颇之意见也。唯一般病家于败诉之后，多疑及医学机关之鉴定文字有袒护同道之嫌，以致不服而上诉者，比比皆是。谨案：医家治病，不幸而病人出于死亡，其原因究在于医家之误治，抑为疾病之不治，除主治之医师外，绝非他人所能揣测其原因，而加以切实之判断也。故医学机关之鉴定文件，亦只根据法院之来文，作学理之推测，因此，法院于判决时，无论胜诉之属于谁方，皆难使败诉者心悦而诚服。敝会有鉴于此，以为诉讼之宗旨在明真正之是非，矧事关人命，有不容稍涉含混者乎；医之对象为病人，病人既死，则其对象为病人尸体，不幸而涉讼，亦当以尸体为唯一之铁证，医者之是否误治，一经剖验尸体，不难彻底明了，否则舍病人之尸体而尚诉状或口头辩论之空谈，窃未见其能得是非之真相也。唯是，尸体剖验，若委之于毫无医学常识之仵作之手，则不但不能使真相大明，抑且有构成冤狱之势。故此项剖验工作，除正式法医外，殆非他人所能胜任。为此，具文呈请，伏乞钧部明令各地法院，嗣后关于医讼案件，应以正式法医剖验尸体后之报告为判断之根据，庶几医病两方，不至有不服之事实，而法院之处理，亦可免冤屈之难伸，实为德便。

民国时期初步建立的法医鉴定医讼案制度，与传统的仵作检验制度、检验吏检验制度相比，拓宽了鉴定的范围，提高了鉴定的专业性，具有重大的历史进步意义。民国时期西医讼案的鉴定制度，具体表现为：①鉴定主体制度。民国初期的西医讼案的鉴定主要由西式法医进行。②鉴定范围制度。首先，包括医疗诊察事项，也就是说，因疾病的诊断行为发生纠纷的，属于法医鉴定范围。比如，《司法行政部法医研究所办事细则》第四条即规定"关于诊察事项"属于法医鉴定的范围。其次，法医鉴定范围还包括医疗行为、护理行为、司药行为，具体来说，因医师在医疗服务过程中、看护在护理过程中以及药剂师在用药过程中的行为出现纠纷的，都属于鉴定事项。林几在《二十年来法医学之进步》一文中也提到司法之民刑案件中"医疗看护司药等责任过失问题"属于法医鉴定的范围。也就是说，法医鉴定的范围在以尸体解剖为中心的基础上进行了扩展。

法医都是西医知识出身，其鉴定结论大致与西医临床医学相同，因此，司法行政部法医研究所的鉴定，一定程度上维护了西医师的权益，法医鉴定医讼案为西医界所推崇。但是，随着对医讼案的深入认识，医界发现单由法医鉴定医讼案有其局限性。1947年，《医潮》就南京市立医院阑尾炎麻醉休克死亡案发表《向司法界进一言》[①] 一文，摘录如下：

南京市立医院阑尾炎患者刁某因腰椎麻醉，发生休克身死一案，地方法院竟判主治医师钱明熙以一年又六月之有期徒刑。……早期治疗在任何病症里是很值得重视的，但是除了少数的例外，在多数的病症里，数十分钟的延搁，不至于影响治疗的结果。实际病人未到医院之前，不到严重万分，常是不肯就医，而且是先求仙方，再试秘药，请最出名的中医凭过脉，吃了几剂草药不成功，请西医扎针也无效，最后病入膏肓、奄奄一息了，这才想到医院。这时挂急症号，急如星火的催请医师，其实期前也不知延误了许久！有效的治疗期间，早已失去。假如有

---

① 向司法界进一言 [J]. 医潮, 1947—1948, 1 (7): 1-3, 9.

延误的过失,这过失是在病家!站在人道的立场,检察官应对病家提起公诉的。……我国法官,每以医学外行身份,专凭一己之见判断有关医药问题的是非,殊不自量,实则就是法医学者遇有特殊问题,也须征询专家的意见,以为评判的根据。法贵平正,不平则鸣。这一点也极望司法界予以注意。

以上史料显示,医界认为有关"医药问题"方面,法官是外行人,法官没有能力判断医药问题的是非,即使是具有西医背景的法医,遇到医药问题上的特殊问题,也应当征询医师的意见,而不是仅凭法医自身力量对医药问题做出评价。同时,该文还向司法界强调病理解剖的重要性,而且指出15世纪的医学知识和司法行政均不适应于20世纪:

站在学术的立场上,还有一点应请国人注意提倡的,就是身后的检验。因为病理的变化多端,生前的诊断难免不周,甚而错误,唯有借身后检验才可以发觉,以求纠正,并且也可借以增加病理的知识,启发新的见解。在法医学上这也是一种重要的根据。实在司法界应当有"未经身后病理检验的医事诉讼不予受理"的主张。即以南京市立医院的刁案为例,患者有无心脏病,是地院裁判的关键之一,但是既无身后检验的根据,则殊难令人心服,至于患心脏病者可否施以麻醉剂,虽为另一问题,亦不得一概而论。心病种类、病势轻重,皆为施用麻醉剂前必须考虑的问题。若患者故后曾经病理解剖,详为检验,一切疑问,可望迎刃而解。非但医者可以增加识见,法律上亦少困难。是以身后检验一事,亟宜立法强迫执行,法医专家,须于此中求进一步。十五世纪之医学知识与司法行政均不适应于二十世纪。用十五世纪之司法以绳二十世纪之医师,尤为不可。

1948年,广州牙科医学研究会副会长池方就法医鉴定医讼案件的能力提出了质疑①:

查医师(除西医、牙医、中医,暂且包括镶牙生、助产士、护士等在内)因业务上关系而致人死亡或伤害者,在刑法上属于业务过失,其罪较普通过失为重(见刑法第二七六条及第二八四条)(解说从略)。但所谓过失之解释,在刑法第十四条为"应注意、能注意,而不注意",唯究竟何者为"应"、为"能"、为"不",自当以各种业务之学术进度及当时之实际情形以为断(解说从略)。查医学在各种技术中较为繁难复杂,且吾人知识范围有限,近代医学进步,日新月异,倘一旦发生医案诉讼,则恐非司法官或法医师少数人所能正确鉴定者。为慎重罪刑及保障医事人员业务起见,本人以为苟有此类事件发生,应由公私立医学机构团体,或该业务法团,共同加以缜密之研究,然后根据其事实处断,方足以成信谳。

池方的以上论述实际上提出了医疗诉讼案鉴定时适用的医学标准和相应的鉴定人选择问题,即医讼案"自当以各种业务之学术进度及当时之实际情形以为断",非司法官或法医所能鉴定者,应由公私立医学机构团体或该业务法团处断。而公私立医学机构团体为医师组织,池方认为,医讼案的鉴定应当由医师组织鉴定医师的行为,而非由法医

---

① 池方. 医权保障运动 [J]. 牙科学报, 1948, 2 (8): 13.

第五章 民国时期法医学发展与社会治理

鉴定医师的行为。对此，宋国宾在其《医讼之面面观》①② 一文中提出了相同的见解：

> 夫医学为至专门之科学，病人之不治，死于医抑死于病，非专家不能判也。法官虽熟于法律之条文，而不娴于医理，故受理之际，必须函请正式医团作公正之鉴定，以为判决时之根据，而同时又须施以尸体之剖验，以求事实之大明，法官不得存一毫武断之态度于其间也。虽然，鉴定矣，剖验矣，而法官仍孤行其意，则如之何？此陪审之制度与冤狱之赔偿所以必须实现也。夫有法医专家之陪审，而后法官始不至越权，审问始皆中肯綮；有冤狱之赔偿，而后病家始不敢轻于诬告，法官始不敢任意判刑。鉴定也，剖验也，陪审也，赔偿也，四者逐步实现，其于医病之纠纷或可消弭于万一乎？至于团体方面则必须团结，而不可轻授人以可乘之机；个人方面则必须提防，而不可稍涉疏忽，此则所望于同道之慎之也。

根据宋国宾的观点，医讼案分为两种类型：一种类型是病人没有死亡的，由医学团体做公正之鉴定；另一种类型是病人死亡的，应该以尸体为中心，以法医为主体进行死亡原因的鉴定，同时，由医学团体对医师的医疗行为进行鉴定。

综上所述，民国时期医界对医讼案鉴定主体的认识，基本与现代医疗鉴定制度设计理念相吻合。根据阎婷从《医讼案件汇抄》所载鉴定案件切入对民国时期的司法鉴定所进行的研究，1935 年出版的《医讼案件汇抄（第一集）》收录的案件中有 19 件是发生于 1930 年至 1935 年间的医疗纠纷，其中至少有 14 件进行过司法鉴定。1937 年出版的《医讼案件汇抄（第二集）》收录的另外 5 件医疗纠纷案件中，至少有 3 件进行了司法鉴定。民国时期司法鉴定主体包括检验吏/检验员、法医及其专业机构、医生及医院等。其中，检验吏进行或者参与的医讼案件鉴定有 3 件，所占比例较低。鉴定内容皆为病人死因。其中 2 次完全由检验吏进行的鉴定皆由南昌地方法院委托。至少 8 例鉴定由法院内部的法医完成，分布于江苏、安徽、湖北等地，相较于检验吏的鉴定，法医鉴定的内容更为丰富，鉴定过程与结论也更为严谨。在法医鉴定机构方面，经司法行政部法医研究所鉴定的便有 8 件，且其中高达 7 件是二审阶段的鉴定，仅有 1 件发生于审查起诉阶段（该案采纳鉴定结论以不起诉处分终结），这从一个侧面体现了司法行政部法医研究所的权威性。相较于其他鉴定主体，司法行政部法医研究所不仅鉴定内容最为广泛——除了常见的尸检之外，还承接医讼案件中的"验病""处方鉴定"等，且所承接案件的委托机关范围也最为广泛。以《医讼案件汇抄》为例，江苏（包括上海）、安徽、湖北、广西等多地的高等法院或地方法院皆曾委托该所进行鉴定。在民国司法实践中尤其是医讼案件中，包括医生、医院、医学团体、医学院校等在内的医界也是参与鉴定的重要力量。《医讼案件汇抄》中有 6 起案件曾由医界人士进行鉴定。其他鉴定主体中还出现了卫生部、江西省卫生处、卫生署中央卫生试验所等机关等。

（二）民国时期中医诉讼案的鉴定

民国时期，对于法医能否对所有案件进行剖验也有争议，中医界就对"法医"的能力表示质疑，认为法医不能对中医涉讼的案件进行剖验。关于西医是否具有对中医案

---

① 宋国宾. 医讼之面面观 [J]. 医药评论, 1935 (129): 791-792.
② 宋国宾. 医讼之面面观 [J]. 广济医刊, 1935, 12 (10): 2-4.

件的鉴定权问题,早在1929年初就曾起风波。浙江宁波鄞县中医郑蓉荪、董庭瑶被控误药杀人,鄞县地方法院检察官冯吉荪将郑蓉荪等人所开药方交宁波市廷佐医院西医应锡藩鉴定。应锡藩做了对郑蓉荪等人颇为不利的鉴定,旋即引发轩然大波。1929年2月2日,宁波中医协会呈文卫生部《为西医鉴定中医方药上卫生部转司法部请予纠正呈文》①,认为将中医药方交西医鉴定,于理于法均属不合,西医于经验学识上都不可能对中医药方做出准确鉴定,故而要求卫生部转司法行政部对地方法院检察官冯吉荪此举予以纠正,呈文摘录如下:

> 中西医术向属异途,中医无西医之学识经验,西医亦无中医之学识经验,是各自为学,不能相通,目前中国医界之事实现象也。若西医可鉴定中医之方药是否错误,则木工亦可鉴定缝工之制衣,车夫亦可鉴定海员之航船矣。既非幼所学,又非壮所行,南辕北辙,其误可必。况目前之西医处心积虑,力谋根本推翻中医,其反对地位正若水火之不相合。是此次冯检察官将郑蓉孙等中医所开之药方,不发交中医专家研究,而竟发交西医应锡藩鉴定,似属有意摧残中医。应锡藩西医对于郑蓉孙等中医所开之药方不肯辞以不敏,而竟妄行鉴定,似属乘机推翻中医。苟任此案成立,则将来国粹之中医无振兴之希望。大多数人业中医者之生命尽在西医掌握之中,生杀予夺唯其所欲矣。天下之不平孰有甚于此者乎?夫苟系误药杀人,自属罪有应得,但鉴定之举则非中医专家断不足以明真相。

可以看出,中医群体认为西医无能力对中医方药进行鉴定,中医讼案应由中医专家进行鉴定。而且,宁波中医协会还将此案与西医在1929年对中医的压制及摧残相联系,认为此举将导致"国粹之中医无振兴之希望"。归根结底,中医群体的忧虑实际乃在于唯恐"生杀予夺唯其所欲矣"。宁波中医协会认为检察官冯吉荪的做法"违理非法达于极点",要求司法行政部予以纠正。然而,卫生部收到呈文后,并未将呈文转交司法行政部,在卫生部看来,地方法院依法执行业务,此举完全符合《刑事诉讼法》之相关规定,并无所谓非法,遂批复"该案既在地方法院涉讼,应候该院依法讯判,所请转详司法行政部一节,着毋庸议"②。卫生部的这一批复触发了宁波中医协会对卫生部的强烈不满,1929年2月20日,宁波中医协会再次呈文卫生部③,态度极为强硬,不仅批评卫生部部长"坐视西医之恃强凌弱压迫中医至于此极而不为援手一救",而且指出"法律于鉴定人之规定,必具有相当之学识经验,西医对于中医之药方,究竟有何学识,有何经验?"更言若不能"一伸公论"予以纠正,"则不如早颁明令取消中医",大有宁为玉碎不为瓦全之势。然而,宁波中医协会于1929年2月28日得到的批复④,其内容是:"查医药无中西之分,应以科学为原则,此案以西医鉴定中药系法院指令办理,本部依法不能过问,所请应毋庸议,仰即知照。"浙江省中医协会就"西医鉴定中

---

① 宁波中医协会. 为西医鉴定中医方药上卫生部转司法部请予纠正呈文 [J]. 中医新刊, 1929 (12): 1-3.
② 卫生部. 批宁波中医协会据呈西医妄行鉴定中医方药请转详司法部迅即纠正着毋庸议文(二月十二日)[J]. 卫生公报, 1929, 1 (3): 27.
③ 宁波中医协会. 为西医鉴定中医方药再上卫生部呈文 [J]. 中医新刊, 1929 (12): 3-4.
④ 卫生部. 批宁波中医协会呈为西医妄行鉴定中西药方请更行审议转详司法部讯予纠正一案本部依法不能过问(二月十八日)[J]. 卫生公报, 1929, 1 (3): 9.

第五章 民国时期法医学发展与社会治理

医"问题也提出异议,并呈文卫生部,但其收到卫生部的复函内容仍是:"悉查此案事属司法范围,本部未便过问。"①

在此种情况下,宁波中医协会只好一不做二不休,该会向数十家中医团体发出快邮代电,称西医鉴定中医药方"如成惯例,则中医之财产生命尽操于西医掌握之中,生杀予夺唯彼所欲矣,事关全国中医大局,务希共同急起力争,宁为鸡口,毋为牛后,宁为玉碎,毋为瓦全"②。该案原本是两名中医涉嫌过失杀人,宁波中医协会之所以大动干戈,自然是项庄舞剑,真实的意图还在于"西医是否鉴定中医方为合法问题"。宁波中医协会意识到若将所有医讼案件全交于西医解剖核定,中医不仅丧失了在司法鉴定领域的权威性,而且中医涉讼的案件即有操纵于西医股掌的可能。在这个意义上讲,医事鉴定显然不再单纯是依科学方法做出合理医学解释的单一事件,也是关系到中医、西医群体各自的权利和生存状态的重大问题。

1935 年,在牛惠生提议医讼案件均交法医解剖后,中医吴去疾很快便提出异议,吴去疾认为,以病人之尸体交法医解剖之法虽善,但"盖吾国习俗,多以尸体为重,一闻解剖之说,便惊骇万状,莫敢屈从,止讼之法,莫妙于此","此事若行,于西医诚为有益。至于中医一方面,恐从此纠纷更多耳"。因为,"中医治法,与西医不同,万难相提并论"③。他因此提出中医涉讼的案件应由中医团体进行鉴定,而不应该由西式法医鉴定。

为了解决中医诉讼案件司法鉴定的问题,1935 年中西医药研究社成立了中医药讼案鉴定委员会,并向司法行政部呈文呈请训令全国各法院指定该社为中医药讼案鉴定机关之一,《中西医药研究社中医药讼案鉴定委员会缘起》④ 中写道:

> 法律上遇有医药讼案之不能确知其过失是否在乎医家或配剂者,抑或奸诈之病家有意借词诬陷者,则必由专家为之鉴定,以为断案决狱时之根据。此盖法治国家之通例也。此种鉴定工作,各国均可由法医任之。我国则不能焉。良以我国今日之医制,中医与西医并行,使今日之法医,以行西医药讼案之鉴定则可,若行中医药讼案之鉴定,则殊非宜也。因中医药讼案完全根据经验而来,与科学医药不同,故其治病亦崇尚经验而疏于理论。……若法医之曾未一涉中医之藩篱,宜其无能为得失之观测也。故法医之在我国,不克尽负医药讼案之鉴定职责,已甚明矣。然今日中医药在我国所占之范围实较西医药为大,则中医药讼案之兴,正未有已;而其鉴定之重要,又何如乎?回顾既往,我国司法当局,遇中医药讼案之须鉴定者,均委中医药团体行之。夫以中医药团体而行中医药讼案之鉴定,于理固无不合。唯我国今日之中医药团体,尚少真正之学术机关,此可不必讳言。则其行鉴定时,贿赂之施,感情之用,又何能免?法律上欲求其鉴定之准确公允,其可得乎?故历观以往中医药讼案之鉴定,其鉴定者所出之鉴定书,类多圆滑之词,如"查方案尚无不合"等语,以搪塞之,职是故耳。然则法医既无力为中医药

---

① 卫生部. 代电浙江省中医协会鄞县地方法院令西医鉴定中医药方请予纠正一节属司法范围,本部未便过问(三月七日)[J]. 卫生公报,1929,1 (4):72.
② 宁波中医协会. 快邮代电 [J]. 中医新刊,1929 (12):1.
③ 吴去疾. 医讼案件纠纷请由正式法医检定 [J]. 神州国医学报,1935,3 (10):19-20.
④ 司法行政部训令训字第六三四三号(二十五年十一月二十七日):为令知受理关于中医药讼案遇有不易解决之件得酌量送由中西医药研究社办理由(附原抄件五件)[J]. 司法公报,1936 (155):11-16.

讼案之鉴定而如彼，中医药团体之鉴定中医药讼案其不可恃又如此。……今因鉴于我国目前中医药讼案鉴定者之无能，与夫中医药讼案需求鉴定之迫切，遂由理事会拟议，延揽专家，组织本会，期以学术之立场，公正之态度，为社会接受中医药讼案之鉴定，使法院断案时有所根据，当亦为国人所乐许也。

为此，中西医药研究社制定了《中西医药研究社中医药讼案鉴定委员会章程》①，第二条规定："本会由中西医药研究社理事会选聘中西医药专家九人为委员组织之。"第五条规定："本会本中西医药研究社服务社会之旨。为社会服务接受中医药讼案之鉴定，及审定他人中医药讼案之鉴定（以下省曰鉴审），不受酬报。"此外，《中西医药研究社中医药讼案鉴定委员会章程》还就鉴定的范围和鉴定适用标准等问题进行了规范。在鉴定范围方面，第十四条规定："如讼案有须理化检验者，本会得转请法医研究所或上海市卫生试验所代行之。"第十五条规定："如讼案有须检验或解剖尸体或毁坏物体者，则由法院法医与法医研究所行之。本会概不执行。"而在鉴定适用标准方面，《中西医药研究社中医药讼案鉴定委员会章程》第六条规定："本会鉴定讼件之方式：学理与经验并重。因中医药根本系由经验而来，不能专以科学学理绳其是非。故须辅以经验而鉴审之。"第七条规定："本会凡一讼件之鉴定或审定，必求其公正允当，并根据中西医药学理与经验，附以说明，以为各该讼案判决时之参考。"

这一做法得到了司法行政部的认可。1936 年 11 月 27 日，司法行政部发布第六三四三号训令称："对于法院鉴定事务，尚不无足资辅助之处，嗣后各该院受理关于中医药讼案遇有不易解决纠纷之件，得酌量送由该社办理。"因此，中西医药研究社取得了中医药讼案的鉴定权。

为加强中医鉴定的权威性，中央国医馆设立了"处方鉴定委员会"，并制定了《中央国医馆处方鉴定委员会章程》②，于 1935 年 11 月 8 日一并呈请司法行政部，称："查各省市国医因执行业务发生处方诉讼案件，该管法院辄依刑诉第一百一十八条委任所在地国医分支馆或医药团体充鉴定人，而当事人以不服鉴定之故或同法一百一十九条声明拒却，致诉讼无法解决。倘不令筹补救方法，实不足以断疑案而昭折服。本馆有鉴于此，爰订处方鉴定委员会章程十条，延聘富有学识经验之国医九人为委员，嗣后各级法院遇有处方诉讼案件，如当事人不服当地国医分支馆或医药团体之鉴定声明拒却时，拟请原受理法院径函本馆，交由该委员会重行鉴定，以昭慎重。"该章程第一条规定："本馆为处理法院委托鉴定案件，设立处方鉴定委员会。"第二条规定："前条之鉴定以当事人不服当地国医分支馆或医药团体之鉴定，经法院函请本馆重行鉴定。"因此，其鉴定为重新鉴定，为首次鉴定结论之后提供救济机会。第三条规定："本委员会设委员七人至九人，由馆长聘任之并指定一人为主席。"第四条规定："本委员会会议由主席

---

① 司法行政部训令训字第六三四三号（二十五年十一月二十七日）：为令知受理关于中医药讼案遇有不易解决之件得酌量送由中西医药研究社办理由（附原抄件五件）[J]. 司法公报，1936（155）：11 – 16.

② 司法行政部训令训字第五八五四号（二十四年十一月二十一日）：为准中央国医馆函转关于处方诉讼案件，如当事人不服当地国医分支馆或医药团体之鉴定，拟径函本馆会重新鉴定由（附中央国医馆处方鉴定委员会章程）[J]. 司法公报，1935（80）：22 – 23.

召集之。须有委员过半数之出席方得开会，出席委员三分之二以上之同意方得议决。"因此该鉴定施行的是多数人合议制。第五条规定："本馆收到鉴定案件，应即交委员会处理之。"第六条规定："本委员会收到前条交到案件，应由主席指定委员一人作初步审查。初步审查意见分送各委员签注后，应由主席召集会议决定，并推定委员一人作成鉴定书。"第七条规定："初步审查意见提出会议如不得出席委员三分之二之同意时，应由主席另行指定委员一人复审查；复审查意见分送各委员签注后，仍由主席召集会议决定，并推定委员一人作成鉴定书。"第八条规定："初步审查意见与复审查意见提出会议如均不得出席委员三分之二之同意时，应由主席呈请馆长裁决。裁决后由馆长指定委员一人作成鉴定书。"第九条规定："前三条之鉴定书，均由全体委员签名盖章交主席送呈馆长核定，仍以本馆名义函送法院。"司法行政部于1935年11月21日通令各级法院一体遵照执行。这么一来，起码在机构和程序上算是解决了这一问题。

总体而言，在民国时期，围绕中医讼案的鉴定权问题，逐步发展出较为完善的中医讼案鉴定制度，中医讼案由早期的西医垄断鉴定权，经过中医团体的积极努力和争取，逐渐取得了司法行政部门的支持和同情，特别是中央国医馆处方鉴定委员会和中西医药研究社医药讼案鉴定委员会的成立，基本上确立了中医讼案的鉴定权由中医师和中医团体行使。实际上就是由中医师鉴定中医讼案。中医专门鉴定机构也对自己的鉴定行为做出了比较细致、科学的规范，如果鉴定结论不能被当事人所接受，对于中医处方讼案可以交由更高层级的处方鉴定委员会鉴定，而委员会成员完全是由"富有学识经验之国医"充任，以保障鉴定的科学性和公正性，甚至为取信于社会和政府主管部门而主动要求免费鉴定。同时，在病人死亡的案件中，司法机关还采取尸体检验和药方评判一并进行，这在一定程度上解决了中医讼案中医疗行为是否存在过错的判定问题和病人死亡原因的鉴定问题，而这两个问题是中医医讼案医师责任成立的关键问题。

中医、西医鉴定权的争执，所争核心即在鉴定人的资格与能力上。不过在科学日益发达的历史进程中，无论是普通的西医还是中医，与法医相比较，鉴定知识无疑都相对欠缺，能力与资格均成问题。姚致强就指出："一般医师，其检验知识，多不能及专门法医之丰富。如尸体解剖，又非多所经验，不能认识。"如果鉴定者知识欠缺，不能认识或错误认识，不仅谈不上有助定案，反倒更容易引起冤案错案。因此，在民国时期，随着西医尸体解剖的引入，法医鉴定制度逐渐确立。民国初期，医讼案鉴定主要采取同行专家和法医鉴定的模式。但由于法医数量有限，能力素质不足，而同行鉴定存在同道袒护的嫌疑，随着医界对医讼案鉴定问题的认识深入，医讼案鉴定模式发生了重大转变，以医学判断为主要内容的医讼案鉴定也逐渐制度化、规范化。即法医主要鉴定死亡原因，而关于对医疗行为的是非判断则由医师或医学团体进行，这符合"专业问题同行鉴定"的基本原则，也符合法律关于鉴定制度的本质要求。在中医讼案的鉴定问题上，由西医师鉴定中医讼案，同样是外行鉴定内行，不符合"专业问题同行鉴定"的要求，通过医界的努力，中医讼案由中医师鉴定的科学制度也得以建立。同时，规定了"如讼案有须检验或解剖尸体或毁坏物体者，则由法院法医与法医研究所行之"。但是，民国时期缺乏真正意义上的中立的第三方医疗鉴定机构，法院审判医患纠纷案件依赖医学团体给出的专业性意见，这会导致公正性遭受质疑。医学团体参与案件对医生权益保障有积极意义，但是如何保证这种参与的适度性、合理性，确保医患双方平等的话语权，民国时期做得非常不够。如果说医生群体遇到纠纷会有一些医学团体作为援助力量，而对于病人来说，他们就会经常处于被动甚至是弱势者地位，因为病人在纠纷中缺乏医疗专业知识、社会经济地位以及组织动员的能力。当他们遭遇纠纷尤其是庸医误人之时更多的是选择隐忍，最多只能求助媒体和其他社会团体的支持进而寻求司法的公正。民国时期的很多记者缺乏基本的医学知识，更没能对医患纠纷事件有细致的了解，其偏听偏信的片面报道，可能干扰法官的思维，影响纠纷的有效解决，甚至左右司法的走向。

（三）法医进行医讼鉴定的典型案例

治病救人是医生的天职。但医生和病人往往在医疗过程中产生纠纷，尽管为数不多，却很难杜绝。民国时期正是西方医学传入我国的时期。林几在《二十年来法医学之进步》中说："近年手术及药品均有划时代之新发明，故医疗技术乃有长足之进步。遂对医术过误范围，自须多予纠正。"如何纠正呢？林几说："而近吾华医师法、医院诊所管理规则及防疫、医药等管理法令之颁行，益对医师业务多数影响。"对于一些触犯法律的，"按刑法条文解释"。

对于医疗纠纷的医事裁判①，林几说："处理业务过误杀人或伤害罪均较常人为重。而新颁医师法，却对医业缺乏适当之保障，至医师对本身正当业务之执行乃添顾忌。然向为正当与不正当业务行为之界说，尤难明白。故每易惹诉讼之纠纷，徒增社会及个人损失。窃以为运用医药有无过误，概属专门学技问题，学理精微，症变繁多，绝非法官及常人所能通晓。故宜先期交由医学研究机关、医学会或医师分会，群体研讨，裨佐定谳，方昭公允。"

由此可见，林几大概是我国历史上较早提出成立医疗纠纷鉴定组织以处理医疗事件的倡导者之一。林几一生处理过许多医疗纠纷案件，曾多次参加医学法规修订工作，多次呼吁"加强医业之管理"。因为，他感到医疗过失"时常引起诉讼问题，是均涉医业道德，极易误罹法网"。林几认为，医疗纠纷的发生，与法律不完整和医生职业道德及医生水平、管理等各因素有关。他在《对医院诊所管理规则之检讨》② 一文中特别指出："照大体而论，新规则③确能略加强医业之管理，惜犹未能应时代之需要，以补救前秋所颁医师法④及现在社会上之缺憾耳。查前颁医师法内对医师之正当业务、义务、与救济及协助卫生与保安诸问题，均多遗漏。故当厘定此类补助法规时，即宜从事纠正。"

在《医术过误问题》⑤⑥ 一文中，林几指出："医术过误者，即医师及其佐理人员执行业务或凭借业务行为所发生之医学技能上过失或错误也。乃法医学中最复杂之一问题。而为医事人员所必须具之常识。我国对医术过误问题，在法律与专门法令中，并未

---

① 医事裁判：民国时期把用医学知识解决法律上问题的科学叫裁判医学，医疗纠纷处理也叫医事裁判。
② 林几. 对医院诊所管理规则之检讨 [J]. 中华医学杂志（重庆）1945，31（4）：305 - 318.
③ 指1944年9月卫生署颁布的《医院诊所管理规则》。
④ 当时未颁布，1943年才颁布《医师法》。
⑤ 林几. 医术过误问题（一）[J]. 实验卫生季刊. 1943，1（2）：33 - 56.
⑥ 林几. 医术过误问题（二）[J]. 实验卫生季刊. 1943，1（3 - 4）：32 - 48.

有适用之特殊规定。但就医术过误诉讼发生动机，而引用法律条款，一般不过有：①无医术业务上责任之不幸事件；②医师业务之过失；③利用医药业务易罹之过犯；④中医及庸医行为四种。……故法医学不但有国家性，且随时有研究现行法律之必需。"

看来，林几十分重视法律对医生的约束和医生对法律的学习、遵守。因为，只有这样才能尽量减少医疗事故的发生，以"保法律之庄严，增人民之幸福焉"。

为让读者了解民国时期我国法医参与医讼纠纷案件尸解及鉴定情况，以下选择部分案例进行介绍。

1. 庸医堕胎致人死亡案

以下是陈康颐在广西高等法院时所作的"堕胎致死案"法医学鉴定书全文[①]。

广西高等法院法医鉴定书

尸字第×××号

委托机关：广西××地方法院检察处

鉴定事由：请鉴定赵××是否堕胎致死，有无其他情形

检材件数：赵××尸体一具，本案卷宗

检验日期：中华民国三十年××月××日

检验地点：广西××地方法院看守所验尸场

鉴定日期：中华民国三十年××月××日

公函摘录：

为鉴定事：案准广西××地方法院检察处，本年××月××日××字第×××号公函内开："案据广西××警察局××分局报请相验张××使赵××堕胎致死嫌疑一案，该死者赵××，究竟是否堕胎致死，有无其他情形，亟应鉴定，以资侦办。唯本院既无法医学专门人才，又乏剖验尸体各项设置。兹特将该尸体抬送广西××地方法院看守所验尸场。相应函请贵法医师莅场依法剖验，出具鉴定书见复为荷？"等由。准此，当于本日下午二时，会同贵院检察官张××，前往验尸地点，有××分局陈局长，甘局员等在场，将该尸体详行剖验。兹将所验结果，编定说明鉴定如后：

甲、尸体检验

一、外表检查：

（一）验得赵××尸体，女性，年约17岁，身长140厘米，体格中等，营养尚佳；全身皮肤前面呈苍白色，背面呈暗紫色；全身各部均无肿瘤、创伤、溃疡、瘢痕等疾病痕迹，亦无母斑、文身、黑痣、畸形等特种异常；外阴部系有纸片，是为月经带；手指甲涂有蔻丹，呈桃红色。体表放有腥气，是为尸臭；外表体温消失，是为尸冷；项部、肩胛部、背部、腰部、两上肢外侧部及两下肢后侧部均有暗紫色瘢痕，作散在性大片状，压之不退，渗入组织，用刀割开，并无血块，是为尸斑；口部、项部、两上肢部等关节部分，尚呈强直现象，而有缓解趋势。两下肢各关节强直现象显著，是为尸僵。就上述外表检查的尸臭、尸冷、尸斑、尸僵，该死者系呈早期尸体变化之现象。

（二）头部　头发乌黑，未卷，长约20厘米。头皮呈苍白色，未见损伤、特征等异常。

（三）面部　耳、目、鼻、口各孔窍内，均无针、钉、棉花、布片等异物存在。两眼闭，翻

[①] 陈康颐. 应用法医学总论 [M]. 北京：群众出版社，1995：246－251.

开检查，左侧之睑结膜呈淡红色，球结膜呈苍白色，均无出血斑点，眼球柔软，角膜混浊，瞳孔呈中等度扩大；右侧之结膜、眼球、角膜、瞳孔等性状，均与左侧者相同。两鼻孔内，均流出少量污秽白色泡沫性液体，用手指压之，无其他异液。口半开，亦漏出与鼻孔内流出同样之液体，口唇黏膜呈淡紫色，口腔黏膜呈淡紫红色，牙齿齐全，齿列正常，舌正常，尖端位于齿列之后面。其他未见有损伤、特征等异常。颈部其前部及左右外侧部，均未见有索沟、扼痕、损伤、特征等异常。

（四）颈部　其前部及左右外侧部，均未见有索沟、扼痕、损伤、特征等异常。

（五）项部　未见有索沟、扼痕、损伤、特征等异常。

（六）胸部　两乳房紧张膨满，乳头较大，呈暗褐色，用手指挤压，无乳汁漏出。其他未见有损伤、特征等异常。

（七）腹部　腹壁紧张膨隆，无妊娠纹，未见有损伤、特征等异常。

（八）背部　除显现暗紫色尸斑外，未见有损伤、特征等异常。

（九）外阴部　系有纸质月经带一条，将其解去，在带内面纸片上，附有污秽淡红黄色脓样液体，采取少许检查结果，内有脓球甚多，是为脓液。阴阜部生有少数褐黑色阴毛。大小阴唇比较肿起。尿道口正常。阴门闭合。处女膜呈轮状形，处女膜孔约黄豆大，膜有裂痕，呈放射状，但不及于基底部。阴道入口狭缩，其中流出多量污秽淡红黄色脓样液体，并有腐败脓腥气。会阴部正常。经详细检查，未见有损伤、特征等异常。

（十）肛门　弛缓，其周围附有少量污秽黄色粪便，但无异物、损伤等异常。

（十一）左上肢　其上臂外侧部有痘瘢二个，约蚕豆大；五指甲涂有蔻丹，呈桃红色，但无其他损伤、特征等异常。

（十二）右上肢　其上臂外侧有痘瘢二个，约蚕豆大；五指甲涂有蔻丹，呈桃红色，但无其他损伤、特征等异常。

（十三）左下肢　未见有损伤、特征等异常。

（十四）右下肢　未见有损伤、特征等异常。

二、内部检查：着重阴道与子宫的检查。

（一）自颏部起作正中线割开，即经颈前部、胸骨部、下至腹前部，绕过脐之左侧，达于耻骨联合，其皮下脂肪良好，呈淡黄色，肌肉发育中等，呈紫红色。将胸部之皮肤、肌肉，向左右翻转、剥离，腹部皮肤、肌肉同样向左右翻转，腹腔内放出腐败气体，带有脓腥臭气，并储有少量污秽淡红黄色脓样液体，采取少许检查结果，内有脓球甚多。大网膜内含有多量脂肪，各器官均在孕妇之正常位置，膈之高度右侧在第五肋骨处，左侧亦在第五肋骨处。

（二）颈部剖验：

将颈部皮肤等软组织向左右两侧翻转，沿下颌骨内缘割开，左手握紧舌尖，向外拉出，现割断咽头部组织，将舌、咽头、食管连同喉头、气管等一并取出。该舌面被有污秽淡黄白色舌苔，舌根部之滤泡显著发育；咽头、食管之黏膜呈淡红白色，食管下端有少量未消化之软性食物；喉头、气管之黏膜亦呈淡红白色，气管内有污秽白色泡沫液体；舌骨及喉头各软骨均未见有骨瘢、骨折等异常。

颈部血管、肌肉、颈椎均未见有损伤、断裂、脱白等异常。

（三）胸腔剖验：

1. 割开胸腔　在胸之前壁，依肋软骨与肋骨之连接部稍内方，作"八"字形切断肋软骨，沿胸壁内面将膈割断，把胸壁向前上方翻转，其左右胸腔未见粘连，胸腔之内亦无积液，两肺比较扩张，纵隔内有多量脂肪变性之胸腺残留物。

2. 胸腺　尚残存，大部陷于脂肪变性，呈淡黄褐色。

第五章 民国时期法医学发展与社会治理

3. 心包 内有琥珀黄色略带混浊之液体4～5毫升、内面呈黄白色，平滑光泽，未见有出血斑点。

4. 心脏 较死者手拳略大，心肌弛缓，外膜下沉着少量脂肪，尤以基底部较多，但无出血斑点，心尖由左室形成；左心房室内含有少量暗红色流动性血液，及软性鸡脂样血凝块；右心房室内含有多量同样之血液及血凝块。主动脉瓣及肺动脉瓣，能由灌水闭合；左房室间孔能通过二指，右房室间孔能通过三指；左心肌厚约1.0厘米，右心肌厚约0.3厘米，心肌硬度正常，呈淡褐色，肉眼上未见有脂肪变性；心内膜尚透明滑泽，无出血斑等异常；二尖瓣、三尖瓣、半月瓣、腱索、肉柱、乳头肌等均未见异常；主动脉起始部内面柔软，无硬变等异常；卵圆孔闭合；其他均未见异常。

5. 肺脏 左肺表面呈暗红色，有瘀血现象，稍膨大，带水肿状，用手指触之，如海绵样柔软，有哔啵感觉，胸膜下无出血斑点；用刀割开，其剖面色泽与表面相似，用手压之，则小支气管内流出白色泡沫，采取少许检查结果，未见异物，小血管内流出血样液体，形成血性泡沫；肺剖面未见浸润、空洞、硬结等异常。右肺其表面之色泽、性状及剖面之色泽、性状并小支气管、小血管等均与左肺相同。

6. 气管、支气管、食管、主动脉及上下腔静脉用剪分别剪开，均未见有病理变化。

7. 胸膜、肋骨、肋软骨、胸椎均未见有出血、骨折、畸形等异常。

（四）腹腔剖验：

1. 割开腹腔 将腹壁向左右翻转，腹腔内放出腐败气体，带有脓性臭气，并储有少量污秽淡红黄色脓样液体；大网膜及肠系膜含有多量脂肪，呈污秽淡黄色，各器官相互之间发生纤维蛋白性粘连，但容易剥离。将大网膜翻开检查，脾、肾、胃、肝、胰腺、大小肠、膀胱、子宫等器官均在孕妇之正常位置，硬度比较柔软，有腐败现象，用手压之，在子宫下方有脓样液体流出。兹将各器官剔出，分别详检如次：

2. 腹膜 无光泽，呈污秽淡红色，有炎症现象。

3. 脾脏 长约13.0厘米，宽约8.0厘米，厚约3.0厘米，表面带污秽青红色，无出血斑点，用刀割开，剖面色泽与表面相似，血量较少，余无异常。

4. 肾脏 左肾长约10.0厘米，宽约6.0厘米，厚约3.0厘米，表面呈淡红褐色，被膜容易剥离；用刀割开，其剖面色泽与表面相似，皮质尚透明，髓质带暗色，血量较少，余无异常。右肾之大小、色泽、性状与剖面所见，均与左肾相同。

5. 胃 呈中等度膨大，呈污秽淡红黄色，用剪沿大弯剪开，内含流动性食物，约100毫升，呈污秽淡黄褐色，有中药气味。肉眼上检查，系未消化之粥块及食物性残渣，黏膜呈污秽淡黄白色，血管充盈，但无出血等异常。

6. 肝脏 长约21.0厘米，宽约14.0厘米，厚约7.0厘米，表面虽污秽紫褐色，实质比较硬固，带有弹力性，剖面色泽与表面同，未见有硬变、脓肿、癌瘤等异常，

7. 胆囊 内有少量黄绿色胆汁，未见有结石等异常。

8. 胰腺 长约17.0厘米，宽约3.5厘米、厚约1.0厘米，表面呈淡红色，剖面未见有出血等异常。

9. 小肠 呈中等度膨大，外表呈污秽淡红色，无出血斑点；用肠剪沿肠系膜连接部剪开，其上部含有少量污秽淡黄褐色黏稠样物，中部比较空虚，仅有少量黏液，下部含有少量污秽黄褐色软便，肠黏膜呈苍白色，但未见有炎症、出血等异常。

10. 大肠 用肠剪沿长轴剪开，盲肠内含有少量污秽黄褐色软便，升结肠、横结肠及降结肠内均含有少量污秽黄褐色软便，直肠内亦含有污秽黄色软便，肠黏膜呈苍白色，但无炎症、出血等异常。

11. 膀胱　内有少量黄色尿液，黏膜呈苍白色，无出血斑点。

12. 阴道与子宫　阴道内含有多量污秽淡红黄色脓样液体，阴道狭隘，富有皱襞，而带粗糙，未见创伤、溃疡等征象；子宫颈阴道部短小，呈圆锥形，硬度中等，表面平滑；在阴道穹后部，有穿孔一个，约小豌豆大，是为刺创；其周围比较膨隆，结缔组织增生，是为生活反应。子宫颈管外口略带椭圆形，周围未见瘢痕；子宫如婴儿头大，长约10.0厘米，底宽约6.0厘米，体厚约1.5厘米，颈管宽约3.0厘米，子宫颈管内含有少量与阴道内同样脓样液体，黏膜充血，呈暗红色，子宫腔内含有多量与阴道内同样脓样液体，放有腐败脓腥臭气，采取少许检查结果，内有脓球甚多，是为脓液；体部和底部之黏膜充血，均呈显著暗红色，其表面被有多量同样脓样液体，有腐败化脓性炎症现象。左右卵巢及输卵管，均在孕妇之正常位置，其他未见异常。

13. 腹主动脉　用小剪剪开，其内膜滑泽，未见有硬变、溃疡等异常，各大静脉正常。

14. 腹壁肌肉、骨盆肌肉、腰椎、骨盆均未见有出血、骨折、畸形等异常。

张检察官提出要求，免施颅腔剖验，特此陈明。

乙、说明

一、据前外表检查结果，该赵××体格中等，营养尚佳，体表各部均无创伤、溃疡、肿瘤等疾病痕迹，亦无母斑、文身、畸形等特种征象，耳、目、鼻、口、尿道、肛门各孔窍内均未见有针、钉、棉花、布片等异物存在，仅两上臂外侧各有痘瘢二个，约蚕豆大，十个手指甲涂有蔻丹，呈桃红色，外阴部系有纸质月经带一条，内面附有脓液。其他各部均未见有异状。

按人死亡后，约经过二小时后，则尸斑明显，尸僵强硬，眼球比较软化，角膜轻度混浊。经过二十四小时，尸斑之浸润性显著，尸僵开始消失，腹右下部略带青绿色，眼球完全柔软，角膜全部混浊。查该赵××尸体有尸臭，发生厥冷，背侧面各部，现有尸斑，压之不退，血液渗入组织，各关节部发生尸僵，上半身有缓解趋势，下半身尚是强硬，眼球软化，角膜混浊，两鼻孔及口腔内，均流出少量污秽白色泡沫性液体。此等征象，介于死后十六小时与二十四小时之间，而在二十小时前后。故该赵××于死亡后至剖验时，约经过二十小时。

又该死者赵××之乳房紧张膨满，乳头较大，呈暗褐色，处女膜破裂，呈放射状，阴道内流出多量污秽淡红黄色脓液，放有腐败脓腥气。得证明该赵××生前曾有过性生活，应非处女，且其生殖器官内有发生腐败化脓性炎症之情事。

二、据前胸腔剖验结果，该死者赵××之心外膜下，沉着少量脂肪，以基底部较多，左右心房室内，均含有暗红色流动性血液及软性鸡脂样血凝块，此因迁延死亡时发生衰弱之证。又左、右肺表面均呈暗红色，有瘀血状态，其小支气管内流出白色泡沫性液体，采取少许经检查并无异物，是于死亡之前，心脏衰弱、循环障碍、肺发生瘀血，带水肿状，经腐败后所发生之泡沫。得证明赵××于临死前曾有苦闷呼吸困难之征象。

三、据前腹腔剖验结果，该死者赵××之腹腔内，储有少量污秽红黄色脓液，放有脓腥臭气，而有炎症征象。大网膜、肠系膜及各器官相互之间，发生纤维蛋白性粘连。经剥离后详检各器官，均在孕妇之正常位置，除硬度比较柔软，有腐败现象外，经用手压之，子宫腔内有多量脓液，从阴道穹后部穿孔处流入腹腔。故该赵××之腹腔内，所以发生弥漫性腹膜炎者，系由穿孔处流入脓液所致，均可以断言者也。

四、一般曾经性交、妊娠未分娩之妇女，其乳房紧张充实，乳头增大呈暗褐色，腹壁紧张较硬，后半期出现妊娠纹，大小阴唇肿胀，阴门闭合，阴道入口狭缩，阴道腔狭隘，富于皱襞，而带粗糙，子宫颈阴道部短软，呈圆锥形，硬度中等，表面平滑，妊娠末期有消失之感，子宫颈管外口略呈圆形乃至椭圆形，妊娠末期尚是闭合。子宫增大，即在第一个月末略成球形，如鸡卵大，第二个月末如鹅卵大，第三个月末如手拳大，第四个月末如小儿头大，第五个月末如大人头大。据前赵××尸体检查结果，其乳房、腹壁及外阴部之变化，均与之相当。其子宫增大如婴儿头大，长10.0厘米，底宽约6.0厘米，体厚约2.5厘米，颈管宽约3.0厘米。故该赵××有曾经性交、妊娠三个多月之情事。

又据前子宫剖验结果，该死者赵××之阴道穹后部有穿孔一个，约小豌豆大，是为刺创，其周围发生膨隆，结缔组织增生，是为生活反应。子宫颈管及子宫腔内均有污秽淡红黄色脓液，放有腐败脓腥气，黏膜充血，呈暗红色，是为腐败化脓性子宫内膜炎之证。唯查该赵××各内生殖器官，均无化脓性病灶存在，故此等征象，应非疾病的原因，显系人工所造成。换言之，即由堕胎不慎（器械暴力与细菌感染）所致也。

五、堕胎分治疗的堕胎与犯法的堕胎二种，前者乃妊娠之妇女，患有某种疾病，或胎儿有特殊情形，为防止生命上危险之必要，医师以治疗的目的，为救助母体安全，可以施行堕胎，但为避免嫌疑起见，必须会同其他医师，取得一致意见后，共同行之，即所谓医疗的堕胎，此种堕胎，为法律所许可，不得处以刑罚。后者乃健全之孕妇，并无疾病上缘由，胎儿亦无特殊情形，并无医疗关系，故意地使妊娠终止，即所谓犯罪的堕胎，此种堕胎必须受到法律制裁。

堕胎的方法，有用药物的、器械的或二者兼用的三种。药物的堕胎，即服用某种药物，使母体发生中毒症状，引起子宫收缩及胎儿娩出，或引起血行障碍，使胎儿死亡，而后产出。器械的堕胎又有数种，除医师用刮宫等手术外，一般采用某种细长尖器，如针、钉、箸、棍或与此类似之物件，插入子宫腔内，穿破胞衣，流出羊水，使胎儿娩出。亦有兼用药物与器械的方法，如先服用药物，经过相当时间，再借器械的作用，以达到堕胎的目的。

六、综上所述，该赵××身体健全，并无疾患、腹腔内各器官除内生殖器官外，均无明显病变，应属正常，是该赵××既无自然流产之因素，又无医疗流产之必要，而由其内生殖器官所见，如阴道穹后部穿孔，子宫体积膨大，子宫内膜炎等，则有为堕胎之情事，而此堕胎系属犯罪的堕胎，殊堪认定。唯其堕胎之方法，是否使用药物，因时间已久，证据消失（据被告张××供称：赵××在阴历××月××日即阳历××月××日那天上午吃了奎宁丸就堕胎了），未便臆断，但以其阴道穹后部之穿孔而论，施行堕胎者曾使用针、钉等细长尖头器械，企图刺破胞衣，使胎儿堕下，因技术不精，又将阴道穹后部刺破穿孔，同时消毒不全，以致细菌感染，发生子宫内膜炎，当无疑义。

又奎宁丸虽为植物性堕胎药之一种，但用以堕胎时，须有一定的用法，且有一定的分量，继续服用至某种程度或能见效。至于一次用少量，即能引起堕胎，则未之所闻，名医药杂志亦无报告。该被告张××在××分局供称"赵××本来是打摆子吃药，她身上怀有三个多月胎，初四那天上午吃了一颗奎宁丸和两颗阿司匹林，胎就掉下来了"等语，显系狡辩，不足为证。

故该死者赵××委系生前被他人用细长尖器施行堕胎，又穿破阴道穹后部，因器械消毒不全，受到细菌感染，发生腐败化脓性子宫内膜炎，脓液由穿孔处流入腹腔内，引起严重的急性弥漫性腹膜炎致命，而非因内服一颗奎宁丸和两颗阿司匹林堕胎身死。

丙、鉴定

据前赵××尸体检验及分析说明，得鉴定该赵××应系生前怀孕三个多月，被他人用针钉等细长尖头器械施行堕胎，因技术不精，又穿破阴道穹部，同时器械消毒不全，发生细菌感染，引起腐败化脓性子宫内膜炎，子宫内脓液由阴道穹后部穿孔处流入腹腔内，产生弥漫性腹膜炎毙命。

鉴定人　广西高等法院法医师　陈康颐
中华民国三十年××月××日

评注：本例通过详细、准确的尸体解剖，应用法医妇产科学知识，明确诊断赵××

系被他人用细长尖头器械施行人工流产、穿破阴道穹隆后部致严重感染、弥漫性腹膜炎而死亡。尸解系统完备，分析全面周到，说服力强，结论准确无误。民国时期因违法人工流产致死案件很多，特作介绍。

2. 过期血清案

这是安徽合肥地方法院函请司法行政部法医研究所进行鉴定的案件。1933 年 8 月 26 日，安徽合肥地方法院"函请审查过期脑膜炎血清失效若干并注射此血清有无危险及贻误病机由"。该案载《法医月刊》1934 年第 10 期"鉴定实例专号"第六十一例（鉴定号：文证审查说明书文字第四号）。

安徽合肥地方法院第××号公函内开：据告诉人×××（原告）供称："其子×××被害（被害人）年 6 岁，于本年（指 1933 年）一月十八日发生疾病，至二十一日进本城（合肥）基督医院请医诊治。其时伊子身体发热，神志昏沉，头向后仰。由×××诊视，认为脑膜炎，非用血清注射不可。经同意后，即每日注射一针，到七八针后，又添惊风及肺炎病。并打肺炎针，小孩病状时好时坏。至二月四五日，见所用血清纸盒三个上面，注有（民国）二十一年（1932 年）十一月三十日及十二月三十日为失效日期。又仿单内载有失效日期已到期者，不可用等字样。曾经邀人向该院质问，据称此项血清，系贮藏冰箱内，虽系过期，仍然可用云云。随后，又向民生医院借用当期血清，继续注射，仍无起色。至同月（2 月）十一日，遂将小孩抬出，复请民生医院诊视。据该院医生谓已无可挽回。到家后次日（2 月 12 日）即行身死。经函询卫生署，据复函称：过期血清，若增加注射量，用于腰脊注射时，有危险等语。故小孩之死，系该医生施用过期血清所致。"讯据被告（合肥基督医院）供称："此项血清，系保存于五度至二十度之冰箱中，虽属过期，但其所失效力甚微，与未过期者，实属相等。且该小孩于第一次注射以后，即已逐渐收效。其抽出之脓球，亦逐渐减少。至第八次注射之后，则所有以前病状，如眼向上翻、头向后仰、手足强直、不能平卧种种现象，均已除去。×××（指病家）因省费起见，请停止注射。仅过二日，脓球忽又增加，遂又照常注射，脓球又渐减少。至二月八日，（病家）要求向××医院借用当期血清，当经借来注射，与原用血清，效用相等。至十一日，小孩之病，已大有起色，×××（指病家）又以住院费用太钜①，坚欲出外。本院因小孩同时患有大叶性肺炎，尚未痊愈，且此病最忌移动，动则难免危险，以此力劝暂勿出院。×××（指病家）绝不允，及迁出以后，又经他医诊治，施用何药，本院概不得知。其小孩致死原因，或以肺炎病移动，致生危险，或以其他医药不和，遂致丧命，皆在意中。×××（指病家）因本院催索欠费，遂以失效血清为词，妄为告诉。"同时，并引证中外医药书籍，以证明贮藏冰箱之血清，虽经过有效期间，但所失效力极微，决不致贻误病机，以为反证。"本院（合肥地方法院）察核该被告（合肥基督医院）所述病状，经过情形，按诸该院关于病人实验报告单，原不得谓为无据。唯此种过期血清，是否绝对不可施用。前在侦查中，据本院（合肥地方法院）法医（程理南）及安徽高等法院法医（江尔鄂），先后鉴定意见书，其见解不同，且有相反之鉴定。兹有应行解决者数点：①过期血清，其失去效力，

---

① 钜：同"巨"，大的意思。

达于百分之几,即绝对不能施用。②贮藏于五度至十五度或至二十度冰箱之血清,于满一年之失效日期已到后又过一月或二月,究应减少效力百分之几?③用此种血清注射脑膜炎病,是否足以致病人于死?④假定不能致病人于死,然每日注射一次,至十余日,是否足以贻误病机?⑤此种血清,如果不合注射,则被注射之患脑膜炎病者,能否延长其生命至于二十余日之久?⑥大叶性肺炎病未经痊愈时,是否切忌移动?如果移动,是否即有生命危险?凡此各点,皆非有医药专门知识,不能断定。贵所不乏专家,必能予以满意之解答。……并希详予函复。"

林几受理案件后,经过详细阅卷,发现血清系"中央防疫处"制造出品,于是"径先函询该处"。中央防疫处回函:"①该血清过期后,若保存得法,其效力在学理上虽逐渐减少,非即绝对不能试用。至其失去效力至百分之几,因不能做动物实验,尚难为明确之断语(请参阅第二点之说明)。②血清效力每年减少之比例,原与贮藏之温度有关。何种血清在何种温度,减少效力百分之几,研究斯学者,亦多有所论列(兹特摘抄报告数则附请参阅)。唯对于脑膜炎血清失效率究为若干,既不能作动物试验,又未见专门学者有何确实之报告,然综合其他血清之失效率而研究之,则脑膜炎血清经过若干年月,应减少百分之几,似可推定其一般。故本处此种血清,经过一年有效期后又过期一月或二月,在学理上,不能谓其效力已完全失去。本处对于过期制品,于仿单上特别声明,不可使用者,为昭慎重耳。③脊髓注射,原有定量。若为增加而过其定量,立刻发生不良结果;若立刻无不良结果,则增加之量,似未曾有妨碍。④过期血清效力之减少,在学理上系渐进的,前已言之,不能一概谓过期之血清,不合注射。如果注射过期血清后,病者生命尚能延长至二十余日之久,与其谓注射过期血清之不合,不如谓延长此短时间之生命正系过期血清之效验,较为合理。"

林几对合肥地方法院法医师程理南和安徽高院法医师江尔鄂的鉴定意见进行讨论。

合肥地方法院法医师程理南的鉴定书意见:"①血清失效之成分及不能使用。据艾迪生氏发明血清,在平常温度每年平均失去效率20%;在摄氏表15度,每年失去效率10%;在摄氏表5度,每年失去效率6%等语。据上海检疫处检查血清,失去效率25%,不可售出使用。②本件注射是否是以致死。查(合肥)基督医院之血清贮藏在摄氏表5度至6度之冰箱内,年只减去效率7%,……按此计算,一瓶14月之久,只失去效率8.02%,又两瓶13月又10日之久,只失去效率7.09%,皆未达25%。据上说明,×××使用之血清,尚不至致人于死。"

安徽高院法医师江尔鄂的鉴定意见:"按脑膜炎为小儿传染病之一种,急性者二三日即失其生命,亦有延长两星期者。治疗此病,非用血清不可。查此种血清,有一定之有效期间,过期收失其效力。虽贮藏于暗室或冰库中,亦不能保存而显治疗之效用也。"

林几咨询上海检疫处,回函检查血清失去效力25%,不可出售使用。林几又咨询中央卫生署,回函:"接诵大函,借悉种切。查脑膜炎血清,失效日期已逾数月者,虽系存贮于冰箱中,其功效决不能与不过期者相等,故只可为应急之用。"

林几认为,过期血清,以不用为宜。但在无不过期血清购买时,则亦可用保存于冰箱里的稍过期血清,以救急症。该脑膜炎血清,如系对病人有碍,则使用注入于脊髓,立即发生不良征象，决不能延长生命至20余日之久。至于脑膜炎血清，保存相当温度下过若干时日，能保持若干效率问题。现研究血清学者，众说纷纭，尚未有确定可靠报告。但据制造血清学者声言，所制脑膜炎血清，虽在1年有效期后已过期1个月或2个月，仍然对该脑膜炎病有相当之效力，更不至致人死亡。本案病人脑膜炎症除血清疗法外，他种治疗多属失效，故该医院于应急时间使用该稍过期血清，似不负有医疗错误责任。本案死者同时患有大叶性肺炎，尚未痊愈，故死者之死因，是否由于肺炎，抑或由于脑膜炎，因未行尸体解剖，实无从加以判明。

评注：这个案件于1933年8月26日送司法行政部法医研究所，至9月20日才完成，历时25日，集体讨论6次，咨询中央卫生署、中央防疫处制造血清室、上海检疫处，质询合肥基督医院，调阅病历和检查，了解原鉴定意见，参阅国内外有关资料，最后做出科学审查意见，足见林几对鉴定之慎重。

3. 医师无罪案

1933年9月12日，江苏江宁法院送来"医术过失致死人命案"请求鉴定，并附送大小肠数尺。该案载《法医月刊》1934年第10期"鉴定实例专号"第五十八例（鉴定号：沪字第一〇六号）。案由：××医师在给病人做腹部手术时，见病人肠有穿孔，即做缝合处理，术后七日病人死亡。病人家属告医师手术失误致肠穿孔死亡。

林几收案后，收集死者病历。医院外科主任×××之××病历撮要："病人名××，于八月二十六日，以发热两周入院内科治疗。当查得体格中等，营养普通，神志清楚，心肺正常，腹部无压痛，……体温40℃，……血液培养有伤寒病菌。诊断为伤寒症。自入院日起至九月一日止，病情无大变化。唯精神较弱。九月二日午后二时，患者忽觉腹痛，而于上部尤剧，触诊有紧张，四肢厥冷，皮肤呈紫蓝色，脉搏细弱，血压80/40 mmHg。四时增剧，请求外科会诊。外科检查所得病势甚重：腹部有膨胀，全部紧张压痛，右下腹最剧。肝脏浊音消失，白血球九千三百，X线荧光板检查，右膈肌下有空隙影像，诊断为伤寒肠溃疡穿孔。劝告施行手术，病人同意，并自行重签志愿书。当即施行腹部手术，腹腔有脓液，回肠下段高度红肿，淋巴滤泡肿大，于距盲肠部位一尺高处（小肠下段）有穿孔一。该洞以丝线缝密，腹部创口以银线缝合。手术时状况尚可。……但三日下午七时，忽有发热寒战，症状不良。……五日全腹部膨胀，有压痛，创口清洁。六日腹部状况如五日，创口纱布含有臭脓汁。七日病状加重，……皮肤厥冷，呈紫蓝色，于十时三十分死亡。其死亡原因，系伤寒症合并全部急性腹膜炎。"

当时，正值酷暑季节，天气炎热，尸体腐败很快。而死者系死后三天才做解剖。于是，当地法院提出，是否因腐败作用而致溃疡较深之处肠穿孔？还提出"若为病本身造成穿孔，为何医师缝合后又复出现"？是否"尸解时牵拉致穿孔"？

林几分析了病历和案情，决定检查穿孔的肠。所送检肠装在一个大玻璃瓶里，封口有法院封条。启瓶后，发现瓶中福尔马林（甲醛）浸液，未能将肠全部浸泡，且未切开肠管，于是肠组织仍在继续腐败。

林几"量得送检肠管，全长只有204厘米，为盲肠下端及小肠之一部分，内充满腐败气体，发暗灰白色。沿盲肠以上90厘米部位，有经手术缝合之肠穿孔。在肠外壁可见肠系膜有肥厚化脓性之渗出液，肉眼上可见多量纤维素附着，作淡黄色。此种现象，可证明死者必患有化脓性腹膜炎。而化脓性腹膜炎，便为其死因。沿肠系膜中轴切开，内容甚少，为流动性，呈灰黄绿色。由盲肠部上所有黏膜上有多数溃疡糜烂面，更有多数溃疡已穿通黏膜而达肌层。……呈盆堤状，以其形状言，似为肠结核或副伤寒之溃疡。……在盲肠上7厘米处有一小穿孔，在肠内面观察，如针头样大，宽0.3厘米，由黏膜面观察，则隐存于黏膜皱襞之下。黏膜全面作褐红色，此为有发炎部分，且已腐败之现象，故为病的穿孔。有数部分溃疡甚深，达至浆膜，竟可透视，是为行将穿孔之证"。

林几检查完毕后进行分析：原来穿孔已缝合未再破，但其溃疡面很多，当时的病情未能控制，还在继续发展。另外，死者肠壁及腹腔中有多量脓苔，是生前发生肠穿孔的证明，其死因是中毒性腹膜炎。因此，医师手术无失误，病人死于疾病。几天后，病理报告证实，检见肠伤寒细胞及滤泡肿胀，整个肠管呈急性肠炎表现。

因此，林几下结论：验得肠上有一穿孔，系伤寒病之穿孔，已经缝合，非生前手术所致，亦非死后腐败或剖验时所形成。其死因系肠伤寒穿孔致化脓性腹膜炎。该医院对该病人治疗方法不违反现代医术，故该院医师应不负有责任上之疏忽或错误。

评注：林几的结论澄清了事实，该"医术过失致死人命案"重新开庭审理。原告律师黄木翔看过鉴定书后也表示谅解。南京中央医院××外科医师被宣判无罪。

4. 医师有误案

1934年6月28日，山东青岛地方法院检察处送至司法行政部法医研究所一宗"医师用药过失案"。该案载《法医月刊》1934年第10期"鉴定实例专号"第六十四例（鉴定号：文证审查说明书文字第五号）。公函述："案查本处受理×××诉××药房医生×××将其幼女治死一案，据×××（病家）供：伊女生甫两月多，因患咳嗽病症，经××先生看病出方，吃药以后死了，他不应该中西药品合用。××（医生）供：葛姓女孩所患慢惊风及外感痰喘症，我用阿司匹林、朱砂、柿霜三味药给她治的，等语。据此，究竟该医生××所用药方，对于该幼女所患病症，有无错误？该项中西药品，能否合用？有无致人于死亡之因果？亟应研究，以凭核办。相应抄附送药方一纸，函请贵所查照。希即详予解释鉴定。"

林几了解病情和案情后，着手研究死亡原因。首先，他分析了三种药的药理及毒理作用。阿司匹林（乙酰水杨酸），在酸性胃液中不分解，至碱性肠液中逐渐游离成醋酸与水杨酸，而发挥其解热作用。朱砂化学成分是天然的硫化汞，可分解为金属汞及二氧化硫。柿霜是柿子干燥后析出的果糖、蔗糖、葡萄糖、单宁酸等。但是，药方上朱砂和柿霜用量极少，而阿司匹林用量为半片。

林几分析说，该案中儿童才2个月大，用药量本应十分慎重。他认为，朱砂和阿司匹林均为儿童不宜用药类。本案中朱砂用量极少，且朱砂用熏吸，引起肺的汞栓塞为多见，胃肠者少见。阿司匹林用量在儿童很重要，一般1岁儿童一次只能用0.037克，2个月大的儿童只能用0.01克，而该医师竟给药0.25克。林几认为，小儿科对儿童禁用阿司匹林，而该医师将超剂量的阿司匹林用于2个月大的儿童，造成该儿童服药后，超剂量的阿司匹林在肠中分解形成水杨酸，可引起药物中毒，能使儿童发生心脏衰弱、心脏麻痹，终至虚脱死亡。但是该儿童既患肺炎，即使不因给药错误，抑或死亡，故该儿童之死因是否确属药物中毒，应调查其服药后及临死期有无出现出汗、面色苍白、气促、虚脱等阿司匹林内服过量致中毒的症状而定。然而即使该儿童非因中毒而死，该医师用药不当亦属责任上的失误，但不属业务上的过失杀人。另外，该医师擅将西药阿司匹林与中药朱砂、柿霜合用，也属不当。应详查该医师有无开业执照或部颁医师证书，并应由主管机关加以处分。鉴定结论："该××医师实不应将小儿科对乳儿禁忌应用之药品，超过应给量，给与两个多月之乳儿，并对其病症用此种解热药，亦非必需，且又未与强心剂合用，实属错误。但是否知而错误，或系不学未知之错误，则请彻查其学历为妥。又旧医或中医滥用西药，实为法律人情所不许。在浙江杭市卫生当局曾禁令。不知内政部或青岛市府有否同样禁令，应请详查。"

5. 医术杀人案

如前所述，林几一生处理过许多医疗纠纷案件，但涉及利用"医术杀人"则十分罕见，他仅遇1例。林几将该案记载在《二十年来法医学之进步》一文中。

1936年，林几在国立北平大学医学院任教。一天，他受委托到某埠某医院对2具（一男一女）尸体进行检验。经尸解证实，女尸系"子宫穿孔，输异型血死亡"。男尸为"输异型血死亡"。经案情调查证实："某医，为人堕胎（按当时法律，医师对非必须堕胎方能挽救生命之疾病者，不得接受堕胎委托），误致子宫穿孔，大出血，乃取妇夫之血液，擅行输血。未检血型，致突身死。遂再另取护士血液，注入该男，以致两人皆死，埋尸楼板下，潜逃旋获。"

6. 杀人堕胎案

在20世纪30年代，堕胎是受法律制裁的，属杀人范畴。因此，"杀人堕胎案"时有出现。问题是，堕胎可能是"游医"非法进行，可能是医生私自所为，可能是流产或早产，还可能是医学上治疗需要，十分复杂。如何区别，需要法医认定。

1933年2月25日，长沙地方法院检察处函请司法行政部法医研究所鉴定一起"杀人堕胎案。"该案载《法医月刊》1934年第10期"鉴定实例专号"第六十三例（法医研究所鉴定书沪字第三十五号）。随案附寄病历及体格检查书等共计四件检材。经过多次集体研究、讨论做出鉴定。

据长沙地方法院检察处介绍："原告（被害人家属）诉被告（湘雅医院）杀人堕胎一案、送经本处侦讯，两造情词各执，该医院诊治被害人之病历及体格检查书内，究竟曾否注明预知有孕，书内各医生所载方剂其药性是否伤及腹内胎儿，又该妇小便不通，施用手术导溺时，对于胎儿有无震动，致令小产，因而危及生命，又第三期肺痨病是否尚能怀孕至七八月之久，均待鉴定，以资定谳。相应检同病历书，函请贵所，烦为查照依法鉴定，并希将该病历书译为中文见复。"

看完委托鉴定函，林几感到长沙地方法院检察处已把该案定性为"杀人堕胎案"，其中"被害人家属""被害人"等文字均十分醒目。林几认真阅卷，先将病历译成中文，继而将病历记述及法院所询各点，分门别类进行分析。

病历记载（原为英文）：病人女性，18岁，1932年10月3日入院，1932年10月5日死亡。入院诊断：肺结核、腹膜结核、妊娠。入院体格检查：体温36.8℃，脉搏140次/分，呼吸率40次/分。病者被抬送医院，半年以来有咳嗽、午后发热、夜汗、无食欲、体重锐减等症状,大便秘结1周,尿闭24小时,闭经约半年,腹部膨大,腹部感觉饱胀。检查:发育完全,但极消瘦,唇现贫血,面色灰白,肋骨露出,腹部隆起,胸部两面大性水泡音显著,心音细微,腹部松软,其下部(扣诊)有团块,叩诊之发实音。子宫增大,胎儿细小,部分的扣觉之,胎儿心音微细,于腹左下部听得之。有关治疗、用药、处理及医患间问话、回答和护士看护等都进行详细记录。病案摘要:①入院时病人垂危;②重症之肺结核及六月之妊娠;③灌肠及导溺后病者自觉稍微轻快;④未成熟胎儿于第二日晚间产生;⑤病者因衰竭而死亡。最后诊断:肺结核、腹膜结核、早产。

林几分析认为:①孕妇入院时脉搏达140次/分(正常70～75次/分)、呼吸40次/分(正常18～20次/分),此脉急、呼吸短促现象,可证明其心力不胜,疾病已属危笃。②施行导尿时该病人已尿闭46小时、便秘1周,尿闭久有发生尿毒症之危险,医院导尿、通便是救急处置。如不救急导尿,无异于坐待病人尿毒症。③医院用药适当,无过失。④病人入院时系患肺痨第三期,并有结核性腹膜炎,且妊娠6个月,可发生早产。⑤只以导尿管放入尿道排尿,不会影响胎儿使其早产。

林几进而分析:"按生理原则,凡人既患肺痨病,即不宜怀孕,致其体内营养被夺,对病人极为不利。即便幸而安全生育,而母体往往因妊娠关系,病势日笃,故各国法律对一般堕胎虽视为犯罪行为,唯对有肺痨(结核)病等重笃疾病者,经医生证明后,堕胎得不视为犯罪行为。由此观之,有肺痨病者,原非不能受孕,亦非不能生育,但有时亦可引起妊娠中断,发生流产、早产之事实。"本例,"按病情而论,受妊之初,其症象应较轻微,故能历半年之久。症益加重,入院,症已危殆,再经早产、虚弱、衰竭,遂而死亡"。

林几并不认为本例是"杀人堕胎案",而认为是肺痨重笃疾病引起早产,从而避免了一起法律上的误判。

7. 陈金汁水案

司法行政部法医研究所成立后,面向全国开展法医鉴定工作,那么,哪一份鉴定是"法医研究沪字一号鉴定书"呢?根据黄瑞亭的研究,该第一号鉴定是《法医鉴定实例专号》之"第八十五例",其委托机关是江苏上海地方法院,委托时间是1932年9月6日10时,鉴定事由是"函请化验王定九伪药诈财妨害生命一案之物证陈金汁水由",所以这个案件又叫"陈金汁水案"。后来,胡丙杰在《司法行政公报》1933年第34期查到该案鉴定书原文,编号果然是"沪字第一号"。

该案由法医研究所于1932年9月6日上午10时收案,当天下午3时开始检验,直至9月9日下午6时完成。据该案法医鉴定书记载:"为鉴定事,今因江苏上海地方法院送来第三三六号公函1件及证物3件。案为民人方子文(原告)状诉王定九(被告)伪药诈财妨害生命等情一案,委托本所检验,该送来证物陈金汁水是否伪药?有无毒菌?能否妨害生命致人于死?并请出具鉴定书等。"

肉眼观察:计证物3件,分为甲、乙、丙。甲件为方子文送检陈金汁水1瓶,全量450毫升,外观上呈无色透明之液体,瓶底含有少量絮状之夹杂物。乙件为陈金汁1坛,坛外有竹制提篮,坛口系用棉纸和黄色油纸两层封盖。揭封将液体倾入清洁玻璃筒内透视之，亦系无色透明液体，有微量之桐油样臭味，坛底含有少量之黑色沉淀物，该液体之全量计2750毫升。丙件为王定九讼案原封陈金汁1坛，包装外形与乙件证物相同，其内容亦系无色透明液，在坛底部含有之黑色沉淀物较乙件为少，全量计3200毫升，除亦含有桐油样臭味外，别无异味（封面字样：顶上陈金汁，只此一家，并无分出，上海里咸瓜街元大药房代发）。

微生物检查：甲件液体经24小时细菌培养，见有白色及红色之菌落；将检材涂抹标本，显微镜下观察见有运动活泼之大小杆菌及球菌；沉淀后检查发现有阿米巴变形虫。乙件检液经24小时细菌培养，见有白色及红色菌落，与甲项同；显微镜观察见有少数杆菌和球菌，与甲项相同；沉淀后检查发现有蝇蛆及胆色素。丙件检液经24小时细菌培养检查，较甲项菌落略少；显微镜观察见其杆菌、球菌较甲项为少；沉淀检查发现有蛔虫卵，并生活之多足虫及昆虫之足翼等。

化学化验：甲件液体加10%硝酸银立即出现白色浑浊，证明甲件液体含有氯化物；加少许"尼塞氏试液"（Nesser's reagent），出现黄色浑浊证明甲件液体含有"铔盐"①。乙件液体的各种化验结果均与甲件液体相同，即含有氯化物及"铔盐"。丙件液体的各种化验结果除氯化物及"铔盐"反应更显著外，其余均与甲、乙液体相同。

说明：肉眼观察，甲、乙、丙液体色味皆同，只有沉淀物量及全液量略有差异。显微镜观察所见，甲、乙、丙液体内证明有细菌、变形虫、蝇蛆、蛔虫卵等。其中，胆汁由胆至肠，胆色素在甲、乙、丙液体中发现，证明甲、乙、丙液体受到粪便污水污染。化验结果，甲、乙、丙均含有铔盐，系人排泄物之分解产物。

鉴定意见：甲、乙、丙液体不能称之为药；甲、乙、丙液体含有大肠杆菌等多种细菌、胆色素和"铔盐"，可证明该三件证物性质完全相同。若煮沸饮用则不至于有害，因其含有细菌及其他微生物，故确为不洁液体。但有病亦可因病而致死，不能完全认为是因该陈金汁水所致死。但饮用此不洁液体，对于病人来说还不如饮用凉开水。总之，此类不洁液体，健康者饮之抑或致病，病者饮之抑或加重病情。该原制贩人及贩卖人似有违反刑法第二百零五条的行为。唯民智未开，该原贩人是否明知此种物品系不卫生亦一疑问。根本办法应先禁止贩用，理合并同申明。

三、中毒及毒品法医学检验

对于已经腐败甚至白骨化的尸体，如果怀疑被人毒死，能否通过尸体检验判定生前中毒？林几检验多起案例并经实验，认为对某些毒物仍有条件做出中毒的结论。

（一）腐败尸体中毒检验

1933年9月3日，林几受理某高等法院分院委托的一宗累讼3年的案件《已历数年两个疑案：棺朽掺和泥土已腐之尸体内脏毒物之检见并付骨伤及年龄之证明》（《北平医刊》1936年第4卷第5期）。其中第一例：死者亲属诉死者是被其妻子和奸夫毒死，法院无确实证据，未能判决。法院函请国立北平大学医学院法医学教室派员检验被害人之尸体。林几函复称骨殖检毒比较困难，最好即采取该尸已腐败之胸腹部内糜烂如

---

① 铔盐："铔"是"铵"的旧译。铔盐即铵盐。

泥或干燥成块之腐败组织送验。当地法医遵照办理，将死者胸腹部腐败组织及棺内外之泥土分装玻璃瓶四个，呈送前来，请求化验。其中第一瓶内容为死者棺木内尸旁泥土，共 250 克；第二瓶内容为死者棺木外土坑内泥土，共 510 克；第三瓶内容为死者已腐败如泥之腹部内脏，共 220 克；第四瓶内容为死者已腐败如泥之胸部内脏，共 290 克。因第三、第四瓶内容所检出之内脏组织腐块甚少，将其中掺杂泥土和布片捡除后，将两瓶中内脏腐块合并付验。化验结果及鉴定意见：所送检材皆含有"砒毒"①，且以尸体内脏及棺内尸旁泥土内所含者较多，而棺外泥土砒毒含量较少，可疑系由中毒尸体腐败组织所渗出。一般农民所用杀虫肥田料中，常常以红矾等含砒毒品为其主要成分。故朽棺漏土，对于死者是否中毒身死一节，应结合临床上有无砒中毒之症状、初验时尸体之外观是否有砒中毒之尸体外表征象，另取距离该棺稍远处相同深度泥土化验对比等，进行详细侦查，以帮助定案。

（二）银针黑斑案

1934 年 5 月 31 日，甘肃省高等法院检察处送检"银针一枚"，要求司法行政部法医研究所对银针上的黑斑检验是否为毒质。该案载《法医月刊》1934 年第 11 期"鉴定实例专号"第九十例。委托机关：甘肃高等法院检察处［来文日期：民国二十三年（1934）5 月 31 日］。鉴定事由：送检银针一枚上有黑印二道是否毒质请鉴定由。简要案情："案据甘肃泾川县长兼司法公署检察官呈称：呈为化验事，案查职县西金村里民×××以殴伤弟命状诉乡长×××、委员×××一案到府，适值县长兼检察官患病，当即派第三科某科长莅验，尸伤业已验明，只因肤色及十指甲青黑，并因被告报告服毒之故，欲使银针探刺，以明是否服毒之真相，遂与尸主之争吵哄闹回府。该时县长病仍未愈，又请司法公署某审判官代往复验，既至该村，又被该尸主阻拦云称：尸已检过，不能再验而回。夫人命关天，……因此县长不得不带病请验，而检验时，人已死去十余日，县长请人用银针探入腹内，仅四十分钟，而醋槽又不让多换，结果仍见针尖发黄，近咽喉二三寸处发黑，经再三擦洗仍见银针上尚留黑印两道。为慎重起见，请求法医研究所检验，查此银针上之黑印两道，是否毒质。"

林几仔细观察了银针，该银针长 55 厘米，重 52.25 克，一端钝圆，一端银质较薄，中央穿有小孔，呈桃圆形。近桃圆形柄端之银条处，有黑褐色不整形之污斑，约长 10 厘米他部之银条表面，则仅有微淡黄褐色之污斑二处。林几进行以下化学检查：①在黑褐色及淡黄褐色之银条表面处，分别各滴以少许之氰化钾液，其黑褐色及淡黄褐色之污斑，均能溶解消失。②同上之黑褐色及淡黄褐色之污斑上，各滴以微量"钚水"②，该污斑均不褪色，易以冷稀硝酸依法试验之，亦不溶解或褪色。③同上之黑褐色及淡黄褐色之污斑上，滴以浓厚过氧化氢液，该污斑渐渐褪色。根据以上三项化学检查，得证明该检材银条上之污斑，均系硫化银斑。其黑色者，系浓厚之硫化银斑；其淡黄褐色者，系极菲薄之硫化银斑。故该检材之污斑，确为硫化银无疑。乃因尸体腐败后，产生之硫

---

① 砒毒：即砒霜，三氧化二砷（As_2O_3），一种无色无味的晶体，剧毒。红矾、信石、鸡冠石是含杂质的砷氧化物。

② 钚水：即氨水。

化氢或硫化铵，与银针之银质相化合所致，不能据以断定死者是否中毒。该尸体究竟是否因中毒或其他原因致死，应详悉该尸体生前临死之状态，并行尸体剖验，将肝胃等一切内脏详行毒物化验，便可证实。即使尸体已腐，而取其胸腹部位糜烂污块全部及骨殖化验，亦可验出。

从该案例可以看出，在上海、北平等地，因受到法医先驱的传播和实践，接受科学早、法医学发展快，现代法医学已在实际检案中使用，而在边远地区则仍然是清末的检验水平，甚至还是县官躬亲检验的情况，仍然把"银钗验毒"法用于检验（图5-6），这说明中国法医学在当时普及困难，而深入就更困难了。林几感叹道，这是"吾国检政最困难时期"。此后，1934年6月25日，陕西南郑法院也送来同样的案子，林几也做了鉴定并予以解答。为了纠正这一古代法医学谬误，林几经过各种试验，1932年在《国立北平大学医学年刊》第1卷第1期发表《法医学四种小实验》一文，指出："然对尸体胃肠及其内容产生硫化水素，致银针变黑一端，竟误认为中毒确证，千古以来，不知冤却几多人犯矣。古人不知科学，固不是论，只望今人，勿再食古不化，墨守陈章耳。"后撰写《对洗冤录驳正之实验》，在《黄县民友》1933年第1卷第4、第5期和《广西卫生旬刊》第3期发表；撰写《检验洗冤录银钗验毒方法不切实用意见书》在《司法行政公报》1933年第33期发表；后又结合实例在《法医月刊》《医药学》《东南医刊》《法律评论（北京）》《铎声》《北平医刊》等杂志上再作公开登载，并加以评论："用银钗探入尸体口腔、肛门验毒一法，实不可用。因使银钗变黑者，并非砒酸铅等毒质之作用，乃富于蛋白质之腐败物发生硫化水素之作用。所以中毒者，验时银钗亦可不变为黑，非中毒者验时银钗亦可变之为黑。如此结果，岂堪再为法律定谳之凭证耶，故应行严禁，不得再行援用。"

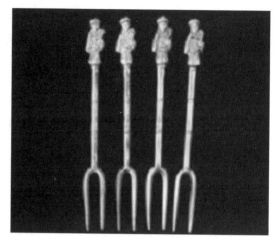

图5-6 我国古代验毒用的银钗
（引自：黄瑞亭，高洪懋. 鉴证［M］.
厦门：鹭江出版社，2014，208.）

（三）糟肉验毒案

1933年11月10日，司法行政部法医研究所受理福建省高等法院委托送检傅洪牛状诉叶汪氏毒毙伊子傅廷妹案。该案载《法医月刊》1934年第11期"鉴定实例专号"（第四卷）第八十八例中。为了让读者了解法医研究所毒物化验情况，现将林几关于此案的鉴定书全文抄录如下：

第五章　民国时期法医学发展与社会治理

司法行政部法医研究所鉴定书（沪字第一五六号）

委托机关　福建高等法院

来文日期　二十二年十一月十日

鉴定事由　送检傅洪牛状诉叶汪氏毒毙伊子傅廷妹案内证物"红糟虾米猪肉"是否含有毒质请鉴定由。

检材件数　红糟虾米猪肉一洋铁罐。

来件日期　十一月十日

检验日期　十一月二十日起

检验地点　本所化验室

鉴定日期　十二月二十八日

司法行政部法医研究所鉴定书（沪字第一五六号，附字第×××号公函）

为鉴定事，案准福建高等法院第×××号公函内开："案据闽侯地方法院南平分庭主任推事李宝麟呈称：'窃本庭侦查傅洪牛状诉叶汪氏毒毙伊子傅廷妹一案，据告诉人所指为毒物者，系红糟煮猪肉虾米一碗，殊有检验之必要。而南平富有检验学识之医士，因受时局影响，大都隐避。为此，将该余剩红糟猪肉虾米等装封寄呈，恭请饬医检验，并乞指令祗遵。'等情前来，并装呈洋铁罐一个。据此，相应将原呈洋铁罐一个，送请贵所查收，希即代为检验。函复过院，以便传饬办理。"等由准此。计收到送验原装洋铁罐一个，验明封识不误。当交由本所化验室化验有无一般毒质。并函转实业部上海商品检验局代检查该证物内有无肉毒杆菌存在。兹据各方面检验结果，汇编说明鉴定于后。

天检验

甲、一般检验

（一）检材重量：10.9 克

（二）取验重量：7.9 克

（三）剩余重量：3.0 克

（四）性状：为赭红色，黏厚泥状物质，呈虾米类之腐臭，其水溶液呈弱碱性反应。

乙、化学检查

（一）第一类（挥发性）毒物之检验：取检材照密车里希（Mitscherlich）氏法蒸馏之，其馏液试验磷素、氰酸、石炭酸及其他之挥发性类毒物，均属阴性，即本检材内不含有挥发性类毒物。

（二）第二类（类碱质）毒物之检验：取（一）项蒸馏后遗下残渣，照施他司-奥托（Stas-Otto）氏法，制成酒石酸酸性水溶液，检验如下：

（子）将该酸性水溶液，以醚液振荡浸渍之，取此醚浸液挥发后之残渣，溶于稀盐酸中，加磷钼酸、碘化钾汞及鞣酸等试剂，均不起反应。

（丑）将（子）项醚液分离后遗下之酸性水溶液，加氢氧化钠液使成碱性，后以醚液振荡浸渍之，取此醚浸液挥发后之残渣，溶于稀盐酸中，加磷钼酸、碘化钾汞及鞣酸等试剂，均不起反应。

（寅）将（丑）项醚液分离后遗下之钠碱性水溶液，加稀盐酸使呈酸性后，再加铔液①，使呈碱性，以酒精氯仿振荡浸渍之，取此酒精氯仿浸液挥发后之残渣，溶于稀盐酸中，加磷钼酸、

---

① 铔液：即氨水。

碘化钾汞及鞣酸等试剂，均不起反应。

（三）第三类（金属）毒物之检验：取（二）项照施他司-奥托（Stas-Otto）氏法，施行后所遗下之残渣，照汤姆（H. Thoms）氏法破坏有机质后，滤过其滤液及残渣，分别检验如下：

（子）有机质破坏后滤过滤液之检验：取该滤液加稀硫酸，并不起反应，是即本检材内不含有钡质之证。然后，将此溶液加锂液，使呈碱性，后再加稀硝酸，使呈弱酸性，加入无砒硫化氢，放置一夜，过滤其沉淀及滤液，分别检验如下：

A. 沉淀之检验：取通入硫化氢所得之沉淀，加硫化铵及铵混溶液溶解之，其溶液及残渣分别检验如下：

1. 硫化铵溶液之检验：取该溶液蒸干，加硝酸钠及碳酸钠而熔融之，放冷，溶于热水，加重碳酸钠①少许，并不现反应。为慎重起见，仍滤过其滤液及残渣，分别检验如下：

（1）取该滤液，照顾特查特（Gutzeit）氏法及马尔希（Marsh）氏法，试验砒素，均为阴性反应。

（2）将该残渣加稀盐酸溶解后，试验铜、锑、锡等质，均为阴性反应。

2. 不溶于硫化铵残渣之检验：取该残渣，加稀硝酸溶解之，其溶液及残渣，分别检验如下：

（1）将该残渣加稀盐酸溶解之，其溶液蒸干后，溶于含盐酸水中，试验汞质，为阴性反应。

（2）取该溶液蒸干后溶于热水中，其溶液试验铅、铜、镉、铋等质，均为阴性反应。

B. 通硫化氢后滤过所得滤液之检验：取该溶液蒸干后，分二部检验如下：

1. 溶液之一部，加铵液，使呈碱性后，加硫化铵少许，再加醋酸，使呈酸性，过滤其沉淀，连同滤纸干燥后，以硝酸铵液润湿之，然后烧灼，放冷，加稀硫酸煮沸，过滤，其滤液加钠卤液，再过滤，其滤液，试验锌质，为阴性反应。

2. 溶液之另一部蒸干，加硝酸钠及碳酸钠，而熔融之，放冷，加水煮沸，溶解其溶液试验铬质，为阴性反应。

（丑）有机质破坏后，滤过所得残渣之检验：取该残渣干燥后，加硝酸钠及碳酸钠而熔融之，放冷后溶于沸水中，通入碳酸气，滤过其沉淀，加稀硝酸溶解之，取此硝酸溶液蒸干，溶于水中，试验银及铅质，均为阴性反应。

（四）第四类（强酸强碱）毒物之检验：据本检材性状检查，既属弱碱性，则强酸、强碱类之毒物，其不含有也，当无疑义。

总之，据以上详细检验之结果，在本检材内，并未发现以上四类之何种毒物。

丙、细菌检查

因本所设备无关于食品腐败之肉毒杆菌等菌种，故即函托实业部上海商品检验局专门人员代为检查。兹据该局发字第二〇七号复函，内开："案奉贵所公函，属寄肉毒杆菌及肠炎杆菌各一管，并代为检查检材中之细菌。等因准此。查该项检材中之细菌，经检验结果，为细长杆菌，革兰氏染色为阴性，无芽孢，并不完全嫌自由氧气，能运动，但不迅速，以已生长于肉浸汁肉羹七十二小时之细菌液1毫升，注射于海豚腹腔内，五日未死。以同量注射于胸腔内，二日亦未死。以十分之二1毫升注射静脉内，五日亦未死。此菌之生长情形与毒力，均不甚似肉毒杆菌。至属寄肉毒杆菌及肠炎杆菌各一管，查本局无剩余可以分用，准函前因，相应函复，即希查照。"等由准此。故得证实该证物内并无肉毒杆菌，当非因该肉类内含有毒菌而致毒杀人命也。

---

① 重碳酸钠：即碳酸氢钠。

第五章 民国时期法医学发展与社会治理

地说明。

按红糟猪肉虾米为一般食品。倘发生毒害作用，不外因外加有毒物，或肉类内含有肉毒杆菌，然后方能致人于死。

一般毒物，分为四大类：①即挥发性毒物，如磷、氰酸、石炭酸（苯酚）等；②即赝碱（生物碱）质毒物，如士的年（宁）、吗啡、可待因等；③即金属毒物，如砒、汞、钡、锑、锡、铅、铜、铋、镉、锌、铬、银等；④即强酸强碱性毒物，如盐酸、硫酸、磷酸、钾水等。

但据前化验用种种实性检查，所谓实性检查者，即某一种毒物对某数种试剂能起特有反应，而他种物质对之并不起特有反应之现象也。故凡某一种实性反应呈阴性者，即其内绝无该某一种毒质存在之证。兹用送检证物化验，结果对任何毒物之实性反应均呈阴性。故得证明该红糟猪肉及虾米内，决不含有任何毒物。换而言之，即在该食品红糟猪肉及虾米内，绝未曾加放有任何一种毒物。

该证物内，既未能证明有任何加放之毒物，则死者之死因，当非由于该食品内加放有毒质无疑。

唯肉类食物，如内含有肉毒杆菌，则食用者亦可因之致死。经转送上海商品检验局详为检验细菌，并行动物实验，据复：证物内并无肉毒杆菌。既无肉毒杆菌，则死者之死因，当非由于该食品内含有肉毒杆菌无疑。

综以上说明，得证明本案死者之死因，不由于食用该证物红糟猪肉虾米也。

右（上）说明系据学理事实，兹谨鉴定如下：

鉴定：

据前检验及说明，得鉴定在证物红糟猪肉虾米内，无加放之一切毒物，亦不含有肉毒杆菌。故本案死者傅廷妹之死因，当另有别故。并非因食用该证物而致死也。

上鉴定系公正平允，真实不虚，须致鉴定者。

鉴定者：司法行政部法医研究所

所长：林几（盖章）

中华民国二十三年二月二十二日二时

这是一份 20 世纪 30 年代司法行政部法医研究所的法医鉴定书。从鉴定书中可以看到，当时检验是相当详细认真的，应用了当时最先进的技术，不仅全面检查了毒物，还做了细菌培养、毒理学和动物实验，表现了林几认真负责的态度和检案水平。同时，还委托其他单位进行细菌学检查，又提高了鉴定质量。这份鉴定书对了解法医研究所毒物化验鉴定水平和设备情况以及当时检验手段有实际意义。

（四）白面馒首①案

1934 年 10 月 11 日，河北保定地方法院以第一二五六号公函委托司法行政部法医研究所鉴定。该案载《法医月刊》1934 年第 11 期"鉴定实例专号"（第四卷）第八十一例下。据河北保定地方法院公函称："查本院受理×××杀人未遂一案。本院对于该案证物之鉴定，认为疑难，有送贵所检验之必要。该案事实：被告×××（甲）素业鞋工，与其父×××（乙）居住保定。被告原籍系曲阳县，在保定只父子二人，无他家属。被告甲与本年阴历六月十六日辞去鞋工不做，向×××（丙）所开面铺以大洋

---

① 馒首：即馒头。

一元购得白面十六斤，携之家，倾之瓦罐存积，留于其父（乙）吃食，自往正定。隔约二三日，其父（乙）将此白面制作食品，食后即呕吐腹泻，面部发肿。又隔一二日，又食此面一次，亦因然呕泻，面部发肿。其后又隔数日，其父（乙）因房东追讨租金，无法应付，遂将该面尚余十四斤全数转卖与沿街售馒首之×××（丁）。丁买得后，因此面色黑，分两次掺以较白之面一半，全数做成馒首，沿街叫卖。有华昌鞋庄买该馒首六斤，该庄工友共八人，食此馒首后，均呕吐、头晕、全身发烧，经二日治愈。该鞋庄遂将剩余馒之馒首三个，报经公安局转送本院检察处，复将被告（甲）捕获，经本院检察处侦查结果，认定被告（甲）投毒意图杀人，实犯刑法第二百八十二条第二项未遂之罪，提起公诉到院。经本院审理以为，该项馒首是否含有毒质？如有毒质，究竟系何毒质？食后能致人生命危险于何程度？非经化验鉴定确实，不足以昭信谳，相应将存案馒首三个，函送贵所，希即查照前开事实及各情节，将该馒首三个施以化验，……出具鉴定书，函送本院，以凭核办。"

林几看了看检材，发现系无臭无味之干硬馒首。均匀研碎成粉末后，用放大镜检查之，其中未发现正规之晶形物质，其水溶性呈弱酸性反应，经检验证明不含挥发性和强酸强碱之毒物。植物性碱类检查及重金属类毒物均为阴性。"亚砒酸"定性检查："顾特查特（Gutzeit）氏反应"[①]：对于硝酸银出现"砒化银"[②] 黄色斑，"来因（Reirsch）氏反应"出现"砒化铜"[③]之灰黑色斑。两项反应检查结果，证明检材中含有"亚砒酸"无疑。定量检查，结果半枚馒首中含有 0.0026 克"亚砒酸"。鉴定结论：送来馒首三个，就其中一个化验，则半枚内含纯"亚砒酸"量为 0.0026 克，系剧毒剂，多见于他杀案件。来文所举各人所食该馒首后发生之症状，确与急性"亚砒酸"中毒相符，所幸含量较少，食后即吐，毒质未全吸收，故不至于死，但"亚砒酸"中毒后，对于健康确实有危害。

（五）蒙汗药之谜

民间常有蒙汗药的传说，是否为真？其成分是什么？1933 年 1 月 31 日，四川重庆警备司令部函请司法行政部法医研究所化验迷药（蒙汗药）有无毒质及究系何种原料混合而成。该案载《法医月刊》1934 年第 11 期"鉴定实例专号"（第四卷）第八十四例。案由：某日，加害人将蒙汗药混于饼内，受害人食后当即昏迷。现将此药随函寄到贵所，希烦查收化验。

林几观察检材外表形状：检材为香灰样、灰褐色之粉末，微有香气，味苦，而带涩，在白金板上热灼后，扬烟而发刺鼻之香味，遗留残渣甚多，可以证明检材系混有植物成分之物质。用显微镜观察，发现下列成分：①淀粉颗粒；②花粉，圆形或不整形；③植物茎之维管束及螺旋形之微管；④黄色类似花瓣之细片；⑤板状或菱形之绿蓝色结晶，不能溶于酒精及各种溶剂，遇硫酸、盐酸，均不发生作用，系一种不溶性之矿物

---

① 顾特查特氏反应，即古蔡法，一种砷盐检查法。
② 砒化银：即砷化银（Ag_3As）。
③ 砒化铜：即砷化铜（Cu_3As_2）。

质。经各种化验，证实检材里面含有一种叫"苏来茵"① （solanine）的毒质和茄科植物碱。

动物实验：①将酸性醚液浸出物（含"苏来茵"）注入青蛙之颈淋巴腺中，无特别反应发现；滴入兔眼中，瞳孔并无扩大现象发生。②将碱性醚液浸出物注入青蛙之颈淋巴腺中，少量时则举动迟缓，大量时则四肢先麻痹，五六分钟后呈麻醉状态，但能渐渐恢复，四五小时后自愈。检材滴入兔眼中，隔二三分钟，瞳孔呈中等散大，十分钟后散大至极度；隔日，该检材中毒质之药物作用仍不消失，瞳孔仍呈中毒扩大状态。林几分析，根据前两项动物实验结果，得知检材之酸性醚液浸出物之苏来茵毒质，因其余量太微及其致毒力较弱之故，动物实验未能达到致毒结果，但不能认为检材中不含有"苏来茵"毒质；检材的碱性醚液浸出物中，动物实验所发生的现象，证明检材中含有茄科植物碱中的"颠茄素、莨菪素和东莨菪素"②。为慎重起见，林几又把剩余检材函送到山东大学化学系，请药学博士汤腾汉（司法行政部法医研究所名誉技术专员）负责分别化验，结果相符。

林几的鉴定结论是："①该送检药粉，系由青礞石矿粉及含有少量苏来茵毒质之茄科植物（如龙葵、苦甜草或未成熟之马铃薯等），并含有多量茄科植物碱质（如"颠茄素、莨菪素和东莨菪素"等）毒素之植物（如闹羊花、莨菪草、洋金花等）之花茎粉末，混合而成。②凡含有苏来因毒质，则可致动物瘫软；含有茄科植物碱质毒性，则可致动物立时发生筋肉弛缓疲惫、昏迷、瞳孔散大等半麻醉乃至昏迷现象。故得鉴定该送检证物药粉确系迷药。"

林几用精湛的技术，揭开了中国某些蒙汗药之谜，使这类案件在鉴定时有了较为可靠的检验方法。

（六）红糖白砒案

红糖白砒案，即"冯清焕案"。1934年4月13日，山东冠县县政府以第九九一号公函送检司法行政部法医研究所，请求对冯清焕投毒杀人（未遂）案中的证物红糖内是否含有毒质进行鉴定。法医研究所受理后，鉴定编号为沪字第一八四号。该案载《法医月刊》1934年第11期"鉴定实例专号"（第四卷）第八十例上。据山东冠县县政府称："案查本府受理冯清焕杀人未遂一案，兹据告诉人呈交证物红糖一包。供称：被害人于服用该红糖之后，当时呕吐等语。据此，本府即将该红糖使鸡吞下一块，该鸡亦死。内中究含何种毒质？服食后应发何种病态？不得而知。相应函请贵所代为化验，做成鉴定书函复过府，以凭核办。"

林几受理案件后，当日即开始进行检验。肉眼检查：红糖1包，黏合呈块状。检材全量：71.45克。检材取用量：定性20克，定量14.29克。取其少许，用蒸馏水溶解之，则红糖全溶解。其溶液中尚有多量不溶性之残渣，该残渣内包含有黑色或灰白色不溶性物，静置片刻，均沉积于盛器之底部。用玻璃棒搅拌之，觉有阻力，可推知该种沉淀物之性质极重，而非原来红糖含有少量之尘土所应有之现象也。再将残渣滤出，在显

---

① 苏来茵：茄碱，龙葵碱。
② 颠茄素、莨菪素和东莨菪素：即颠茄碱、莨菪碱和东莨菪碱。

微镜下检查,发现多量之白色结晶性粉末,盖因晶体研和而正规之晶形被压碎之故。将此残渣复冲入水中,见有浮于水上之白色粉末,实为含有"白砒"① 之疑。化学检查:作挥发性毒物、植物性碱质毒物、金属性毒物化验均为阴性。"亚砒酸"定性检查:"顾特查特氏反应"出现浓黄色"砒化银"斑、"马尔希(Marsh)氏反应"② 出现显著黝黑色"砒斑"③、杨格氏反应出现黑色"亚砒酸"沉淀。定量检查:"亚砒酸"定量检查结果表明,全检材中含有纯"亚砒酸"量为2.178克。

林几结论:该送检证物之红糖内含有多量"亚砒酸",为剧毒剂,多见于谋杀事件。

(七)月饼疑案

1932年10月9日,江苏南通县法院函请司法行政部法医研究所化验××诉××谋杀案内月饼有无毒质?若有,为什么毒质?并将证物(吃残月饼一块)交法医研究所化验室。食饼人称吃该月饼后"即觉头昏、腹痛,显系含有毒质"。该案载《法医月刊》1934年第11期"鉴定实例专号"(第四卷)第八十例(法医研究所鉴定书沪字第八号)中。

林几收到此案后,先肉眼观察送来之检材月饼,约为全饼四分之三,缺损部为弧线状,为咬痕,系吃余饼。该饼馅含有胡桃仁、白芝麻、红丝、青梅等成分。取少许碎成小块,经显微镜检查未发现晶体物质。经化验,结果"顾特查特氏反应"及"马尔希氏反应"均呈阳性,即该检材中确有"砒毒"之证。经定量测定和推算,月饼的缺损部(即被吃下的部分)含有"无水亚砒酸"的含量为0.67139克。动物实验结果示,白鼠吃该月饼后第二天死亡。将白鼠解剖,见内脏高度充血及出血,与中毒现象相符。将该白鼠内脏化验,发现与证物月饼结果相同,即可证明该动物系由"亚砒酸"中毒致死。据此,林几认为月饼中含有毒物"亚砒酸",而且不含有其他毒质。

林几分析,"亚砒酸"的中毒量一般为0.01~0.05克,致死量为0.10~0.15克,即习惯内服之者至多亦不超过0.5克。根据化验,该证物月饼内砒霜含量极多,足以毒杀10人。即其咬下月饼之缺损块,推定所含"亚砒酸"量(0.67139克),亦大大超过致死量。但根据案情所报,该告诉人,谓其吃月饼后即觉头昏、腹痛,未详有否其他症状,倘只有此两种症状,则所发生症象似属过轻,盖食用含有多量"亚砒酸"之食品,势必发剧烈症状而毙命也,今该告诉人未死,症状亦轻,似与所食用毒量不符,实一疑点。另外,"亚砒酸"无味无臭,再掺和以甜或卤味饼馅,除稍有辣灼感以外,食时实不易感觉,该告诉人竟能咬一口后,即弃不食,自称有腹痛、头昏发作,遂呈送检。其实"亚砒酸"中毒症状,每在食后半小时以上发生,决不能立时发觉,故该来文所叙"吃后即觉头昏、腹痛"一语,大有研究价值,理合再行详讯,如供食后立时即发腹痛、头昏,则一定是说假话;如供食后因感辣热,即将咬下饼块,大部分唾吐,只咽下一小部分,再经过半小时乃至1小时以后,才发作腹痛头眩(或伴有眼胀、鼻血、呕

---

① 白砒:即砒霜(三氧化二砷,As_2O_3)。
② 马尔希氏反应,即马氏试砷法。
③ 砒斑:即砷斑。

吐等症象），则与本次检见毒量、事实相当符合。

林几紧接着在鉴定书的说明中又说，经检查整个月饼是均匀的，无结晶，看来"亚砒酸"系溶化后在月饼制作过程中放入的，并非买后放入，应是制饼者所为。但是，若为大批量生产，应大批人食后中毒，为什么只有一块有毒？因此，林几建议调查此案情，并应查明原告本人或亲属是否是制饼者。

按照林几的鉴定结论，南通县法院经过进一步调查证实其原告与被告均为制饼者，为生意及地盘之事常闹纠纷。此次之原告以被告制毒饼之事诬告，出假证。月饼疑案经林几周密的分析和法医鉴定，做出了科学结论，并识破了"假证诬告"的伎俩。

（八）煤气中毒

林几认为，法医学的职能是为法庭服务的，因此称为"法庭科学"；法医学的知识又是可以为大众服务的，因此又有"大众法医"之说。1934年3月30日，林几以其号"百渊"在《法医月刊》1934年第4期发表了《氧化碳①的中毒——煤毒②》的文章，通过一桩煤气中毒的故事，讲解煤气中毒的原因、中毒后的症状和疗法，以及预防方法，目的是告诫人们冷天取暖一定要防止因煤气中毒而导致不幸事件的发生。

（九）烟犯克星

林几在上海任司法行政部法医研究所所长时，正值政府禁烟、禁毒政令实施期间，经常受委托对烟犯进行检验。那时，一旦怀疑是烟犯，便送到法医研究所检查。政府根据检验结果，对烟犯进行不同的惩罚。

俗话说："道高一尺，魔高一丈。"一段时间里，个别烟犯竟成漏网之鱼。原来，当时查烟犯是否吸毒，主要检查尿中是否有毒。有些烟犯知道验毒时间，就在验前不吸毒，以至检查呈阴性；有的吸毒者用他人的尿送验，有意作伪证；有的系已戒毒，但体内有蓄毒以致检查出有毒；等等。

根据这些情况，林几在《中华医学杂志（上海）》1933年第19卷第3期发表《检验烟犯意见》一文，制定了一整套检验方法，即："（甲）暂禁隔三五日，严禁烟、酒、茶（渴予白开水）及昼寝。（乙）反复验尿，注重吗啡及罂粟酸实性反应，而对结果阴性者，不能即视为不吸阿片。（丙）实行侦查口供。（丁）对容貌、体格、皮色、齿形之诊视，及指甲缝齿垢之试行化验（或人虽吸鸦片，而诊视毫无征象，或人因调制烟膏，指甲缝内即或沾有鸦片）。但（丙）、（丁）两法，只能备做参考，然有时亦可获得意外结果也。"为了进一步确定是否吸烟及毒物进入的途径，1946年，林几在《二十年来法医学之进步》一文中把烟犯分为四种："①有瘾有毒者。②无瘾无毒者。③无瘾有毒者。是或因偶有吸烟吸毒未果成瘾；或因已先戒除，而体内蓄毒，偶自排出；或因医用麻醉药品恰存体内排出所致。故宜再予数度复验。④有瘾无毒者。是或因有意伪证，竟以他人之尿供验；或因新吸生瘾，而体内蓄毒既少，已全排尽，或当日适未排出；或因体力衰弱，易招疲劳，疑似毒瘾。亦应严复侦验。另据刑法及禁烟禁毒治罪条例之规定：吸烟（鸦片）与吸毒（吗啡、海洛因、高根及其化合物衍化物）处罚轻重大有悬

---

① 氧化碳：此指一氧化碳。
② 煤毒：即煤气中毒。

殊,故吾人检验亦应善为区别。考吸鸦片者,鸦片中所含吗啡、鸦片素、鸦片酸、罂粟酸、那尔可丁、那尔采因等成分均同升华入于胃肺,故胃液及尿中往往多能检见。而打吗啡、吸海洛因者,尿中只含吗啡,不含有鸦片其他成分。习惯注射吗啡、高根者,注射部皮肉每因中毒溃结成疮,堪供参证。"这样,林几又把吸(注)毒加以区别开来,找到中毒的途径。

烟犯得知法医研究所有如此检验手段,都十分惧怕。一些伪装或投机取巧者均被识破而受到应有的惩罚。法医研究所有力地配合了政府禁毒禁烟运动,得到了社会和舆论的普遍好评。但是,中华民族自清末遭到列强入侵以来烟毒流入社会,加之年年内忧外患,毒品(当时主要指鸦片、海洛因、吗啡、大麻)已成为社会的公害。林几自步入法医生涯后,一直在为禁毒而努力。他在北平、上海、四川、南京从事法医检案时,毒品检验竟达所有毒物检验的五分之一。林几曾说:"麻醉毒品及鸦片,历年虽经严禁,遭日人侵入时间,在占领区内,肆施毒化方策。即未沦陷各地,亦因战争影响,未能彻底完全禁绝。故禁烟、禁毒一事,仍属吾华复兴工作之一严重问题。而戒除及检定烟犯、毒犯暨检验毒品与其配合质料,自为医界及法医学检验所宜注意。"①

(十) 金丹红丸案

20世纪二三十年代,民间中成药中有不少是假药,更有甚者,有人竟利用制药之机,贩卖毒品,当局每每遇到可疑案子便送到司法行政部法医研究所进行化验,以辨别是否为毒品。

1933年6月13日,江苏高等法院第三分院函请法医研究所检验"金丹红丸"。鉴定事由:"函请将证物那伐克英药粉及红丸十粒施行化验,该药粉是否为制造红丸必需品,且与海洛因、高根、吗啡有无同样之毒性由。"该案载《法医月刊》1934年第10期"鉴定实例专号"(第三卷)第七十四例上,鉴定书编号为"沪字第六十五号"。

送检检材:检材一那伐克英(novocaine)[现称普鲁卡因(procaine)]药粉一瓶,检材全量28.4克,取用量2.4克。检材二红丸十粒,检材全量4.2克,取用量2.46克。林几马上将检材送到毒物化验室。化验结果:检材一那伐克英药粉中系"奴佛卡因"(novocaine),其内并未掺杂有其他物质。检材二红丸中含有咖啡因(caffeine)、金鸡纳素②(cinchonain)、士的宁③(strychnine),以及少量吗啡与海洛因毒物,确为配制红丸的主要成分。检材二中并不含"奴佛卡因",证明检材二确为违禁品毒物红丸无疑。据此认定某厂生产的金丹红丸为违禁麻醉品的配合丸剂。鉴定发出后,这一厂家很快被查封,其已销往全国各地的金丹红丸也相继被追回并烧毁。

林几在此期间还处理了不少同类案件:①1934年4月18日,上海淞沪警备司令部送来白粉,系京沪沪杭甬铁路管理局抄获的贩卖毒品犯企图外运的毒品白粉4大箱,化验结果是乳糖、蔗糖、咖啡因及士的宁与淀粉、糊精之混合品。既非鸦片,也未含吗啡、海洛因等鸦片代用品,亦非各种麻醉药料及其盐类制剂混合物、化合物或其有毒之

---

① 林几. 二十年来法医学之进步 [J]. 中华医学杂志(上海), 1946, 32 (6): 244-266.
② 金鸡纳素:即奎宁,从金鸡纳的树皮中提炼出来,可治疟疾。
③ 士的宁:又叫番木鳖碱,含于番木盆和吕宋豆的种子里,是很强的中枢兴奋剂。

诱导体。该案载《法医月刊》1934年第10期"鉴定实例专号"（第三卷）第七十二例。②1933年5月20日，江苏高等法院委托司法行政部法医研究所"化验会同勘验某香料制造厂内之证物十件是否制造香料抑或制造吗啡、红丸或其他毒品之用"。经检验，鉴定意见为：所有搜集物证10件中，9件皆含有吗啡毒质，1件系制造海洛因毒质前体物之配合原料（无水醋酸）。该工厂之出品，应为麻醉违禁品，而非香料品。该案载《法医月刊》1934年第10期"鉴定实例专号"（第三卷）第七十三例下。③1933年6月21日，浙江吴兴地方分院检察处委托司法行政部法医研究所鉴定"送检××贩烟土案内料子一包是否含有鸦片烟土或其同类化合物"，经化验，查出该送检料子内确含有"阿片素、那尔可丁、那尔采因"等鸦片主要成分。麻醉神经有效成分吗啡及可待因则反应不明显。故该证物应系鸦片烟土曾经充分精制提炼出吗啡及可待因毒质后，而掺和有多量植物性、动物性夹杂物，以充料子。该案载《法医月刊》1934年第10期"鉴定实例专号"（第三卷）第七十五例下。④1934年3月28日，天津地方法院检察处委托司法行政部法医研究所鉴定"送检红黑色药丸及救苦金丹是否含有鸦片、吗啡等毒质"，经化验，该送检证物救苦金丹盒内黑色干絮及另包黑色药丸2粒，均不含有鸦片成分；红色药丸内则含有少量之"阿片酸、可待因"，与较多量"那尔可丁、吗啡"，不含"高根、海洛因"，系混有杂质之鸦片丸，可代鸦片之用。该案载《法医月刊》1934年第10期"鉴定实例专号"（第三卷）第七十六例上。⑤1933年5月1日，浙江高等法院委托司法行政部法医研究所鉴定"送检某鸦片更审案内证物油漆一罐，该油漆内究竟含有鸦片成分若干？是否全部可作鸦片代用品供人吸食"？经化验，该证物"油漆"系多量植物性混合物且掺有鸦片成分。经6次详密分别化验，证明其内容确含有"阿片素、那尔可丁、那尔采因、吗啡"等鸦片主要成分。该证物应系鸦片烟土，曾经充分精制提炼出吗啡及可待因后，掺以多量植物性夹杂物之一种烟料子，以假充油漆出售。此案验毕，林几写道："该（油漆）制造者实更有大量制造吗啡等毒物之嫌疑。即使制造此假油漆，原料来源，非由该厂，然肯收集此种原料，以制造不合用之假油漆，是否通同隐灭罪迹，亦属可疑！"该案载《法医月刊》1934年第10期"鉴定实例专号"（第三卷）第七十八例。

由此可见，当时贩毒、吸毒是何等猖獗，林几这位验毒能手为配合禁烟禁毒运动尽心尽责，做出了很大贡献。

四、机械性损伤的法医学鉴定

（一）许宝聚案

关于已死多年的人颅骨骨折是生前还是死后形成的问题，林几在德国留学时曾与他的导师骨病理学家O. Schmidt教授讨论过这个问题。二人都认为发掘的尸骨认定生前骨折抑或死后骨折很困难。林几还与德国维尔茨堡大学医学院法医学教授H. Fischer一起做过研究：用活兔5只，活鼠10只，用钝器击伤后检查其骨上血痕及组织学变化，同时对死鼠、死兔的其他部位施暴，导致死后骨折。结果，生前伤的骨上有骨质血瘀，用水洗、刀刮不去，做骨组织切片可证明有出血和骨细胞"磨灭"现象；而死后动物骨折无此现象。林几解释说，其原理在于生前伤骨折者，骨质内出血，其血液成分深藏于骨组织内，不随尸体腐败而消失，故是法医检验生前伤的根据。

为了识别尸骨上有无伤痕，以及伤痕是生前造成，还是死后遭遇折损，林几带领研究人员用狗做动物实验：将狗 10 只，打伤致骨折后详细记录损伤部位，处死后分别埋于法医研究所后花园中。2 年后，待狗尸肌肉完全腐败后发掘，然后在显微镜下观察生前骨折处的形态特征，并在紫外光下观察。发现生前骨折处在紫外线下呈土棕色荧光，再锤击未骨折处把生前骨折线延长，造成死后骨折，也在紫外线下观察，发现死后骨折处呈白色荧光。通过紫外线下观察骨折的特征，辨识血痕色泽、折损处的细微差别来判别是生前骨折还是死后骨折，这一"让尸骨说话"的技术破解了不少疑难案件。其中，多年不断上诉的许宝聚案，经过林几检验和实验，证实是生前被人打伤致死，这个案件在当时影响很大。案件情况如下：某法院数年来一直接到死者许宝聚家属反复告状，诉说死者系生前被他人打伤头部致颅骨骨折死亡，要求惩罚凶手。因许宝聚已死亡 5 年，尸体早已腐败，变成一髅白骨，法院无法认定。1934 年，某法院将此案委托司法行政部法医研究所检验，随案卷送来一个颅骨。经检查，发现颅骨有一条线状骨折，骨折处有骨质出血，用水煮洗后刀刮不去。为排除土工挖墓时碰伤头骨折裂而证实其的确为生前外伤所致，经用紫外线照射，发现骨折处呈土棕色荧光。又将原来颅骨上骨折线用槌子轻轻敲打致骨折线延长，然后再用紫外线照射，结果发现原来骨折线上为棕色荧光，而新延长的骨折线为白色荧光。鉴定结论：所送颅骨上骨折经检验有血痕伤瘢，确为生前颅骨之伤痕。法医研究所已检查这样类似的案件有 30 例，林几将这一研究结果总结成论文《骨质血瘢之价值及紫外线光下之现象》，于 1934 年 5 月在上海召开的中华医学会全国第二届学术交流会上宣读，并在《中华医学杂志》《法医月刊》等发表。

（二）北平东站箱尸案

该案载《新医药杂志》1936 年 4 卷《北平大学医学院疑难检验鉴定实例》第三十五例及《北平医刊》1936 年第 4 卷第 7 期。1936 年初春，北平东站，车水马龙，热闹非凡。有人发现车站的行李房里有一箱子发出异味，经上级同意打开箱子后，发现箱内是被肢解的碎尸块，遂立即报警。2 月 10 日，北平市公安局派警察将箱尸案内不知姓名之人头一颗送至国立北平大学医学院法医学教室保存，4 月 28 日，××地方法院函请国立北平大学医学院法医学教室鉴定该箱尸案内被害人头颅为生前被砍或死后割下以及致死原因。林几对送检的头颅进行详细检查，缜密分析，得出鉴定意见："该不知姓名头颅，系男性，新理发不及七日，刮须不及三日，其年龄似在 30 岁上下（二十七八岁居多）。……其职业似为一中流社会生活以下之军士、马夫、汽车夫、护弁、工头，或高级仆役之流。而疑系于醉中，被人用绳勒死，隔月半日，俟尸体僵冻后，再用厨刀等平薄快刀，从颈前沿勒痕上侧就喉头结节上方，向下垂平，切割。故在项后、左右颈皮肤上仍可证明绳痕，有生活反应。而颈断割部，全无生活反应，与鼻唇之压榨伤同为死后之损伤。其颈切部皆当骨节处，切面平整，故切割者对于切割技术当甚精炼，应为一屠夫、厨子、外科医生或刽子手。只因未将全尸送验，故对死因、省籍、年龄、职业，未能作全确之鉴定。倘在该尸他部均无其他致命伤痕，且下段前颈切缘亦有绳痕存在，自可确断委系被勒身死。盖据所验上段颈项切面，殊无其他生前致命伤乃至枪弹贯通创伤痕迹，只有此绕项之勒痕为可疑也。死者理发不及一星期而再剃须整容，此在我国中下社会,颇为鲜见。可见死者居常甚好漂亮修饰,故此案有无奸情,堪予注意。至沿颈绳痕切解行为,是否有意湮灭行凶方法真迹,以便委罪他人一点,似应研究。"

林几的鉴定结论经破案后得到证实,据《警高月刊》1936年第4卷第4期所载《北平东站箱尸案之真相:主仆三角之恋奸,要犯逃脱待查缉》:死者张树林,当年24岁,是该案教唆犯王化一(某军军需处处长)的马弁,王化一、张树林与王化一家的女仆之间发生三角奸情,后来张树林与王化一的妾王淑静(曾任协和医院护士)发生暧昧,以致王化一与张树林互生杀念。1936年正月初四,王化一设计将张树林骗到另一住宅,张树林进门后行至台阶时被厨役李亮经击倒,李亮的朋友奚桑园急用绳勒张树林的头颈。然后,厨役李亮经用刀先切断张晓林的头,次及两臂,又次及两腿。并埋两只箱子,分装张的尸块。数日后,王化一租车两辆,将箱尸运往北平东车站,拟运往天津遗弃。因重量超过限额,王化一乘机弃箱逃脱。后涉案人7人被抓获归案。林几在《二十年来法医学之进步》一文中也对此案案情进行了描述:该死者系"醉后绞毙,尸难运出,乃俟一日后,尸已冻僵。再用菜刀顺后项绞痕切下头颈,并切割四肢、躯干,分装两箱,送至火车站,拟运他埠灭迹。破获,送验。其颈椎及各切创部均无生活反应及骨块切伤伤瘢,是为死后伤,仅于第二、第三颈椎索沟部下组织见有溢血、红肿及后突端部骨损与伤瘢,是为生前伤"。该案子发生在喧闹的北平东站,影响很大。加上法医鉴定准确无误,宛如事件重建,案子得以神速破获,罪犯抓到后的招供与林几鉴定书上描述的几乎完全一致,这在北平引起了很大的反响,也提高了国立北平大学医学院法医学教室的声誉。

(三)殴伤流产案

该案载《法医月刊》1934年第10期"鉴定实例专号"(第三卷)第五十七例。1934年9月18日,江苏高邮县政府委托司法行政部法医研究所"验胎"。函致法医研究所:"本县受理××(原告)诉××(被告)殴伤伊妻×氏致胎元(即胎儿)堕落一案。当经本府检验吏验得××之妻×氏产门(即女性外阴)及裤有恶露污斑,胎元模糊。即经送交本县各医院鉴定,或因器具不备,或不易识别。兹开具本案告诉详由,……连同胎元送请贵所予以鉴定:是否胎元?究竟几月?是否因伤而落?出具鉴定书。"计附胎元一具(用玻璃瓶装盛,以酒精津养)。案情:据告诉人××状述:"其妻×氏,年29岁,有孕三月,于本年六月十五日上午被被告殴打,捺地挥以拳足,登时昏晕,下部见红等词。"

法医研究所收案后,由林几检查。经查:该证物"胎元"呈卵圆形,表面粗糙,呈深褐色,触之甚硬。其长为4厘米,宽为3厘米,中央部厚1.3厘米,重7.5克。切面呈深黄褐色,其中心部色泽较浓,并有大小不等裂隙。但无羊膜、胞衣,脐带及胎儿可见,其外观与凝血块相似。病理切片后作镜检,发现其大部分组织是凝固的血块及少量白细胞,还见到许多长圆形或圆形的细胞,胞浆甚少,而细胞透明、胞体较一般细胞为大(与郎格汉斯细胞相似),还见有合体细胞,呈散在性,形状、排列均不规则。其余部位有出血及坏死组织。诊断为:脉络膜上皮瘤,即"葡萄鬼胎"(现称为葡萄胎)。

结论:送检物未见有胎儿组织,并非"胎元",而是"葡萄鬼胎",系子宫之脉络膜残部异常发育而形成,其组织构造并非正常,但非经外伤不致排出。高邮县政府当庭宣读林几的鉴定意见，双方表示理解，一场打了多时的官司据此很快结案。

（四）验木乃伊案

人死后出现腐败，经过一段时间呈白骨化。但有的尸体因掩埋的地点和气候等变化，可能使尸体出现木乃伊样改变。1933年8月8日，林几受理一起木乃伊尸体验伤、验骨、验毒的法医学检验。该案载《法医月刊》1934年第8期"鉴定实例专号"（第一卷）第二十九例。浙江鄞县地方法院检察处发函司法行政部法医研究所称："案查本院受理×××（原告）诉×××（被告）等伤害伊妹钱贵珠致死一案，请求开棺检验依法侦办等情到院。业经庭讯，据原告供称被害人钱贵珠是被被告×××等毒死、打死及禁闭虐待而死。而据被告×××辩称：被害人钱贵珠是伊之妻，确系生病而死。双方言词各执。当即谕令开棺检验。查被害人钱贵珠系民国十六年（1927）七月间身死，迄今为期历有六年之久，究竟是否被毒毙，或因伤致死，抑系因病而死，自非经化验手续不足以明真相。相应将被害人钱贵珠尸首一具装入木箱，以本院封条固封，外钉铅皮，派法医×××送请贵所查收。烦请克日依法鉴定死因，填其鉴定书函复过处。"

受理案件后，林几主持鉴定。送检证物，系盛于木箱内，外包以铅铁。表面封识不误。开箱内为尸骨一具，其皮肤尚完好，呈深褐色皮革样，而内脏腐败消失。肌肉干燥作肉松状，四肢形态如常，皮肤干燥，而各手足骨尚未能脱落，该足形状为内翻足（缠足）。按以上检查所见，似有木乃伊化征象。

将尸骨取出，经处理后仔细检查：头颅各部均染有褐色之污痕，刀刮不去，额部色尤浓，有血痂附着。而后颅顶部血色较浅。左右两颗颧骨（即颞骨）略有隆起。唯右侧之前头颅及颅顶骨之骨缝下行部有骨裂，呈线条样，略弯曲。骨折有中断，上下不相贯通，末尾有分枝。故考虑应为受钝器暴力击伤所致。在左侧颅顶骨缝下行部亦有骨裂，其上端部亦上下不相贯通。在两侧之骨裂部周围皆附有明显血癜，应为骨伤，且为致命伤。左侧第九肋骨之前端有一线样骨折，有血痂附着，为非致命伤。

毒物化验：挥发性毒、强酸强碱类化验为阴性。生物碱类如防己素、苦味酸、秋水仙碱类阴性。安眠药类化验为阴性。重金属类毒物为阴性。动物实验也阴性。说明未发现中毒迹象。

结论：被害人尸体已干枯呈木乃伊样化，在其前额及两颧部之前下方骨上，皆为伤癜，前额血癜特著。两颧部之前下方（即两太阳穴后下方）且有骨裂，系钝器打击之致命伤痕。左侧第九肋骨前端线性骨折较轻，为非致命伤。而将其肌肉及腐败内脏残渣详行化验，并未检见任何毒质。

（五）姚小济案

该案载《法医月刊》1934年第9期"鉴定实例专号"（第二卷）第四十七例，并在《法医月刊》1934年第5至第6期连载（函请检验姚小济死因是否因伤而死，并由何伤而死）。

案情：1932年11月23日上午8时，上海市公安局函至司法行政部法医研究所称，案查上海公安局五区三派出所呈报，11月22日下午4时韩国人李昌练、桂锡仁向姚陈氏购买山芋，因调换山芋彼此口角。姚陈氏之子姚梅文、姚小济出来讲理，发生争斗，姚小济被韩国人桂锡仁一脚踢伤腹部，随之大叫一声，当场倒地，送同仁医院救治无效旋即身死。之前，已将凶犯韩国人李昌练、桂锡仁送交日本驻沪领事馆收讯，一面请地方法院派杨畸检察官到局，派员偕往会同日方派员检验。各方同意将尸体送司法行政部法医研究所详细剖验，以明真相，并希冀出具鉴定书，俾可据理交涉而重人权等。随案送来姚小济尸体，要求尸体解剖检验。

法医研究所受理案件后，林几安排专门人员执行法医学解剖和病理组织学检查，并全程指导。于1932年11月23日上午10时30分开始解剖，至下午2时结束。将尸体缝合、入棺、加封，交上海市公安局原办案警官及死者家属领回。1932年11月23日下午2时开始至11月30日进行病理组织学检查，鉴定书编号为司法行政部沪字第十三号，鉴定书连同解剖及病理照片一并交上海市公安局。

尸表检查发现，脐部见一长6.5厘米、宽5.2厘米类圆形皮下青紫色伤痕，其皮下青紫，其位置在脐左上方部分较多，右下方部分较少，青紫色上侧较淡，中间及两侧下方较浓。切面伤部有生活反应。实为圆钝器物暴力之挫伤，如用圆头皮底鞋等之蹬踢挫伤。林几认为，该伤部如为脚扬起之踢挫伤，则其所显伤痕之上侧，色应较浓。今则中间部及下部较浓，故可推定不为脚扬起之踢伤，而为钝圆平底较结实鞋底，扬起后之重蹬踢挫伤，其暴力自正前面由上向下，只有一下，故呈此伤形。

病理检查，胸部心、肺、胸腺及各大血管等脏器未见异常，腹部胃、肝、脾、肾及胰腺等未发现异常。腹腔有奇臭味，腹膜充血肥厚，有脓，呈黄绿白色，系化脓性腹膜炎征象。小肠在回肠部有一裂口，有生活反应，曾经手术缝合，其位置适与脐部伤处相当。肠管破裂处之上下部黏膜上，有散在性瘀血及出血痕迹，全肠管黏膜无滤泡肿胀、溃疡、糜烂及卡他性炎症等现象。显微镜下观察其腹膜化脓病变显著。林几认为，确系肠管破裂出现腹膜炎，与腹部外伤有关。

最后，林几的鉴定结论是：姚小济腹部（脐部稍偏左）被蹬踢，腹壁发生挫伤，"其暴力达及深部，致该部腹腔内之回肠管壁发生挫裂创，其出血虽经医院施手术止住，而肠内容已漏入腹腔，遂诱发化脓性急性腹膜炎，越五日医治无效，因伤致死。"

根据法医的科学鉴定，上海市公安局很快处理了这起斗殴致人死亡案件。

（六）烫尸之谜案

凶手作案后，常用各种手段掩盖其犯罪事实。可是，杀人后用沸水烫泼以毁灭尸体上致伤部位，却非常少见。

1933年春，在上海市郊发现一具尸体。警察赶到现场，见尸体之头身分离，被截断的头颅面朝地板，颈部断端两侧皮肉模糊不清，周围有多量茶色样液体，血腥味极浓。

查验头部、躯干及四肢，无伤痕，唯颈部肌肉呈半熟状态，无法看清。为确定其是否被杀毁尸或死前受伤所致，请求法医辨识真相。

林几检查尸体，发现颈部被烫泼呈半熟状，但有一依稀可辨的刺创口。刺创的深部在颈椎骨上，仔细分离肌肉后发现颈椎附近有出血灶。再检查断离的颈部两断面，其创面的肌肉均呈半熟状态，色白，皮肉不卷。检查死者血液，血中酒精含量很高，达到中毒量。根据尸体检查，林几推断：此死者生前乃醉汉，被人用尖刀刺入颈部致大出血死亡。凶犯随即用刀平切颈部,同时,用沸水随切随冲,致两端创面皮肉呈半熟状,其所溢血液被沸水冲洗成茶色。颈部的刺创是致命伤,因系生前所致,故其深部组织有出血和骨质伤瘢(指骨质里出血,是生前所伤的法医学证据),足资为证。

破案后,凶犯供认了全部犯罪事实,印证了林几的推断。林几在《二十年来法医学之进步》一文中记载了该案例的简要情况,并深有感触地说:"凶徒作案能力,随益猖獗,故防范及检验鉴定犯证之技术,因之亦日有阐明!"

(七) 血凳疑案

该案载《法医月刊》1934年第9期"鉴定实例专号"(第二卷)第三十三例,以及《法医月刊》1934年第7期80-92页(函请检验王嘉如被控杀死胞兄王阿大嫌疑一案已死王阿大究竟因何身死由),并在《中华医学杂志(上海)》1934年第20卷第5期发表的《骨质血瘢之价值及紫外线光下之现象》一文中对此案进行简要介绍。这是一个因情杀人案。1933年6月27日,司法行政部法医研究所收到江苏南汇县政府的委托鉴定函,对因王嘉如(弟)与王阿大(兄)妻通奸而弟杀死兄案,要求检验查明王阿大究竟因何身死。

司法行政部法医研究所鉴定书(沪字第七十二号)记载:"为鉴定事,案准江苏南汇县县政府第一八四号公函内开:案查本府侦查王嘉如被控杀死胞兄王阿大嫌疑一案。查王阿大究竟因何身死,迭经研讯,事实未明,非予开棺检验,不足以明真相而成信谳。唯王阿大死于上年三月间,距今已越年余,尸体当已腐化。……送告发人一名、应讯人一名、被告一名、检验费二十元、死者王阿大尸棺一具、原卷五宗、血凳一条,届期到所,查点人证正身不误。"

检验于1933年6月27日至7月14日在法医研究所剖验室进行,由林几主持,范启煌主检,张树槐、陈康颐、于锡銮、祖照基、赵广茂参加。

开棺检验,发现尸骨已骨化,肌肉无存,发现第六期尸虫,可证明为1年前的尸体。在各骨上尚粘连筋腱,经刷洗后即去,按腐烂程度,亦系经过1年余者。尸体骨架长165.5厘米,按枯骨再加四五厘米,即为连合身体软部之身长,故推定该尸体生前身高170.5厘米左右。检点各骨,数目俱全。在头部右侧,颞骨、下颌骨延至后头骨,有高度骨裂伤,在后头骨部,亦有骨裂伤。肉眼可见头颅骨折呈"冰纹龟裂状",似为重力打击所致。头颅各骨缝亦愈合,纹路清楚,可证明死者为壮年人,已逾30岁。下颌骨正常,齿全,一部分将脱落,其下颌骨第二门齿系重齿,而位稍斜,上下颌智齿均出,亦可证明为壮年人,且根据齿列重齿情形,可供个人鉴定之参考。而喉头软骨无存,即未骨化,可知死者系在40岁以下。胸骨柄及体均正常,剑突已腐化消失,可见并未与胸骨体愈合,故知其年龄尚未逾40岁。肋软骨均腐化消失,是可证明该尸骨已经历一年左右,而肋软骨均能腐败,可见并未开始骨化,亦为年龄不逾四五十岁之证。右侧第六至第十一肋骨在后端(背侧)与脊柱相连外侧部位有明显的血瘢相连贯,每骨血瘢长四五厘米,无骨折及龟裂,疑似重打击伤,右侧前面,亦有轻度血瘢。但在左侧同一部位,则无此现象。耻骨弓骨端愈合证明其在25岁以上。头颅骨、骨盆大小径及形态可确认其为男性。

对颅骨及肋骨损伤部位进行紫外线分析,证明确因生前曾受重大暴力击打(3次连续重击），致使颅骨破碎，骨组织内出血或头盖腔内出血。右侧肋骨骨折系生前曾受一次重大暴力所致。

木凳上血迹检查：凳长115厘米、宽23厘米、高45厘米。凳中央部均有深褐色点状血迹，凳前端发现多量呈褐色点状、锥状及分枝状飞溅血痕。凳腿前面及左右两侧均附有长锥状血痕，血痕经血清沉降素反应表明其为人血。

头额部大部分缺损及不规则"冰纹龟裂状"骨折出血，右肋骨之椎骨端出血，考虑头部、右胁部系生前被重击。木凳系作案致伤物。林几根据检查，进而分析：死者当时遭暴击时系弯腰俯身，凶手乘死者不备用凳猛击头部，发生致命伤，多量血而喷于一侧凳脚及凳板下面，少量喷于同侧凳板上，血迹呈锥状喷溅血迹。击伤头部后，死者当时爬地不起，凶手又击背部右肋中央部。死者全身其他部位未见有损伤，无抵抗征象，故证明非出于凶斗，而是凶手乘死者俯身不备之际逞其凶行。

"血凳疑案"因林几精湛的技术和科学的检验破解了谜团，使因争嫂而杀害胞兄王阿大的胞弟王嘉如很快受到法律制裁。林几一生不知检验过多少法医案件，不知为人世间多少疑难案件洗冤，但他始终认为这完全是法医职责所为，不足挂齿。

（八）枪创有别

1937年初夏，北平城笼罩在战争恐怖之中。一天，当地警署派人向国立北平大学医学院法医教室送来一具尸体，死者系士兵，身上似有枪弹创，要求判定是否是枪伤。

林几仔细检查尸体，发现衣服上有一创孔，衣服和皮肤上均未见烟灰或烟晕（烟灰或烟晕系射击附加成分，近距离射击时，射入口附近的皮肤上可附有未燃烧完全的火药颗粒、烟灰）。弹创为盲管创，经解剖找到一个弹片，经检验证实系炸弹飞溅的弹片所致而非枪击伤。后经证实系一次破坏性的爆炸伤。

20世纪三四十年代，现代军械已发展很快，因此法医弹道学研究也相应深入。林几在《二十年来法医学之进步》一文中说："以前法医学成赜之铳伤记载，均着重于有烟火药，与子弹形成褐黑色铳伤射入口之挫轮。而现代应用之枪械均已改用无烟火药，在射入口周围罕能获见射弹之烟屑，仅沾附微量某种无烟火药之屑粒，所以其外晕不著明，如隔衣中弹，则火药屑粒多附于衣外，只在射入口挫轮火伤边缘内，略有微量烟屑。非洗拭创口施行比较显微镜检查，难以区别。"他采用一种方法，即用生理盐水，仔细地洗拭创缘及创口，取下"微屑"，然后在显微镜下观察，并进行比较。这大概是当时较先进的方法了，他用这一方法解决了不少案子。

但是，实际案子还需要判断是哪种枪伤。过去法医学文献记载多以射入口的大小来判定何种枪伤，但林几经研究认为，这并不完全正确。他说："因现代手枪、步枪及手提机关枪制造之进步，大号手枪口径与机关枪、步枪几近相等，所以其中弹弹径大小亦几相等。只测铳伤射入口之大小，殊难断定确系何枪所发射。但因新式连射枪械，皆能自动退壳，落于发射人之身旁。现在检验枪伤，除根据中弹者体部之射入口、射管或并射出口之创型外，原应检验子弹、枪筒及火药，以断定系何枪所发射。"他进一步指出："盖每枪射出子弹头，弹壳上所生成之压痕均有定型，沾附痕迹亦互有异。而某一种子弹内所装之火药构造亦有一定，其枪筒内构造纹线缺陷复微有不同，遂可用以互相对照检查,而为鉴定何枪射击之根据。"他又说:"第二次大战①中,各国子弹多为铅头及白铜钢心之套皮弹,甚至有用开花弹者,故所生成之铳创射管及射出口均形较大,且不规则。"关于射程、自射或他射的判断,林几说,除以上根据外,还应依弹壳与尸体距离而定。

(九)枪击距离

1934年10月15日,福建高等法院第一分院函请司法行政部法医研究所鉴定某杀人案被害4名系何枪伤所致及枪击距离(法医研究所文证审查说明书沪字第十五号)。该案载《法医月刊》1934年第11期"鉴定实例专号"(第四卷)第九十九例下。据福建高等法院第一分院第一一四三号公函称:"案查本分院受理杀人一案,共死三人伤一人。死者据验断书所载:(甲)一人系顶部偏右受子弹入口伤一处,皮破卷缩,呈焦黑色,圆径九分,弹由左耳根出,炸裂伤一处,皮破卷缩,参差不齐,圆径二寸三分。(乙)一人系发际偏右受子弹入口伤一处,皮破血出,斜长一寸二分,宽七分,皮肉卷缩,呈焦黑色,弹由左颧出,炸裂一处,肉绽卷缩,参差不齐,圆径三寸,破口呈焦黑色。(丙)一人系囟门受子弹入口炸裂伤一处,脑盖骨碎翻至耳后止,计四寸四分,脑浆全部外流,皮肉卷缩骨凸。伤者(丁)据伤单所载,系右胁肋受枪弹入口伤一处,皮已稍结疤,圆径二分,近右腋下过右手肘出,出口各圆径斜四分,各呈焦黑色,结疤均坚硬。唯此种枪伤,有谓长枪发射力大,创口亦大,短枪发射力小,创口亦小,故在甲、丙二人中,认甲系短枪子弹所中,丙系长枪子弹所中,又在脑旁中弹,因枪弹性质较脑为硬,故能穿过,若在囟门中枪弹,两者均属坚硬,则无论所中者为铅弹、为钢弹,均不能穿过,只能炸开。有谓枪弹在头部均能穿过,必铅弹方能炸开脑盖。有谓死者甲乙丙三人中,均属长枪子弹所中。唯乙丙二人子弹出入口较甲为大,认系土制瑟铅头开花子弹所中。因铅头子弹发射时系旋转,入人身后尚能转,故其创口必大。钢头子弹发射时系直冲,入人身后亦系直冲,故其创口亦较铅头子弹为小。至中弹在脑部,若非铅头开花子弹,其创痕不致如此之重。究竟按照验断书伤单所载,死伤四人,是否均系长枪子弹所中,抑或手枪、左轮手枪亦可致同样之伤?乙丙二人是否定系铅弹击中?若子弹中在囟门,是否须铅弹方能致脑盖骨翻碎,抑钢弹亦能致验断书所载之伤?均有详细调查之必要。事关专门学识,相应专函送请贵所查照,希即鉴定,函复过院,以凭核办。"

林几仔细阅卷后,制订了周密的检验方案。

首先,他将原卷请军械学专家、司法行政部法医研究所名誉技术专员胡天一教授研究,并回答相关问题。胡天一回函:①以枪弹头制造质料,概分为四类:钢心弹头(外钢壳,内钢心,专为破甲只需)、钢弹头、铅弹头、达姆弹头。②伤口以钢弹头所致者为最小,铅弹头所致者甚大,因铅头出枪口后,转为极不规则之形状,例如,达姆弹头所致者更大,且这种弹头开裂处往往装有毒药,不易痊愈。然而,如果钢壳质料不良,或制造不良,所致伤口亦有极大之可能,盖子弹被发射后,其后部每平方厘米受2000~3000帕气压的巨大压力,钢壳头部开裂,铅心外出,变为极不规则之形状。

---

① 指第二次世界大战。

③无论何种弹头,出枪口时,皆因枪膛内来复线关系而有旋转力,似与所致伤口大小,无何关系。④若在同一远距离射击,则长枪与手枪所致伤口,尚可分别,且子弹往往不能穿透人体。若在同一近距离发射,则伤口较大,不易分别系何种枪所致之伤。⑤照函示各节而论,似为较近距离发射。⑥照函各节推想,疑似系铅弹头所击中。⑦子弹中在囟门,脑盖骨碎,无论何种子弹,皆有可能。

其次,林几用法医弹道学原理进行研究,分析:①当时我国常用步枪口径多为7.92毫米(也有用意大利和日本的6.5毫米口径),在较近距离发射,射入口可达9.0~13毫米甚至13毫米以上,此时射出口应较射入口大。但手枪中旧式左轮手枪口径、亦与口径7.92毫米长步枪相似,故其所形成的射入口大小亦可与长步枪相类似。②四个被害人中三死一伤,甲、乙、丙各被害人枪伤之射入口均较小,射出口均较大,是不同距离之较近距离射击的表现。③从各被害人中枪部位来看,可确定均为他杀,绝非自杀。④其发射距离,凶手发射时距甲、乙射程在十数步至数十步,凶手距离甲较乙远,而凶手距离丙最近,但其枪口亦非紧贴于丙囟门,至少须在三五步乃至十步以内,故其射入口炸裂较大,头盖骨炸碎翻至耳后,系因头盖骨腔内原充满脑浆,其内压力本系平衡,一时猝于头顶囟门部受巨大枪弹袭击,压力充满头盖腔内,液体压向周围迅速扩散,压炸头骨,形成外翻巨大创口。故此外翻创口的形成,是由于脑液的反冲压力,非直接由于枪弹的压力。按此原理,无论用何种子弹,如压力大,猝击头盖骨,均可形成巨大外翻的炸裂创口,而不一定如验断书所云"系土制毛瑟铅头开花子弹所中"。但按各创口状态而论,可确定均系铅弹,并非纯钢弹。⑤据甲、乙、丙三尸中伤部位及子弹出入口、弹管方向而言,甲、乙受伤时,应系取俯卧位,或蹲卧位,他人于较近距离自头顶囟门向下发射。故甲、乙、丙三人似为被捉后被处置者,或卧于平地上的作战者,其身手多被绑,均有不同形迹,可资参考。⑥据丁之伤部及子弹出入口、弹管方向而言,丁应为侧身捷足跑走时被他人用枪从右前方约千米或数千米远距离射击所中。因急跑,故握拳屈肘,于是枪弹经过右胁肋斜向上穿右腋下,再斜向穿及右肘。

鉴定结论:①死伤四人之伤口,皆为长步枪或旧式左轮手枪所致。②四人均系铅弹所中,并非纯钢弹及开花弹。③无论何种子弹,如距离近射击,头顶均可形成头盖骨破碎外翻之伤型。④甲、乙、丙所受射击系较近距离射程,丙尤近,不过数步以内,均为他杀。丁乃跑走时受较远距离射击。⑤甲、乙受射击时,系取俯卧位或蹲卧位,丙受击时取纯俯卧位,故该三人似系被捉后受处决者,或俯于平地上的作战者。请予侦查。

以上便是现代法医弹道学的早期较为系统的研究成果,林几发表的有关论文有《枪弹检验与伤型之对照》[《健康知识(北平)》1937年第1卷第4至第5期]、《枪射创与子弹之砸炸伤之判明》(《北平医刊》1937年第5卷第4期)、《现代法医所须知之枪弹检查》(《国立江苏医学院十周年纪念特刊》1948年特刊)等。可见,林几在这方面的贡献也是很大的。

五、法医检骨案

(一) 个人识别

下面这份鉴定书引自陈康颐的《应用法医学总论》①。

广西高等法院法医鉴定书

骨字第×××号

委托机关 广西××地方法院

鉴定事由 送请鉴定该项骸骨之性别、年龄、身长、损伤、死因、有无特征及其腐败程度等情形，究竟是否即系被害人张××之骸骨由

检材件数 骸骨一具，案卷二宗

检验日期 中华民国二十九年×月×日至×月×日

检验地点 广西高等法院法医室

鉴定日期 中华民国二十九年×月×日

公函摘要：

为鉴定事：案准广西××地方法院本年×月×日，××字第×××号公函内开："迳启者，查本院受理王××杀人一案，据告诉人张××声称：其胞妹张××被被告人王××殴伤后身死，曾蒙钧院检察处派员检验在案，唯被害人张××身死未及二月，即已成为骸骨，显系被告人王××殴伤致死后，偷换尸体，恳请严办等语，唯被告人王××绝对否认有上项情事，并称其妻张××（即告诉人胞妹）确系撞在桌子边缘上受伤身死，验埋之后，亦未更动，如不相信，可以复验等语。兹既情词各执，对于该项骸骨之性别、年龄、身长、损伤、死因，有无特征及其腐败程度等情形，究竟是否即系被害人张××之骸骨，本院认为有审究之必要，业经派员前往传集一干，眼同开棺，检取齐全，固封带院，相应检同卷件，汇送贵法医师依法鉴定见复为荷。"等由，计送到尸骨一具，卷二宗。准此，当将该尸骨详行检验，兹将所检结果，编定说明，鉴定于后：

甲、检验

送验证物，系装于木箱内，外表钉封不误，上有"内装骸骨一具，送广西高等法院法医室查收，广西××地方法院封"及"广西××地方法院××年×月××日封"字样。开盖，取出各骨，置于煮骨箱内煮沸消毒，用自来水先刷干净，经太阳热力干燥后，详细检查如下：

一、性别的检查：该送检尸骨，比较纤弱而短，骨质较轻，骨面光滑，骨突微小，凹凸较少。将左右髋骨与骶骨合成骨盆，其全部宽大而短，上口呈横椭圆形，盆腔宽大而浅，下口的纵径和横径宽大，骶骨、尾骨前面凹陷，呈等边三角形，坐骨、耻骨较短，耻骨联合广阔而短，耻骨弓呈弧形，约为九十五度。颅有眉弓、乳突微弱，鼻根较浅。胸骨体仅胸骨柄的一倍半多些。经骨盆、颅骨、胸骨检查，得推断该被害人的尸骨应系女性骨骼。

二、年龄的检查：

1. 牙齿的检查 该颅骨的上颌骨有牙齿14个，即中切牙2个，侧切牙2个，尖牙2个，第一双尖牙2个，第二双尖牙2个，第一磨牙2个，第二磨牙2个，共计14个，第三磨牙尚未萌出。下颌骨有牙齿16个，即中切牙2个，侧切牙2个，尖牙2个，第一双尖牙2个，第二双尖牙2个，第一磨牙2个，第二磨牙2个，第三磨牙2个，共计16个。

---

① 陈康颐. 应用法医学总论 [M]. 北京：群众出版社，1995：255 - 261.

第五章 民国时期法医学发展与社会治理

2. 骨端与骨主体接合的检查 该尸骨的肋骨后端与骨主体接合。坐骨结节与坐骨体接合。胫骨、腓骨的近端和远端均与骨主体接合。肩胛骨的肩峰与肩胛冈接合。肱骨近端、桡骨远端均与骨主体接合。肩胛骨各骨端全部与骨主体接合。尺骨及股骨的远端均与骨主体接合。锁骨的胸骨端与骨主体尚未接合。髂（骨）嵴与髂骨翼亦未结合。腰椎体上下面的椎间盘均未与骨主体接合。

3. 哈佛氏管（Havers' canals）的检查 将该尸骨的右胫骨体中部，用锯作横断面锯下一片，在砥石上磨成薄片，置于显微镜下观察，在能看见的空间范围内，哈佛氏管平均直径约38微米。经牙齿萌出、骨端与骨主体接合及哈佛氏管的大小等检查，估计被害人的尸骨年龄约20岁。

三、身长的测定：将该尸骨的颅骨、颈骨、胸椎、腰椎、骨盆、股骨、胫骨、腓骨及距骨、跟骨置于骨骼固定器中固定，测量其长度，计151厘米，加头皮、脚跟等软组织及各关节间纤维软骨等厚度共5厘米，得测定该被害人生前身高约156厘米。

四、损伤的检查：将该尸骨的颅骨固定后，前自弓上1厘米处，后至枕外隆凸外，作一平行线，用弓锯锯开，使成2片，检查脑颅骨及面颅骨如下：

1. 脑颅骨 将额骨、左右顶骨、枕骨、蝶骨、左右颞骨及筛骨进行详细检查（肉眼检查及扩大镜检查），尤其对扁骨内外板及颅前窝、颅中窝、颅后窝仔细观察，均未见有骨质血斑、折裂、断离及其他损伤，应属正常。

2. 面颅骨 将左右上颌骨、左右颧骨，左右鼻骨，左右泪骨，左右腭骨，左右下鼻甲，梨骨及下颌骨进行详细检查（肉眼检查及扩大镜检查），均未见有骨质血斑、折裂、断离及其他损伤，应属正常。

3. 舌骨 详细检查其骨主体及大小角，尤其大角，均未见有骨质血斑、折裂、断离等损伤，应属正常。

4. 颈椎 共计7枚。每椎各部，特别是棘突，均未见有骨质损伤。应属正常。

5. 胸椎 共计12枚。每椎各部，均未见有骨质损伤，应属正常。

6. 腰椎 共计5枚。每椎各部，均未见有骨质损伤，应属正常。

7. 骶骨 其前后面、基底、尖端及两侧部，均未见有骨质损伤，应属正常。

8. 尾骨 每一尾椎正常。

9. 左肋骨 共计12条。在第四、第五、第六三根肋骨体前部，均发生不全骨折，但未断离，在骨折处，都显出红褐色骨质血斑，阔约0.6厘米（骨折处两边各0.3厘米），其中尤以第五肋为最明显，用水刷、刀刮不去，将刮下的骨粉进行血痕试验，均呈阳性反应。在其他非骨折部分刮下的骨粉进行对比试验，均呈阴性反应，这是生前受到暴力撞击引起肋骨损伤发生的骨质血斑，即宋慈所说的血廕是也。其余各肋骨的前后端及骨主体部，均未见有骨质损伤，应属正常。

10. 右肋骨 共计12条。各肋骨的前后端及骨主体部，均未见有骨质损伤，应属正常。

11. 胸骨 其柄及体均未见有骨质损伤，应属正常。剑突缺如。

12. 左锁骨 其内外端与体部，均未见有骨质损伤，应属正常。

13. 右锁骨 其内外端与体部，均未见有骨质损伤，应属正常。

14. 左肩胛骨 各部均未见有骨质损伤，应属正常。

15. 右肩胛骨 各部均未见有骨质损伤，应属正常。

16. 左肱骨 其上下端与体部均未见有骨质损伤，应属正常。

17. 右肱骨 其上下端与体部均未见有骨质损伤，应属正常。

18. 左桡骨 其上下端与体部均未见有骨质损伤，应属正常。

19. 右桡骨　其上下端与体部均未见有骨质损伤，应属正常。
20. 左尺骨　其上下端与体部均未见有骨质损伤，应属正常。
21. 右尺骨　其上下端与体部均未见有骨质损伤，应属正常。
22. 左手骨（腕骨、掌骨、指骨）不计。
23. 右手骨（腕骨、掌骨、指骨）不计。
24. 左髋骨（髂骨、耻骨、坐骨）骨主体各部均未见骨质损伤，应属正常
25. 右髋骨（髂骨、耻骨、坐骨）骨主体各部均未见骨质损伤，应属正常。
26. 左股骨　其上下端及骨主体部均未见骨质损伤，应属正常。
27. 右股骨　其上下端及骨主体部均未见骨质损伤，应属正常。
28. 左右髌骨　均未见有骨质损伤，应属正常。
29. 左胫骨　其上下端及骨主体部均未见有骨质损伤，应属正常。
30. 右胫骨　其上下端及骨主体部均未见有骨质损伤，应属正常。
31. 左腓骨　其上下端及骨主体部均未见骨质损伤，应属正常。
32. 右腓骨　其上下端及骨主体部均未见骨质损伤，应属正常。
33. 左足骨（跗骨、跖骨、趾骨）不计。
34. 右足骨（跗骨、跖骨、趾骨）不计。

五、特征的检查：该尸骨的左右上颌骨的尖牙，均向外方突出，即俗称虎牙。下颌骨的右侧第一磨牙有腐蚀现象，是为龋齿，俗称蛀牙。其余各骨均未见有异常。

乙、说明

一、男女性之骨骼，以其大小、长短、粗细、重量、性状等不同而异，尤其是骨盆的性别差异最为明显，其次为颅骨，再次为胸骨。其余的某些骨骼，亦有程度不同的性别差异。

1. 一般言之，男性骨骼粗大而长，骨突明显，骨质较重，骨面粗糙，凹凸较多。女性骨骼纤小而短，骨突微小，骨质较轻，骨面光滑，凹凸较少。但在法医实际工作中，鉴定骨骼的性别，以检查骨盆较为确，因男女生理上之不同，女子生育的需要，骨盆形态自有差异。通常男子之骨盆狭小而长，上口呈心脏形，盆腔狭小而深，下口之纵径及横径狭小，骶骨前面较直，略呈等腰三角形，坐骨、耻骨较高，耻骨联合狭窄而长，耻骨略呈类三角形，70～75度。女子之骨盆宽大而短，上口呈横椭圆形，盆腔宽大而浅，下口之纵径及横径宽大，骶骨前面凹陷，略呈等边三角形，坐骨、耻骨较短，耻骨联合广阔而短，耻骨弓呈弧形，90～100～110度。

2. 男性颅骨之眉弓及乳突凸起明显，鼻根部凹陷较深。女性颅骨之眉弓及乳突凸起不明显，鼻根部凹陷较浅。

3. 男性胸骨之体长为柄长之2倍以上。女性胸骨之体长为柄长2倍以下。

据前"甲、检验"之"一、性别的检查"结果，该送检尸骨之一般性状，尤其是骨盆之全体形态，颅骨眉弓，乳突之凸起度及胸骨体长与柄长之比例，实与女性骨骼相当，委系女子之骨骼。得证明该送检之尸骨，就系一女子之尸骨，故该被害人应为女子。

二、法医学实际工作中，以尸骨来确定年龄，一般采用牙齿萌出之顺序，骨骼发育之状态以及哈佛氏管之大小，以推定年龄之大小。

1. 牙齿萌出　牙齿从上下颌骨中逐渐长出的过程。即乳牙自婴儿6～8个月起开始萌出，恒牙在6～8岁开始萌出，在恒牙逐渐萌出时，乳牙即逐渐脱落。一般第二磨牙在11～14岁萌出，先从下颌骨中长出，后从上颌骨中长出，第三磨牙在18～22岁萌出，亦先从下颌骨中长出，后从上颌骨中长出。查该送检尸骨之上颌骨中尚未长出第三磨牙，而下颌骨中已经萌出第三磨牙二个。

2. 骨骼发育　骨化中心又称骨化核或称骨核，常在一定场所之小范围内开始，随着年龄之

增长，而逐渐形成骨化，再与骨主体接合。如18～24岁时，肋骨后端与骨主体接合，坐骨结节与坐骨体接合，胫骨、腓骨之近端与远端均与骨主体接合。19～21岁，肩胛骨的肩峰与肩胛冈接合，肱骨近端，桡骨远端均与骨主体接合。20～21岁时，肩胛骨各骨端全部与骨主体接合，尺骨及股骨的远端均与骨主体接合。20～22岁时，锁骨之胸骨端尚未与骨主体接合，髂（骨）嵴与髂（骨）翼亦未结合。22～25岁时，腰椎体上下面椎间盘均未与骨主体接合。查该送检尸骨，其中肩胛骨的肩峰已与肩胛冈接合，肱骨近端、桡骨远端均与骨主体接合，肩胛骨各骨端全部与骨主体接合，尺骨及股骨的远端均与骨主体接合。但锁骨之胸骨端与骨主体尚未接合，髂（骨）嵴与髂（骨）翼亦未接合。

3. 哈佛氏管　据法国巴黎大学法医学教授巴尔达沙及罗勃兰二氏研究，人的胫骨体中部哈佛氏小管，随年龄之增长而逐渐长大，一般哈佛氏小管之平均直径，婴儿为27～28微米，10岁时为35微米左右。20岁时为38微米左右，30岁时为40微米左右，40岁时为42微米左右，50岁时为43～40微米等。该送检尸骨，其胫骨体中部哈佛氏小管之平均直径为38微米。

据前牙齿萌出、骨骼发育及哈佛氏小管检查结果，该送检的尸骨一具，从其上下颌骨第三磨牙长出的顺序而言，其骨龄介于18～22年，以骨骼发育之状态而言，当在19～21年，即在20年左右；又以哈佛氏小管之大小而言，则在20年左右。综上所述，该送检尸骨之骨龄在20年左右，故该被害人之生前年龄应在20岁上下。

三、该送检尸骨，基本上是一具比较完整之尸骨，只要将颅骨、颈椎、胸椎、腰椎、骨盆、股骨、胫骨、腓骨及距骨、跟骨置于骨骼固定器内，按照顺序排列固定，测量从颅顶至足跟间之长度，再加上头皮、足跟软部组织及各关节间纤维软骨等厚度5厘米，即该被害人生前之身高。经测量该具尸骨结果，自颅顶至足跟之长度为151厘米，再加上软组织、软骨等5厘米，合计156厘米，即该被害人生前身高为156厘米。

四、骨骼受到外界钝体撞击后，超过骨之弹力性，骨组织之联系发生部分的或全部之折断状态，称为骨折。例如：头部受到外力撞击后，往往发生颅骨骨折，胸部受到外力撞击后，容易引起肋骨骨折，四肢受到外力撞击后，易于造成长骨骨折等。在外力撞击的部位发生骨折者，称为直接骨折；离开外力撞击的部位发生骨折者称为间接骨折。骨折后骨组织并未完全断离仍保持连续性者，称为不全骨折；骨折后骨组织完全断离者，称为完全骨折。骨折附近皮肤或黏膜完整无损者，称为闭合性骨折；骨折同时并发皮肤、皮下组织创伤者称为开放性骨折。据本案卷宗内载，该被害人张××与被告人王××扭打中，被王××用力一推，张的胸左前部撞在桌子边缘上，当时喊痛，蹲在地上，立即将其扶起，抱在床上，解开上衣，见胸左前部皮肤有些青肿，马上贴上伤膏药等情事。经检查骨骼结果，其左侧第四、第五、第六肋骨体前部，均见有尚未断离的骨折。得证明该被害人张××生前胸左前部撞在桌子边缘上，在被撞击部位，发生直接的闭合性不全骨折。

关于"骨折"方面，早在我国宋代宋慈编著的《洗冤集录》的《论沿身骨脉及要害去处》中就有叙述。他说："若骨上有被打处，即有红色路，微瘾，骨断处，其接续两头各有血晕色，再以有痕骨照日看，红活乃是生前被打分明。骨上若无血瘾，纵有损伤，乃死后痕。"又说："如阴雨，不得已，则用煮法，候千百滚，取出，水洗，向日照，其痕即见。血皆浸平损处，赤色，青黑色，仍仔细验，有无破裂。"查该送检尸骨的左侧第四、五、六肋骨体前部的不全骨折处，均显出红褐色骨质血斑，阔约0.6厘米（骨折处两边各0.3厘米），其中尤以第五肋最为明显，用水刷、刀刮不下，将刮下的骨粉进行血痕试验，将呈阳性反应；在其他非骨折部分刮下的骨粉进行血痕试验，均呈阴性反应。这是生前受到暴力撞击后，引起的骨质损伤，血管破裂，血液浸入骨质所形成的骨质血斑，即宋慈所说的血瘾（骨瘾）是也。

五、据本案卷宗内载：该被害人张××与被告人王××扭打中，胸左前部撞在桌子边缘上，经检查尸骨结果，其左侧第四、五、六肋骨均发生不全骨折，都是事实。但该张××是否因左肋骨骨折，伤及心包、心脏或肺脏致死，因张××死后，未经剖验尸体，不知其心、肺有无损伤及其程度。其次，该被害人张××患有水肿病，经中医治疗无效，于五月底不治身死。按医学上的水肿有郁血性水肿、营养不良性水肿、肾性水肿、中毒性水肿、炎症性水肿等多种。该张××系患何种水肿，生前未经诊察，死后亦未剖验。本鉴定人对这两个问题，很难加以判断。

六、尸骨之个人辨认，包括性别、年龄、身长、颅形、牙齿、畸形及伤病痕迹等。该送检尸骨，除前检查之性别、年龄、身长，左侧第四、第五、第六肋骨骨折外，其左右上颌骨的尖牙，均向外方突出，即俗称虎牙，下颌骨左侧第一磨牙有腐蚀现象，是为龋齿，其余并未见有异常征象。

七、人体死亡之后，其腐败之速度，及成白骨之时间，因环境而有不同，如夏季最速，春秋次之，严冬较迟；空气中最速，水中次之，地中较迟；水分多者最速，中等度者次之，湿度低者最迟；闭塞之潮湿空气中最速，流通之干燥空气中最迟；棺木薄者速，棺木厚者迟；埋葬浅者速，埋葬深者迟等。一般言之，人死之后，须经过数月之久，方能成为白骨。但据日人舟越清氏之报告：有于梅雨期内自缢者，经过十日，即成为白骨；百崎钦一氏曾遇一妇人尸体，在一个月内，即成为白骨。又欧人爱勒氏称：浅埋于湿暖沙地内之尸体，约17日间，即成为白骨化。据本案卷宗所载：该被害人张××曾患有水肿病，死后殓于板棺内，且浅埋于地中，棺背与地面相平，此种情况，无论在病因、季候、处所、湿度、温度等方面，均适于腐败，易成白骨化。证之舟越清、百崎钦一、爱勒等之经验，该张××尸体于两月内变为骨骼，并非不可能也。

八、该送检尸首一具，是否即系被害人张××尸体腐败后所成的骨骼，请参照前述说明各项，详加调查，是否相符。

丙、鉴定

据前检验及说明，得鉴定：

一、该送检尸骨，系一女性之骨骼，故该被害人，应为女子。

二、该送检尸骨之骨龄，应在20年左右，故该被害人之年龄系在20岁上下。

三、该送检尸骨之长度约为151厘米，故该被害人之身高约为156厘米。

四、该送检尸骨中左侧第四、第五、第六肋骨，检有不全骨折。

五、该被害人死后未经剖验，不知其器官伤病如何，未便判断死因。

六、该送检尸骨中左右上颌骨的尖牙为虎牙，下颌骨左侧第一磨牙为龋齿。

七、该被害人死后两个月内，可以变成为白骨化。

八、该送检尸骨是否被害人张××之骨骼，请参照说明各项，详加调查，是否符合。

鉴定人广西高等法院法医师　陈康颐

中华民国二十九年×月××日

述评：法医检骨现称为法医人类学，也称法医骨学。本例通过对送检尸骨进行法医学鉴定，推断性别、年龄、身高、有无损伤（骨折）等，是我国早期法医人类学的鉴定实例。我国当代法医人类学学者陈世贤著有《法医骨学》、胡炳蔚著有《法医检骨与颅像重合》、张继宗著有《法医人类学》等法医人类学专著，应用法医人类学研究还可进行死因、死亡时间、颅像复原、血型、人种等鉴定。近年来还应用DNA指纹技术进行法医人类学鉴定，使法医人类学研究上了一个新台阶。

(二）辛凤楼案

该案载于《法医月刊》1934 年第 3 期第 58 - 65 页，是一个杀人公诉案件。该案于 1932 年 9 月 23 日由国立北平大学医学院转送湖南省澧县县法院检案一件（辛凤楼杀人公诉一案）至司法行政部法医研究所，要求对"所呈残骨究系男骨、女骨，新骨、旧骨，老骨、少骨，及系生前烧毁抑系死后烧毁之骨，又对《洗冤录》亲生子滴血法是否可靠，该证物中两骨已曾施该法是否可用"等进行鉴定。9 月 25 日，随案送到焚骨两包。案情："为鉴定事，今因民国二十一年 4 月 4 日接到湖南澧县县法院澧字第五二三号公函内开：兹查本院有杀人案件。据告诉人（被害人之子）称：民母辛凤楼，63 岁，上年（二十年）11 月 18 日（农历十月初九日）被人杀伤身死，并于次日夜间将尸体拆割两次，零星烧毁。旋于 12 月 28 日（农历十一月二十日），据告诉人见获烧余残骨，请求检验，各等情。经本院检察官依照《洗冤录》亲生子滴血法，将髀骨（即大腿长骨）一块刷白，用炭火微烘，令告诉人（据称系被害人之亲子）于左手中指刺血，其血沁入骨内有瘢，与《洗冤录》所载无异，则该残骨以系告诉人之亲属。然据《洗冤录》载，凡在血统关系以内之人，滴血都可入骨，该残骨究竟是否告诉人生母之骨，又属无从臆断。况亲子滴血法在现代科学家之研究，多以为未必可靠，且所呈残骨究系男骨、女骨，新骨、旧骨，老骨、少骨，及系生前烧毁，抑系死后烧毁之骨，均非详加检验，不足以成定谳。相应检同该案尸骨四块，函请贵学院查照上开各点，鉴定见复等。……准此，即将全案委托本学院法医学教室主任教授林几为鉴定人。"

10 月 3—12 日，林几带领法医研究所陈安良、吕瑞泉、康成、赵广茂等进行仔细检验和反复研究，10 月 16 日出具鉴定书。林几对送检的焚烧残骨进行四个方面检查：

一是一般肉眼检查，包括甲、乙两项证物。甲项证物为黑色（炭化）与白色（灰化）大小不等之碎骨骨末，其重量共 400 克。其中找到有 9 个脱落齿孔牙槽的下颌骨、有第一、第二颈椎骨（环、枢椎），有肋骨，有骨缝的头盖骨及下肢胫骨、腓骨。乙项证物为尸骨 2 块，但已破碎并在公文纸上书有"注意此系滴血之髀骨二块"，因鉴定人林几对《洗冤录》所载滴血验亲法殊抱怀疑，于是施行下列对照实验：①试由检验者在曾作滴血验亲的骨上有血痕部位之外方滴下一滴自己的手指血，发现血即渗入骨质内。②另取证物之他骨一块，滴以手指血，亦渗入骨质内。③另取一块动物骨焚烧后亦滴以手指血，亦渗入骨质内。④取鸽血及兔血滴于该检骨上，亦渗入骨质内。

以上四项实验结果均属一致，无论人及动物血液均可渗入已被焚烧之骨质内，而滴血之人是检验人，故《洗冤录》滴血认亲之法不攻自破。

二是紫外线检查。将尸骨一一置入紫外线下检查，多呈黑紫色，炭化部尤其。唯黄白色尚未被焚透之骨则发土白色，毫无白紫银色荧光。而曾经滴血之骨，该血迹部位发土棕色。

三是证物尸骨磨片显微镜的检查。将证物尸骨未完全灰化骨的一小部分磨成薄片，用显微镜检查。在骨组织中可见哈佛氏管，其数量少而大，排列有规则；其管腔甚大而骨小管未见存在；其中心带层非常明显。经比较观察，证明该证物尸骨之组织实为人类骨。

四是证物尸骨不能施以脱灰切片之检查。

经人类学研究，其骨骼短小，身材不过"四尺半"左右。其脱齿及龋齿，多属老年人特征。

根据以上检查，林几综合分析后得出鉴定结论：①认定送检的残骨系人骨，不是一般兽骨及猴骨。②证物尸骨确系尸体施行火葬之余骨，属死后焚烧。③死者年龄达五六十岁或以上。④死者身材"四尺半"以下。⑤经过对照实验，结果证明：该证物尸骨对无论何人及一切禽兽血液均可渗入，故按《洗冤录》方法施行滴血认亲，应认为无效。

林几的科学鉴定结论使辛凤楼杀人公诉案件得以公正判决。

（三）骨龄之验

该案载《法医月刊》1934年第8期"鉴定实例专号"（第一卷）第十一例。1934年1月9日，江苏上海特区地方法院以"妨害风化一案中关于柯红英年龄请求鉴定"，向司法行政部法医研究所送检案件。法院提及此案为"妨害风化案"，但未提及具体案情，只要求作柯红英的年龄鉴定。同时，我们在卷宗里看到林几写的几行字：该女子"唯对腹部及阴部拒绝受检。而询悉白带甚多，未曾妊娠。……而其他妇女奸情有关事件，法院又未曾委托施检。故行从略"。

林几受理此案后，对检验进行详细分析，认为骨龄鉴定应从身体检测和放射影像学两方面入手进行鉴定：一是在法医研究所第二诊察室进行身体检测，二是在上海红十字会医院X线室检查。然后分析推定年龄。林几对柯红英进行全面体检后，对柯红英包括左右肩胛骨、左右前臂尺桡骨、左右上臂骨、左右大腿骨、左右腓骨和两手骨的骨骼进行拍摄阅片分析。结果比较如下：

年龄在15—16岁的人，两肩胛骨之肩胛突应愈合，而柯红英已愈合；年龄在17岁的人，两桡骨上端、两尺骨鹰嘴和两大腿骨之转子应愈合，而柯红英已愈合；18—19岁的人，两尺骨下端、两胫骨下端、两手指骨端应愈合，而柯红英两尺骨下端、两胫骨下端未愈合，只有左右第二指骨骨端尚未愈合，余皆愈合；19—20岁，两手臂骨之上端、两腓骨下端应愈合，而柯红英未愈合。

林几根据体检和X线检验，确定柯红英骨龄应已满17岁，在17—18岁。后经调查证实，柯红英生于民国六年（1917）农历十月初四，生肖属蛇，柯红英到法医研究所检验是民国二十三年（1934）1月9日，检验时未满18周岁，与检验结果十分吻合。

（四）僧衣兽骨

该案载《法医月刊》1934年第8期"鉴定实例专号"（第一卷）第二十例。1932年11月26日，中央研究院代宜兴县政府转送检材"和尚衣一件、毛巾一条、袜一双、菜刀刨刀各一柄、石灰尸骨各一包"，委托司法行政部法医研究所"请检验衣服、菜刀、刨刀及石灰等件是否染有人血？尸骨是否人骨全具，抑系杂并？入土已有几年"？

这是江苏省保安步兵团报的案子。据江苏省保安步兵第四团第三营唐某某营长报称："窃职营奉令移驻宜兴南门外'显亲寺'内后院般若堂，右首数间划为医务所。左首一间为寺僧堆置杂物，对锁甚固，医务所内看护兵常用住宿，间有病兵入住。近日每夜十时后，空屋内常有哭声，看护士兵疑神疑鬼，喧传已久，职微有所闻，以事关迷信,力辟虚妄,并传语晓谕,不得再任讹传。讵知,本月九日晚间熄灯以后,又照常啼哭,声甚锐厉,在所士兵惊惶奔避。当时即由第×连连长×××报告前情,同往查看,果闻哭声,断续出自室内,并经职查询室内什物,又无贵重物品存储,严密封锁,事属可疑。因于十月十日下午,督同寺僧、士兵启门查勘。室内堆积残破,门窗户扇,以及桌凳等器具甚多,内中有棕棚一张,已烧毁一角,地板及墙角边均有类似血踪,因复拆卸一部分地板,发现破烂衣服袜裤各一,血痕斑斑可考,疑窦丛生,亟须根究。当于十一日电话报告钧部,邀同县政府公安局等各机关代表,莅营会勘。发觉内角一部分土甚松浮,形迹可疑,即于下午一时,督率士兵掘尺许,先发现洗面毛巾一块,有隐微血踪,并有僧"××"二字标记,又无柄菜刀及刨刀各一把,均污锈,大小骨骼数块,掘至三尺许,又发现尸骨一大堆。当即将尸骨、衣服、菜刀等件一并摄影存储,并将大略经过情形当场记录,由各机关团体代表签名作证,以昭慎重。窃查此案,事属离奇,迹涉荒诞,唯证据确属,众目共观,理所必无,事或既有,既经勘得实证,又属命案,关系重大,不得不彻底根究。内中疑点甚多,颇费研猜。查空室内仅系堆放破毁什物粗笨器具,似无严锁之必要,室内又揭贴禁止闲人便条,可疑者一;棕棚烧毁痕迹显然,质之寺僧,委诸不知,言辞闪烁,可疑者二;寻常破碎衣服,即应弃去,亦不致抛弃地板之下,且多有血污痕迹,可疑者三;菜刀刨刀深埋土中,可疑者四;其室全室泥土,均甚坚硬,唯内角一部分极松浮,尸骨、菜刀等物即于此一部分泥土中掘得,可疑者五。其他关于寺僧方面,有无嫌疑,未便臆断。总之,此案证据既已发现,事实尚无端倪,亟应移归司法机关办理,……谨将当日发觉经过,以及会勘各情形,详析缕陈,理合连同尸骨、衣服、裤、袜、菜刀、刨刀及会勘记录照片等件,一并备文送,仰祈钧长鉴核,函送县政府依法办理。"

宜兴县政府受案后,派员前往该寺查勘。勘得般若堂般首房内墙壁上亦有疑似血迹之紫红斑点甚多,将该红色斑点连同石灰刮下一包,带回附卷。查该案,无事主及凶手可据,是否成为凶杀案,以就所得衣服及菜刀、刨刀及石灰等件是否染有人血,尸骨是否人骨全具,亦系杂并,入土已有几年等,均须专家化验鉴定,方能定夺。

宜兴县政府遂把检材"和尚衣一件、毛巾一条、袜一双、菜刀刨刀各一柄、石灰尸骨各一包"送南京中央研究院查照办理。中央研究院致函并送证物至司法行政部法医研究所:因"本院尚无法医研究之设备,对于法医检验等事,本未便过问,唯因该县政府既将该项该物寄院,若竟拒纳退还,徒费时日,因知贵所设备丰富,专家集中,故特检同原部件,备函代送,即请详为检定,并将检定结果,径复该县政府"。

林几仔细看完案情介绍和发案经过后,决定开启物证,准备检验。林几主持检验,指定检骨由范启煌、汪继祖、李新民、康成、张积钟、鲍孝威、胡师瑗等负责,血迹检验由陈康颐、吕瑞泉、蔡炳南、陈安良、赵广茂、胡兆伟、陈豹等负责。

开启中央研究院寄来的邮包,发现物证系用白色粗布包裹,上书"上海真茹司法行政部法医研究所查收"及"南京中央研究院寄"的戳记等。拆开后,见内又有一层白色粗布包裹,上书"南京中央研究院收",盖有"宜兴县政府寄"等字样。剪开包布,内系以报纸重裹,有报纸小包两件,包上各束以麻绳,第一包上面书有"保安处第四团第三营呈解显亲寺一案枯骨,十一、八"等字样。第二包上面书有"保安处第四团第三营呈解显亲寺一案僧衣刀等，十一、八"等字样。以上物证，系由该宜兴县政府原封，中央研究院加封封识不误。

肉眼及动物形态解剖学检查：检验发现，枯骨大小不等。脊椎骨1块，无椎体及左右关节面可见，左右横突甚长、大且扁平如翼，作蝴蝶状，椎孔正圆形，经比较，与人类椎骨完全不同，而与兽骨相同，尤其是食肉类兽如犬类。肋骨作弓状扁平，其弯曲度角度及大小，与人类肋骨大异，故必非人骨，而为食肉兽类肋骨。腭骨1块，其角度甚直，不呈弧状，其牙孔亦小于人体之牙孔，且有一破碎之颌骨前端部，其棱角呈圆形，并附有牙齿3枚，其牙根上附有黄色色素沉着，尖端极尖锐，作短弧形弯曲，故属食肉兽类之骨牙。下颌骨8枚牙齿检查，其中5枚为臼齿，较人类牙齿为大，上下端均分三尖支，而人类臼齿上面扁平、中央略陷，绝无呈尖状者。2个门牙，1个犬齿，其形状皆尖圆锐利，较人齿为小，与人体之犬齿、门齿完全不同，实为食肉动物之牙齿，尤与狗类之齿相似。尺骨2块，桡骨截痕，其形态构造，与人骨不同。右侧髋骨，表面粗糙，其上缘形状狭长，大小、形态均与人骨不同，是为兽骨。胫骨下相连有3块距骨，大小比较，与人相差五分之一，故非人骨而为兽骨。大腿骨1块，骨质菲薄，横径小于人骨数倍，然化骨已经完成，必非人骨，实为兽之腿骨。股骨下段，其后面沟状陷没，而人类为不等边之四角形，故该骨绝非人骨。管状骨2块，一管状骨经比较为鸡之左翼骨，另一小管状骨经比较为鸡之距骨。

衣服、毛巾等检查：上衣为扁领僧衣，呈淡灰色，两袖断缺，前后只存其半，尚有多处破孔和补缀之处。其领内外有蓝紫污迹，在领下缘有黄污色迹。然其破孔边缘，均都整齐，故其破处，必非腐烂及动物鼠蚁之咬损。在该衣上所染泥垢，亦不甚明显，亦无霉烂气味，用力撕扯不破。一般衣服等久埋土中，似有酸类细菌湿气等作用，一定腐烂，稍动就破，故该衣埋入土中时间，必不甚久。僧裤、袜，也同僧衣，埋入土中时间并不甚久。毛巾为灰色，一端绣有僧"××"二字标记，其入土时间，并不甚久。取衣服、毛巾等污迹做化验。

菜刀、刨刀上生锈及污迹做化验。菜刀、刨刀入土时间较衣服毛巾等入土时间久。

显微镜检查：将证物枯骨磨成薄片作显微镜下哈佛氏管观察。枯骨的哈佛氏管小而数量多，排列不整齐，而人体哈佛氏管大，数量少，排列整齐。将犬骨制成磨片发现与枯骨的哈佛氏管相同。而将鸡的翼骨磨成薄片，置于显微镜下观察，发现与证物枯骨中的小管状骨相同。故认为证物枯骨分别系犬骨和鸡骨。

血清学检查：做污迹是否为血迹的预实验呈阴性；做可疑血痕实质性结晶实验也为阴性；做可疑污迹还原血红质实验，没有结晶存在，抗人体血清沉淀实验阴性，均证明并非人血。

紫外线分析检查：各证物原有斑点部位，并不呈土棕色或紫棕色，证明不是血痕。

最后，林几认定：①僧衣、菜刀及刨刀、墙壁灰等证物上未染血迹，自然无人血迹。②送检各枯骨确非人骨，大部分为食肉类兽骨，尤以犬骨为近似；部分则为鸡骨。并非全具，而系杂并。③关于入土时间，衣、裤、袜、毛巾及鸡骨埋入土内为时不久，而刀及兽骨则已腐朽，入土时间已逾一二年或以上。

这起闹得沸沸扬扬的可疑凶杀案，加之夹杂有"夜半哭声"等情节，又发生在地方部队驻扎的寺庙里，在检验期间引起社会各界高度关注。不过，有个插曲，自从僧衣枯骨取走后，没有"夜半哭声"，军营平静，有人就怀疑原来的种种迹象是人为所致。

司法行政部法医研究所鉴定结论证实系"僧衣兽骨"后，可疑寺庙凶杀案被撤销，而又有人推测系"近一二年僧侣在寺内夜半杀鸡宰犬饮酒作乐，僧侣不满意部队进驻而作祟"。

（五）尸骨鸣冤

在林几当年的法医档案里，司法行政部法医研究所沪字第一〇九号鉴定书十分醒目。因为，林几在案卷扉页空白处写有"检骨重要实例"六个字。该案载《法医月刊》1934年第8期"鉴定实例专号"（第一卷）第二十八例。

这是1933年8月14日山东高等法院送检的案件，随卷宗送到"尸骨一箱七十块"，注明"函请鉴定该尸骨系属男性或女性、已死若干年月、有若干年龄、该骨有无中毒及被刀砍伤情形、是否一人之骨、有无短少等由"。

这个案件确实是检骨案中重要实例之一。本案是枯骨陈案，除性别、年龄、入土年限等以外，还要判定是否生前受伤等问题。生前受伤者，因血液由血管损伤部位流出，其血色素被组织吸收。如伤及骨膜及皮肤，有生活反应，表现有青色乃至青赤色出血斑，其血色素入骨质内而洗刮不去，成为法医鉴定的依据。

案情：据山东高等法院第六三五号公函称："本院受理徐傅曾预谋杀人上诉一案。据告诉人状称：被害人系于民国十九年（1930）农历七月二十二日，被徐傅曾用毒酒灌醉，推入炭井身死（嗣在本院复据告诉人供称：系徐傅曾用毒酒灌醉，身上砍有三刀，即右胁砍伤一刀，腰部砍伤两刀，砍死以后，复将尸身推入炭井等语）。该案正在侦查，忽于民国二十年农历九月二十日，矿工郭子英开办某炭井时发现尸骨不连之枯骨一堆，肌肉全部腐化，衣服仅剩一小布块。该尸骨在炭井土下三尺余深，始行掘出。经上诉人认，系被害人尸体。究竟该尸骨是否实系被害人，有无中毒痕迹，该尸体如系推入炭井，经过一年余期间，能否全部腐化，并入土三尺余深，抑系多尸骨？（据郭子英供：井里常常发现骨头，哪年都有）。实与解决本案有重要关联。本院因无法医设备，对该零星尸骨，无从鉴定。素仰贵所医学精湛，设备完密，当能依据学理详为辨别。"

林几看完卷宗和鉴定要求，核对送检木箱内尸骨70块，自己亲自检验，助手有范启煌博士、康成、汪继祖等。

检查所有尸骨，均为人类骨。颅骨：已破碎呈大小碎片6块，发现在前额骨、左右顶骨骨折，头部损伤特征为巨大暴力所造成。肩胛骨：肩峰下骨质上均有大小不等纵横之冰裂样骨折，右侧肩胛骨有缺孔，形状不规则，亦应为巨大暴力所致。左第二、第四、第六、第七、第十肋骨骨折，右第二、第四、第七、第十二肋骨骨折，左右髋骨骨折，第五、第六颈椎左侧之横突均有缺损及裂隙样骨伤，第四、第五腰椎骨有砍伤，荐骨（骶骨）骨折，右尺骨骨折，右胫骨骨折，经紫外线分析检查，以上损伤属生前伤。

骨质人类学检查，根据所送检骨殖粗糙及骨盆形状等，判断为男性。将全骨依次按人形排列，测量尸骨长度为160厘米，推算死者身高为165厘米。依据检查，头颅骨缝愈合、上下牙齿整齐坚固、甚少脱落、智齿存在、椎体上下端软骨板化合等，判断其年龄为25—30岁。根据其第三、第四、第五颈椎骨与第一颈椎骨大小均不相符，且其表面色素亦较浓厚，应为另一人骨，即送检骨为二人之骨。各骨形态与人体相符，并无兽骨。根据尸体腐败程度和骨折分化及发现尸体地点地理情况分析，尸体入土应在 1～1.5 年。

关于损伤情况，林几检查发现：在破碎头骨破裂部证明有生活反应，后头骨及右颞骨、颅顶骨断缺，系曾经钝器巨大暴力从后击伤之证或于落井后被巨石抛压或未落井前被大石、斧头等钝器猛击，否则头骨不致形成如许巨大缺损及伤痕；左右肩胛骨碎裂有生活反应，系生前巨大暴力压击所致或死者他部受伤未死，推落井后，身居俯位被人由上抛下的巨石击中，即可形成后头及肩胛骨如此损伤；肋骨损伤、髋骨损伤系生前打伤；椎骨上斜走形骨折裂伤系生前被刀砍伤痕迹。

林几认为，按以上伤型分析，死者似先被殴击伤左右肋部，同时更被刀砍右胁部、腰部及左下腿部，呈晕倒半死状态，后被移抛炭井内俯卧，而因未死时或能爬动，又被取巨石或钝器猛击头后及肩胛部，形成巨大骨损，伤及脑重要脏器而致命。

林几通过法医学检验，恢复了原来的凶杀情况，把凶手作案经过活脱脱地展现在人们眼前，宛若把法官带到刑案案发现场。

案件真相大白后，山东高等法院按照林几的科学结论，严惩了罪犯。事后，山东高等法院经办法官专门致函，对林几认真的态度、精湛的技术、严谨的分析甚为折服，并表示敬意，对林几的大力支持表示谢意。

（六）幼女枯骨

1933 年 6 月 3 日及 6 月 10 日，江苏吴县地方法院检察处委托司法行政部法医研究所鉴定"×××等伤害致死嫌疑一案已死×××之枯骨其性别为何，年龄约几何，枯骨上有无伤痕，如有伤痕是否足以致命，又死（亡）时（间）推定，尸体速行腐烂学理之说明"。该案载《法医月刊》1934 年第 8 期"鉴定实例专号"（第一卷）第二十一例。据吴县地方法院检察处函称："本院受理×××等伤害致死嫌疑一案，业经依法侦查在案。兹查已死×××于本年 4 月 27 日（即农历四月初三日）夜身故，本处于 5 月 20 日（即农历四月二十六日）检验，中间相距仅 23 日。但其周身肌肉脏腑腐化已尽，即所剩之骸髅，亦甚干净，并无腐肉痕迹留着，唯所装棺木仅价值二元之薄松板，所埋地点，系在本城城下，覆以薄层泥土，又值天雨多日，冲洗殆尽。究竟在法医学上，关于人死后以死者体格，死亡时期，装置棺木，埋葬处所而论，其化尽至少须若干时期？又该项枯骨其性别为何？年龄约几何？枯骨上有无伤痕？如有伤痕，是否足以致命？均需鉴定明确，以为本处侦查之借助。相应将该尸枯骨装置木匣，加以弥封，连同原卷，暨鉴定费 20 元，一并备文，派警送请贵所查照，希即依法鉴定。"

原来，该枯骨在送法医研究所前已检验过，吴县地方法院检察处对第一次检验有疑问，特别是对死后才 23 日尸体就腐化殆尽不解，要求复验。

林几受案后，召集范启煌、陈安良、张成鏴、汪继祖、陈伟、李椿年、胡兆炜等进行研究，制订检验方案。

枯骨检验发现，上下颌骨各有牙齿 12 枚，上下各有新牙 2 枚，尚在骨槽内，应为第二大臼齿。在上下各门齿之牙槽内，也见有新牙露出。头颅各缝裂甚明显，以手压之易于苟合。第一颈椎骨化骨点未愈合。左右尺、桡骨下端骨骺一块未联合。左右臂骨骨骺一块未联合。左右腿骨上下骨骺未联合。左右胫骨骨骺一块未联合。以上检查，牙刚脱落和萌出，各长骨骨骺未联合，说明其年龄在 7 岁左右。骨盆形态和骨盆口径及耻骨角度等证明为幼女。各骨检查未发现损伤存在。

本案卷宗记载，吴县法院曾做过第一次检验，当时发现有蝇蛆和蛹，但未见蛹壳和蝇。按昆虫发育周期，亦不过 3 星期以上。这与死亡时间为 4 月 27 日，法院第一次检查时间为 5 月 20 日，二者相隔 23 日，基本吻合。法院第一次检查还记载，尸棺系薄葬，尸棺只盖薄土，经大雨水冲刷，致上掩泥土已被冲净。当时正值 5 月天气，温度、湿度较大。另，儿童尸体较之大人尸体容易腐烂，加之雨水浸入棺内，不断浸洗，则更易腐败。故林几认为，该幼女死后虽不及 1 个月，其全身软组织均已腐烂白骨化，实不足奇也。

关于死因。林几审查送检卷宗，该死者生前有生病记载，曾经医师诊治。本次检查尸骨没有损伤，故林几认为，其死因是由何疾病所致，应行讯查该医师为妥。

最后，林几下结论，认为所检查的骨骼为 7 岁左右幼女枯骨，尸骨上未发现损伤迹象，其死因应另行讯问医师查核，并附声明。

六、窒息死的法医学鉴定

（一）尸蜡之验

对法医而言，确认是否勒死或缢死，在尸体尚未腐败时可以就颈部的索沟、勒痕行走方向做出鉴定。若尸体已高度腐败、尸体表面痕迹消失，除下颚骨及颞骨乳突部或有绳索压痕出血（自缢）及第二、第三颈椎后突有骨损（他勒）外，鉴别自缢或他勒有较大难度。若对死后数年、尸体不完全腐败形成尸蜡的尸体，能否鉴定他勒致死或自缢身死呢？林几认为，在一定条件下可以做出鉴定。

林几曾遇到这样一个案件：死者于 1932 年 6 月 11 日死亡，1932 年 9 月 27 日做出鉴定（司法行政部法医研究所案例编号沪字第 3 号），该案以案名"复验青浦张老四身死原因案"载《法医月刊》1934 年第 2 期（该案又称"张老四案"）。林几在尸蜡上验伤，鉴定证实，青浦张老四死亡原因系生前被人勒死。

林几是怎样得出这个鉴定结论的呢？尸蜡指人死后，在特殊环境下，多见于埋葬在潮湿地方或浸泡在水中 1～1.5 年，尸体皮下脂肪组织因皂化或氢化后形成污黄色的蜡样物质，而使尸体得以保存，同样也长久保存了生前损伤和个人特征。成人尸体成为尸蜡相当罕见，据统计概率大约为 1/5000。

案情：1932 年 9 月 19 日和 25 日，江苏上海地方法院以"复验青浦张老四身死原因"为由，送第一六一一号公函至司法行政部法医研究所，称："奉江苏高等法院训令第五〇九二号，青浦张阿和杜氏等杀人上诉一案，关于被害人张老四是否勒毙，抑系自缢身死，非复验不足以昭信谳。令本院派员复验等。正核办间，复奉江苏高等法院训令转奉司法行政部训令，饬知贵所业已成立，关于疑难检验均由贵所办理，以示慎重。奉此，所有该案检验应请贵所复验。除函青浦县政府将张老四尸棺运交贵所点收办理外，请将开始检验时间先行函知本院，以便届时指派推事前往莅视。"

1932 年 9 月 27 日 9 时 30 分，江苏上海地方法院派法警押同地保 1 名及尸亲 2 名，送尸棺 1 具到司法行政部法医研究所。上海地方法院推事沈佑启讯明尸棺无误,当即开棺,施行检查。10 时 30 分开始检验,林几主刀,范启煌、汪继祖参与解剖。

尸体外观检查:①尸身所附衣服已腐败,蓝色者尤能辨色,以手撕之立形破碎。②尸斑消失。③血液呈黄色水样。④腐败现象:全身皮肤均腐烂,唯左颈、颌部犹存,全身大部分外观作灰污色,上附白色脂肪性尸蜡,臀部及胸颈部尤为显著。⑤颈部外观检查:颈部左方自喉部至项部,有一水平走向的宽 1.5 厘米、深 1.0 厘米的同大同深压痕存在。右颈部及项背部组织因已腐败皮脱未发现任何压痕。项部解剖:项部皮肤左方见横行走向勒伤痕,深部肌层呈淡红白色,一如新鲜之腊肉。用解剖刀剥离其上层腐败组织,在其之肌肉发现有红色及淡红色斑迹。第二颈椎骨(即枢骨)骨面亦发现有淡红色之斑迹。将该骨摘出,经询得推官及尸亲同意,转交本所检查室再详施检查并保留作证。在第二颈椎骨后面骨膜与韧带间均有出血痕迹;其右棘突面粗糙似有曾受外压力发生之骨损,其左棘突面有淡红色出血痕;椎骨前面勒痕与骨间有出血痕。

根据以上检查,林几认为,本案死者尸体呈尸蜡化,保留了生前损伤痕迹,其颈项部压痕系水平走向、同样深浅的绳痕,且检见出血斑迹,证明其系生前勒绳痕迹,即生前被人勒死。

根据林几的结论,法院查清张老四被勒毙的过程并做出判决,使数年的累讼得以正确定谳。

(二)羁押中死亡案

该案载《法医月刊》1934 年第 8 期"鉴定实例专号"(第一卷)第三十四例。这是一起由最高法院检察署和湖南高等法院检察处委托司法行政部法医研究所检验的案件。据最高法院检察署公函称:"案查岳阳县公安局局长×××等拘押×××(被害人)致死一案,经本署令派检察官×××前往彻查,兹据该检察官呈报调查情形前来,经本检察长详加查核,认为×××(被害人)致死原因,不无疑义,尚有重行检验之必要。除呈报司法行政部并函知司法行政部法医研究所外,合行令仰该首席检察官遵照,迅将该×××(被害人)尸体,克日派员送交上海司法行政部法医研究所检验。"

另据湖南高等法院检察处公函称:"查该案已死×××(被害人)于去年(1933 年)5 月 27 日晚因窃案被押于岳阳县公安局,是晚身死。次日由岳阳县法院检察官验明该×××(被害人)委系生前自缢身死,余无别故,尸亲××氏等不服。经本处 6 月 10 日令派长沙地方法院检察官带同该院检验员前往复验,结果与初验无异。旋据尸亲再请复验,并扛尸来省。复由本院检察官电调邵阳地方法院检验员于 6 月 28 日检验。当验得该尸头部多腐烂之处,其余皮肉尚好,可以相验,仅将头部蒸验,已验明耳后骨微青色,余系自缢痕迹。后脑骨微红色,牙齿两颗微红色,一颗似红色,系自缢时气闭之现象。两脚踝骨有青紫,认为铁器所伤。故认定为受伤后自缢身死,而尸亲坚持为受刑伤身死,诉由检察院函饬司法行政部转发最高法院检察署令饬将该×××(被害人)尸体移送贵所蒸验。奉令后遵即传尸亲××氏、×××(原告)到案,于本年(1934 年)3 月 30 日,由该尸亲等指明×××(被害人)葬地,发掘开棺起尸。因该尸皮肉俱已腐化,遂将各项骨殖检点清楚,逐一用白布包裹……用锡溶封,毫无遗漏……函送贵所。"

另据司法行政部法医研究所要求，最高法院检察署公字第一三二号函准，将本案卷宗检齐送法医研究所查照。计送湖南高等法院检察处卷2宗、岳阳县法院卷1宗、相验笔录1册、岳阳公安局卷1宗、抄呈1件、调查卷1宗、证物1封、卫生衣1件、牙3枚、被害人尸体1具。由法医研究所检查室、病理检查处、紫外线光检查处，分别详行检验。

检查：送检证物尸骨，系盛入木箱，包以铁皮，用锡严封。外面再以白布包裹，验视封识不误。启封内为尸骨1具，用布分包，骨表面尚附有少量未干燥之肌肉组织。将该尸骨等一一放于清洁冷水内，用软刷轻轻洗拭后，置于空气中使其干燥，施以扩大镜详检。头部检查未发现骨折破裂。在右眉弓处有长1.8厘米、宽0.7厘米"人"字形褐色污痕，刀刮不去，深入骨质，应为生前损伤。两侧下颌骨隅角稍外侧有线条状出血痕，刀刮不去。牙检查有3枚近根部有淡红色泽。以上部位经紫外线光检查呈紫棕色，应为伤癜。颜面骨无损伤。颈椎、胸椎、腰椎未见骨折及出血痕迹。肋骨无骨折。四肢骨无骨折。施行动物对照实验，用绳勒死一狗。结果发现牙龈出血，牙冠也有粉红色。盖由于紧咬牙关及绳压迫颈部，皆能引起下颌部局部充血、压力性出血，而使牙冠染为粉红色。送来的卫生衣，长62厘米，两袖共长142厘米。将该衣下端向上折叠成带形，与该尸体头骨照缢死者比证，其左右衣端之长，尚逾头骨52厘米，如将两端作结，实行自缢，事属可能。

林几分析，右眉弓处1.8厘米"人"字形伤痕为生前伤，系打击伤或磕碰伤抑或撞伤难以区别，凡有棱角的物件如窗格、长棍棒等，均能形成此伤，但伤不重。检查见两侧颞骨突起及下颌骨隅角之斜向上行线状缢痕，乃缢索上行，经过压迫之证据。下颌牙齿齿冠中下部（根部）作粉红色，亦系窒息死缢死之一种佐证。林几进而说明，检验得证明该下颌骨上缢痕显著，有生活反应，绝非他法致死后而假作缢死也。绳索系用该送来证物白卫生汗袇，实属可能，故缢痕只应有1条。

最高法院检察署根据林几的鉴定结论做出处理。该案没有再上诉。

（三）隔物扼杀

法医学上，扼杀指用手或肢体的其他部位压迫颈部引起的窒息死亡，是一种比较常见的杀人手段。一般说，判断是否扼杀，根据颈部扼痕和窒息征象进行判定是不难的。若颈部外表扼痕不明显，内部有肌肉出血应考虑隔物扼杀；若外表、内部损伤均轻微，窒息征象也不明显，则应排除中毒后再下结论。对此，林几有丰富的经验，他的解剖记录、毒物化验、病理报告等总能解开疑团，让人信服。

某法院公函致司法行政部法医研究所："案查本院受理某女身死一案，关于致死原因，亟须鉴定。请查照鉴定，并烦制作鉴定书送院。"随函送到女尸1具。

尸体检查，外表窒息征象不明显，颈部除见左侧有3.0厘米×1.5厘米的擦伤外，其他伤痕不明显。但是，解剖时发现颈部舌骨肌群有大片出血斑，舌骨骨折[①]。心、

[①] 法医学上，在缢死、勒死或扼死过程中，由于绳索或手指的直接压迫，加上颈部肌肉牵拉可造成舌骨骨折。

肺、肝被膜上有"泰狄欧氏点"（Tardieu's spot）①。各脏器（如心、脑、肝、脾、胰、肾等）未发现病变。阴道、子宫内黏液涂片未发现精虫及淋菌。

经尸体解剖和病理检查后，林几取胃内容物、血液及肝、肾组织进行毒物化验。他把毒物分三类：①挥发性类，如乙醇、木醇、氯仿、氢氰酸、石炭酸（苯酚）；②苦味酸、水杨酸制剂、安替比林、防己素、毒人参素、茄草素、金印草素、颠茄毒素、马钱子毒、士的宁、吗啡、毒扁豆素、钩吻素；③重金属，如汞、铅、铜、铋、镉、锑、砷等。三类毒物均未检出。

动物实验：将上述①类提取物注入蛙腹内，未发现蛙中毒现象；将②类提取物注入两只小白鼠和幼犬后腿肌肉，无中毒现象；用提取物进行家兔内服和滴眼，未发现中毒。

林几解释说："尸体上心、肺、肝的点状出血，服用麻醉神经中枢之毒剂中毒时也可见到，但在机械性窒息死亡之尸体上是最为常见之现象。""从各种检查情况观察之，死者既非中毒致死，则其内脏组织上所检见之点状出血非中毒而发生。"至于颈部损伤，林几写道："颈部所见的肌肉大片出血现象，证明死者咽、喉部确受到外力压迫。""唯颈部浅表上未检见明显伤痕，设所用暴力压迫必为其所着衣物围蔽，而压力不仅限于局部，故其不能见痕。"这就是隔物扼杀的特点。

林几补充说："再就其内脏仅发现少数点状出血而言，此种点状出血虽为机械性窒息致死之现象，然其死因若全属于氧气之断绝，则内脏之点状出血务必较本次所见者为多。"故推断："死者系他人手压咽喉，阻止呼吸，且因窒息不显著，其确为咽喉神经压迫，神经反射作用于未曾有完全窒息之前，抑制致死。"

本案的检验手段（包括病理检查、毒物化验）及法医分析判断，反映当时林几所领导的法医研究所已具一定的规模，且达到了相当高的水平。

（四）水尸检验

对于江河、湖海、池塘、水井中乃至狱中游湖非刑（狱中将因醉饱食后，裹以荐毯倒立浸于盛有灰水桶中，不顷窒息）、醍醐非刑（狱中灌辣水、粪尿）及被压入水缸等溺死都要进行尸体检验，以判定死亡时间、死亡原因、自杀或他杀。

根据多年经验，林几总结说，水中尸体与空气中和土中尸体的腐败有别，"尸体在空气中停放1天，其腐败程度等于水中2日，或地中深埋8日。但污浅水塘中，尸体腐败速度与在空气中的腐败速度相等，甚或加速。海中尸浮较速，但较淡水难于腐败。唯日晒部分均较易腐败，紧压体部腐败较慢。此外，各季节尸体腐败速度也不同。夏秋之1～2日等于春冬的5～6日。冷泉、冷流中尸体亦不易腐败，但可见浸软尸体"。林几的这些总结，至今仍记载在教科书上。

林几步入法医生涯后，大部分时间是在北京、上海、重庆、南京等地工作，因此遇到不少水中尸体检验的案例。当时，对于新鲜尸体进行鉴定，困难不大；但对于腐败的尸体，特别是从上游漂流到下游、池塘呈巨人观（尸体腐败发展到全身，腐败气体使整个尸体膨胀，呈巨人外观）后浮起，或下水道、阴沟中的尸体，因检验方法不多，

---

① 泰狄欧氏点：现译为塔雕氏斑，由法国医生 Tardieu 首先描述，指生前溺水者肺表面出血斑。

鉴定有一定的困难。

林几说:"溺死鉴定既往对烂尸苦难证明,虽云心腐较迟,可检左心存血是否较右心为稀薄,但稍久,心中血水自渐沉降,进行左右心血之比重、比色、电传导测定等,手续烦琐,难切实用。"于是,他采用一种在肺边缘找水中泥沙的方法。他认为,若人活着的时候被投入水中或自行跳入水中,其必然因呼吸导致水中的泥沙进入肺边缘。但必须有一定条件,即考虑一定的水深度和腐败程度。他强调:"对腐尸尚不至外方泥沙浸入胸膛者,按其肺部腐败进行程度,而行肺脏中溺死液成分残迹之检出,得鉴定其是否生前溺死,抑或他故死亡而抛尸入水。"

当时有这样一个案例:林几检查一具从水塘捞起的男尸,尸体检查未发现暴力致死的损伤,但发现死者体内有大量乙醇(酒精)。尸体解剖,取未全腐败的边缘肺组织制作较厚切片,染色,显微镜下观察,发现有泥沙。手指甲缝内、耳蜗内及前额窦内也有极少量泥沙。然后将尸体上的泥沙与池塘中的泥沙进行对照,并结合案情调查,结论定为"生前落水溺死"。经证实,系醉汉跌落池塘溺死。

后来,林几根据自己多年的经验,撰写了《已腐溺尸溺死液痕迹之证出新法:法医学上困难问题(附图)》一文,发表在《北平医刊》1936年第4卷第10期、《中华医学杂志(上海)》1937年第23卷第4期、《实验卫生季刊》1943年第1卷第3至第4期。他总结了六种检验方法,但也指出了其不足的地方。例如:对腐败如糜和尸体腐败头颅腐脱者,则不可靠;而对水滨居民指甲内原多嵌有水底泥沙,应参合尸体其他特征方能判定,因为一般农夫、渔人或曾在河边掘泥洗物者,其指甲内往往原夹有泥沙等河塘水中固形成分,故若无其他溺死象征,则虽在尸体十指缝内,皆检见有同样溺死液固形成分,也很难以此作为生前溺死的依据。而当溺死液成分稀薄时,则不易检见(泥沙)。

在当时的条件下,林几能对"水中腐败尸体"做出这样的科学检验,并实事求是地评价检验手段,在今天看来仍是难能可贵的。

(五)半截勒痕

1935年5月,林几回京养病。国立北平大学医学院聘林几为法医教室主任教授,嘱他疗养一段时间,病愈后再工作。但未及3个月,司法行政部来函:"国立北平大学医学院法医教室设备完备,令各法院,如需检验勘察,不论尸体、人证、物证,均送该室鉴定。从8月起,冀、鲁、豫、晋、绥、陕、察、甘、新九省高等法院,嗣后凡遇疑难重案,如因法医设备未臻完备者,应酌量情形,就近送往该大学医学院办理。"

随即国立北平大学医学院召林几到校,准备接收各地疑案。不久,某地委托对"铁轨拶死①案"进行鉴定,送来尸体一具,请求检查该尸体身上有无他物致伤,并判明其属他杀或自杀。

尸体已被火车车轮碾压成数段,血肉模糊。经检查,碾压断离的部位如颈部、四肢、躯干,"其挫裂压轧之创口截齐,皮肉不生卷缩,出血较微"。仔细观察尸体,发现颈部被压轧最为严重,在第三、第四颈椎上有一横走的骨质出血,其周围有出血灶。

---

① 拶死:指被有轮类如火车、汽车、马车碾压致死。

用清水冲洗颈部后发现，项侧偏右的皮肤上有半截绳索绞勒的残痕。发现这一线索后，林几迅速通知警署：这不是一起卧轨自杀案，而是一起"绞毙①移尸②案"。

警署接到通知后立即组织力量侦破。调查证实："罪犯杀人后连夜将绞毙之尸体移枕铁轨上，火车开过，颅身分离。"与林几做出的"绞毙移尸，伪装卧轨碾死"的结论完全一致。

这个案件的关键在项部的半截索沟上。林几说，人的皮肤有很大的弹性和韧性，虽经火车车轮碾压而致"颈项勒痕大部销毁"，但欲使其完全消失是极困难的。加之，被绞勒处肌肉和骨质有出血，判断为生前绞勒的证据充分。而被车轮碾压处因"创口截齐，皮肉不生卷缩"，判定死后碾压并不困难。

林几后来强调，法医检查千方要仔细，不可漏过半点蛛丝马迹；否则，或失去检查机会，或铸成大错。正如他在《拟议创立中央大学医学院法医学科教室意见书》中所说的："所鉴定案件，事无大小，必详必确；亦所以昭大信于公民，尊法律重国本也。"

林几回到国立北平大学医学院后办了很多案子。为了使法医同行能更多地了解现代法医学知识，指导实际检案，他汇编了《国立北平大学医学院法医学教室廿四年度疑案鉴定实例》上、中、下三卷，并在《新医药杂志》1936年第4卷第5至第7期上分期连载。

（六）移岸假缢

该案载《法医月刊》1934年第9期"鉴定实例专号"（第二卷）第五十五例。1933年12月6日，司法行政部法医研究所收到一个奇特的案件。原告称死者沈林华被打死后，放到水中，再取出吊到树上；后又改说沈林华被打伤后，放到水中泡死，再取出吊到树上。但被告坚持死者系自缢身死，与己无关。当地地保于11月29日夜里看到尸体时衣服潮湿，两脚踏地。地保称，报案人先是当地村民，也证明看到身上衣服潮湿，还看到脚上有伤和手有刀伤。旋即死者兄弟也报案。

江苏上海地方法院检察官称："案查本年十一月三十日，地保×××报验×××（被害人）自缢身死一案。据告诉人××氏诉称：系殴伤后，用水浸死，伪挂树上。究其死因如何？无从判别。相应饬警将×××尸体一具，连同棺木备函送请查收鉴定函复，以凭核办。"

法医很清楚，自缢与伪装自缢，其性质完全不同。林几除详细解剖尸体外，做了病理检查、毒物化验、指甲垢泥沙检验和其他物证检验。

尸体外表检查：尸体男性，42岁，身长164厘米。头部未见损伤。颈部：前面有极浅的绳痕一道（据原告说缢绳系用二根裤脚带接起来的），在喉头结节上方斜向后上方行走至两侧耳后，距耳根约一寸余处，即全后头部侧面、中央部平均呈微淡红色，最阔（宽）部位为2.2厘米，最狭（窄）部位为1.6厘米。在绳痕经过部位只有轻微表皮剥脱。在前颈部绳痕呈淡红色，至耳下同高部位则为白色。在口内检出一纸团，上有阿拉伯数字"23"二字。牙关紧闭，唇微张，上附泥沙。舌发白，无溢血现象，口角

---

① 绞毙：即勒死，通常指用手拉紧缠绕颈部的绳索，压迫颈部引起窒息，是一种常见的他杀手段。

② 移尸：即把尸体移到他处。

附有泥沙。鼻腔近外口处及鼻翼附有泥沙,而内侧骨性鼻腔则未见泥沙。左右耳孔内无泥沙,额上眉弓、眼角等处有少量泥沙,眉间有树叶。双下肢左右膝盖及右下腿内侧有圆形紫褐色瘀痕,切开有凝血,为生前挫伤,为非致命伤。

解剖检查:由喉头结起行纵切开解剖颈部,见绳痕深仅及表皮,尚未达及皮层,均无溢血点。喉头部未见溢血,喉头结节、气管、甲状软骨及甲状腺毫无损伤,结构未破坏。喉部各肌肉也正常,毫无溢血、充血等生活反应现象。两侧颈动、静脉稍充血,未见破裂,迷走神经无异常。颈椎也正常,无溢血沾染及骨损存在。林几认为,据以上检查,似系死后加以缢绳现象,并非生前缢死。

心、肺、肝、脾、肾、胃、肠未见自身疾病病理改变。心表面、胸膜、腹膜及肝肾表面没有溢血等。未见肺肿胀,肺内未见沙粒,胃肠内也无泥沙。胃比较扩大,内容物有500毫升以上,混有淡红色酸性液体,胃黏膜有黏稠物及数个小溢血点。全小肠内容物为半黏滑之软块状,呈赤褐色,其中血液含量较食物为多。肠内壁散在小溢血点。小肠无溃疡及糜烂面,至下部则全肠明显充血,其中一部分黏膜呈弥漫性紫色及红色,溢血斑极其显著。又在小肠下段可见几个鲜红色小点出血。大肠内容:上部为带血性,下部为黄色大便,至大肠下部充血现象渐次消失。

显微镜下检查:左右手指甲缝附着物发现有红色、黑色泥沙。气管、支气管未见泥沙、水草。肺泡内未见泥沙。胃内见有多数破碎的红细胞、上皮细胞核和食物,未见泥沙和水草。以上肺内无溺液和泥沙,胃、肠内容物为非溺死液而有胃肠出血现象,说明死者并非溺死。

毒物检查:胃、肠内容物及血液、肝、肾、肺等未检出毒物。

林几分析,死者沈林华并非溺死、缢死、中毒或病死。关于胃肠内脏出血原因,既不由中毒,则应为暴力所致。但体外头部、胸部、腹部及阴部均未见伤痕,而胃肠内出血明显,肺、脾、肾等均有高度毛细血管出血现象,应因食后数小时内,腹内饱满,被人殴伤下肢,撞跪地上,被数人轮番紧抱腹部,较长时间紧压摇摔,内脏震荡,致体表无痕而胃肠内大出血,及至虚脱死亡。随后,数人将沈林华抛入河滨水中。旋因欲谋脱罪,遂更移尸上岸,解下死者裤带,悬于树上,假作自缢,即移岸假缢。

林几结论下后,江苏上海地方法院检察处逮捕了被告。后经招供,死者沈林华系被告店铺的伙计,1933年11月29日晚,沈林华和另一伙计饭后与店主激烈口角,二人被店主殴打。店主叫来其他伙计5人,将沈林华摔倒,随即将纸团塞入其口中以防呼叫。然后,数人分别抱住沈林华悬空摇摔,且强力压迫胸腹部,历时半小时许。及至沈林华身体发软,店主见已死,将其抛入河滨。为躲避犯罪惩罚,店主又叫伙计将尸体移到岸上,解下死者裤带,悬吊于树上,伪装作自缢。因此,11月29日夜里在姚家桥河边路旁树上,地保看到的是一个衣服潮湿的"吊死"之尸体。

(七) 死人说话

林几在他一生的法医生涯中,曾以其精湛的技术让死人"说话",为民洗冤。

1934年1月5日,某地方法院送来一具尸体。公函称:"本月4日,据地保报验溺毙一案,当即委派检察官往临现场,验得男尸左肩有磕伤,颈右侧似有抓痕。是否自落水中或生前受伤后坠入河滨内溺毙,抑或被殴打气绝,外表无从断定!认有解剖之必要。相应派警官同尸亲将该尸体送请贵所查验，依法鉴定。"

林几问清案情后，开始检查尸体。林几眼睛高度近视，检查尸体时与尸体靠得很近。检查发现头发里沾有泥沙，口周、鼻腔有细小泡沫和泥沙，右下颌（1处）及颈部（4处）有指压痕，切开两部皮肤见皮下大片肌肉出血。泥沙在肺深部、肺的边缘及胃和小肠里均可见到。经显微镜检查，肺支气管也有泥沙细粒。胃内容物及血液未检出毒物。取池塘水泥沙与尸体上泥沙相比较。鉴定结论："死者颈部出血斑系生前颈部受手力压迫之证；系生前入水，继而窒息以致死亡。属受伤溺毙案。"

由于林几的细致检查和准确结论，终于让死人"说话"，使受害者被人扼颈推入水中这一凶杀情景霍然展现在眼前。警察按图索骥，很快抓获了凶手。

七、猝死的法医学鉴定

（一）猝死探秘

一个貌似健康的人突然不明原因死去，他的亲属或亲近的人便会受到怀疑，特别是"仅受轻微外因，竟尔猝死，常惹起重大法律之纠纷"。什么是猝死？林几解释说："指一个外表看起来似乎健康的人，因患有潜在的疾病或功能障碍而发生突然的意外的非暴力死亡。多有某些诱因，如狂喜、恐惧、剧烈运动、轻微外伤等。有时发生在睡眠中或休息中。猝死是自然疾病引起死亡，本不涉及法律，但因发病突然、死亡急速、死因不明或怀疑自杀、他杀、中毒而成法医学鉴定的对象，而且在法医学尸体检查中占有重要位。"

林几感到，过去这类案件错判较多，甚至有时对找不到死因的尸体不做全面尸检，就"擅判为心脏麻痹，精神反射或猝厥致死"。对于"人命关天的医政检案，岂能如此草率行事"。林几大声疾呼："近各国医学界，因病理及临床医学大有进步，对内因猝死之原因，已不能如从前作模棱之验断矣！"

如何对不明原因死亡的尸体做详细检查并下正确结论呢？林几查阅了大量资料，他发现德国海利许普记和阿伯罗、法国马鲁伯里、日本小南氏、奥地利威伯尔都对本地区的法医鉴定中不明原因死亡的案例做过统计。从这些资料中可以看出，国外不明原因死亡的疾病依次以心、脑、肺、消化系统为主，其中冠心病竟占三分之一。这引起了林几的注意，于是他开始潜心研究中国的猝死情况。

林几以自己工作过的北京、上海为基地，广泛收集案例。他发现关于不明原因猝死案例，自1932年8月至1937年7月，在北京、上海两地5年2000多例检案中，猝死有82例，占3%，与欧美各国统计的发案率2%～3%相似；其他为外伤（46.5%），中毒（27%），窒息（23.5%），则与欧美各国有所不同。[①]

林几进一步研究了猝死发病与诱因以及季节的关系，发现"暮夜、中宵、七至九月间最常见"。从年龄上看，年轻人大多有外力诱因，但其暴力不足以引起死亡；老年人多无外来诱因，约占总数的七分之二。男性中，以酒精中毒猝死多见，如急慢性中毒脑出血而死亡、醉后误咽、心脏卒中；女性多见于子宫破裂、分娩期猝死等。而"血

---

① 林几. 二十年来法医学之进步[J]. 中华医学杂志（上海）. 1946, 32 (6): 244-266.

行系统（心血管系统）及肝肾功能病变的劳动者及老人，多因过度劳累疾病发作突然死亡"。此外，即便我国猝死案例发病率在总体上与国外相近，但病种上却有所不同。我国20世纪30年代心血管疾病中除冠心病猝死外，以梅毒性心脏病变多见；消化道疾病中，以肠穿孔（可能与肠伤寒引起肠穿孔有关）、脾脏自发破裂多见；急性传染病主要为霍乱、伤寒猝死等。值得一提的是，酒精中毒猝死比例很高，有16例，占82例总数的19%。

这些统计数据反映了当时中国医疗卫生条件和社会现状，特别是反映了当时梅毒及其他传染病（如伤寒、痢疾、霍乱等）在国内的传播以及酗酒现象的存在。这一研究不仅对法医学检案有实际意义，对医疗预防也有指导意义。

林几通过多年检验经验，总结说："内因猝毙之原因，均属于偶然，得概分为内在及外在二种。其内在偶然原因，即体内潜伏之疾病或特异之体质。而外在偶然原因即系外来轻微之直接诱因，例如威吓恐怖、不致命之微伤、轻力之撞碰乃至剧笑或饥渴、过劳等，皆可引起内在原因之突然发作，迅速死亡。其症状与尸表征象往往不明，然解剖尸体详细检查，殆难验断。倘无内因存在，而仅有外来诱因，则绝对不致死亡。间有毫无外来之诱因，竟亦能被生内因之发作，例如中风、心脏疾、血栓、胃肠溃疡出血、痫癫等，均可无直接诱因而猝毙。故内因猝毙内在之原因实为内猝毙之基因，而外在之原因则不过为内因发作之诱因而已。"

林几以科学的态度探讨不明原因死亡的原因，是对中国法医界的一大贡献。林几将这方面的研究成果写入《二十年来法医学界之进步》一文，发表于《中华医学杂志》1946年第32卷第6期上，受到医、法各界的好评。

（二）前置胎盘

该案载《法医月刊》1934年第9期"鉴定实例专号"（第二卷）第五十二例。1933年7月13日，司法行政部法医研究所收到江苏上海地方法院来函：函请检验杨氏系伤害身死抑或患病身死。据江苏上海地方法院公函称："查×××（原告）诉×××（被告）等伤害致死一案，讯据×××（原告）供称，我女杨氏（浦东杨家宅人，28岁，怀孕），于本年5月11日下午被邻居×××等殴打，身体即不能直立，至本月（指本年7月）12日上午10时，腹内小孩死亡，大人也死了，请求鉴验等情。是该女尸杨氏究竟系伤害致死？抑系患病身亡？自非剖验不足以明真相。"

林几、范启煌、赵广茂、陈椿年、陈康颐、陈安良等参加检验。

尸体外表检查：尸体身长152厘米，全身未发现伤痕。腹部膨隆，发硬，呈半球状，肚脐鼓出，妊娠9个月以上外观（足月）。唇及眼结膜呈贫血外观。大阴唇、会阴、肛门皆水肿，切开有白色清水溢出。绝非外伤、炎症及皮下出血等现象。是可证明该部浮肿系由分娩所发生之阴部水肿现象，并非由外伤也。阴户内有血水流出。据尸母所称，当受伤后，并未便血、吐血。查其受伤日期，则系本年5月11日，而死亡则为7月12日上午10时。这些可证明，当斗殴时，腹部、阴部并未受有重伤。倘若重伤及胃等，便可致胃出血，则必有呕血或便血。重伤及胎儿或子宫，则受伤后必发生阴户出血，而数日后即行流产，不至于迟至两个月后，才有阴户流血也。

尸体剖验：切开腹壁，有一意外情形，即在腹壁下即发现胎儿。而胎儿的臂、足蜷缩，全身右偏弯曲。犹如屈伏于子宫内原来状态。这可证明胎儿排出子宫入腹腔后绝对不曾运动。因此怀疑胎儿排出时已死亡。胎儿的臂及右躯干、右肢在上方，裸露于腹腔内，胎儿头之上大部分嵌于骨盆腔上口内。胎儿全身并无羊膜包裹，而母体的腹腔肠胃、腹膜，均迫压于后上方。胎儿脐部有64厘米脐带连于胎盘。胎盘在胎儿右下方，呈紫红色，外包白膜，已腐臭。而子宫则在胎儿左下方的腹腔深处，近第五腰椎部位。在子宫体后壁左下方有一裂口。该部子宫壁薄。包裹胎盘的白膜有一部分组织与子宫内壁右下方近子宫外口处相连，其连接端即由裂口通过。该白膜经病理检查证实系子宫脱落膜组织，当子宫未排出胎儿前，胎盘殆适在子宫外口近处，故实际上为前置胎盘。这可证明临产时子宫肌收缩挤压胎儿。但在子宫外口产道上有前置胎盘掩蔽，于是胎儿不能产出。而子宫体近子宫颈部的子宫壁菲薄，因胎儿压迫，及子宫肌高度收缩，致子宫破裂。此时胎儿因临产历时过久，已经死亡。但子宫仍在收缩，故将胎儿及胎盘经子宫破裂口由子宫腔排出到母体腹腔内。腹腔积血3000毫升，呈污红色。由于子宫破裂、大量出血，致产妇剧烈疼痛、昏迷，继而死亡。

最后，林几认为，该产妇杨氏子宫裂口系横裂，裂口生活反应新鲜，无发炎、化脓或纤维组织瘢痕病理征象。检验胎儿腐败程度，其胎儿死亡时间与母体相近（推测相隔在24小时内）。因此绝对不是2个月前外伤所致，应为前置胎盘、子宫破裂难产致死。

这个案件，经林几的检验和说明，死者杨氏母亲信服，当即撤诉，一场纠纷得到及时化解。

八、性犯罪案件的法医学鉴定

（一）强奸幼女致死

该案载《法医月刊》1934年第9期"鉴定实例专号"（第二卷）第四十八例。1932年11月4日，上海地方法院检察处送案到司法行政部法医研究所，要求："检验×××是否因奸身死疑惑另患他病身死"。据上海地方法院检察处公函：本院"受理×××告诉×××等强奸其四岁幼女×××一案，当经讯验，据被告×××等否认有强奸行为等情在案。兹经传集人证续行侦讯，据告诉人声称×××（幼女）于本月2日下午3时许因伤身死，生前于本年10月25日在×××等床上寄宿一夜，次日见其便血，下身浮肿，加以诘问，据云由×××姘妇×氏两手拨开（幼女）下身，由×××卧其身上，因而出血等语，实被×××等强奸因而身死，请求依法检验法办等语。查本案4岁幼女×××，究竟生前是否确被人奸，及是否因奸受伤身死，抑或另患他病身死，非经专门学识人员详加检验，不足以明真相。相应派警带同告诉人×××，并将幼女×××尸体，送请贵所查取，希即依法详加检验，出具鉴定书结，迅予函复。"

林几向送案法警和幼女母亲问清有关情况，证明尸身不误后，开始指定范启煌、陈康颐、谢志昌、赵广茂解剖幼女尸体。

尸体检查：尸表外观未见损伤痕，营养佳，皮肤苍白，尸斑不明显。流出血水极稀薄，并不凝固。其不凝固的原因是失血太多，血内纤维素减少，故稀薄不凝固。此种现象实际上是高度失血后之贫血，故可推定该尸生前身体佳，但于短时间内因大量出血而致死。但出血原因是什么？何处出血？在体外未见有创口，只在阴部发现处女膜完全破裂，并且尿道外口亦磨碎不见，外观呈圆形大孔，组织菲薄，可容大指自由伸入。以指按阴部、腹部，由腹腔（阴户）内便流出血水。故可证明该部内膜内应有出血创口，根据阴部处女膜口外观，则可推断该部曾被钝圆物具（阴茎或手指或凶器等）持续较久时间贯入，而因幼女阴道未发育腔内狭窄，致尿道外口连同处女膜一起以及会阴部同时破裂。在左右大阴唇（小阴唇发育未全）内侧有擦伤，表皮剥脱，沾有污血痂，这可证明该外阴部曾受暴力侵袭，且有血水浸渍。

解剖检查：全身各内脏高度贫血外观。腹腔、盆腔内充满血水，血水甚稀薄并不凝固，实际上是持续数日之体腔出血现象。子宫、卵巢发育未全，呈显著贫血，子宫颈无损伤，仅穹隆部黏膜壁上有小破裂孔，可贯通盆腔内，这是较大出血部位，此部位并无大血管，故其出血系持续性，持续既久，其血流入体腔即储存于内。膀胱无损伤，而尿道前段（即近于尿道外口部）完全不见，尿道壁被暴力压迫磨碎黏着，致不能辨开口部。而用指压迫膀胱顶部，方能见有尿从断裂磨碎的尿道管壁中流出，内混有稀薄血质。故可证明该部亦为一小的出血部位，盖小血管被暴力压扁，血管破裂，故死者生前不断持续发生小出血。

林几认为，该幼女生前确曾被人将处女膜贯通磨灭，处女膜呈完全破裂外观，并致尿道外口亦磨灭，继而贯通至盆腔，持续出血。此种事实，与两性性交情景相符，实为幼女被奸行为之特征。据解剖所见，该幼女确系阴部内腔受伤，持续出血多日，致其出血量超过能维持生命之数量而死，认为该幼女因强奸受伤身死无疑。

（二）验处女膜

司法行政部法医研究所不仅有解剖室、尸体冷藏室、动物实验室、病理检验室、毒物化验室、细菌检验室、戒毒室，还有人证诊察一室、二室和三室。诊察一室主要是用于吸毒检验和验瘾、观察等，诊察二室是用于身体检查、验伤、验精神状态、验处女等，诊察三室主要是用于视力、听力和智力等的检验。

1933年6月1日，司法行政部法医研究所受理江苏省川沙县政府委托"强奸幼女案"法医检验（司法行政部法医鉴定编号沪字第六十号）。要求鉴定被害人李某某（未满16岁）之处女膜是否已破，并其破裂是否为强奸抑或系其他震动所致，以及处女膜破裂时间，受奸次数等。川沙县政府饬法警带被害人和其父亲到所听候检验。在法医研究所诊察二室，在林几主持下，李新民、张树槐、于锡銮、林椿年、谢志昌等参加检验。该案载《法医月刊》1934年第8期"鉴定实例专号"（第一卷）第四例。

案情："被害人女性，据诉现年17岁。当年正月十日上午九时，有邻人被告来屋，入室闭门，施行强奸，当时家中无人，曾呼救抵抗，而该被告用剪刀威吓，不敢声张，经奸约半小时方才放脱。当时，被害人下部出血，疼痛肿胀，数日后即消退。因被告威吓，尚不敢告人。俟至二月十七日，该被告又潜来调戏，经呼救抵抗，幸得其叔父等前来救护，方得幸免。以后被害人并未与任何人交接。平常月经如常，综据所诉，该被害人只曾被奸一次。"

检查："验得被害人，体质中等，体重86磅，身长144厘米，智识中下，性情和顺老实，而带稚气。乳腺硬而稍隆，乳头乳晕甚淡，系初发育之证。阴部白净，只有毵毛数根,大阴唇紧张,不膨大,小阴唇不弛缓,阴道口并不完全开张,阴核极小,几不可见,阴唇白净无色素沉着。阴道黏膜、处女膜残片,皆呈淡桃红色。处女膜已破,其膜较厚,呈环状剪彩样,多歧分裂,但其上及周围毫无创伤、炎症反应、血迹存在。阴门、阴道皆紧小,只可轻插进一小指端,稍深半寸即感疼痛,其黏膜均呈淡桃红色。"

林几经过分析,得出鉴定结论:①《刑法》第二百四十条规定:"对妇女以强暴胁迫,致使不能抵抗而奸淫之者,为强奸罪;奸淫未满十六岁之女子以强奸论。"查据被害人诉称当日情形,该被告则有用剪刀威胁行为;又据年龄计算,该被害人现年虽为17岁(属蛇)。但系农历十二月二十四日子时所生,至1933年农历十二月二十四日亥时方满16岁,而发生事故系在1933年农历正月十日,则该被害人应尤未满16岁,所以依年龄而论,倘该被告对该被害人行奸属实,则不论引诱或胁迫,皆应以强奸论。②被害人身体发育未完成,其乳房不过初步发育,阴核极小,而该被害人阴部检查所见征象系未曾多次与人交接或自行手淫之证。③经检验,该被害人处女膜已破,系陈旧性改变,而外观呈环状剪彩样多歧分裂,腔道阴门只可容一指轻缓插入,故判定当时应系被人强行奸淫而破裂,并非震动之破裂。④检验时该被害人身上无抵抗伤,无阴部红肿、出血,处女膜上裂彩皆无血痂,是破裂已久,局部已完全愈合之证。因为,被告强奸系在农历正月十日,距本所检验日期已经数月,其阴部当日所受之创伤,当然早已自愈。而一般因交接处女膜破裂,其发炎期不过3~7日,出血期一般不过1日,故本所对于该女处女膜破裂具体日期不做明确之判断。

最后,林几鉴定其被强奸致处女膜破裂。法院根据林几的鉴定对被告处以刑罚。

九、法医临床与精神病鉴定

(一)心神鉴定

林几在德国留学时,对精神病学在法医学上的应用有较深的了解。德国法医学教育要求,从事法医学工作的医生,除参加法医学专业培训外(至少要做500例尸体解剖),还要掌握法医病理学(至少一年)和精神病学(至少两半年),这使林几视野大为扩大。

回国后,他在国立北平大学医学院、司法行政部法医研究所、中央大学医学院法医科工作时,都聘请专家讲授有关精神病学鉴定的案件。他本人对此也有专门研究,并在法医研究所开设心神鉴定室,作为精神病人的"收容观察室"。他还从大量检案中体会到:"法庭需要心神鉴定之案件日繁,遂更采取犯罪心理学及精神医学与犯行征象容纳于法医学之中,创为法医精神病学。"

我国一直到了1925年,有关精神病处理的条文才陆续散见于当时的民事、刑事以及选举罢免、公职候选人检核、少年案件、保安处分执行、遗产和赠与等法规中,共计五十二条。《刑法》第十九条关于精神病人刑事责任能力的规定:"心神丧失①人之行为,不罚。精神耗弱②人之行为,得减轻其刑。"

---

① 心神丧失:指重性精神病如脑器质性精神病,中毒所致精神障碍、神经分裂症等。
② 精神耗弱:指轻性精神病,如神经官能症、变态人格等。

林几在法医研究所时，曾检验一例用小刀自行割腕的病人。在心神鉴定室里，观察证明，此人在有人在的时候切割自己的皮肤，无人在时则不然，且损伤多集中于手所能及部位，创浅，无生命危险。精神医学检查，没有幻觉和妄想，且有怠工动机。考虑无"心神丧失"，定为伪伤（自残）。林几在《二十年来法医学之进步》一文中总结说："当第一次世界大战后，工业管理既多改进，健康保险、灾害保险普遍推行，而怠工、伪匿伤病事件，仍未减少。……届第二次大战①中，伪伤、伪病之事件已大趋减少。我国尚非工业国家，此种案件仅在工矿区域偶时发生。迨近兵役、劳动法规颁布之后，自难免偶尔发现假病、诈伤。而机关学校及军农工商各界之伪病、伪伤事件，尚鲜发见。唯各地乞丐奸民每有以假病、假伤等为取怜或需索之企图者。至若匿病、匿伤，在现社会环境之下为冀求就业入学或旅行、结婚等时，固不免常遇也。"

林几认为，区别伪伤（病）必须与精神病相区别。因此，必须做精神病学鉴定，才能辨别真伪。

对于精神医学应用于法医学，林几根据当时的法律规定，做了深入研究。他在《二十年来法医学之进步》一文中说："二十四年新刑法、民法及刑事诉讼法皆已继续公布，将心神异常区分为心神丧失及精神耗弱轻重两类。民刑处分亦按年龄及心神状态予以差级之区分。第我华各民族人民之责任及处分能力之年龄差级，是否均应恰以满7岁、14岁、16岁、18岁、20岁为合宜，似尚有研究之价值。至对喑哑者视同未成年及精神耗弱，均得减轻其责任能力。酗酒或甫产后之冲动与自卫或救急行为，视为精神一时之失常，亦得减除其责任能力。并心神丧失或未满八岁者并免除其责任，免予处罚诸点，尤堪称前进之法律。"林几从法律角度和法医学实际出发，深刻地认识到精神医学在法医学上的重要地位。因为，法医学是"保人民之幸福，增民族之繁昌"的科学，不发展这门学科，"凶徒作犯"后则可能假装精神病而逍遥法外，这样有碍法律之尊严。

林几说："譬如一时精神失常与着意行为，借酒逞凶之鉴别，犯行当时心神状态之追究，意识未达混浊不明程度之病的妄想暴行，梦游中之二重人格行为，一部分心理精神或性行之异常，忽明忽昧意志之行动，并监护之期限，病人之预后，治愈期复发期与暴行发作之预断等等，均与我国现行法律各规定不易相洽。而国内医疗监护并检验设备尤欠普及，是亦为增加执行心神鉴定困难之一原因。"林几本人也参与不少法医精神医学的鉴定工作，如《因子宫病所发的精神异常假装自杀离婚案件》《借宿凶杀九人梦中行为之心神鉴定》《禁治产：心神耗弱》等实际案件，这是他对法医精神医学发展做出的贡献。

（二）伪伤鉴定及心理变态分析

林几的学生张平，专门研究犯罪心理学，其《由我童年绝食的故事来猜度一个伪伤者的心理变态》一文发表于《法医月刊》1934年第3期。全文如下：

> 我在童年时代，如果挨了父母严苛的责骂，并不曾听到谁的主使，便会不言不笑、不饮不

---

① 指第二次世界大战。

食地到床上睡觉；结果，母亲会笑容可掬地到我床边，伸手抚摸我的额角："孩子，发烧吗？"我的本能主使我用仇视的眼光向她瞪了一眼，再紧紧地闭着；她又伸手抚摸我的腹部："孩子，肚子不痛吗？"我总是沉寂地一言不答；即是大半天以至整天皆如此静睡，而且不进饮食，心里并不想起床玩耍，肚里并不觉得饥饿，而且内心还充满着胜利的笑！

这是一个很简单的理由：当我受责骂的时候，处于严威之下，不敢反抗，然而内心却不肯即时屈服，于是就把"绝食"当作我向父母反攻的武器了。因为是有目的的绝食，自己觉得肚里越是饥饿，对父母的报复，就越是痛快。我可以忠实地说：在我每一次开始表演这一类故事的时候，并不曾知道利用父母爱子之心，用这样手段使父母对我软化的道理，仿佛是出于本能的驱使；这虽然是我个人滑稽的故事，但是我想凡是倔强一点的人，在童年时代如我这一类滑稽的故事，定也不少。因为"反抗"是人类（动物皆然）的本能；只要他是处在被压迫的环境之下，不管他是有没有理由，不管他是有没有能力，他总要设法反抗，即使他力尽计穷，而他反抗的意识，永远是不会消灭的。因此，他反抗的手段，多半是异乎常情的盲动，是越理①的精神状态，是不自觉的本能。俗语说"人急造反，狗急跳墙"，未尝不是这个道理。所以，我们为人，遇事遇物，不能操之过急；如果操之过急，势必要得到这样一个物理的哲理的结果。

用器械自己创伤自己，希图陷害他人，这种畸形异常的举动也当然是出于一种"造反""跳墙"的心理。至于我童年绝食的故事，却是出于反抗的本能。这种本能，在我个人方面，确属细小的表现，但是这种细小的表现，却有供心理学家研讨引证的价值。

在此地，我并不想把我这一个平凡的故事志之不忘，是想依这个故事的心理变态，来推测一个伪伤者犯罪的心理。

不论伪伤者伪伤的动机，是出于希图陷害他人，或是希冀免受法律制裁，但总为受一种压力而起：受经济压迫者，希图如此可以获得对方之经济；受人之势力欺凌者，希图如此可以杀对方之势而绳之以法；受法律之威胁者，希图如此可以获得恕免与宽宥……以法律来说，这种行为是犯罪；以人情来说，这出于如何可怜可悯的变态心理；以理智来说，这又是如何愚昧的举动啊！这样的事实，据作者经历来说，以民风闭塞、交通不便的地方发生得多。交通便利的地方，文化发达，民性柔和而聪颖，是较少有牺牲自己的肉体而希图达到他幻觉到的目的的。然而，"反抗"是人类的本能，在一种特殊的环境之下，聪敏人，也有时会变成糊涂虫。文化境域，也有时会变成野蛮场所。我这样说，并不是替伪伤者表示什么同情，我只是要肯定伪伤的动机，是由于压力的发动；这种事实在法律上固不能不加以制裁而杜防之，但在情感上却是一种最悲惨的举动！

"就是我自己用小刀子拉的吧，你们又将我怎么样!？"这是一个伪伤者在败诉后的雄语，然而，在富于情感的人们听来，这是一个悲痛的惨谑、绝望的咆哮！

这是不久前的一桩实事：一个头皮开裂、鲜血狼藉的诉状人，持着一柄菜刀向法官这样哀诉："这个人将我的头颅砍开了，痛啊！法官，你要用你神圣的法律为我申冤！"他用手戳指着被告，用充满哀求和希望的眼神看着法官。

"你是受什么东西伤害了？据实地说。"法官问。

"他是用这菜刀砍的，痛啊！法官，你瞧这许多伤痕。"他将菜刀伸给法官，低着头，将创伤给法官瞧。

"这刀上的血，是人血吗？"

"当然，是我头上血。"

---

① 越理：超越理性。

"你的头是被这刀砍的吗?"

"是的,他连砍几刀哩!"

"你的头不是你自己用刀砍开的吗?"

"当然不是,我不是疯子。"

"你现在当然不是疯子,也许你在用刀砍自己的头的时候,曾经疯过。"

"绝对不会有这样的事,法官。"

"那么,如果有这样的事,你是要坐牢的。"

"不会有的。"

于是,法官请法医师当场检验。

"自前头骨经颅顶骨至后头骨伤痕一条,作弧形,长13厘米,宽约0.1厘米,表皮裂开,边缘整齐,伤达肌层。前头骨左侧,伤痕三条,长短相似,作排列线条样,成'三'字形,伤害程度,与作弧形之一条相等,其余全身均无伤痕。"这是法医师所呈上的伤单。

"请法医师当场鉴定。"法官瞧完伤单之后,这样宣告。

"伤痕作弧形,而且边缘整齐,普达肌层,未伤及骨,似非为菜刀砍伤现象;伤痕排列,宽度相等,更似非以菜刀用暴力砍伤之现象。以伤痕现象观之,凶器似非菜刀而为小刀,有伪伤之嫌;头部伤有多处,遍体毫无伤痕,可为于受伤时无抵抗之证,被伤而不抵抗,亦可为伪伤之佐证。"法医师如此宣告。

"我不服,冤枉!"诉状人失望地说。

"你且说出你不服的理由来。"法官怒之以目。

"我说不出什么理由,我只知道我不是疯子,是绝不会自己用刀拉开自己的头的。"诉状人丧气地说。

"你既然没有理由不服,我当根据法医师的鉴定判断。"法官投以质问的眼光。

"就是我自己拉的吧,你们又将我怎么办!?"

啊!这是一个如何惨痛的回答,绝望的咆哮呀!我们虽然不知道为什么他要出于这种愚昧而犯罪的行为,但我可肯定他是受了某一种力的压迫。如果把我绝食故事的心理变态来与他自创的心理变态比较起来:我的绝食,是出于本能的驱使。他的自创,是环境所给予的一时性精神异常。我的目的是报复,他的目的也是报复。我的饥饿是胜利,他的疼痛是希望。我的笑,是心花的怒放;他的雄语,是不顾死活的精神状态。

十、法医物证案例的法医学鉴定

(一) 亲子鉴定

林几在《中华医学杂志》1926年第12卷第6期和1927年第30卷第1期上连载发表了《父权确定诉讼法对血球凝集反应现象(四簇)之运用及实例》一文,这是他在德国留学时参与父权鉴定①的实践总结。林几实际上是我国历史上早期提出用现代血清学方法解决亲权鉴定和提倡新法检验的法医学者。

当时只有ABO血型可供利用,其父权排除率极低。1927年发现了MN血型系统,

---

① 父权鉴定:指判断父母与子女间是否亲生关系,谓之亲子鉴定。因主要是判断子女的生父是谁,故又叫父权鉴定。

但林几仍认为"血型分类仍感过少,鉴定亲生问题,每生困难"。

为了解决这一问题,林几运用多学科知识,如核对妊期受胎期之测算法及找当事人讯问笔录,还要检查受检者与亲属间的发音、体态、毛发乃至斑症、指纹、掌纹及容貌等,并进行全面综合分析,最后做出判断。

林几认为,在亲子鉴定方面,研究皮肤纹理遗传特征有应用价值。皮肤纹理在胎儿出生3～5个月便形成,其后一生不变,加之亲子兄弟、双生之间有密切关系,其变异的部分是遗传获得的。指纹方面,他研究了各指的类型、隆线数、整体的模型,推定指纹型是由组成各指的斗形纹和弓形纹的显性或半显性基因起作用。

林几在德国人贝斯特里克(Bastullic)指纹测定圆仪的基础上,把其"分为八格,便于单以指纹检查",这样更有利于研究,他发现:特种指纹与歧指纹、双胎指纹极相似,排列亦复相近。足纹方面,他的学生张积钟(林几培养的第一届法医研究员)有专门研究,他曾利用足迹检验破案,是我国早期痕迹学的创始人之一。

产科学的检查也有实际意义。林几认为,通过回忆、审核和查找病志,可找出受孕和分娩期。婴儿分娩是受孕后到270日,一由末次月经第1日计算,平均280天。若此间可疑男子与女子有接触可能,又能证实该男子有生育能力和性交能力,则对亲子鉴定有帮助。

容貌方面,林几认为,受年龄和环境影响比较少的有鼻、口、耳的形态,眼的位置,眉毛的生长,以及头、额、下颌的形态等,特别是容貌遗传检查方面,林几用摄影技术进行检查。他将被检人(父母及子、女、兄弟)拍摄同大正面、侧面(左、右各一)、后面定型立体照。然后将面部同数等分成小方格,再核对各人五官及部位的距离。最后用透明半圆角度测量仪,详测各部位、各顶点相互之斜线、交叉线与切线的角度。这样,林几就能把受检人的面部头像,口、鼻、耳、眼的位置全部详细标出。同时,把"父母"面容中各部位同样方法标出。继而将两者进行比较。林几说:"盖子女容貌能肖双亲者,缘禀遗传原则。其面部乃至全身每一部分之组织骨骼发育,悉同于亲,或偏肖父或偏肖母,或掺混父母两型,而显折中,遂呈差异。"

林几把上述各种检查方法同时应用,综合判定后,认为这是一种有效的方法,他说:"此法大有助于亲权之鉴定。据个人实验,用之配合血型检查,便可确定亲权,不至有疑。此外体部特征遗传检查、妊期受胎期之测算法及当事人记忆讯问笔录之审该法等,亦曾参用,以佐血型及容貌遗传检查法之不足。绝不应只凭一血型遗传检查,遂为鉴定亲权。"

评述:林几所处的时代,血型检查还未充分发展,直至20世纪50至70年代才有了明显进步;而到了八九十年代,血型检验技术的发展,特别是DNA指纹(1985年英国人Alec Jeffreys最早使用)技术运用于亲子鉴定,使这方面的研究进入崭新的阶段。但是,林几在当时条件下,应用生物学、临床医学、摄影学、人类学等多学科知识综合进行开创性科学研究的进取精神,为我国法医界树立了一面光辉旗帜。

(二)动脉之血

1932年10月28日,湖南湘潭县法院以第一三六六号公函委托司法行政部法医研究所鉴定一案(法医研究所鉴定号沪字第一二一号)。该案载1934年《法医月刊》第

11期"鉴定实例专号"(第四卷)第九十三例上。据湖南湘潭县法院公函称:"本院受理×××等杀人一案。案内证物为白汗衣一件、木片六块,其上现有斑痕。究竟是否人血,或其他动物血迹,亟须鉴定,俾明真相。相应检同上开各件(证物),函请贵所依法鉴定,并出具鉴定书,以凭核办。"

林几将检材进行编号并仔细观察检材上污迹分布和形态特征。第一组证物为白布短褂1件,全衣清洁整齐,在袖口及衣领均无污垢,应曾经水洗过。在其前后及肩部附有5处黄褐色污痕,分别将5处黄褐色污痕取材检验,编号为第1号、第2号、第3号、第4号、第5号污痕。第二组证物为6块木片,大小不等,可以对合呈一个木片,可知该6个木片原为一块,分别编号为第1号、第2号、第3号、第4号、第5号、第6号木片。其中第1号木片中央部有黑色污斑,形状不规则,其上端有锥状"!"形的淡褐色污痕一块,触之略隆起,又在该木片下端亦发现有褐色污痕,呈块状;第2号、第3号、第4号、第5号木片均见有不规则黑褐色污斑,分别取材检验;第6号木片上未见污斑。

紫外线分析检查:取第二组证物(6块木片)进行检查,除第6号木片外,其余木片上污痕均呈翠蓝色反应,是血痕预备检查之阳性反应。

显微镜及显微分光镜检查:将证物各编号污痕,滴加溶剂,使其经过相当时间,发生一种定型结晶,可以还原血红素结晶证明血痕之存在。主要包括黑民结晶检查(Hamin cryst process)和还原血红素结晶检查(hemochromogen cryst process)。

(1) 黑民结晶检查:第一组证物(白布短褂)的第1号、第2号、第3号、第4号、第5号污痕均未检见褐色之菱板状结晶,即血痕预备检查呈阴性反应,当非血痕。第二组证物(6块木片)中第1号、第2号、第3号、第4号、第5号木片上的污痕,均检见褐色之菱板状结晶,即血痕预备检查呈阳性反应,应为血痕;而第6号木片无结晶反应,应无血痕附着。

(2) 还原血红素结晶检查:第一组证物(白布短褂)的第1号、第2号、第3号、第4号、第5号污痕均未检见还原血红素结晶,即血痕预备检查呈阴性反应,当非血痕。第二组证物(6块木片)中第1号、第2号、第3号、第4号、第5号木片上之污痕,均检见还原血红素结晶,即血痕预备检查呈阳性反应,应为血痕;而第6号木片无结晶反应,应无血痕附着。

显微分光镜之吸收线检查:经与真正血痕进行对照检查,证明所检证物还原血红素结晶检查呈阳性反应者,当为血痕无疑。

生物血清学检查:先制作家兔抗人血沉降血清,将法医研究所制作的抗兔血清(血清沉降价达2万以上)进行血清沉降素反应实验。结果:第一组证物(白布短褂)的第1号、第2号、第3号、第4号、第5号污痕为阴性(不是人血痕)。第二组证物(6块木片)中第1号、第2号、第3号、第4号、第5号木片均确定为人血痕,而第6号木片为阴性(不是人血痕)。

鉴定结论:第二组证物(6块木片)的第1号、第2号、第3号、第4号、第5号木片上黑褐色斑均为人血痕。第1号木片上端有锥状人血血痕。凡切断活人动脉,血液可喷射于平面上,多呈锥状。该木片上的血痕应为杀人之溅血,即切断活人动脉之溅血,故应当有伤害他人性命行为之事实。第一组证物(白布短褂)的 5 处污迹和第 6 号木片为阴性(不是人血痕)。

(三) 兄弟说案

与林几称兄道弟的人一定是他德高望重的同行挚友,这个自称林几兄弟的人叫徐诵明。1934 年 5 月 24 日,林几邀请国立北平大学校长徐诵明到司法行政部法医研究所做演讲。徐诵明是林几的导师,用林几的话说叫"亦师亦友"。林几在徐诵明演讲前介绍他说:"徐博士是一位大教育家,而且是专攻病理的医学家,对于法医学尤有深刻之认识。"随后,徐诵明校长为法医研究所全体研究员和技术人员作了题为《怎样作法医师及法医在中国之出路》的演讲。在演讲中,徐诵明介绍了自己办的一个案子,以自己的经历,强调做法医师要注意"胆大心细",进而全面阐述法医的重要性和法医的发展问题。该演讲内容后发表在《法医月刊》1934 年第 6 期。全文如下:

怎样作法医师及法医在中国之出路

徐诵明

今天蒙林所长相邀,能在这里与诸君见面谈话,觉得非常荣幸,非常愉快的!林所长自从前年到法医研究所来,不到两年的工夫,各方面的发展,都有惊人的成绩,兄弟很佩服他这种努力的精神。今天来与大家谈话,因为没有准备,实在也找不到好的材料,所以只好把我感想所及谈谈。

兄弟从前在北平医学院教书的时候,对于法医检验事件,也常常替法院来做鉴定。那时,贵所赵技士(即赵广茂)正在那里努力(研究)病理与法医方面的学术。在兄弟的经验看起来,大凡鉴定一种案件,非具有"心细"的条件不可。记得从前碰到一个案子:是从山西高等审判厅送检的。证物为一件小褂,在领部和后背部等处有许多小褐色斑点。法院只是问我那些污斑是不是血迹,也没有顾到是不是人血或是不是其他动物血。这实在是法院当局没有法医常识的关系。可是,鉴定人又不便做法官咨询以外的鉴定。于是,检验的结果,认为确系血液,就这样的下鉴定了。后来,经过三四年以后,兄弟到南边来,遇到一位同乡,他是在山西高等审判厅当推事的,在谈话中无意的谈到这件案子。他说,这案子的被告并不像是凶手,而且,一点可疑的情形都看不出来。被告的家庭,有一老母,一个妻子,被告一向是在外经商。有一天回家,不知怎么他的妻子就被杀,于是邻人都说他有谋杀重大嫌疑,就把他告发了。但是,并没有其他可疑点,仅仅有的就是那件证物:衣服。后来,因为在医学校检验结果是血迹,于是就构成了罪名,差不多认为足以判他凶手了。可是,根据种种方面的调查,并无其他凭据。而且,有些地方反可以看出他绝非凶手,但因为找不出反证来,所以还不曾定谳。我们看到这一类事情,同时觉得中国法医大不发达,法官又不能与法医互相联络,得这样的结果是当然的了。法医上对于检验证物上的血迹,当然以鉴定何者为人血,何者为动物血。而且有时可以推知何者为静脉血,何者为动脉血。假如法官具有法医常识,则委托鉴定时必能详细咨询,不会遗漏。那么,法医检验时也就有了目标,鉴定时也必能充分了。然而,为法医师者,一方面固然要按法官所询问的目标去做,同时,在检验完竣时更必须具有"胆大"的明决本领。这就是说,在经过"心细"的检验得有明确的结果时,应当"胆大"地把检验所得结果,直截了当地鉴定出来,决不可作似是而非的鉴定。因为,法官只根据你的鉴定判决,如果写得不确切或不明显时,那么法官会误解或错判了犯人。因此,所发生的责任不是法官,而是鉴定人的不忠实了。从前,兄弟在北平时,有一次教部视察员在视察完毕的时候曾对我说:"一个学校的好坏,

第五章　民国时期法医学发展与社会治理

很难判定,说甲校好也行,说乙校好也可以……"。这纯是官场敷衍的话,像这样视察的报告书,当然不会有什么意义的。作法医师的人万不能学这种毛病,必须认真扎实地去做,希望各位将来做法医师,要注意"胆大心细",那么就不难成为一位高尚的法医师了。

法医一事,在现在中国医学界,大家似乎都认为是一种无聊的事业,卑微的事业。大半的医生谁也不愿去研究法医,仿佛干法医是学医的末路。原因不外两点:一点是旧式检验吏仵作的地位太低了,法院当局看件作职位极其卑贱,甚至等于听差。一般人对于件作更加轻视。另一点,是较新的法院法医,因受环境的同化,不能把自己的地位提高,致一般法官和民众把他们看成与旧式检验吏仵作们没有什么两样。而且,还有一般人根本连医生都瞧不起,他们以为医生就是星相之流,原本就不是高尚职业,法医更谈不到了。这种误谬的见解,有时法官也常常如此!殊不知,法医在法律上比律师的地位还应当高些,许多民、刑案件是必须法医做鉴定人才可以解决,法官对于鉴定人的鉴定书或谈话,是应当作为绝对的根据的。法医既负有这样重大的责任,那么法医在法律上的地位就可想而知了。

我们中国地大人多,一日所发生的案件不知有多少,而对于检验事项竟都委之件作办理,真是中国的人命太不值钱,中国人的生命也太无保障了!国家处处想法维新,对于命案检验竟如是守旧,亦大可悲!所以,近年来一般头脑清爽的人物都觉得有改良法医的必要,于是法医研究所才得以成立,诸君才得以进来研究法医,这是多么值得庆幸的事啊!?而且,诸君是第一届研究员,应负担的责任更为重大。一方面要努力研究学术,一方面还要帮同所长共同致力于各种建设,俾使贵所能于最短时间成为一个规模宏富的研究机关。各位将来的出路是非常有希望的,关于法医地位的提高,还有使一般民众对法医有信仰,都要各位自己出去努力,先把自己的力量充实起来,将来在社会上多做几件惊人的案件,使一般人知道新的法医的确能解决从前解决不了的案件,那么,法医的地位就很容易提高了。现在各地法院有的还是免不了轻视法医的恶习,不过这都不要紧,只要诸君努力去做,不怕他们不相信的!

兄弟感到现在中国是需要科学的,只是靠几个伟人天天发空谈、唱高调是不能救中国的。法医既是技术科学,若能从事研究,也是科学救国的一端。诸位万勿轻视自己,拼命向前努力,一定会有满意的收获的。关于法医师的资格,中国虽还没有规定,但是决不成问题,至于地位,一定可以提高。我想,法医师在法院的地位是很高的,诸君但请安心研究,注意充实自己的力量,将来不难使法医界放一异彩!现在各地法院并不是不感觉法医的需要,实在也是没有此项专门人才。各位毕业后,各地法院一定争相聘用,只要诸君努力,将来希望极大,出路极广。我相信,不久的将来,诸位都是改良法医的先进了。

兄弟此次南来,为参观各处教育,顺便到南昌调查新生活实施情形。南昌现状极佳,蒋委员长对于技术人员甚为重视,无论农、工、医各方面,都有具体的建设。关于军医的整顿亦颇注意,研究问题者也都十分努力。并且设有专门研究农村复兴问题的机关。我此次的感想,觉得蒋委员长能注意科学是一种良好现象,彼对于教育更为关心,不能不说中国已经是在进步了。

还有一点,贵所既是研究机关,当然对于"研究"二字应当特别注意,不过研究工作不是短时间内可以得多大成绩的。我国法医研究所仅此一处。各地的案件既多,又不能不代为检验,那么对于研究方面自然要受点影响。希望将来各处都设有检验分所,代法院检验案件。贵所就可以专从事于研究及疑案检验方面,那就更好了。林所长的计划,很多兼及于研究方面,现代法医学中尚有许多问题要待研究,这种设施实所必需,所内各种设备都很完备,外间的批评亦很好,兄弟参观后觉得贵所希望甚大,很可乐观!

今天讲的没有秩序,请大家原谅!

十一、书证文证与指纹鉴定

这类案件包括从契据字迹的辨别到印章的鉴定、文字的改动和铅印识别等,有时还需要对法院受理合同或契约纠纷案件中有关字据上按捺的指纹进行鉴定,从而平息各种经济合同纠纷。

(一)印章之鉴

该案载《法医月刊》1934 年第 10 期"鉴定实例专号"(第三卷)第六十六例。1933 年 7 月 21 日,湖北武昌地方法院送"伪造图章案"到司法行政部法医研究所进行鉴定(鉴定书编号是司法行政部法医研究所鉴定沪字第八十七号),随卷有物证二套、原卷三宗。

林几对该案十分重视,反复研究,指定由林椿年、张平、蔡炳南、谢志昌、胡师瑗、张积钟、蔡嘉惠、王思俭等参与检验,并多次组织讨论。该案检验由 7 月 21 日至 8 月 20 日,整整 1 个月才完成。

据湖北武昌地方法院检察处称:"查本处受理×××(原告)诉×××(被告)伪造一案。据告诉人×××状称,被告×××伪造二十年四月一日之往来存款抵押透支契约一纸,捏载以本栈房建筑房地作抵押借押款洋四千元,公然蒙蔽登记等情。据此,经本处一再票传侦讯,原、被告两造俱提出印证多件,请予详加鉴定前来。查本案要点在抵押透支契约上,告诉人之签名及印章与告诉人其他之签名印章,核对其笔迹是否相符,殊非普通常识所能断定。相应依照法医研究所分类表,物证检查第八项规定,检同该案全卷暨双方证件,函送贵所查照,请予详为鉴定。"

送检的证物系原告及被告的契约、支票、信函等,分装于两个证物套内,并附本案卷宗三宗。其中,原告所呈契约等计 4 件,被告所呈契约计 11 件。检验者将应检证物按要求分别检出,分成原告证物第 1 号至第 4 号,被告证物第 1 号至第 11 号。将所有证物进行肉眼比对检查、放大镜下比对检查及透视镜下比对检查等。即除肉眼检查及放大镜等检查外,每件证物均施以强映光机透视检查。将两文证上戳记图章,各互相折角重叠,滴以木油,而由下面强光机磨光玻璃板下,映以强度光线,使两张之戳记全能透视,结果若各印章笔划恰能重叠、丝毫不走漏者,则确定各同形图章戳记应为同一章记。

经检验证实,被告×××提出证字第 1 号上印之"夏德昌西栈"长方形图章及"德昌西栈"四方形图章并"夏耀堂章"四字之私人戳记,均与告诉人×××所认为真实之证字第 2 号栈单,证字第 3 号、第 4 号支票两纸,证字第 10 号印鉴票,第 11 号合约,及卷宗第 18 页、第 39 页所有图章,皆系相同。且与×××所呈各号文证中印戳之字划大小角度形式,亦属相同。证字第 1 号内所写"以本栈房地基作抵"八字,经将"地基"两字涂改为"建筑房地"四字,其上盖有"德昌西栈"方形戳记一个,该戳记映视结果,确系在该涂改字迹之上,而该戳记又系与他号文证之同样戳记相同,所以该文证上所涂改部分,当为该用戳者所同意。

根据检查、比对,林几下结论:被告所呈证字第 1 号上各戳记与告诉人认为真实之图章皆属符合。证字第 1 号证人×××私章与卷宗第 35 页之同人印章,亦系相符。

(二) 乾隆之契

该案载《法医月刊》1934年第10期"鉴定实例专号"（第三卷）第六十八例。1933年11月29日，司法行政部法医研究所收到湖南邵阳地方法院送检函，要求确认湖南邵阳地方法院受理的"乾隆年间山地所有权是否伪造一案"（司法行政部法医研究所鉴定书编号沪字第八号）。

这是一个对147年前的地契确认其真伪的案件。据湖南邵阳地方法院函称："案查×××等与×××等确认山地所有权事件上诉到院。据×××等提出清乾隆五十一年×××及乾隆五十二年×××出业卖契，咸丰二年合约，各一纸为证。质诸×××则坚指×××卖契，确属近时伪造。在×××等复不能收集书契人其他故笔字约，核对字迹，空言争执，真相莫名。即乾隆五十二年×××卖契、咸丰二年合约，本院亦认为纸墨新鲜，均滋疑实。自非实施鉴定，无凭臆断。唯各该当事人贫苦异常，仅据缴纳鉴定费银十九元前来，相应检齐证物，连同所征鉴定费，函送贵所，即烦查照，讯将×××卖契详予鉴定。对于×××卖契及咸丰二年合约，是否远年旧物？请附带加以审核，分别出具鉴定书。"

林几阅卷后，组织物证检查室、光学室和化学室检验人员进行鉴定。送检物证系盛于该法院之普通公函封内。外面封识不误。启封内为契据2件，合约1件。将清乾隆五十一年（1786）契据编为第1号证物、清乾隆五十二年（1787）契据编为第2号证物、咸丰二年（1852）合约编为3号证物。

肉眼检查：第1号证物系清乾隆五十一年（1786）卖契一纸。在该契之左上方，粘有湖南省财政厅给之卖契税契纸一张，并写有"民国二十二年四月"字样。其右侧边缘部书有"乾隆五十一年丙午岁九月初八日"等字样。在该契纸之左右两侧边缘，均印有长形之统税局之关防，印色新鲜。查该契纸为鲜明深土黄色之薄绵纸，不作暗污土黄色。全面色泽均甚平匀。叠折部分颜色并不稍淡，此点实与保存百余年者情形不同。仔细观察，唯右侧边缘较深。但全部并无水痕、虫蚀以及腐朽等状。用手牵引，震动有声，不生皱裂，应未霉化。其字色均淡，而多晕迹。按乾隆五十一年（1786）之契据，距民国二十二年（1933）已达147年之久，该契纸尚能保护完好，虽有可能，但如非精密保藏，绝非易事。按一般经验，凡古字画纸张多呈暗污黄褐色，其色泽常不均匀，常有潮湿遗痕，虫蚀破孔。纸易撕破，且在叠折部分颜色应形稍淡。故该第1号证物似属较新。

第2号证物系清乾隆五十二年（1787）卖契一纸。在其左边上端，粘有湖南省财政厅给之卖契一纸。其右侧边缘部，书有"乾隆五十二年丁未岁十二月初八"等字样。全契作污灰白色。上有数块淡黄色水晕痕。在左右两侧，均印有统税局之关防。印色新鲜，其纸质原系棉纸，较第1号证物稍薄。在该契之上下部，有大小不规则之破孔六块。全部纸质均甚柔软，用手牵引不生皱裂，故亦未形霉败。其墨迹较之第一号证物为浓，但亦有晕迹。该契距民国二十二年（1933）已达146年，只以外观而论，似较第1号证物纸张稍旧。

第3号证物系咸丰二年（1852）合约一纸。查该纸呈灰色。在中央部有褶纹及大小不等之破孔。其纸质系棉纸，而字之墨痕均甚清晰。在证物上之第一行（约人国祥公子孙等今有住屋后左）等字墨色，较他处更为明显。其纸质亦系棉纸，用手牵之不破，震动有声，然其全纸上亦无晕迹，或色素不匀等现象。其右侧边部，书有"咸丰二年"等字样。但字迹均系一半，应为合约。按其年限距民国二十二年（1933）已有81年之久，其纸张色泽应略变色，纸质应较软，易碎，似不应呈鲜明灰色，且较整洁也。

肉眼检查后，林几将第1号、第2号、第3号证物剪下一小块，进行下一步检查。

立体显微镜检查：将第1号、第2号、第3号证物分别置于立体显微镜观察，检查其纸张纤维状态及附着物有无存在。结果：第1号证物之纸张为黄色纤维，排列呈网状，也很疏松，并未见其他尘埃附着物等，可见该纸张系原来发土棕黄色，而纸色鲜明，不附于尘埃实有可疑。第2号证物之纸张为灰色纤维，排列呈网状，亦甚疏松。有水晕部位呈污黄色，上有尘埃等附着，故似较旧。第3号证物呈灰色较致密之网状排列，纸质似乎较前面的新鲜。

强光透视检查：第1号证物字迹最淡，第2号次之，第3号最浓。但第1号证物纸张映视证明较为鲜明，此点须加注意。

紫外线光分析检查：第1号证物之纸张显淡红紫色；第2号证物之纸张亦显淡红紫色，但较第1号证物色泽较浅；第3号呈紫色。

化学检查：将第1号、第2号、第3号证物分别进行伪造化学鉴别和新旧化学鉴别。对契约纸张有无烟熏处理进行次亚氯酸钠漂白实验，均呈漂白作用；对契约纸张进行硫酸亚铁水溶液试验，不发生灰蓝色作用；对契约纸张进行氯化锌溶解实验，第1号证物溶解速度较后两种慢，后两种溶解速度相同；对于稀盐酸液溶解渐变葡萄糖之试验，第2号、第3号证物较易溶解，而第1号证物较难溶解。

鉴定结论：经肉眼观察和光学检查，第1号证物乾隆五十一年契纸之纸张色泽鲜明，毫无水痕破裂征象，故为较新纸。经各证物溶解速度化学实验，第1号证物乾隆五十一年契纸溶解慢于第2号、第3号证物，一般旧纸应形较快，故乾隆五十一年契纸应为较新纸。

（三）识破伪据

该案载《法医月刊》1934年第10期"鉴定实例专号"（第三卷）第六十五例。1934年3月17日，司法行政部法医研究所收到江苏高等法院第二分院函称："查本院受理二十二年度上字第××号案件内，关于第××号证物，有鉴定之必要。相应将该号证物送请贵所加以鉴定。该存根簿上第4092号一页与撕下之第4092号报告单，纸张颜色是否相符？该4092号报告单，是否由存根簿上4092号之一页上撕下，抑系另行伪造？希于本月二十三日前函复过院。"随函送来存根一本，报告单一纸。

林几与文检室检验人员检查，存根簿上的4092号存根一张，长约11厘米、宽约20.1厘米，呈淡蓝色。在证物左右面均印有德文，德文内容是"检查目的""大便化验结果"等项。右上方有蓝色钢笔字"5，8，33"字样，在其下方有"4092"四字，并有医生的签字。存根上只有这些内容。4092号报告单，长约14.6厘米，宽约20.1厘米，呈淡蓝色。其上印有中、德文对照检查名称。左上方有蓝色墨水笔写之"田夫人"三字，右上方有蓝色钢笔字"5，8，33"字样（为检查年月日期），在医生签字的上方有"Bac，Flexner＋＋"（赤痢菌阳性）字样。余无特殊。现要查明二者是否为一个存根、一个报告单，且为"同张纸所撕下"。

肉眼观察，两张纸的颜色、厚薄均一致。林几将两张纸分别放在紫外线分析机上映照观察，其纸张均呈淡灰紫色，考虑二者色泽及制纸原料相同。他又用放大镜及立体显微镜检查，发现二者纸质、纤维排列均匀。此外，二者的锯齿状撕脱处也吻合。林几认为这是同一张纸撕下来的。

但林几仔细检查又发现，存根簿上有其他病人的5张检查单存根（4055、4056、4089、4091、4094、4109），都书有"Dy，Bac，Flexner"（赤痢菌阳性）字样，只有4092号为"Bac，Flexner＋＋"字样，字迹一样，同出一人，但书写习惯不同，且见到其下方画有两道斜行直线。

是否4092报告单系作废报告？即医生未用而画上横杠。但横杠在字迹的下方，是否亦属医生的习惯，即作废的化验单是在其结果下方画两条横线来表示？

林几又收集到该医生签字生效的化验单，均无画横线，证实推理是正确的。于是认为，4092化验单是作废的报告。

后经法院调查证实系被告为请病假怠工而将作废报告单冒充顶替出伪据。

在20世纪30年代初，林几应用较先进的仪器对纸张、字迹进行检查，并用法医学思维方法识破伪证，值得一提。对字迹的检查，现已发展成专门学科，称文书鉴定。鉴定对象除笔迹外，还有票证、印刷品、印章印文、损坏文书、掩盖文书、人相照片及文书物质材料等。

（四）辨伪俄文

该案载《法医月刊》1934年第10期"鉴定实例专号"（第三卷）六十七例。江苏上海第一特区地方法院于1933年9月23日函请司法行政部法医研究所检验一白俄人在上海的一张俄文证明书，认为其有作伪嫌疑，需辨别"а ТаКже АМ. $ 11.177. —И £ 722 - -/ - -. ———"这行文字是否以后添加上去的？如果是后添加上的，是否与其余文字系同一打字机所打出？随函送到俄文证明书一张，放大照片4张，诉状一本。

林几看毕认为这些作为法医鉴定检材尚不完整，需要原件才能检验，立即致函法院调得证物第九号俄文证明书复写副纸，以及第十号证物斯柏克鉴定说明书连同译文及附信件并案详验。将第一次送检证物俄文证明书编号为甲证物，第二次补送的第九号俄文证明书复写副纸为乙证物。经过仔细检查，林几发现：

（1）甲证物"MOCKBy"下之"，"与该证物及乙证物第二行"МОРИСОН"下之"，"比较，稍呈异形：甲证物"MOCKBy"下之"，"系先点"."，后重罩一小撇于原"."上，结果致该"，"之上部分"."与下部分之撇"，"之颜色有深浅二种，且该撇之角度，与"МОРИСОН"下之"，"之角度亦不相同。"MOCKBy"下之"，"即"а ТаКже АМ. $ 11.177. —И £ 722 - -/ - -. ———"之上之"，"，应加以注意。

（2）在强光透视机下观察，所送甲证物上有怀疑的那一行字"а ТаКже АМ. $ 11.177. —И £ 722 - -/ - -. ———"其颜色与其他行不同，前者为浅青蓝色，且较鲜明，而其他行呈黑灰红蓝色。

（3）字距检测：①甲证物中所怀疑的文字间距离为0.8厘米，而甲证物其他行以及乙证物的文字间距离均为1.1厘米，相差0.3厘米。②甲证物全文内只有4个"，"，其与上下字母间之距离，均为0.5厘米。但在"MOCKBy"下与"a TaKже AM. ＄ 11.177.—И £ 722 --/--. ———"之间之"，"，其距离只为0.1厘米。

（4）字母检查：①甲证物中"a TaKже AM. ＄ 11.177.—И £ 722 --/--. ———"内"a"字母的粗细和弧度与其他部分的"a"字母有明显的差异。②甲证物中"a TaKже AM. ＄ 11.177.—И £ 722 --/--. ———"内"T"字母的上部分，其两臂大小和间距与其他行同一个字母相比也有差异。其他字母如"K""e""A""M""1""2""И"等均有差异。此外，林几把原件其他行的相同字母，经放大后与所怀疑的那行文字字母进行叠合检查，结果不能吻合。

林几认为，上海第一特区法院委托的俄文"a TaKже AM. ＄ 11.177. --/--. ———"，其墨色、字形及距离均与其他文字不同，确认系后来用不同的打字机作伪添加。

司法行政部法医研究所的高超技术令该作假的俄国人折服。法院判俄国人作伪，该案顺利终结。除上述鉴定外，林几还对上海第二特区法院委托的英文"this cancels balance of 18 tons Smoked Sheets F. A. Q per Contract No. L. 555。"是否与其他文字同时打成进行鉴定。经检验，确认系"同一打印机同时打成"。

（五）单一指纹

该案载《法医月刊》1934年第10期"鉴定实例专号"（第三卷）第七十例。1933年7月3日，山东济南地方法院受理一宗"债务涉讼上诉一案"，要求司法行政部法医研究所辨明其字据内的左手食指指纹二枚，是否与当庭提取指纹相符。随案并附文说："素仰贵所研究法医，成绩卓著，相应将该案借据一纸，当庭取盖指印一纸，连同鉴定结纸，函送贵所查照，希即派员鉴定究竟该项借据内指印之指纹，与本院当庭取盖各指印之指纹，是否相符，出具鉴定书结。"

林几仔细观察了卷宗和新旧指纹，分析发现，旧指纹上端墨迹过浓，模糊不清，下端甚明晰。查其形态，中央部之旋纹，以同一中心，有上下两个旋纹，呈向心性绕围，与涡状指纹相当。但该纹之右角未曾印着，其左角尚清。

林几再看新印左手食指指纹，中心旋纹也呈向心性旋转。林几将新旧两指纹用放大镜检查并拍照对照。然后，将该二指纹的印纸，上下重叠，并在纸上加木油3～5滴使之呈透明状，置于强光之下映视。结果，两印纸中指纹的中央上下两旋纹对齐，而其余纹路的高低、角度、回转、分歧均能切实契合，重叠掩蔽，且左外角与右外角的边的位置、角度、顶角尖点皆相符合。

林几分析道：当庭所印捺的×××左手食指指纹与借据上指纹的分歧、中断、角度、中心、纹数、回转方向及高低位置均相同；经透明后重叠也相同，属同一指纹。因此，得出鉴定结论："该证物借据上指纹，与×××当庭所按捺印纸上左第二指（食指，一曰示指）指纹，能相契合。应为即同一之指痕。"

原来，由于该案印捺指纹者认为年代已久，指纹无法辨认，企图否认借款单上的指纹是自己所为而赖掉这笔借款。但在科学面前，只好服判。

第三节　民国时期法医学发展存在问题及其对社会治理的消极影响

民国时期的法医学虽然取得了很大的发展，但由于历史的局限性，民国时期法医检验仍存在不少问题。由于这些问题的存在，造成司法不公甚至司法腐败，对社会治理产生了消极的影响。

一、缺乏完善的法医学鉴定的相关立法

民国时期，经历了南京临时政府时期、北洋政府时期、南京国民政府时期几个阶段。北洋政府时期，开展了多次立宪运动，并在南京国民政府时期初步形成了"六法全书"体系。但是，由于连年的军阀混战，风起云涌的政治斗争和恶劣的国际环境，中国始终处于动荡分裂状态，无法为法治的运行提供稳定的环境。无论是北洋政府还是南京国民政府，始终未能有效整合全国的资源，并通过法治将资源转化为国家治理能力，建立起以法治为正当性基础的现代国家。虽然民国时期制定了《解剖规则》《解剖规则施行细则》，在刑法、刑事诉讼法等法律中也有关于鉴定人的权利、义务、资格等的相关规定，但内容较为分散，而且不尽统一，没有建立统一的法医鉴定和司法鉴定管理体制的专门性法律，严重制约了法医学的发展和司法鉴定应有功能的充分发挥。

二、检验人员严重不足

民国初期便有人提出"非筹设法医学校不足以养人才，非养成检验人才不足以言救济"的观点，但直至20世纪20年代末期，各类全国性的法医培训机构才逐渐设立。30年代国立北平大学医学院法医学教室及司法行政部法医研究所出现，开始培养专门的法医检验人才，但其学员的数量却严重不足。以司法行政部法医研究所为例，每届学生不过10余人，分派至各省后便寥寥无几，且出现各地检验人员数量差异较大的情况。至1935年，曾在学校接受过新式法医检验教育的"新式"检验人员甚至不足检验人员总量的20%，导致"各省县司法机关，仍不免有以旧时检验吏充任者"，难免影响检验鉴定的准确性和公正性。由于法医培植人数有限，不足以应对基层司法检验，因此民国时期司法检验究其实际大多仍操于旧式检验吏之手。因此，民国时期，法医人才培养质量和数量的不足制约了社会治理法治化的能动性。

三、检验方法较为落后

由于法医人才的匮乏，民国时期多数案件仍由旧式检验人员承担，但随着西方医学知识的传入和现代法律制度的初步建立，学界及社会各界民众的思想受到启迪，对一些案件的关注度日益提高，在这种情况下，按照旧式检验思维进行法医检验工作的结果常

常受到质疑。民国时期的"陕西王佐才案"和"江苏无锡刘廉彬案"均属此类的典型案件,在法医检验过程中的科学性和传统经验产生矛盾,其结论难以经得起推敲,甚至引起了社会的广泛性质疑和讨论。民国晚期,部分"新式"检验人员虽然已在法医研究所或法医教室接受了较为先进的法医学理论教育,但实践过程中也仍存在检验方法老旧或刻板的情况,不符合现代医学的理念的操作和判定时有发生,总体上仍落后于当时的西方国家。因此,民国时期,法医鉴定技术短板影响了法医鉴定的质量与科学性,进而限制了案件或事件的科学处置,制约了社会治理法治化的科学实施及其科学性。

(一)陕西王佐才案

1923年2月3日晚七时许,某陆军二十师骑兵团长王佐才(50岁)在陕西暴卒。灵柩于4月29日运抵北京,家属有疑问,于5月24上午,陆军部军法司司法官带同地方厅检验吏并由法司呈请部派专门医药人员王麟书、左鸿启等一同前往检验。当经检验吏验得已死王佐才两眼突出,口内微有血污,上下唇青色微焦,牙根青色,舌缩,舌尖有刺疱,十指微散,十指肚微缩,左膝偏左红赤皮破伤一处,右膝红赤皮破伤一处,十指甲青色,十脚趾肚焦缩。检验吏用银簪从肛门插入,探视良久,将银针取出,而银簪已变青黑色,用皂角水揩洗不去,该检验吏即认为王佐才"委系带栽磕伤载蹭伤因毒身死",出具了验断书。

这是一桩不实行解剖尸体,单靠旧法验尸误验的实例。按上述方法,同样处理非中毒尸体亦能使银针变黑,有"毒"的结果显然是没有根据的。因为,人死后由于腐败可产生硫化氢、尸胺等化学物质,这些腐败化学物质能使银受氧化而使银针变黑。所以,银钗验毒是不符合现代科学原理的。所谓银钗法,实际上早在春秋时期就有记载,如将毒药洒洒在地上,看有何反应,或用动物及奴隶试验。《国语·晋语·骊姬潜杀太子申生》记载:"骊姬受福,乃置鸩①于酒,置堇②于肉。公至,召申生献,公祭之地,地坟③。申生恐而出。骊姬与犬肉,犬毙;饮小臣酒,亦毙。"关于银针探测法,最早记载的书籍是隋代医学家巢元方于大业六年(610)的《诸病源候论》,在《诸病源候论·蛊毒病诸候·解诸毒候第十》中有如下记载:"欲知是毒非毒者,初得便以灰磨洗好熟银令净。复以水杨枝洗口齿,含此银一宿卧,明旦吐出看之。银黑者是不强药;银青黑者是蓝药;银紫斑者是焦铜药。"唐代医家王焘的《外台秘要》卷二十八也认为银钗验毒十分可靠:"取银匙若箸或钗含之,经宿色黑即是,不黑者非。"宋代郑克的《折狱龟鉴》和宋慈的《洗冤集录》也有同样记载,尤其是《洗冤集录》,是我国第一部系统论述古代司法检验专著,对世界法医学做出了巨大贡献。在《洗冤集录》卷四"服毒"中,不但对虫毒、酒毒、鼠莽草毒、果毒、金石毒、蛊毒、砒霜、野葛毒等中毒形状进行介绍,还详细介绍了用银钗探毒的方法。由此可见,古人对银的氧化反应原理不了解,而误认为能使银变黑即中毒,这些既没有科学根据也无毒物化学研究基础的检验方法,竟然被沿用了千年,究其原因,不过是维护尸表检验的产物。而到民国时

---

① 鸩:毒鸟,相传以鸩羽毛撩酒,饮之立死。
② 堇:乌头,一种茎、叶、根都有毒的草。
③ 坟:隆起,突起。

期，科学已大为发展，不采取尸体解剖取材作毒物化验，而仍采取过去不科学的方法，怎么不会引起民众反对呢？社会各界对陕西王案银针验毒的检验方法提出了批评。

所幸的是，当时派出的专门医药人员王麟书、左鸿启等割取了王佐才的胃内容物、胃壁、肝脏、大肠、小肠等物依法化验，结果仅发现微量之锌，未见其他无机性毒物，包括砒霜在内，出具了试验报告。后来法官审理认为该案无谋害嫌疑。

（二）江苏无锡刘廉彬案

刘廉彬，女，30岁，四川泸县人，1923年春经同乡王德全、李文彬介绍，前往无锡贺康（又名贺亚宾）开办的蚕种培育场料理春蚕。1923年7月15日清晨，无锡蚕种培育场仆人秦妈久呼刘廉彬起床不应，推门而入发现其在屋内已自缢身亡。场主贺康随后赶到，并于第二天致电王德全、李文彬，称刘廉彬病亡。王德全等以事发突然，奔告刘廉彬之弟刘亮生，同乡穆济波、黄绍绪、张万杰等，于16日晚间赶赴无锡。抵无锡后会晤贺康，始悉刘廉彬系自缢身亡。众人发现贺康所言与电文不符，且多支吾之词，即诘问既系横死，为何时隔二日不报官检验，贺无词以答。随后又在刘廉彬屋内找到遗书3封，其中1封写道："人生不幸，未有如我者，……卅年来清白，今日不死，此生前途不堪设想。死了死了，无他虑了。"刘廉彬自杀引起了人们广泛关注和热议。

刘廉彬之弟刘亮生以尸亲名义，在刘廉彬死后第三天具状无锡县署，请求验尸。无锡县署接报后，派俞承审员带同检验吏前往验看，尸表验得刘廉彬确系自缢身亡。尸亲不服，委托无锡律师李宗唐等致电苏州高检厅提出复检。1923年7月19日，刘亮生在李宗唐陪同下前往苏州，向高检厅投递诉状。检察官严彭龄命令吴县地检厅检察官到无锡复验。7月21日，吴县地检厅检察官张宗庚到无锡。为慎重起见，苏州高检厅还聘请苏州福音院院长和另一名西医会同检验。23日，开棺复验。西医检验却以经验不足为由，表示不能断定是自缢还是勒毙，最后由张宗庚命令检验吏就尸表检验结果喝报尸状，仍定自缢。

社会各界纷纷呈司法部和总检察厅要求三次复验。之所以提出复检，就是对旧法尸表检验不满，提出质疑。在强大舆论压力下，江苏省省长韩国钧命高检厅再次派员侦查。高检厅严彭龄检察官到无锡后，召集双方进行了问讯，最终仍认定刘廉彬为自缢身死。高检厅维持复验结果，使得案件随后的重点转向了刘廉彬因何自缢身亡。8月31日、10月5日无锡县署二次开庭，均未当庭宣判。有律师搬出民国二年（1913）内务部发布的《解剖规则》第二条："警官及检察官对于变死尸体非解剖不能确知其致命之由者，指派医士执行解剖"，以及民国三年（1914）颁布的《刑事诉讼律》关于鉴定人资格等规定。县署没有作相应回答，直至11月，无锡县署认定刘廉彬系自缢身亡，依据仍是件作尸表检验结果，贺康无逼奸行为，但有侵占财物、妨碍通信自由之罪，依律判刑2年。双方均不服判决结果，相继提出上诉。此后，案件进行了二审、三审。二审贺康获判无罪，但尸亲上诉，再次发回，维持一审判决。案件尘埃落定，但讨论仍在继续。

四、新式法医被边缘化

民国时期，政府虽大力推动司法改革进程，但在各地区具体案件的侦办和审判中，却难以执行。民国司法机构改良的本意，是欲以法医弥补检验吏的不足以求"中西合璧"。但在基层司法实践中，"法医"与"检验吏"在观念信仰、知识结构、方法手段上都有着根本性的冲突。在彼此的权势争斗中，法医被逐步边缘化的现象并不少见。时人即观察到在民国时期高呼养成法医的背景下，在一些地方，法医竟成为趋"新"的一种名目，仅仅是"备而不用"。

（一）很多法官不重视科学鉴定

在大量案件中，司法鉴定是案件公正审理的保证。尤其是医讼案件，涉及复杂的医学问题，多数情况下司法人员缺乏足够的医学知识，案件的公正审理必须依靠科学的鉴定。然而，在司法实践中，并非所有司法人员皆以合格的司法鉴定结论为依据处理案件。如1934年发生于南昌的刘懋淳、叶立勋两位医师讼案中，南昌地方法院将案件委托江西省卫生处进行司法鉴定，在卫生处答复无法出具鉴定书、建议送交司法行政部法医研究所进行法医鉴定的情况下，法院仅凭卫生处的推断便对医师做出了有罪判决，行为相当随意。同样发生于1934年的南昌江明医师讼案，尸体解剖后肿瘤部分被送往中央卫生试验所做病理检验，南昌地方法院在检验尚未完成的情况下便做出医生为业务过失致人于死的判决。以上两项判决令人匪夷所思，但在当时，司法人员忽视司法鉴定的情形并非个案。

（二）法官在审判中更倚重检验吏

民国时期很多法官"与之谈法医学，则目瞪口呆，信疑参半。对于洗冤录之旧说，反能头头是道，信若圭臬"，根本没有意识到《洗冤录》之不可靠，反而认为"法医验尸，务求详细精确，有时尚借种种之器械，费时较多，绝不含糊了事"，法官"反觉多有不便"。法官对于新式检验方法仍有质疑，甚至不采信法医检验的结果，对于案件的最终判定难免产生错误。另一方面，新式法医的出现也引起检验吏的恐慌，不时引发竞争和矛盾。这种竞争既是职业饭碗的竞争，同时也是新、旧两种检验方式与认知观念的冲突。检验吏虽毫无现代法医学知识，但深恐饭碗不保，故能事事唯法官之命是从，有些法官虽明知法医为科学信徒，刑案能由科学上得确实证明，但由于法医资格高尚，其学识优秀，不易受其操纵；所以法医成了"备而不用"。

传统检验吏的检验手段仍停留在尸表检验的层面，检验知识完全来源于洗冤录，缺乏科学依据；而法医师均系医科大学毕业后，而又专门研究裁判医学、裁判化学、精神病学、病理解剖学，其检验案件讲求实验，富有科学性。二者在知识结构和检验手段上的巨大差距使得他们在检验案件中不免要发生分歧。下面，以法医姚致强亲历的一件验案来说明。

1933年，法医姚志强在《近年来我国法医之鸟瞰》一文中描述了这样一个案例："有一次发生一可疑命案，为郑重探究起见，检察官遂请我同去，该尸系一妇人，昨夜尚吃晚饭，健康如恒。其夫为一纱厂中工人，夫妇二人，各卧一床，房中并无他人。据其夫供称，于早晨五时，我唤伊起床煮饭，视之已气绝。该尸之外表所见，体格中等，营养佳良，颜面稍肿胀，呈紫红色。右结膜有溢血点数个。同侧之颈部有8厘米长并行之红沟二条（该尸并不十分肥胖），自喉头结节起后至颈部，口内及阴户外，皆有血迹。"该法医主张为窒息，但同去之检验吏则认为，颈部之痕迹为睡眠时未将衣领解松压迫而成，其死因为产后血崩。而此时距离该妇生产已隔 3 个月，且生殖器出血甚微，断不可因此而死。认知既有分歧，当时法医即主张解剖，而检验吏则不许。按道理来说，一旦二者有分歧之时，法官应倚重法医、弃用传统非科学的检验吏才对，但实际情况并非如此，当时检察官选择了"含糊了事"。"而当时检验吏，竟联络一苏州野鸡日报，妄向法医攻击，如'结果徒劳了尸体，其责任谁负之'，'何苏州之多事耶'，其立言甚不值识者一笑。但其他各报，则甚同情，且有誉法医办事甚精细审慎者，舆论界乃有此种现象，可叹！可叹！自此以后，该法医再绝对不愿与检验吏同出，在法官以为中西合璧，犹新医与旧医之会诊，实则根本水火不相容，无从合作。处此过渡时代之法医，实最不易对付一切，解剖一事，在内地甚不易举也。"

旧式检验吏和新式法医之间存在工作上的利益冲突和专业见解的矛盾，很多时候，法医的科学判断方法得不到实施，检验工作难以开展。新式检验人员经受过专业培训，思想较为开放，却于现实中受到重重阻碍，在多种因素的作用下，很多法医检验人员被迫转行，导致法医人才的进一步流失，新式检验方法不能得以推广，法医职业被边缘化，更影响了民国时期司法检验制度的改革进程。

五、"鉴定人"的选取引发的重复鉴定和多头鉴定

民国时期法律缺乏完善的鉴定主体的准入制度及监督机制，政府没有设置鉴定主体的管理机构，也缺乏行业自治制度。在鉴定人的遴选方面，司法机关的自由裁量权缺乏有效的规范，既不是随机遴选，也没有与当事人协商的环节。受民国司法检验制度制约，对"鉴定人"的选取与"鉴定结论"的权威的质疑不时引发争执，导致司法鉴定的公正性和权威性严重被削弱。民国时期法律规定凡被视为有"学识经验"者皆可充任鉴定人，这样的制度设计给司法实践造成了很大困扰。司法鉴定原本应由专门的法医来执行，但因法医数量过少，许多地方尚无法医之设，因此由地方法院选任鉴定人自然也是无奈之举。在基层实践中，这种由法院选任鉴定人的做法相当普遍。姚致强观察到，其时"除江浙二省法院外，其他各省，皆无法医之设置，遇有疑难或扩大之案件，致检验吏无法收拾者，乃委托本地有名医师或医师公会代行鉴定"。然而如何选择鉴定人呢？《刑事诉讼法》称应选有"学识经验"者，但所谓"学识经验"却并没有任何客观标准，任何医学团体、组织或医师个人都可能成为司法鉴定的潜在主体。姚致强进一步指出："其实一般医师，其检验知识，多不能及专门法医之丰富。如尸体解剖，又非多所经验，又不能认识。……尤望为法官者再三注意焉。"民国司法诉讼实践中，因"鉴定人"的能力与资格问题而引发的纠葛反倒给司法审理造成新的困难，致使经常出现重复鉴定、多头鉴定，往往使得案件审理呈现出剪不断、理还乱的状况。民国时期，由于缺乏统一的法医司法鉴定管理体制、机制不健全，以及程序上的不完善，限制了鉴定活动的程序正义，制约了社会治理法治化的公正性。

（一）1935 年广西冼家齐医师讼案

以《医讼案件汇抄》所载，发生于 1935 年的广西冼家齐医师讼案为例。

被告人冼家齐医师在鉴定前便声明与鉴定人中的梧州医院医务主任毛咸等人"有

宿嫌"，且"梧州一掌之地，往来狭习，恐有瞻徇偏袒之虞"，因此要求毛咸回避，此项请求司法机关并不理会。司法鉴定只有中立，才能公正；只有公正，才能权威。在此次鉴定之后，冼家齐医师果然不服鉴定结论。于是法院又请司法行政部法医研究所对梧州医院的鉴定进行审查，这种起到外部监督作用的审查并非再次鉴定，应具有一定的权威性，然而法医研究所的审查却遭到了梧州医院的反驳，法院也未能肯定法医研究所的审查之权威性，而是又请广西省立医学院附属医院再次鉴定。正是鉴定审查具体制度的缺乏，使鉴定审查形同虚设。

（二）1935年蒋爱生真假自缢案

江苏省高等法院、江苏省档案局、江苏师范大学法学院合编的《民国时期江苏高等法院（审判厅）裁判文书实录》（第1卷）收录的江苏高等法院二十四年度上字第五三号刑事判决书中，有关重新鉴定的内容如下："本案上诉人张阿全、蒋月贞虽均不认有因奸谋杀蒋爱生情事，并以蒋爱生确系自缢身死为辩解。然查已死蒋爱生咽喉有绳痕一道，斜上右耳后发际后一道，由项左斜入右耳后八字交匝（此系活套头），量围长九寸三分，宽三分，深一分，紫赤色有血痕（此系侧吊情形），头部有指爪伤六处，斜长均三分半，宽不及分，皮损红色，胸膛有指爪伤二处，斜长均三分半，皮损红色，肾囊有手捏伤一处，斜长一寸七分宽……经原县检验吏验明，填具验断书附卷，该验断书所载致死之理由断定为生前被殴伤后自缢死亡，然经本院选任吴县地方法院检验员宣芳就原检验征象并参照法医研究所复验尸骨情形予以鉴定，认为原验断书所载自缢身死系属错误，并断定为被人捏伤肾囊后昏迷之间尚未气绝之时，重复将其悬吊梁上饰做自缢，出具鉴定书，并详为说明。"

六、检验人员徇私舞弊

由于民国时期法医人才缺乏以及政治腐败，与法医有关的案件，竟出现种种令人震惊的弊端。据1935年司法行政部《检察官应亲身检验伤害以祛弊端令》（训字第四七六二号）描述："现在一般检察官对检验伤害事宜，多缺乏常识，只得委诸胥吏，于是检吏得以上下其手，收受贿赂，装伤抵赖者有之，重伤轻报者有之，弊端百出，检察官尚茫然不知。乃据以决定起诉与不起诉处分，致当事人易蒙不白之冤。故欲祛除弊端，则凡受伤人受伤害程度如何，应由检察官应亲身检验，不能完全假手于未经训练且无地位之检验吏。"据陈衡铨《旧法曹剪影》中记载："1931年福建闽侯地方法院检察处来一个被人打得头破血流，连衣服都沾有血的告诉人到检验室要求验伤，检验员何健忠因索取规费不遂，竟欺检察官李煊年老，说当事人衣上的血迹是鸭血，因此当事人被判不起诉。被害人及律师提出再验要求，被害人称，头破血流，创口宛在，何况创口血迹与衣上血迹是否相同，一看便明。若衣上血渍是泼上鸭血请再验。李煊传复验。何健忠随即说明自己上次检验不仔细，乃重填伤格，经李煊亲自复查后，改发起诉书。"

张仁善在《司法腐败与社会失控（1928—1949）》中也记述了民国时期检验员索贿舞弊的情况："一般刑事案件，以伤害案件居多，被殴成伤的，须经过检验员（或检验吏）验伤。检验员类似过去的仵作，现在叫法医，属于检察官委任范围。科班出身的检验员并不多，大多只凭一部《洗冤集录》为根据。对于伤势情况，检验员可以利用职权，随意改变伤情，对于当事人或受害者的死伤情况，做出如自伤、他伤、自杀、他杀等判断，对案情审理往往起着重要作用。他们可根据得贿多少确定伤势：重伤可验成轻伤，轻伤可验成无伤，无伤可验成有伤或重伤，拳伤可说成棍棒伤，石子击伤可说成是拳伤……是非曲直，全看当事人给钱多少。而且他们黑白都抓，不怕你不给钱。"

遇到检验尸体的案件，检验吏按不同案情索取检验费，而尸亲唯恐被验成"无致命伤害"，讼难直，冤难伸，只能忍痛送贿。湖北建始县就发生过这样一桩案子：罗姓家佣人围打同街的唐某，把唐某活活打死，打官司时，请检验员检验，结论则是"因病致死"，死者含冤，家属怨恨，凶手轻易逃脱了法律制裁。所以当事人或家属都要巴结检验员。河南一些县级法院，需要检验员验尸时，检验员的例行需索是："腰围白布一匹，白酒一坛，香皂一块，毛巾一条。如果尸体已经装棺入殓，给钱则免验，不给钱，就要将尸体倒出棺材，脱光尸衣。四川一些地方法院的检验员如发现尸体已经腐臭，则会要求尸主搭建验尸棚，用优等香熏臭，用曲酒洗尸；尸主行贿后，则可以从简，为尸主省去大笔费用。尸主为求亡人所安，只好任其敲诈。尸主接待验尸官，还要准备酒席，花费可观。

在县长兼任司法或兼任县司法处检察职务的县份，检验员照例由县长委派指挥，只对县长负责，他们的检验结果直接成为县长判案的依据。有些检验员为了帮助当事人一方获胜，会用种种手段，蒙蔽县长视听。例如，据陈国维《解放前启东司法二三事》记载："启东县法院一名检验员，为了帮助一个农民诬陷被告对其实施殴打，验伤时特意让原告解开衣服，在胸前两乳间用烧酒擦了又擦，再用毛竹片做的夹子，用力夹了几下，皮肤上顿时出现青紫"伤痕"，其他几个要害部位也如此做了手脚。开庭时，当面向县长陈示，检验员在边上加油添酱。尽管被告指认原告的伤痕是假的，但县长对检验员的话偏听偏信，当庭宣布被告理亏，并处罚金。原告虽挽回了面子，但要忍受一时疼痛，还要掏钱给检验员。"

针对司法人员对诉讼当事人苛索的弊端，民国制定了相应的惩处规定。而在法院的日常运作中，也对检验尸伤索取费用弊端的革除较为重视。据《严禁吏警检验尸伤索取费用布告》（四川省档案馆藏，档号：民176—1—103。）①记载：万县地方法院检察处为革除验尸、验伤的需索弊端，做出如下规定："关于检验尸身暨伤害案件，所有被告人家属自行扛尸或受伤人亲身来处请验者，本处随即予以相验，严禁吏警等需索验费等项，至确系无力扛尸来处相验者，得由本处指派管理驰往该地检验，旅食各费，概由公家发给，决不累及地方"，因此对于吏警需索"概予痛禁，……一经本处查觉或被密告告发，定即严究不贷"。

七、检验人员遭邪恶势力迫害

据张天禄记载，北洋政府统治时期设有内务部，其下设置卫生试验所掌管药品和生物制品鉴定工作，上海的卫生试验所还有麻醉品检验和司法案件检验等任务。但当时药

---

① 谢健. 民国时期的基层司法建设与社会治理研究——以四川地区为中心（1927—1949）[D]. 天津：南开大学，2018：49.

检机构并未受法律的充分保护，有的药检人员还由于坚持原则而受到社会邪恶势力迫害。例如，1933年，药检工作者何鉴清因拒绝流氓胁迫他修改检出吗啡的检验报告而惨遭暗害。

（胡丙杰　黄瑞亭　丛斌）

结　语

民国时期，无论在立法、司法、行政等各领域都涉及法医学内容，法医学的发展在社会治理中扮演着重要的角色。民国时期司法检验制度的变革取得了一定的突破，涌现了以林几、孙逵方为代表的一批法医学先驱，出版了一批法医学译著与教材，在人才培养、科学研究、检验鉴定等方面也获得了进步，推动了近代法医学的整体发展。但总体来讲，民国时期的法医学发展进程缓慢，且实际作用不尽如人意。

今天是昨天的继续，明天是今天的延伸。研究民国时期的法医学发展，不仅是对一个时代的历史性总结，更重要的是要以史为鉴，从民国时期法医科学技术发展和社会治理的历程中吸取经验教训，从昔日取得的法医科学技术成就中提炼有益的思想与方法，避免或克服民国时期由于政治腐败所造成的法医人才缺乏，以及避免与法医鉴定有关的种种令人震惊的弊端；对我们更自觉、更清醒地认识与把握今天乃至将来法医科学技术发展的方向，以及更主动、更有效地从事法医科学技术活动，让司法检验更加适应于新时代的要求，具有重要的历史意义与现实价值。

凡是过往，皆为序章。对于当前从事法医科学技术工作者而言，面对当前复杂的司法改革环境、艰巨的法医学发展任务和新的挑战，今天的中国法医学界比以往任何时候都更加需要创新驱动。"苟日新，日日新，又日新。"这是商朝的开国君主成汤刻在澡盆上的警词，旨在激励自己自强不息，创新不已。北宋理学的奠基者程颐也说："君子之学必日新。日新者，日进也。不日新者必日退，未有不进而不退者。"现代社会日新月异，处于瞬息万变之中，要跟上时代节拍，更须积极进取、奋发前行、与时俱进。无论是从民国时期法医学发展中汲取经验教训，还是稳中求进推动法医学转型发展；无论是完善法医学制度提升治理能力，还是激发活力构筑中华法医文化、用法医科学捍卫司法公正，都需要谨记习近平总书记的殷殷寄语"迎接挑战，最根本的是改革创新"，都需要最大限度地支持法医学创新创造，让法医学创新人才竞相涌现，充分发挥法医学发展在社会治理中的积极作用，为全面推进依法治国、推进国家治理体系和治理能力现代化做出应有的贡献！

（丛斌　胡丙杰　黄瑞亭）

参考文献

[1] 北京高等教育志编纂委员会. 北京普通高等教育志 [M]. 北京: 华艺出版社, 2004: 1215-1216.

[2] 编者. 向司法界进一言 [J]. 医潮, 1947-1948, 1 (7): 1-3, 9.

[3] 蔡景峰. 中国医学史学家陈邦贤 [J]. 中国科技史料, 1983, (2): 46-47, 37.

[4] 陈国维. 解放前启东司法二三事 [M] // 启东文史选辑第5辑. 1986.

[5] 陈衡铨. 旧法曹剪影 [M] // 福建省政协文史资料研究委员会. 福建文史资料: 第二十一辑. 法曹内外. 福州: 福建人民出版社, 1989: 89-103.

[6] 陈康颐. 我国现代法医学奠基人: 林几教授 [J]. 法医学杂志, 1986, 2 (2): 1.

[7] 陈康颐. 现代法医学 [M]. 上海: 复旦大学出版社, 2004: 44-51.

[8] 陈康颐. 应用法医学总论 [M]. 北京: 群众出版社, 1995.

[9] 陈胜泉, 仲许. 孙逵方法医学术思想浅探 [J]. 法医学杂志, 1993, 9 (2): 49-51.

[10] 陈智超. 陈垣全集: 第1册: 早年文 [M]. 合肥: 安徽大学出版社, 2009.

[11] 程树德. 九朝律考 [M]. 上海: 商务印书馆, 1934: 133.

[12] 程竹汝. 论司法在现代社会治理中的独特地位和作用 [J]. 南京政治学院学报, 2013, 29 (6): 70-75.

[13] 池方. 医权保障运动 [J]. 牙科学报, 1948, 2 (8): 13.

[14] 丛斌, 宋随民. 廓清法医学学科体系完善法医学概念内涵 [J]. 中国法医学杂志, 2019, 34 (2): 109-112.

[15] 丛斌. 加快司法鉴定管理体制改革, 助推社会治理能力提升 [J]. 中国司法鉴定, 2020, 5 (总112): 1-7.

[16] 崔雅琼. 上海法租界第二特区法院研究 [D]. 上海: 华东政法大学, 2019.

[17] 大. 中大设法医研究所 [J]. 科学, 1947, 29 (12): 376.

[18] 法界消息 (要闻十则): 河南开封地方检察厅拟添法医 [J]. 法律评论 (北京), 1925, (99): 9.

[19] 范明辛, 雷晟生. 中国近代法制史 [M]. 西安: 陕西人民出版社, 1988.

[20] 范源廉. 教育部部令 (二则): 第二十五号至二十六号 (中华民国元年十一月二十二日): 医学专门学校规程、药学专门学校规程 [J]. 政府公报, 1912 (208): 1, 5-7.

[21] 奉天高等检察厅. 奉天高等检察厅呈司法部遵将高等法医学校原定章程经费表分别更正删除请鉴核施行 [J]. 上海法曹杂志, 1913, (15): 12-22.

[22] 奉天高等检察厅. 奉天高等检察厅呈司法部遵将高等法医学校原定章程经费表分别更正删除请鉴核施行文 [M] // 中华民国政府公报分类汇编·司法: 上. 上

海：扫叶山房北号，1915，(15)：139-144.
[23] 奉天高等检察厅. 司法：奉天高等检察厅呈司法部遵将高等法医学校原定章程经费表分别更正删除请鉴核施行[M]. 政府公报分类汇编，1915，(15)：159-164.
[24] 高等检察厅. 高等检察厅通告高等检验学堂改为高等法医学校文[J]. 奉天公报，1913（346）：10.
[25] 格依斯（Geith H.）著. 祝绍煌译述. 简要病理组织标本制造法[J]. 法医月刊，1935，(14)：18-51.
[26] 顾燕. "一门三进士"孙家鼐的家谱：《寿州孙氏支谱》[J]. 家族企业，2018（10）：102-103.
[27] 广东省广州市地方志编纂委员会. 广州市志：卷十九. 人物志[M]. 广州：广州出版社，1996：88-89.
[28] 广东省江门市地方志编纂委员会. 江门市志[M]. 广州：广东人民出版社，1998：1449.
[29] 郭俊美. 南京国民政府时期司法检验人员的新陈代谢研究（1929—1945）[D]. 武汉：华中师范大学，2017.
[30] 郭太风. 王云五评传[M]. 上海：上海书店出版社，1999：257.
[31] 国立北京大学廿周年筹备委员会. 国立北京大学廿周年纪念册[M]. 北京：北京大学，1918：37.
[32] 国立北京大学五十周年筹备委员会. 国立北京大学历届同学录[M]. 北京：国立北京大学出版部，1948：176.
[33] 国立中央大学. 设立法医学研究所，本校奉令业已核准[J]. 国立中央大学校刊，1947（18）（复员后）：4.
[34] 国民政府司法院参事处编. 技术人员任用条例（民国二十四年十一月八日国民政府公布同日施行）[M]//新订国民政府司法例规：第1册. 重庆，1940：380-381.
[35] 韩光，张宇舟. 中国当代医学家荟萃：第3卷[M]. 长春：吉林科学技术出版社，1989：515-517.
[36] 何颂跃. 民国时期我国的法医学[J]. 中华医史杂志，1990，20（3）：129-134.
[37] 河南省开封市地方史志编纂委员会. 开封市志：第七册. 人物简介[M]. 北京：燕山出版社，2004.
[38] 河南省开封市卫生局. 开封市卫生志[M]. 郑州：河南人民出版社，1990：355-356.
[39] 洪佳期. 上海公共租界会审公廨研究[D]. 上海：华东政法学院，2005.
[40] 胡丙杰，黄瑞亭，刘通. 《廉明公案》判词研究[M]. 北京：线装书局，2022.
[41] 胡丙杰，黄瑞亭，王子慎，等. 中国现代法医学先驱孙逵方生平及其论著述评——纪念孙逵方博士逝世60周年[J]. 中国法医学杂志，2022，37（4）：383-390.
[42] 胡丙杰，黄瑞亭. 法医研究所的创立背景、发展过程及其历史贡献[J]. 中国司

法鉴定，2022，5（总124）：88-96.

[43] 胡丙杰，黄瑞亭. 民国时期我国法医学教育的建立与发展 [J]. 中国继续医学教育，2018，10（24）：18-20.

[44] 胡丙杰，黄瑞亭. 我国早期现代法医学人物志续补 [J]. 法医学杂志，2021，37（4）：569-573.

[45] 胡丙杰，黄瑞亭. 中国近代法医学人物志续补 [J]. 中国法医学杂志，2020，35（6）：664-667.

[46] 胡丙杰，黄瑞亭. 中国现代法医学奠基人林几论著目录系年及述评：纪念林几教授逝世70周年 [J]. 中国法医学杂志，2021，36（5）：445-453，458.

[47] 胡丙杰，黄瑞亭. 中国现代法医学人物志续补：一 [J]. 中国法医学杂志，2021，36（3）：313-317.

[48] 胡丙杰. 陈垣的早期著作及其法医学贡献 [J]. 中国法医学杂志，2022，37（1）：81-84，90.

[49] 胡丙杰，黄瑞亭，陶黎阳. 林几论文研究 [M]. 北京：线装书局，2024.

[50] 胡乃钊. 新编毒物分析化学 [M]. 北京：群众出版社，1986.

[51] 华. 法医人才五年训练计画开始实施 [J]. 教育通讯（汉口），1946，复刊2（4）：1.

[52] 怀效锋. 清末法治变革史料 [M]. 北京：中国政法大学出版社，2010.

[53] 黄瑞亭，陈新山. 中国法医学 [M]. 武汉：华中科技大学出版社，2015.

[54] 黄瑞亭，陈新山. 《洗冤集录》今释：法医检验原理与案例 [M]. 北京：科学出版社，2020.

[55] 黄瑞亭，胡丙杰，刘通. 名公宋慈书判研究 [M]. 北京：线装书局，2020.

[56] 黄瑞亭，胡丙杰. 中国近现代法医学史 [M]. 广州：中山大学出版社，2020.

[57] 黄瑞亭. 《拟议创立中央大学医学院法医学科教室意见书》与林几教授的法医教育思想 [J]. 法医学杂志，1998，14（1）：55-58.

[58] 黄瑞亭. 法医青大：林几法医生涯录 [M]. 北京：世界图书出版公司，1995.

[59] 黄瑞亭. 法医说案 [M]. 福州：福建科学技术出版社，2017.

[60] 黄瑞亭. 林几教授在日本侵华时期坚持法医学教育 [J]. 中国法医学杂志，2015，30（5）：516.

[61] 黄瑞亭. 林几学术思想及其当代价值：纪念林几诞辰120周年 [J]. 中国法医学杂志，2017，32（6）：547-551.

[62] 黄瑞亭. 我国近代法医学人物志 [J]. 中国法医学杂志，2011，26（4）：345-348.

[63] 黄瑞亭. 我国现代法医学人物志 [J]. 中国法医学杂志，2011，26（6）：513-516.

[64] 黄瑞亭. 我国早期现代法医学人物志 [J]. 中国法医学杂志，2011，26（5）：430-432.

[65] 黄瑞亭. 中国近现代法医学发展史 [M]. 福州：福建教育出版社，1997.

[66] 贾静涛. 世界法医学与法科学史 [M]. 北京：科学出版社，2000.

[67] 贾静涛. 辛亥革命以后的中国法医学 [J]. 中华医史杂志，1986，16（4）：205-209.

[68] 贾静涛. 中国法医学史研究60年 [J]. 中华医史杂志, 1996, 26 (4): 231-237.
[69] 坚匏. 为培植法医人才进一解 [J]. 社会医报, 1932 (180): 3499-3500.
[70] 江苏省高等法院, 江苏省档案局, 江苏师范大学法学院. 民国时期江苏高等法院 (审判厅) 裁判文书实录: 第1卷 [M]. 北京: 中国法律出版社, 2014: 481-485.
[71] 江苏省扬州市地方志编纂委员会. 扬州市志 [M]. 北京: 中国大百科全书出版社, 1997: 3251-3252.
[72] 蒋大颐. 数个检鉴例 [J]. 医药学生, 1937 (4): 44-57.
[73] 蒋中正, 戴传贤. 令考试院: 为将三十一年第一次高等考试法医师考试及格人员曾义、殷福沧二名, 依照分发规程, 拟具分发机关员名册, 请转呈核准等情, 检同原册, 呈请鉴核令遵由 [J]. 国民政府公报 (南京), 1944 (渝字728): 17.
[74] 教育部医学教育委员会. 医学专科学校教材大纲 [M]. 南京: 京华印书局, 1935: 181-187.
[75] 解鹏达. 民国时期的刑事鉴定制度及其启示 [D]. 重庆: 西南政法大学, 2017.
[76] 金淑媛. 江苏上海第二特区地方法院烟毒案件研究: 以1940年档案为中心 [D]. 上海: 华东政法大学, 2016.
[77] 军事委员会. 军医教育及治疗机关解剖尸体规则 (军事委员会三十一年六月×日) [J]. 西南医学杂志, 1942, 2 (8): 28-29.
[78] 李传斌. 基督教在华医疗事业与近代中国社会 (1835—1937) [D]. 苏州: 苏州大学, 2001.
[79] 李光和. 中国司法检验体制的近代化转型: 以法医取代仵作为中心的历史考察 [J]. 历史档案, 2011, (2): 117-124.
[80] 李光夏. 法院组织法论 [M]. 上海: 大东书局, 1947: 105-111.
[81] 李贵连. 百年法学——北京大学法学院院史 [M]. 北京: 北京大学出版社, 2004: 84-87.
[82] 李天莉. 中国人体解剖法史略 [J]. 中华医史杂志, 1997, 27 (3): 160-164.
[83] 李相森. 论清代地方社会治理的司法实现: 以徐士林《守皖谳词》为中心 [J]. 西部法学评论, 2017 (5): 36-47.
[84] 李晔, 杜凡一. 孙中山名言录 [M]. 长春: 吉林教育出版社, 1991: 27.
[85] 林几. 北平大学医学院法医学教室鉴定检验暂行办法 [J]. 新医药杂志, 1936, 4 (7): 211-217.
[86] 林几. 二十年来法医学之进步 [J]. 中华医学杂志 (上海), 1946, 32 (6): 244-266.
[87] 林几. 法医学史 [J]. 法医月刊, 1935 (14): 1-7.
[88] 林几. 法医学史略 [J]. 北平医刊, 1936, 4 (8): 22-30.
[89] 林几. 法医学史谈 [J]. 浙光, 1935, 1 (1): 26-31.
[90] 林几. 拟议创立中央大学医学院法医学科教室意见书 [J]. 中华医学杂志 (上海), 1928, 14 (6): 205-216.

[91] 林几. 司法改良与法医学之关系 [J]. 晨报六周纪念增刊, 1924, (12): 48-53.
[92] 林几. 司法行政部法医研究所成立一周年工作报告（附图表）[J]. 法医月刊, 1934, (1): 1-20.
[93] 林几. 现代应用之法医学 [J]. 医育, 1940, 4 (2): 37-44.
[94] 林吕建. 浙江民国人物大辞典 [M]. 杭州: 浙江大学出版社, 2013: 476.
[95] 林庆龙. 尘封史册: 你的足迹依然清晰 [M]. 南京: 东南大学出版社, 2015: 225-230.
[96] 刘德荣. 潜心研岐黄, 皓首志未休: 俞慎初教授从医执教60周年 [J]. 福建中医药, 1993, (6): 59.
[97] 刘体仁著. 张国宁点校. 异辞录 [M]. 太原: 山西古籍出版社, 1996: 73.
[98] 刘耀, 丛斌, 胡丙杰. 中国法医学70年理论与实践 [M]. 北京: 科学出版社, 2019.
[99] 刘泽生. 陈垣在广州: 从医学向史学过渡 [J]. 广东史志, 2000 (1): 44-48.
[100] 龙伟. 民国司法检验的制度转型及其司法实践 [J]. 社会科学研究, 2013 (4): 173-179.
[101] 卢朋著. 中医课程应加法医学一科 [J]. 上海医报, 1930 (31): 308.
[102] 卢朋著编. 卢银兰整理. 医学史讲义 [M] //邓铁涛总主编. 民国广东中医药专门学校中医讲义系列: 医史类. 上海: 上海科学技术出版社, 2017.
[103] 罗志渊. 考铨法规 [M]. 上海: 大东书局, 1947.
[104] 马青连. 民国时期医患纠纷解决机制研究 [J]. 广东社会科学, 2016 (2): 223-230.
[105] 毛森接长市警局, 新旧局长昨交替, 主任秘书及两处处长人选发表 [N]. 申报（上海版）, 1949-03-08 (4).
[106] 明仲祺. 我国法医前途的展望 [J]. 东方杂志, 1936, 33 (7): 181-187.
[107] 宁波中医协会. 快邮代电 [J]. 中医新刊, 1929 (12): 1.
[108] 宁波中医协会. 为西医鉴定中医方药上卫生部转司法部请予纠正呈文 [J]. 中医新刊, 1929 (12): 1-3.
[109] 宁波中医协会. 为西医鉴定中医方药再上卫生部呈文 [J]. 中医新刊, 1929 (12): 3-4.
[110] 牛惠生. 本会理事会牛理事长呈司法行政部文: 为请明令各地法院关于医病讼案应请正式法医剖验尸体以明真相由 [J]. 中华医学杂志（上海）, 1935, 21 (3): 321-322.
[111] 牛惠生. 医讼案件纠纷请由正式法医鉴定 [N]. 申报, 1935-06-05 (8).
[112] 牛锦红. 媒体与司法的博弈: 近代中国媒体与司法重大案件研析 [M]. 北京: 中国法制出版社, 2015.
[113] 牛亚华, 冯立昇. 丁福保与近代中日医学交流 [J]. 中国科技史料, 2004, 25 (4): 315-329.
[114] 欧本海. 杨元吉译. 法医学的意义和问题 [J]. 同济杂志, 1922 (10): 13-21.

[115] 潘荣华. 青年陈垣的医学救国思想与实践研究 [J]. 淮阴师范学院学报（哲学社会科学版），2013，35（5）：630-636，676.

[116] 潘晓华. 中国第一位警察博士俞叔平夙愿得偿 [N]. 绍兴日报，2016-12-28.

[117] 潘拙庵口述. 伍锦整理. 私立广东光华医学院史略 [M] //中国人民政治协商会议广东省广州市委员会文史资料研究委员会. 广州文史资料：第26辑. 广州：广东人民出版社，1982：139-152.

[118] 庞京周. 本校附设法医讲习所记事 [J]. 同德年刊，1930：203-205.

[119] 彭浩晟. 民国医事法与医事诉讼研究（1927-1937）[D]. 重庆：西南政法大学，2012.

[120] 陕西省档案局. 陕甘宁边区法律法规汇编 [M]. 西安：三秦出版社，2010.

[121] 商务印书馆编译所. 刑事诉讼律草案 [M] //中华六法：第五册. 上海：商务印书馆，1920.

[122] 上海高等教育系统教授录编委会. 上海高等教育系统教授录 [M]. 上海：华东师范大学出版社，1988：413.

[123] 上海审判志编纂委员会. 上海审判志 [M]. 上海：上海社会科学院出版社，2003.

[124] 上海市人民政府秘书处. 一九四九年上海市综合统计 [M]. 上海：内部资料，1950.

[125] 上海市通志馆年鉴委员会. 上海市年鉴（民国二十六年）[M]. 上海：上海中华书局，1937：163-167.

[126] 上海卫生志编纂委员会. 上海卫生志 [M]. 上海：上海社会科学院出版社，1998：687.

[127] 申人. "八·一三"抗战期间震旦大学伤兵医院 [M]. 卢湾史话：第4辑. 上海：中国人民政治协商会议上海市卢湾区委员会文史资料委员会内部资料，1994：82.

[128] 沈家本撰. 邓经元，骈宇骞点校. 历代刑法考：第四册 [M]. 北京：中华书局，2006：2216-2217.

[129] 盛心如，蒋文芳，等. 鉴定药方案 [J]. //上海市国医工会. 1934年12月会务报告. 上海市国医公会第五届会员大会纪念特刊，1934：4.

[130] 石川清忠. 汉译实用法医学大全 [M]. 王佑，杨鸿通，编译. 武汉：湖北公友会假事务所，1908.

[131] 司法部. 司法部令湖北司法长准于法律专科学校内添设法医班唯简章须妥为更正文 [J]. 上海法曹杂志，1913（14）：19.

[132] 司法部. 司法部指令奉天高等检察厅呈请改设高等法医学校预备检验人才准予立案文 [M] //中华民国政府公报分类汇编·司法：上. 上海：扫叶山房北号，1915，（15）：110-111.

[133] 司法行政部. 法行政部训令（训字第四七六二号，民国二十四年九月十七日）：饬知检察官应亲身检验伤害以祛弊端令 [J]. 司法公报，1935（67）：8-9.

[134] 司法行政部. 命令公牍: 令华北各地疑难重案, 就近送往北平大学医学院鉴定: 司法行政部训令 (训字第四一九一号): 令河北、山东、绥远、陕西、新疆、河南高等法院院长、首席检察官等 [J]. 法令周报 (上海), 1935 (36): 199.

[135] 司法行政部. 司法行政部代电: 电字第四九三号 (二十五年十二月二日): 电本部法医研究所为饬知该所应自下年度起积极训练检验人才仰迅即拟具扩充计划并将必须增加之经费编入概算由 [J]. 司法公报, 1936 (156): 15-16.

[136] 司法行政部. 司法行政部法医学审议会办事细则 [J]. 中华医学杂志 (上海), 1936 (9): 861-862.

[137] 司法行政部. 司法行政部法医学审议会组织大纲 [J]. 司法公报, 1936 (113): 8-9.

[138] 司法行政部. 司法行政部法医研究所办事细则 [J]. 司法行政公报, 1932 (16): 18-28.

[139] 司法行政部. 司法行政部法医研究所保管及招领尸体章程 [J]. 司法行政公报, 1933 (43): 35-41; 1933 (44): 22-25.

[140] 司法行政部. 司法行政部法医研究所成殓场停柩管理章程 [J]. 司法行政公报, 1933 (43): 41.

[141] 司法行政部. 司法行政部法医研究所检验班章程 [J]. 法医月刊, 1935 (17): 61-62.

[142] 司法行政部. 司法行政部法医研究所鉴定检验实施暂行规则 (未完) [J]. 司法行政公报, 1933 (43): 26-35.

[143] 司法行政部. 司法行政部法医研究所鉴定检验实施暂行规则 (续) [J]. 司法行政公报, 1933 (44): 17-22.

[144] 司法行政部. 司法行政部法医研究所练习生章程 (民国二十一年十二月三十日司法行政部指令法医研究所第 22752 号) [M] // 国民政府司法院参事处编. 新订国民政府司法例规. 第 1 册. 重庆, 1940: 387-388.

[145] 司法行政部. 司法行政部法医研究所所务会议暂行规则 [J]. 司法行政公报, 1932 (21): 41-42.

[146] 司法行政部. 司法行政部法医研究所所务会议暂行规则 [J]. 司法行政公报, 1934 (54): 23-24.

[147] 司法行政部. 司法行政部法医研究所图书标本室规则 [J]. 司法行政公报, 1933 (25): 33-34.

[148] 司法行政部. 司法行政部法医研究所研究员章程 [J]. 中华医学杂志 (上海), 1933, 19 (4): 665-666.

[149] 司法行政部. 司法行政部法医研究所仪器保管规则 [J]. 司法行政公报, 1933 (25): 32-33.

[150] 司法行政部. 司法行政部法医研究所暂行章程 [J]. 司法行政公报, 1932 (13): 31-33.

[151] 司法行政部. 司法行政部法医研究所组织条例 [J]. 立法专刊, 1946 (24):

60-62.

[152] 司法行政部. 司法行政部公函（公字第二四九号，民国二十一年五月二十八日）. 申明法医人员养成所性质仍应参照苏省成案与冀鲁晋豫各高院商洽办理请查照由 [J]. 司法行政公报, 1932 (11): 48-50.

[153] 司法行政部. 司法行政部公函（公字第一八一号，民国二十一年四月二十九日）. 函北平大学医学院为所拟筹办之北平法医人员养成所已分令冀鲁晋豫四省高等法院共同委托办理学额经费等项即由各该院径行商洽请查照由 [J]. 司法行政公报, 1932 (8): 28-30.

[154] 司法行政部. 司法行政部训令（训字第六三四三号）[J]. 司法公报, 1936 (155): 11.

[155] 司法行政部. 司法行政部训令（训字第九六四号，民国二十一年四月二十九日）: 令河北、山东、山西、河南高等法院院长: 北平大学医学院拟办北平法医人员养成所应由冀鲁晋豫四省高院共同委托办理学额经费等项即由各该院径与商洽仰遵照由 [J]. 司法行政公报, 1932 (8): 41-44.

[156] 司法行政部. 司法行政部训令（训字第三〇二九号，民国二十五年六月十九日）: 令法医研究所所长、最高法院检察署检察长等: 为规定初验案件之覆验办法由 [J]. 司法公报, 1936 (122): 15-16.

[157] 司法行政部. 司法行政部训令（训字第一八九七号，十九年十一月三日）. 令本部法医研究所筹备主任孙逵方为派该员前往英法等国考察法医事宜兼采办仪器书籍由 [J]. 司法公报, 1930 (97): 7.

[158] 司法行政部. 司法行政部训令（训字第四七六二号，民国二十四年九月十七日）. 饬知检察官应半身检验伤害以祛弊端令 [J]. 司法公报, 1935 (67): 8-9.

[159] 司法行政部. 司法行政部训令（训字第一四〇三号，民国十九年七月十八日）: 令各省高等法院院长（浙江江西两省除外）: 为将法医专修班越期筹办并将办理情形具报由 [J]. 司法公报, 1930 (82): 14.

[160] 司法行政部. 司法行政部训政时期工作分配年表（未完）[J]. 司法公报, 1929 (32): 17-33.

[161] 司法行政部. 司法行政部训政时期工作计划 [J]. 司法杂志, 1929 (16): 41-45.

[162] 司法行政部. 司法行政部指令（指字第一五二四二号，二十二年十月六日）. 令本部法医研究所所长林几: 呈一件呈为遵令缮正本所鉴定检验实施暂行守则（附征收费用表）[J]. 司法行政公报, 1933 (43): 104-108.

[163] 司法行政部. 司法训令: 国内开业医师应协助当地司法机关检验案件: 司法行政部训令: 京卅六训人三字第8577号（中华民国卅六年四月十日）[J]. 法声, 1947 (22): 2.

[164] 司法行政部. 为准中央国医馆函称关于处方诉讼案件，如当事人不服当地国医分支馆或医药团体之鉴定，拟径函本馆会重新鉴定由（附中央国医馆处方鉴定委员会章程）[J]. 司法公报, 1935 (80): 22-23.

[165] 司法行政部统计室. 全国司法会议议案交部部分一览表 [J]. 现代司法, 1935,

1（2）：183-212.

[166] 司法院参事处. 新订国民政府司法例规：第三册[M]. 重庆：司法院秘书处，1940.

[167] 宋大仁. 伟大法医学家宋慈传略[J]. 医学史与保健组织，1957（2）：116-121.

[168] 宋大仁. 中国法医典籍版本考[J]. 医学史与保健组织，1957（4）：285-278.

[169] 宋大仁. 中国法医学简史[J]. 中华医学杂志（上海），1936，22（12）：1267-1274.

[170] 宋国宾. 医讼案件汇抄：第一集[M]. 南京：中华医学会业务保障委员会，1935.

[171] 宋国宾. 医讼之面面观[J]. 广济医刊，1935，12（10）：2-4.

[172] 宋国宾. 医讼之面面观[J]. 医药评论，1935（129）：791-792

[173] 宋泓宜. 清末民初司法制度转型研究[D]. 长春：吉林大学，2019.

[174] 宋随民，马春玲，李淑瑾，等. 我国设立法医局的必要性及其管理模式[J]. 中国工程科学，2020，22（4）：154-160.

[175] 孙逵方. 中国法医学史[J]. 法医学季刊，1936，1（1）：3-9.

[176] 天津律师公会. 书记官应用速记或特别训练者及检验吏应用法医充之案（第一○五号）[J]. 法学丛刊，1936，4（1）：70.

[177] 田光. 论中国之法医[J]. 医药学，1925，2（10）：53.

[178] 田振洪. 林几的中国法医学史观探析[J]. 中国法医学杂志，2020，35（2）：204-209.

[179] 田振洪. 论林几法医学教育思想的形成和价值[J]. 中国司法鉴定，2017，6（95）：25-32.

[180] 田中祐吉. 近世法医学[M]. 上官悟尘，编译. 上海：商务印书馆，1926.

[181] 万友竹. 论法医之过去与将来[J]. 立兴杂志，1931（5）：87.

[182] 汪于冈. 验尸可不慎欤？毋贻笑外人，毋草菅民命[J]. 社会医报，1930（131）：1465-1471.

[183] 王宠惠. 今后司法改良之方针[J]. 中央周报，1929（新年增刊）：21-24.

[184] 王合三. 法医学与洗冤录[J]. 现代中医，1935（10）：19.

[185] 王吉民. 祖国医学文化流传海外考[J]. 医学史与保健组织，1957（1）：8-23.

[186] 王其林. 论民国医师刑事法律制度的失衡：以"业务过失"罪为视角[J]. 河北法学，2013，31（11）：144-150.

[187] 王奇生. 中国考试通史：卷四. 民国[M]. 北京：首都师范大学出版社，2004.

[188] 王启辉. 民国时期医讼案鉴定制度研究[J]. 东南大学学报（哲学社会科学版），2015，17（5）：101-109.

[189] 王业兴. 孙中山与南京临时政府治理体系的法治框架及其启示[J]. 广州社会主义学院学报，2016，1（56）：76-80.

[190] 王一方. 林几与中国现代法医学的发端[N]. 中国社会科学报，2013-05-13

（B01）.

[191] 王用宾. 视察华北七省司法报告书［J］. 法律评论，1935，12（48）：28.

[192] 王志勇，张伯礼，王炼. 群英汇聚：中国中医科学院人物志［M］. 北京：科学出版社，2015：349.

[193] 王中时. 法医学之困难检验吏之应如何改良观［J］. 社会医学，1931（155）：2510-2511.

[194] 卫生部. 代电浙江省中医协会鄞县地方法院令西医鉴定中医药方请予纠正一节属司法范围，本部未便过问（三月七日）［J］. 卫生公报，1929，1（4）：72.

[195] 卫生部. 批宁波中医协会呈为西医妄行鉴定中西药方请更行审议转详司法部讯予纠正一案本部依法不能过问（二月十八日）［J］. 卫生公报，1929，1（3）：9.

[196] 卫生部. 批宁波中医协会据呈西医妄行鉴定中医方药请转详司法部迅即纠正着毋庸议文（二月十二日）［J］. 卫生公报，1929，1（3）：27.

[197] 魏道明. 令江西高等法院院长张孚甲为浙江高等法院筹设法医专修班经中央执行委员会政治会议议决由部通饬各省高等法院仿办照录原函通令遵办由［J］. 江西高等法院公报，1929（15）：10-12.

[198] 魏立功. 我国法医概况［J］. 中华医学杂志（上海），1939，25（12）：1066-1067.

[199] 文漪. 司法改良与法医之改进［J］. 江西省立医学专科学校月刊，1934（1）：1.

[200] 吴去疾. 医讼案件纠纷请由正式法医检定［J］. 神州国医学报，1935，3（10）：19-20.

[201] 吴逸明. 发扬优良传统，自强不息，把握时代脉搏，再创辉煌：喜庆河南医科大学七十华诞［J］. 河南医科大学学报，1998，33（3）：5-9.

[202] 萧伯符. 中国法制史［M］. 北京：人民法院出版社，2003.

[203] 谢冠生. 战时司法纪要：储备司法人员［M］. 南京：司法行政部，1948.

[204] 谢健. 民国时期的基层司法建设与社会治理研究：以四川地区为中心（1927—1949）［D］. 天津：南开大学，2018.

[205] 谢盛堂. 四川高等法院训令（牍字第四一六六号，二十六年十一月十九日）：令各分地院：为准司法行政部法医事研究所函为本所奉令暂迁武昌在迁移期内希暂缓寄发检案证物以免遗失等由令仰知照并饬属知照由［J］. 四川高等法院公报，1937（31）：43.

[206] 谢志民. 江西各县司法处研究（1936—1949）：以司法档案为中心［D］. 上海：华东政法大学，2016.

[207] 熊月之. 西制东渐：近代制度的嬗变［M］. 长春：长春出版社，2008.

[208] 徐珂. 清稗类钞：三［M］. 北京：商务印书馆，1966：263.

[209] 徐乃礼. 呈请行政院通饬各省筹设法医讲习所培养法医专门人才［J］. 医事汇刊，1932（13）：53.

[210] 徐乃礼. 全国医师联合会呈请厘定保障法医专条 [J]. 医药评论, 1932 (81): 51-52.

[211] 阎婷. 民国时期的司法鉴定研究: 从《医讼案件汇抄》所载鉴定案件切入 [J]. 中国司法鉴定, 2019, 3 (104): 69-76.

[212] 杨堪, 张梦梅. 中国刑法通史: 第八分册 [M]. 沈阳: 辽宁大学出版社, 1987.

[213] 杨士达. 浙江高等法院办理法医之过去与现在 [J]. 现代医药 (杭州), 1931, (2): 21-22.

[214] 杨晓辉, 郭辉. 中国近代司法行政机构的设置及其权限厘定 [J]. 河北法学, 2016, 34 (8): 44-53.

[215] 杨耀孙. 震旦大学建校百年纪念册 [M]. 上海: 震旦大学校友会内部刊物, 2002.

[216] 杨元吉. 法医学史略补 [J]. 北平医刊, 1936, 4 (9): 11-12.

[217] 杨元吉. 犯法堕胎之一例 [J]. 中华医学杂志 (上海), 1937, 23 (4): 486-490.

[218] 姚. 江苏法医讲习生毕业矣 [J]. 同仁医学, 1931, 4 (8): 83.

[219] 姚远. 上海公共租界特区法院研究 [D]. 上海: 华东政法大学, 2010.

[220] 姚远. 衔命东来: 话说西北联大 [M]. 西安: 西北大学出版社, 2018.

[221] 姚致强. 近年来我国法医之鸟瞰 [J]. 社会医报, 1933 (190): 3960-3964.

[222] 佚名. 刑事诉讼条例 (教令第三十九号) [J]. 上海律师公会报告书, 1921 (4): 7-59.

[223] 佚名. 法界法制消息: 法部再促各省筹设法医专修班 [J]. 法律评论 (北京), 1930, 7 (42): 15.

[224] 佚名. 教育统计: (一) 安徽省十八年份国外留学省费生及奖学金生一览表 [J]. 安徽教育行政周刊, 1930, 3 (2): 75-79.

[225] 佚名. 法界消息: 部令冀鲁晋豫等设法医人员养成所 [J]. 法律评论 (北京), 1932, 9 (31-32): 21-23.

[226] 佚名. 大学医学院和医科暂行课目表 [J]. 中华医学杂志 (上海), 1935 (7): 801-807.

[227] 佚名. 巴黎大学医学博士孙逵方诊所迁移启事 [N]. 申报 (上海版), 1934-06-07 (11).

[228] 佚名. 病犯保外身死仍应照章检验 [J]. 司法公报, 1915 (41): 26.

[229] 佚名. 布告: 法学院布告 (九月十九日): 为布告事本学院所设之法医学 [J]. 河南大学校刊, 1933 (4): 1.

[230] 佚名. 法界消息: 司法行政部指令: 指字第四一九一号 (二三, 三, 三一): 法部指令法医研究所呈为本所死体检验规则与内政部修正解剖尸体规则有无冲突 [J]. 法律评论 (北京), 1934, 11 (24): 23.

[231] 佚名. 法讯: 法部通令监督各法医师执务 [J]. 法令周刊, 1935 (276): 1.

[232] 佚名. 法医检验班之设立 [J]. 中国国民党指导下之政治成绩统计, 1935 (7): 180.

[233] 佚名. 法医检验所将落成 [J]. 医药评论, 1931 (62): 53.

[234] 佚名. 法医检验所主任孙逵方博士归国 [N]. 申报 (上海版), 1931-05-28 (13).

[235] 佚名. 法医研究所成立在即 [J]. 中华法学杂志, 1931, 2 (8): 101-102.

[236] 佚名. 法医研究所开办年余成绩简略报告 [J]. 司法行政公报, 1933 (48): 120-121.

[237] 佚名. 法医研究所易长 [J]. 法医月刊, 1935 (14): 76.

[238] 佚名. 法医研究所招收研究员及检验员概况 [J]. 法医月刊, 1935 (19): 73-75.

[239] 佚名. 法院组织法 (二十一年十月二十八日公布) [J]. 国民政府公报 (南京1927), 1932 (洛字46): 3-13.

[240] 佚名. 法院组织法 (三十二年七月二日修正公布) [J]. 国民政府公报, 1943 (507): 3-9.

[241] 佚名. 法院组织法第三十三条第三十五条第四十八条第五十一条第五十四条及第九十一条条文 (三十四年四月十七日修正公布) [J]. 国民政府公报 (南京1927), 1945 (渝字771): 8-9.

[242] 佚名. 分发法院服务法医师津贴暂行规则 [J]. 法令周刊, 1936, (313): 7-8.

[243] 佚名. 公布制定司法行政部法医研究所组织条例令 (附条例) [J]. 国民政府公报 (南京1927), 1945 (渝字780): 3-4.

[244] 佚名. 国立中央大学医学院法医学研究所鉴定检验暂行办法附所能鉴验事件及其征费分类表 (续完) [J]. 司法黔报, 1948 (41): 1-2.

[245] 佚名. 国民政府新订解剖尸体规则 [J]. 中华医学杂志 (上海), 1928, 14 (3): 203-204.

[246] 佚名. 国内法界、法制消息: 安徽高等法院检察处请设法医学校 [J]. 法律评论 (北京), 1928, 6 (10): 9-10.

[247] 佚名. 国内外教育消息: 法教两部会拟计划设法医师员训练班 [J]. 四川教育通讯, 1948, 7 (6): 13.

[248] 佚名. 河南省政府训令 (人典字第五九号, 三十七年二月二十四日): 本省卫生处长张静吾呈请辞职已予照准遗缺派上官悟尘代理仰知照由 [J]. 河南省政府公报, 1948 (37) (复刊): 17.

[249] 佚名. 核准监犯死亡检验办法 [J]. 司法公报, 1915 (37): 55.

[250] 佚名. 江苏高等法院培植法医专门人才 [J]. 同仁医学, 1931, 4 (3): 84.

[251] 佚名. 教员: 杨元吉先生细菌学教授照片 [J]. 同德年刊, 1930: 71.

[252] 佚名. 教职员: 校长杨元吉先生照片 [J]. 大德辛巳级纪念刊, 已级纪念刊, 1940: 21, 19.

[253] 佚名. 解剖规则施行细则 [J]. 中西医学报, 1915 (8): 1.

[254] 佚名. 京师高等以下各级审判厅试办章程 [J]. 陕西官报, 1909 (30): 58-79.

[255] 佚名. 救护工作·陆伯鸿添设伤兵院 [N]. 申报 (上海版), 1932-02-27 (2).

[256] 佚名. 令各省高等法院院长、首席检察官：为令饬保送合格人员入法医研究所研究以资深造由[J]. 司法公报, 1935 (71): 19.

[257] 佚名. 命令类：法医专修班各学员定期举行毕业典礼并发给毕业证书由[J]. 安徽高等法院公报, 1932, 3 (1-2): 88.

[258] 佚名. 内务部订定解剖规则[J]. 政府公报分类汇编, 1915 (1): 44-62.

[259] 佚名. 南通医学生为搜求解剖标本横遭刑祸[J]. 新医药杂志, 1935, 3 (1): 117.

[260] 佚名. 欧洲留学生监督第一七一号（函为留法勤工俭学生请给津贴按名照发由）（八月二十五日）[J]. 安徽教育月刊, 1921 (44): 56-58.

[261] 佚名. 派孙逵方为本部法医研究所筹备主任由[J]. 司法公报, 1929 (44): 3.

[262] 佚名. 派孙逵芳调查欧洲法医状况由（八月二日）[J]. 司法公报, 1929 (32): 9.

[263] 佚名. 启者兹经总管理处核定续行指定孙逵方医师（二十三年三月三十一日）[M]. 商务印书馆通信录, 1934 (396): 6.

[264] 佚名. 清末筹备立宪档案史料[M]. 台北：文海出版社, 1981.

[265] 佚名. 全国医师联合会呈请厘定保障法医专条[J]. 诊疗医报, 1929, 4 (9): 24.

[266] 佚名. 上海法医检验所克期成立[J]. 法律评论（北京）, 1930, 8 (12): 29.

[267] 佚名. 上海监命案昨开棺覆验[N]. 申报（上海版）, 1948-11-28 (4).

[268] 佚名. 上海市国医公会设立中国医学院概况[J]. 医报, 1933, 1 (10): 19.

[269] 佚名. 孙所长补行宣誓就职典礼[J]. 法医月刊, 1935 (16): 75.

[270] 佚名. 为准中央国医馆函称关于处方诉讼案件，如当事人不服当地国医分支馆或医药团体之鉴定，拟径函本馆会重新鉴定由（附中央国医馆处方鉴定委员会章程）[J]. 司法公报, 1935 (80): 22-23.

[271] 佚名. 修正解剖尸体规则[J]. 中华医学杂志（上海）, 1933, 19 (4): 666-668.

[272] 佚名. 修正中央卫生试验所组织条例[J]. 卫生公报, 1929 (2): 87-90.

[273] 佚名. 药剂师何鉴清惨死[J]. 中华医学杂志（上海）, 1933, 19 (4): 673-674.

[274] 佚名. 医学专科学校暂行课目表[J]. 中华医学杂志（上海）, 1935 (7): 808-813.

[275] 佚名. 浙江检验传习所章程[J]. 浙江军政府公报, 1912 (56): 7-12.

[276] 佚名. 浙江省各级法院法医师津贴暂行规则[J]. 法令周刊, 1935 (251): 7.

[277] 佚名. 浙省请设法医专习班[J]. 法律评论（北京）, 1925 (87): 9.

[278] 佚名. 中华法医学会筹备会[J]. 民生医药, 1934 (1): 26.

[279] 佚名. 中华民国刑事诉讼法（二十四年一月一日公布）[J]. 国民政府公报（南京1927）, 1935 (1630): 60-125.

[280] 佚名. 中华民国刑事诉讼法（中华民国十七年七月二十八日公布中华民国十七

年九月一日施行）[J]. 国民政府公报（南京1927），1928（78）：5-69.

[281] 佚名. 著论：论筹设中华法医院之必要[J]. 法界，1929（2）：14-15.

[282] 佚名. 准设检验讲习所令（八年十一月二十八日指令奉天高检厅第一八五三号）[J]. 司法公报，1919（114）：70-71.

[283] 易景戴. 法医与收回治外法权之关系[J]. 社会医报，1930（129）：1377-1379.

[284] 易景戴. 今日法医之痛苦及其免除方法[J]. 医药评论，1932（76）：14-16.

[285] 易景戴. 上海法医讲习所毕业生上江苏高等法院文[J]. 医药评论，1931（58）：60-61.

[286] 余云岫. 读余子维先生遗嘱解剖尸体记事书后[J]. 医药学，1933，10（7）：1-5.

[287] 余云岫. 与陈律师论法医剖验书：驳陈奎棠律师推重洗冤录反对法医之呈文[J]. 医药学，1925，2（8）：2-6.

[288] 俞达文.《辟园史学四种》研究[D]. 武汉：华中师范大学，2017.

[289] 俞凤宾. 中华医学会第一大会记[J]. 中华医学杂志（上海），1916，2（1）：29-38.

[290] 俞慎初. 宋代法医学家：宋慈[J]. 新中医药，1956（75）：49.

[291] 俞慎初. 中国医学简史[M]. 福州：福建科学技术出版社，1983.

[292] 张崇熙. 医学各科全书[M]. 4版. 上海：东亚医学书局，1941.

[293] 张大庆. 中国近代疾病社会史（1912—1937）[M]. 济南：山东教育出版社，2006.

[294] 张蒙. 国家医学的视角：留日学生与民国法医学的制度化[J]. 齐鲁学刊，2021，2（总281）：32-45.

[295] 张人凤，柳和城. 张元济年谱长编：下卷[M]. 上海：上海交通大学出版社，2011：934-1319.

[296] 张仁善. 司法腐败与社会失控（1928—1949）[M]. 北京：社会科学文献出版社，2005.

[297] 张生，李麒. 中国近代司法改革：从四级三审制到三级三审[J]. 政法论坛（中国政法大学学报），2004，22（5）：120-126.

[298] 张亚飞. 从司法党化到依法治国：中国国家治理方式百年变迁史纲[J]. 山西高等学校社会科学学报，2018，30（9）：16-20.

[299] 张元济著，张人凤辑. 中华民族的人格[M]. 沈阳：辽宁教育出版社，2003：63-64.

[300] 张云龙，王怀远. 民国时期法医检验发展概览[J]. 法制博览，2018，8（中）：16-18.

[301] 赵荣伦. 河北医学院院志（1915—1991）[M]. 石家庄：河北科学技术出版社，1995：429.

[302] 赵威. 民国时期总书目（1911—1949）：法律[M]. 北京：书目文献出版社，1990：277-281.

[303] 赵子琴. 林几教育思想与我国现代法医学教育[J]. 法医学杂志，1998，14

(1): 58.

[304] 震旦大学. 私立震旦大学一览[M]. 上海: 上海徐家汇土山湾印书馆, 1935: 101-106.

[305] 震旦大学. 震旦大学医学院（中法文对照）[J]. 震旦医刊, 1938 (21): 83-93.

[306] 中国人民大学法律系法制史教研室. 中国近代法制史资料选编: 第二分册[M]. 1980.

[307] 中国卫生年鉴编委会. 中国卫生年鉴[M]. 北京: 人民卫生出版社, 1990: 440.

[308] 中国卫生年鉴编委会. 中国卫生年鉴[M]. 北京: 人民卫生出版社, 1991: 429-430.

[309] 中华医学会. 中华医学会工作汇志: 法医委员会[J]. 上海医事周刊, 1939, 5 (34): 2.

[310] 中华医学会. 中华医学会理事会业务保障委员会呈司法行政部文: 为医病纠纷案件请令饬采取专家鉴定由[J]. 医药评论, 1935 (124): 38.

[311] 中华医学会. 中华医学会五届大会之顺序[J]. 科学, 1923, 8 (12): 1322-1323.

[312] 中西医药研究社. 中西医药研究社中医药讼案鉴定委员会缘起[J]. 司法公报, 1936 (155): 12-13.

[313] 中央卫生试验所. 中央卫生试验所概况[J]. 中国建设（上海1930）, 1932, 5 (6): 83-88.

[314] 中医药讼案鉴定委员会. 本社中医药讼案鉴定委员会缘起[J]. 中西医药, 1946 (30): 18.

[315] 周东白. 中华民国宪法、法院编制法合刻: 附中华民国临时约法[M]. 上海: 世界书局, 1924.

[316] 周明忻. 宋大仁年谱[J]. 中华医史杂志, 1999, 29 (4): 246-249.

[317] 周明忻. 医史学家宋大仁其人其事[J]. 中医文献杂志, 1993 (3): 37-39.

[318] 周颂声. 为请聘上野正吉为养成所法医学讲师[J]. 华北卫生研究所年报, 1942 (2): 123.

[319] 朱志峰. 民国时期法学人才培养研究[D]. 长春: 东北师范大学, 2018.

[320] 祝绍煌. 德国普鲁士之法医师检尸守则: 上[J]. 新医药杂志, 1935, 3 (5): 415-428.

[321] 祝绍煌. 德国普鲁士之法医师检尸守则: 下[J]. 新医药杂志, 1935, 3 (6): 495-508.

[322] 祖照基. 司法行政部法医学审议会成立大会纪略[J]. 法医学季刊, 1936, 1 (2): 141-147.